Kirat LAKHESAR, 8A

Christian Fischill

W0380966

PHILO
sophie

VERITAS
Gemeinsam besser lernen

Inhaltsverzeichnis

Zum Gebrauch

Philosophie ist kein „Lernfach" im herkömmlichen Sinn. Zahlen, Daten und Fakten sind sicher interessant, es geht aber um noch mehr. Philosophie hat eine jahrtausendealte Tradition des Nachdenkens über grundlegende Gegebenheiten des Lebens.

Die **Kompetenzorientierung** ist ein besonderes Anliegen dieses Buches: Es geht um das Erlangen philosophischer Kompetenzen und Grundfähigkeiten. Es geht vor allem um die Fähigkeit des Fragenstellens, des Argumentierens, des eigenständigen Denkens.
Im Anhang wird näher auf die Kompetenzorientierung eingegangen und es werden konkrete Aufgabenstellungen zur kompetenzorientierten Reifeprüfung vorgeschlagen. Sowohl die geforderte Anwendungs- und Handlungsorientierung als auch die Methodenvielfalt sind ein großes Anliegen dieses Buches.

Dieses Buch ist eine Anregung zum Selbstdenken, zum kritischen Überprüfen der Ideen und Überlegungen von bekannten PhilosophInnen.
Das Buch liefert **„Denkangebote"**, die man nützen kann und soll. Philosophisches Denken und Wissen hat nicht unbedingt einen unmittelbaren Nutzen. Es bereichert das Leben trotzdem und vielleicht gerade deswegen. Überdies: In der Welt der Gedanken herrscht Freiheit …

Dem Lehrplan entsprechend werden in vier **Hauptkapiteln** die Grundlagen der Philosophie vorgestellt.
Sechs weitere **De-luxe-Kapitel** vertiefen die Inhalte und versuchen, die praktischen und lebensnahen Seiten der Philosophie zu verdeutlichen. Das Bearbeiten philosophischer Themen soll Philosophie nicht nur aus historischer Sicht, sondern auch als Entwicklung veranschaulichen und zu eigenen Denkschritten motivieren.

Im Sinne der Übersichtlichkeit sind die Inhalte prinzipiell auf Doppelseiten positioniert. Neben Faktenwissen und philosophischen Primärtexten bzw. Textpassagen bietet das Buch **zahlreiche Fragen und Diskussionsanregungen**.

Das Gespräch, der Dialog, die Diskussion werden als wertvolle Ziele des Philosophieunterrichts verstanden.
Wechselnde Methoden sollen das Interesse am Gegenstand wecken und eine erhöhte Aufmerksamkeit ermöglichen.

Am Ende jedes Kapitels finden Sie **die zentralen Inhalte zusammengefasst**. **Abschließende Fragen und Anregungen** dienen der Rekapitulation. Die Hauptkapitel werden durch **„Philosophische Brocken"** abgerundet, das sind Zitate, die in offener Form diskutiert werden können. **Interviews und Videos** unterstreichen den lebendigen Zugang und bieten weitere Anschlussmöglichkeiten an die Praxis. Am Ende des Einführungskapitels stellt das **„Handwerkszeug"** mögliche Methoden des Philosophierens vor.

Im **Anhang** finden sich die erwähnten Ausführungen zur kompetenzorientierten Reifeprüfung, Kurzporträts wichtiger PhilosophInnen, Literaturtipps zur Einführung, ein philosophiegeschichtlicher Raster zur Orientierung und Register. Weiters bieten längere philosophische Primärtexte/Textausschnitte im Anhang die Möglichkeit zur Entfaltung von Textkompetenz.

Aktualisierung

Das bewährte Schulbuch *PHILOsophie* liegt Ihnen nun aktualisiert vor. **Die wichtigsten Neuerungen:**

- **Spannende Gegenwarts- und Zukunftsfragen** dürfen mit klassischen philosophischen Gedankengängen verwoben werden.
- Auch verweisen neue und **aktuelle (Lang-)Texte** aus dem 20. und 21. Jahrhundert auf die philosophische Präsenz.
- Der **Methodenteil**, das philosophische Handwerkszeug, ist ebenso ausgebaut.
- Der **lebendige Zugang über Interviews** wurde nun um einige Videos erweitert. – „PHILOsophie lebt!"

Dr. Christian Fischill

I. Hinführung – Was ist Philosophie?

„Nicht die Dinge selbst beunruhigen die Menschen, sondern die Vorstellungen von den Dingen."
Epiktet: Handbüchlein der Moral, S. 24 R

1. Philosophie – die große Unbekannte

1.1 Ein Definitionsversuch

Was fällt Ihnen zum Begriff „Philosophie" ein?
Formulieren Sie dazu Ihre ersten Assoziationen.

Mindmap: Fertigen Sie in Gruppenarbeit ein Mindmap zum Begriff „Philosophie" an.
Die Tafel dient als gemeinsame Projektionsfläche und jede/jeder steuert einen Begriff bei.

Ist heutzutage von Philosophie die Rede, wird es undurchsichtig. Quasi jedes Unternehmen und jede Trainerin bzw. jeder Trainer im Sport hat ihre/seine Philosophie, doch kaum jemand kann dieses sperrige Wort definieren.
Warum gibt es dieses Unterrichtsfach erst kurz vor der Reifeprüfung? Die Beschäftigung mit der Muttersprache, Rechnen und viele andere Fächer begleiten den Schüler und die Schülerin von Beginn an. Ist Philosophie zu schwierig, zu abgehoben?

Die Philosophie ist ein Gebiet, das den Dingen wirklich auf den Grund gehen will. Es ist ein uraltes Streben des Menschen, die ersten und letzten Fragen zu stellen und zu beantworten, wobei das **Fragenstellen** dabei sehr wichtig ist.

Das Hauptinteresse der Philosophin, des Philosophen ist das **Denken**. Es gilt, die wesentlichen Dinge anzudenken, durchzudenken, weiterzudenken. Philosophie ist der Versuch denkend die Welt zu erfassen. Wobei auch das Kritisieren der Einseitigkeit des Denkens schon wieder ein Gedanke ist …

Philosophie ist eng mit Sprache verbunden. Wir ordnen unsere Gedanken mithilfe von Wörtern und Sätzen und schreiben diese Gedanken auf. Denken wir also sprachlich? **Sprache** ist immer vieldeutig und unscharf.

Das Wort „Philosophie" stammt aus dem Griechischen und setzt sich aus zwei Teilen zusammen. Es beinhaltet das Verb *philein* (lieben, mögen) und das Substantiv *sophia* (Weisheit). Philosophie bedeutet demnach die **Liebe zur Weisheit**.

Nebenbei: Die Wissenschaft, die sich mit dem Ursprung und der Entwicklung von Wörtern beschäftigt, heißt Etymologie.

PhilosophInnen lieben also die Weisheit. Die Philosophie dreht sich um allgemeine Fragen des Menschen, sie beschäftigt sich mit den Menschheitsfragen schlechthin. Die Grundmuster des Lebens und der Wirklichkeit sollen erkannt und durchleuchtet werden.

Bildinterpretation:
Betrachten Sie beide Bilder und vergleichen Sie diese.
Diskutieren und spekulieren Sie im Plenum, was die Bilder mit Philosophie zu tun haben könnten.

PhilosophInnen sind LiebhaberInnen der Weisheit, sie begehren die Weisheit, sie streben nach Weisheit. Das Wort „lieben" unterstreicht, dass PhilosophInnen Weisheit und Wahrheit noch nicht besitzen. Sie sind Wanderer, sie sind auf dem Weg – unterwegs in Richtung Weisheit. Sie sind sich ihres Nichtwissens sehr wohl bewusst. Das heißt, dass sich PhilosophInnen vor denen hüten, die unverrückbare Wahrheiten und letzte Weisheiten verkaufen wollen.

„Excursion into Philosophy" (1959) von Edward Hopper

„Summer in the City" (1950) von Edward Hopper

1.2 Abgrenzungen

Die ersten bedeutenden Philosophen der abendländischen Philosophiegeschichte, Sokrates und Platon (5. und 4. Jh. v. Chr.), grenzten sich von den **Sophisten** ab. Das Wort „Sophist" beinhaltet das Wort *sophos* (weise, geschickt, klug). Sokrates streicht ja gerade sein Nicht-Wissen hervor. Überzeugt von ihrem Wissen, lehrten die Sophisten „Weisheiten". Sie sahen sich als Weisheitslehrer. Wahrheit hingegen war den Sophisten kein Anliegen. Da ohnehin alles relativ sei, müsse man sich nur gut verkaufen. Die Sophisten waren eine Gruppe von Wanderlehrern, meist auch Lehrer der Redekunst (der Rhetorik), die ihr Wissen gegen Bezahlung weitergaben. Sie machten mit ihren „Weisheiten" Geschäfte und können somit als antike Berater betrachtet werden. Meist vertraten sie skeptische Positionen. Sie wollten verdeutlichen, dass alles relativ und subjektiv sei: Einzig der Erfolg zähle. Heute werden meist Scheingelehrte, Haarspalter und Wortklauber als Sophisten bezeichnet.

Sei skeptisch und zweifle! So könnte ein erster philosophischer Grundsatz lauten. Überhaupt ist das Hinterfragen die philosophische Tätigkeit schlechthin. Dabei kann alles zum Gegenstand des Fragens und Hinterfragens werden. Daher bleibt prinzipielle Offenheit und Unabschließbarkeit eine zentrale Eigenschaft des Philosophierens.
Bei menschlichen Grundfragen geht es um das Beleuchten der Grenzen – auch wenn man weiß, dass sich gewisse Fragen nicht beantworten lassen. Der Zweifel kann so zu Bescheidenheit führen.
Karl Marx notierte seiner Tochter Jenny ins Stammbuch als Motto: *„De omnibus dubitandum."* (= An allem ist zu zweifeln.)

Wie kann man nun die **Philosophie** von verwandten Disziplinen unterscheiden und abgrenzen?
Die **Religionen** beschäftigen sich mit ähnlichen Fragen wie die Philosophie (Woher komme ich? – Wohin gehe ich? – Gibt es einen Plan? – Wie soll ich mein Leben gestalten? ...). Es gibt aber einen wesentlichen Unterschied: Die Religionen gehen von einem Göttlichen aus.
Nicht so die Philosophie, die auch diese Grundannahme der Religionen noch einmal hinterfragt. Die menschliche Vernunft bleibt das alleinige Fundament.
Manche PhilosophInnen kommen zu dem Schluss, dass es einen Gott gibt, andere behaupten das Gegenteil. Die wahrhaft philosophische Position lässt diese Frage offen.

Ideologien geben fertige Antworten (Dogmen), die ebenso Sicherheit und Halt geben können. Im 20. Jahrhundert waren der Nationalsozialismus und der Kommunismus große und wirkmächtige Ideologien und galten in gewisser Weise als Glaubenssysteme. Von Führern wurden viele Normen vorgegeben. Ideologien sind somit starre und zu übernehmende weltanschauliche Systeme (vgl. dazu Kap. VI., 5.).
Anders die Philosophie: Hier gilt es, immer selbst zu denken. Man kann nicht denken lassen! Insofern ist Philosophie auch immer Ideologiekritik.

In Abgrenzung zu den genannten Bereichen ist die Philosophie offen, es darf keine Vorgaben geben. In der Welt der Gedanken herrscht Freiheit.
Diese wesentliche Freiheit soll auch die Vermittlung von Philosophie betreffen. Impulse zum Selberdenken sollen gegeben werden. **Immanuel Kant**, der bekannte Philosoph der Aufklärung, fasst dies in folgendem Satz:

Kurz, er [der Schüler] soll nicht G e d a n k e n sondern d e n k e n lernen; man soll ihn nicht t r a g e n sondern l e i t e n, wenn man will, daß er in Zukunft von sich selbsten zu g e h e n geschickt sein soll.

Immanuel Kant: Nachricht von der Einrichtung seiner Vorlesungen in dem Winterhalbenjahre, von 1765–1766. In: Ders.: Werke in sechs Bänden. Bd. 1, S. 908 R

Kant spricht weiters davon, dass man nicht Philosophie lernen kann; man kann immer nur ‚philosophieren' lernen (vgl. Kant, s.o., S. 908).
In diesem Sinne: Wer nur Säulenheilige (den „großen" Kant inklusive) anbetet, der hat das innerste Prinzip von Philosophie nicht verstanden: selber denken! Das wollte auch Kant so.

Machen Sie sich die „Vorteile" von handfesten Ideologien bewusst und nennen Sie auch konkrete Beispiele.

Rollenspiel: Erarbeiten Sie ein Rollenspiel zum Thema Lebensplanung/Lebensgestaltung.
Welche Ziele gibt es im Leben? Wie soll ich mein Leben gestalten? Welcher Plan liegt meinem Leben zugrunde?
Teilen Sie die Klasse in fünf Gruppen: ModeratorInnen, SophistInnen, PhilosophInnen, Gläubige und IdeologInnen.
Nach Vorbereitung der jeweiligen Positionen in der Spezialgruppe wird ein Mitglied für die Diskussion im Plenum entsandt. Vor der Klasse diskutieren dann je eine Vertreterin bzw. ein Vertreter jeder Gruppe unter der Leitung der Moderatorin/des Moderators das Thema.

2. Ursprünge …

2.1 „Achsenzeit"

Menschen haben sich die großen Fragen des Lebens schon immer gestellt. Schriftliche Aufzeichnungen gibt es natürlich erst seit ein paar Jahrtausenden. Wo und wann beginnt nun Philosophie?

Der deutsche Philosoph **Karl Jaspers** (1883–1969) spricht von der **„Achsenzeit der Weltgeschichte"**. Um die Mitte des ersten Jahrtausends vor Christus treten unabhängig voneinander an verschiedenen Orten und in verschiedenen Kulturen Denker, Religionsstifter, Propheten und PhilosophInnen auf. Zentrale Entwicklungen für unsere Kultur werden dabei in Gang gesetzt.

> Nebenbei: Setzt man den Urknall und damit die Entstehung des Universums vor 10–15 Milliarden Jahren an, die Entwicklung zum ersten Menschen vor ein paar Millionen Jahren, so ist das Aufkommen von Hochkultur, Schrift und Philosophie eine sehr junge Angelegenheit. Nimmt man – um ein Bild zu bemühen – eine fünf Kilometer lange Strecke als Vergleichsmaß an, so würden die letzten ein, zwei Meter der Entwicklung des Menschen entsprechen, und nur der letzte Millimeter unserer Geschichte wäre mit Philosophie gefüllt.

Die Achse der Weltgeschichte scheint nun zu liegen in dem zwischen 800 und 200 vor Christus stattfindenden geistigen Prozeß. Es entstand der Mensch, mit dem wir bis heute leben. Diese Zeit sei in Kürze die ‚Achsenzeit' genannt.

In dieser Zeit drängt sich Außerordentliches zusammen. In China lebten Konfuzius und Laotse, entstanden alle Richtungen der chinesischen Philosophie, dachten Mo-ti, Tschuang-tse, Liädsi und ungezählte andere; in Indien entstanden die Upanischaden, lebte Buddha, wurden alle philosophischen Möglichkeiten bis zur Skepsis und bis zum Materialismus, bis zur Sophistik und zum Nihilismus, wie in China, entwickelt; in Iran lehrte Zarathustra das fordernde Weltbild des Kampfes zwischen Gut und Böse; in Palästina traten die Propheten auf, von Elias über Jesaja und Jeremias bis zu Deuterojesajas; Griechenland sah Homer, die Philosophen Parmenides, Heraklit, Plato, die Tragiker, Thukydides und Archimedes. Alles, was durch solche Namen nur angedeutet ist, erwuchs in diesen wenigen Jahrhunderten annähernd gleichzeitig in China, Indien und dem Abendland, ohne daß sie gegenseitig voneinander wußten.

Das Neue dieses Zeitalters ist überall, daß der Mensch sich des Seins im Ganzen, seiner selbst und seiner Grenzen bewußt wird. Er erfährt die Furchtbarkeit der Welt und die eigene Ohnmacht. Er stellt radikale Fragen, drängt vor dem Abgrund auf Befreiung und Erlösung. Indem er mit Bewußtsein seine Grenzen erfaßt, steckt er sich die höchsten Ziele. Er erfährt die Unbedingtheit in der Tiefe des Selbstseins und in der Klarheit der Transzendenz.

Es wurden die widersprechenden Möglichkeiten versucht. Diskussion, Parteibildung, Zerspaltung des Geistigen, das sich doch im Gegensätzlichen aufeinander bezog, ließ Unruhe und Bewegung entstehen bis an den Rand des geistigen Chaos.

In diesem Zeitalter wurden die Grundkategorien hervorgebracht, in denen wir bis heute denken, und es wurden die Weltreligionen geschaffen, aus denen die Menschen bis heute leben.

Durch diesen Prozeß wurden die bis dahin unbewußt geltenden Anschauungen, Sitten und Zustände in Frage gestellt. Alles geriet in einen Strudel.

Das mythische Zeitalter war in seiner Ruhe und Selbstverständlichkeit zu Ende. Es begann der Kampf mit dem Mythos aus Rationalität und aus realer Erfahrung, der Kampf um die Transzendenz des einen Gottes gegen die Dämonen, der Kampf gegen die unwahren Götter aus ethischer Empörung. Mythen wurden umgeformt, mit neuer Tiefe erfaßt, im Augenblick, als der Mythos im ganzen zerstört wurde.

Der Mensch ist nicht mehr in sich geschlossen. Er ist sich selbst ungewiß, damit aufgeschlossen für neue, grenzenlose Möglichkeiten.

Zum erstenmal gab es Philosophen. Menschen wagten es, als Einzelne sich auf sich selbst zu stellen. Einsiedler und wandernde Denker in China, Asketen in Indien, Philosophen in Griechenland, Propheten in Israel gehören zusammen, sosehr sie in Glauben, Gehalten, innerer Verfassung voneinander unterschieden sind. Der Mensch vermochte es, sich der ganzen Welt innerlich gegenüberzustellen. Er entdeckte in sich den Ursprung, aus dem er sich über sich selbst und die Welt erhebt.

K. Jaspers: Die Unabhängigkeit des philosophierenden Menschen, S. 87–89 R

1. Was will Jaspers mit dem Begriff „Achsenzeit" verdeutlichen? Was ist das Neue dieses Zeitalters? Inwieweit hat sich das Menschsein verändert? Diskutieren Sie in Partnerarbeit den Begriff.
2. Versuchen Sie schriftlich die Hauptaussage des Ausschnittes aus Jaspers' Text festzuhalten.

2.3 Vom Mythos zum Logos

Thales nahm an, dass unsere Erde eine flache Scheibe sei. Wenn diese schwankt, gebe es ein Erdbeben. Wir mögen diese Erklärung sonderbar finden, Erklärungsversuche wie dieser waren aber entscheidende Fortschritte in Richtung Wissenschaft. Davor war der gängige Volksglaube, dass Poseidon mit seinem Dreizack in die Erde stoße und somit ein Gott Urheber von Erderschütterungen sei.

Wir bezeichnen ein solches Denken als mythisch. Das Wort **Mythos** kommt aus dem Griechischen und heißt eigentlich: Rede, Erzählung, Sage. Die Menschen suchten Erklärungen für verschiedene Naturphänomene und derartige Geschichten gaben ihnen Antworten auf die großen Fragen des Woher und Wohin. Deshalb entstanden auch verschiedene Schöpfungsmythen: Wir Menschen wollen wissen, woher wir stammen. Dabei wird meist auf Götter und gottähnliche Wesen zurückgegriffen.

Der Mythos erklärt die Welt in bildhaften Gleichnissen, mit göttlichen Wesen. Die Philosophie will hingegen mithilfe der menschlichen Vernunft Erklärungen liefern. Es kommt somit zum Übergang vom Mythos zum Logos. Das griechische Wort **Logos** kann Verschiedenes bedeuten: Wort, Sprache, Sinn, Vernunft.

> Nebenbei: Die griechische Wurzel *logos* ist in vielen Wörtern zu finden: Psychologie ist die Lehre von der Seele. Logik ist die Wissenschaft vom folgerichtigen Denken. Logotherapie ist die therapeutische Richtung nach Viktor Frankl, bei der es um die Sinnfindung im Leben geht. Logopädie ist die Sprachheilkunde.

Vorher standen bildhafte Gleichnisse im Zentrum, nun kommt es zu vernünftigen Begründungen der Sachverhalte. Mit Thales und den ionischen Naturphilosophen beginnt die Philosophie bzw. die Philosophie leitet diesen Übergang entscheidend ein.

- **Mythos** = die bildhafte Rede
- **Logos** = die vernünftige Rede

Auch in unserer eigenen, persönlichen Entwicklung findet sich eine derartige Entwicklung vom Mythos zum Logos. Als Kind glaubten wir z. B. an die Geschichte (den Mythos) von Frau Holle, die durch das Aufschütteln der Decke den Schnee bringt. Ihre Physiklehrerin oder Ihr Geografielehrer kann kaum mit derartigen Erklärungen aufwarten …

Die Entwicklung des einzelnen Menschen bezeichnet man als **Ontogenese** – die Entwicklung der Menschheit als **Phylogenese**. Zusammenfassend kann man sagen: In der Ontogenese wie in der Phylogenese gibt es eine Entwicklung vom Mythos zum Logos.

> Nebenbei: Der Biologe Ernst Haeckel stellte das biogenetische Grundgesetz auf, welches besagt, dass in der Ontogenese eine kurze Wiederholung der Phylogenese stattfindet. Im Mutterleib durchlaufen wir sozusagen in aller Kürze die Evolution zum Menschen. In einem bestimmten Stadium haben menschliche Embryos tatsächlich Ansätze zur Kiemenatmung und auch Schwanzanlagen.

Kinder glauben zuerst Märchen, bildhafte Erzählungen und verwerfen diese später zugunsten von vernünftigen Erklärungen. Ebenso glaubten antike Menschen (vermutlich) an Mythen und Götterwesen. Der aufgeklärte Mensch braucht andere, wissenschaftliche Erklärungen.

> Nebenbei: Mit „Aufklärung" wird meist die Epoche des 18. Jahrhunderts bezeichnet. Aufgeklärtsein heißt selbst zu denken. Jedoch wird auch von einer „griechischen Aufklärung" gesprochen. Schon mit Beginn der Philosophie und der Sophistik wurden das mythische Bild und die Götter kritisiert. Der Mensch und seine Vernunft rückten in den Mittelpunkt.

Natürlich ist der Übergang vom Mythos zum Logos fließend. Auch Thales setzte die Existenz der Götter voraus. Wir leben heute ebenfalls nicht nur nach den Gesetzen der Vernunft. Da und dort reden wir von geheimnisvollen Energien, gestalten die Wohnungen nach Feng-Shui, lesen das Horoskop usw.

1. Berichten Sie, welche mythischen Reste noch in Ihnen schlummern. An welche „Mythen" glauben Sie?
2. Kommentieren Sie die Idee einer völlig wissenschaftlichen und von der Vernunft durchdrungenen Welt. Erarbeiten Sie Pro- und Kontraargumente.

■ **Fazit:** Mit dem Beginn der Philosophie kommt es zu einer geänderten Sichtweise. Es wird versucht, vielfältige Erscheinungen auf natürliche und logische Ursachen zurückzuführen. So werden verschiedene PhilosophInnen immer wieder Kritik am Götterglauben und an den Religionen üben. Die Vernunft bleibt von nun an das oberste Wahrheitskriterium.

3. Zur Einteilung und Definition der Philosophie

3.1 Die Fragen von Kant

Der bedeutende Philosoph der Aufklärung, **Immanuel Kant** (1724–1804), versuchte, das weite Feld der Philosophie mit vier Fragen zu umreißen.

Was kann ich wissen?

Damit meinte er nicht die lernpsychologische Frage, wie viel Wissen ein Mensch verarbeiten oder anhäufen kann. Vielmehr beschäftigte ihn die Frage nach den Möglichkeiten von Erkenntnis.

- Ist sichere Erkenntnis überhaupt möglich?
- Mit welchen Methoden gelange ich zu Erkenntnis?
- Was ist Wirklichkeit und auch Wahrheit? (Die Wahrnehmungspsychologie hat gezeigt, dass wir vielfältigen Täuschungen unterliegen.)
- Nach welchen Regeln darf ich Dinge verallgemeinern?
- Was kann Wissenschaft leisten?
- Wie sind Sprache und Denken verknüpft?

Dieses Gebiet heißt in der Philosophie **Erkenntnistheorie** oder auch theoretische Philosophie. Teilgebiete davon sind die Logik, die Wissenschaftstheorie und die Sprachphilosophie.

Was soll ich tun?

Mit dieser Frage betrat Kant das Gebiet der **Ethik** oder Moralphilosophie. Man kann es auch praktische Philosophie nennen. Abermals sind keine konkreten Beschäftigungsanleitungen gemeint, sondern prinzipielle Grundsätze: Wie steht es allgemein um die Regeln meines Verhaltens und Handelns?

- Gibt es Grundsätze im Handeln, die verbindlich sind, nach denen ich mich richten soll?
- Gibt es Gut und Böse? Was ist gut, was böse?
- Wie kann ich meine Handlungsgrundsätze begründen?
- Bin ich im Innersten frei, um zu entscheiden, um entsprechend zu handeln? Lenkt nicht alles ein göttliches Schicksal, bestimmen mich Gene oder ist Erziehung an allem schuld?
- Bin ich für mein Handeln auch verantwortlich?
- Was ist Glück und wie kann ich glücklich werden?

Was darf ich hoffen?

Hier geht es um die Sinnfrage. Woher komme ich und – vor allem – wohin gehe ich? **Religionsphilosophie** und **Existenzphilosophie** beschäftigen sich mit Fragen dieser Art.

- Warum und wozu bin ich auf der Welt?
- Gibt es einen Sinn und Zweck der menschlichen Existenz?
- Gibt es einen Gott, einen göttlichen Plan hinter all dem, was ist?
- Gibt es eine unsterbliche Seele?

Was ist der Mensch?

Kant war der Meinung, dass die ersten drei Fragen in die letzte münden bzw. dass diese letzte Fragestellung die umfassendste und fundamentalste aller philosophischen Fragen darstellt. Die Königsfrage ist die Frage nach dem Menschen selbst. Es geht dabei um das Wesen des Menschen und nicht um eine Funktionsbeschreibung im medizinischen oder biologischen Sinn.

- Was macht den Menschen aus?
- Was ist der Unterschied von Tier und Mensch?
- Kann und soll man die Menschen in Frau und Mann unterscheiden?

Dieses Gebiet heißt in der Philosophie **Anthropologie** (gr.: *anthropos* = Mensch).

Mit diesen vier kantischen Fragen kann man einen Großteil der philosophischen Themen umreißen. Es gibt aber noch weitere Richtungen, die nicht unmittelbar in diese vier Bereiche fallen.

3.2 Weitere Richtungen und eine Definition der Philosophie

Weitere wichtige Richtungen sind:

- **Ästhetik:** Was ist Schönheit? Welche Kriterien gibt es für Kunst?
- **Geschichtsphilosophie:** Gibt es Fortschritt in der Geschichte? Gibt es ein Muster in der Geschichte? Funktioniert Geschichte nach bestimmten Gesetzen?
- **Politische Philosophie:** Was ist Gerechtigkeit? Wie soll ein idealer Staat verfasst sein?

Fasst man die Definition von Philosophie weit, gibt es wahrscheinlich keinen Menschen, der nicht philosophiert. Jeder Mensch sammelt Erfahrungen und versucht diese zu ordnen, zu überdenken, sie in ein größeres Ganzes zu integrieren.
Philosophie ist etwas Totales, sie beschäftigt sich in gewisser Weise immer mit dem Ganzen: Leben, Tod, Religion, Gerechtigkeit, Moral, Glück, Wahrheit, Sinn. All das sind Bereiche, die der Mensch durchdenken kann. Je nach individueller Verfasstheit, je nach Typ philosophiert die eine mehr, der andere weniger.
Gerade weil wir uns selbst infrage stellen, wir uns selbst zum Rätsel werden, wir in Distanz zu uns selbst treten können, sind wir Menschen.

■ **Abschließende Definition:** Die Philosophie beschäftigt sich mit Grundfragen des Menschseins in vernünftig-argumentativer Weise.

Es geht um Grundfragen unseres Menschseins. Aber auch Detailfragen können Ausgangspunkt für philosophische Fragen sein.
Wie fahre ich den Computer herunter? – Dies wäre eine Detailfrage, sie könnte zu der allgemeinen Frage nach den Medien und der modernen Technik führen. Verändert die Welt der Computer unsere Wahrnehmung und unser Denken? Verdummen uns die Medien? Was bewirkt der permanente Konsum von Onlinemedien? Schafft die Technik nicht mehr Probleme, als sie löst?

Philosophie sucht immer zu verallgemeinern, zu abstrahieren und in der Folge allgemeine und möglichst verbindliche Schlüsse zu ziehen. Bei den menschlichen Grundfragen werden immer wieder Grenzbereiche ausgelotet.
Was wäre die Welt ohne Fragen? – Genau dies ist bereits wieder eine Frage! Wer Fragen stellt, der taucht in ein Meer von weiteren Fragezeichen ein …

Fragen, Nicht-Wissen und Wissen scheinen verschränkt. Alles Philosophische entspricht so einer endlosen Schleife von Fragen zum Wissen und dann vom Gewussten zu neuen Fragen: ad infinitum.

Philosophische Fragen und Antworten müssen mit Vernunft durchdacht, mit Argumenten belegt und abgewogen werden. Es muss immer selbst gedacht werden und Denken ist oftmals ein sehr mühsamer Prozess. Sind diese Kriterien erfüllt, kann von Philosophie gesprochen werden.

Was unterscheidet philosophische Fragen von gewöhnlichen Fragen, von Alltagsfragen?
Stellen Sie in der Klasse verschiedene Fragen und diskutieren Sie, ob es sich um philosophische Fragen handelt.
Versuchen Sie aktuelle philosophische Fragen zu stellen. Die Schlagwörter Globalisierung, culture clash, Digitalisierung, Roboterethik, Künstliche Intelligenz, Medizinethik können als Hilfe dazu dienen.

3.3 Philosophie zwischen Genuss und Gefahr

Zwei Zitate charakterisieren das Spannungsfeld der Philosophie:

Und in der Tat bietet die Philosophie Genüsse von wunderbarer Reinheit und Beständigkeit.
Aristoteles: Die Nikomachische Ethik, S. 346 (1177 a 25) R

Erörtern Sie das Besondere an philosophischen Genüssen. Worin unterscheiden sie sich von anderen Genüssen?

Dem zum Wissen Gekommenen wird rückwirkend klar, was er am Nichtwissen hatte.
P. Sloterdijk: Sphären, S. 200 R

Interpretieren Sie den zitierten Satz und spekulieren Sie über mögliche Vorteile des Nichtwissens bzw. über „Gefahren" des Wissens, des Hinterfragens, der Philosophie überhaupt.

4. Philosophenporträt: Sokrates

4.1 Sokrates' verhängnisvolle Gesprächskunst

Sokrates (um 470–399 v. Chr.) ist das Urbild des Philosophen, eine schillernde Gestalt zur Blütezeit des antiken Griechenland und auch die erste bedeutende Persönlichkeit der Philosophiegeschichte. Er war vermutlich einer der Ersten, die ihr Hobby zum Beruf machten. Philosophie war für ihn seine Existenzform – seine Selbstverwirklichung.

Da Sokrates nichts Schriftliches hinterließ, sind wir auf Berichte anderer angewiesen. Vor allem sein bekanntester Schüler (und vermutlich sein größter Fan), Platon, verfasste zahlreiche **Dialoge**, in denen Sokrates vorkommt. Damit wurde uns ein sehr einseitiges Bild von Sokrates überliefert.

Sokrates war das Schreiben suspekt, da es vergesslich mache. Seine Art der Philosophie war eine mündliche. Das Gespräch, der Dialog waren ihm wichtig. Im Fragen, im Zuhören, im Selbstdenken verwirkliche sich die Philosophie.

Um 470 v. Chr. wurde Sokrates als Sohn eines Steinmetzes/Bildhauers und einer Hebamme geboren.

> Nebenbei: Unser traditionelles System der Namensgebung mit Vor- und Nachnamen gab es im antiken Griechenland nicht. Wollte man Sokrates näher bezeichnen, nannte man ihn „Sokrates, Sohn des Sophroniskos aus Athen". Vater und Stadt genügten.

Er stammte aus einfachen Verhältnissen, dürfte selbst auch Bildhauer gewesen sein, gab diesen Beruf aber sehr schnell auf. Sokrates nahm im Peloponnesischen Krieg (zwischen Sparta und Athen) an drei Feldzügen teil und soll dabei sehr tapfer und pflichtbewusst gewesen sein. Ansonsten verließ er Athen nicht. Irgendwie schlug er sich so durch und lebte großteils von den Gaben seiner Freunde und Gönner.

Er war ein einfacher, asketischer und bescheidener Mensch und besaß kein Vermögen. Beim Anblick der Verkaufsartikel sagte er oftmals zu sich selbst: „Wie zahlreich sind doch die Dinge, deren ich nicht bedarf!" Sokrates unterrichtete kostenlos, da ihm materieller Besitz nichts bedeutete. Angeblich trug er das ganze Jahr denselben Umhang und ging auch meist barfuß.

Verheiratet war er mit Xanthippe (der Name steht heute für eine streitsüchtige, bösartige Frau). Die Anekdote besagt, dass er auf die Frage, warum er gerade Xanthippe zur Frau genommen habe, geantwortet habe: „Ein guter Pferdetrainer muss sich ja auch an störrischen Pferden üben!" Auf die Frage, ob man heiraten solle oder nicht, gab er die Antwort: „Was du auch tust, du wirst es bereuen."
Sokrates hatte drei Söhne, vernachlässigte seine Familie aber genauso wie seinen erlernten Beruf. Er verwickelte lieber Menschen auf dem Marktplatz (*agora*) in Gespräche.

Sokrates war von der Lehrbarkeit der Tugend überzeugt. Es bewirke etwas, die Mitmenschen aufzurütteln. Seine Gespräche hätten einen Nutzen, seien sinnvoll und könnten zur Besserung der Menschen beitragen. Sokrates kann somit als „Erfinder der Seelsorge"* bezeichnet werden. Sein Anliegen war die Suche der Wahrheit. Seine Gegenspieler, die Sophisten, strebten lediglich nach Erfolg im Reden und Handeln. Obwohl Sokrates sein Denken auf dem Marktplatz praktizierte, wollte er sich gerade vom geschäftigen Tun abwenden und der Wahrheit zuwenden. Menschsein und Wahrheit dürften sich nicht am Marktwert orientieren und könnten keinen Preis haben.
Bei Sokrates stehen vor allem eher praktische Fragestellungen, Lebensweisheiten, der Mensch im Zentrum und nicht – wie bei den Naturphilosophen – Fragen des Kosmos und der Natur.

* Vgl. dazu Wilhelm Schmid: Das Leben verstehen. Von den Erfahrungen eines philosophischen Seelsorgers, Suhrkamp, Berlin 2016.

Alamy Stock Photo/www.BibleLandPictures.com

Sokrates

Seine Kunst der Befragung wird Hebammenkunst, **Mäeutik**, genannt. Bei diesem pädagogischen Verfahren geht Sokrates davon aus, dass jeder (Befragte) Wissen immer in sich trägt. Der Philosoph, der diese Kunst des Dialogs beherrscht, wird dabei zum geistigen Geburtshelfer. Er hilft beim Gebären der Wahrheit. Gleich wie die Hebamme beim Gebären unterstützt, kann der Philosoph durch geschicktes Fragen beim Hervorbringen der Wahrheit helfen. Letztlich muss aber die Mutter selbst das Kind gebären. Sokrates aktiviert diese Wahrheiten, er appelliert an die Vernunft und Denkfähigkeit des Einzelnen.

Hilfreich ist dabei die **sokratische Ironie** (gr.: *eironeia* = Verstellung): Das heißt, Sokrates stellt sich möglichst unwissend und vom Wissen des Befragten überzeugt. Der Lehrer wird zum Belehrten, nicht zum Belehrenden. Dies öffnet den Spielraum für den Befragten, sein vermeintliches Wissen zu demonstrieren. Durch das geschickte Weiterfragen offenbart sich meist ohnehin das Nichtwissen der befragten Person. Ironie wird so zu einer Methode, um den anderen aus der Reserve zu locken.
Sokrates bohrt weiter: „Kann es nicht auch anders sein?" Er will die Dinge auf einen Begriff hinführen. Begriffe seien als Werkzeuge nötig, um überhaupt diskutieren zu können. Er weist auf Unklarheiten hin, spürt Ungereimtheiten auf, findet Widersprüche. Er sucht nach Situationen oder Zusammenhängen, in denen die Aussagen des Befragten falsch sind. Sokrates will zu allgemeinen, verbindlichen Aussagen und Bestimmungen kommen, Teilwahrheiten sind ihm zu wenig. Eine Definition müsse andernfalls abgeändert werden. Das Spiel geht so weit, bis sich das ursprünglich Behauptete als endgültig falsch herausstellt.
Der entnervte Gesprächspartner gesteht dann: „Auch ich weiß, dass ich nichts weiß!"

Oftmals enden diese sokratischen Dialoge in einer Art Schwebezustand ohne endgültige Lösung. Der Begriff **Aporie** (gr.: *aporia* = Ratlosigkeit) bezeichnet diese Ausweglosigkeit bzw. Ratlosigkeit, die Unmöglichkeit, eine philosophische Frage zu lösen. Eine Aporie beruht auf Widersprüchen in der Sache selbst bzw. in den verwendeten Begriffen. Die Unabschließbarkeit und Offenheit vieler philosophischer Probleme wird in zahlreichen sokratischen Dialogen sichtbar.
Was am Ende wirklich bleibt, ist die Aufforderung, selbst zu denken.

4.2 Textausschnitte

Menon: Dieser sokratische Dialog zwischen dem reichen Edelmann Menon und Sokrates beschäftigt sich mit dem Begriff der Tugend. Dieses heute vielleicht veraltet wirkende Wort war damals von zentraler Bedeutung.

Sokrates. Du behauptest, die Tugend bestehe darin, daß man imstande ist sich das Gute zu verschaffen.

Menon. Jawohl.

Sokrates. Als Gutes aber bezeichnest du doch z.B. Gesundheit und Reichtum?

Menon. Auch den Besitz von Gold verstehe ich darunter und von Silber und von Ehrenstellen im Staat und von Ämtern.

Sokrates. Dergleichen und nichts anderes verstehst du doch unter dem Guten?

Menon. Nichts anderes, sondern alles dergleichen verstehe ich darunter.

Sokrates. Gut denn. Der Erwerb von Gold also und von Silber ist Tugend, wie Menon, der väterliche Gastfreund des Großkönigs, behauptet. Bezeichnest du die Art dieses Erwerbes noch weiter durch Worte wie gerecht und gottgefällig? Oder kommt es dir darauf nicht an, nennst du ihn vielmehr unterschiedslos Tugend, auch wenn er sich auf ungerechte Weise vollzieht?

Menon. Das denn doch nicht, mein Sokrates. […]

Sokrates. Es darf also, wie es scheint, dieser Erwerb nicht anders als mit Gerechtigkeit oder Besonnenheit oder Frömmigkeit oder sonst einem Teil der Tugend vor sich gehen. Andernfalls wird er keine Tugend sein, mag er auch zum Guten verhelfen. […]

Aber kein Gold und Silber erwerben, weder für sich noch für einen anderen, wenn es nicht gerecht dabei zugeht – ist solcher Verzicht auf Erwerb nicht auch Tugend?

Menon. So scheint es wohl.

Sokrates. Der Verzicht also auf den Erwerb solcher Güter wäre danach ebensogut Tugend wie der Erwerb derselben, und es steht mit der Sache, wie es scheint, vielmehr so: was mit Gerechtigkeit geschieht, wird Tugend sein, was aber ohne alles dahin Gehörige geschieht, Schlechtigkeit.

Menon. Deine Behauptung scheint mir unwidersprechlich zu sein.

Platon: Sämtliche Dialoge, Bd. 2, S. 33f. R

Laches: In diesem Dialog wird der berühmte Feldherr Laches über die Tapferkeit befragt. Wer, wenn nicht er, sollte über dieses Thema Bescheid wissen …

S o k r a t e s . Gehen wir also zunächst daran, mein Laches, zu sagen, was denn Tapferkeit ist. […]

L a c h e s . Beim Zeus, mein Sokrates, das ist nicht schwer zu sagen. Wenn einer entschlossen ist, in Reih und Glied standhaltend sich gegen die Feinde zu wehren und nicht flieht, der ist gewiß ein tapferer Mann. […]

S o k r a t e s . Aber was wird nun der sein, der fliehend mit den Feinden kämpft und nicht standhaltend? […] Denn von den Lakedämoniern heißt es, sie hätten bei Platää, als sie an die Schildträger herangekommen wären, nicht standhalten und gegen sie kämpfen wollen, sondern wären geflohen; als sich aber die Reihen der Perser gelöst hätten, hätten sie geradeso wie Reiter kehrtgemacht und gekämpft, und so hätten sie die Schlacht dort gewonnen.

L a c h e s . So ist es. […]

S o k r a t e s . Wollte ich dich doch nicht nur nach den Tapferen bei den Schwerbewaffneten fragen, sondern auch nach den Tapferen bei der Reiterei und auf dem gesamten Gebiete des Krieges, und nicht bloß nach den im Kriege Tapferen, sondern auch nach den in den Gefahren des Meeres Tapferen, und nach allen, die in Krankheit und Armut und in dem politischen Leben tapfer sind, und außerdem anderseits nicht nur nach allen, die in Trübsal tapfer sind, oder in Ängsten, sondern auch gegen Begierden oder Lüste wacker ankämpfen, mögen sie nun standhalten oder fliehen und dann kehrtmachen. Es sind ja wohl manche, mein Laches, auch in solchen Lagen tapfer. […]
Versuche also noch einmal zunächst von der Tapferkeit anzugeben, wodurch sie in allen diesen Beziehungen ein und dasselbe ist. Oder verstehst du noch nicht, was ich meine?

L a c h e s . Nicht so recht.

S o k r a t e s . Nun ich meine das so, wie wenn ich fragte, was denn Geschwindigkeit ist, die wir beim Laufen zeigen und beim Spiel auf der Kithara und beim Sprechen und beim Lernen und bei vielen anderen Handlungen, und die wir nahezu bei jeder Tätigkeit bekunden, die überhaupt der Rede wert ist, bei den Verrichtungen der Hände, der Schenkel, des Mundes und der Sprachorgane, des Denkens. Ist das nicht auch deine Meinung?

L a c h e s . Ganz gewiß.

S o k r a t e s . Wenn mich nun jemand fragte: „Sokrates, was verstehst du unter dem, was du bei allen möglichen Tätigkeiten Geschwindigkeit nennst?" so würde ich ihm antworten: „Das Vermögen, in kurzer Zeit viel auszurichten, nenne ich Geschwindigkeit beim Sprechen und beim Laufen und bei allen anderen Tätigkeiten."

L a c h e s . Und damit hättest du ganz recht.

S o k r a t e s . Versuche also auch du, mein Laches, die Tapferkeit in dieser Weise zu bestimmen, was das sich gleichbleibende Vermögen ist, das in Lust und in Leid sich zeigt und in allen Verhältnissen, in denen wir es soeben fanden, und das dann Tapferkeit heißt.

Platon: Sämtliche Dialoge, Bd. 1, S. 33–35 R

1. Stellen Sie bei einem der Dialoge die Argumentationslinie von Sokrates in eigenen Worten dar.
2. Übertragen Sie die erwähnten Begriffe „Mäeutik", „sokratische Ironie" und „Aporie" auf den Text: Erläutern Sie, was das Mäeutische an den Dialogen ist, wie sich die sokratische Ironie bemerkbar macht, und entscheiden Sie, ob die Dinge in einer Aporie enden.

Rollenspiel: Erfinden Sie einen sokratischen Dialog. Verfassen Sie in Zweiergruppen ähnliche sokratische Dialoge zu aktuelleren Themen. Ein Sokrates trifft auf einen vorurteilsbehafteten Passanten. Versuchen Sie dabei ganz „sokratisch", die Vor-Urteile des Gegenübers zu entkräften. Präsentieren Sie abschließend die Dialoge vor der Klasse.

4.3 Wissen um das Nichtwissen

Am Eingang zum Apollon-Tempel in Delphi standen die Worte: *gnothi seauton*. Das heißt: Erkenne dich selbst! Erst über die Selbsterkenntnis gelangt man zu weiteren Erkenntnissen. Sokrates war diesbezüglich ein Störenfried und Unruhestifter, gleich einem Kind, das ständig nachbohrt und weiterfragt.

Ein Freund von Sokrates ließ einmal das Orakel in Delphi befragen, wer denn der weiseste Mensch sei. Die Priesterin Pythia tat kund, dass Sokrates der weiseste Mensch sei. Sokrates selbst war aber überzeugt, dass er keine großen Erkenntnisse besitze. Er war sich sicher, dass er nichts wisse. So nahm er sich vor, diesen Orakelspruch zu überprüfen. Er begann, die Weisheit der anderen unter die Lupe zu nehmen. Er befragte namhafte Dichter, Handwerker, Kaufleute, Feldherren und Staatsmänner. Dabei stellte sich heraus, dass diese sich zwar für sehr weise hielten, es aber nicht waren. So stimmt letztlich der Orakelspruch mit der sokratischen Aussage **„Ich weiß, dass ich nichts weiß"** überein. Die anderen wissen nichts, Sokrates auch nicht. Sokrates aber weiß zumindest, dass er nichts weiß. Dieses Basiswissen, diese Grunderkenntnis erhebt ihn über die anderen.

Das Wissen um das Nichtwissen ist eine erste philosophische Grundeinsicht. Nichts ist ganz sicher. Frage immer weiter, hinterfrage das Für-sicher-Geglaubte. Lass dich nicht von Autoritäten blenden.

Sokrates bekam schließlich mit ca. 70 Jahren Probleme. Bei einem Teil der Athener war er sehr beliebt, bei einer Reihe von Einflussreichen aber sehr verhasst. Er wurde wegen Verführung der Jugend und wegen Gottlosigkeit angeklagt. Viele junge Athener, Söhne der reicheren Schicht, waren von Sokrates fasziniert, was den Älteren widerstrebte. Er habe die Jugend gegen ihre Väter aufgewiegelt, hieß es. Außerdem ehre er die Staatsgötter nicht. In Summe waren die Anklagepunkte sehr fadenscheinig. Man wollte diesen unangenehmen Zeitgenossen einfach ausschalten.

Ein Gericht von ca. 500 ausgelosten Laienrichtern befand ihn – demokratischerweise – für schuldig. Schließlich wurde er zum Tode verurteilt und musste den Schierlingsbecher (Giftbecher) trinken.
Dies zeigte seinem Schüler Platon – einem Gegner der Demokratie – eindrucksvoll, dass die Mehrheit sehr wohl irren kann.

Sokrates wurde von Freunden sogar die Flucht aus dem Gefängnis angeboten, er fügte sich aber in sein Schicksal, respektierte den Entscheid und die Gesetze. Angeblich starb Sokrates in heiterer Gelassenheit und wurde so zum Märtyrer der Philosophie.

Gerade sein Tod hält die Figur des Sokrates lebendig und zeigt eindrucksvoll das hehre Ideal, die hohe Moral und Charakterfestigkeit des Sokrates, seine nur dem Gewissen verpflichtete Haltung. Nicht der Tod sei das Übel, sondern die Schlechtigkeit des Menschen ist das Problem. Selbst der angedrohte Tod konnte ihn nicht von seiner Meinung und seinen Idealen abbringen. (Vgl. dazu Kap. VII., 4. auf S. 188f.)

„Der Tod des Sokrates" von Jacques-Louis David (1748–1825)

5. „PHILOsophie lebt!"

E-Book
VIDEO
und Video-Transkript

Interview mit dem Philosophen KONRAD PAUL LIESSMANN

Univ. Prof. Dr. Konrad Paul Liessmann (geb. 1953) ist Professor für Methoden der Vermittlung von Philosophie und Ethik an der Universität Wien. In vielfältigen wissenschaftlichen und essayistischen Veröffentlichungen beschäftigt er sich mit Fragen der Ästhetik, Kunst- und Kulturphilosophie und Bildungstheorie. Er ist wissenschaftlicher Leiter des „Philosophicum Lech".

Zsolnay Verlag - Heribert Corn, corn@corn.at/OTS

Konrad Paul Liessmann

Fischill: Herr Professor Liessmann, ich darf Sie nach Ihrem Weg zur Philosophie befragen: Wie wurden Sie, wie wird man Philosoph?
Liessmann: *Mein persönlicher Lebensweg zur Philosophie war motiviert durch eine sehr frühe Lektüreerfahrung. Im zarten Alter von 14 oder 15 Jahren fiel mir das Buch „Du und die Philosophie" in die Hände, das in meiner elterlichen Bibliothek zu finden war. Ich habe zu lesen begonnen und war fasziniert. Ich habe zwar nicht sehr viel verstanden, aber wie viele Philosophiegeschichten begann auch diese mit Sokrates und dem Lebensschicksal von Sokrates; und vor allem dem mehr oder weniger freiwilligen Tod, den Sokrates eingegangen ist, um die Konsequenz seines Denkens, seiner Haltung, zu unterstreichen. Das hat mich unglaublich beeindruckt. Da dachte ich, wenn Menschen bereit sind, dafür zu sterben, da muss doch etwas dran sein.*

Fischill: Sokrates hat im herkömmlichen Sinne nicht gearbeitet, und Sie haben einmal erwähnt, dass Ihnen Ihre Mutter ins Ohr geflüstert hätte, wenn die schulischen Leistungen nicht entsprächen, dann müssten Sie arbeiten … Haben Sie nie gearbeitet?
Liessmann: *Ich würde alles das, was ich in meinem Leben gemacht habe, in der Tat nicht als Arbeit bezeichnen. Ich habe mich mit sehr vielen Dingen beschäftigt, fast immer mit Dingen, die mich interessiert haben. Aber jetzt im Sinne einer Arbeit als fremdbestimmtes Tun, als Vollziehen von Aufgaben, die einem vorgegeben werden, oder eine Tätigkeit, die man eher lustlos macht, nur um seinen Lebensunterhalt sichern zu können, in dem Sinne habe ich wahrscheinlich in meinem langen Dasein nur selten gearbeitet. Als Student im Sommer in einer Möbelfabrik und einer Molkerei. – Das war echte Arbeit.*

Fischill: Ich möchte zum Philosophiebegriff kommen: Es gibt einen engeren Philosophiebegriff und einen weiteren. Welchen würden Sie da favorisieren? Anders gefragt: Ist jeder Philosoph?
Liessmann: *Nein, es ist nicht jeder Philosoph. Es gibt zwar einen schönen Satz von Karl Popper, dass jeder Philosoph sei, aber die meisten wären schlechte Philosophen. Ich würde sagen, fast jeder Mensch wird mit Fragen konfrontiert, die auch die Philosophie interessiert. Gleichzeitig ist die Philosophie, und da vertrete ich ehrlich gesagt eher einen engen Philosophiebegriff, eine Form des Denkens, die durchaus den Anspruch hat, bestimmten Kriterien der Argumentation, der Rationalität, auch der Fundierung in der eigenen Tradition zu genügen. Ich kann keine Philosophie betreiben, ohne nicht zumindest im Auge zu haben, was in diesen 2500 Jahren, in denen wir in Europa Philosophie betreiben, tatsächlich geleistet worden ist. Diese Wissenschaft besteht in hohem Maße auch darin, dass man gleichsam in Dialog tritt, mit diesen Geistern der Vergangenheit, was ich immer unglaublich aufregend empfunden habe.*

Fischill: Zur Bildung: Ich möchte auf Pico della Mirandola, italienischer Humanist und Philosoph der Renaissance, zu sprechen kommen. Der spricht vom Menschen als „Former und Bildner seiner selbst". Zitat: „[…] gemacht, damit du wie ein Former und Bildner deiner selbst nach eigenem Belieben und aus eigener Macht zu der Gestalt dich ausbilden kannst, die du bevorzugst. […] Wir sind geboren worden unter der Bedingung, daß wir das sein sollen, was wir sein wollen."

G. Pico della Mirandola: Oratio de hominis dignitate. Rede über die Würde des Menschen, S. 9 und 13 R

Worin würden Sie die Kernidee der Bildung sehen?
Liessmann: *Man kann hier direkt anschließen. Ich glaube, mit Pico della Mirandola ist ein Gedanke klar formuliert worden, der bis heute die Bildungsdebatte durchzieht, einerseits, dass der Mensch anthropologisch gesehen das Wesen ist, das nicht fertig auf die Welt kommt, dass er*

aber auch nicht der wird, der er werden kann, wenn man ihn einfach seiner Entwicklung überlässt. Wir sind keine Pflanzen, die sich nach einem bestimmten Programm einfach entfalten und wo man sagen muss „braucht nur ein bisschen Erde, braucht nur ein bisschen Licht, braucht ein bisschen Wasser".

Der Bildungsgedanke ist eigentlich konträr zur Entwicklungskonzeption. Menschen entwickeln sich nicht, sondern sie bilden sich. Das heißt, was wir aus uns machen, wie wir uns formen, ist etwas, das uns nicht vorgegeben ist, sondern hier können wir, bis zu einem gewissen Grad, das Material, das wir darstellen, unsere Physis, unseren Körper, unsere Anlagen, unsere Talente, unsere emotionalen Fähigkeiten bilden, genau in dem Sinne des Formens, des Gestaltens, so wie ein Bildhauer einen unbehauenen Marmorblock zu einer Skulptur formen kann.

Und der zweite große Gedanke, der dahintersteckt: Wir müssen uns selber bilden. Das heißt, Bildung ist nicht etwas, was ausschließlich andere mit uns machen können. Diese Rede von „ich bilde jemanden" oder „ich werde gebildet" ist nur die halbe Wahrheit. Die andere Wahrheit ist, dass Bildung immer eine Aufgabe ist, die man sich selbst gegenüber hat. Ich muss mich gestalten, ich muss nach jenen Erfahrungen, Kenntnissen, Fähigkeiten trachten, suchen, mich darum bemühen.

In diesem wunderschönen Text von Pico della Mirandola taucht eigentlich dieser Gedanke auf, der heute aus dem Bildungsdiskurs so schnell ausgeklammert wird, dass Bildung sehr viel mit Selbstverantwortung zu tun hat. Bildung hat nichts mit einem Supermarkt zu tun.

Ein Buch zu lesen, einen Film zu sehen, ein Kunstwerk zu durchdringen, das mag manchmal mühsam sein. Aber wenn einem dann ein Licht aufgeht, wenn man merkt, dass das jetzt essenziell wird für die eigene Einstellung zum Leben, zur Welt, zu den anderen Menschen, zu sich selber, dann ist das doch etwas Befriedigendes.

Fischill: Sie sind ein passionierter Rennradfahrer. Was haben Sport und Philosophie gemeinsam? Auch der große Ahnherr des Idealismus, Platon, war Sportler, war Ringer. „Plato" heißt ja breit, breitschultrig, breite Brust.

Liessmann: *Es gibt einige interessante Verbindungen. Ich glaube, dass dieser Bildungsgedanke, der Gedanke der Formung und Gestaltung, natürlich abgelauscht ist der Möglichkeit der Körperbildung. Das antike Gymnasion war ursprünglich eine Körperbildungsanstalt, eine Turnanstalt, wo eben Knaben in sportlichen Betätigungen ihren Körper geformt haben. Und nach demselben Modell sollte sich ja auch der Geist entwickeln, und durch Formung eine bestimmte, herzeigbare Gestalt gewinnen.*

Die antiken Griechen waren ja unglaublich ästhetische Menschen. Platon, den Sie zitiert haben, sprach von der Schönheit der Ideen, genauso wie von der Idee der Schönheit. Ich denke, dass dieser Aspekt für Philosophie nach wie vor eine interessante Perspektive darstellen kann, nämlich, dass auch ein Gedankensystem in einer bestimmten Art und Weise verhältnismäßig sein sollte. Es sollte eine Gestalt haben, es sollte gestaltend wirken.

Wir sprechen ja auch davon, wenn wir nach Bildungsgeschichten fragen: „Welche Bücher haben dich beeinflusst?", „Welche Lehrer haben dich beeinflusst?". Das heißt, diese Einflüsse sind auch so etwas wie Lebenstrainingseffekte, die ähnlich funktionieren wie beim Training des Körpers. Man kann die Terminologie noch weiter treiben: Das Gehirn ist auch nur ein Muskel. Nur durch Liegen und Konsumieren bekommt man sozusagen keinen definierten Körper, und nur durch Warten, was auf mich einströmt, das Anschauen von Fernsehserien, bekomme ich keine Definitionen in den Kopf, also kein tatsächlich definierendes und definiertes Denken.

Und wenn ein gefeierter Skisportler davon erzählt, wie hart er trainieren musste, dann bewundern wir das. Warum gilt das nicht auch für geistige Tätigkeiten?

Ich denke, dass hier die Pädagogik auch an den Schulen durchaus an der Philosophie, die ja auch begriffen werden kann als ein geistiges Training, ein Denktraining, das einerseits Anstrengung erfordert, aber andererseits unglaubliche Lust verschaffen kann, stärker an diesem Modell ansetzen könnte.

Fischill: Herr Professor Liessmann, ich danke für das Gespräch und das schöne Plädoyer.

Liessmann: *Ich danke Ihnen für die Möglichkeit hier einige Überlegungen anstellen zu können.*

1. Beschreiben Sie den Philosophiebegriff von Prof. Liessmann und diskutieren Sie diesen in der Klasse.
2. Erläutern Sie die Idee von Pico und dem Menschen als „Bildner und Former seiner selbst". Inwieweit werden Sie in der Schule „gebildet" bzw. inwieweit bilden Sie sich (selbstverantwortlich) selbst? Kommentieren Sie diese Überlegungen.
3. Beurteilen Sie die angesprochene Analogie zwischen der Welt des Sports, der Körperbildung, dem definierten Körper einerseits und den Lebenstrainingseffekten der Philosophie, dem geformten und schönen Geist, andererseits.

6. Philosophisches Handwerkszeug

Das Philosophieren beginnt – Aristoteles zufolge – mit dem Staunen.

Vieles kann den Menschen zum Staunen bringen: ein Naturschauspiel (die Weite des Meeres, der beeindruckende Sonnenaufgang), eine konkrete Erfahrung, ein Blick, ein Text, ein Gespräch. Wie kann man nun das Staunen forcieren, weiterbringen, gezielt vertiefen? Wie kann man sich von der Initialzündung „Staunen" in Richtung Weisheit und Wahrheit aufmachen?

In der Philosophie haben sich verschiedene Wege, Methoden entwickelt.

Texte begleiten die philosophische Tradition: Man kann Klassiker lesen, Texte über diese Klassiker beiziehen, aber auch selbst aktiv werden und schreiben. Mit Gedanken kann man experimentieren. Wichtige Begriffe müssen geklärt und neue Perspektiven sollen eingenommen werden. Ein Gespräch in der Gruppe kann wertvolle Einsichten liefern. Oder man geht hinaus in die Welt und lässt sich von den Gegebenheiten inspirieren.

Die verschiedenen Formen können natürlich auch verschränkt betrachtet und angewendet werden.

Im Folgenden sind acht mögliche Wege zum philosophischen Denken beschrieben:

6.1 Methode 1: Gedankenexperiment

Philosophie bedeutet Freiheit im Denken. Oft sind wir aber durch Alltag und Gewohnheit stark auf das Bekannte fixiert. Um unsere Denkgewohnheiten aufzubrechen, werden in der Philosophie Gedankenexperimente gemacht. Dies entspricht der Haltung kindlicher Neugier.

Im Gegensatz zum naturwissenschaftlichen Experiment, wo eine reale Versuchsanordnung die Annahmen überprüft, werden beim philosophischen Gedankenexperiment rein gedachte, hypothetische Annahmen gedanklich „durchgespielt".

Das Gedankenexperiment beginnt meist mit den Worten: **„Nehmen wir einmal an …"** Dann geht es darum, die Konsequenzen dieser Annahme weiterzudenken. Von einer fiktiven Ausgangssituation soll vernünftig und widerspruchsfrei weitergedacht werden.

René Descartes (vgl. dazu Kap. II., 4.1 auf S. 40f.) zweifelt in einem berühmten Gedankenexperiment die Wirklichkeit schlechthin an. Was wäre, wenn ein böser Gott mir die Welt nur vorgaukeln würde? Wenn dieser Gott ein Spiel mit mir triebe? Was ist Wirklichkeit? Was bin ich? Kann ich noch jemandem trauen? Was sind die Konsequenzen?

Bekannt ist auch das Gedankenexperiment von **Edwin A. Abbott** (vgl. dazu Kap. II., 1.2 auf S. 35): Wie können BewohnerInnen einer zweidimensionalen Fläche das Dreidimensionale wahrnehmen? Ein „Flachländer" kennt nur Punkte, Striche, Dreiecke etc., er kann keine Kugel wahrnehmen. An der Kugel kann er nur Kreise erkennen. Was wäre, wenn „Flachländer" mit dreidimensionalen Gegenständen in Berührung kämen? Sind wir nicht auch in anderen Bereichen „Flachländer"? Auf welchen „Augen" sind wir blind? Können wir das meiste vielleicht gar nicht erkennen?

Das heißt, vom Gedankenexperiment aus kann und soll man Rückschlüsse auf die eigene konkrete Situation ziehen.

Ein paar Gedankenanstöße:

- Nehmen wir einmal an, Sie seien der reichste Mensch auf Erden: Was würden Sie tun?
- Nehmen wir einmal an, der Tag hätte 48 Stunden: Was wären die Folgen?
- Nehmen wir einmal an, das Leben verliefe rückwärts, also vom Tod bis zur Geburt. Wie könnte ein derartiges Leben aussehen?
- Nehmen wir einmal an, Sie müssten einen Staat neu gründen und die Regeln für das gesellschaftliche Zusammenleben erfinden. Welchen Staat würden Sie konzipieren?
- Nehmen wir einmal an, Sie müssten ein Gedankenexperiment erfinden …

Überlegen Sie sich ein **Gedankenexperiment**:
Teilen Sie es Ihrem Nachbarn bzw. Ihrer Nachbarin mit. Dieser bzw. diese soll das Gedankenexperiment nun durchspielen. Präsentieren Sie interessante Ergebnisse vor der Klasse.

6.2 Methode 2: Philosophischer Essay

Bei dieser Form geht es um das Verschriftlichen philosophischer Gedanken. Eine philosophische Frage wird in essayistischer Form behandelt, wobei durchaus subjektive Standpunkte vertreten werden können. Im Wort „Essay" steckt „Versuch", es kann und soll auch subjektiv Verschiedenes versucht, probiert werden. Der Essay ist kein wissenschaftlicher, systematischer Aufsatz, er hat eine freiere Form.

Sehr bekannt sind die „Essais" von **Michel de Montaigne** (1533–1592). Nachdem er ein sehr bewegtes Leben geführt hatte, zog er sich in ein Turmzimmer seines Schlosses zurück und schrieb seine „Essais". Diese Abhandlungen sind ein Sammelsurium: Montaigne thematisiert Trunksucht, Sexualität, Pferde, den Tod und das Alter. Er stellt Wichtiges neben Unwichtiges, verknüpft persönliche Erfahrungen mit philosophischen Gedanken und antiken Zitaten.

Durch Reflexion kann man Distanz schaffen. Ähnlich dem Verfassen eines Tagebuches erlaubt der Essay einen Raum der Befreiung. Man kann diverse Existenzen und Situationen durchspielen …

Ausgangspunkt ist eine allgemeine philosophische Fragestellung. Dieses grundsätzliche Problem wird selbstständig und anhand eigener Gedanken bearbeitet. Dabei kann man natürlich auf bekannte philosophische Positionen zurückgreifen. Im Vordergrund stehen aber eigene Ideen und Überlegungen. Man kann durch Fragen LeserInnen zum Weiterdenken anregen.

Als Impuls für mögliche Themen hier exemplarisch einzelne Überschriften der „Essais" von Montaigne.

Über die Traurigkeit
Über den Müßiggang
Über die Zukunftsdeutungen
Philosophieren heißt sterben lernen
Über die Freundschaft
Über den Brauch, Kleider zu tragen
Über die zwischen uns bestehende Ungleichheit
Über das Schlafen
Über Gerüche
Über das Alter
Über die Trunksucht
Über das Gewissen
Über Bücher
Alles zu seiner Zeit!

Essay: Verfassen Sie einen philosophischen Essay. Wählen Sie eines der genannten Themen und schreiben Sie einen (kurzen) philosophischen Essay (eine bis eineinhalb Seiten).

6.3 Methode 3: Begriffe definieren

Sprachliche Ungenauigkeiten kennen wir aus unserem Alltag. Man redet oft aneinander vorbei. Statt Begriffe deutlich zu klären, wird oft mühsam diskutiert …

Gerade in der Philosophie tut diese begriffliche Arbeit not. Mit dem Gesprächspartner bzw. der Gesprächspartnerin muss möglichst Einigkeit über die verwendeten Begriffe erzielt werden.

Aus der Philosophiegeschichte ist der Baum des Porphyrios bekannt, benannt nach dem griechischen Philosophen **Porphyrios** (233–304 n. Chr.). Mit diesem „Begriffsbaum" versucht man, die zu definierenden Elemente schematisch einzuteilen (vgl. Beispiel unten). Diese baumartige Darstellung kategorisiert Über- und Unterordnungen.

Prinzipiell müssen alle verwendeten Begriffe in ein hierarchisches System eingeteilt werden können. Es gibt einen nächsthöheren Oberbegriff und spezifischere Unterscheidungen.

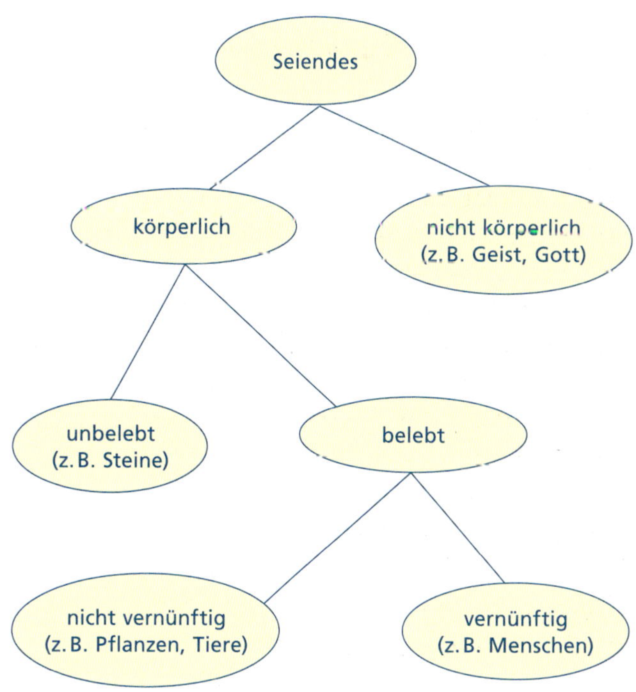

Die Klärung von Begriffen erleichtert das Gespräch mit anderen, erhellt eigene Gedanken und kann beim Lesen von philosophischen Texten hilfreich sein. Wenn man z. B. nicht weiß, wie Schopenhauer den Begriff „Wille" verwendet, wird man seine Texte nicht verstehen können. Eine Idealistin/Ein Idealist im Sinne Platons ist nicht mit unserem Alltagsbegriff der Idealistin/des Idealisten gleichzusetzen. Oft gibt es denselben sprachlichen Ausdruck, aber eine unterschiedliche begriffliche Fassung – dies gilt es klarzulegen.

Das Definieren von Begriffen ist Ihnen vielleicht aus dem Fremdsprachenerwerb bekannt. Die Kunst ist, einen Begriff mit anderen Wörtern zu erklären. Dazu muss man Wichtiges mit anderen Worten beschreiben und das zu Erklärende von anderen Begriffen abgrenzen. Jede begriffliche Bestimmung ist letztlich eine Abgrenzung von anderen Begriffen.
Also z. B.: Der Mensch ist kein Tier, weil …

- Einen längeren Text von Theodor W. Adorno zum Begriff der Philosophie und den Schwierigkeiten der philosophischen Terminologie finden Sie im E-Book.

1. Versuchen Sie, die alltäglichen Begriffe Auto, Haus und Schule zu definieren.
2. Wagen Sie sich weiters an die Begriffsklärung von Gott, Tod, Glück und Mensch.

6.4 Methode 4: Begriffsnetz, Mindmap

Will man verschiedene Begriffe in grafischer Form in Beziehung setzen, ist das Mindmap eine gute Möglichkeit. Man beginnt damit, dass man den zentralen Begriff in der Mitte notiert. Dann schreibt man weitere passende Begriffe in das Umfeld – jene Begriffe, die auch im „geistigen" und thematischen Umfeld des zentralen Begriffs stehen.
So bekommt man eine Karte, die wichtige und weniger wichtige Begriffe enthält. Verbunden werden die einzelnen Wörter mit Pfeilen. Diese Pfeile können unterschiedlich lang und unterschiedlich stark sein und somit die Beziehung verdeutlichen. Sie können einseitig sein oder in beide Richtungen weisen.

Das Begriffsnetz eignet sich auch zum Einstieg in ein Thema. Gedanken werden gesammelt und gleich in Beziehung gesetzt. Bekannte Relationen werden verdeutlicht. Durch das veranschaulichte und anregende Umfeld kommt noch der eine oder andere Begriff hinzu.

Auch bei der Arbeit mit Texten kann das Begriffsnetz Anwendung finden. Zentrale Begriffe eines Textes werden notiert und ihre Zusammenhänge grafisch dargestellt. Dadurch sollte man ein vertieftes Textverständnis erreichen. Visualisieren kann im Allgemeinen ein hilfreiches Mittel zum Verständnis von abstrakten Inhalten sein.

Mindmap: Fertigen Sie ein Mindmap zum Begriff „Sokrates" an. (Vgl. dazu die Informationen in Kap. I., 4. auf S. 16ff.)

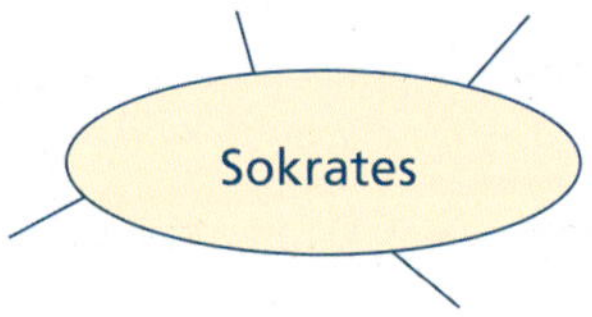

6.5 Methode 5: Perspektivenwechsel

Ein weiteres Mittel, um vorgefasste Meinungen zu ändern und eingefahrene Wege zu verlassen, ist der Perspektivenwechsel. In jedem Gespräch wird man sich bewusst, dass andere Menschen abweichende Meinungen und Sichtweisen haben können. Das ist oft mühsam, aber auch hilfreich. In vielen Belangen ist es wünschenswert, den Egozentrismus (Ich-Bezogenheit) zu überwinden und zu einem gemeinsamen, vertieften Verständnis zu gelangen.
Man kann fiktiv eine andere Position einnehmen und die möglichen Perspektiven der „anderen" Person ergründen. Sich hineinzuversetzen in eine andere Person kann das Verständnis vertiefen und neue Aspekte aufzeigen. In der Psychologie spricht man in diesem Zusammenhang von Empathie (Mitgefühl).
Weiters zeigt die (psychologische) Unterscheidung in Selbst- und Fremdbild mögliche Perspektiven auf ein einzelnes „Ich".

Immanuel Kant beschreibt drei „Maximen des gemeinen Menschenverstandes":

Es sind folgende: 1. Selbstdenken; 2. An der Stelle jedes andern denken; 3. Jederzeit mit sich selbst einstimmig denken.

I. Kant: Werke, Bd. 5, S. 390 (Kritik der Urteilskraft) R

Als zweite Maxime nennt Kant die der „erweiterten Denkungsart". Er ruft dazu auf, den „bornierten" Standpunkt zu verlassen und „erweitert" zu denken. Man soll versuchen, einen möglichst „allgemeinen Standpunkt" einzunehmen. Man soll sich in andere hineinversetzen, um allgemein, gültig und objektiv anstatt subjektiv zu denken. Die anderen sind laut Kant der „Probierstein", den jeder benötigt.
Zur dritten Maxime: Man soll versuchen, in seiner eigenen „Gedankenwelt" keine Unstimmigkeiten vorzufinden. Alles soll logisch zusammenpassen.

1. **Perspektivenübernahme** konkret:
   Denken Sie an einen Streitfall (mit Eltern, LehrerInnen, FreundInnen ...) und versetzen Sie sich in die jeweilige Lage. Schildern Sie den „Vorfall" aus Sicht der verschiedenen Betroffenen.
2. Führen Sie zu einem frei gewählten Thema ein fiktives Interview mit einer Philosophin bzw. einem Philosophen Ihrer Wahl oder lassen Sie zwei PhilosophInnen miteinander diskutieren.
   Verschriftlichen Sie das Interview und präsentieren Sie es danach in der Klasse.
3. Textarbeit: Suchen Sie aus dem Lehrbuch einen kurzen philosophischen Text (z. B. aus den Philosophischen Brocken) bzw. recherchieren Sie anderweitig nach einem entsprechenden philosophischen Text oder Textausschnitt. Versuchen Sie, diesen Text für Kinder umzuformulieren.
4. Der Straßenverkehr bietet jede Menge Konfliktpotenzial. Hier wäre ein Kennenlernen der Ansichten der anderen vielleicht hilfreich. Erkunden Sie als Fußgängerin/Fußgänger Ihre Umgebung bzw. Stadt. Fahren Sie ein andermal mit dem Auto, mit dem Motorrad oder mit dem Rennrad etc.
   Wie erleben Sie die gleiche Um-Welt? Was sind Ihre Einsichten nach dem praktischen Experiment? Besprechen Sie in der Gruppe die unterschiedlichen Sichtweisen ein und derselben Umgebung.
5. PhilosophInnen sehen die Welt voll staunenswerter Grundfragen. Die Botanikerin sieht beispielsweise die besonderen Pflanzenarten, die Physikerin erkennt das Walten von Naturgesetzen, der Psychologe hat menschliches Verhalten und Erleben im Fokus, die Lateinlehrerin erkennt überall alte Begriffe, der Musiklehrer rückt das Akustische in den Vordergrund.
   Sichten Sie Ihren schulischen Fächerkanon und spielen Sie anhand ausgewählter Situationen (am Stadtplatz, im Wald, im Fußballstadion etc.) die jeweils selektive Wahrnehmung durch.
   Abschließend können Sie in der Gruppe die Frage reflektieren: Was ist (letztlich) dann die Wirklichkeit?
6. Auch die Lebensalter bieten verschiedene Perspektiven. Hier kann das Gespräch mit Älteren/Jüngeren lohnend sein. Welche Erkenntnisse ziehen Sie aus Gesprächen mit VertreterInnen anderer Generationen? Tauschen Sie diesbezüglich Ihre Erfahrungen in der Klasse aus.

6.6 Methode 6: Textarbeit

Die Arbeit mit und an Texten gilt als eine wichtige Grundlage des Philosophierens. Philosophische Texte haben eine lange Tradition. Die anfängliche sokratische Skepsis dem Schreiben gegenüber war vorübergehend. Das Fixieren des Gedachten, das Verschriftlichen, ist ein Hauptanliegen der PhilosophInnen geworden. Schreibt man etwas nieder oder hält es auch digital fest, so eröffnet sich eine neue Qualität. Das gesprochene Wort verhallt in kürzester Zeit – das Geschriebene bleibt.

Dementsprechend gibt es eine Unmenge an schriftlichen Belegen, welche studiert werden können. Gewisse Texte und Bücher wurden über viele Generationen gelesen, interpretiert, ausgelegt. Man kann Texte einfach nur lesen, man kann sie mithilfe von Sekundärliteratur interpretieren, man kann sie in zeitlichen Abständen wieder lesen, mit ExpertInnen darüber diskutieren etc.
Das Wissen, dass gewisse philosophische Texte seit über 2000 Jahren studiert wurden und werden, kann beeindrucken. Man kann Texte historisch verorten, die Biografien der AutorInnen studieren. All das lässt ein Gesamtbild entstehen.

Nicht zuletzt sind die Leserin und der Leser aufgerufen, eine je eigene, konkrete und aktuelle Sicht und Stellung zum Text zu entwickeln: Dies ist ein offener, spannender Prozess. Was bewirkt der Text bei mir? Gerade Texte, welche vielleicht nicht unbedingt meiner Haltung entsprechen, die vielleicht quer zu meiner Einstellung liegen, können besonders anregend und bedenkenswert sein, können etwas provozieren bzw. hervorrufen.
Jeder Text kann mit anderen LeserInnen besprochen, analysiert und zur Diskussion gestellt werden.

Im Anhang (S. 245ff.) finden Sie längere Texte aus dem 20. und 21. Jahrhundert sowie eingangs methodische Hinweise zur Herangehensweise bei der Textlektüre. Diese können als Ergänzung und Vertiefung zum hier Beschriebenen gesehen werden.

> Manchmal bieten auch populäre Quellen, Songtexte etc. interessante philosophische Gedanken. Suchen Sie nach Texten aus der Musikwelt und untersuchen Sie diese hinsichtlich ihres philosophischen Gehalts. Präsentieren Sie die Ergebnisse vor der Klasse.

6.7 Methode 7: Sokratisches Gespräch

Sokrates und seine Schüler, Ausschnitt Fresko von Gustav Adolph Spangenberg (1883/88)

Impulsgeber in Richtung Staunen und Weisheit können auch besonders Mitmenschen sein. Ihre Sätze, Gedanken (oder auch Verhaltensweisen) bringen mich zum Philosophieren. Die/Der andere kann maßgeblich zu meiner Horizonterweiterung beitragen. Aristoteles sah den Freund als Spiegel seiner selbst, *„ein anderer er selbst"*.
Aristoteles, Die Nikomachische Ethik, S. 314, 322, 325
Kurzum: *„Edles lernst Du von Edlen."*
Aristoteles, Die Nikomachische Ethik, S. 330

Natürlich können auch Texte diese Impulse geben. Das Besondere am Dialog ist aber die Aktivität, die Interaktivität, das unmittelbare Sich-einlassen-Können. Viele didaktisch wertvolle Diskussionsmethoden (Kugellager, World Café, Fishbowl etc.) beruhen auf diesem Prinzip. Man kann gemeinsam Ideen entwickeln, welche sich im Monolog vielleicht nie eingestellt hätten.

Hier betritt **Sokrates** die Bühne. Er gilt als erste große Gestalt, die das Gespräch, den Dialog ins Zentrum rückt. Überzeugt von seinem eigenen Nichtwissen machte er es sich zur Aufgabe, mit den anderen zu diskutieren. Dieses vermeintliche Nichtwissen ist ein guter Ausgangspunkt, um anderen gut zuzuhören. Seine Gespräche zeugen von einer spannenden Reise zu den Grundfragen des Menschseins.

Der *„philosophische Faustschlag"*:
Sokrates wurde einmal (im Platonischen Dialog „Menon") als Zitterrochen bezeichnet. Der Zitterrochen (Elektrischer Rochen) teilt elektrische Schläge aus, TaucherInnen sprechen vergleichbar von einem kräftigen Faustschlag. Gleich diesem Tier kann Sokrates betäuben, lähmen, den anderen zum Erstarren bringen. Das Irritierende kann der Impuls zum Weiter- und Andersdenken sein. Philosophie soll im positiven Sinne elektrisieren. Gerade das An-sich-Vertraute soll neu und anders betrachtet werden.

Ein anderes Mal (im Platonischen Dialog „Charmides") erwähnt Sokrates die essenzielle, gleichsam heilsame Wirkung der Gespräche. Der Gesprächspartner (Charmides) suchte nach einem Heilmittel gegen sein Kopfweh.

Sokrates:
Ich erwiderte, es sei ein bestimmtes Blatt, das, verbunden mit einem Zauberspruch, jeden, der das Mittel gebrauche, vollständig gesund mache; ohne den Zauberspruch aber nütze das Blatt nichts.

Platon, Charmides. In: Platon, Sämtliche Dialoge, Bd. 3, S. 22 R

Wenn man so möchte, findet sich hierin eine antike Beschreibung des Placeboeffekts. Es wird die zentrale Bedeutung der Kommunikation unterstrichen. – Blatt (also Heilkraut) und Spruch als Voraussetzung für die Wirkkraft. Ebenso wird der Wert des Seelischen hervorgehoben. Für Sokrates sind die Zaubersprüche *„nichts anderes als vernunftgemäße Belehrungen."*

Platon, Charmides. In: Platon, Sämtliche Dialoge, Bd. 3, S. 24 R

Die Idee des philosophischen Austauschs kann also mit Sokrates begründet werden. Ohne vorgegebene Texte, welche einen vielleicht in eine rezeptive, passive Haltung bringen würden, kann aktiv das eigene Denken erprobt und sogar als lustvoll entdeckt werden. Das Zusammensein mit anderen, das Ausloten verschiedener Gedanken, kann freudvoll sein.
Das aktive und selbstständige Nachdenken des Einzelnen soll dabei gefördert werden. Gleichzeitig wird auch nach Verbindlichkeit gesucht. Das Individuelle wird mit dem Allgemeinen verbunden. Das ist der Weg der Philosophie.

In diesem Sinne wurde die Methode des sokratischen Gesprächs bzw. des neosokratischen Gesprächs begründet. Die Philosophen und Pädagogen **Leonard Nelson** (1882–1927) und **Gustav Heckmann** (1898–1996) gelten als Entwickler des neosokratischen Gesprächs. Das ursprüngliche sokratische Gespräch war meist ein Dialog. Nun wird daraus ein „Polylog", ein Gruppengespräch. Somit kann jede Teilnehmerin / jeder Teilnehmer zur Hebamme, zum geistigen Geburtshelfer für die andere und den anderen werden.

Hier in Grundzügen die **wesentlichen Regeln und Verfahrensweisen:**

- In einer Gruppe von 6 bis 12 TeilnehmerInnen werden die Themen besprochen.
- Die Themen bzw. Fragestellungen sollte am besten die Gruppe selbst entwickeln. Natürlich könnte auch die Gesprächsleiterin/der Gesprächsleiter das Thema vorgeben.
- Das Denken beginnt im Konkreten, bei den eigenen Erfahrungen und entwickelt sich zum Abstrakten, zum Allgemeinen (*bottom up*).

Die Gesprächsleiterin/der Gesprächsleiter soll ...

- sich in Sachfragen zurückhalten. Sie/Er macht Autorität nur in Verfahrensfragen, nicht aber in Sachfragen geltend. Wichtige Hintergrundinformationen kann sie/er natürlich beisteuern.
- so neutral wie möglich bleiben und versuchen, möglichst alle TeilnehmerInnen gleichermaßen in die Diskussion einzubinden. Sie/Er sollte besonders die Langsameren, Zurückhaltenderen schützen bzw. einbinden.
- für größtmögliche Klarheit des Gesprächs sorgen. Sie/Er bittet die TeilnehmerInnen, sich möglichst verständlich für alle auszudrücken. Das klare Sprechen ist ein wichtiges Anliegen. Klare Sprache ermöglicht auch die Argumente zu prüfen. Verworrenes kann schwer entkräftet, falsifiziert werden.
- versuchen, stets an der Ausgangsfrage festzuhalten.
- letztendlich um einen Konsens bemüht sein.

- Am Ende sollten möglichst allgemeine Einsichten stehen.
- Alle TeilnehmerInnen sind gleichberechtigt. Da philosophische Einsichten prinzipiell jeder/jedem zugänglich sein sollten, ist das sokratische Gespräch ein demokratisches Unterfangen. Wechselseitiges Verstehen ist ein Grundanliegen des Gesprächs. Jede Teilnehmerin/Jeder Teilnehmer ist bemüht, sich verständlich auszudrücken. Argumente sollen Meinungen abstützen. Bei Nichtverstehen soll nachgefragt werden.
- Eigene Erfahrungen sollten als Ausgangspunkt dienen.
- Alle Aussagen jeder Teilnehmerin und jedes Teilnehmers werden ernst genommen.
- Am Ende sollte noch ein „Metagespräch" stattfinden. Hier analysiert die Gruppe den Verlauf des Gesprächs an sich. Es wird über das Reden geredet. Dieser Teil ist klar vom eigentlichen Sokratischen Gespräch abgegrenzt und kann ein Drittel der Gesamtzeit in Anspruch nehmen.

Vgl. dazu D. Birnbacher und D. Krohn (Hg.), Das sokratische Gespräch und D. Birnbacher, Schule des Selbstdenkens – das Sokratische Gespräch, S. 215–236

■ **Fazit:** Das Sokratische Gespräch steht für die Idee einer Denkgemeinschaft. Viele DenkerInnen können mehr entwicklen als die Einzelne, der Isolierte.

Das menschliche Denken entwickelt sich zu großen Teilen in der Auseinandersetzung mit anderen weiter. Dies setzt Kommunikation voraus.

Sokrates suchte im Gespräch die Auseinandersetzung. **Kant** sah im anderen den „Probierstein" (siehe Methode 5: Perspektivenwechsel, S. 25). Auch bei **Habermas** findet man diese Grundidee. Im Diskurs, in der Kommunikationsgemeinschaft werden die allgemeinen, vernünftigen Ideen entwickelt. **Wittgenstein** sah Philosophie nicht als Lehre, sondern als Tätigkeit.

Konkret:
Es sollten im Sokratischen Gespräch vorwiegend Fragen thematisiert werden, welche Menschen unmittelbar beschäftigen: das gute, gelingende Leben, Fragen der Gesellschaft, des Alltags, wichtige Begriffe etc.

Abschließend ein paar mögliche **Themen** bzw. **Begriffe**, welche Sie besprechen könnten:

- Was bin *ich*? Was bist *du*? Erkenne dich selbst! (gnothi seauton)
  In der (Sozial-)Psychologie gibt es den Rollenbegriff: Was zeichnet/macht dich aus? Bist du im Wesentlichen Schüler, Schwester, Kind, Freundin etc.? Bist du Mensch, Europäer, Philosophin, Mitmensch? Von hier aus kommt man schnell zu den anthropologischen Bestimmungen: Was ist der Mensch? Ist er den Mitmenschen ein Wolf? Ist er eine Maschine? Ist er Abbild Gottes?
- Was ist *Freundschaft*? Besprechen Sie den Begriff „Freundschaft".
  Wie viele Freundinnen und Freunde haben Sie? Wie viele Freundschaften braucht man? Welche Begriffe, Abstufungen, Nuancen verwenden Sie dabei: vom (guten) Bekannten zur besten Freundin? Wodurch zeichnet sich der gute Freund aus? Was erwarten Sie von FreundInnen? Wie unterscheiden sie sich von Familienmitgliedern?
- Diskutieren Sie den Begriff *Sorge* und seine Bedeutungen. – Von der Vorsorge über die Fürsorge bis zur verzweifelten, ängstlichen Sorge.
- Was hat es mit dem *Alter*, dem Menschen in seiner zeitlichen Veränderung, auf sich?
- Was ist *Schönheit, Bildung, Glück, Erfolg, Liebe* etc.?

6.8 Methode 8: Philosophischer Spaziergang

Hinaus in die Welt …
Neue Perspektiven können interessante Einsichten bringen. Verlässt man den Klassenraum, so eröffnen sich neue Sichtweisen. Der staunend-hinterfragende Blick kann auf eigentlich Bekanntes gerichtet werden und doch Neues zeigen. Das Gespräch mit Gleichgesinnten eröffnet neue Einsichten.

Bekanntlich wandelten schon im antiken Griechenland die Denker umher.
Rousseau ging sehr viel. **Kant** war ein Spaziergänger. **Schopenhauer, Nietzsche** und viele andere waren überzeugte Wanderer. **Heidegger** war auch Skifahrer. In der Regel waren diese Denker aber Solisten.

Friedrich Nietzsche:
Nur die ergangenen Gedanken haben Werth.
Friedrich Nietzsche: Götzen-Dämmerung. Sprüche und Pfeile 34. In: Ders., Sämtliche Werke. Bd. 6, S. 64 R

Nebenbei: Das Kind Sören Kierkegaard – das eigentlich hinaus zu den anderen wollte – musste meist im Haus bleiben und mit seinem Vater so tun, als ob sie draußen spazierten, gingen aber nur im Vorraum des Hauses auf und ab. Sie spielten nur die diversen Treffen und Szenen mit anderen. Sie absolvierten, so gesehen, geistige Spaziergänge. Dies forcierte anscheinend Kierkegaards Imaginationskraft, dürfte aber nicht allzu positiv für das Sozialverhalten des Kindes gewesen sein.

Der philosophische Spaziergang soll natürlich in der realen Welt passieren. Er kann prinzipiell überall stattfinden. Es können sehr bekannte Plätze aufgesucht werden, aber auch unscheinbare Orte können zum Nachdenken anregen. Es müssen nicht immer nur Gedenktafeln sein, berühmte Plätze oder Kirchen und bestimmte Gebäude, auch unscheinbare Häuser, Parks oder einzelne Bäume können Ein- und Ausblicke geben.
Man kann beispielsweise auf eine Anhöhe steigen. Das Hinunterblicken auf die eigene Stadt kann schon Erkenntnisse bringen. Von oben sieht die Welt anders aus. Eine gewisse Distanz ist oftmals nötig und erhellend.

Es findet ein Wechselspiel statt zwischen dem (stimulierenden) Ort und dem (nachdenkenden) Menschen. Alleine das Verlassen des herkömmlichen Klassensettings kann befreiend, inspirierend wirken. Zudem gibt es Studien, wonach bereits das Betrachten eines Baumes positive Wirkungen hat. Der Wald nimmt quasi die Funktion einer Heilstätte ein. Messbare Stoffe (die Terpene), ausgesendet von den Bäumen, scheinen stressreduzierend, therapeutisch zu wirken. Der Begriff „Waldbaden" existiert seit den 1980er-Jahren im Japanischen. Die Realität des heutigen Menschen ist allerdings jene, dass wir den Großteil des Tages auf Artifizielles, Virtuelles blicken …

Am besten geht man in einer Kleingruppe los. Man hält an passenden Örtlichkeiten inne und nimmt sich Zeit für etwaige Diskussionen.

Während des Spaziergangs geht man zu zweit oder zu dritt und redet – immer auf der Suche nach kleinen und großen Gedanken. Ist einmal der Horizont für das philosophische Fragen eröffnet, können sich neue Fragen und Zusammenhänge ergeben.

Prinzipiell geht der Gedankengang vom Konkreten zum Abstrakten. Von einer konkreten Sache, einem konkreten An- und Ausblick ausgehend, sollen allgemeine Überlegungen angestellt werden.

Viele Fragen können beim Flanieren entstehen …

- Am *Kirchenplatz* kann man die Frage nach der religiösen Sehnsucht der Menschen erörtern. Warum haben Menschen derartige Gebäude erschaffen, teils unter sehr hohem Einsatz und Aufwand?
- Auf die Stadt blickend, an einer *Anhöhe* stehend, kann man die Übersicht genießen und Neues entdecken. Wie klein werden doch die Dinge, wenn man entsprechend hoch oben ist. Ist die Distanz befreiend? Sollte man sich öfters den „Kleinlichkeiten" des Lebens entziehen?
  Friedhöfe können diskret besucht oder umrandet werden. Was bewirkt das Wissen von der Sterblichkeit? Seit wann sind Bestattungsrituale überliefert und wie unterschiedlich können diese aussehen? Inwiefern ist die Vorstellung des Todes das Movens schlechthin im Leben? In welchem Ausmaß ist das Geschäftige der Lebenden ringsum der Angst vor dem Tod geschuldet?
- Der *Stadtplatz*, der Ort der politischen Vertretung (*Gemeindeamt, Rathaus, Landhaus*), das *Kaffeehaus*, der *Gastgarten*, der *Park* – wo treffen sich Menschen? Warum haben wir ein derart großes Bedürfnis nach Zusammenkunft?

E-Book
Interview Schulak
„Philosophische Praxis"

7. Philosophische Brocken

7.1 Philosophie: ein Liebesverhältnis

Keiner der Götter ist Wahrheitsforscher oder strebt weise zu werden; denn er ist es schon, wie denn überhaupt, wer weise ist, nicht philosophiert (nach Weisheit sucht). Ebensowenig philosophieren andererseits die aller Einsicht Baren, noch begehren sie weise zu werden. Denn eben darin liegt ja das Bedenkliche des Unverstandes, daß man, ohne schön, gut und verständig zu sein, sich gleichwohl einbildet, man sei allen Anforderungen gewachsen. Wer nun nicht glaubt bedürftig zu sein, der trägt natürlich auch kein Verlangen nach dem, dessen er nicht zu bedürfen glaubt.
Wer sind denn also, Diotima, die Philosophierenden, wenn es weder die Weisen noch die Toren sind?
Das ist doch nunmehr schon jedem Kinde klar, versetzte sie, daß die zwischen beiden in der Mitte Stehenden es sind, zu denen auch Eros gehört: denn was wäre schöner als die Weisheit? Eros aber ist die Liebe zu allem Schönen, folglich ist Eros notwendig ein Philosoph; als Philosoph aber steht er in der Mitte zwischen einem Weisen und einem Toren.

Platon: Das Gastmahl. In: Platon, Sämtliche Dialoge, Bd. 3, S. 48 R

> Platon zeigt die Liebe zur Weisheit als erotische Angelegenheit.
> Entwickeln Sie Assoziationen und versuchen Sie Zusammenhänge herzustellen zwischen den Begriffen „Liebe" und „Weisheit". Was ist das Schöne am Streben, am Suchen?

Was die Philosophie betrifft, so kann man sie folgendermaßen sehen:
Denn es steht damit nicht so, wie mit anderen Lehrgegenständen: es läßt sich nicht in Worte fassen, sondern aus lange Zeit fortgesetztem, dem Gegenstande gewidmetem wissenschaftlichen Verkehr und aus entsprechender Lebensgemeinschaft tritt es plötzlich in der Seele hervor wie ein durch einen abspringenden Funken entzündetes Licht und nährt sich dann durch sich selbst. [...] Wäre es aber meiner Ansicht nach möglich, diese Dinge in einer für das Publikum befriedigenden Weise niederzuschreiben oder mündlich vorzutragen, was könnte ich dann für ein schöneres Werk aufweisen in meinem Leben als der Menschheit durch solche Schrift ein großes Heil zu bescheren und das Wesen der Dinge für alle ans Licht gezogen zu haben?

Platon: Sämtliche Dialoge, Bd. 6, S. 72 (Siebenter Brief) R

> Wer sich wirklich für Philosophie interessiert, wird sein Leben lang nicht mehr davon loskommen.
> Was kann und soll man sich von der Philosophie – dem ganz anderen „Lehrgegenstand" – erwarten?
> Diskutieren Sie Ihre Erwartungshaltungen.

Platon, der erste antike Philosoph, von dem ein umfangreiches Werk existiert, ist sich der Schwierigkeit seines Unterfangens sehr wohl bewusst. Obwohl er Tausende Seiten an Dialogen, Texten, an Philosophie hinterlassen hat, ist er hinsichtlich der Wirkung skeptisch. Dennoch sieht er in der Philosophie eine äußerst schöne Aufgabe.

7.2 Kinder-Philosophie

Ich rede am liebsten mit Kindern; denn von ihnen darf man doch hoffen, daß sie einmal Vernunft-Wesen werden; die aber, die es geworden sind – herrjemine!

S. Kierkegaard: Entweder – Oder, S. 28 (1843) R

> Was ist das Kindliche, das sich ein Philosoph wünscht?
> Untersuchen Sie den Satz von Kierkegaard.

Sören Kierkegaard, ein dänischer Philosoph, lebte zu Beginn des 19. Jahrhunderts.

7.3 Sprachphilosophie

Wovon man nicht sprechen kann, darüber muß man schweigen.

L. Wittgenstein: Tractatus logico-philosophicus, S. 115 (1921) R

> Entwickeln Sie eigene Überlegungen zu diesem (berühmten) Satz.

Die Philosophie ist keine der Naturwissenschaften. (Das Wort ‚Philosophie' muß etwas bedeuten, was über oder unter, aber nicht neben den Naturwissenschaften steht.) Der Zweck der Philosophie ist die logische Klärung der Gedanken.
Die Philosophie ist keine Lehre, sondern eine Tätigkeit. Ein philosophisches Werk besteht wesentlich aus Erläuterungen. Das Resultat der Philosophie sind nicht ‚philosophische Sätze', sondern das Klarwerden von Sätzen. Die Philosophie soll die Gedanken, die sonst, gleichsam, trübe und verschwommen sind, klar machen und scharf abgrenzen.

L. Wittgenstein: Tractatus logico-philosophicus, S. 41 (1921) R

Untersuchen Sie in Partnerarbeit die Textstelle. Erörtern Sie dabei die Fragen, was Philosophie und Naturwissenschaft unterscheidet und warum die Philosophie keine Lehre, sondern eine Tätigkeit sei. Präsentieren Sie Ihre Überlegungen danach im Plenum.

Ludwig Wittgenstein, ein österreichischer Philosoph in der ersten Hälfte des 20. Jahrhunderts, beschäftigte sich ausführlich mit dem Phänomen Sprache.

7.4 Revolutionsphilosophie

Wie die Philosophie im Proletariat ihre* materiellen, *so findet das Proletariat in der Philosophie seine* geistigen *Waffen, und sobald der Blitz des Gedankens gründlich in diesen naiven Volksboden eingeschlagen ist, wird sich die Emanzipation* der* Deutschen *zu* Menschen *vollziehen. […] Die* Emanzipation des Deutschen *ist die* Emanzipation des Menschen. *Der Kopf dieser Emanzipation ist die* Philosophie, *ihr Herz das* Proletariat. *Die Philosophie kann sich nicht verwirklichen ohne die Aufhebung des Proletariats, das Proletariat kann sich nicht aufheben ohne die Verwirklichung der Philosophie.*

K. Marx/F. Engels: Studienausgabe, Bd. 1, S. 33 (K. Marx, Zur Kritik der Hegelschen Rechtsphilosophie. Einleitung) R

* Proletariat: die Klasse der besitzlosen ArbeiterInnen
* Emanzipation: die Befreiung aus einer Abhängigkeit

Die Philosophen haben die Welt nur verschieden interpretiert, *es kömmt drauf an, sie zu* verändern.

K. Marx/F. Engels: Studienausgabe, Bd. 1, S. 140 (K. Marx, Thesen über Feuerbach) R

Setzen Sie sich kritisch mit der Idee auseinander, wonach – Marx zufolge – die Philosophie die Welt verändern sollte.

Im 19. Jahrhundert wurde **Karl Marx** bekannt, sein Name ist wie kein anderer mit einer revolutionären Gesellschaftstheorie verbunden. Marx war der Philosoph, der zur Praxis schreiten wollte. Die Philosophie dürfe nicht länger in der Theorie verharren. Gedanken sollten direkt umgesetzt werden. Wie genau die Ideen von Marx im Marxismus und Kommunismus umgesetzt wurden, darüber lässt sich diskutieren …

7.5 Gefährliche, schwindelerregende Philosophie

Wer die Luft meiner Schriften zu atmen weiss, weiss, dass es eine Luft der Höhe ist, eine s t a r k e Luft. Man muss für sie geschaffen sein, sonst ist die Gefahr keine kleine, sich in ihr zu erkälten. Das Eis ist nahe, die Einsamkeit ist ungeheuer – aber wie ruhig alle Dinge im Lichte liegen! wie frei man athmet! wie Viel man u n t e r sich fühlt! – Philosophie, wie ich sie bisher verstanden und gelebt habe, ist das freiwillige Leben in Eis und Hochgebirge – das Aufsuchen alles Fremden und Fragwürdigen im Dasein, alles dessen, was durch die Moral bisher in Bann gethan war.

F. Nietzsche: Sämtliche Werke, Bd. 6, S. 258 (Ecce homo) R

Was ist das Gefährliche an der Philosophie?
Entwickeln Sie, ausgehend von Nietzsches Metapher, eigene Gedanken zu möglichen Gefahren und Freuden des Philosophischen.

Friedrich Nietzsche lebte in der zweiten Hälfte des 19. Jahrhunderts. Er zählt zu den „gefährlichen" Denkern, da er vieles fundamental kritisierte. In meist sehr kurzen und sprachlich interessanten Texten brachte er seine „umwerfenden" Gedanken vor.

Martin Heidegger über das Besondere der philosophischen Bewegung:

So bewegen wir uns hier ständig im Kreise. Das ist das Zeichen, daß wir im Bereich der Philosophie uns bewegen. Überall ein Kreisen. Dieses im Kreise Sichbewegen der Philosophie ist wieder etwas, was dem vulgären Verstande zuwider ist. Er will gerade nur ans Ziel kommen, so, wie man der Dinge im Handgriff habhaft wird. Im Kreis gehen – das führt zu nichts. Vor allem aber macht es schwindlig, und Schwindel ist unheimlich. Man kommt sich vor, als hänge man zwischen dem Nichts. […] Aber – wen bei einer philosophischen Frage noch nie der Schwindel gefaßt hat, der hat noch nie philosophierend gefragt, d. h. ist noch nie im Kreis gegangen. Bei dieser Kreisbewegung ist nicht das entscheidend, was der vulgäre Verstand allein sieht, das Entlanglaufen an der Peripherie und das Zurückkommen an dieselbe Stelle auf der Peripherie, sondern das im Kreisgang mögliche und in ihm allein mögliche Blicken ins Zentrum als solches. Dieses als ein solches offenbart sich nur im Kreisen um es.

Martin Heidegger: Die Grundbegriffe der Metaphysik, S. 266f. R

Formulieren Sie konkrete Fragestellungen, um die Sie kreisen, wobei Ihnen ein Ankommen aber nicht möglich scheint. Bei welchen Gedanken und Vorstellungen kann Ihnen schwindlig werden? Nennen und beschreiben Sie Themen, die Sie essenziell betreffen und schwindlig machen können.

Martin Heidegger, ein Denker des 20. Jahrhunderts, beschreibt die philosophische Bewegung als Kreisen um ein geheimnisvolles Zentrum. Die Gefahr des Schwindels ist inbegriffen. Diesen Schwindel sieht er als untrügliches Kennzeichen der Philosophie.

7.6 Philosophie der Gelassenheit

Belaste Dich nicht mit viel Gepäck. Nichts von dem, was wir haben, ist notwendig. Kehren wir zurück zum Gesetz der Natur, und unser Reichtum liegt bereit. Was wir notwendig haben, ist umsonst oder wohlfeil. Brot und Wasser verlangt die Natur. Daran ist niemand arm. Wer darauf seinen Bedarf einschränkt, mag mit Jupiter selbst wetteifern an Glückseligkeit.

Seneca: Vom glückseligen Leben, S. 139 (Aus den Briefen an Lucilius) R

Erzählen Sie von Situationen, in denen Sie das „einfache Leben" als Glück empfanden.

Merke: du hast eine Rolle zu spielen in einem Schauspiel, das der Direktor bestimmt. Du mußt sie spielen, ob das Stück lang oder kurz ist. Gibt er dir die Rolle eines Bettlers, so mußt du diese dem Charakter der Rolle entsprechend durchführen; ebenso, wenn du einen Krüppel, einen Herrscher oder einen Philister spielen sollst. Deine Aufgabe ist einzig und allein, die zugeteilte Rolle gut durchzuführen; die Rolle auszuwählen, steht nicht bei dir.*

Epiktet: Handbüchlein der Moral, S. 29 R

* Philister meint einen engstirnigen Menschen, einen Spießbürger, einen kleinlichen Besserwisser.

Beziehen Sie Stellung zu diesem stoischen Gedankengang.

Tod, Verbannung, überhaupt alles, was furchtbar erscheint, halte dir täglich vor Augen. Vor allem den Tod. Das wird dich vor kleinlichen Gedanken bewahren und vor übermäßigen Begierden.

Epiktet: Handbüchlein der Moral, S. 31 R

Inwiefern können uns Gedanken an den Tod vor kleinlichen Gedanken bewahren?
Kommentieren Sie diese Idee.

In der Antike versuchte die Gruppe der **Stoiker**, den Menschen Trost und Rat zu spenden. Die Philosophie solle weder eine Revolution anzetteln noch allzu abstrakte Gedanken und Hirngespinste verbreiten. Sie diene vielmehr dazu, praktische Ratschläge für ein glückseliges Leben zu geben. In stoischer Ruhe soll das Leben gelebt werden. Bekannt sind der römische Philosoph **Seneca** (1. Jh. n. Chr.) und der Philosoph und Stoiker **Epiktet** (1./2. Jh. n. Chr.). Letzterer beschwört die Rolle des Schicksals.

7.7 Provokante Philosophie

Was hat der Geschlechtsakt, dieser so natürliche, nützliche, ja notwendige Vorgang den Menschen eigentlich angetan, daß sie nicht ohne Scham davon zu reden wagen und ihn aus den ernsthaften und sittsamen Gesprächen verbannen? Wir haben keinerlei Hemmung, die Worte töten, rauben *und* verraten *offen auszusprechen – und da sollen wir uns dieses eine bloß zwischen den Zähnen zu murmeln getraun? Meinen wir gar, wir hätten, je weniger Worte wir darüber machen, ein um so größeres Recht, mit unsren Gedanken ständig darin zu schwelgen?*

M. de Montaigne: Essais. Drittes Buch, S. 102 R

Wie weit darf und soll die Rede-Freiheit gehen?
Begründen Sie Ihre Haltung.

Sowohl die Könige wie die Philosophen scheißen, und die Damen auch.

M. de Montaigne: Essais. Drittes Buch, S. 472 R

[…] und selbst auf dem höchsten Thron der Welt sitzen wir nur auf unserm Arsch.

M. de Montaigne: Essais. Drittes Buch, S. 524 R

Was möchte der Autor mit derartigen offenen und derben Ausdrücken bewirken?
Entwicklen Sie dazu eigene Überlegungen.

Der französische Denker **Michel de Montaigne** (16. Jh.) sprach in seinen „Essais" sehr viele unterschiedliche Themen an. Die Provokation (lat. *provocare* = hervorrufen), das Ansprechen des Unausgesprochenen, war ihm ein beliebtes Mittel. Die Philosophie will die tabuisierten Themen beim Namen nennen, über alles darf nachgedacht werden …

E-Book
7.8 Alltagsphilosophie

Zusammenfassung

- Philosophie ist die Liebe zur Weisheit.
- Sie grenzt sich von Religion und Ideologie ab, indem alles hinterfragt werden kann und muss: Alleiniges Kriterium ist die eigene Vernunft.
- Die abendländische Philosophie beginnt im antiken Griechenland. Karl Jaspers spricht von der „Achsenzeit der Weltgeschichte“ (800–200 v. Chr.).
- Als erster Philosoph gilt Thales von Milet (ca. 6. Jh. v. Chr.).
- Mit der Philosophie beginnt auch die Entwicklung vom Mythos zum Logos.
- In Ontogenese und Phylogenese läuft die Entwicklung ähnlich.
- Immanuel Kant hat die Philosophie mit vier Fragen umrissen:

Was kann ich wissen?	(= Erkenntnistheorie)
Was soll ich tun?	(= Ethik)
Was darf ich hoffen?	(= Religions-/Existenzphilosophie)
Was ist der Mensch?	(= Anthropologie)

- Allgemeine Definition:
  Die Philosophie beschäftigt sich mit Grundfragen des Menschseins in vernünftig-argumentativer Weise.

Abschließende Fragen und Anregungen

1. Wie würden Sie einem Freund/einer Freundin den neuen Gegenstand „Philosophie“ erklären? Definieren Sie mit eigenen Worten den Begriff „Philosophie“.
2. Ab wann spricht man von Philosophie und wo liegen ihre Ursprünge? Rekapitulieren Sie dazu das Wichtigste.
3. Erklären Sie den Unterschied von Mythos und Logos.
4. Umreißen Sie mit Kant das Feld der Philosophie und beschreiben Sie die philosophischen Fragestellungen und Teilgebiete.
5. Skizzieren Sie das Wichtigste aus Sokrates' Leben und Denken.
6. Kommentieren Sie die folgenden Zitate und diskutieren Sie dann gemeinsam über das Besondere des Philosophischen.

   Das Höchste, was wir erlangen können, ist nicht Wissen, sondern Offenheit für Einsichten.
   H. D. Thoreau: Vom Wandern (1862), S. 66

   Wer meint, alles zu durchschauen, philosophiert nicht mehr.
   K. Jaspers: Die Unabhängigkeit des philosophierenden Menschen, S. 111

Mögliche kompetenzorientierte Aufgabenstellungen für die Reifeprüfung befinden sich im Anhang auf S. 241ff.

II. Erkenntnistheorie

Machen Sie mit einem Smartphone ein Foto. Vergleichen Sie dieses Foto mit der sogenannten Wirklichkeit. Wir wirklich ist unser menschliches Bild der Wirklichkeit? Reflektieren Sie den Begriff „Wirklichkeit".

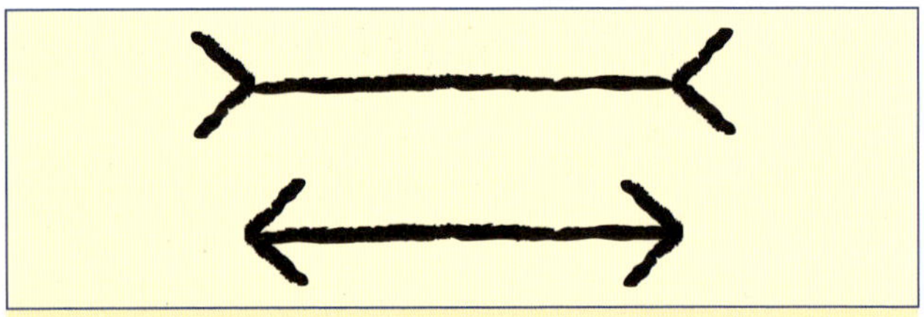

Optische Täuschung: Müller-Lyer'sche Pfeiltäuschung

1. Vor-Gedanken

1.1 Alles relativ?

Der Mensch versteht sich als Erkennender, er glaubt, die Dinge zu durchschauen, wie sie sind. Das Tier dagegen lebt vor sich hin. Der Mensch macht sich auch selbst zum Objekt seiner Reflexionen – er denkt über sich nach.

In der Philosophie hat sich die Disziplin der **Erkenntnistheorie** etabliert. Das griechische Verb *theorein* bedeutet „anschauen". Theorie ist somit die Betrachtung, die Anschauung. Man schaut also das Erkennen genauer an, nimmt es unter die Lupe.

- Wie funktioniert der Erkenntnisprozess wirklich?
- Wie komme ich zur Erkenntnis?
- Gibt es Grenzen der Erkenntnis?

Immanuel Kant fasste die Fragen zusammen: Was kann ich wissen?

Hinsichtlich der Erkenntnisfähigkeit des Menschen hat sich früh in der Geschichte der Menschheit eine breite Skepsis eingestellt. Der griechische Ausdruck *skepsis* heißt zunächst „eingehende Untersuchung", *skeptomai* bedeutet „spähen, umherblicken, betrachten". Man betrachtet, untersucht, überlegt, zweifelt und gelangt zur Zurückhaltung.
In der griechischen Antike waren vor allem die Sophisten sehr skeptisch. Sie meinten, wahre Erkenntnis sei nicht möglich, es gebe keine absoluten und objektiven Wahrheiten. Dies nennt man **Skeptizismus**. Die Sophisten waren meist auch Relativisten. Der **Relativismus** meint, dass es keine allgemeingültigen Wahrheiten und Normen gibt; es gebe keinen Fixpunkt – alles sei relativ und subjektiv.

Als Gipfelpunkt dieser Haltung kann der „Homo-mensura-Satz" des Sophisten Protagoras gesehen werden:

[...] der Mensch sei [ist] der Maßstab aller Dinge, der Seienden, daß sie sind, der nichtseienden, daß sie nicht sind.

W. Capelle (Hg.): Die Vorsokratiker, S. 327 R

Dieser Satz meint nicht, dass die Menschen die Größten sind und sich als Krone der Schöpfung fühlen sollen. Der Satz meint, dass Menschen selbst die Maßstäbe setzen und die Dinge erkennen, wie sie ihnen erscheinen. Eine letzte Wahrheit gebe es nicht. Alles sei zutiefst menschlich und könne nur immer menschlich gemessen und betrachtet werden.
Die Sophisten stehen für die „Dreieinigkeit": Skeptizismus, Relativismus und Subjektivismus.

- **Skeptizismus**: die Neigung zum Zweifeln an scheinbar Feststehendem; bis hin zum prinzipiellen Zweifel an der Möglichkeit der Erkenntnis, der Wahrheit und der Wirklichkeit.
- **Relativismus**: die Sichtweise, dass alles relativ ist, d.h. die Lehre, nach der es keine absolut gültige (und somit vom Erkennenden unabhängige) Erkenntnis gibt. Im ethischen Bereich: das Denken, dass es keine absolut gültigen Normen gibt.
- **Subjektivismus**: die Sicht, dass es keine objektiven Erkenntnisse, Wahrheiten und Werte gibt, auch die Wirklichkeit gibt es nicht. Alles ist subjektiv.

1.2 Täuschungen

Der Mensch hat erkannt, dass er sich täuschen kann. Den Dingen, so wie sie sich darstellen, trauen gerade PhilosophInnen nie. Könnte es denn nicht auch anders sein? Täuschen mich die Gegebenheiten?
Die Psychologie des Alltags offenbart, dass man gerade aus der Nähe viele Dinge sehr unklar, verschwommen sieht. Das Sprichwort besagt, dass der Wald vor lauter Bäumen nicht zu erkennen ist. Ist man einem Menschen sehr nahe, nimmt man nur einen kleinen Ausschnitt wahr. Gleichzeitig ist man dadurch sehr verletzlich. Ist man gefühlsmäßig in Konflikte verstrickt, gelingt es einem schwer, eine gute Lösung zu finden. Deshalb haben sich nunmehr professionelle MediatorInnen (VermittlerInnen) oder PsychotherapeutInnen zur Konfliktlösung etabliert.
Erst aus der **Distanz** zeigen sich die Konturen deutlich. Denken und Philosophieren können die nötige Distanz verschaffen.

Die Möglichkeit, von einem Menschen zu sprechen, zeigt schon die Möglichkeit der Distanz, da man sich distanzieren, sich selbst aus der Ferne betrachten kann. Jemand tritt aus seinen unmittelbaren Lebensumständen und betrachtet sich quasi von oben.

Schon in der griechischen Antike waren sich die Menschen bewusst, dass sie verschiedenen **Täuschungen** unterliegen. Es muss nicht gleich die Fata Morgana in der Wüste sein. Ein Stock, hält man diesen ins Wasser, erscheint gebrochen. Zieht man ihn wieder heraus, wirkt er wieder gerade. Der Verstand sagt, dass der Stock auch im Wasser gerade ist; nur die Sinne, die Augen signalisieren die Brechung. Die menschlichen Sinne (und letztlich auch der Verstand) sind anfällig für Täuschungen.

> Nebenbei: Der geradeste Stock ist nie ganz gerade. Eine Gerade ist – in der Realität – nie ganz gerade. Ein Kreis ist nie ein vollkommener Kreis. All dies sind Ideale und Modelle, mit denen man mathematisch rechnen kann, die aber in der Lebenswelt nie exakt vorzufinden sind.

Heute weiß man – gerade durch erfundene technische Hilfsmittel –, dass die Welt anders ist, als wir sie unmittelbar erkennen können.
Menschen haben bekanntlich fünf **Sinne.** Über diese Sinne entsteht das Bild von der Welt. Menschen besitzen keinen sechsten oder siebten Sinn. Radiowellen, Röntgenstrahlen, Radioaktivität, Magnetfelder etc. können nur durch technische Apparaturen erfasst und verwertet werden.
Die größten und kleinsten Dinge erschließen sich uns Menschen nur über Hilfsmittel. Mikroskope und Teleskope wurden gebaut, um sehr kleine Dinge zu sehen bzw. um ins Weltall zu blicken. Die menschlichen Sinne wurden dadurch erweitert …
Im Alltag jedoch merkt man beispielsweise nichts von den kleinen Tierchen (bzw. Mikroorganismen auf der Haut oder im Darm etc.), die mit einem leben. Erst eine Ansicht durch das Mikroskop offenbart die Mitbewohner.
Weiters bewirkt **Selektion** (Auswahl), dass man nur Ausschnitte in einem bestimmten Sinnesbereich wahrnehmen kann. Als Mensch sieht man nur Licht bestimmter Wellenlängen und hört nur bestimmte Frequenzen. Die Welt der Tiere ist anders. Sehen Tiere Farben oder ist nur die menschliche Welt farbig? Wie nimmt die Katze oder die Fliege die Welt wahr?
Daraus lässt sich schließen: Menschen nehmen nur einen Ausschnitt wahr, halten die wahrgenommene Welt aber für die Welt schlechthin, für die Wirklichkeit.

Die Geschichte vom **Flachland** (von **Edwin A. Abbott**) verdeutlicht diese Theorie in einem Gedankenexperiment bzw. Gleichnis: Im Flachland gibt es nur einen zweidimensionalen Raum – es gibt keine Höhe. Die BewohnerInnen des Flachlands sind dann Striche, Quadrate, Kreise etc.
Plötzlich durchquert eine Kugel, die aus dem (dreidimensionalen) Raumland kommt (das entspräche der menschlichen Existenzform), das Flachland. Die Flachländer können selbstverständlich keine Kugel wahrnehmen. Sie nehmen die Kugel zuerst als Punkt, dann als immer größer werdenden Kreis wahr. Dieser wird wieder kleiner, wird dann zum Punkt und verschwindet schließlich.

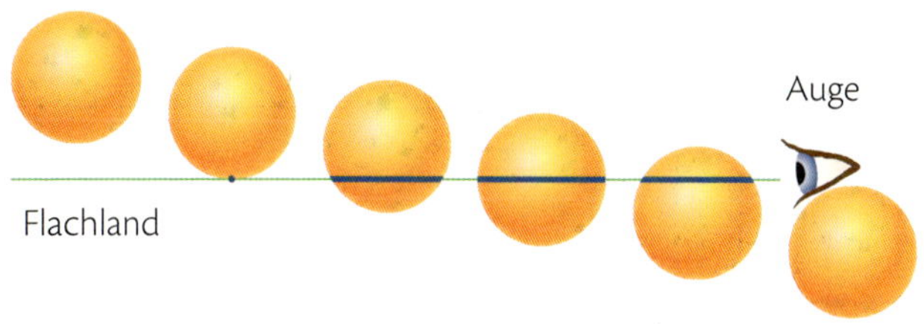

> Überlegen Sie, wo Sie „Flachländer" sind und anderes nicht wahrnehmen können.

> **Rollenspiel:** Streitgespräch zwischen einer Realistin/einem Realisten und einer Skeptikerin/einem Skeptiker.
> Entwickeln Sie in Partnerarbeit ein Streitgespräch.
> Eine/Einer von Ihnen ist der naive Realist, welcher die Wirklichkeit genau so, wie er sie wahrnimmt, für wirklich hält. Die/Der andere ist ein Sophist, der meint, dass die Erkenntnis relativ und subjektiv ist: Wirklichkeit ist nur eine Konstruktion, die Wirklichkeit gibt es gar nicht.
> Diskutieren Sie das Problem anhand konkreter Beispiele.
> Präsentieren Sie interessante Gespräche vor der Klasse.

Wir können nur Dinge wahrnehmen, die wir wahrnehmen können. – So könnte die banale Schlussfolgerung lauten. Wir haben keinen Sinn für andere Dimensionen.
Zugleich wissen wir, dass es viel mehr gibt, als wir wahrnehmen können. Gerade dieses Wissen eröffnet den Raum für allerlei Spekulationen. Es werden Energien, geheimnisvolle Kräfte und Ähnliches ins Treffen geführt. Diese Vermutungen sind schwer zu widerlegen. Darum finden Gespräche zwischen denen, die sich auf die „harten" Fakten der Wissenschaft berufen, und EsoterikerInnen meist wenig Konsens.

2. Die Ausgangssituation

2.1 Transzendentale Differenz

Um etwas erkennen zu können, braucht man zumindest zwei Dinge: ein Subjekt, das erkennt, und ein Objekt, das erkannt werden soll. Dies ist der Ausgangspunkt jeder Erkenntnistheorie.

Diese elementare Gegebenheit wird auch als **transzendentale Differenz** bezeichnet. „Transzendent" meint eigentlich überschreitend. Im Anschluss an Kant meint transzendental „vor aller Erfahrung liegend" oder „von vornherein". Das heißt, jeder Erfahrung und Erkenntnis geht diese „Differenz" (von Subjekt und Objekt) voraus. Sie ist eine Grundvoraussetzung.
Das erkennende (oder transzendentale) **Subjekt** ist die Bedingung der Möglichkeit von Erfahrung/Erkenntnis. Einfacher gesprochen: Erst das Subjekt ermöglicht Erkenntnisse und Erfahrungen. Die zu erkennenden **Objekte** sind Gegenstände der Erfahrung/Erkenntnis.
Das Subjekt bin immer ICH. Beim Erkenntnisprozess ist alles in erster Linie subjektiv. Alles Erkannte sind Objekte meiner Erkenntnis. Der Tisch vor mir kann erkannt werden. Auch Mitmenschen können erkannt und somit zum Objekt werden. Auch ich kann mich zum Objekt des Erkennens machen. Ich kann meine Arme betrachten, ich kann mein Innerstes, meine Gefühle und Sehnsüchte erkennen wollen. Ich kann zum/zur PsychoanalytikerIn von mir selbst werden. Es gibt somit Gegenstände der inneren und äußeren Erfahrung.

erkennendes Subjekt	zu erkennendes Objekt
(Bedingung der Möglichkeit von Erkenntnis/Erfahrung)	(Gegenstände der inneren und äußeren Erkenntnis/Erfahrung)

Der aus Österreich stammende Philosoph **Ludwig Wittgenstein** (1889–1951) schreibt:

Das Subjekt gehört nicht zur Welt, sondern es ist eine Grenze der Welt.

L. Wittgenstein: Tractatus logico-philosophicus, S. 90 R

Wittgenstein verdeutlicht dies mit dem Bild vom Auge und dessen Gesichtsfeld. Das Subjekt verhält sich zum Objekt wie das Auge zum Gesichtsfeld. Das Auge ist die Bedingung der Möglichkeit (also die Voraussetzung) für das Gesichtsfeld. Ohne das sehende Auge würde es kein Gesichtsfeld geben. Das Auge selbst kommt aber in seinem Gesichtsfeld niemals vor. Das Auge, das Erfahrungssubjekt, ist letztlich kein erfahrbarer Gegenstand.

Natürlich kann man einwenden, dass man sein Auge doch im Spiegel betrachten kann. Es gibt aber einen fundamentalen Unterschied: Das Auge im Spiegel sieht nicht. Es hat daher eben kein Gesichtsfeld. Das transzendentale Ich entzieht sich somit prinzipiell dem Zugriff. Auch mit Psychologie und humanwissenschaftlichen Erkenntnissen kann diese transzendentale Differenz nicht aufgehoben werden.

2.2 Gespaltensein

Ich kann über mich reflektieren; auch über mein Reflektieren kann ich reflektieren. Dieses Spiel lässt sich ins Unendliche fortsetzen.
Aussagen wie „Ich habe einen tollen Körper" oder „Ich muss mich beim Arzt durchchecken lassen, da meine Blutdruckwerte zu hoch sind" klingen sehr distanziert. Man (das Wort „man" ist auch eine distanzierte Formulierung) kann zu sich ein Verhältnis wie zu seinem Auto herstellen, das ebenso durchgecheckt wird.
Denken, Reflexion ist somit ein Hinweis auf Entzweiung. Ich kann mich auch als Einheit denken. Das Denken dieses Gedankens ist aber wieder eine Art Ent-Zweiung. Es liegt in der Struktur unseres Menschseins, dass wir denken können und Bewusstsein haben. Wir sind Geistwesen. Wir können über uns selbst nachdenken. Wir können ein Verhältnis zu uns herstellen.
Dieses Verhältnis meint der dänische Philosoph **Sören Kierkegaard** (1813–1855) mit dem Satz:

Das Selbst ist ein Verhältnis, das sich zu sich selbst verhält […].

S. Kierkegaard: Die Krankheit zum Tode, S. 13 R

picturedesk.com/Blanc Kunstverlag/SZ-Photo

Sören Kierkegaard

Wir sind also keine Einheit, sondern ein **Verhältnis**. Darum streben wir zeitlebens nach der Einheit, der vollkommenen Harmonie oder (psychologisch ausgedrückt) der Homöostase, dem völligen körperlichen und seelischen Gleichgewicht.

Nur erreichen wir es nie bzw. nur kurz oder nur im Rückblick. Man wünscht sich meist das, was man nicht oder noch nicht hat …
Der Mensch ist für Kierkegaard das Wesen, das sich zu sich selbst verhalten kann. Darum sei der Mensch nie bei sich, er könne sein Denken dazwischenschalten. Menschen leben einerseits immer in dieser Spannung, andererseits eröffne das Denken die Welt der Möglichkeit. Das Schöne am Denken sei, dass Menschen sich alles denken können. Sie können dabei die Welt der Wirklichkeit verlassen und die unbeschränkte und vielleicht auch unbeschwerte Welt der Möglichkeit betreten. Beim Spielen oder beim Lesen eines Romans sei das der Fall.

Das Außer-sich-Sein sei der Preis dafür, dass Menschen Wesen mit Vernunft, Verstand und Bewusstsein seien. Wir Menschen können reflektieren, hinterfragen und haben Selbstbewusstsein. Wir belächeln Wesen, die dies nicht können – im Speziellen Tiere –, beneiden sie aber auch.
Wir Menschen suchen nach uns selbst, wir reden von Selbstverwirklichung, wir suchen nach unserer Identität. Wer sucht, muss etwas verloren haben. Selbstfindungsseminare und Schönheitsoperationen zeugen von dieser Sehnsucht.

Aber: Menschen werden immer gespaltene Wesen bleiben. Dies liegt in der Struktur des Menschseins.
Gleichzeitig weiß man, dass Reflektieren und Nachdenken vieles verändern. Aufkommende Krankheiten werden meist erst spürbar, wenn Zeit zur Besinnung ist. Im Arbeitsalltag wird dies verdeckt. Der „Blick" nach innen kann vieles erst eröffnen.

Der Physiker Werner Heisenberg formulierte die sogenannte **Unschärferelation**, die besagt: Man kann Ort und Impuls (Zeitpunkt) eines Teilchens gleichzeitig nie genau bestimmen. Alleine durch das Messen, den Messvorgang wird das Ergebnis verzerrt, das Messen beeinflusst das Gemessene.
Für ein einzelnes Ereignis sei keine präzise Voraussage möglich. Der Traum von endgültigen, exakten Einsichten in den Bauplan des Größten wie des Kleinsten scheint ausgeträumt. Objektive (Natur-)Erkenntnis ist nicht möglich. Es gilt, mit diesen **Unschärfen** und Unbestimmtheiten zu leben.
Auf der psychologisch-menschlichen Ebene zeigt sich ein ähnlicher Effekt: Jede Kommunikation beeinflusst das Endergebnis. Die Erwartungshaltung verzerrt und lenkt das Gespräch in eine gewisse Richtung (Selffulfilling Prophecy).

Die letzte große Wahrheit ist nicht möglich – das ist es, was wir als letzte Wahrheit haben. Es bleibt die Einsicht der Undurchsichtigkeit des Ganzen. Ich weiß, dass ich es nie genau wissen werde.

Sind nicht auch **Körper** und **Geist** gespalten?
Oft sehnt man sich danach, die Trennung in Körper und Geist nicht mehr spüren zu müssen. Derartige Grenzerfahrungen kann es bei einem mystischen Erlebnis oder auch im Sport geben. „Es läuft mich", können LäuferInnen im Grenzbereich sagen. Ähnliche Glückserlebnisse werden als „Flow" bezeichnet. Es fließt, es läuft, und es ist gut. Ich schalte mich nicht mehr denkend dazwischen – ich bin einfach nur.

> Vergleichen Sie die folgenden zwei Aussagen und erörtern Sie den Unterschied:
> „Ich habe einen Körper." – „Ich bin mein Körper."

2.3 Verwobensein

Sind Subjekt und Objekt wirklich zu trennen?

Im 20. Jahrhundert hat auch die **Phänomenologie** (die Lehre von den Erscheinungen/Phänomenen) versucht diese Fragen zu diskutieren. Gemäß ihrem Gründer, **Edmund Husserl** (1859–1938), wollte man „zu den Sachen selbst", befreit von jedweden Vorurteilen. Den Phänomenen galt es auf den Grund zu gehen. Phänomenologie beschäftigt sich mit dem Bewusstsein, mit den im Bewusstsein erscheinenden Gegenständen. Daher sind Ideen der Phänomenologie in Zeiten der Diskussion um Künstliche Intelligenz und Bewusstseinsforschung durchaus aktuell. Bewusstsein ist immer Bewusstsein von etwas. Der starre erkenntnistheoretische Gegensatz von Subjekt und Objekt wurde zusehends in Frage gestellt.

In Frankreich hat der Philosoph **Maurice Merleau-Ponty** (1908–1961) die nicht lösbare Verknüpfung von Körper und Bewusstsein betont. Die Erfahrung des Leibes ist immer doppeldeutig: Er ist weder reines Ding noch reines Bewusstsein. Der Körper ist so immer empfindbar und empfindend. Merleau-Ponty hat sich zudem intensiv mit Wahrnehmung und Kinderpsychologie auseinandergesetzt.

Als Beispiel für die Verwobenheit kann das Sein des Fußballers/der Fußballerin auf dem Spielfeld betrachtet werden. Der Fußballplatz ist für die SpielerInnen kein reines Objekt. Sie beziehen ihn in ihren Körper mit ein, sie können die Richtung des Tores „spüren", so wie die Lage und das Befinden ihres eigenen und unmittelbaren Körpers.

Abschließend eine Frage, die PhänomenologInnen beschäftigt: Was passiert eigentlich, wenn sich die eigenen Hände berühren? Wer berührt/empfindet hier wen oder was?

3. Aufstieg aus der Höhle

3.1 Die Idee

Da die Sinne oft unzuverlässig sind, muss das Ganze ausgeglichen werden, dafür haben wir eine geistige Ebene. Mithilfe des Denkens kann es gelingen, den sinnlichen Schwächen Abhilfe zu schaffen.

Der erste große Versuch, das Geistige emporzuheben, stammt von **Platon** (427–347 v. Chr.), der zum großen Wegbereiter und Vater des Idealismus wurde.

Der **Idealismus** ist jene philosophische Richtung, die dem Geistigen den Vorzug vor dem Körperlichen gibt. Die Gegenposition dazu ist der Materialismus. Dieser besagt, dass das Materielle/das Körperliche das Primäre darstellt und das Geistige nur ein Nebenprodukt des Materiellen ist.

Für Platon ist also das Geistige wesentlich. Alles Materielle sei sekundär und auch vergänglich. Das Wesen der Dinge, die Ideen, das Geistige, all das sei letztlich unvergänglich, ewig und zentral.
Mit Platon setzt somit eine erste strikte Trennung von Körper und Geist bzw. Seele ein, die auch eine Leibfeindlichkeit mit einschließt. Dennoch war Platon ein Freund der Gymnastik. Fit zu bleiben galt es aber nur, um den Geist zu fördern. Der Körper sollte möglichst lange den Ansprüchen des Geistes dienen.

> Nebenbei: Das griechische Wort *platon* heißt auch „breit" bzw. „breitschultrig". Angeblich war der Philosoph auch als Ringer aktiv.

- **Idealismus**: jene philosophische Position, die das Geistige als primär und wesentlich betrachtet.
- **Materialismus**: jene Position, die im Materiellen das Primäre sieht. Das Geistige ist nur sekundär.

Für Platon gibt es wahre Einsicht nur, wenn man sich – über die sinnlichen Wahrnehmungen hinaus – zum Wesen der Dinge bewegt. „Was ist dahinter?", das ist die Frage, die Platon in den Vordergrund rückt. Zum Wesen der Dinge gelange man durch das Denken.

Platon veranschaulicht seine diesbezüglichen Gedanken in dem berühmten **Höhlengleichnis**, das sich in einem seiner Hauptwerke, der „Politeia" (Der Staat), findet. Er vergleicht den Erkenntnisprozess mit einem Aufstieg aus der Höhle. (Lesen Sie dazu den Text des Gleichnisses auf S. 69f.)

3.2 Das Höhlengleichnis

Eigentlich sind die Menschen gefesselte Höhlenbewohner. Sie blicken an die Wand der Höhle und sehen lediglich Schatten von Gegenständen, die hinter ihrem Rücken vorbeigetragen werden. Ein Feuer sorgt dafür, dass etwas gesehen werden kann. Aber: Die Höhlenbewohner sind an diese Schattenbilder gewöhnt und halten dieses Schattenspiel für die Wirklichkeit schlechthin.
Da kommt ein Gefesselter frei und kann den Aufstieg aus der Höhle wagen. Der Befreite ist der Philosoph, der sich nach oben zum wahren Licht aufmacht. Der Aufstieg ist anstrengend. Als er die Höhle hinter sich gelassen hat, sieht er nun die Dinge, wie sie wirklich sind. Dabei ist er geblendet vom wahren Licht, da er an die finstere Höhle gewöhnt war.
Letztlich steht die Sonne für die höchste Idee und Wirklichkeit: das Wahre, Gute und Schöne.

Seither wird oft das Bild des Lichtes, der Aufklärung (engl.: *Enlightenment*, frz.: *siècle des lumières*) bemüht, um den Erkenntnis- und Selbsterkenntnisprozess zu bezeichnen. – „Mir geht ein Licht auf."

Schatten, Abbilder und die Wirklichkeit

Der Aufstieg ist ein anstrengender geistiger Prozess – ein Weg des Denkens. Man muss die alten Gewohnheiten hinter sich lassen und denkend hinter die vergänglichen Abbilder blicken. Es gilt, mit dem „geistigen Auge" zu schauen. Das Wesen der Dinge lässt sich für Platon nur im Denken erschließen.
Die Dinge, wie sie wirklich sind, sind für Platon die Ideen, das Wesentliche. Mit unseren Sinnen erschließen wir nur **Abbilder**, und diese seien **vergänglich** und veränderlich. Alles von den Sinnen Erfasste, alles Materielle werde verschwinden, sei nicht von Dauer. Der Tisch vor mir und selbst mein Körper haben ein Ablaufdatum. Alle materiellen Dinge sind von einem Ende, einem Zerfall, einer Umgestaltung bedroht. Sie unterliegen der Kategorie Zeit.

Nebenbei: Der Begriff „Kategorie" (gr. *kategorein* = aussagen) hat in der Philosophie, und hier in der Erkenntnistheorie, eine alte Tradition. Aristoteles führte den Begriff für die Bezeichnung der verschiedenen Arten von Aussagen ein. Er unterschied zehn Kategorien: Zuerst kann etwas über das Wesen/die Substanz eines Gegenstandes ausgesagt werden (z. B.: Das ist ein Pferd), dann über seine Größe/die Quantität (z. B.: Der Mensch ist 1,57 Meter groß), weiters über die Beschaffenheit/die Qualität (z. B.: Dieses Pferd ist umgänglich, jener Mensch ist gebildet) usw.
Mit den Kategorien, den Grundaussagen, können wir die Wirklichkeit einteilen, sie in ein System bringen.

Für Platon ist nur das Geistige, die **Idee**, das Wesen der Dinge **ewig und unveränderlich**. Das ist Platons tröstlicher Gedanke. Diesen Trost haben die Religionen aufgegriffen. Speziell das Christentum ist stark von Platon und seiner Lehre beeinflusst. Daher gilt im Christentum das Körperliche, der Leib als problematisch und für diverse Sünden anfällig.

Im Höhlengleichnis kehrt der Befreite wieder zurück zu den anderen, diesen fehlt aber das Verständnis. Die an die Schatten Gewöhnten können den, der die Wahrheit geschaut hat, nicht verstehen. Sie werden den Philosophen und Unruhestifter töten, mit dieser Anspielung endet das Höhlengleichnis. Platon hatte miterlebt, wie sein Lehrer und Freund Sokrates von der Menge, die ihn nicht verstand, zum Tode verurteilt wurde.

Die **Idee** bei Platon darf nicht verwechselt werden mit einem Einfall, den man haben kann. Bei Platon ist die Idee das Wesen einer Sache. Ich kann eine Idee von Gerechtigkeit haben, vom Schönen oder auch von einem Tisch. Damit ich einen Tisch immer als Tisch identifizieren kann, dazu muss ich schon eine Idee von der „Tischheit" haben. Ich muss das Wesen des Tisches erkannt haben – nämlich dass Tische immer eine Platte und Beine (oder Sonstiges, auf dem diese Platte liegt) haben. Die Idee des Tisches sehe ich nie, ich nehme nur einzelne Tische wahr. Ob der Tisch nun klein, aus Holz, antik oder modern ist, ich kann ihn immer als Tisch erkennen. Jeder Tisch hat somit Anteil an der Idee des Tisches. Wahrnehmen können wir den vergänglichen Tisch, das Abbild der Idee des Tisches; die unveränderliche Idee erfassen wir nur mit dem Denken.

Das Höhlengleichnis unterstreicht die Differenz zwischen Wahrnehmen und Wahrheit. Alles Wahrgenommene ist veränderlich und vergänglich, die Idee aber ist das Unveränderliche und Wahre.

Wie kommt man aber zu den Ideen? Dafür holt Platon aus: Die Seele des Menschen habe, bevor sie ins Erdenleben trat, die Ideen im Ideenhimmel geschaut. Die Menschen haben also die Ideen schon immer in sich. Beim Eintritt ins Leben werden die Ideen aber gelöscht. Durch Wiedererinnerung (gr.: ***anamnesis***) gelangen die Menschen jedoch erneut zu den (schon geschauten) Ideen. Diese Wiedererinnerung kann durch einen geistigen Geburtshelfer à la Sokrates gefördert werden. Mithilfe der Mäeutik (vgl. dazu Kap. I., 4. auf S. 17) werden Wahrheiten, die wir Menschen immer schon in uns haben, zutage befördert.

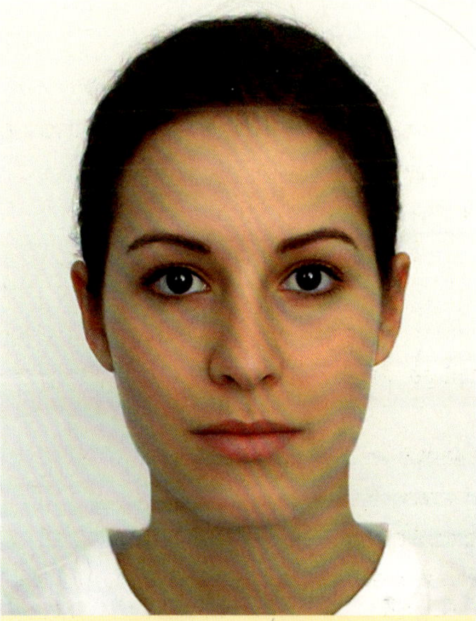

Gemorphtes (ideales) Gesicht

Bildimpuls: gemorphtes Gesicht
Dieses Gesicht existiert in Wirklichkeit nicht. Es ist „gemorpht", das heißt, es wurde computertechnisch hergestellt, indem viele Gesichter übereinandergelegt wurden. Das Gesicht ist sozusagen ein Durchschnittsgesicht, ein idealer Ausgleich. Das Interessante: Dieses Gesicht wird von den meisten BetrachterInnen als sehr schön und ideal empfunden. Reale Gesichter erreichen diese Einstufung in der Regel nicht …
Diskutieren Sie den Begriff des „Ideals" anhand folgender Leitfragen:

- Wann spricht man von einem Ideal?
- Was ist eine ideale Schule für Sie?
- Was wäre die ideale Partnerin/der ideale Partner?
- Wie real können derartige Ideale sein?

4. Methoden des Erkennens

Wie kommt man zu Erkenntnissen? Dazu gibt es verschiedene Methoden. Dieser Begriff beruht auf dem griechischen Wort *methodos* („der Weg auf ein Ziel hin") und meint das Wie. Auf welche Art und Weise kommt man zu diesem und jenem?
Für das Erkennen gibt es prinzipiell und klassisch **drei Wege**: Rationalismus, Empirismus und transzendentale Erkenntnistheorie.

> Nebenbei: Eine Dreiteilung beinhaltet meist folgende Möglichkeiten: eine Seite, eine Gegenposition dazu und noch einen Mittelweg, der alles verbindet. Also: These – Antithese – Synthese.

4.1 Der Rationalismus

Die große Leidenschaft dieser Denker ist die Vernunft (lat.: *ratio*). Menschen gelangen also in erster Linie durch vernünftiges Nachdenken zu Erkenntnissen.

René Descartes

Der Begriff Rationalismus ist eng mit dem französischen Denker **René Descartes** (1596–1650) verbunden. Wer den Namen lieber lateinisch aussprechen möchte: Renatus Cartesius. Er gilt als Begründer der neuzeitlichen Philosophie und als Vorreiter des modernen, wissenschaftlichen und analytischen Denkens. Im Zeitalter der Vernunft war die Mathematik die Wissenschaft schlechthin. Die wichtigsten Vertreter der Philosophie dieser Epoche waren zugleich bedeutende Mathematiker (Descartes, Leibniz, Pascal).

Am Beginn der Neuzeit distanzierte man sich von den im Mittelalter dominanten Glaubenswahrheiten, den religiösen Schriften und der Kirche. Ebenso mussten die philosophischen Autoritäten angezweifelt werden.
So machte es sich Descartes zur Aufgabe, radikal an allem zu zweifeln. Er suchte gleichzeitig nach einem sicheren Fundament, auf dem sich aufbauen ließ.

Schon vor Jahren bemerkte ich, wieviel Falsches ich von Jugend auf als wahr hingenommen habe und wie zweifelhaft alles sei, was ich später darauf gründete; darum war ich der Meinung, ich müsse einmal im Leben von Grund auf alles umstürzen und von den ersten Grundlagen an ganz neu anfangen, wenn ich später einmal etwas Festes und Bleibendes in den Wissenschaften errichten wollte.

R. Descartes: Meditationes, S. 63 R

An Sinneserfahrungen zu zweifeln, ist nicht neu. Man kann außerdem an vielen Informationen, Meinungen und Gerüchten zweifeln. Descartes ging so weit, dass er als Gedankenexperiment einen ***Deus malignus***, einen bösen Gott, annahm. Dieser treibt vielleicht mit mir ein böses (und für ihn lustiges) Spiel und gaukelt mir diese Welt nur vor. Nichts ist echt, alles Gaukelspiel. Filme wie „Matrix" und „Truman Show" greifen dieses alte Motiv wieder auf. Was ist wirklich?

[...] ich will also alles beseitigen, was auch nur den Schein eines Zweifels zuläßt, genauso, als hätte ich es für gänzlich falsch erkannt; ich will vorwärts dringen, bis ich etwas Gewisses erkenne, sollte es auch nur die Gewißheit sein, daß es nichts Gewisses gibt. Nur einen Punkt, der fest und unbeweglich sei, verlangte Archimedes, um die ganze Erde von ihrer Stelle zu bewegen. [...]
Aber ich habe in mir die Annahme gefestigt, es gebe gar nichts in der Welt, keinen Himmel, keine Erde, keine Geister, keine Körper: also bin doch auch ich nicht da? Nein, ganz gewiß war Ich da, wenn ich mich von etwas überzeugt habe.
Aber es gibt irgendeinen sehr mächtigen, sehr schlauen Betrüger, der mit Absicht mich immer täuscht. Zweifellos bin also auch Ich, wenn er mich täuscht; mag er mich nun täuschen, soviel er kann, so wird er doch nie bewirken können, daß ich nicht sei, solange ich denke, ich sei etwas. Nachdem ich so alles genug und übergenug erwogen habe, muß ich schließlich festhalten, daß der Satz ‚Ich bin, Ich existiere', sooft ich ihn ausspreche oder im Geiste auffasse, notwendig wahr sei.

R. Descartes: Meditationes, S. 77, 79 R

Was bleibt, wenn man an allem zweifelt? Es bleibt nur die Gewissheit, dass man ein Zweifelnder ist. Das zweifelnde und denkende Ich – das ist das sichere Fundament. Der Rest könnte eine große Halluzination sein.

Über eines kann man nicht getäuscht werden: dass man jemand ist, der getäuscht werden kann. Man muss sich als einen zu Täuschenden voraussetzen. Dieser Gedanke ist laut Descartes nicht mehr hintergehbar.

Das denkende Ich als „kleinster gemeinsamer Nenner": Dass der andere denkt, dies kann schon wieder Täuschung sein. So setzt mit Descartes auch eine Akzentuierung des Subjekts ein.

> Nebenbei: Die Lehre, dass das Ich allein wirklich sei, heißt „Solipsismus" (lat. *solus* = allein, *ipse* = selbst). Diese extreme erkenntnistheoretische Position betrachtet die gesamte wahrgenommene Außenwelt als bloße Vorstellung des Bewusstseins. Diese Ich-Lehre kann auch ins Ethische gewendet werden und wird somit zu einem ethischen Egoismus bzw. zu einem ethischen Solipsismus, der z. B. von Max Stirner (1806–1856) vertreten wurde: „Mir geht nichts über mich!"

Als ersten, sicheren Ausgangspunkt begreift Descartes das Ich: Ich denke, deshalb habe ich Gewissheit, dass ich bin. Descartes fasste seinen fundamentalen Gedanken und Neuanfang mit den Worten zusammen:

Cogito ergo sum. – Je pense, donc je suis. – Ich denke, also bin ich.

Dieses bekannte Zitat wird heute in vielen Variationen ge- und missbraucht.

Würde man bei dieser Grundeinsicht stehen bleiben, käme man zu keinen weiteren Erkenntnissen. Descartes ging aber weiter. Für ihn, den Rationalisten, stand fest, dass sich sichere Erkenntnis nur mithilfe des Denkens gewinnen lässt. Wie komme ich nun zu Erkenntnissen über die Welt?

Descartes gibt Regeln zum sicheren Vernunftgebrauch an:

1. Nur was **klar und unbezweifelbar** ist, kann als wahr anerkannt werden. Vorurteile müssen vermieden werden, Diffuses und Vieldeutiges sind auszuschließen.

2. Alle **Probleme** müssen **zerlegt** werden und können nacheinander gelöst werden. Es gilt, die Dinge zu analysieren. (Anmerkung: Dies geschieht sogar beim Fußball …)

3. Man muss **beim Einfachsten beginnen** und zum Schwierigen fortschreiten.

4. Schließlich soll man versuchen, **vollständige Aufzählungen** und Übersichten zu machen. (Anmerkung: Dies scheint uns heute im Zeitalter der Informationsflut unmöglich.)

> Nebenbei: Im 18. Jahrhundert verfasste eine Reihe von Denkern in Frankreich in Form der „Encyclopédie" ein umfassendes Werk, das das Wissen der Zeit sammeln sollte. Von diesem Gedanken der Vollständigkeit haben wir uns heute verabschiedet.

Descartes steht für den methodischen Zweifel. Als kritischer Mensch müsse man an allem zweifeln.

Am Sinn des Lebens zweifelte Descartes selbst allerdings nicht. Er hatte also keinen existenziellen Zweifel, er zweifelte auch nicht an Gott. Er meinte, wo es um das Leben selbst gehe, sollte besser nicht gezweifelt werden. Im Leben müsse man verschiedene Wahrscheinlichkeiten hinnehmen …

Beim Erkennen dürfe und müsse jedoch gezweifelt werden. Die Vernunft wird als Erkenntnisquelle anerkannt, die wichtigste und letzte Instanz bleibe die Ratio.

> 1. Die wirkliche Wirklichkeit: Was macht Sie sicher, dass Sie im Moment nicht träumen, dass Sie sich in der „Realität" befinden?
> Entwicklen Sie in Partnerarbeit ein Streitgespräch, wobei eine Seite Argumente der Realistin/des Realisten vorbringt, die andere Seite Argumente der Träumerin/des Träumers artikuliert.
> 2. Verschriftlichen Sie in eigenen Worten und wenigen Sätzen den Gedankengang von Descartes, der in seinen Texten auf S. 40 angeführt ist.

4.2 Der Empirismus

Der Empirismus ist die dem Rationalismus entgegengesetzte Richtung, dabei wird die Sinneswahrnehmung als Quelle der Erkenntnis herangezogen. Das griechische Wort *empeiria* bedeutet **Erfahrung**. Oft hört man im Zusammenhang mit wissenschaftlichen Erkenntnissen: Dieses und jenes wurde „empirisch überprüft". Man meint damit, dass etwas „an der Erfahrung" überprüft wurde. Diese WissenschaftlerInnen führen ihre Untersuchungen in der realen Welt durch und nicht nur in Gedanken.

Eine ähnliche Bezeichnung für dieses Denken ist der Begriff **Sensualismus** – die Sinne gelten als Erkenntnisquelle.
Die vom Engländer John Locke (1632–1704) und vom Schotten David Hume (1711–1776) vertretene Ansicht streicht hervor, dass der Verstand alleine zu keiner Erkenntnis kommen könne. Nur Denken sei zu wenig. Denken könne man sich vieles, doch ohne Sinneseindrücke komme der „Verstandesmotor" zu keiner Erkenntnis über die Welt.

David Hume

John Locke

So meinte Locke, es sei nichts im Verstand, was nicht zuvor in den Sinnen gewesen sei – Empirismus als Philosophie der Erfahrung. Im Gegensatz zum Rationalismus, der als Hauptquelle der Erkenntnis die Vernunft definiert, gilt beim Empirismus die Sinneserfahrung, die Sinneswahrnehmung als Fundament. Die Sinne und die Sinneserfahrung sind das Erste und Entscheidende. Sie bestimmen alles Weitere. Wir wollen alles sehen, dann erst glauben wir.

Demgemäß waren die Empiristen Menschen, die das Experiment und die Beobachtung in den Vordergrund rückten. Francis Bacon (1561–1626) sah den möglichen Wissensfortschritt in Experimenten. Von ihm stammt auch der Spruch „Knowlegde is power" („Wissen ist Macht").

Ein Grundgedanke der Empiristen hat seinen Ursprung bereits in der griechischen und römischen Antike, nämlich die ***Tabula rasa*** (unbeschriebene Tafel). Alles beginne mit einer leeren, unbeschriebenen Seele. Platon vergleicht das Gedächtnis mit einer Wachstafel und Locke spricht vom *white paper* – die Seele als weißes Blatt ohne Vorstellungen. Es gebe keine angeborenen Ideen, keine angeborenen moralischen Prinzipien etc.
Für die Empiristen ist das Neugeborene ein unbeschriebenes Blatt. Alles werde erlernt – der Mensch sei bei seiner Geburt nicht festgelegt. Es kommt nicht von ungefähr, dass die Vertreter der psychologischen Richtung des Behaviorismus (J. B. Watson und B. F. Skinner) aus den USA stammen. Alles ist umweltbestimmt, nichts ist angeboren. Anything goes …

Das sogenannte **Anlage-Umwelt-Problem** ist auch heute noch nicht gelöst. Sind wir durch unsere Anlagen, unsere Gene bestimmt oder haben doch die Erziehung, das Umfeld und die Umweltbedingungen größeren Einfluss? Neueste Erkenntnisse belegen, dass sich Gene durch bestimmte Umwelteinflüsse „einschalten" können oder eben nicht aktiviert werden. Das klassische Anlage-Umwelt-Problem ist also differenzierter zu betrachten.

Überlegen Sie, ob Sie tendenziell eher Ihren Sinnen oder eher Ihrer Vernunft trauen. Wann geben Sie den Sinnen, wann der Vernunft den Vorzug? Schildern Sie praktische Beispiele.

Gedankenexperiment: Nehmen Sie an, dass nicht nur äußere Merkmale und Krankheitsdispositionen, sondern auch Intelligenz und psychische Dispositionen genetisch manipuliert werden könnten. Inwieweit würden Sie Ihre Kinder gentechnisch manipulieren lassen?
Sammeln Sie in Partnerarbeit Pro- und Kontraargumente und diskutieren Sie anschließend mögliche Zukunftsvisionen im Plenum.

Immanuel Kant versuchte, beide Positionen, Rationalismus und Empirismus, zu vereinen (siehe folgendes Kapitel 4.3).

4.3 Transzendentale Erkenntnistheorie

Immanuel Kant (1724–1804) strebte nach Aufklärung. Er versuchte, die beiden plausiblen, aber gegensätzlichen Methoden des Erkennens zu vereinen, er strebte eine große Synthese an. Wie kann man die ganze „Münze" betrachten?

Kant schrieb an seinem erkenntnistheoretischen Hauptwerk über zehn Jahre. Die „Kritik der reinen Vernunft" erschien 1781. „Kritik" kommt vom griechischen Wort *krinein*, was so viel wie „scheiden, trennen" heißt. Er wollte eine genaue Grenzbestimmung, um die Reichweite der menschlichen Vernunft im Hinblick auf die Erkenntnis der Wirklichkeit zu prüfen. Was leistet unsere Vernunft wirklich, und wo sind ihre Grenzen?

Kant beschreitet einen Umweg. Er stellt die Frage grundlegender: Unter welcher Bedingung ist die Möglichkeit einer Sache denkbar? Diese Art der Fragestellung nennt Kant **„transzendental"**. Dieser Begriff meint bei ihm die Suche nach den Bedingungen der Möglichkeit von Erkenntnis/ Erfahrung. Was sind die Voraussetzungen von Erfahrung und Erkenntnis?

Alamy Stock Photo/The Granger Collection

Immanuel Kant

Die kantische Fragestellung versucht das Problem noch einmal fundamentaler anzugehen: Was gilt **a priori** (von vorneherein)?

- **A priori:** vor aller Erfahrung liegend, unabhängig von Erfahrung.
- **A posteriori:** Erkenntnisse, die durch Erfahrung gewonnen werden, also im Nachhinein.

Voraussetzung aller Erfahrung und Erkenntnis sind die **Anschauungsformen Raum und Zeit**. Dies gilt a priori. Jede Erfahrung setzt Raum und Zeit voraus, die Zukunft ist offen. Ich weiß natürlich nicht (da die Zukunft immer offen ist bzw. als offen zu denken ist), was genau heute Nachmittag um 17 Uhr passieren wird, ich weiß nur eines sicher: Es wird in Raum und Zeit geschehen. Ich werde zu einer bestimmten Zeit an einem bestimmten Ort sein. Alles ereignet sich irgendwann und irgendwo. Zeitliches Nacheinander und räumliches Nebeneinander gelten immer, so ist unsere Welt strukturiert.

Wir leben in Raum und Zeit, deshalb ist die Vorstellung, was nach dem Tod sein wird, so schwierig. Wir kennen nur ein Leben mit der Zeit. Das Nichtsein und Nichtdenken zu denken ist unmöglich (vgl. Kap. VII., 6., S. 190f.). Ebenso würde es der Logik widersprechen, wenn wir zum gleichen Zeitpunkt an zwei Orten sein könnten.

Wie funktioniert unser Wahrnehmungsapparat?

Kant spricht in diesem Zusammenhang von einer **„kopernikanischen Wende"**, also einer prinzipiellen Änderung der Sichtweise und der Herangehensweise.

> Nebenbei: Mit Kopernikus (1473–1543) etablierte sich das Denken, dass die Erde um die Sonne kreist (heliozentrisches Weltbild, die Sonne ist im Zentrum). Vorher glaubte man, dass die Erde das Zentrum sei (geozentrisches Weltbild) und die Sonne – wie es den Anschein hat – um die Erde kreise.
>
> Schon Aristarch von Samos vertrat im dritten Jahrhundert vor Christus ein heliozentrisches Weltbild, konnte sich aber mit seiner Meinung nicht durchsetzen. Platon, Aristoteles und Ptolemäus waren zu dominant und hielten am geozentrischen Weltbild fest.
>
> Und auch heute sagen wir noch immer: Die Sonne geht auf und sie geht unter, obwohl wir wissen, dass es die Erde ist, die sich bewegt. Wir merken es nur nicht. Es gibt also Dinge, die anders erscheinen, als sie sind.

Der Erkenntnisprozess setzt voraus, so scheint es, dass wir die Dinge so erkennen, wie sie sind. Die Dinge sind so und wir nehmen sie auf. Die Dinge prägen sich uns ein. Hier setzt Kant an. Die kopernikanische Wende meint nun, dass sich die Dinge nach unserem Bewusstsein richten müssen. Nicht wir richten uns nach den Gegenständen, sondern die Gegenstände müssen sich nach unserem Erkenntnisapparat (d. h. nach unseren Sinnesorganen und unserem Denkapparat) richten.

Wir können also nur wahrnehmen, was wir mithilfe unserer Erkenntnisorgane erkennen können. Wir haben eine bestimmte „Brille" auf und nehmen die Welt dementsprechend wahr. Diese Brille legt fest, wie wir die Welt sehen, wahrnehmen, erkennen. Wir konstruieren auf dieser Basis die Welt. Das Subjekt ist also im Mittelpunkt. Ein Mensch kann die Welt nicht anders erkennen als menschlich.

Kant machte eine wichtige Unterscheidung: Es gebe die **„Erscheinung"** und das **„Ding an sich"**. Die Welt sei letztlich nur Erscheinung; das heißt, sie sei nur unser subjektives Produkt. Wie die Welt objektiv wirklich sei, das Ding an sich, könne ein Mensch nie erkennen. Man nehme immer nur „Erscheinungen" wahr. Der Tisch, der Baum erscheint mir so. Wie er „an sich" ist, bleibt letztlich verborgen.

Der Schriftsteller **Heinrich von Kleist** schrieb in einem Brief (1801) an seine Braut Wilhelmine von Zenge und verwendete folgendes Bild:

Wenn alle Menschen statt der Augen grüne Gläser hätten, so würden sie urteilen müssen, die Gegenstände, welche sie dadurch erblicken, sind *grün – und nie würden sie entscheiden können, ob ihr Auge ihnen die Dinge zeigt, wie sie sind, oder ob es nicht etwas zu ihnen hinzutut, was nicht ihnen, sondern dem Auge gehört. So ist es mit dem Verstande. Wir können nicht entscheiden, ob das, was wir Wahrheit nennen, wahrhaft Wahrheit ist, oder ob es nur so scheint.*

H. v. Kleist: Briefe 1793–1804, S. 163 R

Nach Kant ist Erkenntnis letztlich nur möglich, weil zwei Faktoren zusammenspielen: die sinnliche **Anschauung** (Erfahrung) und der **Verstand**. Reines Denken ohne Anschauung bliebe leer – die Anschauung allein sei blind. Die reine sinnliche Wahrnehmung schaffe noch keine Erkenntnis. Man benötige die ordnende und gliedernde Kraft des Verstandes. Die rohen und diffusen Sinneseindrücke würden durch den Verstand geordnet. Nachdem die Sinnesorgane in Raum und Zeit wahrgenommen haben, beginne der Verstand mit der Ordnung der Wahrnehmungen.

■ **Kants Fazit:** Menschliche Erkenntnis geschieht durch Sinneswahrnehmung und Verstand.

Neben den Anschauungsformen nennt Kant auch Denkformen. Er setzt dabei bestimmte Denkkategorien voraus, die ebenso a priori gelten (Qualität, Quantität, Relation und Modalität).
Kant meint also, dass Rationalisten und Empiristen recht haben. Man brauche Sinneserfahrungen, aber auch den Verstand, um zu Erkenntnissen zu kommen.

Schwieriger wird es im Hinblick auf die großen Fragen der Menschheit: Gibt es eine unsterbliche Seele? Ist der Mensch frei? Gibt es einen Gott?
Hier zeigen sich die Grenzen unserer Vernunft. Man könne sich Gott und eine unsterbliche Seele denken. Aber man könne keine Sinneserfahrung von ihnen machen. Die Vernunft finde keinen Anhaltspunkt. Auf Ebene der Empirie, der Erfahrungen, können diese Fragen nicht beantwortet werden. Gott, die unsterbliche Seele und die innerste Freiheit des Menschen seien nicht Gegenstand der Erfahrung. Es gebe keine Sinneseindrücke, die man verarbeiten könne. Was würde passieren, wenn man sagte, man habe Gott gesehen?
Da aber für Erkenntnis beide Faktoren (Anschauung und Vernunft) nötig sind, könne es in diesen Bereichen niemals sicheres Wissen geben. Damit müssten wir uns abfinden.
Fest stehe nur, dass man dabei nie sichergehen kann. Wie ein möglicher Gott ist oder wie wir an sich sind, ist nicht zu erkennen.

Hier stößt man an ein methodisches Problem: Wie kann ich, als Teil des Ganzen, das Ganze erkennen?
Eine Grundeigenschaft unserer Vernunft ist es, zu fragen und weiterzufragen. Gerade die Fragen nach dem Ganzen interessieren uns besonders. Ab und zu „belästigt" jede und jeden von uns der eigene Verstand.
Kant schreibt in der Vorrede der „Kritik der reinen Vernunft":

Die menschliche Vernunft hat das besondere Schicksal […]: daß sie durch Fragen belästigt wird, die sie nicht abweisen kann, denn sie sind ihr durch die Natur der Vernunft selbst aufgegeben, die sie aber auch nicht beantworten kann, denn sie übersteigen alles Vermögen der menschlichen Vernunft.

I. Kant: Werke, Bd. 2, S. 11 R

Wir sind in einer misslichen Lage: Diese Fragen stellen sich uns, gleichzeitig wissen wir um deren Unbeantwortbarkeit. Wir müssen uns in Bezug auf diese Fragen geschlagen geben.

In „Sofies Welt“ von Jostein Gaarder heißt es:

Wenn das Gehirn des Menschen so einfach wäre, daß wir es verstehen könnten, dann wären wir so dumm, daß wir es doch nicht verstehen würden.

J. Gaarder: Sofies Welt, S. 392 R

Als Mensch habe ich keine neutrale Beobachterposition von außen. Ich bin ein Teil des Ganzen und somit befangen. Das grundsätzliche und methodische Problem bleibt: Ich muss mit meinem Gehirn das Gehirn bedenken. Ich muss als Mensch mein Menschsein bedenken. Hierbei gibt es keine Unbefangenheit. Eigentlich bräuchte ich einen quasi göttlichen, neutralen Standpunkt. Dieser neutrale Beobachter könnte die Dinge beobachten, wie sie wirklich sind – wir sind aber nur Menschen. Die menschliche Betrachtung des Menschen wird immer einseitig und eindimensional sein.
Philosophie bewegt sich immer an dieser Grenze und an diesem Rand.

Kant blieb aber bei dieser skeptischen Haltung nicht stehen. Er wurde christlich sozialisiert und ging einen Schritt weiter. Obwohl man **Gott, Freiheit** und **die unsterbliche Seele** nie beweisen könne, kam er trotzdem zu dem Schluss, dass es sie geben müsse. Es sind für ihn **praktische Postulate**: Er fordert, postuliert die Existenz Gottes, die Willensfreiheit und die unsterbliche Seele.
Als Voraussetzung für sein Ethikkonzept, für die Moral des Menschen, sind diese Postulate anzunehmen. Ohne die Freiheit sei Sittlichkeit nicht denkbar. Es müsse einen Gott als letzten Garanten geben. Auch aufgrund der Kürze des Lebens sei die unsterbliche Seele anzunehmen, um die Einheit von Tugend und Glück möglich zu machen. Das heißt, ein tugendhaftes Leben sollte durch ewige Glückseligkeit belohnt werden können.
Kant wird vorgeworfen, dass er, nachdem er vorher Gott, die unsterbliche Seele und die Freiheit wegdiskutiert hatte, jene „Unbeweisbarkeiten“ – nun als Postulate bezeichnet – wieder einbrachte. Man könne es zwar nicht beweisen, man fordert es aber! Es muss letztlich einen Gott geben – für den Sinn im Gesamten.

Nebenbei: Kant war übrigens angeblich nie in der Kirche in Königsberg, wurde aber dort (seitlich am Dom) begraben.

Kant vertrat eine Art „Vernunftreligion“: Es gebe verschiedene Arten des Glaubens, aber nur eine (wahre) Religion. Demnach gelte es, ein vernünftiges und moralisches Leben zu leben – das sei das Entscheidende. Religion sollte nicht den Krieg gegen die Vernunft wagen, den sie nicht gewinnen könne. Das Christentum schien Kant moralisch am vollkommensten.

Nahtoderfahrungen: Beleg für eine unsterbliche Seele? Setzen Sie sich kritisch mit dem Thema Nahtoderfahrungen auseinander. Suchen Sie dabei nach Argumenten, welche Kant vermutlich ins Treffen geführt hätte.

Rollenspiel: Wie ist die „kopernikanische Wende“ bei Kant zu verstehen? Ihre Nachbarin/Ihr Nachbar spielt ein neugieriges siebenjähriges Kind. Versuchen Sie ihm die Idee der „kopernikanischen Wende“ zu erklären.

5. Radikaler Konstruktivismus

Die Differenz zwischen Wahrnehmen und Wahrheit wurde spätestens seit Platon offenbar: Die Wahrnehmung ist die eine Seite, die Wirklichkeit die andere Seite. Platon fand im Idealismus eine Auflösung des Problems (vgl. dazu Kap. II., 3. auf S. 38f.).
Kant thematisierte den Unterschied zwischen dem „Ding an sich" und der „Erscheinung" und sah eine „kopernikanische Wende" in der Erkenntnistheorie. Die echte, wahre, objektive Welt könne nie erkannt werden. Jede Erkenntnis sei letztlich vom Subjekt abhängig (vgl. dazu Kap. II., 4.3 auf S. 43f.).
An dieser Grundeinsicht festhaltend, etablierten sich konstruktivistische Strömungen – die Welt, eine Konstruktion.

Humberto Maturana (geb. 1928) und **Francisco Varela** (1946–2001) betrachten das Problem der Erkenntnis von der biologischen Seite. Sie wollen die herkömmliche Sichtweise erschüttern, dass es eine objektive Außenwelt gibt, die wir nur „ablesen" müssen. Sie beginnen mit dem Sehsinn und erörtern das Phänomen des blinden Flecks.

Arbeitstext

Humberto Maturana und Francisco Varela: Das Erkennen erkennen

Fischer Taschenbuch Verlag, Frankfurt, 2009: Maturana, Varela/Der Baum der Erkenntnis

Abb. 2: Die Erfahrung des blinden Flecks

Erste Situation: Der Leser soll das Kreuz auf der Abbildung 2 fixieren, sein linkes Auge zuhalten und das Blatt in einem Abstand von etwa 40 cm vor den Augen hin- und herbewegen. Dabei wird er beobachten, wie der nicht gerade kleine schwarze Punkt A auf der Abbildung plötzlich verschwindet. […]
Das Faszinierende am Experiment mit dem blinden Fleck ist: Wir sehen nicht, daß wir nicht sehen.
Zweite Situation: Nehmen wir eine rote und eine weiße Lichtquelle und ordnen sie so wie in der Abbildung 4. Dies kann sehr einfach erreicht werden, indem wir ein Papprohr mit dem Durchmesser einer Glühbirne (Richtstrahler) über eine der Birnen stülpen und eine durchsichtige rote Folie als Filter verwenden. Alsdann bringen wir ein Objekt in den Lichtkegel, zum Beispiel die Hand, und betrachten die Schatten, die auf eine Wand projiziert werden. Bei einer der drei dargestellten Situationen erscheint der Schatten blaugrün! Der Leser kann mit dieser Versuchsanordnung weiterexperimentieren, indem er verschiedenfarbige Filter vor die Lichtquellen bringt und unterschiedliche Lichtstärken verwendet.
Was sich in dieser Situation zeigt, ist genauso überraschend wie im Falle des blinden Flecks. Woher kommt eine blaugrüne Farbe, wenn alles, was erwartet werden kann, Weiß, Rot und Mischungen aus Weiß mit Rot (Rosa) ist? Wir sind gewohnt zu denken, daß die Farbe eine Qualität der Objekte und des Lichtes ist, das von ihnen reflektiert wird. Wenn ich Grün sehe, so meine ich, dann deshalb, weil auf mein Auge grünes Licht fällt, das heißt Licht von einer bestimmten Wellenlänge. Wenn wir aber ein Gerät nehmen, um die Zusammensetzung des Lichts in der dargestellten Situation zu messen, finden wir in dem von uns blaugrün wahrgenommenen Schatten tatsächlich kein Vorherrschen der Wellenlängen, die den Farben Grün oder Blau entsprechen. Wir finden allein eine Verteilung, die dem weißen Licht entspricht. Unsere Erfahrung von Blaugrün ist aber für jeden von uns dennoch nicht zu leugnen (es sei denn, er ist farbenblind).

Abb. 3 Die beiden grauen Ringe auf dieser Abbildung sind in der gleichen Farbe gedruckt. Dennoch sieht der untere Ring in seinem grünen Umfeld rosa aus. Die Lehre: Die Farbe, die wir sehen, ist keine Eigenschaft der Dinge; sie ist nicht zu trennen davon, wie wir als Sehende beschaffen sind.

Dieses schöne Phänomen von den ‚farbigen Schatten' wurde zum ersten Mal 1672 von Otto von Guericke beschrieben. Er bemerkte, daß sein Finger blau aussah, als dieser sich im Schatten zwischen einer Lichtquelle und der aufgehenden Sonne befand. Für gewöhnlich wird angesichts dieses oder ähnlicher Phänomene gefragt, welche denn nun die wirkliche Farbe sei, so als ob wir etwa von Meßinstrumenten die letzte Antwort erwarten könnten. De facto enthüllt uns dieses einfache Experiment keine isolierte Erscheinung, die – wie es häufig gemacht wird – marginal oder illusionär (‚optische Täuschung') genannt werden könnte. Unsere Erfahrung einer Welt farbiger Objekte ist buchstäblich unabhängig von der Zusammensetzung der Wellenlänge des Lichtes, das von den von uns beobachteten Objekten ausgeht.

In der Tat, wenn ich eine Apfelsine aus dem Inneren meines Hauses in den Garten trage, behält diese für mich die gleiche Farbe, obwohl sie innerhalb des Hauses etwa durch Neonlicht beleuchtet wurde, welches überwiegend kurzwelliges oder blaues Licht enthält, während das Sonnenlicht vorwiegend aus langwelligem, rotem Licht besteht. Es kann also keine einfache Korrespondenz hergestellt werden zwischen der großen Stabilität der Farben, in denen wir die Objekte der Welt sehen, und der Qualität des von ihnen reflektierten Lichts.

Die Erklärung, wie wir Farben sehen, ist nicht einfach, und wir können sie hier nicht im Detail anführen. Das Wesentliche in diesem Zusammenhang ist aber, daß wir, um das Phänomen des Farbensehens erklären zu können, aufhören müssen zu denken, daß die Farbe der von uns gesehenen Objekte durch die Eigenschaften des von ihnen ausgehenden Lichtes bestimmt ist. Vielmehr müssen wir uns darauf konzentrieren zu verstehen, auf welche Weise die Erfahrung von Farbe einer spezifischen Konfiguration von Aktivitätszuständen im Nervensystem entspricht, welche durch die Struktur des Nervensystems determiniert wird. […]

Diese und ähnliche Versuche weisen in beispielhafter Form auf den Kern dessen hin, was wir sagen wollen. Sie zeigen uns nämlich, daß unsere Erfahrung in unauflöslicher Weise mit unserer Struktur verknüpft ist. Wir sehen nicht den ‚Raum' der Welt, sondern wir erleben unser visuelles Feld; wir sehen nicht die ‚Farben' der Welt, sondern wir erleben unseren chromatischen Raum. Dennoch sind wir ohne Zweifel in einer Welt. Aber wenn wir näher untersuchen, wie wir dazu kommen, diese Welt zu erkennen, werden wir immer wieder finden, daß wir die Geschichte unserer biologischen und sozialen Handlungen von dem, wie uns die Welt erscheint, nicht trennen können. Dies ist so augen fällig und naheliegend, daß es besonders schwer zu erkennen ist. […]

Einer der Gründe, warum das Nachdenken über die Grundlagen unserer Erkenntnis vermieden wird, ist vielleicht folgender: Wenn wir, um das Instrument einer Analyse analysieren zu können, eben dasselbe als Instrument benutzen müssen, so bereitet uns die dabei entstehende Zirkularität ein schwindelerregendes Gefühl. […]

In diesem Sinne werden wir ständig festzustellen haben, daß man das Phänomen des Erkennens nicht so auffassen kann, als gäbe es ‚Tatsachen' und Objekte da draußen, die man nur aufzugreifen und in den Kopf hineinzutun habe. Diese Feststellung bildet das Fundament von alldem, was wir zu sagen haben werden.

Die Erfahrung von jedem Ding ‚da draußen' wird auf eine spezifische Weise durch die menschliche Struktur konfiguriert, welche ‚das Ding', das in der Beschreibung entsteht, erst möglich macht.

Diese Zirkularität, diese Verkettung von Handlung und Erfahrung, diese Untrennbarkeit einer bestimmten Art zu sein von der Art, wie die Welt uns erscheint, sagt uns, daß jeder Akt des Erkennens eine Welt hervorbringt […]. Diese Eigenschaft des Erkennens wird unausweichlich zugleich unser Problem, unser Ausgangspunkt und der Leitfaden für unsere Erörterung auf den folgenden Seiten sein. Dies alles kann in dem Aphorismus zusammengefaßt werden: Jedes Tun ist Erkennen, und jedes Erkennen ist Tun."

H. R. Maturana/F. J. Varela: Der Baum der Erkenntnis, S. 21–31 R

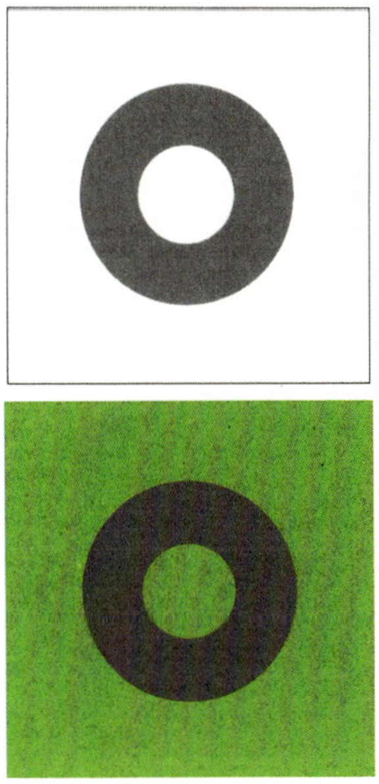

Abb. 3

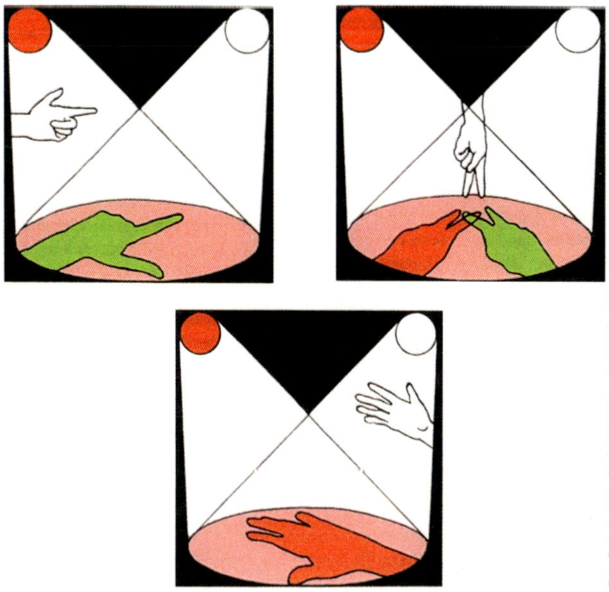

Abb. 4: Das Experiment mit den „farbigen Schatten"

Textanalyse

1. Struktur des Arbeitstextes

Humberto Maturana und Francisco Varela: Das Erkennen erkennen

Ergänzen Sie die fehlenden Begriffe. Kreuzen Sie Zutreffendes an.

Beispiel „blinder Fleck"

Folgerung: „Wir sehen nicht, ________________________________"
Also: Vieles beim Erkenntnisprozess verläuft
- ☐ a) bewusst.
- ☐ b) unbewusst.

Beispiel blaugrüne Schatten / Beispiel Apfelsine

Gibt es die wirklichen Farben, die an den Objekten haften?
- ☐ a) Ja, Messinstrumente können dies feststellen.
- ☐ b) Nein, unser Farbempfinden ist immer abhängig von unserer (Gehirn-)Struktur.

Problem Zirkularität

Zirkularität (und das damit einhergehende „schwindelerregende Gefühl") entsteht, weil ______________________

____

Negative Definition des Erkenntnisprozesses / „Fundament"

Tatsachen und Objekte ____________________ sind NICHT einfach in den Kopf ____________________.

Abschließender Aphorismus

„Jedes ______________ ist Erkennen, und jedes Erkennen ist ______________."

2. Zur Arbeit an den Begriffen

Unterstreichen Sie die folgenden Begriffe im Text:
Struktur • Zirkularität • Objekt(e) • Ding • erscheint/erscheinen

Diskutieren Sie anschließend in Kleingruppen die von den Autoren vermutlich intendierten Bedeutungen dieser Begriffe. Einigen Sie sich auf eine kurze Definition oder „Übersetzung" des Begriffs.

Struktur = ____

Zirkularität = ____

Objekt(e) = ____

Ding = ____

erscheint/erscheinen = ____

3. Differenzierung: „Ding an sich" und „Erscheinung"

Diese Unterscheidung von Kant (vgl. dazu Kap. II., 4.3 auf S. 43f.) markiert einen zentralen Punkt in der konstruktivistischen Erkenntnistheorie.
Versuchen Sie – ausgehend von dieser begrifflichen Differenzierung –, den Begriff „Konstruktivismus" zu erläutern.
Was bedeutet das Wort „konstruieren"? Welche Rolle wird dem Subjekt im Erkenntnisprozess zugewiesen?
Ergänzen Sie folgenden konstruktivistischen Merksatz:

Die Welt im Kopf ist kein reines Abbild der messbaren und somit physikalischen Welt der „Dinge",

sondern eine ______________________ *unseres Erkenntnisorgans – sprich: der Sinne und des Gehirns.*

4. Wahrnehmungskonstrukte

Überlegen Sie, in welchen Situationen Ihre Wahrnehmung bzw. Ihre „Konstruktion" der Wirklichkeit nicht mit jener von anderen übereingestimmt hat. Beschreiben Sie ein Beispiel.

Anregungen zur Diskussion in der Gruppe:
Wie sehen andere die Farben im Klassenraum, z. B. das Grün der Schultafel?
Ist der Farbenblinde nicht normal, ist er krank, irrt er sich?
Was bedeutet der Ausdruck „gefühlte Temperatur", und welcher Zusammenhang ist mit dem Konstruktivismus zu sehen?

Zur Schmerzempfindung:
Auch bei objektiv gleichen Schmerzreizen, die Versuchspersonen gesetzt werden, wird über unterschiedliche, subjektive Schmerzempfindungen berichtet. Recherchieren Sie dazu aus den Bereichen Psychologie und Medizin.

Zur Konstruktion von Reinheit am Alltagsbeispiel des Putzens:
Vereinfacht gesagt – Sie können genauer putzen oder nicht so genau hinsehen – es kommt, wenn man so will, auf das Gleiche hinaus. Besprechen Sie diesen Gedanken.

5. Kommunikationskonstrukte

Suchen Sie nach praktischen Beispielen in Kommunikationssituationen, in denen sich die unterschiedlichen „Konstruktionen" und Weltsichten der GesprächspartnerInnen zeigen und zum Problem werden.
Diesbezüglich sind die Schriften des Psychologen Paul Watzlawick aufschlussreich.

6. Gedankenexperiment: Gleiche „Konstruktionen"

Was wäre, wenn …
alle Menschen in Ihrem Umfeld die gleichen „Konstruktionen" hätten und die Welt genau so wahrnehmen würden, wie Sie es tun?
Spielen Sie diesen Gedanken durch und berichten Sie über mögliche Konsequenzen.

Eine Variation dazu: Angenommen, die Hirnforschung ist so weit fortgeschritten, dass es möglich ist, die Gedanken der anderen zu lesen. Sie können sich in die Gedanken und „Konstruktionen" der Mitmenschen einklinken.
Wollten Sie das, um den Preis, dass die anderen auch Ihre Gedanken lesen könnten?
Bilden Sie sich diesbezüglich eine Meinung und argumentieren Sie diese.

6. Sprache, Denken und Wirklichkeit

Der Mensch erkennt, er denkt und tauscht sich über die Wirklichkeit mit seinen Mitmenschen aus. Eine Welt ohne Mitmenschen ist nur schwer vorstellbar. Wäre dann nicht alles sinnlos?
Wir müssen kommunizieren – das Mittel hierzu ist die Sprache. Sprache ist wiederum der Gegenstand der Reflexion, des Nachdenkens von PhilosophInnen.
Denken wir sprachlich? Wie eng sind Denken und Sprache miteinander verknüpft? Bestimmt unsere Muttersprache unser Denken? Wie exakt kann Sprache die Wirklichkeit abbilden?

6.1 Philosophenporträt: Ludwig Wittgenstein

PhilosophInnen haben das Thema Sprache in vielen Variationen durchgedacht. Einer der bedeutendsten Sprachphilosophen und zugleich einer der wichtigsten Philosophen des 20. Jahrhunderts ist der Österreicher **Ludwig Wittgenstein** (1889 Wien – 1951 Cambridge). Sein Hauptwerk ist der berühmte „Tractatus logico-philosophicus".

Der Rest ist Schweigen

Alamy Stock Photo/IanDagnall Computing

Ludwig Wittgenstein

Ludwig Wittgenstein stammte aus einer reichen Großindustriellenfamilie. Er bekam zuerst Privatunterricht, besuchte dann die Realschule in Linz. Danach nahm er ein Ingenieurstudium in Berlin auf, ging nach Cambridge und interessierte sich zunehmend für Logik, Mathematik und Philosophie.

Wittgenstein betätigte sich auch architektonisch: Er entwarf ein Haus für seine Schwester.

Alamy Stock Photo/allOver images

Wittgenstein-Haus in Wien

Einige Zeit verbrachte Wittgenstein in Norwegen, wo er sich gerne in eine einsame Blockhütte zurückzog. 1914 meldete er sich freiwillig zum Kriegsdienst und geriet in italienische Kriegsgefangenschaft. In dieser Zeit schrieb er sein Hauptwerk, den „Tractatus logico-philosophicus". Das Buch erschien erst 1921. Wittgenstein glaubte, in diesem Werk „die Probleme im Wesentlichen endgültig gelöst zu haben".
Nachdem die Philosophie für ihn abgeschlossen war, widmete er sich anderen Dingen. Er verschenkte den Großteil seines Erbes an Künstler und seine Geschwister und strebte fortan nach einem einfachen Leben.

Wittgenstein wurde nun Volksschullehrer in einem Dorf in Niederösterreich (Otterthal). Dabei dürfte er sehr engagiert und experimentierfreudig gewesen sein. Er wollte den SchülerInnen den Lehrstoff möglichst praktisch und konkret nahebringen, was Aktivitäten von nächtlichen astronomischen Exkursionen bis zum Bauen von Gebrauchsgegenständen umfasste. Mit seinen SchülerInnen erarbeitete er ein Wörterbuch für Volksschulen – das zweite und zugleich letzte Werk von Wittgenstein, das zu seinen Lebzeiten gedruckt wurde.

1926 gab Wittgenstein den Schuldienst wieder auf. Er überlegte den Eintritt in einen Mönchsorden, wurde dann jedoch nur zeitweise Gärtnergehilfe in einem Kloster.

Wittgensteins Schule in Otterthal 1925 mit seinem Vermerk „My School" auf der Postkarte

1929 kehrte Wittgenstein, nachdem ihn Freunde dazu gedrängt hatten, nach Cambridge zurück, wo er promovierte, dozierte und 1939 eine Professorenstelle erhielt. Er galt als scharfsinniger und unorthodoxer Professor. 1947 legte er sein Amt nieder. Während des Zweiten Weltkriegs arbeitete er als Sanitäter in einem Londoner Spital.
Wittgenstein starb 1951 an Krebs. Seine letzten Worte waren angeblich: „Tell them I've had a wonderful life!"
Wittgenstein ließ zwar im Rahmen seiner Lehrtätigkeit Gedanken notieren, veröffentlichte aber selbst nichts mehr. Erst nach seinem Tod wurden aus dem Nachlass aus diesen Vorlesungsnotizen Bücher zusammengestellt. Da zwischen dem „Tractatus" und den späteren Überlegungen Differenzen bemerkbar sind, kann man von einem „frühen" und einem „späten" Wittgenstein (ab 1929) sprechen.

6.2 Der Traktat

Mit dem „Tractatus" wollte Wittgenstein die ganze Philosophie in einem Streich abhandeln. Er geht davon aus, dass alle philosophischen Probleme eigentlich Probleme der Sprache sind. Da er eine logische Analyse der Sprache verfolgt, wird diese Richtung auch als **Analytische Philosophie** oder **Sprachanalytische Philosophie** bezeichnet.

Im Vorwort schreibt Wittgenstein:

Man könnte den ganzen Sinn des Buches etwa in die Worte fassen: Was sich überhaupt sagen läßt, läßt sich klar sagen; und wovon man nicht reden kann, darüber muß man schweigen.

L. Wittgenstein: Tractatus logico-philosophicus, S. 7 R

Sprache müsse analysiert werden, das sei die Hauptaufgabe der Philosophie. Was lässt sich klar sagen? Was ist sinnvoll sagbar, was ist unklar, was ist Unsinn?

4.003 Die meisten Sätze und Fragen, welche über philosophische Dinge geschrieben worden sind, sind nicht falsch, sondern unsinnig. Wir können daher Fragen dieser Art überhaupt nicht beantworten, sondern nur ihre Unsinnigkeit feststellen.

L. Wittgenstein: Tractatus logico-philosophicus, S. 32f. R

4.023 Die Wirklichkeit muß durch den Satz auf ja oder nein fixiert sein.

L. Wittgenstein: Tractatus logico-philosophicus, S. 35 R

Wittgenstein meint, dass sich sinnvolle Sätze auf ja oder nein fixieren lassen müssen. Das heißt, dass nur solche Sätze sinnvoll seien, von denen man sagen könne, ob sie wahr oder falsch sind. Dies sei nur bei naturwissenschaftlichen Sätzen der Fall. Die Naturwissenschaften beziehen sich auf die Wirklichkeit. Der Satz „Es schneit seit zwei Stunden" ist empirisch überprüfbar, er ist somit sinnvoll. Der Satz „Gott ist tot" ist nicht sinnvoll, er ist nicht auf ja oder nein fixierbar.

4.116 Alles was überhaupt gedacht werden kann, kann klar gedacht werden. Alles was sich aussprechen läßt, läßt sich klar aussprechen.

L. Wittgenstein: Tractatus logico-philosophicus, S. 42 R

Die Philosophie sei aber keine Naturwissenschaft. Daher könne die Philosophie in diesem Sinne keine sinnvollen Sätze formulieren. Die Philosophie habe deshalb folgende Aufgabe:

4.112 Der Zweck der Philosophie ist die logische Klärung der Gedanken. Die Philosophie ist keine Lehre, sondern eine Tätigkeit. [...].
Die Philosophie soll die Gedanken, die sonst, gleichsam, trübe und verschwommen sind, klar machen und scharf abgrenzen.

L. Wittgenstein: Tractatus logico-philosophicus, S. 41 R

Philosophie schaffe keine Wahrheiten – das machen die Naturwissenschaften –, sie soll nur klären, welche Arten von Sätzen überhaupt sinnvoll sind. Mit einem Wort: Viele Bereiche der Philosophie zerfallen.
Metaphysische Spekulationen seien interessant, aber eben nicht sinnvoll. Fragen nach Gott, dem Tod oder auch nach der richtigen Moral und dem Sinn des Lebens seien nicht zu beantworten.

Wittgenstein schreibt:

6.52 Wir fühlen, dass selbst, wenn alle möglichen wissenschaftlichen Fragen beantwortet sind, unsere Lebensprobleme noch gar nicht berührt sind. Freilich bleibt dann eben keine Frage mehr; und eben dies ist die Antwort.
6.521 Die Lösung des Problems des Lebens merkt man am Verschwinden dieses Problems.

L. Wittgenstein: Tractatus logico-philosophicus, S. 114f. R

6.53 Die richtige Methode der Philosophie wäre eigentlich die: Nichts zu sagen, als was sich sagen läßt, also Sätze der Naturwissenschaft – also etwas, was mit Philosophie nichts zu tun hat –, und dann immer, wenn ein anderer etwas Metaphysisches sagen wollte, ihm nachzuweisen, daß er gewissen Zeichen in seinen Sätzen keine Bedeutung gegeben hat. Diese Methode wäre für den anderen unbefriedigend – er hätte nicht das Gefühl, daß wir ihn Philosophie lehrten – aber sie wäre die einzig streng richtige.

L. Wittgenstein: Tractatus logico-philosophicus, S. 115. R

Die großen Fragen des Lebens nach Sinn, Gott und Unsterblichkeit seien nicht zu beantworten, da sie nicht zu den Sätzen der Naturwissenschaft zählen.

Wittgenstein schließt mit dem berühmten Satz Nummer 7:

Wovon man nicht sprechen kann, darüber muß man schweigen.

L. Wittgenstein: Tractatus logico-philosophicus, S. 115. R

6.3 Sprachspiele

Obwohl Wittgenstein meinte, mit dem „Tractatus" alles gesagt zu haben, zog es ihn danach doch wieder zur Philosophie. Der späte Wittgenstein kritisierte einige Annahmen aus dem „Tractatus". Er blieb zwar bei seiner Ansicht, dass alle Philosophie Sprachkritik sei, zu diesem Zeitpunkt interessierte ihn jedoch die **Alltagssprache.**
Er verwarf in gewisser Hinsicht das im „Tractatus" errichtete Ideal der unbedingten Exaktheit. Die Bedeutung eines Zeichens werde durch seinen Gebrauch bestimmt. Wittgenstein sah also mehr und mehr den konkreten Menschen in seiner Sprachsituation. Er beleuchtete den Zusammenhang von Sprache, Handeln und Gesellschaft. Sprache sei „lebendiger Vollzug".
Wittgenstein führte den Begriff des **„Sprachspiels"** ein. Damit meinte er den Gebrauch der Sprache in bestimmten konkreten Situationen.

Der Philosoph vertrat nun die Position, dass sich die Bedeutung eines sprachlichen Ausdrucks durch die Regeln seines Gebrauchs in konkreten Situationen bestimme. Ähnlich, wie sich die Bedeutung oder die Funktion einer Spielfigur in einem Spiel durch die Regeln ergibt, nach denen dieses Spiel gespielt wird.

Es gehe darum, die Regeln der Sprachspiele zu untersuchen. Wittgenstein meinte, dass sich viele philosophische Probleme aus der sprachlichen Verwirrung ergeben, die entsteht, wenn bestimmte Begriffe aus ihren gewöhnlichen Sprachspielen herausgelöst und in völlig neue Zusammenhänge gestellt werden.
Aufgabe der Philosophie sei es demnach, diese Verwirrungen zu beseitigen. Dieser Gedanke findet sich in der „Ordinary Language Philosophy" (Philosophie der normalen Sprache).

■ **Fazit:** Wittgensteins Denken ist herausfordernd: Gerade weil Sprache alltäglich ist, sind Reflexionen über sie notwendig. Auch wenn wir meinen, über alles sprechen zu können, und wenn wir glauben, durch klare Begriffe die Wirklichkeit denkend erfassen zu können, so zeigen seine Überlegungen, dass Sprache ein viel komplexeres Phänomen ist.

Nebenbei: Ausgehend von sprachwissenschaftlichen Überlegungen entstand Mitte des 20. Jahrhunderts in Frankreich die Richtung des „Strukturalismus". Dabei wird bei der Erforschung eines Gebietes der Akzent auf die Strukturen gelegt. Dieser Denkansatz betrachtet weniger die Einzelelemente, sondern will die Beziehungen zwischen den einzelnen Teilen klären. Auf verschiedensten Gebieten wie der Völkerkunde, der Soziologie, der Psychoanalyse, der Sprachwissenschaft oder der Literaturwissenschaft wurde versucht, strukturalistisch zu forschen. Der Völkerkundler Claude Lévi-Strauss (1908–2009) belegte, dass die Mythen der verschiedensten Völker ihrer Struktur nach sehr ähnlich sind. Auch wenn die Inhalte durchaus verschieden sind, die Formen sind gleich. Der Kulturwissenschaftler und Philosoph Michel Foucault (1926–1984) widmete sich z.B. den Strukturen der Macht. Auf psychoanalytischem Gebiet suchte Jacques Lacan (1901–1981) nach den Strukturen des Unbewussten. Er verstand das Unbewusste als Ordnungssystem, das wie eine Sprache strukturiert ist.

1. Welche „Sprachspiele" spielen Sie? Suchen Sie in Partnerarbeit drei Begriffe aus dem Jugendjargon/der Jugendsprache, die Ihr Lehrer/Ihre Lehrerin vermutlich nicht kennt. Nennen Sie diese Wörter und besprechen Sie anschließend, wie es zu neuen Begriffen kommen kann. Wie verändert das Medium Internet die Verwendung der Sprache?
2. „Sprachspiele" spielerisch: Bilden Sie Kleingruppen. Jede Gruppe erfindet ein (Kunst-)Wort, das den anderen Gruppen nicht verraten wird. Einzelne Gruppenmitglieder verwenden dieses Wort dann während der Unterrichtsstunde in diversen Wortmeldungen. Die Mitglieder der anderen Gruppen sollten das neue Wort erraten bzw. erschließen. Besprechen Sie anschließend mögliche Parallelen zum Spracherwerb.
3. Warum gibt es in jeder Wissenschaft Fachbegriffe, die Laien unverständlich sind? Treffen Sie eine Einschätzung.

Rollenspiel: Exakte Sprache
Seit es Sprache gibt, gibt es sprachliche Missverständnisse. Sehnen Sie sich deshalb – wie der frühe Wittgenstein – nach einer exakteren Sprache? Was wären die Folgen einer mathematisch genauen Sprache? Führen Sie in Partnerarbeit ein normales Pausengespräch (z. B. zum Thema Fortgehen, Schule, Hobbys), aber verwenden Sie nur ganz exakte Begriffe. Sobald ein Begriff ungenau sein könnte, darf er nicht verwendet werden. Wie gestaltet sich das Gespräch? Diskutieren Sie danach die Erfahrungen in der Klasse.

6.4 Sprechakte

Ein weiteres und interessantes Phänomen von Sprache ist die unmittelbare Nähe zum Handeln, zur Tat. Der britische Philosoph **John L. Austin** (1911–1960) begründete mit seinem Werk „How to do things with words" (1962) die **Sprechakttheorie**. Laut Austin dient Sprache nicht nur der bloßen Informationsübermittlung, sie ist meist mit dem Handeln verbunden. **Performativ** sind Äußerungen, wenn dabei Handlungen vollzogen werden – Handlungen, die durch das Sprechen selbst geschehen, also: Sprechhandlungen. Sprechen heißt etwas tun.

Die Aussage „Ich grüße Dich!" ist (in der Regel) keine reine Beschreibung, es ist ein Sprechakt, das Vollziehen einer Handlung – nämlich jener des Grüßens. „Die Sitzung ist beendet." „Ich gratuliere Dir." Dies sind performative Äußerungen.

Im Alltag verwenden wir viele performative Äußerungen. Die Aussagen sind einerseits neutrale Beschreibungen, implizieren aber mehr. Sie setzen bestimmte Handlungen und evt. auch Sollensansprüche bzw. Normen. Sie sind letztlich normativ und nicht nur deskriptiv.
Wenn beispielsweise die Unternehmerin oder der Unternehmer (vermeintlich beschreibend) sagt: „Meine Geschäfte gehen sehr gut", so impliziert das mehr. Durch das Erwähnen der guten Geschäfte, der Begehrtheit wird folglich auch weiteres Begehren geweckt. Hinweise wie „Dieser Clip wurde zigtausendfach gesehen" sollen ebenso Begehren wecken. Wissend um jene Zusammenhänge wird vielfach verzerrt, getäuscht. Zukunftsprognosen können so wirklich die Zukunft lenken. So könnte das performative Argument auch als Argumentationsfehler (vgl. dazu S. 67) gesehen werden. Sage es möglichst oft, und es wird eintreten. JournalistInnen und PolitikerInnen kennen diese Mechanismen.

Der Philosoph Günther Anders nennt die Atombombe auch die Ding gewordene Erpressung. Man kann diese Bombe nicht besitzen, ohne damit zu drohen.

Diese Überlegungen weiterführend kann man auch Handlungen setzen, welche eine Selbsttäuschung implizieren. Der US-amerikanische Soziologe und Ökonom Thorstein Veblen schrieb 1899:

Es fällt zum Beispiel auf, daß selbst gutartige und nüchterne Männer beim Jagen eine Unmenge Waffen und Zubehör mit sich herumtragen, um sich selbst von der Ernsthaftigkeit ihres Unternehmens zu überzeugen.
Th. Veblen: Theorie der feinen Leute, S. 245 R

Durchforsten Sie Ihre Alltagssätze nach performativen Äußerungen. Analysieren Sie diese Sätze und überlegen Sie, welche Handlungen Sie damit implizieren, was Sie damit bewirken wollen.

7. „PHILOsophie lebt!"

Interview mit GÜNTHER PAAL über den „Tractatus logico-philosophicus"

„Tractatus", Gott und die intelligent designte Welt ...

Günther „Gunkl" Paal (geb. 1962 in Wien), Reifeprüfung an der GLV (grafische Reprotechnik), einige Jahre Nachtwächter, dann Kellner, seit 1993 mit Alfred Dorfer als Musiker in Kabarettkreisen, seit 1994 Solokabarettist.

imago/SKATA

Günther Paal

Fischill: Herr Paal, Sie sind als Kabarettist bekannt für spannende Sprachspiele und haben den „Tractatus logico-philosophicus" von Ludwig Wittgenstein gelesen. Wie sehen Sie dieses Werk?

Paal: *Den „Traktat" hat mir irgendwann einmal jemand geschenkt, weil ich so viel mit Sprache mache. Jetzt beginnt dieses Buch aber mit dem Satz: „Die Welt ist alles, was der Fall ist."*

Fischill: Wie betrachten Sie diese Eröffnung?

Paal: *Ich denke, hier irrt Wittgenstein. – Die Welt ist ein Gemenge aus Gegebenheiten und Möglichkeiten, die eine sehr bunte Wechselwirkung vollziehen. Wäre die Welt wirklich nur alles, was der Fall ist, würde eine Drohung nie funktionieren. Ganz pragmatisch und noch gar nicht ins Metaphysische hinaus. Ich kann jemandem nur drohen mit etwas, was nicht der Fall ist und auch nicht werden muss. Und das bestimmt dann das, was der Fall ist. Jene „Schieflage" des ersten Satzes hat dann meine weitere Lektüre unter einem trüben Licht gestaltet. Mich atmet da eine große Enttäuschung seiner Libido oder Lebensfreude an. Aus diesem Frust folgt dann sein „Und jetzt schneide ich euch die Welt klein!".*

Fischill: Wittgenstein, der Philosophie als Analyse der Sprache betrachtete, wollte die Grenze ziehen zwischen dem, was sich klar sagen lässt, und dem, was sich nicht sagen lässt. So lässt er letztlich nur exakte, quasi naturwissenschaftliche Sätze gelten, nur diese haben Sinn.
Sie interessieren sich stark für Naturwissenschaften, wie schätzen Sie diese Haltung ein?

Paal: *Ich konzentriere mich auch immer zuerst auf die Faktenlage. Wittgenstein endet aber da. Es kann sich darin aber nicht erschöpfen. Die Aussage, dass die Fallbeschleunigung 9,81 Meter pro Sekundenquadrat sei, reicht nicht.*

Fischill: Wittgenstein spricht dann auch vom Unaussprechlichen, das sich zeigt, vom Mystischen.

Paal: *Dass es wenig schriftliche Aufzeichnungen vom Unaussprechlichen gibt, überrascht ja nicht.*
Die Welt ist aber nicht begrenzt durch die Sprache, sondern die Sprache ist begrenzt durch unser Vorstellungsvermögen, unser Denken.
Es gibt Gemütszustände, die sprachlich nicht fassbar sind. Für einen Synästhetiker kann ein Dienstag gelb und ein zweigestrichenes A sauer sein. Die Welt des Synästhetikers ist ganz anders strukturiert als die Welt des Herrn Wittgenstein. Und wie die Welt sich für einen Synästhetiker gestaltet, ist mit Sprache nie gänzlich zu klären.*

* Der Synästhetiker erlebt gleichzeitig Sinneseindrücke verschiedener Sinnesgebiete bei Reizung nur eines Sinnesorgans.

Fischill: Würden Sie gerne exakter sprechen?

Paal: *Das Hirn ist ja eine Interpretationsmaschine. Jetzt kann man die Wirklichkeit rastergenau Punkt für Punkt beschreiben, oder man kann von einem Bereich Eckpunkte markieren, wie in der Lyrik, und der Bereich dazwischen wird dann aus den Eckpunkten erkennbar. Dieser Zwischenbereich wird sozusagen im Hirn selbst konstruiert.*

Fischill: Das führt zu der Frage, ob ein unscharfes Foto noch ein Bild eines Menschen ist. Als Kabarettist ist nun Sprache Ihr primäres Medium. Wie glauben Sie Ihr Publikum zu erreichen?

Paal: *Ich möchte das Publikum mit konsistenten Gedanken erreichen. Ein befreundeter Logiker überprüft auch immer meine Programme. Die Sprache ist für mich reines Werkzeug, kein Selbstzweck. Es geht mir um die Gedanken und die müssten in Italienisch oder Russisch auch ausformulierbar sein und dieselbe Wirkung haben.*

Fischill: Welche Bedeutung hat der Gottesbegriff?

Paal: *Gott hat meines Erachtens die Funktion, Gruppen zusammenzuhalten. Und dieses Konzept funktioniert ja auch. Gott ist weder beweisbar noch widerlegbar. Ob es nun Gott gibt oder nicht: Es gibt die Idee eines Gottes und diese ist in der Welt sehr wirkmächtig.*

Fischill: Das klingt sehr agnostisch.

Paal: *Ich bin radikaler Agnostiker. Es gibt ja verschiedene Richtungen: Christen, Hindus, Muslime, also eine Menge Behauptungen, was Gott betrifft. Alle diese Behauptungen nehmen für sich in Anspruch, recht zu haben. Dies mit dem Anspruch, dass die anderen sich alle irren. Es ist auch*

– nebenbei bemerkt – keine Auszeichnung, dass ich gerade in dieser Religion sozialisiert worden bin. Es gibt also zum selben Thema einander widersprechende Behauptungen. Je mehr konkurrierende Behauptungen im Spiel sind, umso geringer ist die Wahrscheinlichkeit, dass einer recht hat und die anderen sich alle irren. Die Annahme, dass sich alle irren und Gott bzw. das Vorhandensein einer Gottesidee anders erklärbar ist, liegt sehr nahe.

Fischill: Wenn man diese statistische Vorgangsweise teilen möchte, kann man natürlich so argumentieren. Aber auch wenn es verschiedene Religionen gibt, so könnte es doch einen Gott geben?
Paal: *Der hätte sich doch schon gezeigt?*

Fischill: Durch „intelligentes Design" zum Beispiel. Einige Vertreter wollen statt der zufälligen Evolution Gott, den „intelligenten Designer", am Werke sehen.
Paal: *Es ist nicht überraschend, dass es mitten in der Sahara keine Schiffswerft gibt.*
Die Geistlichkeit hat offenbar ein sehr großes Unbehagen mit dem Begriff des Zufalls. Weil wenn es den Zufall gibt, dann gibt es keine lenkende Macht, also auch keinen Gott. Den Zufall aber gibt es. Prof. Zeilinger macht ja auch Experimente mit dem objektiven Zufall.
Ich glaube, mit Gott ist es so wie mit der Musik: Wenn sie nicht gespielt wird, gibt es sie nicht. Und wenn keiner an Gott glaubt, gibt es ihn auch nicht.

Fischill: Die sogenannten Letzten Dinge betreffend und in der Tradition Epikurs stehend, schreibt Wittgenstein in einem seiner abschließenden Sätze (Satz 6.431): „Der Tod ist kein Ereignis des Lebens. Den Tod erlebt man nicht."* Also: Leben und Tod berühren sich nicht. Wenn wir leben, ist der Tod nicht da, und wenn wir tot sind, dann leben wir nicht mehr. Da alles auf Empfindung beruht, der Tod aber der Verlust aller Empfindungen ist, brauchen wir uns vor dem Tod auch nicht zu fürchten. – Haben Sie Angst vor dem Tod?

* L. Wittgenstein: Tractatus logico-philosophicus, S. 113

Paal: *Nein, habe ich nicht.*

Fischill: Gibt es ein Paradies?
Paal: *Das glaube ich nicht. Aus ist aus. Vorher soll man vielmehr schauen, dass man sein Leben anständig und würdig gestaltet. Bei Detlef Linke, dem deutschen Neurophysiologen, habe ich ein interessantes Konzept gefunden. Bei uns ist der Tod nach dem Leben. Man lebt, und dann ist man tot. Die Japaner hingegen sagen, dass sie auf dem Tod stehen, und zwar das ganze Leben hindurch. Das ist ein ganz anderes Ich-Konzept.*

Fischill: Haben Sie einen Begriff von Ewigkeit?
Paal: *Nein, weil in 10^{100} Jahren, so sagt die Naturwissenschaft, ist damit zu rechnen, dass das Universum den Kältetod stirbt. Es wird sich dann nichts mehr bewegen, und wenn sich nichts mehr bewegt, gibt es auch keine Zeit. Es ist dann einfach aus. Und dann ist aber auch nicht ewig, sondern einfach nicht mehr.*
Das Schöne und Faszinierende an der Naturwissenschaft ist ja, dass sich die Tatbestände unserer Welt überhaupt nicht darum kümmern, ob wir uns das vorstellen können.
Wir haben einen Wahrnehmungsapparat, der auf den mittleren Größenbereich abgestimmt ist. Wir können uns 100 Meter vorstellen, wir können uns 1000 Kilometer schon nicht mehr wirklich vorstellen. Von einem Lichtjahr und einem Parsec haben wir ebenso wenig Vorstellung wie von einem Atomdurchmesser. Wir können uns die Befunde der Quantenphysik nicht vorstellen. Und jeder Versuch, das in Bilder zu gießen, ist zum Scheitern verurteilt. Die Elektronen sind keine Kügelchen. Und dann gibt es da ja auch noch die Heisenberg'sche Unschärferelation …*
Die Grenzen der Welt sind eben nicht durch die Sprache bedingt. Sondern unsere Vorstellung ist durch unsere Vorstellung bedingt. Aber es gibt in der Welt – und zwar in jedem Stückchen Holz – Dinge, die sich unserer Vorstellung und unserem sprachlichen Zugriff radikal entziehen: Und es funktioniert trotzdem.

* Das Parsec ist eine Längeneinheit in der Astronomie.
$1 \text{ pc} = 30{,}856776 \,.\, 10^{15} \text{ m}$

Fischill: Die Welt braucht also keinen Menschen?
Paal: *Nein, überhaupt nicht.*

Fischill: Der berühmteste und sicher meistzitierte Satz von Wittgenstein (Satz 7 – der letzte Satz im „Traktat") lautet: „Wovon man nicht sprechen kann, darüber muss man schweigen."
Paal: *Und wie lässt sich feststellen, worüber geschwiegen wird?*

Fischill: Ich danke für das Interview.

1. Rekapitulieren Sie die Überlegungen des Kabarettisten: Welchen Zugang hat er zur Sprache? In welchem Verhältnis stehen für ihn Sprache und Denken?
2. Bewerten Sie Paals Menschenbild sowie seine Gedanken über den Tod, Gott und den Glauben.

8. Wissenschaftstheorie

8.1 Kinder fragen ...

Rollenspiel: Das kindliche „Wieso"
Spielen Sie in Zweiergruppen Folgendes durch:
Eine/Einer ist das neugierige Kind, die/der andere der verständnisvolle Erwachsene. Das Kind stellt eine Frage à la: „Wieso ist der Himmel blau und das Feuer heiß?" – Der Erwachsene versucht, dies kindgerecht zu erklären.

1. Beschreiben Sie den Verlauf des Frage-Antwort-Spiels.
   Wann gibt sich das „Kind" zufrieden?
   Worin liegen die Grenzen der Beantwortbarkeit?
2. Analysieren Sie den Unterschied zwischen wissenschaftlicher und „kindlicher" Antwort. Worin unterscheiden sich die Erklärungsmodelle?

Kinder sind im weitesten Sinne kleine WissenschaftlerInnen und wollen alles ganz genau wissen. Möglichst altersgerecht sollten daher die verschiedenen Gebiete erklärt werden. Irgendwann wird der Wissensdurst eingebremst, und Kinder lernen, dass Wissenserwerb sehr anstrengend sein kann.

Doch worin besteht wirklich der Unterschied zwischen Mythen, einfachen und altersgerechten kindlichen Märchen einerseits und der rein wissenschaftlichen Erklärung andererseits? Sind nicht letztlich auch wissenschaftliche Erklärungen nur Modelle – Annäherungen an die Wirklichkeit?

1. Suchen Sie nach Kriterien der Wissenschaftlichkeit.
2. Entwickeln Sie Assoziationen zur Frage, was beim Wort „Wissenschaft" bzw. „wissenschaftlich" mitschwingt.

8.2 Wissenschaft – ein Definitionsversuch

Wir leben in einer Zeit, in der Wissenschaft ein sehr hohes Ansehen genießt. Sie wurde sogar als „jüngste Weltreligion" (Herbert Marcuse) bezeichnet. Früher erklärten Religionen alles und hatten enorme Macht, jetzt hat die Wissenschaft diese Rolle übernommen. Mit ihrer Hilfe wollen wir alles erklären, auf sie können wir zählen.
Wissenschaftlichkeit ist in unserer Kultur ein starkes Argument, nicht wenige Diskussionen werden mit dem Hinweis „Das ist wissenschaftlich erwiesen" beendet. Hat man die Wissenschaft auf seiner Seite, hat man recht. Menschen in weißen Mänteln bewerben Produkte. Grafiken mit diversen Kügelchen sollen uns überzeugen, dass das Waschmittel auch wirklich 100%ige Reinheit bringt. Wir glauben es.

Aber wo liegt die Grenze zwischen nicht wissenschaftlich und wissenschaftlich (z. B. Schulaufsatz vs. eine an der Universität verfasste wissenschaftliche Seminararbeit)?

In einem Wörterbuch findet man folgende Definition:

„Wissenschaft: ein geordnetes, folgerichtig aufgebautes, zusammenhängendes Gebiet von Erkenntnissen."
G. Wahrig: Deutsches Wörterbuch, Sp. 4034 R

Wissenschaft muss also geordnet, folgerichtig aufgebaut und zusammenhängend sein. Mit einem Wort: Es muss sich um ein **System von Erkenntnissen** handeln.
Damit etwas als Erkenntnis gilt, muss es objektiv sein. Das heißt, einer alleine kann verschiedene Dinge für wahr halten; wissenschaftlich wird es erst, wenn andere dies auch überprüfen können. Dies nennt man **intersubjektiv** (zwischen den Subjekten). Jeder, der sich für ein bestimmtes Gebiet interessiert, müsste nachprüfen können, ob das Behauptete stimmt, müsste die Erkenntnisse nachvollziehen und verstehen können.
Experimente müssen immer wiederholbar sein. Ein Experiment, das nur einmal geklappt hat, ist hinfällig.

Es ergibt sich nun folgende Definition:
- **Wissenschaft**: ist systematisierte Erkenntnis.

Noch genauer:
- **Wissenschaft**: ist ein System von intersubjektiv prüfbaren Sätzen.

Weiters möchte man vom Erkannten auf die Zukunft schließen können. Erkenntnisse sollen Prognosen zulassen. Sprich: Immer wenn etwas so ist, wird auch Folgendes passieren.

8.3 Historisches

Die Geschichte der Wissenschaft ist voll von Irrtümern. Die verschiedenen Modelle ändern sich ständig: Die Erde ist nicht im Mittelpunkt unseres Sonnensystems, das Atom ist sehr wohl teilbar, und die Welt der Quanten ist noch sehr diffus ...

Auch alltägliche medizinische Modelle ändern sich. Unsere Großeltern sind ärztlich anders behandelt worden als wir. Dies lässt natürlich darauf schließen, dass unsere Kinder und Kindeskinder wieder andere Behandlungsformen kennenlernen werden. Medikamente werden ständig optimiert, Neues kommt auf den Markt. Altes wird vielerorts als kontraproduktiv erkannt.

In der Welt der Ernährung gibt es ebenfalls ständig neue (wissenschaftliche) Erkenntnisse. Milch wurde in den 1970er-Jahren als *das* Getränk gehandelt. Heute ist sie sehr oft wegen des Fettgehalts bzw. wegen Unverträglichkeit von Eiweiß/Milchzucker verpönt. Wie viel Rotwein ist förderlich für das Herz? Was werden gentechnisch veränderte Lebensmittel bewirken? Gibt es ein Zuviel an Sport?

In vielen Fachgebieten werden immer mehr und widersprechende wissenschaftliche Studien veröffentlicht. Wie gefährlich sind Handystrahlen wirklich? Die Mobilfunkindustrie wird wenig Interesse daran haben, bestimmte Studien zu verbreiten. Der Auftraggeber einer Studie ist meist nicht unerheblich ...

■ **Fazit:** Wissenschaftliche Erkenntnisse haben sich geändert und werden sich folglich auch ändern. Alles ist im Fluss, könnte man sagen. Vorsicht und Reflexion sind angebracht.

Seit Beginn der Philosophie, also seit Thales (vgl. dazu Kap. I., 2.2 auf S. 11), führte der Erkenntnisweg in Richtung Wissenschaftlichkeit. Die **ionischen Naturphilosophen** suchten nach dem Urstoff, aus dem alles aufgebaut ist. Auch wenn für uns die Erkenntnis des Thales, dass Wasser der Urstoff ist, nichts Großartiges darstellt, die Suche nach einem einheitlichen Prinzip war ein wichtiger erster Schritt.
Die Entwicklung führte vom Mythos zum Logos. Nicht mehr die zürnenden Götter schickten Blitze, es wurde nach natürlichen Ursachen gesucht. Heute verzichtet man auf den Regentanz und baut lieber Bewässerungsanlagen.

Im antiken Griechenland gab es bereits den Gedanken, dass aus dem ursprünglichen **Chaos** ein **Kosmos** (Ordnung) entstanden ist. Wenn das Ganze geordnet sei, so könne man davon auch Naturgesetze und Gesetzmäßigkeiten ableiten. Das Universum/Weltall sei ein geordnetes Ganzes. Die Wissenschaft müsse nur die natürlichen Gesetze dahinter erforschen. So werde die Mathematik zur maßgeblichen Hilfswissenschaft für die Welt der Physik.

Galileo Galilei (1564–1642) meinte, dass „das Buch der Natur in der Sprache der Mathematik verfasst" sei. Er forderte auf, das, was messbar ist, zu messen, und das, was noch nicht messbar ist, messbar zu machen.
Allerlei technische Hilfsmittel und Gerätschaften wurden und werden entwickelt, um der Natur ihre Gesetze zu entlocken. Heute sind wir in Dimensionen angelangt, die eigentlich nicht mehr (im wahrsten Sinne) begriffen werden können. Was sich in der Quanten- und Nanowelt einerseits und in der Weite des Weltalls andererseits wirklich abspielt, kann nur in abstrakte Rechenmodelle gegossen bzw. erahnt werden. Unsere menschliche Sinnes- und Verstandeswelt ist nur für den „mittleren Bereich" genormt, die Randbezirke sind verschwommen ...

8.4 Probleme mit Wissenschaft und Technik

Es gibt immer wieder technische Entwicklungen, deren Folgen wenig bis gar nicht abzuschätzen sind. Kommt es zu Problemen mit technischen Errungenschaften, beruft man sich bei den Gegenstrategien abermals auf die Wissenschaft. Entstehen z. B. bei Atomkraftwerken Schwierigkeiten, geht man nicht zurück ins voratomare Zeitalter, sondern entwickelt Sicherheitskonzepte und Vorwarnstrategien. Es wird technisch nachgerüstet. Ist eine Technologie zweifelhaft, würde der gesunde Menschenverstand nahelegen, die Hände davon zu lassen. Der Philosoph Hans Jonas (1903–1993) schlägt die Devise ***„In dubio contra projectum"*** (Im Zweifel gegen das Projekt) vor. Tatsächlich gehen wir aber immer weiter, um die Natur zu beherrschen.

Haben nun die Wissenschaftlerin und der Wissenschaftler **Verantwortung**? Sind sie für die Folgen ihrer Entwicklungen mitverantwortlich? Es gab Zeiten, da waren die WissenschaftlerInnen direkter involviert und fühlten sich auch verantwortlich. In den arbeitsteiligen Gesellschaften von heute schwindet das Gefühl der Mitverantwortung.
Der Pazifist Albert Einstein riet 1939 dem damaligen Präsidenten der USA, Franklin D. Roosevelt, zum Bau der Atombombe, um den Nazis zuvorzukommen.

1. Berichten Sie in der Klasse über wissenschaftliche Irrtümer, von denen Sie gehört haben. Erörtern Sie danach die Frage, warum wir in aller Regel den Wissenschaften trotzdem „glauben".
2. Diskutieren Sie über mögliche Grenzen der Wissenschaft am Beispiel genetischer Manipulation am Menschen und über die Frage, wer diese Grenzen ziehen sollte.

Gedankenexperiment: Angenommen, Sie als WissenschaftsministerIn verfügen über ausreichende finanzielle Mittel. Welche Forschungseinrichtungen und Wissenschaften würden Sie fördern und mit reichlich finanziellen Mitteln ausstatten?
Was wäre die wichtigste Wissenschaft?

8.5 Die Suche nach der Wahrheit

Ein **Kartenspiel** oder auf der Suche nach dem richtigen System …
Versuchen Sie, in Gruppen von drei bis fünf Personen eine „passende" Reihe mit Bridge-, Rummy- oder Canasta-Karten zustande zu bringen. Der Lehrer/Die Lehrerin modifiziert, korrigiert bei jeder neu hinzugelegten Karte die Reihe und fällt somit das Urteil, ob die Karte in das gesuchte System passt oder nicht. Stimmt es nicht, so müssen Sie eine andere Karte hinlegen – immer auf der Suche nach dem passenden System, der richtigen Theorie.

Sprechen Sie danach in der Gruppe über mögliche Zusammenhänge zwischen Kartenspiel (das Suchen des richtigen Systems bzw. der Wahrheit) und Wissenschaft.

Der oben genannte und zu Recht berühmte Physiker Albert Einstein stellte ca. 30 Theorien auf. Nur drei davon haben der Wirklichkeit standgehalten, haben sich bewährt.

Auch wir stellen im alltäglichen Leben ständig Vermutungen an und versuchen, diese zu unverrückbaren Theorien zu erheben (z. B. in Bezug auf die Ernährung, das Verhältnis Mann und Frau, das Wetter). Wenn nötig, verändern wir Theorien oder verwerfen sie ganz. Das Leben kann als Suche nach der passenden Theorie gesehen werden.

Ist es in den Wissenschaften anders?
Es werden, ausgehend von konkreten Beobachtungen und Gedanken, zuerst **Hypothesen** (gr. *hypothesis* = die Unterstellung, Annahme, Voraussetzung) aufgestellt. Diese müssen natürlich mit bestätigten Gesetzen im Einklang stehen bzw. sie dürfen nicht im Widerspruch zu bestätigten Gesetzen stehen. Dann wird versucht, die Hypothesen an der Wirklichkeit zu überprüfen, zu bestätigen. Gelingt dies nicht, so werden die Hypothesen teilweise oder gänzlich verworfen und neue Hypothesen werden angestellt – und so fort … Die bestätigte Hypothese wird zum Gesetz. Aus den Gesetzen wiederum entsteht eine Theorie. Am Ende sollte ein folgerichtiges Gebäude an Gesetzen und Theorien stehen. Ziel wäre eine möglichst universelle Theorie.

Karl R. Popper

Der in Österreich geborene und in Großbritannien wirkende Philosoph **Karl R. Popper** (1902–1994) stellte diesbezüglich wichtige Überlegungen an. Seine Position wird **Kritischer Rationalismus** genannt.
Wir machen alle die Erfahrung, dass sich sowohl wissenschaftliche als auch alltägliche Theorien ändern (können). Wir schließen stets von bereits gemachten Erfahrungen oder in der Wissenschaft auch von Experimenten auf unsere Theorie – ähnlich wie in dem Kartenspiel. Diese Theorien und Modelle werden modifiziert und optimiert, manchmal als veraltet abgestempelt. Alles Gewusste kann also falsch sein oder vielleicht auch nur teilweise wahr.
Wie kommen wir zu unseren „Wahrheiten"? Wir machen normalerweise Induktionsschlüsse (lat. *inducere* = hinführen, hineinführen), das bedeutet, wir schließen von Teilen auf das Allgemeine (vgl. Kap. II., 9.4 auf S. 66).
Induktion ist der Schluss vom Besonderen auf das Allgemeine. Mittels einzelner Beobachtungen wird eine allgemeine Behauptung, ein allgemeines Gesetz aufgestellt.

> Nebenbei: Ähnliches passiert bei Vorurteilen – wie z.B. beim Halo-Effekt (Hof-Effekt). Bei diesem wird von einzelnen Merkmalen, von einer Kerninformation (z.B. Haarfarbe, Hautfarbe, Kleidung, Mathematiknote) auf die ganze Persönlichkeit geschlossen. Es wird um den Kern ein Ring oder Hof von weiteren Merkmalen gebildet.

Wir kennen nie die ganze Wahrheit, wir sehen nie alles. Wir gehen immer von Teilen aus und schließen auf das Ganze. Dies nennt man in der Wissenschaft das **Induktionsproblem.**
Das berühmteste Beispiel von Popper sind die weißen Schwäne. Jemand sieht zuerst einen weißen Schwan, dann noch einen und so weiter. Beim 183. weißen Schwan stellt er getrost die Theorie auf, dass alle Schwäne weiß sind. Hier liegt der Fehler. Der 2435. Schwan wird nämlich schwarz sein, und die Theorie ist widerlegt.

Es soll auch Albinoraben geben, was die Theorie widerlegt, dass alle Raben schwarz sind.
Ein weiteres Beispiel: Die Sonne geht jeden Tag auf. Prinzipiell ein sehr gut abgesicherter Induktionsschluss (sieht man davon ab, dass es für uns nur so aussieht, als ob sich die Sonne bewegt): Lebensalter mal 365,25 (da alle vier Jahre ein Schaltjahr ist, somit ein Jahr eigentlich immer 365 ¼ dauert) – so oft hat man Sonnenaufgänge miterlebt. Die Wahrscheinlichkeit, dass morgen ebenso die Sonne aufgehen wird, ist also hoch. Irgendwann wird aber unsere Sonne verlöschen …
Das Induktionsproblem zeigt also, dass vieles nur mehr oder weniger wahrscheinlich ist.

Wir überprüfen die Dinge und suchen die Wahrheit (lat.: *veritas*). Wir wollen Theorien verifizieren. Popper meint aber, dass eine endgültige **Verifikation** nie möglich sein wird. Das Pferd müsse von der anderen Seite aufgezäumt werden. Popper meint weiter, dass die Verifikation durch die **Falsifikation** ersetzt werden müsse. Wir können die Aussagen über die Dinge immer nur falsifizieren, also für falsch befinden. Sicherheit gibt es nur, wenn eine Theorie gescheitert ist, sie sich als unbrauchbar erwiesen hat. Dass eine Theorie hundertprozentig stimmt, kann niemand mit Sicherheit sagen. Die absolute und reine Wahrheit sei nicht zu haben.
Popper rät den WissenschaftlerInnen, nach Falsifikationen zu suchen, sie müssen also danach streben, eine Theorie zu widerlegen. Je länger diese Widerlegung/Falsifikation nicht gelingt, desto brauchbarer ist die Theorie. Grundsätzlich gilt somit: Jede Theorie ist immer nur vorläufig.
Manche Theorien sind relativ gut und sicher und müssen als *noch nicht* falsifiziert betrachtet werden.
Popper plädiert für ein „einfaches und klares Sprechen", denn genau dann ist das eigene Denken auch (von anderen) kritisierbar und in der Folge weiterentwickelbar.
Wissenschaft ist ein offener Prozess. Ähnlich wie in der Natur kann man auch in der Wissenschaft von einer Evolution sprechen. Alles ist Auslese, Selektion. Das Lebewesen, das sich am besten anpasst, überlebt – wie auch die am besten angepasste Theorie bestehen bleibt. Charles Darwins „Survival of the fittest" meint genau diesen Prozess (engl. *to fit* = passen). Man könnte auch sagen: Wir irren uns empor.

8.6 Wahrheit oder Wahrscheinlichkeit?

Der Begriff „Wahrheit" ist schon des Öfteren in diesem Buch vorgekommen. Er ist ein zentraler Begriff für unser Denken. Aber: „Was ist **Wahrheit**?" Dieser Satz findet sich im Johannesevangelium (Joh 18,38). Nach Bibelüberlieferung stellte schon Pilatus diese Frage, als Jesus behauptete, dass er für die Wahrheit Zeugnis ablege.

Gibt es *die* Wahrheit? Ist sie etwas Göttliches? Ist unter Menschen nicht alles menschlich und damit subjektiv und relativ? Der griechische Begriff für Wahrheit ist *aletheia*, dies bedeutet auch Unverborgenheit. Bleibt *die* Wahrheit den Menschen im Normalfall verborgen?

In der Philosophie hat man versucht, verschiedene Theorien von Wahrheit zu erarbeiten:
Die klassische Definition von Thomas von Aquin (1224–1274) besagt, dass eine Aussage dann wahr ist, wenn Denken und Sachverhalt übereinstimmen (**Korrespondenztheorie**). Sein Anliegen ist das Angleichen von Verstand und Sache. Um aber in diesem Sinne die Wahrheit feststellen zu können, muss der Wahrheitsuchende die Wahrheit schon kennen. Kann man einen Lügner überführen, wenn man die Wahrheit nicht kennt?
Vorsichtiger ist die **Kohärenztheorie**. Diese besagt, dass lediglich Aussagen mit anderen Aussagen nicht in Widerspruch treten dürfen. Das System muss stimmig, kohärent sein.
Modern sind weiters **Konsenstheorien**, die besagen, dass die nach Wahrheit suchenden Menschen einen Konsens, eine Übereinstimmung finden müssen. Wahr ist etwas, wenn argumentativ eine Übereinstimmung zwischen den SprecherInnen erzielt wird (vgl. dazu die Ausführungen über Jürgen Habermas und Karl-Otto Apel in Kap. IV., 2.4 auf S. 127).
Schließlich kann von einer **pragmatischen Wahrheitstheorie** gesprochen werden. Diese erhebt das Kriterium der Nützlichkeit zum obersten Prinzip. Die Behauptung muss sich wissenschaftlich oder politisch bewähren, dann gilt sie als wahr.

Die Tatsache, dass es verschiedene Wahrheitstheorien gibt, lässt vermuten, dass die Wahrheit gar nicht zu finden ist. Ist der Begriff der Wahrheit dann noch sinnvoll?

Von der Unmöglichkeit endgültiger Begründungen spricht auch Hans Albert, ein Schüler Karl R. Poppers. Er nennt es das **Münchhausen-Trilemma**. Immer, wenn man eine Letztbegründung versucht, schlittere man unweigerlich in eines von drei Problemen.

Versucht man sich an der Begründung der Stärke der österreichischen SkirennläuferInnen (für pessimistischere Naturen: Man kann auch die Schwäche im österreichischen Fußball thematisieren), so könnte man wie folgt argumentieren:

Erste Möglichkeit: Unsere SkifahrerInnen sind so gut, weil sie optimal und richtig trainieren. Sie trainieren richtig, weil sie gute Trainingsmöglichkeiten vorfinden und auch früh gefördert werden. Sie werden früh gefördert und haben optimale Trainingsmöglichkeiten, weil sie gute TrainerInnen haben und die maßgebenden Personen die richtigen Entscheidungen getroffen haben. Und, und, und …
Man kann stets weiterfragen. Dies nennt man den **infiniten Regress**, das Zurückgehen ohne Ende. Wäre man irgendwann beim Urknall angelangt, so könnte man noch einmal fragen: Was war vor dem Urknall?

Zweite Möglichkeit: Abermals wird optimal trainiert, da von den EntscheidungsträgerInnen die richtigen Bedingungen für unsere SportlerInnen geschaffen wurden. Skifahren ist außerdem gesund und stärkt unser nationales Bewusstsein. Die EntscheidungsträgerInnen konnten die richtigen Entscheidungen treffen, da sie in diesem optimalen System aufgewachsen sind.
An dieser Stelle schließt sich der Kreis. Man spricht dann von einem **Circulus vitiosus** – einem Zirkelschluss. Dies ist ein Begründungsverfahren, in dem das zu Begründende als Grund seiner selbst auftaucht. Man dreht sich also im Kreis und kommt auch nicht weiter.

Dritte Möglichkeit: Wir haben optimale Voraussetzungen und die richtigen EntscheidungsträgerInnen, weil wir ÖsterreicherInnen die Besten im Skifahren sind. So einfach ist das, Punkt.
Dies nennt man den **dogmatischen Abbruch** des Begründungsverfahrens. An einer beliebigen Stelle wird das Begründungsverfahren abgebrochen, was natürlich nichts zur Letztbegründung beiträgt. Diese Möglichkeit wird häufig von elterlichen Autoritäten angewandt.
Gibt es ein Gefälle, eine Hierarchie, so wird bei unliebsamen Fragen gerne der dogmatische Abbruch gewählt.

So wie sich der Lügenbaron Münchhausen nicht an den eigenen Haaren aus dem Sumpf ziehen kann, sei die Letztbegründung laut Albert nicht möglich. Übrig bleibe immer nur der Appell, dass man alle Theorien ständig und kritisch prüft.

Ähnliche Probleme findet man in mehreren Bereichen: In den Naturwissenschaften kommt man durch Beobachtung (der Natur) zu Theorien und Ergebnissen. Allerdings ist jede Beobachtung wiederum von einer Theorie geleitet. Dass man überhaupt dieses oder jenes beobachtet, hängt vom Vorwissen, von Vermutungen, von bestimmten Theorien und von bestimmten Messgeräten ab. Beispielsweise gibt es ohne Mikroskop keine (erkennbaren) Atome.
Aus diesem Zirkel kommt man nicht heraus. (Vgl. dazu Kap. II., 2.2 auf S. 37 – Heisenbergs Unschärferelation.)

Was die Analyse von Texten betrifft, ist der **hermeneutische Zirkel** zu erwähnen. Hermeneutik (gr.: *hermeneuein* = erklären, auslegen, interpretieren) ist die Kunst der Deutung, das Verfahren zum Verstehen eines Textes.
Beschäftige ich mich mit einem Text, so trage ich immer ein gewisses **Vorverständnis** an den Text heran. Ich muss zuallererst die Sprache verstehen. Bei gewissen Begriffen schwingt für mich vielleicht etwas Gutes, Schlechtes oder Problematisches mit. Ich kenne möglicherweise die historischen Umstände näher. Ich habe eine Biografie des Autors oder der Autorin gelesen. All dies wird mein Verständnis des Textes beeinflussen. Habe ich gehört, dass der Autor ein selbstmordgefährdeter psychisch Kranker gewesen sei, wird sich die weitere Lektüre des Textes vermutlich in einem anderen Licht vollziehen.
Das bedeutet: Jeder liest jeden Text anders, da jeder individuelle Vorerfahrungen gemacht hat. Jede Textlektüre hat wiederum Einfluss auf mich und mein weiteres Verständnis der kommenden Texte …

Besonders bei (bedeutsamen) Texten, wie Offenbarungen, „heiligen Schriften", ist das Problem des hermeneutischen Zirkels diffizil und heikel. Beispielsweise kennt der ursprüngliche Bibeltext keine Überschriften. Überschriften sind Leseleitlinien, die den Lesenden beeinflussen können. Darf man die Bibel mit Überschriften gliedern?

Das Problem des hermeneutischen Zirkels ist, dass man den Zirkel aus Vorverständnis und somit Vorurteil nie ganz verlassen kann. Man kann sich nur bewusst machen, wie die Vorurteile das Gelesene in die eine oder andere Richtung lenken können. Es sind eben im wahrsten Sinne Vor-Urteile. Auch bei der Interpretation von Texten gibt es somit keine reine Wahrheit. Ein Literaturpapst ist also durchaus fehlbar …

1. Berichten Sie über Ihre alltäglichen Induktionsschlüsse.
2. Beschreiben Sie Ihre Herangehensweise, wenn Sie literarische oder philosophische Texte ergründen wollen. Reflektieren Sie, ob der hermeneutische Zirkel zu entschärfen ist.
3. Nennen Sie Situationen, in denen Sie von Vormeinungen gelenkt werden. Vergleichen Sie die (vielleicht aus der Psychologie bekannte) Selfful-filling Prophecy mit dem hermeneutischen Zirkel.

9. Logik

9.1 „Das ist ja logisch!"

Wer diesen Satz ausspricht, hat meist schon gewonnen. Wer die Logik für sich beanspruchen kann, wird überzeugen. Was aber ist Logik?

Das Wort kommt aus dem Griechischen und steht für den schon genannten Begriff *logos*. Das griechische Wort *logike* meint die Kunst des Denkens, „logisch" bedeutet „folgerichtig, stimmig, unbezweifelbar, richtig". Da in unserer westlichen Kultur die Vernunft, der Intellekt sehr geschätzt wird, kommt dem Begriff „Logik" große Bedeutung zu.

- **Logik** ist demnach die Lehre von der Folgerichtigkeit des Denkens.
- Oder: die Lehre von den Formen und Gesetzen des richtigen Denkens.
- Oder: die Lehre vom korrekten Argumentieren.

Logik untersucht also, ob richtig gedacht und argumentiert wurde. Wichtig ist dabei die Unterscheidung von **Form** und **Inhalt**. Man kann verschiedene Getränke/Inhalte in die gleiche Form geben. Die Form des Kruges bleibt immer dieselbe, egal ob Wasser oder Limonade drinnen ist. Logik beschäftigt sich in erster Linie mit Form, weniger mit Inhalt. Es geht um die Form des Denkens und Argumentierens.

„Es schneit" ist eine inhaltliche Aussage – sie ist wahr oder falsch. Um sie zu kontrollieren, sehe ich aus dem Fenster und überprüfe sie an der Wirklichkeit. Hierbei ist noch nichts Logisches im Spiel.
Die Aussage „Es schneit und es schneit nicht (zur selben Zeit am selben Ort)" ist unlogisch. Die Logik grenzt diesen Satz aus. Unabhängig von der Wirklichkeit (man muss nicht aus dem Fenster sehen) kann dieser Satz als ungültig bestimmt werden. Unsere Denkform wird in diesem Fall verletzt.

Wiewohl sich in der altindischen und altchinesischen Philosophie erste Ansätze zur Ausbildung der Logik finden lassen, gilt in der abendländischen Philosophie **Aristoteles** (384–322 v. Chr.) als deren Begründer. Von ihm stammt die **Syllogistik**, die Kunst des Schlussfolgerns/die Lehre vom richtigen Schließen. Dabei wird von zwei Prämissen (Vordersätzen) auf die Konklusion geschlossen (siehe Beispiel weiter unten).

Einfach gesagt, gäbe es ohne Logik keine Computer. Die klassische Logik ist zweiwertig, das heißt, es gibt zwei Wahrheitswerte: wahr oder falsch. Beim Computer gibt es ebenfalls, elementar gesagt, nur: Strom oder Nicht-Strom, 1 oder 0.

Es gibt außerdem moderne mehrwertige Logiken. In vielen technischen Anwendungen findet sich z. B. Fuzzy Logic (engl. *fuzzy* = verschwommen, unscharf), die mit mehreren Wahrheitswerten rechnet. So werden Zwischenbereiche angenommen (z. B. wahrscheinlich wahr, möglicherweise falsch). In Waschmaschinen, im ABS oder in der Belichtungssteuerung von Kameras kann sich Fuzzy Logic befinden.

9.2 Fundamente des Denkens: Grundsätze der Logik und der Begriff

Aristoteles nimmt drei logische Grundsätze (Axiome) an. Axiome sind Sätze, die nicht mehr weiter rückführbar, begründbar sind, sie leuchten unmittelbar ein. Sie sind Grund-Sätze unseres Denkens.

1. Der Satz vom Widerspruch

A kann nicht zugleich Nicht-A sein.

Anders gesagt: Es gibt keine Aussage, die zugleich wahr und falsch ist (siehe vorige Seite: Es schneit und es schneit nicht).
Der kriminologische Hausverstand besagt, dass eine Person nicht zeitgleich an zwei unterschiedlichen Orten sein kann. Steht Aussage gegen Aussage, muss – logischerweise – eine Aussage falsch sein.
Problematisch kann es werden, wenn man verschiedene Glaubensinhalte in Richtung Logik prüft. Der christlich-katholische Satz, dass Jesus Christus voll und ganz Gott und gleichzeitig voll und ganz Mensch sei, ist logisch gesehen nicht nachvollziehbar.
Die folgenden Verse eines unbekannten Autors sind deswegen lustig, weil sie gegen den Satz vom Widerspruch antreten:

Dunkel war's, der Mond schien helle,
als ein Wagen blitzesschnelle
langsam um die grade Ecke fuhr.
Drinnen saßen stehend Leute,
schweigend ins Gespräch vertieft …

2. Der Satz der Identität

A = A

Ein Gegenstand kann nur mit sich selbst identisch sein. Etwas, das nicht mit sich selbst ident ist, kann begrifflich nicht erfasst werden. Der Satz der Identität ist somit das Prinzip des Begriffs. Rechne ich mit A, so darf sich A während des Rechenvorgangs nicht verändern. A muss A bleiben. Damit ich im Denken mit Elementen operieren kann, dürfen diese „unterwegs" nicht ihre Identität ändern.

3. Der Satz vom ausgeschlossenen Dritten

Alles, was ist, ist entweder A oder Nicht-A.

Nimmt man z. B. das Alphabet als Gesamtmenge, wäre Nicht-A die Menge der Buchstaben B bis Z. Ein orientalischer Herrscher, Shalpur I. (3. Jh. n. Chr.), bezeichnete sich als „Herr des Universums" und als „König von Iran und Nicht-Iran". Ein Drittes gibt es nicht *(tertium non datur)*. Im Speziellen meinte dieser Herrscher mit Nicht-Iran die Türkei, mehr dürfte für seinen Horizont nicht greifbar gewesen sein. Die nicht sehr bescheidene Bezeichnung verdeutlicht genau diesen logischen Grundsatz.
So gesehen gibt es nur mich und nicht-mich. Alles, das ganze Universum fällt in die Menge Nicht-Ich. Ähnlich argumentiert der Witz, worin der Jäger sagt, dass ihm sein Hund aufs Wort folge: Immer wenn er sagt: „Jetzt kommst du her oder nicht", dann kommt der Hund her oder nicht. *Tertium non datur.*

Diese drei logischen Grundsätze gehen auf Aristoteles zurück, ein vierter logischer Grundsatz wurde erst in der Neuzeit formuliert.

4. Der Satz vom zureichenden Grunde

Alles, was ist, muss eine Ursache haben.

Dieser Satz besagt, dass es für alles und jedes eine Ursache geben muss. Davon geht unsere Logik aus. Immer müsste man Gründe für dieses und jenes angeben können. Alles muss auf eine Ursache rückführbar sein.
Warum habe ich diese schlechte Note bei der Schularbeit? Antwort: Ich habe zu wenig gelernt. Warum …?

Diese logischen Grundsätze haben das abendländische Denken maßgeblich bestimmt. Dieses Logik- und Denkverständnis hat eine dualistische Sichtweise gefördert. Es gibt einen Leib und eine Seele. Es gibt Materie und Geist. Wie sind aber psychosomatische Erkrankungen erklärbar? Das östliche, chinesische Denken propagiert eher fließende Übergänge und setzt auf die Gesamtheit.

> Suchen Sie weitere Alltagsbeispiele für die logischen Grundsätze.

Die logischen Grundsätze stellen das Fundament des Denkens dar. Sie sind universelle Denkregeln, die unmittelbar einleuchten.

Zusätzlich werden für die logische Arbeit präzise **Begriffe** benötigt. In der Alltagssprache stiftet es Verwirrung und schafft Unfrieden, wenn GesprächspartnerInnen unklare, verschwommene Ausdrücke, Sätze, Begriffe verwenden. Um philosophische Gedanken auf den Punkt bringen zu können, um sie für jeden und jede nachvollziehbar zu machen, müssen die einzelnen Elemente der Aussagen genau benannt und definiert werden.
Der Begriff ist das Ergebnis einer Abstraktion, sucht nach dem Allgemeinen hinter dem Konkreten. Ähnlich wie bei Platons Ideen wird nach dem Unveränderlichen gesucht. Was muss erfüllt sein, um von einem Pferd oder von einem Tisch zu sprechen? Was ist das Allgemeine hinter all den unterschiedlichen Pferden und Tischen?

Die Geschichte der Wörter „Begriff" bzw. „begreifen" verweist auf das konkrete „Ergreifen" und „Umgreifen" – später ist mit begreifen auch „verstehen" gemeint. Nach dem sinnlichen Begreifen und Ertasten kommt es zum gedanklichen Erfassen. Die gedanklichen Bezirke müssen umrissen, umgriffen werden. Meist wird mit Begriff das sprachliche Fassen eines Gedankens, einer Vorstellung gemeint. Logik will klare und eindeutige Begriffe, um korrekt operieren zu können.
Daher gilt es, Begriffe genau von anderen Begriffen abzugrenzen und ein konsequentes Netz an Begriffen zu erstellen. Es gibt im Begriffsnetz bzw. im Begriffssystem verschiedene Verhältnisse: Das Pferd gehört zur (nächsthöheren) Klasse der Tiere; diese wiederum gehören zur nächsthöheren Klasse der Lebewesen. Pferd und Baum sind zwar Lebewesen, Bäume sind jedoch keine Tiere, sondern gehören zur Spezies der Pflanzen. Nicht alle Pflanzen sind Bäume, aber alle Bäume sind Pflanzen ... (Vergleichen Sie dazu Kap. I., 6.3 auf S. 23f.)

Begriffe werden schließlich zu Aussagen oder Urteilen verknüpft. Diese werden zur Basis der logischen Schlussfolgerungen.

9.3 Der logische Schluss

In der aristotelischen Syllogistik besteht ein logischer Schluss aus zwei **Prämissen** (Vordersätzen) und einer **Konklusion** (Schlusssatz). Bei den Prämissen kann zwischen einem „allgemeinen Obersatz" und einem „speziellen Untersatz" unterschieden werden.

Das klassische Beispiel hierzu:

P1: Alle Menschen sind sterblich. → allgemeiner Obersatz

P2: Sokrates ist ein Mensch. → spezieller Untersatz

K: Sokrates ist sterblich. → Konklusion

Dieser Syllogismus kann formal dargestellt werden. Er hat folgende Figur:

P1 → M . P

P2 → S . M

K → S . P

Der Syllogismus besteht aus drei Begriffen:
Es gibt einen Mittelbegriff (M), dieser kommt nicht in der Konklusion vor. Hier: „Alle Menschen" bzw. „Mensch".
Dann gibt es einen Prädikatsbegriff (P). Hier: „sind sterblich" bzw. „ist sterblich".
Drittens gibt es einen Subjektbegriff (S). Subjekt ist hier „Sokrates".

Der Mittelbegriff, der in den Prämissen vorkommen muss, kann an verschiedenen Positionen stehen, sodass sich vier Grundfiguren des syllogistischen Schließens ergeben.

Vier Schlussformen:

1. Figur:	2. Figur:	3. Figur:	4. Figur:
M . P	P . M	M . P	P . M
S . M	S . M	M . S	M . S
S . P	S . P	S . P	S . P

Jede Aussage (= jedes Urteil) in einem Syllogismus verbindet zwei Begriffe. Je nach Art dieser Verbindung können **vier Urteilsformen** unterschieden werden:

- Universell bejahendes Urteil:
  Alle S sind P – genannt: a-Urteil – formalisiert: SaP;
  z. B.: Alle SchülerInnen sind motiviert.
- Universell verneinendes Urteil:
  Kein S ist P – genannt: e-Urteil – fomalisiert: SeP;
  z. B.: Kein Schüler/Keine Schülerin ist motiviert.
- Partiell bejahendes Urteil:
  Einige S sind P – genannt: i-Urteil – formalisiert: SiP;
  z. B.: Einige SchülerInnen sind motiviert.
- Partiell verneinendes Urteil:
  Einige S sind nicht P – genannt: o-Urteil – formalisiert: SoP;
  z. B.: Einige SchülerInnen sind nicht motiviert.

Kombiniert man nun die vier Urteilsformen mit den vier Schlussformen, so ergeben sich 256 Möglichkeiten, von denen nur 24 logisch gültig sind.
Im Mittelalter wurden diese gültigen Formen mit bestimmten Namen versehen. Logisch gültig ist beispielsweise der Modus Barbara (wobei die Vokale dieser Merkwörter den jeweiligen Urteilstyp angeben; in diesem Fall: a – a – a). Der Modus Barbara ist ein Schluss der ersten Figur und entspricht dem oben erwähnten Beispiel („Alle Menschen sind sterblich" ...). MaP – SaM – SaP.

Die Zusammenhänge der vier Urteilsformen lassen sich im **logischen Quadrat** darstellen:

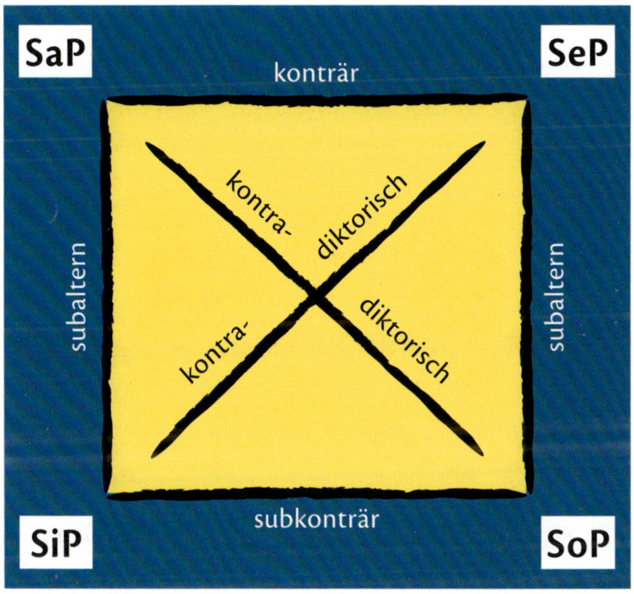

Ein Beispiel:
Alle LehrerInnen sind begeistert. (SaP) – Keine Lehrerin/Kein Lehrer ist begeistert. (SeP)
Einige LehrerInnen sind begeistert. (SiP) – Einige LehrerInnen sind nicht begeistert. (SoP)

SaP *konträr* SeP meint, dass es nicht möglich ist, dass beide Urteile zugleich wahr sind. Es könnten aber beide zugleich falsch sein. Zum Beispiel: Wenn alle LehrerInnen begeistert sind, ist es unmöglich, dass die Aussage zutrifft, dass keine Lehrerin/kein Lehrer begeistert ist. Es kann jedoch sein, dass weder alle LehrerInnen noch keine Lehrerin/kein Lehrer dieses Prädikat verdienen. Dies ist dann der Fall, wenn einige LehrerInnen begeistert sind.

SiP *subkonträr* SoP meint, dass beide Urteile zugleich wahr sein können – sie können aber nicht zugleich falsch sein. Zum Beispiel: Es wird vermutlich sehr realistisch sein, dass einige LehrerInnen begeistert sind und einige LehrerInnen nicht begeistert sind.

SaP *kontradiktorisch* SoP bzw. SiP *kontradiktorisch* SeP meint: Wenn eines der Urteile wahr ist, muss das andere Urteil falsch sein. Zum Beispiel: Wenn alle LehrerInnen begeistert sind, kann es nicht zutreffen, dass einige LehrerInnen nicht begeistert sind.

SaP *subaltern* SiP bzw. SeP *subaltern* SoP meint: Das untere (oder letztere) Urteil ist dem oberen (oder ersteren) Urteil untergeordnet. Das Urteil SiP ist im Urteil SaP enthalten bzw. SaP impliziert SiP und SeP impliziert SoP. Zum Beispiel: Wenn alle LehrerInnen begeistert sind, dann gilt auch, dass einige LehrerInnen begeistert sind. Umgekehrtes gilt nicht. Wenn einige LehrerInnen begeistert sind, so folgt daraus nicht, dass alle LehrerInnen begeistert sind.

In der Logik wie in der Mathematik wird verallgemeinert, abstrahiert, formalisiert. So ist es möglich, dass man mit falschen Prämissen einen logisch gültigen Schluss zieht. In der Mathematik kann man mit vielem „rechnen".

So kann man folgenden Syllogismus durchdenken:
P1: Alle Menschen sind unsterblich.
P2: ÖsterreicherInnen sind Menschen.
K: Also sind ÖsterreicherInnen unsterblich.

Eine Aussage ist wahr oder falsch – ein Schluss ist gültig oder ungültig.

Obwohl die erste Prämisse falsch ist, ist der Schluss gültig, korrekt gezogen worden. Die Inhalte sind in der Logik zweitrangig, man kann mit falschen Inhalten genauso operieren, rechnen.
Sind die Prämissen wahr und wird der Schluss gültig gezogen, so muss allerdings die Konklusion wahr sein.

Man kann auch mit falschen Prämissen einen gültigen und wahren Schluss ziehen:
P1: Alle Österreicher sind große Philosophen.
P2: Platon ist ein Österreicher.
K: Also ist Platon ein großer Philosoph.

■ **Fazit:** In der Logik werden Form und Inhalt getrennt. Die Logik, das sind die Denkgesetze.

Erfinden Sie einen Syllogismus. Einmal einen inhaltlich wahren und logisch gültigen, einmal einen inhaltlich falschen, jedoch logisch gültigen.

9.4 Methodenlehre

Methode meint das Wie. Wie, auf welche Weise lassen sich mit logischen Schlussverfahren Erkenntnisse gewinnen? Dabei können drei Arten unterschieden werden:

Deduktion

Dies ist der Schluss vom Allgemeinen auf das Besondere (Einzelne).
Wenn etwas für die ganze Gattung gilt, so gilt es auch für jeden Teil der Gattung. Das Beispiel oben (Alle Menschen sind sterblich ...) zeigt das deduktive Verfahren. Sokrates, als Teil der Menschen, die alle sterblich sind, ist somit auch sterblich.
Die Deduktion ist im streng logischen Sinne gültig. Sie liefert aber eigentlich keine neuen Erkenntnisse, die nicht schon in den Prämissen enthalten sind.

Induktion

Dies ist der Schluss vom Besonderen (Einzelnen) auf das Allgemeine.
Wie schon im Kapitel Wissenschaftstheorie gezeigt (Induktionsproblem, vgl. Kap. II., 8.5), sind diese Schlüsse immer nur mehr oder weniger wahrscheinlich, nie aber ganz sicher. In streng logischem Sinne ist dieser Schluss nicht zulässig. Induktiv komme ich zum Ergebnis, dass, nachdem ich den 324. Schwan gesehen habe, alle Schwäne weiß sind. Der 325. Schwan belehrt mich aber eines Besseren – er ist nämlich schwarz. Für unser Handeln ist natürlich der Induktionsschluss notwendig. Wenn mir ein neuer Bekannter oder eine neue Bekannte zweimal zulächelt und wir dann noch vier nette und anregende Gespräche führen, so werde ich den Bekannten bzw. die Bekannte vermutlich als Freund oder Freundin einstufen. Auch wenn das nächste Gespräch anderes bringen kann ...

Reduktion

Dies ist der Schluss von der Folge auf die Ursache.
Die Reduktion kann als Spezialfall der Induktion betrachtet werden. Sie ist im Alltag eine gewohnte Art des Schließens und – wie die Induktion – in streng logischem Sinne ebenfalls nicht zulässig. Formal gesprochen: Wenn A, dann B; nun gilt B. Also gilt auch A.
Wenn es regnet, ist die Straße nass. Die Straße ist nass. Also hat es geregnet. Dieser Schluss (die Reduktion) ist eventuell falsch, da die Straße auch auf andere Art nass werden konnte. Vielleicht hat gerade jemand das Auto gewaschen.
Reduktionen werden oft in der Geschichtswissenschaft bzw. in der Archäologie durchgeführt, indem von Fossilien auf die damaligen Lebensformen geschlossen wird. So hat das Gebiss des Urvogels ausgesehen, daher hat er vermutlich dieses oder jenes gefressen. Was der Neandertaler oder der Ötztalmann wirklich gegessen hat, lässt sich nie wirklich feststellen. Die Aussagen stimmen immer nur mit einem gewissen Grad der Wahrscheinlichkeit.
In der Kriminologie wird ebenso von der Folge auf die Ursache geschlossen. Direkte Beweise und Geständnisse fehlen meist, so ist man auf Indizien angewiesen. Beim Indizienbeweis erfolgt der Nachweis des Tatbestands mittels anderer feststehender Tatsachen, welche den Tatbestand erfahrungsgemäß bedingen.

> Suchen Sie weitere Beispiele für Induktionsschlüsse und Reduktionen. Präsentieren Sie Ihr Beispiel der Klasse. Es sollte erkannt werden, um welche Schlussform es sich handelt.

Zur Abrundung – ein Rätsel:
A sagt: „B lügt."
B sagt: „C lügt."
C sagt: „A und B lügen."
Sagt eine/einer die Wahrheit? Wer lügt hier wirklich?

> 1. Finden Sie die Wahrhaftigen und die Lügner! A, B oder C?
> 2. Zur Variation: Setzen Sie ein: C sagt: „A oder B lügen." Wie verändert dies den Sachverhalt?
> 3. Wie sollte man bei derartigen Rätseln vorgehen?

9.5 Argumentationsfehler

Menschen kommunizieren und müssen kommunizieren. In vielen Fällen soll die oder der andere durch entsprechende Begründungen überzeugt werden. Vielfach wird auch von Überzeugungsarbeit gesprochen.
Argumentieren heißt beweisen, eine Sache erhellen. Nicht nur in der formalen Logik oder der Philosophie, auch im Alltag müssen verschiedene Gedanken und Sachverhalte für andere klar nachvollziehbar sein und allgemeinen Denkgesetzen genügen. Dies ist jedoch nicht immer der Fall.
Im Folgenden finden Sie einige (klassische) Argumentations- bzw. Beweisfehler:

Bloße Behauptung

Wird ein Satz lediglich in den Raum gestellt, eine bestimmte These ohne eine schlüssige Beweiskette im Hintergrund vertreten, so gilt dies nicht als Argumentation. Ohne das Anführen von weiteren Gründen und Begründungen kann eine Behauptung nicht überzeugen.

Freiheit

Bedeutungswechsel

Werden beim Argumentieren Begriffe in unterschiedlichen Bedeutungen verwendet, ist keine stimmige Beweisführung möglich. Mit Aristoteles gesprochen, wird der Satz der Identität verletzt. A muss A bleiben! Zum Beispiel: Der Trickbetrüger ist ein Hund. Hunde sind vierbeinige Wesen. Also ist der Trickbetrüger ein vierbeiniges Wesen. Da der Begriff „Hund" in zwei verschiedenen Bedeutungen verwendet wurde, ist der Schluss nicht gültig. Mehrdeutige Begriffe sind – logisch gesehen – problematisch.

Alle Menschen sind frei, solange Ihr Denken nicht beschränkt ist. Auch Gefängnisinsassen in ihren Denken nicht beschränkt Daher sind Gefängnisinsassen frei

Argumentum ad Hominem

Bei diesem Argumentationsfehler werden nicht die vertretene Position und deren Argumente kritisiert, sondern die Person, die diese Position vertritt, wird thematisiert. Man will die Falschheit der vorgebrachten Überlegungen aufzeigen, indem man die Person attackiert, bzw. man will die Richtigkeit unterstreichen, indem man sich auf eine Autorität beruft.
Sagt es etwas über die Qualität des Erziehungsromans von Jean-Jacques Rousseau aus, dass er seine Kinder ins Waisenhaus gegeben hat? Natürlich können diverse Begleitumstände das Bild einer Person schärfen, aber prinzipiell ändern sie nichts an der Richtigkeit oder Falschheit der vorgebrachten Gründe, Thesen und Argumente. Der Hinweis auf Autoritäten soll oftmals das Vorgebrachte untermauern. Man hört Sätze wie: „Schon der Philosoph XY hat gesagt …" und „Albert Einstein meinte …" oder „Wer einmal lügt, dem glaubt man nicht". Dies mag pragmatisch interessant sein, logisch gesehen ist mit dem Verweis auf die Person deren Argumentation weder widerlegt noch bewiesen.

Petitio Principii und Zirkelschluss

Bei der Petitio Principii (lat., Forderung eines Beweisgrundes) handelt es sich um eine „Erschleichung" eines Beweises. Hier wird zum Beweis einer Behauptung eine Aussage herangezogen, die selbst erst bewiesen werden müsste. Es wird also ein unbewiesener Satz als Prämisse für den zu beweisenden Satz benutzt.
„Erschlichen" wäre es, wenn man jemanden von Gott überzeugen wollte, indem man auf eine heilige Schrift verweist, die zum Glauben auffordert.
Zum Kreis gebogen (bzw. zirkulär) wird es dann, wenn die zu beweisende Aussage selbst die Prämisse darstellt. Dies ist dann der Zirkelschluss/Circulus vitiosus (vgl. dazu Kap. II., 8.6 auf S. 60f). Die zu beweisende Behauptung wird also implizit schon vorausgesetzt. Ebenso zirkulär verläuft die Argumentation, wenn man versucht, das Recht aus dem Gesetz abzuleiten und umgekehrt. Der Circulus vitiosus ist ein Sonderfall der Petitio Principii.

Argumentum ad Misericordiam

Hier wird an das Mitleid (lat.: *misericordia*) appelliert. Beim Vorbringen der Prämissen wird versucht, Belege zu bringen, die Mitleid bzw. Gefühle der Sympathie hervorrufen. In logischer Hinsicht ist dies aber nicht relevant. Auch wenn man viel Verständnis für die schreckliche Kindheit des Angeklagten hat, der Schuldige – so der Angeklagte schuldig ist – wird deswegen nicht zum Unschuldigen. Mitleid beweist weder Schuld noch Unschuld.

Argumentum ad Populum

Nicht selten wird versucht, beim Argumentationsverfahren das vermeintliche Wissen der vielen zu nutzen (lat. *populus* = das Volk). Selbst in Demokratien gilt: Die Mehrheit muss nicht zwingend richtig liegen. Logik ist keine Frage von Mehrheiten, sondern eine Frage der Nachvollziehbarkeit und Schlüssigkeit der Argumente. Nur weil viele eine bestimmte These vertreten, beweist das noch nicht ihre Gültigkeit.

Tu quoque (Bumerang-Argument)

Bei der Argumentationsfigur „Tu quoque" (lat., „du auch") wird versucht, Vorwürfe zu entkräften, indem man den Gegnern die gleichen Vorwürfe macht bzw. darauf hinweist, dass den Gegnern genau die gleichen Vorwürfe gemacht werden könnten. „Wer im Glashaus sitzt, darf selber nicht mit Steinen werfen", so lautet ein Sprichwort. Vom moralischen Standpunkt aus können derartige Informationen durchaus interessant sein. Ob die Vorwürfe jedoch sachlich richtig sind, geht daraus nicht hervor. Die Vorwürfe selbst sind durch Gegenvorwürfe nicht entkräftet bzw. aus der Welt geschafft. A: Du solltest weniger trinken
B: Du trinkst doch selbst zu viel!

Suchen Sie zu jedem Argumentationsfehler mindestens ein weiteres Beispiel.

Rollenspiel: Streitgespräch
Entwickeln Sie in Kleingruppen ein kurzes Streitgespräch, in das Sie mindestens drei der erwähnten Argumentationsfehler einbauen. Präsentieren Sie das Streitgespräch vor der Klasse und lassen Sie die anderen erraten, um welche Fehler es sich gehandelt hat.

10. Philosophische Brocken

10.1 Glauben und Wissen

Daher kommt es, daß nichts so fest geglaubt wird wie das, worüber man am wenigsten weiß, und daß sich niemand sicherer gibt als jene, die uns etwas vorfabulieren – Alchimisten zum Beispiel, Wahrsager und vereidigte Sterndeuter, Handleser und Ärzte sowie das ganze übrige Pack.

M. de Montaigne: Essais. Erstes Buch, S. 334 R

1. Erörtern Sie die Frage, warum manche Menschen gerade in den schwer beweisbaren Bereichen so „gläubig" sind.
2. Diskutieren Sie die Frage, wie sich eine klare Grenze zwischen Glauben und Wissen ziehen lässt.

Der französische Essayist und Philosoph **Michel de Montaigne** (1533–1592) thematisierte den Zusammenhang von Glauben und Wissen. In seinen „Essais" schrieb er über Gott und die Welt.

10.2 Relativismus

Protagoras behauptet, daß man über jede Sache mit gleichem Rechte nach beiden Seiten disputieren könne, auch eben darüber, ob sich über jede Sache nach beiden Seiten disputieren lasse.

W. Capelle (Hg.): Die Vorsokratiker, S. 326 R

Bewerten Sie die angesprochene Relativität jedweder Sache und die Sinnhaftigkeit von Rhetorikseminaren.

Der Sophist **Protagoras** (ca. 485–415 v. Chr.), ein berühmter Vortragender, sieht alles relativ. Deshalb sollte man gut im Argumentieren und Reden sein.

10.3 Zu viel Wissen

Alle Dinge sind rastlos tätig, kein Mensch kann alles ausdrücken, nie wird ein Auge satt, wenn es beobachtet, nie wird ein Ohr vom Hören voll.

Bibel, Buch Kohelet 1,8 R

Können wir uns damit abfinden, dass wir nie alles verstehen werden? Schreiben Sie einen kurzen Essay zu dieser Thematik.

Es gibt nichts Neues unter der Sonne.

Bibel, Buch Kohelet 1,9 R

Nicht nur die Erde dreht sich immer gleich im Kreis. Möglicherweise wurden die wesentlichen Gedanken auch alle schon einmal gedacht.
Nehmen Sie Stellung zu der Frage, ob wirklich schon alles dagewesen ist.

Viel Wissen, viel Ärger, wer das Können mehrt, der mehrt die Sorge.

Bibel, Buch Kohelet 1,18 R

Reflektieren Sie folgende Leitfragen:
- Wodurch kann viel Wissen viel Ärger bringen?
- Welche Vorteile bringt die Unwissenheit?

Diese religiös-prophetischen Sätze aus dem Alten Testament (Buch Kohelet) sind wahrlich „bedenklich".

10.4 Atome

Leukippos, Demokrit und Epikur behaupten, die Sinneswahrnehmung und das Denken erfolgten, indem von außen kleine ‚Bilder' [an uns] herankämen. Denn keinem Menschen sei das eine oder das andere ohne das auf ihn treffende Bildchen möglich.

W. Capelle (Hg.): Die Vorsokratiker, S. 306 R

Vergleichen Sie die antike Darstellung mit der (wissenschaftlichen) Erklärung des Wahrnehmungsprozesses. Beurteilen Sie, ob die Vorstellung der Atomisten, dass kleine „Bildchen" aufgenommen werden, vom heutigen Standpunkt aus betrachtet gänzlich falsch ist.

Leukipp (5. Jh. v. Chr.) und sein Schüler **Demokrit** (ca. 460–370 v. Chr.) gelten als Begründer der Atomtheorie. Alles besteht aus kleinsten Teilen (gr.: *atomon* = das Unteilbare).

10.5 Es gibt nichts

… erstens: es gibt nichts; zweitens: wenn es auch etwas gäbe, wäre es doch für den Menschen unerkennbar; drittens: wenn es auch erkennbar wäre, wäre es doch unserem Mitmenschen nicht mitteilbar und nicht verständlich zu machen.

W. Capelle (Hg.): Die Vorsokratiker, S. 345 R

Der Nihilismus (lat.: *nihil* = nichts) ist von der Nichtigkeit des Seins überzeugt.

Stellen Sie mit eigenen Worten dar, was der Sophist Gorgias mit diesen nihilistischen Aussagen betonen möchte.

Denn das Organ, wodurch wir etwas mitteilen, ist das Wort; das Wort aber ist nicht das Ding, das existiert. Wir teilen also unseren Mitmenschen nicht die Dinge mit, sondern Worte, die von den Dingen [selber] ganz verschieden sind. Wie nun das Sichtbare nicht hörbar wird, und umgekehrt, so kann, da das Ding draußen existiert, es auch nicht zu unserem Wort werden. Wenn es aber nicht das Wort ist, kann es auch nicht einem andern mitgeteilt werden.

W. Capelle (Hg.): Die Vorsokratiker, S. 350f. R

Machen Sie sich das Verhältnis der Dinge (die wir beschreiben) und der Worte (die von diesen Dingen berichten) bewusst. Diskutieren Sie die Frage, wie genau/exakt Sprache sein kann und sein soll.

Gorgias (ca. 480–380 v. Chr.) war ein gut bezahlter Redner und vertraute vor allem auf die Macht des Wortes.

10.6 Licht und Schatten

Stelle dir Menschen vor in einer unterirdischen Wohnstätte mit lang nach aufwärts gestrecktem Eingang, entsprechend der Ausdehnung der Höhle; von Kind auf sind sie in dieser Höhle festgebannt mit Fesseln an Schenkeln und Hals; sie bleiben also immer an der nämlichen Stelle und sehen nur geradeaus vor sich hin, durch die Fesseln gehindert ihren Kopf herumzubewegen; von oben her aber aus der Ferne von rückwärts leuchtet ihnen ein Feuerschein; zwischen dem Feuer aber und den Gefesselten läuft oben ein Weg hin, längs dessen eine niedrige Mauer errichtet ist […]

Längs dieser Mauer – so mußt du dir nun es weiter vorstellen – tragen Menschen allerlei Gerätschaften vorbei, die über die Mauer hinausragen […]

Denn können denn erstlich solche Gefesselten von sich selbst sowohl wie gegenseitig voneinander etwas anderes gesehen haben als die Schatten, die durch die Wirkung des Feuers auf die ihnen gegenüberliegende Wand der Höhle geworfen werden? […]

Wenn sie nun miteinander reden könnten, glaubst du nicht, daß sie der Meinung wären, die Benennungen, die sie dabei verwenden, kämen den Dingen zu, die sie unmittelbar vor sich sehen? […]

Durchweg also würden diese Gefangenen nichts anderes für wahr gelten lassen als die Schatten der künstlichen Gegenstände. […]

Wenn einer von ihnen entfesselt und genötigt würde plötzlich aufzustehen, den Hals umzuwenden, sich in Bewegung zu setzen und nach dem Lichte empor zu blicken, und alles dies nur unter Schmerzen verrichten könnte, und geblendet von dem Glanze nicht imstande wäre jene Dinge zu erkennen, deren Schatten er vorher sah, was, glaubst du wohl, würde er sagen, wenn man ihn versichert, er hätte damals lauter Nichtigkeiten gesehen, jetzt aber, dem Seienden nahegerückt und auf Dinge hingewandt, denen ein stärkeres Sein zukäme, sehe er richtiger? […]

Und wenn man ihn nun zwänge seinen Blick auf das Licht selbst zu richten, so würden ihn doch seine Augen schmerzen und er würde sich abwenden und wieder jenen Dingen zustreben, deren Anblick ihm geläufig ist, und diese würde er doch für tatsächlich gewisser halten als die, die man ihm vorzeigte? […]

Zuletzt dann, denke ich, würde er die Sonne […] in voller Wirklichkeit an ihrer eigenen Stelle zu schauen und ihre Beschaffenheit zu betrachten imstande sein. […]

Wie nun? Meinst du nicht, er würde in der Erinnerung an seine erste Wohnstätte und an seine dortige Weisheit und an seine dortigen Mitgefangenen sich nun glücklich preisen ob dieser Veränderung, jene dagegen bemitleiden? […]

Wenn er nun wieder, bei noch anhaltender Trübung des Blicks mit jenen ewig Gefesselten wetteifern müßte in der Deutung jener Schattenbilder [...], würde er sich da nicht lächerlich machen und würde es nicht von ihm heißen, sein Aufstieg nach oben sei schuld daran, daß er mit verdorbenen Augen wiedergekehrt sei, und schon der bloße Versuch nach oben zu gelangen, sei verwerflich? Und wenn sie den, der es versuchte sie zu entfesseln und hinaufzuführen, irgendwie in ihre Hand bekommen und umbringen könnten, so würden sie ihn doch auch umbringen?

Platon: Sämtliche Dialoge, Bd. 5, S. 269–273 R

1. Fassen Sie das Wesentliche des Textes zusammen und überlegen Sie, in welcher „Höhle" wir uns befinden.
2. Was passiert in der Regel mit unangepassten Menschen? Vergleichen Sie dazu das Ende des Höhlengleichnisses.

Platon (427–347 v. Chr.) will hinter die vordergründigen Dinge blicken. Das Wesentliche will mit dem Denken erkannt werden. Dies ist oftmals sehr mühsam ...

10.7 Sinne und Verstand

Ohne Sinnlichkeit würde uns kein Gegenstand gegeben, und ohne Verstand keiner gedacht werden. Gedanken ohne Inhalt sind leer, Anschauungen ohne Begriffe sind blind. [...] Der Verstand vermag nichts anzuschauen, und die Sinne nichts zu denken. Nur daraus, daß sie sich vereinigen, kann Erkenntnis entspringen.

I. Kant: Werke, Bd. 2, S. 98 R

Formulieren Sie diesen Gedankengang in eigenen Worten.

Immanuel Kant (1724–1804) ist von der Verschränkung von Denken und Anschauung überzeugt.

10.8 Wozu?

Habe nun, ach! Philosophie,
Juristerei und Medizin,
Und leider auch Theologie!
Durchaus studiert, mit heißem Bemühn.
Da steh ich nun, ich armer Tor!
Und bin so klug als wie zuvor [...].

J. W. Goethe: Faust, S. 13 (Verse 354ff.)

1. Interpretieren Sie diese berühmte Passage.
2. Machen Sie sich bewusst, was Sie von Ihrer (erworbenen) Bildung, von der Reifeprüfung erwarten.
3. Überlegen Sie sich, inwiefern hier Goethe die Probleme der Informationsgesellschaft vorweggenommen hat.

Johann Wolfgang Goethe (1749–1832) hat in seinem „Faust" in prägnanter Form viele Lebensfragen angesprochen.

10.9 Selbsterkenntnis

„Gnothi seauton" – „Erkenne dich selbst!"

Wie halten Sie es mit der Selbsterkenntnis? Reflektieren Sie die Frage, was es heißt, sich selbst zu erkennen. Erörtern Sie, was es bedeutet, ein sterblicher, bewusst existierender Mensch zu sein: weder Gott noch Tier, Pflanze oder Stein.

Diese Inschrift, die am **Apollon-Tempel in Delphi** angebracht war, wird einem der Sieben Weisen (namentlich dem Chilon) zugeschrieben. Sie verlangt viel: Um andere Erkenntnisse zu erlangen, gilt es, zuallererst sich selbst zu erkennen.

Zusammenfassung

- Die Erkenntnistheorie nähert sich dem Problem des Erkennens in skeptischer Weise. Der Mensch kann sich täuschen. Dies gilt es, in der nötigen philosophischen Distanz zu bedenken.
- Die transzendentale Differenz besagt, dass beim Erkenntnisprozess immer eine Trennung in Subjekt und Objekt bleibt. Durch das menschliche Bewusstsein, das Denken und schließlich das Denken des Denkens sind wir an sich gespalten.
- Platons Höhlengleichnis kennzeichnet den Unterschied von Wahrnehmen und Wahrheit. Das Wesentliche wird im Denken, also mit dem „geistigen Auge" erkannt. Platon ist der Vater des Idealismus – der Richtung, die besagt, dass das Geistige primär ist. Der Rationalismus sieht in der Vernunft die entscheidende Erkenntnisquelle. Descartes fundiert sein Denken mit dem Satz: „Ich denke, also bin ich."
- Der Empirismus (Locke, Hume und Bacon) setzt auf die Sinneserfahrung als ursprüngliche Erkenntnisquelle. Der Mensch ist zuallererst ein unbeschriebenes Blatt.
- Mit Kant und der transzendentalen Erkenntnistheorie wird eine Zusammenschau von Rationalismus und Empirismus angestrebt. Zur Erkenntnis ist beides nötig: Sinneserfahrung und Vernunft. In diesem Sinne können Gott, die Willensfreiheit und eine unsterbliche Seele nicht erkannt (bzw. bewiesen) werden. Kant postuliert die Existenz Gottes, die Willensfreiheit und eine unsterbliche Seele.
- Mit Ludwig Wittgenstein beschreitet die Philosophie den Weg in Richtung Sprachphilosophie. Alle philosophischen Probleme seien letztlich sprachlicher Natur. Wittgensteins frühes Hauptwerk endet mit dem Satz: „Wovon man nicht sprechen kann, darüber muss man schweigen."
- Wissenschaft ist ein System von intersubjektiv prüfbaren Sätzen. Laut Karl R. Popper muss die Verifikation durch die Falsifikation ersetzt werden. Eine letzte Wahrheit gebe es nicht. Jeder Versuch einer Letztbegründung mündet für Hans Albert in das Münchhausen-Trilemma.
- Logik ist die Lehre von der Folgerichtigkeit des Denkens. Die abendländische Logik – also die logischen Grundsätze und das logische Schließen – geht auf Aristoteles zurück. Da in der Logik eine Trennung von Form und Inhalt stattfindet, kann man mit falschen Aussagen logisch gültige Schlüsse ziehen. Im Gesprächsalltag sind die zu vermeidenden Argumentationsfehler von Interesse.

Abschließende Fragen und Anregungen

1. Reflektieren Sie, was aus philosophischer Sicht das Problem ist, wenn man über das Denken und den Erkenntnisprozess nachdenkt.
2. Definieren Sie den Begriff Idealismus in der Philosophie.
3. Unterscheiden Sie Rationalismus, Empirismus und transzendentale Erkenntnistheorie. Argumentieren Sie, welche Methode des Erkennens für Sie am plausibelsten ist.
4. Würde sich in Ihrem Leben etwas ändern, wenn Gott und die unsterbliche Seele „beweisbar" wären? Spielen Sie dieses Gedankenexperiment durch. Entwickeln Sie Hypothesen und positionieren Sie sich begründet.
5. Stellen Sie dar, wie Sie das Verhältnis von Sprache und Denken sehen. Denken Sie sprachlich?
6. Versuchen Sie einer Vertreterin/einem Vertreter einer „nicht westlichen Kultur" (bei aller Problematik dieser Abgrenzung) unseren Begriff von Wissenschaft zu erklären. Entwerfen Sie mögliche Definitionen.
7. Skizzieren Sie kurz die logischen Grundsätze und die drei Methoden Deduktion, Induktion und Reduktion – auch anhand einzelner Beispiele.
8. Erklären Sie fünf der sieben Argumentationsfehler und überlegen Sie, welchen Argumentationsfehler Sie häufig im Alltag begehen.

■ Mögliche kompetenzorientierte Aufgabenstellungen für die Reifeprüfung befinden sich im Anhang auf S. 241ff.

1. Was ist der Mensch?

1.1 Selbstzeugnisse

> Gesetzt den Fall, dass eine Kommunikation möglich wäre: Spielen Sie eine Situation durch, in der Sie einem außerirdischen Lebewesen das Wesen des Menschen erklären.

Wir Menschen erachten es im Normalfall für unnötig, darüber nachzudenken, was der Mensch ist. Was würden wir aber einem Nicht-Menschen, etwa einem Außerirdischen, von uns und unserem Selbstverständnis erzählen?

1972 startete die NASA-Raumsonde Pioneer 10 zur Erforschung unseres Sonnensystems. Sie verließ 1983 als erstes von Menschen geschaffenes Objekt das Sonnensystem. Schon 1997 war die Raumsonde ca. 10 Milliarden Kilometer entfernt. Mittlerweile ist der Kontakt abgebrochen.
Da der Mensch ein vorausschauendes Wesen ist, haben die Verantwortlichen der Raumsonde eine vergoldete Aluminiumplakette beigelegt – für den Fall, dass Außerirdische das Flugobjekt entdecken. Auf dieser Plakette befindet sich die folgende Abbildung:

Plakette, die mit der Raumsonde Pioneer 10 ins All geschickt wurde

Die Plakette ist 1 mm stark und 15 x 23 cm groß. Neben einer „Wegbeschreibung" finden sich noch andere physikalische Informationen darauf.

> 1. Beurteilen Sie dieses menschliche Selbstzeugnis. Entwerfen Sie Ihr eigenes Bild vom Menschen, von Frau und Mann.
> 2. Untersuchen Sie in der Gruppe, wie wahrscheinlich es ist, dass Außerirdische sehen und hören können.

1977 starteten die Voyager-Sonden. Für den Fall, dass diese Sonden von anderen Lebewesen gefunden werden, hielt man noch mehr Informationen über den Menschen und die Erde bereit. Die Voyager-Sonden haben außerdem eine goldene Schallplatte samt Bauanleitung für einen Plattenspieler an Bord.
Diese Platte enthält Geräusche (Naturgeräusche wie Donner und Hundebellen und menschliche Geräusche wie einen Kuss), Grüße in verschiedenen Sprachen und Musik (z. B. eine Fuge von Bach). Ebenso begrüßte der damalige UN-Generalsekretär Kurt Waldheim die HörerInnen.

Mindmap: Mensch

Fertigen Sie anhand folgender Fragen ein Mindmap zum Thema „Mensch" an. Was zeichnet Ihres Erachtens den Menschen aus? Welche Attribute kennzeichnen den Menschen?

Was ist wesentlich, zentral und sehr wichtig, was ist eher nebensächlich und sollte im Mindmap einen Nebenplatz erhalten?

Vergleichen und diskutieren Sie die verschiedenen Mindmaps.

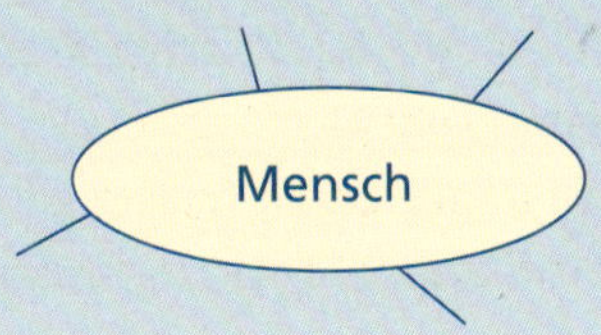

1.2 Abgrenzungen

Versucht man einen Begriff zu definieren, braucht man Anhaltspunkte. Jeder Erkenntnisakt beginnt mit einer Abgrenzung, man muss einen Begriff vom anderen unterscheiden. Dies drückt **Baruch de Spinoza** (1632–1677) in einem Brief an den Freund Jarig Jelles aus:

Omnis determinatio est negatio. (Jede Bestimmung ist eine Negation.)

Vgl. dazu B. de Spinoza: Die Ethik, S. 743 R

Wer über einen Begriff nachdenkt und ihn zu definieren versucht, spricht meistens davon, was dieser Begriff nicht ist. Die Diskussion über den Menschen mündet meist in die **Abgrenzung** zwischen Mensch und Tier: „Der Mensch kann im Gegensatz zum Tier ..."

Wir Menschen grenzen uns gerne von den Tieren ab, insbesondere von höher entwickelten Tieren wie den Affen. Von Bäumen, Steinen und Schmetterlingen grenzen wir uns selten ab, nur eine Abgrenzung von Ähnlichem und Naheliegendem finden wir nötig.

In der Persönlichkeitsentwicklung des einzelnen Menschen ist es ein entscheidender Schritt, sich von anderen abzugrenzen.

Außerdem gilt es, einen prinzipiellen Einwand zu beachten: Spricht man von *dem* Menschen, stellt dies immer eine **Verallgemeinerung** dar. *Der* Mensch ist also eine Abstraktion (lat.: *abstrahere* = abziehen, wegziehen).

Das Gegenteil von abstrakt ist konkret. Wenn man vom Konkreten absieht, das Konkrete wegzieht, kommt man zum Abstrakten. Das Abstrakte ist die Verallgemeinerung, die übrig bleibt. Es ist das Begriffliche, das Nur-Gedachte.

Tatsächlich gibt es ausschließlich konkrete Menschen. Wenn man will, kann man alle Menschen mit dem Begriff „Menschheit" zusammenfassen. *Den* Menschen aber gibt es nicht, obwohl man oft vom Menschen und seiner Art, seiner Natur spricht. Man muss sich bewusst sein, dass Verallgemeinerungen immer ungenau und mit Vorurteilen behaftet sind. Genauer müsste man sagen: Im Durchschnitt und prinzipiell ist der Mensch so oder so.

■ **Fazit:** Der Mensch ist eine mehr oder minder gültige Verallgemeinerung.

Oft wurde versucht, das Wesen des Menschen in einem Satz oder Gedanken festzumachen. Bei aller Ungenauigkeit, die Einzelaussagen und dementsprechende Verkürzungen mit sich bringen, unterstreichen die verschiedenen Sätze doch die jeweiligen zentralen Eckpunkte des Menschseins.

Aristoteles (384–322 v. Chr.) bezeichnete den Menschen als **vernünftiges** Tier (meist wird vom *Animal rationale* gesprochen).

Eine weitere bekannte Definition von Aristoteles nennt den Menschen ein *Zoon politikon*, das ist ein politisches bzw. **soziales** Tier. Jeder Mensch braucht andere Menschen, um überleben zu können. Keiner hätte alleine überlebt ...

Eine ähnliche Sichtweise vertritt im 20. Jahrhundert der amerikanische Philosoph **George Herbert Mead** (1863–1931), der meint:

Wir sind, was wir sind, durch unser Verhältnis zu anderen.

G. H. Mead: Geist, Identität und Gesellschaft ..., S. 430 R

Die Bibel sieht im Menschen das **Abbild** (oder Ebenbild) **Gottes**. Ihm wird eine hervorragende Stellung in der Schöpfung zugesprochen.

Viele BiologInnen und NaturwissenschaftlerInnen sehen im Menschen eine **komplizierte Maschine**, die auf Überleben programmiert ist.

Pessimistische Naturen wie **Thomas Hobbes** (1588–1679) sehen im Menschen ein **Raubtier**: *Homo homini lupus.* – Der Mensch ist dem Menschen ein Wolf.

2. Menschen-Bilder

Vorüberlegungen:
Beziehen Sie Position zu den folgenden drei konkreten Menschenbildern und diskutieren Sie diese in der Gruppe.

1. Der Mensch ist ein Zufallsprodukt der Evolution und – vereinfacht gesagt – zivilisierter Affe. / Er ist Geschöpf Gottes und die Krone der Schöpfung.
2. Der Mensch gilt als im Innersten gut. / Er gilt als böse und gefährlich.
3. Es gibt im Großen und Ganzen einen Sinn im Leben. / Alles ist nichtig, zufällig und sinnlos.

Je nachdem, wie man diese Fragen beantwortet, je nach dem „Bild" vom Menschen, wird man dem Leben Unterschiedliches abgewinnen: Man kann sich als gottgewollt und geliebt betrachten. Man kann sich der Sinnlosigkeit ausgeliefert sehen. Man kann auf das Gute im Menschen setzen. Man kann strenge Gesetze verabschieden, wenn man glaubt, dass der Menschen leicht zum Bösen neige. Und so weiter.

Im Folgenden sollen Sie die verschiedenen Textausschnitte (2.1 bis 2.6) in Gruppenarbeit bearbeiten. Jede Gruppe widmet sich einem Text, diskutiert ihn in der Gruppe, versucht die Fragen im Anschluss zu beantworten und fasst dann das Wichtigste (bzw. die Hauptaussage) in einem Satz zusammen. Dieser Satz wird an die Tafel geschrieben. Danach werden die Sätze und Hauptaussagen der Texte den anderen Gruppen präsentiert.
Vor allem soll besprochen werden:
Was für ein Menschenbild steht hinter diesem Text?

2.1 Biblischer Schöpfungsbericht

Der biblische Schöpfungsbericht ist ein sehr altes und zentrales Dokument der christlichen Kultur, die das Abendland entscheidend geprägt hat.

Gott machte alle Arten von Tieren des Feldes, alle Arten von Vieh und alle Arten von Kriechtieren auf dem Erdboden. Gott sah, daß es gut war. Dann sprach Gott: Laßt uns Menschen machen als unser Abbild, uns ähnlich. Sie sollen herrschen über die Fische des Meeres, über die Vögel des Himmels, über das Vieh, über die ganze Erde und über alle Kriechtiere auf dem Land. Gott schuf also den Menschen als sein Abbild; als Abbild Gottes schuf er ihn. Als Mann und Frau schuf er sie. Gott segnete sie, und Gott sprach zu ihnen: Seid fruchtbar, und vermehrt euch, bevölkert die Erde, unterwerft sie euch, und herrscht über die Fische des Meeres, über die Vögel des Himmels und über alle Tiere, die sich auf dem Land regen. Dann sprach Gott: Hiermit übergebe ich euch alle Pflanzen auf der ganzen Erde, die Samen tragen, und alle Bäume mit samenhaltigen Früchten. Euch sollen sie zur Nahrung dienen. Allen Tieren des Feldes, allen Vögeln des Himmels und allem, was sich auf der Erde regt, was Lebensatem in sich hat, gebe ich alle grünen Pflanzen zur Nahrung. So geschah es. Gott sah alles an, was er gemacht hatte: Es war sehr gut. Es wurde Abend, und es wurde Morgen: der sechste Tag. So wurden Himmel und Erde vollendet und ihr ganzes Gefüge.

Bibel, Genesis 1,25–2,1 R

1. Beschreiben Sie, welche Stellung der Mensch in der Schöpfung laut Bibel besitzt.
2. Vergleichen Sie den biblischen Schöpfungsbericht mit dem darwinistischen Modell (siehe auch Text in Kapitel 2.2, S. 75).
3. Reflektieren Sie, worin es einen Unterschied macht, ob Mensch und Welt gottgeschaffen sind oder alles zufällig entstanden ist.

2.2 Zur Evolutionstheorie und den drei Kränkungen

Charles Darwin (1809–1882) schloss zwar ein Theologiestudium ab, interessierte sich aber hauptsächlich für geologische, botanische und zoologische Fragen. Für viele religiöse Menschen wurde er zum Feindbild.

Die Welt scheint sich lange auf die Ankunft des Menschen vorbereitet zu haben, wie oft bemerkt worden ist; und dies ist in einem gewissen Sinne durchaus wahr; denn er verdankt seine Entstehung einer langen Reihe von Vorfahren. Hätte ein einziges Glied in dieser langen Kette niemals existiert, so würde der Mensch nicht genau das geworden sein, was er jetzt ist. Wenn wir nicht absichtlich unsere Augen schließen, so können wir nach unseren jetzigen Kenntnissen annähernd unsere Abstammung erkennen, und wir brauchen uns derselben nicht zu schämen. Der niedrigste Organismus ist etwas bei weitem Höheres als der unorganische Staub unter unseren Füßen; und kein vorurteilsfreier Mensch kann irgend ein lebendes Wesen, wie niedrig es auch stehen mag, studieren, ohne in Enthusiasmus über seine wunderbare Struktur und Eigenschaften zu geraten.

Ch. Darwin: Die Abstammung des Menschen, S. 215 R

Charles Darwin

1. Beschreiben Sie, welche Stellung in der Natur der Mensch Darwin zufolge besitzt.
2. Erläutern Sie, warum das christliche und das evolutionstheoretische Menschenbild unvereinbar scheinen.
3. Der niederländische Philosoph Baruch de Spinoza (1632–1677) prägte die Formel „Deus sive natura" (Gott oder Natur), was ihm große Probleme einbrachte.
   Es macht einen Unterschied, ob der Mensch und die Welt nach evolutionären Anpassungsprozessen zufällig und ohne göttlichen Plan entstanden sind oder ob der Mensch und die Welt als von Gott geschaffen gelten.
   Was ist der Unterschied zwischen einem personalen Gott und einem natürlichen Prinzip? Setzen Sie sich kritisch mit diesen Positionen auseinander.

Sigmund Freud sprach von den **drei Kränkungen** des abendländischen Geistes bzw. den drei Kränkungen der menschlichen Eigenliebe:

Erstens: *Kopernikus* sorgte mit dem heliozentrischen Weltbild dafür, dass die Erde nicht mehr als der Mittelpunkt der Welt gilt, wie im geozentrischen Weltbild bis dahin angenommen. Wir sind am Rande des Universums. Wo sich die wirkliche Mitte befindet, ist ohnehin nicht auszumachen.

Zweitens: *Darwin* verwies auf die Abstammung aus dem Tierreich, er zeigte uns Menschen unsere animalische Natur auf.

Drittens: *Freud* bescherte die dritte und empfindlichste Kränkung, indem er meinte, dass unser Ich nicht einmal Herr im eigenen Haus ist. Das Unbewusste regiere und lenke. Wir seien Getriebene.

Entwickeln Sie eigene Überlegungen zu der Frage, ob wir Menschen uns gekränkt fühlen könnten,
weil wir nicht Mittelpunkt des Weltalls sind,
weil wir tierische Wurzeln haben
und weil wir zu großen Teilen vom Unbewussten bestimmt sind.

2.3 Der gefährliche Mensch

Thomas Hobbes' (1588–1679) politische Ansichten und seine Philosophie waren geprägt von den Bürger- und Revolutionskriegen in England und Frankreich. Von 1618 bis 1648 tobte der Dreißigjährige Krieg.
Außerdem brachte ihn seine Mutter angeblich – durch die Nachricht vom Eindringen der spanischen Armada in britische Gewässer erschreckt – vorzeitig zur Welt. In seiner Biografie sprach Hobbes später davon, dass seine Mutter Zwillinge gebar: ihn und die Furcht („she did bring Twins at once, both Me and Fear"). Die Furcht nahm in der Folge eine wichtige Rolle in seiner politischen Philosophie ein.

Und wenn […] zwei Menschen nach demselben Gegenstand streben, den sie jedoch nicht zusammen genießen können, so werden sie Feinde und sind in Verfolgung ihrer Absicht, die grundsätzliche Selbsterhaltung und bisweilen nur Genuß ist, bestrebt, sich gegenseitig zu vernichten oder zu unterwerfen.
[…]
Daraus ergibt sich klar, daß die Menschen während der Zeit, in der sie ohne eine allgemeine, sie alle im Zaum haltende Macht leben, sich in einem Zustand befinden, der Krieg genannt wird, und zwar in einem Krieg eines jeden gegen jeden. Denn Krieg *besteht nicht nur in Schlachten oder Kampfhandlungen, sondern in einem Zeitraum, in dem der Wille zum Kampf genügend bekannt ist.*
[…]
In einer solchen Lage ist für Fleiß kein Raum, da man sich seiner Früchte nicht sicher sein kann; und folglich gibt es keinen Ackerbau, keine Schiffahrt, keine Waren, die auf dem Seeweg eingeführt werden können, keine bequemen Gebäude, keine Geräte, um Dinge, deren Fortbewegung viel Kraft erfordert, hin- und herzubewegen, keine Kenntnis von der Erdoberfläche, keine Zeitrechnung, keine Künste, keine Literatur, keine gesellschaftlichen Beziehungen, und es herrscht, was das Schlimmste von allem ist, beständige Furcht und Gefahr eines gewaltsamen Todes – das menschliche Leben ist einsam, armselig, ekelhaft, tierisch und kurz.

Th. Hobbes: Leviathan, S. 95f. R

1. Erörtern Sie die Frage, ob Menschen im Innersten, ohne eine „sie im Zaum haltende Macht", böse und gefährlich sind.
2. Analysieren Sie die (politischen) Konsequenzen eines derart negativen Menschenbildes. Diskutieren Sie auch den vielfach hörbaren Ruf nach strengeren Gesetzen.
3. Führen Sie ein Streitgespräch zu folgender Frage: Herrscht überall Konkurrenz – auch in der Schule?
4. Schildern Sie persönliche Erlebnisse, die Ihr Menschenbild geprägt haben könnten.

picturedesk.com/Toni Schneiders/Interfoto

Schlacht im 30-Jährigen Krieg

2.4 Der gute Mensch

Jean-Jacques Rousseau (1712–1778) übte massive Kritik an der Kultur. Das Schlagwort „Zurück zur Natur" wird meist mit ihm in Zusammenhang gebracht.

Alamy Stock Photo/PRISMA ARCHIVO

Jean-Jacques Rousseau

Rousseau, der ein idyllisches und idealisiertes Bild vom Ur- und Naturmenschen zeichnete, war sich sehr wohl bewusst, dass es in Wahrheit kein Zurück gibt. Die menschliche Natur entwickelt sich niemals zurück. Die Zeiten der Unschuld und Gleichheit sind unwiederbringlich vorbei. Vielmehr war es sein Wunsch, den Verfall etwas zu verlangsamen.

Er idealisierte das goldene Zeitalter, als der Naturmensch noch im Einklang mit sich und aus sich heraus lebte. Der bürgerliche Gesellschaftsmensch hetze und lebe stets außer sich.

Sein vielleicht wichtigstes Werk ist der „Gesellschaftsvertrag" („Du Contrat Social", 1762). Das erste Kapitel beginnt mit den Worten:

Der Mensch ist frei geboren, und überall liegt er in Ketten.

J.-J. Rousseau: Vom Gesellschaftsvertrag, S. 5 R

In der „Abhandlung über den Ursprung und die Grundlagen der Ungleichheit unter den Menschen" (1755) notierte Rousseau Folgendes:

Der erste, der ein Stück Land eingezäunt hatte und auf den Gedanken kam zu sagen ‚Dies ist mein' und der Leute fand, die einfältig genug waren, ihm zu glauben, war der wahre Begründer der zivilen Gesellschaft. Wie viele Verbrechen, Kriege, Morde, wie viele Leiden und Schrecken hätte nicht derjenige dem Menschengeschlecht erspart, der die Pfähle herausgerissen oder den Graben zugeschüttet und seinen Mitmenschen zugerufen hätte: ‚Hütet euch davor, auf diesen Betrüger zu hören. Ihr seid verloren, wenn ihr vergeßt, daß die Früchte allen gehören und daß die Erde niemandem gehört.' Aber mit großer Wahrscheinlichkeit waren damals die Dinge schon so weit gediehen, daß sie nicht mehr so bleiben konnten, wie sie waren.

J.-J. Rousseau: Abhandlung über den Ursprung …, S. 74 R

Solange sich die Menschen mit ihren einfachen Hütten begnügten, solange sie sich darauf beschränkten, ihre Kleider mit Dornen oder Gräten aus Tierhäuten zu nähen, sich mit Federn und Muscheln zu schmücken, sich den Körper mit verschiedenen Farben zu bemalen, ihre Pfeile und ihre Bogen zu vervollkommnen und zu verschönern, mit scharfen Steinen ein paar Fischerboote oder ein paar primitive Musikinstrumente zu schnitzen; mit einem Wort: solange sie sich nur Arbeiten zuwandten, die einer allein ausführen konnte, und nur solchen handwerklichen Künsten, die nicht das Zusammenwirken mehrerer Hände nötig machten, lebten sie so frei, gesund, gut und glücklich, wie sie es ihrer Natur nach nur sein konnten, und genossen untereinander weiterhin die Wonnen eines unabhängigen Umgangs miteinander.

J.-J. Rousseau: Abhandlung über den Ursprung …, S. 83f. R

1. Nehmen Sie Stellung zu der Frage, ob der Mensch im Ur- oder Naturzustand wirklich gut, frei, gesund und glücklich ist.
2. Diskutieren Sie, inwiefern ein positive(re)s Menschenbild auch eine andere Politik zur Folge haben würde.
3. Erklären Sie, was laut Rousseau den Menschen verdirbt.
4. Stellen Sie sich vor, es gäbe in unserer Gesellschaft kein Eigentum … Skizzieren Sie mögliche Folgen.

2.5 Animal rationale

Aristoteles (384–322 v. Chr.) versuchte, den Menschen von anderen Lebewesen zu unterscheiden.
Das für ihn deutlichste Abgrenzungsmerkmal ist dabei die Vernunft. Diese zu vervollkommnen sei unser Auftrag. Schließlich ermögliche uns die Vernunft die größten Genüsse und sie sei Bedingung für Glückseligkeit.

Sollte nicht eher so, wie das Auge, die Hand, der Fuß und überhaupt jedes einzelne Körperglied seine besondere Leistung hat, auch der Mensch neben all dem seine besondere Leistung besitzen? Welche mag sie nun wohl sein? Das Leben offenbar nicht, denn dies besitzen auch die Pflanzen, wir suchen aber das dem Menschen Eigentümliche. Das Leben der Ernährung und des Wachstums ist also auszuscheiden. Es würde darauf das Leben der Wahrnehmung folgen, aber auch dieses ist uns gemeinsam mit dem Pferde und Rinde und allen Tieren überhaupt. Es bleibt also das Leben in der Betätigung des vernunftbegabten Teiles übrig. […]
Wenn nun die eigentümliche Leistung des Menschen in einer Tätigkeit der Seele besteht, die sich nach der Vernunft […] vollzieht, und wenn wir die Leistung eines beliebig Tätigen und eines hervorragend Tätigen derselben Gattung zurechnen (so wie das Spiel des Kitharisten und dasjenige des guten Kitharisten, und so in allen Fällen), so daß wir zur Leistung überhaupt noch das Merkmal hervorragender Tüchtigkeit in ihr beifügen […] –, wenn das alles so ist, dann ist das Gute für den Menschen die Tätigkeit der Seele auf Grund ihrer besondern Befähigung, und wenn es mehrere solche Befähigungen gibt, nach der besten und vollkommensten; und dies außerdem noch ein volles Leben hindurch. Denn eine Schwalbe macht noch keinen Frühling, und auch nicht ein einziger Tag; so macht auch ein einziger Tag oder eine kurze Zeit niemanden glücklich und selig.*
Aristoteles: Die Nikomachische Ethik, S. 116f. R

* Kithara = Saiteninstrument in Altgriechenland

1. Untersuchen Sie, was für Aristoteles das wahrhaft Menschliche ist. Wodurch ist der Mensch ein Mensch?
2. Erörtern Sie die Frage, ob uns laut Aristoteles mit der Vernunft ein „Bildungsauftrag" gegeben ist. Analog und zugespitzt formuliert: Genügt es, ein durchschnittlicher Kitharist zu sein?
3. Erklären Sie, was man Aristoteles zufolge tun sollte, um ein glückseliger Mensch zu werden.

2.6 Absurde Existenz

Der Schriftsteller, Literaturnobelpreisträger und Philosoph **Albert Camus** (1913–1960) unterstrich ein existenzielles Grunderlebnis: die Erfahrung des Absurden.

Der Mensch sei allein, von Gott verlassen, sterblich und fremd; es fehle ihm der Sinn. Weder Religion noch Selbstmord verhießen Rettung. Aber: Er könne sich bewusst gegen diese Absurdität stellen, dagegen revoltieren. Wenn es auch „von außen" keinen Sinn gebe, so müsse jeder für sich am Sinn arbeiten und seinen Sinn suchen …

Alamy Stock Photo/Granger Historical Picture Archive

Albert Camus

***Die Götter hatten** Sisyphos dazu verurteilt, einen Felsblock unablässig den Berg hinaufzuwälzen, von dessen Gipfel der Stein kraft seines eigenen Gewichts wieder hinunterrollte. Sie meinten nicht ganz ohne Grund, es gäbe keine grausamere Strafe, als unnütze und aussichtslose Arbeit. […]*
Dieser Mythos ist tragisch, weil sein Held bewußt ist. Worin bestünde tatsächlich seine Strafe, wenn ihm bei jedem Schritt die Hoffnung auf Erfolg neue Kräfte gäbe? Der Arbeiter von heute arbeitet sein Leben lang an den gleichen Aufgaben, und sein Schicksal ist genauso absurd. Tragisch ist es aber nur in den wenigen Augenblicken, in denen er sich dessen bewußt wird. Sisyphos, der ohnmächtige und rebellische Proletarier der Götter, kennt das ganze Ausmaß seiner elenden conditio: über sie denkt er nach während des Abstiegs. Die Klarsichtigkeit, die Ursache seiner Qual sein sollte, vollendet zugleich seinen Sieg. Es gibt kein Schicksal, das durch Verachtung nicht überwunden werden kann. […]*

Sein Schicksal gehört ihm. Sein Fels ist seine Sache. [...] Es gibt kein Licht ohne Schatten, und man muß auch die Nacht kennen. Der absurde Mensch sagt ja, und seine Anstrengung hört nicht mehr auf. Wenn es ein persönliches Geschick gibt, dann gibt es kein übergeordnetes Schicksal oder zumindest nur eines, das er unheilvoll und verachtenswert findet. Darüber hinaus weiß er sich als Herr seiner Tage. In diesem besonderen Augenblick, in dem der Mensch sich seinem Leben zuwendet, betrachtet Sisyphos, der zu seinem Stein zurückkehrt, die Reihe unzusammenhängender Handlungen, die sein Schicksal werden, als von ihm geschaffen, vereint unter dem Blick seiner Erinnerung und bald besiegelt durch den Tod. Derart überzeugt vom ganz und gar menschlichen Ursprung alles Menschlichen, ein Blinder, der sehen möchte und weiß, daß die Nacht kein Ende hat, ist er immer unterwegs. Noch rollt der Stein. Ich verlasse Sisyphos am Fuße des Berges! Seine Last findet man immer wieder. Sisyphos jedoch lehrt uns die höhere Treue, die die Götter leugnet und Felsen hebt. Auch er findet, daß alles gut ist. Dieses Universum, das nun keinen Herrn mehr kennt, kommt ihm weder unfruchtbar noch wertlos vor. Jeder Gran dieses Steins, jedes mineralische Aufblitzen in diesem in Nacht gehüllten Berg ist eine Welt für sich. Der Kampf gegen Gipfel vermag ein Menschenherz auszufüllen. Wir müssen uns Sisyphos als einen glücklichen Menschen vorstellen.*

A. Camus: Der Mythos des Sisyphos, S. 155–160 R

* conditio = Bedingung
* das Gran = altes Apotheker- und Edelsteingewicht

1. Recherchieren und definieren Sie die Bedeutung des Wortes „absurd".
2. Betrachten Sie die Metapher, wonach das Leben eine Sisyphos-Arbeit sei, kritisch. Überlegen Sie dazu, welche Tätigkeiten wir täglich vollführen, die trotzdem am Ende zu nichts führen ...
3. Wodurch kann der bewusste Held Sisyphos trotzdem glücklich werden? Beurteilen Sie dazu den Schlusssatz: „Wir müssen uns Sisyphos als einen glücklichen Menschen vorstellen".
4. Reflektieren Sie den Sinn, über die Sinnlosigkeit nachzudenken.

Sisyphos

Das Leben scheint eingefaltet zwischen den Polen der absoluten Sinnlosigkeit/Lächerlichkeit und dem Todernst andererseits. Angesichts des (eigenen) Todes, der Nichtigkeit aller Bestrebungen könnte man verzweifeln. Andererseits entspinnt sich aus diesem Nichts ein großartiges Sein-Können.

„Sein Fels ist seine Sache." Gerade weil nichts vorgegeben ist, muss man sein Leben (bewusst) gestalten. Man könnte es auch so zusammenfassen: das Leben, ein todernstes Spiel.

3. Mensch versus Tier

Die Wesensbestimmung des Menschen wird immer in Abgrenzung zu etwas anderem vollzogen. Das Hauptaugenmerk liegt auf der Abgrenzung zum Tier. – Was unterscheidet uns aber wirklich vom Tier?

3.1 Traumimpuls

Als Impuls wird im Folgenden eine Vision des Musikers **Peter Gabriel** vorgestellt:

Wir unterscheiden uns genetisch weniger als zwei Prozent von den großen Menschenaffen. Wir möchten gern glauben, der Unterschied sei größer. Aber sie sind unsere Verwandten. Es wird Zeit anzuerkennen, dass Menschen nicht die einzigen intelligenten Wesen auf diesem Planeten sind. Vor einiger Zeit hatte ich zum Beispiel Gelegenheit, mit einer anderen Spezies zu musizieren: mit Affen im Language Research Center der Universität Atlanta/Georgia. Was ich dort erlebt habe, erschien mir fantastisch.

Die Bonobo-Schimpansen in Atlanta können etwa 4000 Wörter in englischer Sprache und etwa 400 Piktogramme unterscheiden. Ich dachte, wenn sie Wörter verstehen – was ist mit Musik? Tasteninstrumente erschienen mir am interessantesten. Aus einem einfachen Grund: Wenn ein Schimpanse eine Rumbakugel in die Hand nimmt, denken die meisten Menschen, darauf sei er dressiert. Aber wenn man sieht, wie ein Affe vor einer Klaviatur sitzt, denkt man: Aha, dieses Wesen macht sich Gedanken über Musik. Darüber, was ein guter oder schlechter Ton ist. Was passt und was nicht. Da ist ein intelligenter Geist, der eine musikalische Umgebung erkundet. Hätte der Affe nur eine Rumbakugel in der Hand … – dieses Problem kennen menschliche Perkussionisten auch. Schlagzeuger werden oft für halbe Affen gehalten.

Ein normales Keyboard ist natürlich nicht für die großen Hände von Schimpansen gemacht. Deshalb bat ich Pan Banisha, eine Bonobo-Dame, mit einem Finger zu spielen. Ich machte ihr klar, dass sie nur die weißen Tasten benutzen sollte, was sie auch sofort verstand. Wir gaben ihr ein einfaches Casio-Keyboard, das wir mit einem Klavier-Sound belegten. Der Bassist Tony Levin und ich hatten ein vages Gerüst vorbereitet. Ein paar Beats, ein paar Akkorde, alles in a-Moll natürlich. Der Rest war freie Improvisation. Wir durften uns nicht in ein und demselben Raum aufhalten wie die Bonobos. Deshalb gab es eine Art Plastik-Barriere zwischen uns. Tony und ich saßen in der Bonobo-Küche, und auf der anderen Seite saßen die Bonobos vor dem Keyboard. Pan Banisha begann sofort, die verschiedenen Intervalle der Tonleiter auszuprobieren. Schon nach kurzer Zeit suchte sie die Tastatur nach Oktaven ab. Niemand hatte ihr vorher gezeigt, was eine Oktave ist, aber sie fand schnell heraus, dass dieses Intervall den stärksten Gleichklang besitzt.

[…]

Ich wurde in Atlanta nicht Zeuge, wie ein musikalischer Geist zum Leben erwachte. Ich glaube, die Musikalität schlummerte schon vorher in Kanzi und Pan Banisha. Die beiden kommen ja nicht direkt aus dem Dschungel. Sie sind bei Menschen aufgewachsen und hören dauernd Musik im Radio. Man kann philosophische Diskussionen darüber führen, ob das gut oder schlecht ist. Manche Forscher finden es grundsätzlich falsch. Für mich ist das etwas weniger kontrovers.

In dem Film Unheimliche Begegnung der dritten Art geht es darum, eine Kontaktaufnahme zwischen Außerirdischen und Menschen glaubwürdig darzustellen. Musik funktioniert darin als Schnittstelle, über die Menschen und Außerirdische sich verständigen. Das ist natürlich nur ein Sinnbild, ein Produkt menschlicher Fantasie. Aber selten ist mir die Universalität von Musik, ihre allgemeine Verständlichkeit, so deutlich geworden wie bei meinen Sessions mit den Affen. Während wir mit ihnen Musik machten, habe ich sie als sehr individuelle Persönlichkeiten kennen gelernt. Musik zu machen war Kommunikation zwischen den Spezies.

[…]

Es gibt Leute, die dafür plädieren, das biologische Klassensystem umzustellen und Affen zu den Hominiden zu zählen. Wenn meine musikalischen Experimente auch sonst zu nichts führen mögen, so habe ich zumindest dabei erkannt, dass diese Wesen selbstbestimmt leben und entscheiden. Zurzeit aber werden sie wie Ware behandelt. Objekte, die besessen werden von Zoos und Forschungseinrichtungen – so wie früher Sklaven. Es wird Zeit, dass sie Verfassungsrechte bekommen. Wir sollten mehr über die anderen Wesen lernen, mit denen wir diesen Planeten teilen, bevor wir ihn zerstören.

Wäre es nicht eine großartige Idee, Affen, die an unsere Kultur gewöhnt sind, die einen Teil unserer Sprache verstehen, die sich selbst durch Symbole oder Zeichensprache verständlich machen können, über das Internet zu verbinden? Vielleicht funktioniert das auch mit anderen Tierarten. Es gibt ähnliche Experimente mit Graupapageien und Delfinen. Tiere könnten miteinander kommunizieren. Wenn man bei der Suchmaschine Google in die Bild-Abteilung geht, kann man das Internet auf bildhafte Weise durchsuchen. Man könnte so etwas wie Google für Tiere entwickeln. Oder wie wäre es mit einer interaktiven Videokonferenz der Tiere, vielleicht ähnlich dem I-Chat auf dem Apple-Computer? Stell dir vor, sie sehen auf einem Touchscreen Gesichter von Affen, Delfinen oder Papageien. Sie können die Bilder von

jedem berühren, mit dem sie Kontakt aufnehmen wollen, und die Kamerabilder bringen sie live zusammen. Affen im Internet – diese Software muss noch geschrieben werden.
P. Gabriel: Ich habe einen Traum, S. 66

picturedesk.com/VALERY HACHE/AFP

Peter Gabriel, Gründungsmitglied der Gruppe Genesis, veröffentlichte erfolgreich Solo-Alben und engagiert sich als Menschenrechtler.

1. Bewerten Sie das Experiment im Zusammenhang mit der Musikalität von Affen/Bonobos.
2. Die „Sprache der Musik" verstehen (bekanntlich) alle. Erörtern Sie die Frage, warum Musik ein derart universelles Phänomen ist, das nicht nur Menschen verbindet.
3. Bilden Sie sich eine Meinung zu der Frage, ob Tiere Verfassungsrechte bekommen sollten.
4. Stellen Sie sich via Internet kommunizierende Affen vor. Entwerfen Sie kreative Zukunftsszenarien.

Der „Traum" von Peter Gabriel mag etwas übertrieben erscheinen, zeigt aber das Problem der Abgrenzung.

Die Frage nach der Hominisation, der stammesgeschichtlichen Menschwerdung, ist schon sprachlich höchst bizarr: Hominisation ist *„jener Prozeß, der von subhumanen Hominiden zu humanen Hominiden führt [...]".*
dtv-Lexikon, Bd. 8, S. 168 R

Die sprachliche Problematik zeigt die Grenzen der Grenzziehung. Kurz gefasst kann man sagen: Menschen fordern ihre Rechte ein, Schimpansen tun dies nicht.

3.2 Abgrenzungsschwierigkeiten

Exkurs ins Reich der **Pflanzen:**
Relativiert man die Differenz zu den Tieren, so könnte man noch weiter fragen und die Welt der Pflanzen näher betrachten. (In der Schweiz ist interessanterweise auch die Würde der Pflanzen verfassungsrechtlich verankert.) Bei näherem Hinsehen offenbaren sich interessante Erkenntnisse hinsichtlich der Pflanzenwelt.
Erst die Pflanzenwelt ermöglicht das Menschsein, da durch Pflanzen Nahrung und Energie für den Menschen bereitgestellt sind. Die Energie der Sonne wird mithilfe der Pflanzen für den Menschen zur Lebensgrundlage. (Vgl. dazu die Überlegungen von **Georges Bataille**: S. 209f. und S. 249ff.)

Pflanzen sind die Basis; eine Welt ohne Tiere und Menschen ist möglich.
Ein neuerer Blick auf die Neurobiologie der Pflanzen eröffnet erstaunliche Erkenntnisse. Pflanzen kommunizieren mit anderen Pflanzen und Tieren, sie kooperieren, sie bekämpfen gezielt Feinde. Sie haben eine Vielzahl an Sinnesmöglichkeiten, können chemische Stoffe analysieren etc. Manche ForscherInnen sprechen von der Intelligenz der Pflanzen. Alleine das Wurzelwerk eines Baumes ist ein spannendes Netzwerk und kann ein Faszinosum sein.

Wer schon einmal mit einer Mimose (mimosa pudica) in Kontakt getreten ist, weiß auch, dass Pflanzen sehr wohl Regungen zeigen, sich bewegen können, auf Reize gezielte Reaktionen geben. Das Berühren einer Mimose kann so das Weltbild etwas verrücken und die Bewertung der Pflanzenwelt ändern.

Asbjörn Punkenhofer, Traun

Mimose

Der italienische Pflanzenneurobiologe **Stefano Mancuso** hält fest:

Das Pflanzenreich nimmt eine Mittlerrolle zwischen Sonne und Tierreich ein, das heißt, Pflanzen oder besser gesagt ihre einzigartigen Zellorganellen, die Chloroplasten, bilden das Bindeglied zwischen der organischen Welt (also all dem, was wir Leben nennen) und dem Energiezentrum unseres Sonnensystems. Pflanzen spielen für das Leben auf unserem Planeten eine fundamentale Rolle. Tiere nicht.
Wie neuere Forschungen zeigen, besitzen Pflanzen nicht nur Empfindungs- und Sinnesvermögen, sondern können auch untereinander und mit Tieren kommunizieren, schlafen, sich erinnern und sogar das Verhalten anderer Arten beeinflussen. Und man kann sie zweifellos als intelligente Organismen bezeichnen. Ihre Wurzeln bilden eine Front, die unaufhaltsam vorwärtsrückt – und über unzählige Kommandozentralen verfügt. Während das Wurzelwerk wächst und gedeiht, fungiert es als eine Art kollektives Gehirn oder verteilte Intelligenz, das die Pflanze steuert und lebenswichtige Informationen, etwa für die Nahrungsaufnahme, erfasst.
Neueste Erkenntnisse der Pflanzenbiologie lassen darauf schließen, dass pflanzliche Organismen Informationen ihrer Umgebung erfassen, speichern, weitergeben, verarbeiten und selbst nutzen. Wie es den genialen Geschöpfen gelingt, Informationen zu erfassen, zu verarbeiten und sich für ein entsprechendes Verhalten zu entscheiden, ist Gegenstand der Pflanzenneurobiologie. […]
Angesichts der wissenschaftlichen Erkenntnisse der letzten Jahrzehnte wundert es nicht, dass die Eidgenössische Ethikkommission für die Biotechnologie im Ausserhumanbereich (EKAH), die 1998 vom Schweizer Bundesrat eingerichtet wurde, 2008 ein viel beachtetes Dokument veröffentlichte: Die Würde der Kreatur bei Pflanzen. Die moralische Berücksichtigung von Pflanzen um ihrer selbst willen. […]
Tiere galten über Jahrhunderte als Automatenwesen, denen jede Vernunft fehlt. Erst seit wenigen Jahrzehnten gestehen wir ihnen Rechte und Würde zu. Tiere sind heute keine Objekte mehr. Und unsere veränderte Perspektive hat in fast allen modernen Ländern zu Gesetzen geführt, die die Würde der Tiere schützen. Für Pflanzen gibt es bislang nichts dergleichen. Die Debatte über ihre Rechte steht noch ganz am Anfang, doch wir sollten sie nicht länger aufschieben.

Stefano Mancuso/Alessandra Viola: Die Intelligenz der Pflanzen, S. 150–153

Müssen wir eine neue **Pflanzenethik** entwickeln?
Gerade im Zeitalter von gentechnisch veränderten Pflanzen, eines möglichen Klimawandels, der Bedrohung der Artenvielfalt und somit der Lebensgrundlage der Menschheit stellt sich diese Frage neu. Nachdem selbst in einem kleinen Land wie Österreich durchschnittlich täglich (!) eine Fläche von fast 20 Fußballfeldern verbaut, versiegelt wird, sollte dies zu denken geben.

„Die tägliche Flächeninanspruchnahme in Österreich beträgt 12,9 ha/Tag im Durchschnitt der Drei-Jahres-Periode 2015–2017 […].“

Flächeninanspruchnahme. In: http://www.umweltbundesamt.at (Stand: 26.12.2018)

Was beispielsweise den Sehsinn betrifft, so blickt der Mensch heute meist auf Artifizielles, Virtuelles. Den größten Teil der Menschheitsgeschichte war dies anders.
Das Wissen um die Bedeutung von Spaziergängen in der Natur, im Wald (‚Waldbaden' – siehe dazu die Überlegungen zum Philosophischen Spaziergang auf S. 28f.) und die therapeutischen Effekte der Naturerfahrung geben Impulse, den Status quo zu hinterfragen.

Auch die messbare Aufnahme von Plastik, Aluminium und anderen künstlichen Stoffen im menschlichen Körper und das Ausgesetztsein diverser Strahlungen zeugen von der veränderten Lebenswelt im 21. Jahrhundert. Der Mensch ist ein Teil der Welt, welche er sich geschaffen hat.
An der sogenannten Umweltproblematik zeigt sich eine Ambivalenz des Menschseins: Einerseits hebt sich der Mensch von seiner unmittelbaren Umwelt ab, erschafft sich seine eigene Welt. Andererseits erkennt er sich als Teil der (natürlichen) Welt. Die (technische) Machbarkeit macht den Menschen stolz und erhaben. Das Wissen um die Endlichkeit, das Betrachten der Natur und ihrer Prozesse, das Sich-Erkennen-als-Teil-der-Natur können den Menschen zu Bescheidenheit und Demut mahnen.
Das Immer-Mehr kann in einer endlichen Welt problematisch sein.

„freie Natur“

1. Recherchieren Sie neueste Erkenntnisse zur Neurobiologie der Pflanzen und präsentieren Sie diese der Klasse. Suchen Sie dann Argumente, die für bzw. gegen die Aufwertung und Würde der Pflanzen sprechen, und präsentieren Sie diese bei einer Diskussion in der Klasse.
2. Was ist der Unterschied zwischen dem Reden und Theoretisieren über die Pflanzenwelt in der Klasse sitzend und dem Berühren einer Mimose, dem Arbeiten im Garten, dem Begreifen von Erde und Dreck, dem Flanieren in einem kühlen Wald? Berichten Sie über Ihre Erfahrungen und den Unterschied zwischen Berichten und Tun.

Zurück zur **Abgrenzungsproblematik**:
Präzise Abgrenzungen zu treffen, ist oft sehr schwierig oder bisweilen unmöglich.

Definieren Sie den Unterschied zwischen Tier und Pflanze. Was macht ein Tier zum Tier bzw. eine Pflanze zur Pflanze?

Dies sollte kein Problem sein – würde man meinen. Doch gerade die allzu eindeutigen und offensichtlichen Kategorien scheinen bei näherem Hinsehen zu verschwimmen. Oft wird beim Versuch der Abgrenzung von **Tier und Pflanze** das Kriterium der Bewegung ins Treffen geführt: Dieses Unterscheidungsmerkmal löst sich auf, wenn man bedenkt, dass es z. B. tierisches und pflanzliches Plankton gibt.
Lexikalisch, wissenschaftlich wird die Unterscheidung folgendermaßen definiert:

Pflanzen *[…], Lebewesen, die i. a. mit Hilfe des Chlorophylls die Lichtenergie in chem[ische] Energie umwandeln und so organ[ische] Stoffe aus anorgan[ischen] aufbauen […]. Durch die unmittelbare Erzeugung energiereicher körpereigener Stoffe (autotrophe Ernährung) unterscheiden sich die P[flanzen] von den Tieren und Menschen, die als heterotrophe Lebewesen auf fertige organ[ische] Nährstoffe angewiesen sind, um sie in körpereigene Stoffe umzuwandeln oder die darin gespeicherte Energie zum Unterhalt ihres Stoffwechsels zu verwenden.*
dtv-Lexikon, Bd. 14, S. 92

Benennungen und Kategorisierungen, die uns im Alltag genügen, scheinen bei genauerer Betrachtung brüchig.

Die Unterscheidung von Pflanze und Tier ist durch Ernährung bzw. Stoffwechsel gegeben. Tier und Mensch brauchen Anorganisches und Organisches, der Pflanze genügt Anorganisches. Der Mensch kann nicht von Licht und Wasser leben …
Die sogenannten Augentierchen (Euglena viridis, Einzeller) können gleichsam zwischen Tier und Pflanze wechseln. Je nach Umgebung kommt es entweder zur Fotosynthese oder die Ernährung erfolgt durch Aufnahme organischer Stoffe.
Bei genauerem Hinsehen gerät selbst unsere alltägliche Unterscheidung von **Obst und Gemüse** ins Wanken. Da der ursprünglichen Definition zufolge beim Obst die Frucht aus der Blüte stammt, beim Gemüse aber aus anderen Pflanzenteilen, gehören beispielsweise Zucchini und Tomaten zum Obst.

Wenn schon die Unterscheidung von Pflanze und Tier derart schwerfällt, wie kann man den Menschen und das Wesen des Menschen hinreichend erfassen? Zumindest sollte die Trennung in **weiblich und männlich** sicherer sein. Aber auch hier verschwimmen die Grenzen. Sogar beim Menschen ist eine eindeutige Zuordnung in bestimmten Fällen nicht möglich. Bei manchen Tierarten kann sich das Geschlecht ändern. Ein möglicher Faktor kann das Alter sein, ein anderer die soziale Stellung. Bei Clownfischen führt der weibliche Fisch ein Rudel an. Stirbt die „Herrin", so wird ein männliches Mitglied des Rudels zum Chef und verändert dabei gleichzeitig sein Geschlecht. Er wird quasi zur Chefin.
In der Tierwelt gibt es, neben der erwähnten Transsexualität, auch sexuelle Varianten wie Homosexualität, Gruppensex und sogar Prostitution (hierbei nehmen weibliche Affen von ihren männlichen Artgenossen essbare Geschenke an, um sich dann sexuell erkenntlich zu zeigen). Dies wirft die Frage auf, inwieweit man vom Tierreich auf den Menschen schließen darf.

Vor diesem Hintergrund und mit diesem Wissen wird ersichtlich, dass die Abgrenzung zwischen **Mensch und Tier** ebenso problematisch ist. Früher unterschied man den Menschen durch den Werkzeuggebrauch vom Tier. Viele Experimente, vor allem mit Affen, bewiesen aber, dass auch Tiere Werkzeuge gebrauchen.

stock.adobe.com/aussieanouk

Mit **Charles Darwin** („The Origin of Species", „Die Entstehung der Arten", 1859) setzte sich die Sichtweise immer mehr durch, dass der Mensch ein spätes Produkt der Entwicklung des Lebendigen ist. Der Mensch scheint komplexer als seine Vorfahren. Es ist der Grad der Komplexität, der Mensch und Tier voneinander differenziert. Quantitative Merkmale machen den Unterschied, nicht völlig eigenständige Qualitäten. Der Mensch steht nicht auf einer völlig anderen Ebene, im Gegenteil, er ist in einer Linie mit anderen Lebewesen.

> Nebenbei: Wie fix die sogenannten „Artschranken" zwischen Tier und Mensch wirklich sind, muss stets neu erforscht werden. Bei einigen tierischen Erkrankungen (Schweinegrippe, Vogelgrippe, Rinderwahnsinn) ist es möglich, dass diese auf den Menschen übergreifen ...

Heute wird vielerorts das Modell der EvolutionsbiologInnen aufgegriffen. Die Evolutionstheorie (und **Evolutionsbiologie**) versucht, den Menschen in seiner Entwicklung zu sehen. (Vgl. dazu den Hinweis auf das „biogenetische Grundgesetz" von E. Haeckel – Kap. I., 2.3 auf S. 13.) Wird der Mensch auf sein „Tiersein" reduziert, spricht man vom **Biologismus**. Seelisch-geistige Phänomene werden auf physische Vorgänge reduziert. Bestimmte (psychologische) Verhaltensweisen werden mit vererbten Mustern und Hormonen erklärt. Das „Tier in mir" wird bemüht. (Vgl. dazu auch die materialistische Sichtweise des Hirnforschers Wolf Singer – Kap. IV., 5. auf S. 140ff.)

Die Versuche, eine **Trennlinie** zwischen Mensch und Tier zu ziehen, sind vielfältig:

- Das Tier gilt als unmittelbar „eingepasst" in seine jeweilige Umgebung. – Der Mensch ist weltoffen.
- Das Tier gilt als gebunden an das Hier und Jetzt. – Der Mensch bezieht sich auf Vergangenes und Zukünftiges, er überdenkt Geschehenes und plant für Kommendes.
- Das Tier ist an das Konkrete fixiert. – Der Mensch entwickelt abstrakte Kategorien, schafft Begriffe und findet im Denken Distanz.
- Dem Tier wird meist die Möglichkeit des Selbstbewusstseins/der Selbstreflexivität abgestritten. – Der Mensch ist sich seiner bewusst. Er hat Selbstbewusstsein; er kann über sich nachdenken; er philosophiert.

> Nebenbei: Mit Spiegelexperimenten sollte dies untermauert werden. Erkennt man sein Spiegelbild, wird dies als Hinweis auf das Selbsterkennen gedeutet. Viele Tiere scheinen ihr Spiegelbild nicht zu erkennen. Sie tapsen auf den Spiegel, als wäre das Spiegelbild ein fremdes Gesicht. Bestimmte Affenarten dürften sich aber ihrer selbst bewusst sein. Man klebt (unbemerkt) dem Affen einen roten Punkt auf die Stirn. Greift sich der Affe, der sich vor dem Spiegel befindet, auf die eigene Stirn, gilt dies als Beleg, dass er Selbstwahrnehmung haben müsste. Gewisse Affenarten greifen jedoch zum Spiegel, was als Hinweis auf die Unfähigkeit, sein Spiegelbild und demnach sich selbst zu erkennen, gewertet wird. Babys reagieren ähnlich.

Der Spiegel 33/2002

Vor dem Spiegel

Wir wissen um unser Tiersein und sind gerade deshalb keine Tiere mehr. Plakativ formuliert: Wir sind die Affen, die wissen, dass sie Affen sind. Das ist eine neue Qualität – die Qualität der **Selbstreflexion**.
Das Heraustreten aus der Unmittelbarkeit ist Loslösung, Lösung und Problem gleichzeitig. Wir heben uns ab – die Welt wird dadurch aber auch zum Problem für uns Menschen. Wir denken über dieses und jenes nach, wir problematisieren verschiedene Sachverhalte. Wir haben einen anderen Zugang zur Welt und zu uns. Tiere leben unmittelbarer. Tiere leben einfach. Wir leben und denken über das Leben nach.

Georg Wilhelm Friedrich Hegel (1770–1831) formuliert dies folgendermaßen:

Der Mensch ist Tier, doch selbst in seinen tierischen Funktionen bleibt er nicht als in einem Ansich stehen wie das Tier, sondern wird ihrer bewußt, erkennt sie und erhebt sie, wie z. B. den Prozeß der Verdauung, zu selbstbewußter Wissenschaft. Dadurch löst der Mensch die Schranke seiner ansichseienden Unmittelbarkeit auf, so daß er deshalb gerade, weil er weiß, daß er Tier ist, aufhört, Tier zu sein, und sich das Wissen seiner als Geist gibt.

G. W. F. Hegel: Vorlesungen über die Ästhetik I, S. 112 R

Wir machen den Verdauungsprozess zur Wissenschaft – auch das heißt Menschsein. Wir durchdringen alles mit Bewusstsein, im Besonderen uns selbst. Wir haben Selbst-Bewusstsein. Damit treten wir aus der „an sich seienden Unmittelbarkeit". Das Tier lebt unmittelbar, verdaut auch, aber reflektiert nicht über seinen Verdauungsprozess. Wir Menschen sind somit in erster Linie geistige Wesen. Damit lösen wir uns von der Tierwelt.

Immanuel Kant bringt dies wie folgt auf den Punkt:

Dass der Mensch in seiner Vorstellung das Ich haben kann, erhebt ihn unendlich über alle anderen auf Erden lebenden Wesen.

I. Kant: Werke, Bd. 6, S. 407 (Anthropologie in pragmatischer Hinsicht) R

Diskutieren Sie diese Aussage von Kant. Was heißt es, ein Ich zu haben? Seit wann haben Sie ein Ich?

■ **Fazit:** Wir sind selbst-bewusst. Wir denken über uns nach. Wir philosophieren. Inwieweit Tiere das auch tun, lässt sich schwer verfolgen.

Alamy Stock Photo/The Picture Art Collection

Arthur Schopenhauer mit seinem Pudel

Nebenbei: Wenn der Misanthrop (= Menschenfeind) und Tierfreund Arthur Schopenhauer seinen Pudel beleidigen wollte, schimpfte er ihn „Du Mensch!".

3.3 Mängelwesen Mensch

Der an der empirischen (d. h. aus der Erfahrung gewonnenen) Betrachtung orientierte Philosoph **Arnold Gehlen** (1904–1976) sah den Menschen wesentlich vom Tier unterschieden. Er wollte keine abstrakten Wesensunterschiede nennen, sondern versuchte, beobachtbare, biologische Differenzen herauszufiltern. In dem 1940 erschienenen Werk „Der Mensch, seine Natur und seine Stellung in der Welt" konkretisiert er seine Gedanken:

Der Mensch ist das handelnde Wesen. Er ist in einem noch näher zu bestimmenden Sinne nicht ‚festgestellt', d. h. er ist sich selbst noch Aufgabe – er ist, kann man auch sagen: das stellungnehmende Wesen. […]
Morphologisch ist nämlich der Mensch im Gegensatz zu allen höheren Säugern hauptsächlich durch Mängel bestimmt, die jeweils im exakt biologischen Sinne als Unangepaßtheiten, Unspezialisiertheiten, als Primitivismen, d. h. als Unentwickeltes zu bezeichnen sind: also wesentlich negativ. Es fehlt das Haarkleid und damit der natürliche Witterungsschutz; es fehlen natürliche Angriffsorgane, aber auch eine zur Flucht geeignete Körperbildung; der Mensch wird von den meisten Tieren an Schärfe der Sinne übertroffen, er hat einen geradezu lebensgefährlichen Mangel an echten Instinkten und er unterliegt während der ganzen Säuglings- und Kinderzeit einer ganz unvergleichlich langfristigen Schutzbedürftigkeit. Mit anderen Worten: innerhalb natürlicher, urwüchsiger Bedingungen würde er als bodenlebend inmitten der gewandtesten Fluchttiere und der gefährlichsten Raubtiere schon längst ausgerottet sein. […]*
[Der Mensch] besteht aus einer Reihe von Unspezialisiertheiten, die unter entwicklungsbiologischem Gesichtspunkt als Primitivismen erscheinen: sein Gebiß z. B. hat eine primitive Lückenlosigkeit und eine Unbestimmtheit der Struktur, die es weder zu einem Pflanzenfresser- noch zu einem Fleischfressergebiß, d. h. Raubtiergebiß machen. Gegenüber den Großaffen, die hochspezialisierte Baumtiere mit überentwickelten Armen für Hangelkletterei sind, die Kletterfuß, Haarkleid und gewaltigen Eckzahn haben, ist der Mensch als Naturwesen gesehen hoffnungslos unangepaßt. Er ist von einer einzigartigen […] biologischen Mittellosigkeit, und er vergütet diesen Mangel allein durch seine Arbeitsfähigkeit oder Handlungsgabe, d. h. durch Hände und Intelligenz; eben deshalb ist er aufgerichtet, ‚umsichtig', mit freigelegten Händen. […]
Die ‚Umwelt' der meisten Tiere, und gerade der höheren Säuger ist das nicht auswechselbare Milieu, an das der spezialisierte Organbau des Tieres angepaßt ist […]. Der Mensch ist weltoffen heißt: er entbehrt der tierischen

Einpassung in ein Ausschnitt-Milieu. Die ungemeine Reiz- oder Eindrucksoffenheit gegenüber Wahrnehmungen, die keine angeborene Signalfunktion haben, stellt zweifellos eine erhebliche Belastung dar, die in sehr besonderen Akten bewältigt werden muß. […]

Infolge seiner organischen Primitivität und Mittellosigkeit ist der Mensch in jeder wirklich natürlichen und urwüchsigen Natursphäre lebensunfähig. Er hat also den Ausfall der ihm organisch versagten Mittel selbst einzuholen, und dies geschieht, indem er die Welt tätig ins Lebensdienliche umarbeitet. Er muß die ihm organisch versagten Schutz- und Angriffswaffen ebenso wie seine in keiner Weise natürlich zu Gebote stehende Nahrung sich selbst ‚präparieren' […]. Er muß für Witterungsschutz sorgen, seine abnorm lange unentwickelten Kinder ernähren und großziehen und bedarf schon aus dieser elementaren Nötigung heraus der Zusammenarbeit, also der Verständigung. Der Mensch ist, um existenzfähig zu sein, auf Umschaffung und Bewältigung der Natur hin gebaut […]. Der Inbegriff der von ihm ins Lebensdienliche umgearbeiteten Natur heißt Kultur, und die Kulturwelt ist die menschliche Welt. Es gibt für ihn keine Existenzmöglichkeit in der unveränderten, in der nicht ‚entgifteten' Natur, und es gibt keinen ‚Naturmenschen' im strengen Sinne: d. h. keine menschliche Gesellschaft ohne Waffen, ohne Feuer, ohne präparierte und künstliche Nahrung, ohne Obdach und ohne Formen der hergestellten Kooperation. Die Kultur ist also die ‚zweite Natur' […].

An genau der Stelle, wo beim Tier die ‚Umwelt' steht, steht daher beim Menschen die Kulturwelt, d. h. der Ausschnitt der von ihm bewältigten und zu Lebenshilfen umgeschaffenen Natur. […] Beim Menschen entspricht der Unspezialisiertheit seines Baues die Weltoffenheit, und der Mittellosigkeit seiner Physis die von ihm selbst geschaffene ‚zweite Natur'. Hierin liegt übrigens der Grund, warum der Mensch im Gegensatz zu fast allen Tierarten nicht geographisch natürliche und unüberschreitbare Daseinsbereiche hat. Fast jede Tierart ist eingepasst in ihr klimatisch, ökologisch usw. konstantes ‚Milieu', der Mensch allein überall auf der Erde lebensfähig, unter dem Pol und dem Äquator, auf dem Wasser und dem Lande, in Wald, Sumpf, Gebirge und Steppe. Er ist dann lebensfähig, wenn er dort Möglichkeiten erzeugen kann, sich eine zweite Natur zurechtzumachen, in der er dann statt in der ‚Natur' existiert.

A. Gehlen: Der Mensch, S. 32–38 R

* morphologisch = die Gestalt, die Form betreffend

1. Fassen Sie den Textausschnitt in eigenen Worten zusammen und erläutern Sie, warum für Gehlen der Mensch als „Mängelwesen" gilt.
2. Beschreiben Sie, worin – laut Text – die Tiere die Menschen übertreffen und wie die menschlichen „Mängel" kompensiert werden.
3. Der Neurobiologe Gerald Hüther spricht vom Menschen als „Alles-und-doch-nichts-richtig-Könner"[1]. – Nehmen Sie zu dieser Aussage Stellung.

   [1] G. Hüther: Bedienungsanleitung, S. 35
4. Erklären Sie Gehlens Aussage: „Der Mensch ist weltoffen – das Tier ist eingepasst".
5. Analysieren Sie Gehlens Begriff der „Kultur".
6. Versuchen Sie abschließend, die Hauptaussage des Textes von Gehlen prägnant zu verschriftlichen.

Perspektivenwechsel: „Auf allen vieren" …
Wechseln Sie von der gewohnten Sitzposition auf die evolutionär erprobte Fortbewegungsart auf allen vier Gliedmaßen. Erkunden Sie kurz die Welt/das Klassenzimmer aus der Perspektive eines krabbelnden Vierbeiners.
Diskutieren Sie anschließend folgende Fragen:
Wie verändert sich die Umwelt? Was wird genauer wahrgenommen, was verschwindet aus dem Blickfeld? Was könnte das Aufrichten des Menschen in der Entwicklung zum Menschen bedeutet haben? Was verändert sich (ontogenetisch) für das Kind, das sich aufrichtet?
Was ist der Unterschied, ob man nur – quasi als Gedankenexperiment – daran denkt, sich auf dem Boden zu bewegen, oder ob man konkret die Übung ausführt?

3.4 „PHILOsophie lebt!" Interview mit Franz M. Wuketits über das Tier „Mensch"

Sind Menschen die besseren Affen?
Prof. Dr. Franz M. Wuketits (1955–2018) war stellvertretender Vorsitzender des Konrad-Lorenz-Instituts für Evolutions- und Kognitionsforschung.

Franz M. Wuketits

Fischill: Vorerst ganz allgemein: Wie schätzen Sie den Wert des Menschen ein? Kann man überhaupt einen derartigen Wert bemessen?
Wuketits: *Sicher, hier ist Qualität angesagt und nicht Quantität. Salopp formuliert: Jeder Mensch hat seinen Wert, sollte diesen aber auch nicht überschätzen.*

Fischill: Ist der Mensch, wie dies die christliche Schöpfungsvorstellung nahelegt, völlig einzigartig, also Krone der Schöpfung?
Wuketits: *Nein, der Mensch ist nur eine unter vielen Millionen Organismenarten, die diesen Planeten bewohnen.*

Fischill: Würden Sie dann so weit gehen wie der sehr umstrittene Philosoph Peter Singer, der unter Umständen Tieren einen höheren Wert beimisst als Menschen eines bestimmten Entwicklungsstadiums?
Wuketits: *Ich messe Tieren keinen höheren Wert bei als dem Menschen. Aber über Singers Position muss man natürlich nachdenken. Ein erwachsener Schimpanse verfügt natürlich über einen viel weiteren Aktionsradius als ein menschlicher Embryo.*

Fischill: Gilt es, die vorrangige Stellung des Menschen zu revidieren? Sind wir nur, wie Nietzsche es einmal formulierte, „kluge Tiere, die das Erkennen erfanden"? Nietzsche bildhaft: *„Könnten wir uns aber mit der Mücke verständigen, so würden wir vernehmen, dass auch sie mit diesem Pathos durch die Luft schwimmt und in sich das fliegende Centrum dieser Welt fühlt."*

* F. Nietzsche: Werke, Bd. 1, S. 875 (Ueber Wahrheit und Lüge im aussermoralischen Sinne)

Wuketits: *In der Tat. Jedes Tier müsste sich – wenn es könnte – eine „Sonderstellung" in der Natur beimessen. Die moderne Evolutionsbiologie lehrt uns, dass jede Organismenart – auch eine noch so „unscheinbare" – einmalig ist. Die vorrangige Stellung des Menschen ist also zu revidieren. Andererseits wird man sagen: Aber es hat doch nur der Mensch beispielsweise den Wiener Stephansdom erbaut – und nicht der Schimpanse. Gewiss, aber wozu bräuchten Schimpansen auch den Stephansdom? Hauptsache ist, dass sie in ihrer Welt zurechtkommen.*

Fischill: Würde sich am Menschsein etwas ändern, wenn alle die These akzeptierten, dass wir Menschen auch nur Tiere sind?
Wuketits: *Ich weiß nicht, ob sich dabei am Menschsein etwas ändern würde. Aber an unserer Haltung zu anderen Lebewesen würde sich etwas ändern. Vielleicht würden dann auch Politiker und Ökonomen, die „Macher" und „Planer", endlich etwas bescheidener werden und einsehen, dass sie eben auch nur Affen sind.*

Fischill: „Ich bin ein Affe" wäre ein interessanter Satz aus einem Politikermund! Wie viel Kultur und Bewusstsein besitzen eigentlich Schimpansen und Bonobos? Wie viel „Affe" haben wir in uns?
Wuketits: *Das ist gleich ein ganzer Komplex von Fragen. Ich möchte „Kultur" und „Bewusstsein" hier nicht quantifizieren. Aber zweifellos verfügen Schimpansen und Bonobos über ein Bewusstsein und haben eine materielle Kultur. Mit Schimpansen haben wir etwa 98 Prozent der Gene gemeinsam, andererseits trennen uns von ihnen etwa 1000 Kubikzentimeter Gehirn.*

Fischill: Lässt sich die Evolutionstheorie widerlegen? Was halten Sie vom Begriff des „intelligenten Designs" – also der Sichtweise, dass Gott, der Schöpfer, alles nach einem intelligenten Plan entworfen hat?
Wuketits: *Wie jede naturwissenschaftliche Theorie ist auch die Evolutionstheorie prinzipiell widerlegbar – nur ist sie nicht widerlegt worden, weil es zu ihr keine ernsthafte Alternative gibt. Vom „Intelligent Design" halte ich nichts. Die Evolution kennt keine Absichten, keinen Plan und ist im Ganzen sinnlos.*

Fischill: Sie haben ein Buch mit dem Titel „Naturkatastrophe Mensch" geschrieben: Wie ist dieser Titel gemeint?
Wuketits: *Wörtlich! Keine andere Organismenart hat jemals einen derartigen Einfluss auf die sie umgebende Welt ausgeübt wie der moderne Mensch. Hier wäre ich – ironischerweise – fast geneigt, dem Menschen doch eine „Sonderstellung" in der Natur beizumessen …*

Fischill: Zum Abschluss: Haben Sie Haustiere?
Wuketits: *Ich habe zwei Katzen als Haustiere.*

Fischill: Essen Sie Fleisch?
Wuketits: *Ich bin, unserer Art gemäß, Allesfresser.*

Fischill: Herzlichen Dank für das Interview.

1. Erklären Sie, was laut Wuketits das Besondere am Menschen ist, obwohl er nur eine unter Millionen von Organismenarten ist. Was ist seine „Sonderstellung"?
2. Der Unterschied zwischen Mensch und Tier wird oftmals in Kubikzentimetern Gehirn und prozentualen genetischen Differenzen gemessen. Kommentieren Sie kritisch derartige Quantifizierungen und beziehen Sie persönlich Stellung zu Wuketits' evolutionsbiologischer Sichtweise.

3.5 Das Leib-Seele-Problem

Oft wird versucht, den Menschen vom Tier abzugrenzen, indem man ihm eine Seele zuschreibt. Dem Tier fehle diese Besonderheit.

Wir betrachten den Menschen als Wesen mit **Leib** und **Seele**. Wir trennen den Körper von Geist und Bewusstsein. Ist dies zulässig? Zeigt nicht das Phänomen der Psychosomatik (gr.: *psyche* = Seele, *soma* = Körper), dass es immer nur das Ganze gibt? Psychische Probleme können diverse körperliche Beschwerden zur Folge haben. Andererseits kann beispielsweise Sport oder eine Massage auch auf den Geist positiv wirken. Dass der gesunde Geist nur in einem gesunden Körper sei, ist ein verkürztes Zitat aus einer Satire des römischen Dichters Juvenal („*mens sana in corpore sano*").

Wie hängen Körper und Geist zusammen? In welchem Verhältnis steht das Denken zu den (körperlichen) Prozessen im Gehirn?

Des Öfteren werden Seele und Geist begrifflich getrennt. Der Ausdruck Seele bezeichnet dann den vermeintlich unsterblichen Teil des Menschen.

Seit Urzeiten sind viele Menschen davon überzeugt, dass es eine unsterbliche Seele gibt. Speziell Platon hat die Welt in Körperliches und Geistig-Ideelles getrennt. Der Körper verfällt, die unsterbliche Seele aber bleibt. Viele Religionen sind ebenso von dieser Trennung überzeugt.

In der Philosophie haben sich mehrere Zugänge zum Leib-Seele-Problem etabliert.
Modelle, die eine Seite ins Zentrum rücken, werden **monistisch** genannt. Entweder Leib oder Seele werden zum bestimmenden Bestandteil des Menschen. So gibt es einen materialistischen Monismus (Körperliches ist real) und einen idealistischen Monismus (Geistiges ist real.) (Vgl. dazu die Unterscheidung von Materialismus und Idealismus in Kap. II., 3.1 auf S. 38.)
Der materialistische Monismus meint, dass alle geistigen und psychischen Phänomene auf körperliche Vorgänge zurückzuführen sind. Der idealistische Monismus sieht im menschlichen Geist das wesentliche Kriterium. Die materielle Welt benötige einen Geist, der sie wahrnimmt.

Modelle, die zwei getrennte „Substanzen" annehmen, werden **dualistisch** genannt. Mit **René Descartes** (1596–1650) wurde der Dualismus offenbar. Es gibt für Descartes zwei verschiedene Substanzen oder Dimensionen: res extensa (die ausgedehnte Sache/die Materie) und res cogitans (die denkende Sache/Geist, Bewusstsein). Auch wenn es eine Interaktion oder Wechselwirkung gibt, ist das eine nicht auf das andere rückführbar. Menschen sind Doppelwesen.

Als vermittelndes Modell kann die **Identitätstheorie** gesehen werden. Je nach Sichtweise nimmt man eher den Körper oder eher das Geistige wahr, beide bilden aber eine Identität von Geist und Materie. So gesehen kann man von einem Monismus sprechen. Ähnlich der Münze, die zwei Seiten hat, ist der Mensch aus dieser oder jener Perspektive zu betrachten. In der Physik kann das Licht einmal als Welle, einmal als Teilchen gesehen werden. Aber immer handelt es sich um Licht.

1. Recherchearbeit bzw. Internetrecherche: Versuchen Sie mittels Sachlexika und/oder Internet die Begriffe „Körper" – „Geist" – „Seele" zu definieren.
2. Welches der oben beschriebenen Modelle scheint Ihnen bezüglich des Leib-Seele-Problems am plausibelsten? Diskutieren Sie die verschiedenen Modelle und erwähnen Sie eigene, konkrete Erfahrungen, die die Präferenz eines Modells unterstreichen.
3. Die strikte Trennung in Körper und Geist scheint durch moderne naturwissenschaftliche, hirnphysiologische und psychologische Erkenntnisse bereits überholt. Informieren Sie sich über neueste Erkenntnisse zum (alten) Leib-Seele-Problem.

4. Frau und Mann

stock.adobe.com/lassedesignen; Fotolia.com/Janos Huszka

> Teilen Sie die Klasse in eine Frauengruppe und eine Männergruppe, und diskutieren Sie die folgenden Fragestellungen in den Gruppen:
> 1. Ist es sinnvoll, von zwei „Wesen" zu sprechen – den Frauen und den Männern? Teilen sich die Menschen in zwei „Wesen" auf? Gibt es Unterschiede, die nicht aufzuheben sind?
> 2. Zu Selbst- und Fremdbild: Was macht die Frau, was macht den Mann aus? Versuchen Sie die wichtigsten Kennzeichen Ihres Geschlechts und des Gegengeschlechts zu charakterisieren, ohne in gängige Klischees zu verfallen.
> 3. Wie hat sich der Geschlechtsunterschied in der Menschheitsgeschichte ausgewirkt? Warum kam es zum „Feminismus"?

> Abschließende Fragen nach der Diskussion in den zwei Gruppen:
> 1. Wie ist die Diskussion in der Gruppe verlaufen? Diskutieren Frauen/Männer untereinander anders als in gemischten Gruppen? Werden die Beiträge vor der ganzen Klasse genau so vorgebracht wie in der (gleichgeschlechtlichen) Gruppe?
> 2. Wann haben Sie das letzte Mal in der Klasse eine Frauen- und eine Männergruppe gebildet?
> 3. Würde sich der Unterricht anders gestalten, wenn es die Koedukation, den gemeinsamen Unterricht von Jungen und Mädchen, nicht gäbe? Inwiefern wäre der Unterricht wohl anders?

4.1 „Schiefe Ebene"

Das Verhältnis **Frau und Mann** ist oftmals gespannt, aber auch ein spannendes und interessantes Thema. Von Beginn an stellt es die Menschen vor prinzipielle Fragen: Wieso gibt es überhaupt zwei Geschlechter? Wie bedeutend ist dieser Geschlechtsunterschied? Können und dürfen aus diesem biologischen Unterschied gesellschaftliche Rollen abgeleitet werden?

Ist Ihnen aufgefallen, dass Frauen in der Philosophie extrem unterrepräsentiert sind? In den meisten philosophischen Lexika und Philosophiegeschichten sind Philosophinnen äußerst spärlich vertreten. Woran kann das liegen?

Warum haben sich in den letzten Jahrtausenden der Menschheitsgeschichte patriarchale (männerdominierte) Gesellschaften etabliert? Muss das so sein? Soll das so sein? Waren nicht vorher über viele Jahrtausende matriarchale Formen bestimmend?
Philosophinnen wie Heide Göttner-Abendroth (geb. 1941) erforschen verschiedene Erscheinungsformen des **Matriarchats** (lat. *mater* = Mutter; Mutterherrschaft) in der Geschichte bzw. die noch existierenden matriarchalen Gesellschaften in Ostasien, Indonesien und Ozeanien.
Vielleicht gab es überhaupt lange in der Menschheitsgeschichte frauenzentrierte Gesellschaften. Vermutlich war die Jungsteinzeit (= Neolithikum, beginnt in Mitteleuropa im 6. Jahrtausend v. Chr. und endet um 1800 v. Chr.) vom Matriarchat geprägt. Da die biologische Vaterschaft unbekannt war, gab es die für uns klassische Kernfamilie mit Vater, Mutter und Kind nicht. Oberhaupt der Sippe war die Matriarchin. Namensgebung und Erbfolge fanden matrilinear statt, das heißt, dass der Name und das Erbe von der Mutter auf die Tochter übergingen. Geschwisterliche Bande waren bedeutender als die Gattenbeziehung. Die teils kämpferische Gegenüberstellung der Geschlechter, wie sie vielfach im Patriarchat bestimmend war und ist, dürfte es im Matriarchat nicht gegeben haben. Die männliche Seite der Welt wurde in den weiblichen Kosmos einbezogen. Erst später, in patriarchalen Formen, dürften die Gegensätzlichkeiten stärker konstruiert worden sein. So darf das Matriarchat nicht als bloße Umkehrung des Patriarchats verstanden werden, dass also die Herrschaft statt von Männern von Frauen ausgeübt wird.

In sehr vielen Teilen der Welt und auf fast allen Kontinenten (Asien, Süd- und Mittelamerika, Afrika, Europa) gab es diese Gesellschaftsform. Kritisch hält Heide Göttner-Abendroth fest:

Unsere Geschichtsschreibung beginnt erst bei den klassischen Staaten der Antike, dem hellenistischen Griechenland, dem Römischen Reich, genau zu jenem Zeitpunkt, wo der Wechsel von matriarchalen zu patriarchalen Gesellschaften im mittelmeerisch-europäischen Raum endgültig vollzogen ist.

H. Göttner-Abendroth: Die Göttin und ihr Heros, S. 30 R

1. Suchen Sie nach weiteren Informationen zum Thema Matriarchat und erläutern Sie die erwähnte Problematik der Geschichtsschreibung. Inwiefern könnte im Lichte dieser Überlegungen ein neuer Blick sowohl auf die männerdominierte Welt als auch auf die Geschichtsschreibung geworfen werden?
2. Der Begriff der Normalität kann im Lichte der Auseinandersetzung mit Geschichte und Völkerkunde problematisiert werden. Von der Realität alleinerziehender Elternteile bis zu Patchworkfamilien: Betrachten Sie Ihren Begriff von „normaler" Familie kritisch.
   Beziehen Sie in diese Überlegungen auch den „Sein-Sollen-Fehlschluss" mit ein (vgl. dazu Kap. IV., 2.3 auf S. 123f.).

Gedankenexperiment: Matriarchat
Was wäre, wenn aktuell das Matriarchat die bestimmende Gesellschaftsform wäre? Diskutieren Sie in Kleingruppen mögliche Folgen und Veränderungen in Bezug auf die bestehende Situation.

Zu bedenken ist, dass während der letzten Jahrtausende das männliche Geschlecht die bestimmende Rolle innehatte. Der Zugang zur Bildung blieb den meisten Frauen verwehrt. Das war in der griechischen Antike so und galt noch bis ins 20. Jahrhundert. Solange sich die Rolle der Frau auf Familie und Fortpflanzung beschränkte, war Bildung offenbar nicht nötig. Fast immer kamen männliche Denker zu Wort und ihre Werke wurden überliefert.

Betrachtet man die Sprache, so findet man ebenso eindeutige Hinweise auf die männliche Vor**herr**schaft. Der biblische **Adam**, der erste Mensch, war der Mensch schlechthin. Adam heißt im Hebräischen Mensch oder Mann. Ähnlich das lateinische Wort homo oder das französische Wort homme: Beide bedeuten „Mann" oder „Mensch". Und aus der Rippe des Menschen wurde die Frau geformt …
Eva heißt Leben bzw. das Leben Gebende. Überdies wurde laut biblischem Schöpfungsbericht (Genesis 2 und 3) der Mann von der Frau verführt.

Die Sprache sowie die kulturelle Tradition sehen oft im Mann den Ur-Menschen und in der Frau etwas Abgeleitetes, Sekundäres. Die Frau müsse sich über diesen Urmenschen definieren. Dass sich Frau und Mann als gleichberechtigte Partner gegenüberstehen, muss(te) über viele Jahrhunderte erkämpft werden.

Wenngleich sich in der griechischen Antike erste zaghafte Ansätze zur Gleichberechtigung von Frau und Mann zeigten, war und ist der Weg sehr lang. Unterdrückung ist meist ein verbreitetes Phänomen, vielerorts treten Sexismus und Rassismus gepaart auf: Das heißt, Frauenfeindlichkeit geht mit der Abwertung einer Rasse, Klasse oder Volksgruppe einher. Aristoteles sah die Griechen ebenso zum Herrschen über die Barbaren bestimmt, wie die Männer über die Frauen gebieten sollten. Selbst der Aufklärer **Immanuel Kant** bestätigte dieses Phänomen: Er schrieb den „Frauenzimmern" ähnliche Gemütsfähigkeiten zu wie den „Negers in Afrika" – nämlich „läppische". Und Kant weiter:

Was die gelehrten Frauen betrifft: so brauchen sie ihre Bücher etwa so wie ihre Uhr, nämlich sie zu tragen, damit gesehen werde, daß sie eine haben; ob sie zwar gemeiniglich still steht oder nicht nach der Sonne gestellt ist.

I. Kant: Werke, Bd. 6, S. 654 (Anthropologie in pragmatischer Hinsicht) R

Seit der Antike gibt es aber auch die andere Seite: Trotz eingefahrener gesellschaftlicher Strukturen, die die Frauen benachteiligten und vom Bildungsprozess ausschlossen, plädierten Denker für Gleichheit. Beispielsweise forderte Platon gleiche Erziehung und Bildungsmöglichkeiten für Frauen und Männer. Selbst für die männliche Domäne schlechthin, den Wehrdienst, schienen Platon die Frauen geeignet.

Einige Weitblickende und weltbürgerliche Denker forderten das Ende der Diskriminierung in Griechen und Barbaren ebenso wie die Aufhebung der unterdrückenden Unterscheidung von Männern und Frauen. Wir sind alle Menschen und bewohnen einen Planeten. Unterdrückungen seien weder Naturgesetz noch gottgewollt, sondern alleine vom Menschen gemacht. Alles vom Menschen Gemachte könne wieder geändert werden.

Eine zweite Welle in Richtung Gleichberechtigung kam im 18. Jahrhundert ins Rollen. „Aufklärung" im umfassenden Sinne hatte auch das Ende der Benachteiligung der Frau im Visier. In Frankreich wurde vor allem **Olympe de Gouges** (1748–1793) bekannt.

Olympe de Gouges

Sie war eine bedeutende Frauenrechtlerin, Revolutionärin und Schriftstellerin. Zwei Jahre nach Beginn der Französischen Revolution verfasste sie die Frauenrechtserklärung von 1791, worin sie die unbedingte rechtliche Gleichheit für Frauen forderte. Wie viele „unerhörte" VordenkerInnen wurde sie verurteilt und guillotiniert.
Bizarrerweise forderte Olympe de Gouges in ihrer Frauenrechtserklärung das Recht auf freie Meinungsäußerung: Frauen haben das Recht, das Schafott zu besteigen, sie müssen auch das Recht haben, die Rednerbühne zu betreten.

Es brauchte viel Zeit und eine Reihe von vorausblickenden DenkerInnen, um schließlich diese Gedanken in die Realität und Alltagspraxis umzusetzen.

> Nebenbei: Zwei Beispiele: In Österreich wurde das Prinzip des männlichen „Familienoberhauptes" erst 1975 vom Prinzip der gleichen Rechte und Pflichten abgelöst. Der Mann hatte bis dahin über Frau und Kind weitreichende Rechte, z.B. konnte der Mann „seiner" Frau eine Berufstätigkeit verbieten. In der Schweiz bekamen die Frauen das Wahlrecht auf Bundesebene erst 1971. Mitte des 20. Jahrhunderts war für die Gleichberechtigung von Frau und Mann also noch viel zu tun.

> Informieren Sie sich über die Bildungs- und Berufsmöglichkeiten Ihrer Großeltern. Beurteilen Sie, ob Bildungsmöglichkeiten früher stärker vom Geschlecht abhängig waren.

4.2 Das andere Geschlecht

Simone de Beauvoir

Die Existenzialistin **Simone de Beauvoir** (1908–1986) wurde zu einer der wichtigsten Theoretikerinnen der Frauenbewegung. Ihr 1949 veröffentlichtes Werk „Das andere Geschlecht" („Le deuxième sexe") war sehr wirkmächtig und regte zahlreiche Diskussionen an.
In diesem feministischen Standardwerk untersucht sie das Geschlechterverhältnis und sucht nach Gründen für die Unterdrückung der Frau. Die Frau sei das zweite, das andere Geschlecht und müsse sich über das Urgeschlecht des Männlichen definieren. Eine berühmte Passage aus Beauvoirs Werk lautet:

Man kommt nicht als Frau zur Welt, man wird es. Keine biologische, psychische oder ökonomische Bestimmung legt die Gestalt fest, die der weibliche Mensch in der Gesellschaft annimmt. Die gesamte Zivilisation bringt dieses als weiblich qualifizierte Zwischenprodukt zwischen Mann und dem Kastraten hervor. Nur die Vermittlung anderer kann ein Individuum zum Anderen machen. Solange das Kind für sich existiert, vermag es sich nicht als geschlechtlich differenziertes Wesen zu begreifen. Für Mädchen wie für Knaben ist der Körper zunächst die Ausstrahlung einer Subjektivität, das Werkzeug zum Verständnis der Welt: sie erfassen das Universum mit den Augen, mit den Händen, nicht mit den Geschlechtsteilen.

S. de Beauvoir: Das andere Geschlecht, S. 334 R

Die Gesellschaft und die tradierten Rollenmuster weisen der Frau eine bestimmte Aufgabe zu, die es zu erfüllen gilt. Als Existenzialistin war Beauvoir aber davon überzeugt, dass der Mensch ein völlig freies und selbstbestimmtes Wesen ist. Jeder Mensch, egal ob Frau oder Mann, schaffe sich sein eigenes Wesen – nichts sei vorgegeben. Weder Gott noch ein Schicksal bestimmen den Menschen. Wir entwerfen uns selbst.

Beauvoir war sich natürlich der unterschiedlichen Grundvoraussetzungen bei Frau und Mann bewusst:

Zunächst einmal ist zu sagen, daß bestimmte Unterschiede zwischen Mann und Frau immer bestehen bleiben werden. Da die weibliche Erotik und folglich die sexuelle Welt der Frau eine besondere Gestalt haben, bleibt es nicht aus, daß sie in der Frau auch eine besondere Sinnlichkeit und Empfindsamkeit erzeugen. Ihre Beziehungen zum eigenen Körper, zum männlichen Körper, zum Kind werden nie identisch mit denen sein, die der Mann zu seinem Körper, zum weiblichen Körper, zum Kind unterhält.

S. de Beauvoir: Das andere Geschlecht, S. 898 R

Dennoch seien die über Jahrhunderte überlieferten Rollenbilder zu verwerfen, sie seien von den Vorstellungen der Männer geprägt. Ein Beispiel für das Ungleichgewicht:

In weiser Voraussicht schreibt der Mann seiner Ehefrau Keuschheit vor, begnügt sich aber selbst nicht mit der Enthaltsamkeit, die er ihr auferlegt.

S. de Beauvoir: Das andere Geschlecht, S. 700 R

Der Mann, das eigentliche Subjekt, das Absolute, sieht in der Frau das abhängige Objekt, das Andere schlechthin. Die Frau, das Andere, muss sich über das Männliche, das Absolute definieren. Hier will Beauvoir ansetzen: Nun soll die Frau – dem existenzialistischen Denken folgend – die Dinge selbst in die Hand nehmen. Sie müsse aktiv werden.

In ihrer persönlichen Lebensgestaltung war Beauvoir auf Freiheit und Unabhängigkeit bedacht. Sie war mit Jean-Paul Sartre liiert, aber nicht verheiratet. Das entsprach ihrer existenzialistischen Grundhaltung. Beide Lebensgefährten engagierten sich auch sozial und politisch.

> Nebenbei: Die Eigenständigkeit von Sartres Werk wurde nie infrage gestellt, hingegen wurde Beauvoirs Schaffen meist im Zusammenhang mit Sartre gesehen. Das von Beauvoir Kritisierte, die Abhängigkeit der Frau vom Mann, scheint sich an ihr selbst zu erfüllen. Ist es Ironie des Schicksals?

Die Tatsache, ein Mensch zu sein, ist unendlich viel wichtiger als alle Einzelheiten, die die Menschen unterscheiden.

S. de Beauvoir: Das andere Geschlecht, S. 895 R

Beauvoir schließt mit den Worten:

Es ist Aufgabe des Menschen, dem Reich der Freiheit inmitten der gegebenen Welt zum Durchbruch zu verhelfen. Damit dieser höchste Sieg errungen werden kann, ist es unter anderem notwendig, daß Männer und Frauen über ihre natürlichen Unterschiede hinaus unmißverständlich ihre Brüderlichkeit behaupten.

S. de Beauvoir: Das andere Geschlecht, S. 900 R

1. Setzen Sie sich kritisch mit der Frage auseinander, wie stark Sie als Frau „weiblich" bzw. als Mann „männlich" erzogen wurden.
2. Für wie aktuell halten Sie die Sichtweise von Beauvoir und den Aufruf zur Umgestaltung der Gesellschaft? Welche Schritte in Richtung Gleichberechtigung von Frau und Mann sollten gemacht werden? Diskutieren Sie diese Fragen in der Klasse.

Essay

„Man kommt nicht als Frau zur Welt, man wird es." Verfassen Sie einen kurzen philosophischen Essay zu diesem zentralen Satz der Feminismusdebatte (siehe Kap. I. 6.2, Methode 2, S. 23).

Kann und soll man die Geschlechter „angleichen"? Kann die Indifferenz, das Neutrale das Ziel sein? Dass das Verhältnis von Frau und Mann kein einfaches ist, unterstreicht die französische Philosophin **Luce Irigaray** (geb. 1930). Sie begründete ein Denken der **sexuellen Differenz**, die letztlich nicht zu überwinden sei. Irigaray tritt für eine Ethik der sexuellen Differenz ein. Sie plädiert für gegenseitigen Respekt, der nur aus innerster Fremdheit entstehen könne, also für ein großes, befruchtendes Staunen.

Das hat es zwischen den Geschlechtern nie gegeben. Die Verwunderung, die die einander nicht substituierbaren Geschlechter im Status ihrer Differenz bewahrt. Die zwischen ihnen einen Raum von Freiheit und Anziehung erhält, die Möglichkeit von Trennung und Vereinigung.

L. Irigaray: Ethik der sexuellen Differenz, S. 21f.

4.3 „Gender Trouble"

In der Geschlechterdiskussion etablierte sich die Unterscheidung zwischen **„Sex"** (dem biologischen Geschlecht) und **„Gender"** (dem sozialen Geschlecht). Der Gender-Begriff verweist auf anerzogene, kulturelle Aspekte und soziale Mechanismen, welche die Geschlechterrollen prägen und verfestigen. Wie stark ist der biologische, „natürliche" Anteil am Geschlechterverhalten, wie stark der erlernte, soziale Anteil?

In dieser Diskussion vertritt die amerikanische Philosophin Judith Butler (geb. 1956) viel diskutierte Thesen, die sie in ihrem Buch „Gender Trouble" („Das Unbehagen der Geschlechter") darlegt.
Butler bestreitet zum einen vehement die Bedeutung des biologischen Geschlechts, zum anderen wehrt sie sich prinzipiell gegen eindeutige Festschreibungen, fixe Identitäten der Geschlechter. Sie sieht das biologische Geschlecht als eine (soziale) Konstruktion. Eine Geschlechtsidentität hat man nicht einfach, man zeigt eine bestimmte Art des Verhaltens und diese wird gedeutet.
Schon die Bezeichnungen „weiblich" und „männlich" seien problematisch. Das Männliche wie das Weibliche gebe es nicht in einer neutralen, natürlichen Reinform. Es gebe lediglich diverse Interpretationen und Deutungen zu diesen Begriffen.

Im Anschluss an Friedrich Nietzsche (1844–1900) und Michel Foucault (1926–1984) versucht Judith Butler, ebenso Machtsysteme und Machtdiskurse zu durchleuchten. Es gilt, immer das Gesamtsystem im Blick zu behalten. Wer steht in welcher Relation zu wem und kann wie Macht ausüben? Eine vermeintlich fixe Geschlechteridentität wird unter dieser Betrachtungsweise zur Frage nach Relationen, Zuschreibungen und Machtdiskursen. Die Analyse sollte also tiefer gehen. Butler kritisiert auch den Feminismus, der sich im Sinne von „Wir Frauen" vor allem gegen die Männerdominanz stellt. Das einheitliche Festschreiben von Frauen und Männern verfestige das Problem.

Geschlechtsidentität entstehe immer im Zusammenspiel von Sprache und Alltagspraxis. Identität resultiere also aus dem Handeln.
Männer und Frauen sollten nicht als fix abzugrenzende und sich gegenüberstehende Gruppen betrachtet werden. Das anatomische Geschlecht, die Geschlechtsidentität und auch das sexuelle Begehren sollten nicht mehr als miteinander verknüpft gesehen werden. Butlers Ansicht nach sind dies getrennte Bereiche.

Sie wünscht sich ein Vorgehen, das *„die Geschlechter-Binarität in Verwirrung bringt und ihre grundlegende Unnatürlichkeit enthüllt."*

J. Butler: Das Unbehagen der Geschlechter, S. 218 R

Wenn die innere Wahrheit der Geschlechtsidentität eine Fabrikation / Einbildung ist und die wahre Geschlechtsidentität sich als auf der Oberfläche der Körper instituierte und eingeschriebene Phantasie erweist, können die Geschlechtsidentitäten scheinbar weder wahr noch falsch sein. Vielmehr werden sie lediglich als Wahrheits-Effekte eines Diskurses über die primäre, feste Identität hervorgebracht.

J. Butler: Das Unbehagen der Geschlechter, S. 201 R

Da es weder ein ‚Wesen' gibt, das die Geschlechtsidentität zum Ausdruck bringt oder externalisiert, noch ein objektives Ideal, das sie anstrebt, und die Geschlechtsidentität überdies kein Faktum ist, bringen die verschiedenen Akte der Geschlechtsidentität überhaupt erst die Idee der Geschlechtsidentität hervor: Ohne diese Akte gäbe es keine Geschlechtsidentität. Die Geschlechtsidentität erweist sich somit als Konstruktion, die regelmäßig ihre Genese verschleiert. Die stillschweigende kollektive Übereinkunft, diskrete und entgegengesetzte Geschlechtsidentitäten als kulturelle Fiktionen aufzuführen, hervorzubringen und zu erhalten, wird sowohl durch die Glaubwürdigkeit dieser Produktionen verdunkelt – als auch durch die Strafmaßnahmen, die diejenigen treffen, die nicht an sie glauben. Die Konstruktion ‚erzwingt' gleichsam unseren Glauben an ihre Natürlichkeit und Notwendigkeit.

J. Butler: Das Unbehagen der Geschlechter, S. 205f. R

Einen längeren Textauszug finden Sie im Anhang auf S. 256f.

1. Suchen Sie im Internet nach Video-Ausschnitten, in denen die Philosophin Judith Butler zu sehen ist bzw. spricht. Überlegen Sie, inwieweit Videodokumente das im Buch Gelesene verändern, abrunden, ergänzen können. Bewerten Sie, ob man Sokrates anders betrachten würde, hätte man Ton- und Videoaufzeichnungen von ihm. (Vgl. dazu die Medienproblematik in Kap. X. auf S. 215ff.)
2. Durch welche alltäglichen „Akte"/Handlungen verfestigen und konstruieren Sie Geschlechteridentitäten, die als natürlich und notwendig gesehen werden? Suchen Sie nach praktischen Beispielen.
3. Judith Butler und viele Feministinnen wehren sich gegen den Grundsatz „Biologie ist Schicksal!". Diskutieren Sie, wie viel Anteil am Schicksal Ihres Erachtens das biologische Geschlecht hat. (Vgl. dazu von Kap. III., 4.6 auf S. 97ff.)

4.4 Dialektik – die Welt der Gegensätze

Dass die Welt voller **Gegensätze** ist und es sie immer geben wird, ist eine Grunderkenntnis im Leben. Schon der Vorsokratiker **Heraklit** (er lebte um 500 v. Chr. in Ephesos) stellte einen allgemeinen Kampf entgegengesetzter Prinzipien fest. Alles ergibt sich in Form des Gegensatzes.

picturedesk.com/Wiede, Dagmar/SZ-Photo

Heraklit

Kampf ist der Vater von allem, der König von allem; die einen macht er zu Göttern, die andern zu Menschen, die einen zu Sklaven, die andern zu Freien.

Heraklit: Fragmente (29 fr. 53). – W. Capelle (Hg.): Die Vorsokratiker, S. 135 R

Krankheit macht die Gesundheit süß, Übel das Gute, Hunger die Sättigung, Ermüdung das Ausruhen.

Heraklit: Fragmente (104 fr. 111). – W. Capelle (Hg.): Die Vorsokratiker, S. 153 R

Das Leben ist von Gegensätzen geprägt. Wir hätten keinen Begriff von Gesundheit, gäbe es nicht die Krankheit. Alles lebt von Kontrasten.
Gegensätze bewegen, schaffen Dynamik. Alles verändert sich permanent. Wandel und Veränderung sind Kennzeichen alles Lebendigen.
Der Spruch *panta rhei* („Alles fließt") wird mit Heraklit in Verbindung gebracht. Er verwendete auch das Bild des Flusses: „Man steigt nicht zweimal in denselben Fluss." Denn der Fluss verändert sich ständig und auch wir ändern uns.

Das Denken und Argumentieren in Gegensätzen wird mit dem Ausdruck **Dialektik** (gr.: *dialegesthai* = sich unterreden, sprechen) beschrieben. Der Dialog ist das Gespräch, Dialektik also die Kunst der Gesprächsführung: Rede und Gegenrede führen.

Georg Wilhelm Friedrich Hegel (1770–1831) ist der Vertreter eines dialektischen Denkens. Hegel zufolge ist alles in dialektischer Entwicklung. Auch in der Geschichte schreite alles durch Gegensätze voran.

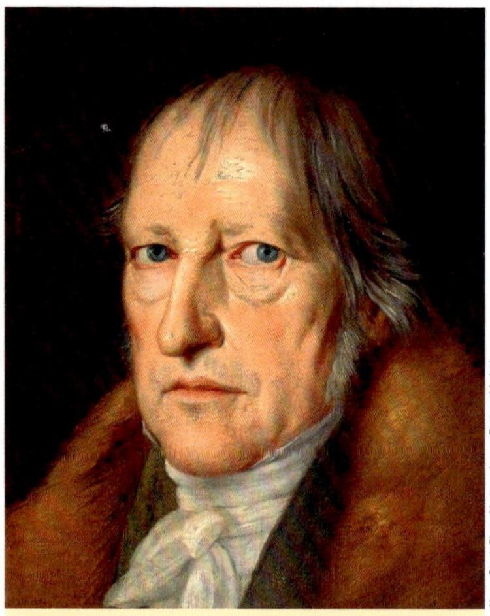

Alamy Stock Photo/Heritage Image Partnership Ltd

Georg Wilhelm Friedrich Hegel

Für jeden Ausgangspunkt (**These**) gebe es einen Gegensatz (**Antithese**). Daraus entwickle sich etwas Neues (**Synthese**). Diese Synthese sei dann die Einheit des Widerspruchs. In der Synthese werden Gegensätze „aufgehoben". Der Begriff „aufheben" hat hier drei Bedeutungen: verneinen, bewahren und hinaufheben auf eine höhere Stufe. Zuerst wird etwas negiert, beseitigt. Dann wird ein Teil bewahrt, konserviert. Schließlich wird alles auf eine neue und höhere Ebene transferiert. Der neue Begriff, die Synthese, wird zum Ausgangspunkt für den nächsten Schritt usw.

Der Idealist Hegel setzte das Wirken eines Weltgeistes voraus. Alles in der Welt werde von einer geistigen Kraft, vom Weltgeist durchsetzt und angetrieben. Der Hegel-Schüler und Materialist Karl Marx übernahm dieses dialektische Denken und betrachtete die Geschichte nicht aus dem Geistigen, sondern sah sie von Klassenkämpfen bestimmt. Widersprüche und Gegensätze trieben alles voran: die Geschichte, das Denken, das Leben schlechthin.
Gegensätze bedingen einander – sie hängen zusammen. Dialektisch meint wechselwirkend, es gebe keine einseitigen Beziehungen.
Der **Herr** kann nur Herr und frei sein, wenn er einen **Knecht** hat. Der Herr definiert sich also über seinen Widerpart, den Knecht. So betrachtet ist der Herr vom Knecht geknechtet bzw. die Chefin/der Chef ist von ihren/seinen MitarbeiterInnen abhängig. Ebenso ist der Knecht vom Herrn abhängig. Als Synthese (und im Erkennen der Abhängigkeiten) wird ein freieres und gerechteres Verhältnis zwischen Herrn und Knecht entspringen. Modern gesprochen: ArbeitgeberInnen

und ArbeitnehmerInnen stehen in einer wechselseitigen Beziehung. Die offensichtliche Macht der ChefInnen hat die Gewerkschaftsbewegung samt Streikdrohung hervorgebracht. So haben auch der anscheinend untergebene Arbeiter und die Arbeiterin Macht.
Das dialektische Verhältnis gibt es ebenso auf der Gesprächsebene: So sollten sich zwei GesprächspartnerInnen in einem ständigen Hin und Her, durch Rede und Gegenrede, in Gegensätzen der Wahrheit nähern …

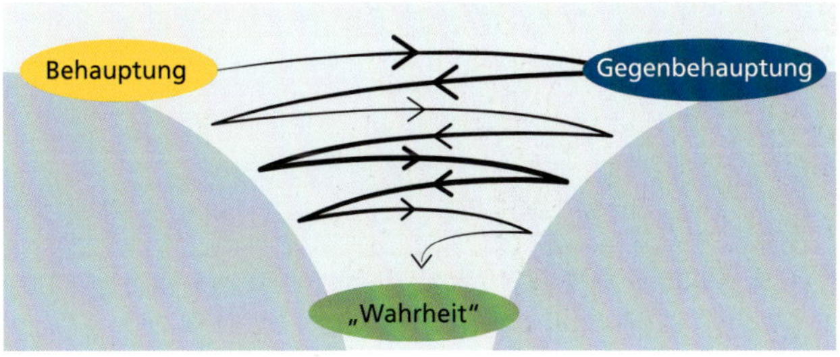

Folgt man diesem dialektischen Denken, so kann man die Unterdrückung der Frau als These begreifen. Aus dieser These musste zwangsläufig die Antithese Frauenbewegung entstehen. Als Synthese sollte die Gleichheit, die Freiheit und das Anerkennen der/des anderen stehen.
Übrigens: Dass Männer es für nötig hielten, frauenfeindliche Aussagen zu machen, lässt darauf schließen, dass die Frauen schon angefangen hatten, sich zu erheben.

Interessant ist die **Dialektik der Liebe**. In derart konkreten und alltäglichen Phänomenen stecken ebenfalls Widersprüche. Liebe ist keine statische und individuelle Angelegenheit, sondern ein steter Prozess, der ein Gegenüber braucht. Hegel formulierte das so:

Liebe heißt überhaupt das Bewußtsein meiner Einheit mit einem anderen, so daß ich für mich nicht isoliert bin, sondern mein Selbstbewußtsein nur als Aufgebung meines Fürsichseins gewinne und durch das Mich-Wissen, als der Einheit meiner mit dem anderen und des anderen mit mir. […]
Das erste Moment in der Liebe ist, daß ich keine selbständige Person für mich sein will und daß, wenn ich dies wäre, ich mich mangelhaft und unvollständig fühle. Das zweite Moment ist, daß ich mich in einer anderen Person gewinne, daß ich in ihr gelte, was sie wiederum in mir erreicht. Die Liebe ist daher der ungeheuerste Widerspruch, den der Verstand nicht lösen kann, indem es nichts Härteres gibt als diese Punktualität des Selbstbewußtseins, die negiert wird und die ich doch als affirmativ haben soll. Die Liebe ist das Hervorbringen und die Auflösung des Widerspruchs zugleich: als die Auflösung ist sie die sittliche Einigkeit.
G. W. F. Hegel: Grundlinien der Philosophie, S. 307f. (§ 158) R

Zuerst bin „ich". Dann erlebe ich mich als mangelhaft. Ich brauche den anderen. Es folgt das Sich-selbst-vergessen-im-Anderen. Ich kann mich in der anderen Person gewinnen. Schließlich finde ich wieder zu mir selbst zurück.

■ **Fazit:** Durch die andere/den anderen gewinnt und erweitert man sein Sein.

Nebenbei: 1923 schrieb der Religionsphilosoph Martin Buber (1878–1965) ein Buch mit dem Titel „Ich und Du". Er meint, dass erst die Begegnung mit dem Du ein Ich konstituiert. „Der Mensch wird am Du zum Ich."

Das prinzipielle Problem der Dialektik der Liebe ist, dass Liebe und Gegenliebe selten gleichwertig sind. Man erwartet entsprechende Gegenliebe, bekommt sie aber nicht – oder umgekehrt.

Der Grundgedanke, dass alles dialektisch strukturiert ist, hat sich später im **Systemdenken** etabliert. Man sollte immer berücksichtigen, dass die verschiedenen Teile im System zusammenwirken. So gebe es z. B. im System „Familie" keine Einseitigkeiten. Jeder Teil entwickle sich durch vielfältige Wechselwirkungen mit den anderen Teilen. Dieses Geflecht zu entwirren, kann sehr schwierig sein … Bei Beziehungsproblemen wirft meist einer dem anderen vor: „Du hast aber damit begonnen." Der andere Teil kontert häufig: „Aber nur, weil du zuerst …"

■ Einen längeren Text des Soziologen Niklas Luhmann zum „Phänomen Liebe" finden Sie im E-Book.

1. Kontraste bestimmen unser Leben. Wenn alle in der Klasse ein „Sehr gut" bekommen, welchen Wert hat dieses „Sehr gut"? Suchen Sie weitere Kontrastphänomene aus Ihrer Lebenswelt.
2. Erläutern Sie, wie die Begriffe Dialektik und Dialog zusammenpassen. Konkretisieren Sie, was das Ziel eines Dialogs sein sollte.
3. Wer ist von wem abhängig: SchülerInnen von LehrerInnen, umgekehrt oder wechselseitig? Besprechen Sie – in dialektischer Manier –, wann Unterricht am besten „funktioniert".
4. Reflektieren Sie, was Ihres Erachtens auf die „Antithese" Frauenbewegung bzw. Emanzipation folgen sollte.

4.5 Sehnsucht nach der anderen Hälfte

Ein schönes Bild von der Sehnsucht nach dem richtigen Partner/der richtigen Partnerin entwirft Platon.
Er erzählt in seinem Dialog „**Symposion**" (gr.: *sympinein* = zusammen trinken; Trinkgelage, wird oft mit Gastmahl übersetzt) den Mythos von den Kugelwesen. Bei diesem Symposion, einem Treffen von Athener Künstlern und Intellektuellen, musste jeder der Anwesenden über den „Eros", den Gott der Liebe, eine Rede halten. Wie üblich waren die Männer unter sich.
Der Komödiendichter Aristophanes berichtet in seiner Rede, dass die Menschen ursprünglich kugelgestaltige und doppelgeschlechtliche Wesen waren. Drei Formen dieser Zwitterwesen waren möglich: Doppelmann, Doppelfrau und Mann-Frau. Diese Urwesen waren kugelförmig mit je vier Armen, vier Beinen, zwei Gesichtern und zwei Geschlechtsteilen.
Die Kugelwesen wurden aber übermütig, verärgerten die Götter und mussten bestraft werden.
Um dem Freveln Einhalt zu gebieten, schritt Zeus persönlich ein. Hätten die Götter die Kugelwesen vernichtet, hätte es niemanden mehr gegeben, der die Götter anbetet. Zeus halbierte also die Wesen.
Seither steht Eros für das Begehren desjenigen, ohne den man unvollständig ist. Die getrennten Hälften – von Sehnsucht nacheinander erfüllt – suchen sich gegenseitig. Demnach sind Frau und Mann Bruchstücke. Jeder sucht nach seiner Ergänzung, seinem Gegenstück. Eros führt die Menschen zur Vereinigung – er macht „aus zweien eins". Zeus habe auch die Schamteile nach vorne versetzt, sodass eine Zeugung möglich wurde.

Es gilt seither, die ehemals **dazugehörige Hälfte** wiederzufinden. Viele sprechen auch von ihrer „besseren Hälfte". Die verbliebene Hälfte, die jeder von uns ist, sehnt sich nach der verlorenen Ganzheit zurück.

> **Rollenspiel:**
> Entwickeln Sie eigene Überlegungen zum Mythos von den Kugelwesen und entwerfen Sie in Partnerarbeit ein Streitgespräch. Die/Der eine glaubt an eine „passende" Partnerin/einen passenden Partner, die/der andere argumentiert dagegen.

Diesem Mythos folgend, gibt es drei Möglichkeiten der Sexualität: das heterosexuelle Mann-Frau-Verhältnis, die lesbische Beziehung und jene, die vorher rein männlich waren (also Mann und Mann), stehen für die homosexuelle Männerbeziehung. In der griechischen Antike wurde bekanntlich die Knabenliebe gelebt. Wie weit dies verbreitet, gepflegt oder geduldet und akzeptiert war, ist schwer zu sagen. Interessant ist, dass offenbar die homosexuelle Variante militärtechnisch Vorteile brachte. Am tapfersten waren die Männer, deren Partner auch in der Armee waren. Sie genierten sich, vor dem Feinde zu weichen, wenn der Geliebte anwesend war. Auf alle Fälle wurde die Sexualität in allen Varianten poetisch thematisiert.

Nachdem beim Symposion Sokrates seine Rede gehalten hatte, stürzte der schöne, junge, jedoch volltrunkene Alkibiades herein und bedrängte Sokrates. Dieser hielt den Avancen des Jünglings stand und bewies, dass es auf innere Schönheit und Rechtschaffenheit ankommt und nicht auf das Äußerliche. Sokrates dürfte wenig dem griechischen Schönheitsideal entsprochen haben (klein, kahlköpfig, bärtig, gedrungene Gestalt, breiter Kopf, rundes Gesicht, platte Nase, eigenarti ger Gang, breite Lippen, vorstehende Augen), aber er glänzte zeit seines Lebens durch seine innere Schönheit.
Das Symposion endete damit, dass Sokrates die ganze Nacht weiter diskutierte und durchzechte. Auch den nächsten Tag verbrachte er philosophierend. Erst abends ging er wieder nach Hause zu seiner Frau Xanthippe und den Kindern.

Das platonische Symposion und der Begriff der platonischen Liebe weisen darauf hin, dass letztlich immer das Geistige wesentlich ist, nicht das Sichtbare oder Äußerliche. Platon beschäftigte in seinem „Symposion" weniger die Beziehungsproblematik zwischen Frau und Mann, in erster Linie wollte er seine Ideenlehre unterstreichen. Man müsse sich vom Sinnlichen und Materiellen lösen und am Ende mit dem „geistigen Auge" schauen.

> Nebenbei: Sinnliches Begehren und Sexualität wurden im Christentum hintangestellt. Das platonische Denken, mit seiner Präferenz des Geistigen, wurde bedeutend. Liebe wurde im Christentum entsexualisiert – sie galt und gilt Gott.

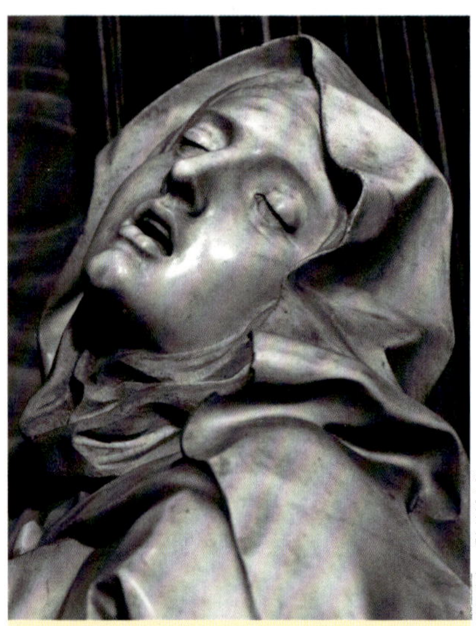

„Die Verzückung der hl. Theresa" von G. L. Bernini (1598–1680)

4.6 Metaphysik der Geschlechtsliebe – Wir sind Getriebene

Ein Gegenmodell zur romantischen Vorstellung, dass es den einen richtigen Partner/die eine richtige Partnerin im Liebesleben gibt, entwirft Arthur Schopenhauer (1788–1860).

In seinem Hauptwerk „Die Welt als Wille und Vorstellung" (vgl. dazu Kap. IV., 4.3 auf S. 136f.) entwickelt er das Denken, dass wir alle vom „Willen", einer allgemeinen Urkraft, angetrieben sind. Dieses Urprinzip, der Motor, der alles in Gang hält, treibt uns vor allem in der Geschlechterbeziehung an. So unterstreicht Schopenhauer (Jahrzehnte vor Freud und seiner Psychoanalyse), dass wir Getriebene sind. Wobei für Schopenhauer die „Genitalien der eigentliche Brennpunkt des Willens"* sind und den Pol darstellen, der dem Gehirn entgegengesetzt ist.

* A. Schopenhauer: Sämtliche Werke, Bd. 1, S. 452 R

Wir seien Betrogene des Willens. **Liebe** sei nichts anderes als **ein Täuschungsmittel der Natur** zum Zweck der Erhaltung der Gattung. Liebe sei eine Strategie der Natur, ein Wahn, der uns zur Fortpflanzung anstiftet. Der Wille verfolge die Erhaltung der nächsten Generation, nicht das Bedürfnis des einzelnen Individuums.
Ein spezieller Kunstgriff der Natur sei die Jugendlichkeit, die für Schopenhauer mit 28 Jahren endet. „Nach endlicher Vollbringung des großen Werkes" lasse die Natur die weibliche Schönheit, ihren wichtigsten Kunstkniff zur Herbeiführung ihres Zwecks, schnell verschwinden. Jetzt erst merke der Mann, dass er der Betrogene des Willens der Gattung gewesen sei. Im Tierreich gehe die Natur ab und zu noch konsequenter zu Werke, wenn das Männchen nach der Begattung gleich getötet wird.
Neben dem Alter ist für Schopenhauer die Gesundheit ein zentrales Kriterium. Ein möglichst gesunder, ebenmäßiger, schöner und junger Körper verspricht bestmögliche Nachkommen – und ist im Sinne des „Willens".

> Nebenbei: Studien zur Attraktivitätsforschung belegen, dass Symmetrie ein wichtiges Kriterium für menschliche Schönheit ist. Sie signalisiert durch das Wohlgeformtsein Gesundheit und somit gesunde Nachkommen. „Gemorphte Gesichter" (künstlich erzeugte Durchschnittsgesichter – vgl. dazu Kap. II., 3.2 auf S. 39) werden meist als attraktiver beurteilt als normale Gesichter. Eine gewisse Durchschnittlichkeit bringt Ebenmäßigkeit, und dies empfinden wir offenbar als schön.
> Schöne und attraktive Menschen werden gleichzeitig als intelligenter, erfolgreicher und sympathischer gesehen und eingestuft. Im Durchschnitt zeigt sich in der Realität: Schöne Menschen verdienen mehr; schöne Verbrecher bekommen geringere Strafen; schöne Kinder bekommen bessere Noten. Dies bringt den bekannten Effekt, dass viele versuchen, sich über die Schönheit diesen Vertrauensbonus zu holen. Sei lieber zuerst schön, das andere kommt dann schon …

Schopenhauer gilt als der Menschenfeind schlechthin. Die meisten anderen Menschen waren ihm suspekt bis verhasst. Daher war er sich meist selbst genug oder unternahm Spaziergänge mit seinem Pudel. Seiner Menschenfeindlichkeit im Allgemeinen entsprach eine Frauenfeindlichkeit im Speziellen. Er hatte zwar eine mehrjährige (geheime) Liaison mit einer Berliner Schauspielerin – zu einer fixen und offiziellen Beziehung oder gar einer Heirat kam es jedoch nicht.
Schopenhauer kam zu dem Schluss, dass *„eine Frau für einen Philosophen sich nicht schicke"*.

A. Schopenhauer: Gespräche, S. 71 R

Viele seiner Sätze sind einerseits Ausdruck seiner komplizierten, neurotizistischen Persönlichkeit, andererseits ein gewisser Spiegel seiner Zeit, des 19. Jahrhunderts.
Schopenhauer meint, dass die Natur bzw. der Wille für Frau und Mann verschiedene Strategien bereithält.

Zuvörderst gehört hieher, daß der Mann von Natur zur Unbeständigkeit in der Liebe, das Weib zur Beständigkeit geneigt ist. Die Liebe des Mannes sinkt merklich von dem Augenblick an, wo sie Befriedigung erhalten hat: fast jedes andere Weib reizt ihn mehr als das, welches er schon besitzt; er sehnt sich nach Abwechselung. Die Liebe des Weibes hingegen steigt von ebenjenem Augenblick an. Dies ist eine Folge des Zwecks der Natur, welche auf Erhaltung und daher auf möglichst starke Vermehrung der Gattung gerichtet ist. Der Mann nämlich kann bequem über hundert Kinder im Jahre zeugen, wenn ihm ebenso viele Weiber zu Gebote stehn; das Weib hingegen könnte mit noch so vielen Männern doch nur ein Kind im Jahr (von Zwillingsgeburten abgesehn) zur Welt bringen. Daher sieht er sich stets nach andern Weibern um; sie hingegen hängt fest dem einen an: denn die Natur treibt sie instinktmäßig und ohne Reflexion, sich den Ernährer und Beschützer der künftigen Brut zu erhalten. Demzufolge ist die eheliche Treue dem Manne künstlich, dem Weibe natürlich […].

A. Schopenhauer: Sämtliche Werke, Bd. 2, S. 693 R

In unserm monogamischen Weltteile heißt heiraten seine Rechte halbieren und seine Pflichten verdoppeln. Jedoch, als die Gesetze den Weibern gleiche Rechte mit den Männern einräumten, hätten sie ihnen auch eine männliche Vernunft verleihen sollen.

A. Schopenhauer: Sämtliche Werke, Bd. 5, S. 730 (Über die Weiber) R

Untersuchen Sie diese Aussagen Schopenhauers auf „politisch unkorrekte" bzw. sexistische Sätze und Wörter.

Die Betrachtung von Arthur Schopenhauer ist sehr unromantisch. Menschen werden zu Mitteln in einem Fortpflanzungsspiel degradiert.
Was sagt die Naturwissenschaft zu den Phänomenen Liebe, Sexualität und Fortpflanzung? Gerade der Schnittpunkt zwischen Philosophie, d. h. dem spekulativen Denken, und der wissenschaftlichen Welt des Messbaren und Objektivierbaren ist im wahrsten Sinne spannend. Philosophische Gedanken dürfen sich natürlich wissenschaftlichen Erkenntnissen nicht verschließen. Eine Ergänzung, Vertiefung und Zusammenschau muss gesucht werden.

Interessanterweise lassen sich viele Parallelen zwischen Schopenhauers Denken und der aktuellen **Evolutionsbiologie** finden. Man spricht bei Letzterer von der Mischung der Gene, die optimiert werden soll, von Hormonen, die unsere Triebe steuern, von Pheromonen bzw. unbewussten Sexuallockstoffen etc. Verliebtheit wird als Ausnahmezustand charakterisiert, bei dem Glückshormone wie Dopamin vermehrt ausgeschüttet werden, was Euphorie, Appetit- und Schlaflosigkeit bewirkt. Die Natur will in dieser leidenschaftlichen Phase, dass für Nachwuchs gesorgt wird. Nach circa einem Jahr sinkt der Spiegel des Verliebtheitshormons. Dass die PartnerInnen trotzdem zusammenbleiben, dafür sorgt das Treuehormon Oxytocin. Dieses Hormon ebbt nach circa vier Jahren ab …
Die Hirnforschung unterstreicht zudem, dass die Gehirne von Frau und Mann im Durchschnitt (!) unterschiedlich veranlagt sind und unterschiedlich funktionieren. Beispielsweise ist das weibliche Gehirn bei der Geburt im Durchschnitt einige Wochen in der Entwicklung weiter. Der Balken, der die beiden Gehirnhälften verbindet, ist bei den Frauen dicker, der Informationsaustausch zwischen den beiden Gehirnhälften funktioniert besser. Selbst der Monatszyklus der Frau beeinflusst durch die unterschiedliche Konzentration der Hormone Verhalten und Wahrnehmung.

Mit einem Wort: Die (naturwissenschaftliche) Biologie verbannt die romantisch verklärte Vorstellung hinsichtlich der Beziehung von Frau und Mann und führt nüchterne, messbare Parameter ins Zentrum.
Die Natur will immer **Reproduktion**, so die These. Im Laufe der Evolution haben sich verschiedene Strategien als erfolgreich herausgestellt und werden beibehalten. Erfolgloses stirbt zwangsläufig aus – gut Angepasstes bleibt. Hinsichtlich der Verhaltensmuster haben Frau und Mann verschiedene Strategien entwickelt.
BiologInnen führen beispielsweise an, dass Frauen verdeckt ovulieren, das heißt, dass der Eisprung nicht ersichtlich ist. Viele weibliche Affen hingegen signalisieren den Männchen deutlich ihre fruchtbaren Tage (dies geschieht z. B. durch Schwellung der Genitalregion bei Pavianen oder Schimpansen). Die verdeckte Ovulation könnte dazu geführt haben, dass Frau und Mann möglichst permanent zusammen sind. Die enge familiäre Struktur wäre demnach eine Folge der männlichen Unsicherheit: Aus Furcht vor Seitensprüngen der Frau bleibt der Mann bei der Frau, er muss sie kontrollieren und überwachen. Nur die Frau kann sich ihrer Mutterschaft sicher sein, die Vaterschaftssicherheit ist eingeschränkt. Der Mann will aber nicht in Nachkommen „investieren", die ein anderer gezeugt hat.
Evolutionsbiologisch gesehen suchen Männer attraktive Frauen, die gesunde Kinder verheißen, während Frauen Männer suchen, die Versorgung garantieren. Männer wollen – da sie biologisch dazu in der Lage sind – möglichst viele Nachkommen zeugen. Frauen wollen sich einen Ernährer sichern und über etwaige Seitensprünge gesunde und attraktive Kinder in die Welt setzen …
Es muss angemerkt werden, dass im Rückblick auf die Evolution und somit auf unser ehemaliges Jäger- und Sammlerdasein vieles äußerst spekulativ ist. Philosophische Zweifel sind auch hier angemeldet.

BiologInnen verweisen darauf, dass Kriterien der Moral (wie gut und böse) in der Natur keine Bedeutung haben. Natur sei weder gut noch schlecht. Sie bedinge katastrophale Erdbeben und Tsunamis gleichermaßen wie sie erholsame Berglandschaften und Heilpflanzen hervorbringt.
Evolution und natürliche Selektion seien moralisch indifferent, Moral sei keine Kategorie in der Natur. Demnach sei aus der Tier- und Naturwelt keine Ethik für den Menschen abzuleiten. Bekanntlich steht in der Tierwelt Mord vielerorts auf der Tagesordnung … Mord ist aber natürlich eine menschliche Kategorie.

1. Vergleichen Sie die evolutionsbiologische Sicht mit den Überlegungen von Schopenhauer in Bezug auf Sexualität und Fortpflanzung.
2. Oftmals wird vom Tierreich auf den Menschen geschlossen. Nun ist Monogamie im Tierreich selten ... Nehmen Sie kritisch Stellung zu dieser angedeuteten Analogie und untersuchen Sie allgemein die Zulässigkeit von derartigen Schlüssen.
3. Frau und Mann kommen, wie der Paartherapeut und Bestsellerautor John Gray meint, von unterschiedlichen „Planeten" – nämlich Venus und Mars. Recherchieren Sie die wesentlichen Überlegungen des Autors John Gray und reflektieren Sie mögliche Folgen einer solchen Annahme von Wesensdifferenzen.

Rollenspiel: Natur oder Kultur
Kontrastieren Sie die feministischen Gedanken von Beauvoir und Butler mit den evolutionsbiologischen Thesen. Sind Frau und Mann mehr durch Kultur oder mehr durch Natur bestimmt? Inwiefern kann es eine vermittelnde Position geben?
Bilden Sie Dreiergruppen, und verteilen Sie die drei zu argumentierenden Rollen:
- eine Feministin/ein Feminist,
- eine Evolutionsbiologin/ein Evolutionsbiologe bzw. „Schopenhauerianerin/Schopenhauerianer" und
- eine Vertreterin/ein Vertreter der Zwischenposition des Sowohl-als-auch.

Essay: Vom Zauber des Unerklärlichen
Sollte man Phänomene wie die Liebe (natur-)wissenschaftlich und nüchtern erforschen, oder sollten gewisse Bereiche ausgeklammert bleiben? Was passiert, wenn man alles rational und logisch erklären kann? Verfassen Sie einen philosophischen Essay über die Unerklärlichkeit der Liebe – ein Plädoyer (siehe Methode 2, S. 23).

Zum Abschluss ein lyrischer Beitrag zum Thema Liebe – ein Gedicht von **Erich Fried**:

Was es ist

Es ist Unsinn
sagt die Vernunft
Es ist was es ist
sagt die Liebe

Es ist Unglück
sagt die Berechnung
Es ist nichts als Schmerz
sagt die Angst
Es ist aussichtslos
sagt die Einsicht
Es ist was es ist
sagt die Liebe

Es ist lächerlich
sagt der Stolz
Es ist leichtsinnig
sagt die Vorsicht
Es ist unmöglich
sagt die Erfahrung
Es ist was es ist
sagt die Liebe

E. Fried: Es ist was es ist, S. 43

5. Philosophenporträt: Friedrich Nietzsche

Friedrich Nietzsche

Was ist der Mensch? – Dies ist die anthropologische Grundfrage.

Wie kommt ein Denker oder eine Philosophin zu seinem/ihrem Denken? Meist ist es sehr hilfreich, Leben und Denken zueinander in Beziehung zu setzen. Kein Denken entwickelt sich im „luftleeren" Raum. Auch bei **Friedrich Nietzsche** (1844–1900) birgt sein Leben interessante Hinweise auf seine Philosophie.

5.1 Wie man wird, was man ist ...

Er gilt als einer der widersprüchlichsten Denker überhaupt. Giorgio Colli, ein großer Nietzschekenner und Mitherausgeber der Nietzsche-Gesamtausgabe, meinte einmal, dass im Bergwerk dieses Denkers jedes Metall zu finden sei: Nietzsche hat alles und auch das Gegenteil von allem gesagt.

Er wird als der große „Umwerter aller Werte" gefürchtet und oftmals missverstanden. Nietzsche sagte 1888 kurz vor seinem Zusammenbruch:

Ich bin kein Mensch, ich bin Dynamit.

F. Nietzsche: Sämtliche Werke, Bd. 6, S. 365 R

Nietzsche wird 1844 in Röcken bei Lützen (nahe Leipzig) als Sohn eines protestantischen Pfarrers geboren. Schon der Großvater war Superintendent. Nietzsche wächst also in gottesfürchtigem, ländlichem Umfeld auf. Er absolviert eine humanistische Ausbildung in einer sehr angesehenen Schule. Recht früh beginnt er zu schreiben, als 14-Jähriger verfasst er seine erste Autobiografie. Eines seiner letzten Werke („Ecce homo") wird ebenfalls eine Autobiografie sein.

Nietzsche ist sprachlich sehr talentiert, er studiert Altgriechisch und Latein und wird bereits im Alter von 24 Jahren außerordentlicher Professor für alte Sprachen an der Universität Basel. Aus einer universitären Laufbahn wird aber nichts: Einerseits ist sein 1871 veröffentlichtes Buch **„Die Geburt der Tragödie aus dem Geiste der Musik"** (es behandelt die Entwicklung der griechischen Tragödie) den Autoritäten zu überspannt und spekulativ. Andererseits verhindern seine Krankheiten, dass er an der Universität bleibt.

In diesem frühen Werk betont Nietzsche vor allem das Prinzip des Dionysischen (Dionysos war in der griechischen Götterwelt der Gott des Rausches und des Weines). Das Rauschhafte und Ekstatische drückt sich für Nietzsche vor allem in der Musik aus.

In seine Basler Zeit fällt die Freundschaft mit Richard Wagner. Nietzsche hat, wenn er zu Besuch kommt, ein eigenes Zimmer in Wagners Villa am Vierwaldstättersee. Er bewundert Wagner und sieht in ihm eine Art musikalischen Erlöser, der das Rauschhafte, das Dionysische am besten zum Ausdruck bringt. Doch die Freundschaft zerbricht.

Nietzsche ist ein sehr schwächlicher und kränklicher Mensch, Krankheiten bestimmen sein Leben und Denken. Mit zwölf Jahren schon hat er ständige Kopf- und Augenschmerzen. Die migräneartigen Anfälle führen oft zum Erbrechen, manchmal zur Bewusstlosigkeit. Seine Sehkraft verlässt ihn, sodass er über lange Zeiträume nicht lesen kann.

Von dieser Disposition ausgehend, ist auch sein literarischer Stil zu verstehen: Nietzsche schreibt **aphoristisch**, das heißt, er fügt kurze Sinnsprüche, Gedanken und Abschnitte in seinen Werken zusammen. Seine Bücher sind unsystematisch und essayistisch.

Nietzsche wandert gerne in hochalpiner Luft, mit einem kleinen Notizbüchlein und einem Bleistift „bewaffnet". Er notiert sich Gedanken, die ihm während seiner Wanderungen einfallen. Also wahrlich: Geh-danken. Abends formuliert er ausführlicher. Dieses freie und literarische Schreiben, die Texte mit starken Bildern verhindern oft eine eindeutige Auslegung seiner Schriften.

Nachdem er seine Professur niedergelegt hat, bekommt er von der Universität Basel eine jährliche Pension. Nach seiner Basler Zeit führt er ein Leben der Wanderschaft und Suche. Am liebsten ist er im Oberengadin. Hinter Sankt Moritz liegt die kleine Ortschaft Sils-Maria, in der er sich wohlfühlt. Das Bergklima tut ihm offensichtlich gut, euphorische Stimmungen, Zeiten voller Tatendrang und Schaffenskraft stellen sich ein.

stock.adobe.com/berner51

Am Silser See

In Sils-Maria (auf gut 1800 Meter Seehöhe) entstehen große Teile seiner Hauptwerke. Hier, in der klaren Alpenluft, hält sich Nietzsche einige Sommer lang auf. Im Winter ziehen ihn das milde Mittelmeerklima, das Meer und das südliche Licht an, er reist daher des Öfteren nach Italien.

1870 nimmt Nietzsche als freiwilliger Krankenpfleger am Deutsch-Französischen Krieg teil. Obwohl er von da an gegen alles Nationalistische antritt, wird er später von den Nationalsozialisten als Vordenker gesehen und missbraucht. Zum einen haben Ausdrücke von Nietzsche wie „Übermensch" und „Wille zur Macht" den Nazis gut gepasst, um Nietzsche als Wegbereiter ihrer Ideologie zu sehen. Zum anderen hat Nietzsches Schwester Elisabeth das Ihrige dazu beigetragen, dass er in diesem „braunen" (nationalistischen) Lichte erscheinen konnte. Elisabeth Förster-Nietzsche hat viele Texte manipuliert und verfälscht. Die nationalistische und nationalsozialistische Nietzscherezeption (Rezeption = Aufnahme eines Werkes) verhinderte lange Zeit eine differenzierte Beschäftigung mit seinem Werk.
Es gibt viele Stellen in Nietzsches Werk, die den Elitegedanken unterstreichen, die das Gesunde, Starke, Mächtige verherrlichen und die Schwachen und Kranken verschmähen. Psychologisch gedeutet, kann man von Nietzsches innersten Sehnsüchten sprechen: Er selbst war sein ganzes Leben kränklich und auf der Suche nach der wahren Gesundheit.

Die familiären Beziehungen des Philosophen dürften sehr schwierig gewesen sein. Als Nietzsche fünf Jahre alt ist, stirbt sein Vater und er wächst ab dann ausschließlich unter Frauen auf. Zeitlebens ist ihm das andere Geschlecht ein Rätsel, oft wird er als Frauenhasser gesehen. Noch dazu heiratet seine Schwester – unverständlich für Nietzsche – einen Antisemiten.
Ein gutes Beispiel für sein Verhältnis zu Frauen wäre, so könnte man meinen, der folgende Satz aus dem Werk „Also sprach Zarathustra":

Du gehst zu Frauen? Vergiss die Peitsche nicht!
F. Nietzsche: Sämtliche Werke, Bd. 4, S. 86

Zarathustra ist der Protagonist des Buches. Der Name ist eine Anlehnung an den altiranischen Propheten und Religionsgründer Zoroaster, welcher um 600 v. Chr. auftritt. Die besagte Szene mit der Peitsche muss aber näher betrachtet werden. Denn es ist das „alte Weiblein", das Zarathustra diese „kleine Wahrheit" mitgibt. Die Frau rät zur Peitsche.

Eine Frau spielt eine „bezaubernde" Rolle in Nietzsches Leben: **Lou Andreas-Salomé**, eine junge, intellektuelle Russin, die nicht nur Nietzsche betört, sondern auch Sigmund Freud und Rainer Maria Rilke. Nietzsche lernt sie durch seinen Freund Paul Rée kennen.
Ein Foto, das Nietzsche anfertigen lässt, gibt zu denken: Nietzsche und Rée sind vor dem Wagen, Lou Salomé dominanterweise mit der Peitsche dahinter. Auf die Rückseite des Fotos schreibt Nietzsche den erwähnten Satz mit der Peitsche.

Alamy Stock Photo/Heritage Image Partnership Ltd

Lou Salomé mit Peitsche, vor dem Wagen Rée und Nietzsche

Vielleicht war diese Fotografie auch eine Anspielung auf Aristoteles: Dieser soll einer Sklavin völlig verfallen sein … Der an sich starke Mann wird von der Frau und ihrer Weiblichkeit getrieben.

Aristoteles auf dem Holzschnitt „Weibermacht" (1513)

Mancherlei Interpretationen scheinen möglich, man hüte sich vor vorschnellen Schlüssen.
Nietzsche lässt Salomé einen Antrag machen, dummerweise von Rée, der selbst in sie verliebt ist. Überdies intrigiert Nietzsches Schwester gegen die Beziehung zwischen Nietzsche und Salomé. Die späteren Pläne einer Dreier-Wohngemeinschaft (Nietzsche, Salomé, Rée) in Paris oder Wien scheitern ebenso.

1889 bricht Nietzsche in Turin zusammen. Seine Gehirnerkrankung – oft wird der Begriff Paralyse (Lähmung; gr.: *paralyein* = auf-lösen, lähmen) erwähnt – ist vollends ausgebrochen. Es gibt die Vermutung, Nietzsche habe sich bei einem Bordellbesuch in Studientagen mit Syphilis angesteckt. Das letzte Lebensjahrzehnt verbringt er in geistiger Umnachtung, 1900 stirbt er.

5.2 Lebensphilosophie

Nietzsches Philosophie kann mit dem Begriff Lebensphilosophie umrissen werden. Die einfache Formel dazu lautet: Leben will leben. Alles andere sei dem untergeordnet. Alles Höhere, die Kunst und Kultur, sei nur Beiwerk – jedoch lebensnotwendiges Beiwerk.
Schon in den ersten Schriften entwirft er jene Gedanken, die seine Kunsttheorie und seinen Kunstbegriff prägen:

[Die Kunst] allein vermag jene Ekelgedanken über das Entsetzliche oder Absurde des Daseins in Vorstellungen umzubiegen, mit denen sich leben lässt […].

F. Nietzsche: Sämtliche Werke, Bd. 1, S. 57 (Die Geburt der Tragödie) R

Die Wahrheit ist häßlich: w i r h a b e n d i e K u n s t, damit wir nicht an der Wahrheit zu Grunde gehn.

F. Nietzsche: Sämtliche Werke, Bd. 13, S. 500 R

Die Wirklichkeit sei rau und erbärmlich. Das Leben sei zufällig. Wir seien ungewollt hier. Weiters bestimmen schicksalhafte Ereignisse den Lauf: Gesundheit, Krankheit, Reichtum und Armut – alles sei zufällig und ungerecht. Wir wissen um unsere Sterblichkeit und um die Endlichkeit von allem. Alles sei bedeutungslos. Es gebe auch kein Ziel – aus ist aus. Gerade wenn der religiöse Halt und andere Rechtfertigungen des Lebens wegfallen, bleibe nur die Kunst. Die Kunst verleihe diesem Dasein Sinn, *„denn nur als a e s t h e t i s c h e s P h ä n o m e n i s t d a s D a s e i n u n d d i e W e l t e w i g g e r e c h t f e r t i g t".*

F. Nietzsche: Sämtliche Werke, Bd. 1, S. 47 (Die Geburt der Tragödie) R

Flüchten wir nicht allzu gerne in Kunst- und Scheinwelten? Unsere Fluchtstrategien sind vielfältig. Wir gehen ins Theater, lenken uns mit Musik ab oder verbringen große Teile des Lebens in den Scheinwelten des Fernsehens, des Internets. Wir brauchen diese Illusionen. Kunst und alle Illusionswelten dienen dem Selbstbetrug. Wir stellen der hässlichen Wirklichkeit die schöne Kunst- und Scheinwelt entgegen. Wir schwindeln uns auf diese Weise durchs Leben. Wir dürfen gar nicht zu viel wissen …

> **Nebenbei:** Die meistgesehenen TV-Sendungen in Österreich sind: die Übertragung des Opernballs, die Skiabfahrt in Kitzbühel und der Villacher Fasching. Der Mensch braucht offensichtlich Illusionen, Unterhaltung, Zerstreuungswelten – und dabei meist einfachere Kost.

Nietzsche bleibt aber nicht bei diesem Nihilismus (lat.: *nihil* = nichts) stehen. Der Mensch müsse sich diesem Leben in seiner Zufälligkeit und Sinnlosigkeit stellen. Es gelte, ein Amor Fati (Liebe zum Schicksal) zu entwickeln, ein großes Einverständnis mit allem, was ist. Den Anfeindungen des Lebens halte der **„Übermensch"** stand, der Nietzsches Metapher für Lebensbejahung und Lebenssteigerung im weiteren Sinne ist.
„Mach mehr aus dir!", das ist kurz gefasst Nietzsches Programm. Der Mensch müsse über sich hinauswachsen, er müsse Ja zum Leben sagen. In erster Linie sei dies ein geistiges Unterfangen – in späteren Schriften spekuliert Nietzsche auch in Richtung einer biologischen Züchtung. Diese Lesart gefiel den Nazis.

Das 19. Jahrhundert und auch unsere Zeit sind vom Fortschrittsgedanken geprägt. Alles schreitet voran, wird vielleicht besser. Unser Denken ist linear. Für uns gibt es Fortschritt und ein Ziel in der Ferne …
Nietzsche hingegen sprach von der **ewigen Wiederkehr des Gleichen**. Diesen Gedanken fand er schon im antiken Griechenland. Alles Leben drehe sich im Kreis, Leben sei ein Kommen und Gehen. Es gebe keinen Fortschritt. Alles sei zyklisch, der Kreis sei das passende Bild.
Diese Erkenntnis soll man im eigenen Verhalten und Handeln berücksichtigen. Man müsse zu seinen Handlungen stehen und sollte die gleiche Situation wieder eintreten, müsste man wieder genauso handeln. Wichtig sei die Bejahung der eigenen Handlungsweisen und Entscheidungen.

Alles geht, Alles kommt zurück; ewig rollt das Rad des Seins. Alles stirbt, Alles blüht wieder auf, ewig läuft das Jahr des Seins.
Alles bricht, Alles wird neu gefügt; ewig baut sich das gleiche Haus des Seins. Alles scheidet, Alles grüsst sich wieder; ewig bleibt sich treu der Ring des Seins.
Im jedem Nu beginnt das Sein; um jedes Hier rollt sich die Kugel Dort. Die Mitte ist überall. Krumm ist der Pfad der Ewigkeit.

F. Nietzsche: Sämtliche Werke, Bd. 4, S. 272f. R

Nietzsche war Atheist, die Tröstungen der Religion entfielen für ihn. Es gebe keinen Gott oder ein Jenseits, an das man sich klammern könnte. Ziel sei das Diesseits. Hier und jetzt müsse man an seiner Entfaltung und Selbststeigerung arbeiten.

Der Übermensch ist der Sinn der Erde […]. Ich beschwöre euch, meine Brüder, bleibt der Erde treu und glaubt Denen nicht, welche euch von überirdischen Hoffnungen reden! Giftmischer sind es, ob sie es wissen oder nicht.

F. Nietzsche: Sämtliche Werke, Bd. 4, S. 14f. R

1. Erörtern Sie, warum wir, Nietzsche zufolge, Kunst und verschiedene Illusions- und Scheinwelten brauchen. Nennen Sie „Fluchtstrategien", die Sie kennen und verwenden.
2. Wie kann der Begriff „Übermensch" verstanden werden? Untersuchen Sie dieses Ideal und seinen Missbrauch durch die Nazis.
3. Entwickeln Sie eigene Überlegungen zu folgenden Leitfragen: Warum sind Begriffe wie „Übermensch", „neuer Mensch", „Mensch der Zukunft" so attraktiv? Welche anderen Theorien und Konzepte zur Veränderung des Menschen sind Ihnen bekannt? Ist Ihnen Ihre eigene Optimierung ein Anliegen? Denken Sie über Vor- und Nachteile einer solchen nach.

5.3 Von Menschen und Mücken

Welches Menschenbild vertritt Nietzsche? In einem frühen Text, den er selbst nicht veröffentlichte, findet der junge Nietzsche interessante Bilder:

In irgend einem abgelegenen Winkel des in zahllosen Sonnensystemen flimmernd ausgegossenen Weltalls gab es einmal ein Gestirn, auf dem kluge Thiere das Erkennen erfanden. Es war die hochmüthigste und verlogenste Minute der ‚Weltgeschichte': aber doch nur eine Minute. Nach wenigen Athemzügen der Natur erstarrte das Gestirn, und die klugen Thiere mussten sterben. – So könnte Jemand eine Fabel erfinden und würde doch nicht genügend illustrirt haben, wie kläglich, wie schattenhaft und flüchtig, wie zwecklos und beliebig sich der menschliche Intellekt innerhalb der Natur ausnimmt; es gab Ewigkeiten, in denen er nicht war; wenn es wieder mit ihm vorbei ist, wird sich nichts begeben haben. Denn es giebt für jenen Intellekt keine weitere Mission, die über das Menschenleben hinausführte. Sondern menschlich ist er, und nur sein Besitzer und Erzeuger nimmt ihn so pathetisch, als ob die Angeln der Welt sich in ihm drehten. Könnten wir uns aber mit der Mücke verständigen, so würden wir vernehmen, dass auch sie mit diesem Pathos durch die Luft schwimmt und in sich das fliegende Centrum dieser Welt fühlt. Es ist nichts so verwerflich und gering in der Natur, was nicht durch einen kleinen Anhauch jener Kraft des Erkennens sofort wie ein Schlauch aufgeschwellt würde; und wie jeder Lastträger seinen Bewunderer haben will, so meint gar der stolzeste Mensch, der Philosoph, von allen Seiten die Augen des Weltalls teleskopisch auf sein Handeln und Denken gerichtet zu sehen. […]
Der Intellekt, als ein Mittel zur Erhaltung des Individuums, entfaltet seine Hauptkräfte in der Verstellung; denn diese

ist das Mittel, durch das die schwächeren, weniger robusten Individuen sich erhalten, als welchen einen Kampf um die Existenz mit Hörnern oder scharfem Raubthier-Gebiss zu führen versagt ist. Im Menschen kommt diese Verstellungskunst auf ihren Gipfel: hier ist die Täuschung, das Schmeicheln, Lügen und Trügen, das Hinter-dem-Rücken-Reden, das Repräsentiren, das im erborgten Glanze Leben, das Maskirtsein, die verhüllende Convention, das Bühnenspiel vor Anderen und vor sich selbst, kurz das fortwährende Herumflattern um die eine Flamme Eitelkeit so sehr die Regel und das Gesetz, dass fast nichts unbegreiflicher ist, als wie unter den Menschen ein ehrlicher und reiner Trieb zur Wahrheit aufkommen konnte. Sie sind tief eingetaucht in Illusionen und Traumbilder, ihr Auge gleitet nur auf der Oberfläche der Dinge herum und sieht ‚Formen', ihre Empfindung führt nirgends in die Wahrheit, sondern begnügt sich Reize zu empfangen und gleichsam ein tastendes Spiel auf dem Rücken der Dinge zu spielen. Dazu lässt sich der Mensch nachts, ein Leben hindurch, im Traume belügen, ohne dass sein moralisches Gefühl dies je zu verhindern suchte: während es Menschen geben soll, die durch starken Willen das Schnarchen beseitigt haben. Was weiss der Mensch eigentlich von sich selbst! Ja, vermöchte er auch nur sich einmal vollständig, hingelegt wie in einen erleuchteten Glaskasten, zu percipiren? Verschweigt die Natur ihm nicht das Allermeiste, selbst über seinen Körper, um ihn, abseits von den Windungen der Gedärme, dem raschen Fluss der Blutströme, den verwickelten Fasererzitterungen, in ein stolzes gauklerisches Bewusstsein zu bannen und einzuschliessen! Sie warf den Schlüssel weg: und wehe der verhängnissvollen Neubegier, die durch eine Spalte einmal aus dem Bewusstseinszimmer heraus und hinab zu sehen vermöchte und die jetzt ahnte, dass auf dem Erbarmungslosen, dem Gierigen, dem Unersättlichen, dem Mörderischen der Mensch ruht, in der Gleichgültigkeit seines Nichtwissens, und gleichsam auf dem Rücken eines Tigers in Träumen hängend. Woher, in aller Welt, bei dieser Constellation der Trieb zur Wahrheit! […]*

Was ist also Wahrheit? Ein bewegliches Heer von Metaphern […]: die Wahrheiten sind Illusionen, von denen man vergessen hat, dass sie welche sind, Metaphern, die abgenutzt und sinnlich kraftlos geworden sind, Münzen, die ihr Bild verloren haben und nun als Metall, nicht mehr als Münzen in Betracht kommen.

F. Nietzsche: Sämtliche Werke, Bd. 1, S. 875–881 (Ueber Wahrheit und Lüge im aussermoralischen Sinne) R

* perzipieren = wahrnehmen

Analysieren Sie Nietzsches Menschenbild in diesem Text (vgl. dazu die methodischen Hinweise zur Textarbeit, S. 26):

1. Suchen und untersuchen Sie die zentralen und interessanten Bilder, welche Nietzsche verwendet, um das Menschsein zu verdeutlichen.
2. Was ist die Stellung des Menschen in der Welt, im Universum?
3. Wozu nutzen wir Menschen unseren Intellekt in erster Linie?
4. Welche Parallelen können Sie zur Psychoanalyse von Sigmund Freud finden?
5. Verfassen Sie einen kurzen schriftlichen Kommentar zu diesem Text: Was ist Ihre persönliche Meinung zum Text? Wo orten Sie Übertreibungen und Einseitigkeiten? Analysieren Sie abschließend den Stil Nietzsches bzw. beurteilen Sie die Verständlichkeit des Textes.

6. Philosophische Brocken

6.1 Definition des Menschen

Mensch *(ahd. mannisca, Adjektiv zu Mann), lat. Homo, grch. Anthropos, das höchstentwickelte Lebewesen der Erde. Der M. (➔ Homo, Homo sapiens) gehört im zoolog. System zu den Säugetieren, speziell zur Ordnung der Herrentiere. Gegenüber allen Tieren nimmt er durch sein hochentwickeltes Gehirn, verbunden mit der Fähigkeit zu denken und zu sprechen, eine Sonderstellung ein, kann aber auch hinsichtlich dieser Qualitäten von nichthumanen Primaten stammesgeschichtlich abgeleitet werden.*

dtv-Lexikon, Bd. 12, S. 44 R

1. Wie klar und eindeutig sehen Sie diese lexikalische Definition des Menschen? Beurteilen Sie, ob eine derartige Definition die Frage nach dem Wesen des Menschen beantworten kann.
2. Erklären Sie die angesprochene Sonderstellung des Menschen.
3. Menschen schreiben Lexika, formulieren Wikipedia-Einträge. Reflektieren Sie, ob dies ein Beleg für die menschliche Sonderstellung ist.

Die Beschreibungen und Definitionen des Lexikons sind Versuche, möglichst prägnant das Wichtigste zu beschreiben. Kann dies beim Stichwort „Mensch" gelingen …?

6.2 Zwischen Gott und Tier

Der schönste Affe ist häßlich in Vergleich mit dem Menschen. Der weiseste Mensch wird im Vergleich mit Gott wie ein Affe erscheinen, an Weisheit, Schönheit und allem andern.

Heraklit: Fragmente (102 fr. 82 und 103 fr. 83). – W. Capelle (Hg.): Die Vorsokratiker, S. 153 R

Erörtern Sie Heraklits Aussage bzw. seine „Standortbestimmung" und überlegen Sie sich, ob die Kluft zwischen Mensch und Gott genauso groß wie die zwischen Tier und Mensch ist.
Beziehen Sie Position, ob wir demnach Tiere für Testzwecke der Kosmetik- und der Pharmaindustrie als Waren verwenden dürfen.

Heraklit (er lebte um 500 v. Chr.) belegt hiermit die klassische These von der Zwischenstellung des Menschen. Wir sind keine Götter, aber auch keine Tiere.

6.3 Ein Stück der Schöpfung

Groß bist du, Herr, und höchsten Lobes würdig. Groß ist deine Macht, und deine Weisheit hat keine Grenzen. Und dich will loben ein Mensch, irgend so ein Stück deiner Schöpfung, ein Mensch, der seine Sterblichkeit mit sich herumschleppt, das Zeugnis seiner Sünde und das Zeugnis, daß du den Überheblichen widerstehst. Und doch will er dich loben – ein Mensch, irgend so ein Stück deiner Schöpfung. Du treibst ihn an, daß er seine Freude daran finde, dich zu loben, denn auf dich hin hast du uns gemacht, und unruhig ist unser Herz, bis es ruht in dir.

Augustinus: Bekenntnisse, S. 33 R

1. Beziehen Sie Stellung, ob es für Sie einen Unterschied macht, sich als Geschöpf Gottes oder als zufälliges Produkt der Evolution zu betrachten.
2. „Unruhig ist unser Herz, bis es ruht in dir." – Zur ewigen Ruhe: Fassen Sie die christliche Heilserwartung in eigenen Worten zusammen.

Der hl. **Augustinus** (354–430) schrieb diese berühmte Stelle zu Beginn seiner „Confessiones" (Bekenntnisse). Sie findet sich ebenso zentral am Beginn des Katechismus (= Lehrbuch) der katholischen Kirche. Da Gott der Allmächtige ist, ist die Kluft zwischen ihm und uns enorm. Andererseits besitzt der Mensch als „Abbild" Gottes eine Sonderstellung.

6.4 Zur Freiheit berufen

Der „beste Bildner" aber sprach:

Du wirst von allen Einschränkungen frei nach deinem eigenen freien Willen, dem ich dich überlassen habe, dir selbst deine Natur bestimmen. In die Mitte der Welt habe ich dich gestellt, damit du von da aus bequemer alles ringsum betrachten kannst, was es auf der Welt gibt. Weder als einen Himmlischen noch als einen Irdischen habe ich dich geschaffen und weder sterblich noch unsterblich dich gemacht, damit du wie ein Former und Bildner deiner selbst nach eigenem Belieben und aus eigener Macht zu der Gestalt dich ausbilden kannst, die du bevorzugst. Du kannst nach unten hin ins Tierische entarten, du kannst aus eigenem Willen wiedergeboren werden nach oben in das Göttliche.

[…]

Wir sind geboren worden unter der Bedingung, daß wir das sein sollen, was wir sein wollen.

G. Pico della Mirandola: Über die Würde des Menschen, S. 9 u. S. 13 R

Giovanni Pico della Mirandola (1463–1494), Humanist, Platoniker und Vertreter der Renaissance, sieht den Menschen als „Former und Bildner" seiner selbst. Es ist uns zur Aufgabe gestellt Mensch zu werden. Der Mensch, ein Geschöpf ohne besondere Eigenart, muss sich selbst seine Natur bestimmen. Dies begründet die Würde des Menschen. Pico prägte mit seiner nie gehaltenen Rede – auch hat er selbst den Text nicht veröffentlicht – das humanistische Menschenbild der Renaissance: Der Mensch, der Selbstformer.

1. Fassen Sie den Hauptgedanken des Textausschnittes in eigenen Worten zusammen.
2. Die Freiheit des Menschen gilt gemeinhin als hoher Wert. Was ist das Besondere am Sich-selbst-bilden-Können? Entwerfen Sie Gedanken zur Schönheit der Freiheit des Menschen.

6.5 Zur Evolution von Gehirnen

Wofür ein Gehirn benutzt werden kann, hängt zwangsläufig davon ab, wie es aufgebaut ist. Und wie ein Gehirn aufgebaut ist, ist wiederum davon abhängig, wofür es bisher gebraucht wurde, und zwar nicht nur von dem jeweiligen Besitzer, sondern auch von dessen Vorfahren, die die entsprechenden Konstruktionspläne in Form bestimmter genetischer Anlagen ausprobiert haben und – wenn sie einigermaßen funktionierten – an ihre Nachkommen weitergeben konnten. Aber ein Konstruktionsplan ist noch lange kein fertiges Gehirn. Damit daraus erneut ein funktionsfähiges Gehirn werden kann, muß von der jeweiligen Elterngeneration auch all das an ihre Nachkommen mitgeliefert werden, was für die Verwirklichung dieses Konstruktionsplans unbedingt erforderlich ist. Für einfache programmgesteuerte Konstruktionen, mit denen Würmer, Schnecken und Insekten herumkriechen, ist das nicht sehr viel. Die mit den notwendigen Bausteinen ausgestatteten Eier müssen lediglich an einem für die Entwicklung der Nachkommen geeigneten Ort abgelegt werden. Der Rest funktioniert dann meist von selbst.

Die meisten Wirbeltiere besitzen bereits initial programmierbare Konstruktionen, also Gehirne, die anfangs noch durch eigene Erfahrungen in gewissem Umfang formbar sind. Hier kommt es zusätzlich noch darauf an, daß die Eltern während der Phase der Hirnentwicklung ihrer Nachkommen Bedingungen schaffen und aufrechterhalten, unter denen von den Nachkommen all das gelernt werden kann, worauf es im späteren Leben einmal ankommt. Das ist schon schwieriger, funktioniert aber normalerweise problemlos, solange die Welt, in die diese Nachkommen hineinwachsen, sich nicht allzusehr verändert.

Nicht viel anders verhält es sich mit genetischen Konstruktionsplänen, die die Herausbildung eines zeitlebens programmierbaren und damit auch zeitlebens lernfähigen Gehirns ermöglichen. So ein Gehirn hat nur der Mensch, und zwar seit etwa 100 000 Jahren. Seit ungefähr 4000 aufeinanderfolgenden Generationen hat sich also nichts Wesentliches mehr an der Fähigkeit unserer genetischen Anlagen geändert, ein Gehirn herauszubilden, dessen Feinkonstruktion zeitlebens dadurch bestimmt wird, wie und wozu ein Mensch es benutzt.

G. Hüther: Bedienungsanleitung, S. 21f. R

Untersuchen Sie den Text anhand folgender Leitfragen:
1. Wie unterscheiden sich die drei genannten Arten von Gehirnen?
2. Evolutionsbiologisch gesprochen: Welches Gehirn bekommt jedes Lebewesen?
3. Was ist aus dieser Beschreibung für das menschliche Gehirn und dessen möglichst optimale „Benutzung" abzuleiten?

Der Hirnforscher **Gerald Hüther** (geb. 1951) versucht, die Unterschiede zwischen menschlichen und tierischen Gehirnen nachzuzeichnen. Er sieht die verschiedenen Erkenntnisorgane evolutionär gewachsen. Sein Buch trägt den Titel „Bedienungsanleitung für ein menschliches Gehirn".

6.6 Für kein Geld der Welt ...

„Im Reich der Zwecke hat alles entweder einen Preis, oder eine Würde. Was einen Preis hat, an dessen Stelle kann auch etwas anderes, als Äquivalent, gesetzt werden; was dagegen über allen Preis erhaben ist, mithin kein Äquivalent verstattet, das hat eine Würde."*

I. Kant: Werke, Bd. 4, S. 68 R

* Äquivalent = Gegenwert

1. Für Kant besitzt der Mensch eine Würde. Was könnte dem Menschen Würde verleihen? Reflektieren Sie den Begriff „Würde".

2. Diskutieren Sie den Allgemeinplatz, dass letztlich alles seinen Preis habe und der Mensch käuflich sei. Erörtern Sie im Speziellen die Problematik des Organhandels.

Immanuel Kant (1724–1804) war davon überzeugt, dass sich der Mensch von allen anderen Wesen abhebt. Der Mensch besitze Vernunft und werde somit zu einer Person. Der Mensch habe einen absoluten inneren Wert. Er sei Zweck an sich (vgl. dazu Kap. IV., 2.4 auf S. 126f. – Menschheitsformel).

6.7 Männer haben es leicht …

Der Mann ist von der Sorge geplagt, sich männlich, bedeutend, überlegen zu zeigen. [...]. Man würde ihn befreien, indem man sie [die Frau] befreit. Aber genau das macht ihm angst. [...]

Tatsache ist, daß die Männer bei ihren Gefährtinnen auf mehr heimliches Einverständnis stoßen als die Unterdrücker gewöhnlich bei den Unterdrückten. Unaufrichtigerweise beziehen die Männer daraus das Recht zu behaupten, die Frau habe das Schicksal, das ihr von ihnen auferlegt worden ist, selbst gewollt. Wie wir gesehen haben, trägt in Wirklichkeit ihre ganze Erziehung dazu bei, ihr die Wege der Empörung und des Abenteuers zu verschließen. Die ganze Gesellschaft – angefangen bei ihren geschätzten Eltern – belügt sie mit Ruhmreden auf den hohen Wert der Liebe, der Ergebenheit, der Selbsthingabe, und indem sie ihr verheimlicht, daß weder der Geliebte noch der Ehemann, noch die Kinder gewillt sein werden, die unbequeme Last all dieser Gaben zu ertragen. Sie nimmt diese Lügen leichten Herzens an, weil sie ihr nahelegen, dem Weg der Bequemlichkeit zu folgen: das ist wohl das schlimmste Verbrechen, das an der Frau begangen wird. Von Kindheit an und ihr ganzes Leben lang wird sie verwöhnt und verzogen, indem man ihr als ihre Berufung jene Selbstaufgabe vor Augen hält, die für jedes von seiner Freiheit beängstigtes Existierendes eine Versuchung ist. Wenn man einen kleinen Jungen zur Faulheit verleitet, indem man ihn den ganzen Tag belustigt, ohne ihm Gelegenheit zu geben, etwas zu lernen, ohne ihm die Nützlichkeit des Lernens aufzuzeigen, wird man im Mannesalter nicht von ihm behaupten, er habe sich selbst entschieden, unfähig und dumm zu bleiben. Genau so aber wird die Frau erzogen, ohne daß man sie je die Notwendigkeit lehrt, ihre Existenz selbst zu übernehmen.

S. de Beauvoir: Das andere Geschlecht, S. 886–888 R

1. Rekapitulieren Sie den Textausschnitt und erläutern Sie, inwiefern Ihnen der Text aus dem Jahr 1949 noch gültig und zeitgemäß erscheint.
2. Analysieren Sie, warum es laut Simone de Beauvoir den männlichen Unterdrückern leicht gemacht wird.

Simone de Beauvoir (1908–1986) prangert die konstruierte, gemachte Ungleichheit und Ungerechtigkeit zwischen Frauen und Männern an. Erst die Gesellschaft, die Erziehung mache aus Frauen Frauen und aus Männern Männer. „Man kommt nicht als Frau zur Welt, man wird es."

6.8 Eine rationale Liebeserklärung

Nämlich Liebe ist nichts anderes als Lust, verbunden mit der Idee einer äußeren Ursache, und Haß nichts anderes als Unlust, verbunden mit der Idee einer äußeren Ursache. Wir sehen auch, daß der Liebende notwendig bestrebt ist, den geliebten Gegenstand gegenwärtig zu haben und zu erhalten, und daß dagegen der Hassende bestrebt ist, den verhaßten Gegenstand zu entfernen und zu zerstören.

B. de Spinoza: Die Ethik, S. 285 u. 287 R

Wenn eine äußere Ursache in mir Lust erzeugt, so liebe ich sie. Ich kann Menschen lieben, aber auch Autos, Gedanken etc. Irgendetwas außer mir berührt mich positiv im Innersten: Das ist Liebe. Ich schreibe diesem Gegenstand eine Bedeutung zu. Es ist meine Idee oder Konstruktion, dass der Gegenstand Lust oder Unlust erzeugt. Diesen Auslöser, diesen geliebten Gegenstand möchte ich bei mir haben. Den verhassten Gegenstand will ich vernichten.

1. Interpretieren Sie diese „Liebe ist …"-Definition und formulieren Sie eine eigene Definition für Liebe.
2. Man kann Menschen lieben, man kann Autos lieben: Vergleichen Sie die Arten von Liebe.
3. Die äußere Ursache kann jetzt in mir Lust auslösen, später vielleicht nicht mehr. Diskutieren Sie, ob Liebe nur an das Hier und Jetzt gebunden ist.

Baruch de Spinoza (1632–1677) versuchte in seiner „Ethik" alles genau zu definieren. Wenn ein Rationalist, ein Denker, der alles auf die Vernunft setzt, ein Gefühl wie Liebe erklären will, kommt es zu einer derartig nüchternen Definition.

Zusammenfassung

- Philosophische Anthropologie versucht, die Frage nach dem Wesen des Menschen zu beantworten.
- Der Mensch definiert sich in Abgrenzung zu anderen – meist zum Tier. Mit Baruch de Spinoza gilt: „Jede Bestimmung ist eine Negation."
- Wenn man vom Menschen spricht, muss man sich bewusst sein, dass der Mensch immer eine Verallgemeinerung ist.
- Die verschiedenen „Menschenbilder" kreisen um Themenkomplexe wie: Ist der Mensch ein Geschöpf Gottes oder ein zufälliges Produkt der Evolution? Ist der Mensch im Innersten gut oder böse? Gibt es letztlich einen Sinn im Leben oder ist alles absurd?
- Der christliche Schöpfungsbericht sieht den Menschen als Abbild Gottes und somit als Krone der Schöpfung.
- Mit Charles Darwin setzt sich die Ansicht durch, dass der Mensch in einer Evolutionslinie steht und ein Produkt von Selektionsmechanismen ist. Sigmund Freud meint, dass der Mensch in dreifacher Weise gekränkt ist: durch Kopernikus, Darwin und durch Freud selbst. Das heißt, wir Menschen sind nicht im Mittelpunkt, stammen aus dem Tierreich und werden vom Unbewussten regiert.
- Thomas Hobbes sieht den Menschen als gefährliches Wesen, das durch eine starke Macht im Zaume gehalten werden sollte.
- Demgegenüber betrachtet Jean-Jacques Rousseau den Menschen als gut; er werde nur von der Gesellschaft verdorben.
- Aristoteles ist der Überzeugung, dass die Vernunft eine zentrale menschliche Eigenschaft ist. Um des menschlichen Glückes willen sei sie zu fördern.
- Der französische Existenzialist Albert Camus betont das Absurde an der menschlichen Existenz. Gleich dem sagenhaften Sisyphos gelte es, das Schicksal bewusst zu meistern.
- Die Frage nach der Abgrenzung zwischen Tier und Mensch ist ein wesentliches Thema der Anthropologie. Auch bringen neue Erkenntnisse der Plfanzenneurobiologie interessante und bedenkenswerte Kenntnisse ans Licht.
  Der Biologismus reduziert (materialistischerweise) den Menschen auf Physisches; er sieht das Tier im Menschen.
  Die Evolutionsbiologie betrachtet den Menschen in seiner Entwicklung und erkennt in den verschiedenen Verhaltensweisen uralte (tierische) Muster.
- Der Mensch gleicht mit seinem hoch entwickelten Gehirn diverse Mängel aus. Er ist weltoffen, denkt abstrakt, plant Zukünftiges und vergleicht mit Vergangenem. Außerdem besitzen Menschen Selbstbewusstsein und sind selbstreflexiv. Sie denken über sich selbst nach, philosophieren. Wir Menschen wissen um unser Tier- bzw. Menschsein und machen dies zum Thema.
- Für Arnold Gehlen ist der Mensch ein „Mängelwesen", das zum Kompensieren der Mängel verurteilt ist.
  Da wir nicht wie die Tiere in unsere Umwelt „eingepasst" sind, müssen wir uns eine „zweite Natur" schaffen.
  Das ist die Welt der Kultur.
- Die Beziehung Frau und Mann ist seit Urzeiten kompliziert und verläuft meist vor dem Hintergrund wechselseitiger Vorurteile. Der Mann wird oft als Urbild des Menschlichen gesehen, die Frau als sekundär.
- Simone de Beauvoir kritisierte die traditionellen Rollenmuster, die von der Männerwelt geprägt sind und die in der Frau „das andere Geschlecht" sehen. Beauvoir fordert, dem Grundverständnis des Existenzialismus entsprechend, Selbstbestimmung und Gleichberechtigung der Frauen.

- Judith Butler wehrt sich gegen eindeutige Festlegungen der Geschlechteridentitäten. Sie sieht diese als Konstruktionen, unabhängig vom biologischen Geschlecht und als erworben an. Geschlechtsidentität sei das Ergebnis von Handlungen.
- Der Begriff „Dialektik" kennzeichnet das Denken in Gegensätzen. Dieses Denken beginnt bei Heraklit. Für Georg Wilhelm Friedrich Hegel vollzieht sich alles in dialektischer Manier, auch die Geschichte der Menschheit. Hinter allem walte das dialektische Prinzip: in der Liebe genauso wie zwischen Herr und Knecht. Alles entwickle sich gemäß dem Dreischritt: These – Antithese – Synthese.
- Platon erwähnt in seinem „Symposion" (einem Dialog, in dem Lobreden auf den Gott Eros gehalten werden) ein romantisches Bild der Liebe: Er erzählt den Mythos von den Kugelwesen. Demnach ist Eros die Sehnsucht nach der abgetrennten Hälfte, mit der man seit Urzeiten verbunden war.
- Arthur Schopenhauer betont in seiner „Metaphysik der Geschlechtsliebe" die Triebhaftigkeit des Menschen. Wir sind dem Willen der Gattung ausgeliefert, vor allem in Bezug auf Liebe und Sexualität. Analog ortet die moderne Evolutionsbiologie ebenso vererbte Muster und Hormone, die den Menschen maßgeblich steuern.
- Das Leib-Seele-Problem ist die Frage nach dem Verhältnis und der Wechselwirkung zwischen Körperlichem und Geistig-Seelischem. Prinzipiell können monistische oder dualistische Ansätze vertreten werden oder das Modell der Identitätstheorie.
- Friedrich Nietzsche ist ein umstrittener Denker. Mit seinen Gedanken des Übermenschen und der ewigen Wiederkehr ruft er zur Selbststeigerung auf. Sein Menschenbild zeigt Menschen als nichtige Wesen, die das Erkennen erfanden.

Abschließende Fragen und Anregungen

1. Welche Problemfelder tun sich auf, wenn man (als Mensch) das Wesen des Menschen definieren will? Nennen Sie Beispiele.
2. Vergleichen Sie die Hauptaussagen der besprochenen Texte und deren Menschenbilder: christlicher Schöpfungsbericht versus Evolutionstheorie, Hobbes versus Rousseau.
3. Setzen Sie sich kritisch mit möglichen Trennlinien zwischen Mensch und Tier auseinander.
4. Definieren Sie den Begriff „Mängelwesen" von Arnold Gehlen und beschreiben Sie die Folgen der menschlichen Mängel.
5. Stellen Sie dar, was Simone de Beauvoir am Geschlechterverhältnis kritisiert. Warum gilt die Frau als „das andere Geschlecht"?
6. Erläutern Sie den Begriff „Dialektik" am Beispiel eines (konstruktiven) Gesprächs.
7. Argumentieren Sie bei den Themen Liebe, Partnerschaft und Sexualität gegen Arthur Schopenhauer und seine „Metaphysik der Geschlechtsliebe" bzw. gegen die (unromantischen) Annahmen der Evolutionsbiologie.
8. Umreißen Sie kurz die möglichen Positionen beim Leib-Seele-Problem. Beziehen Sie Stellung: Wie sehen Sie persönlich das Verhältnis von Körper und Geist?

Mögliche kompetenzorientierte Aufgabenstellungen für die Reifeprüfung befinden sich im Anhang auf S. 241ff.

IV. Ethik

1. Begriffsklärung

Der Begriff Ethik stammt vom griechischen Wort ***ethos***. Ursprünglich meinte dieser Ausdruck den Wohnort, die Heimat. In der Folge bezeichnete ethos auch die damit verbundenen Lebensgewohnheiten, Sitten und Bräuche, die Verhaltensweisen, die im Rahmen des gemeinsamen Wohnens üblich sind. (Wohnen und Gewohnheit sind übrigens sprachverwandt.)
Später wurden mit dem Begriff „Ethik" das sittliche Bewusstsein und die Einstellung des Einzelnen, die persönliche Gesinnung und Haltung charakterisiert.
Die Entwicklung des Wortes ethos verlief gewissermaßen vom Wohnort über die Sitten und Bräuche hin zur persönlichen Haltung. Also vom sozialen Umfeld (Welche Sitten gibt es in der Sippe?) hin zum Subjektiven, Individuellen (Was ist meine eigene Haltung? Was sagt mein persönliches Gewissen?).

Selbstverständlich haben sich Menschen immer schon Gedanken darüber gemacht, was sie tun sollen und wie sie richtig handeln. Einige der ältesten schriftlichen Zeugnisse der Menschheit belegen dies: vom babylonischen Gilgamesch-Epos (ca. 2000 v. Chr.) über die Gesetzestafeln des Hammurabi (ca. 1700 v. Chr.) und des Mose (ca. 1200 v. Chr.), die indischen Veden (dies sind die frühesten heiligen Schriften der Inder; die ältesten Teile stammen aus der Zeit vor bzw. um 1000 v. Chr.) bis zu den Dichtungen des Homer und Hesiod (ca. 800 v. Chr.). In all diesen Geschichten, Dichtungen und Gesetzestexten werden menschliche Verhaltensweisen thematisiert. Die darin entworfenen Gesetze sollen das menschliche Zusammenleben regeln und ermöglichen.

Ethische Überlegungen gibt es seit Menschengedenken. Oft waren und sind sie an Göttliches geknüpft: an heilige Schriften und Offenbarungen bzw. an die Kirche und deren Auslegung dieser Texte. Religiöse Ethik und Gebote basieren auf heiligen Texten und deren kirchlicher Auslegung, ein Verstoß gegen diese Gebote gilt als sündhaft.
Im Gegensatz zur religiösen Ethik muss die philosophische Ethik ohne Gott auskommen. Der Bezug auf ein Göttliches wird ausgeklammert. Der Mensch und seine Vernunft sollen auf Fragen nach dem richtigen Handeln Antwort geben. **Aristoteles** (384–322 v. Chr.) gilt als Erster, der den Begriff „Ethik" zur Bezeichnung einer philosophischen Disziplin verwendete. Später formulierte Kant die entsprechende Frage: „Was soll ich tun?"

Der Begriff „Moral" geht auf das lateinische Wort *mos* zurück. Es bezeichnete (ähnlich wie das griechische Wort ethos) die Sitten und Bräuche, die Gewohnheiten, die persönliche Gesinnung, den Willen bzw. den göttlichen Willen, die Gesetze und Vorschriften.

Meist werden die Begriffe Ethik und Moral gleichgesetzt, obwohl man sie unterscheiden kann. **Ethik** beschreibt die individuelle und persönliche Haltung. Der Begriff meint den **autonomen** Aspekt. Autonom heißt „selbst gesetzgebend" (gr.: *autos* = selbst, *nomos* = das Gesetz). Der einzelne Mensch selbst entscheidet und bestimmt. Dies ist gewissermaßen der „Innenaspekt".

Moral verweist auf die (in der jeweiligen Gesellschaft geltenden) Normen, die Sitten und Bräuche. Hier schwingt ein **heteronomes** Moment mit. Heteronom meint fremdbestimmt (gr.: *heteros* = anders, verschieden, fremd). Was meinen meine Gruppe, die Eltern oder andere Autoritäten? Dies ist der „Außenaspekt".
In dritter Instanz kann man den Begriff **Gesetz** einführen. Dies ist die schriftlich fixierte Moral der Gruppe.

Wie oben erwähnt, deutet die Wortgeschichte von ethos auf die soziale Verwobenheit hin. Kein Mensch lebt alleine. Daher brauchen Menschen Vereinbarungen und Regeln. Die Frage ist letztlich, inwieweit die Moralvorstellungen der Gruppe mit meiner persönlichen Gesinnung übereinstimmen. Kann man Innen- und Außenaspekt zur Deckung bringen?

- **Ethik** – autonom, innerlich
- **Moral** – heteronom, gesellschaftliche Normen
- **Gesetz** – schriftlich fixierte Moral

Die Entwicklung des Menschen verläuft – vereinfacht gesagt – von der **Heteronomie** zur **Autonomie**. Am Beginn unseres Lebens sind wir stark fremdbestimmt. Als Jugendliche und junge Erwachsene trachten wir danach, unsere eigenen Entscheidungen zu treffen.

Nebenbei: Die Studien zur Moralentwicklung von Lawrence Kohlberg (1970er-Jahre) zeigen diesen Verlauf: Als Baby und Kleinkind geht es darum, nicht bestraft zu werden und eventuell eine Belohnung oder ein Lob von den Eltern oder dem Umfeld zu erlangen: Gut ist, wofür man nicht bestraft wird. Kohlberg spricht von präkonventioneller Moral. Später tut man das, was alle tun; was sich eben so gehört. Dies ist meist die einfachste und unproblematische Variante: nur nicht anecken! Kohlberg bezeichnet das als konventionelle Moral. Schließlich sollte man aus eigener Überzeugung, dem eigenen Gewissen entsprechend handeln: Das autonome Subjekt ist das Ziel. Laut Kohlberg ist dies die postkonventionelle Moral.

In der philosophischen Ethik stellt sich die Frage nach dem richtigen Handeln: Was ist das Gute? Aber auch: Was ist Glück oder ein glückliches Leben? Oder grundlegender: Bin ich im Innersten frei, um die richtige Wahl zu treffen? Ethik ist die praktische Philosophie.

1. Warum denken wir über Ethik nach, warum gibt es Regeln der Moral? Untersuchen und begründen Sie dieses Uranliegen des Menschen.
2. Wo gibt es Konflikte zwischen Ihren (ethischen) Haltungen und den Moralvorstellungen der Gesellschaft? Nach welchen Richtlinien entscheiden Sie? Denken Sie an ein konkretes Beispiel und versuchen Sie den Entscheidungsprozess nachzuzeichnen.

Essay: Autonomie
Wie autonom sind Sie wirklich? Thematisieren Sie diesen bedeutenden Begriff in einem philosophischen Essay.
Was sind die Kehrseiten der Autonomie, was die Vorteile der Selbstbestimmung?

2. Ethische Grundpositionen

2.1 Probleme, Konflikte, Dilemmata

Diskutieren Sie in Partnerarbeit drei der sechs unten angeführten alltäglichen (ethischen) Konflikte. Gehen Sie dabei speziell auf folgende zwei Fragestellungen ein: Erstens: Wie würden Sie konkret entscheiden? Zweitens: Wie begründen Sie Ihre Entscheidung, welche Ethik steht dahinter?

1. An der Haltestelle: Sie sehen, wie ein Jugendlicher von anderen Jugendlichen angepöbelt und angerempelt wird. Was tun?
2. In der vollen Straßenbahn: Ein älterer Mann steigt ein, Sie sitzen gemütlich. Eigentlich sollten andere aufstehen, die näher beim älteren Fahrgast sitzen. Was tun?
3. Vor der Schule: Sie finden eine edle, prall gefüllte Brieftasche. Niemand würde bemerken, wenn Sie sie einstecken. Was tun?
4. In der Schule: Die Lehrerin/Der Lehrer würde sicherlich ein Minus eintragen, da Sie die Hausübung vergessen haben. Notlüge – ja, nein? Was tun?
5. Am Wochenende, spät in der Nacht: Die Freundin/Der Freund nimmt, ohne zu bezahlen, eine Zeitung aus dem Zeitungsständer. Was tun?
6. Im Lebensmittelgeschäft: Würden Sie Biojoghurt aus regionaler Produktion kaufen oder zum billigsten Produkt greifen? Getreu dem Motto: Hauptsache billig und schmackhaft. Bio, fair, regional … Was tun?

In der philosophischen Tradition wurden verschiedene ethische Konzepte entwickelt. Prinzipiell können zwei große Richtungen unterschieden werden: die teleologischen Konzepte und das deontologische Konzept.

2.2 Teleologische Konzepte

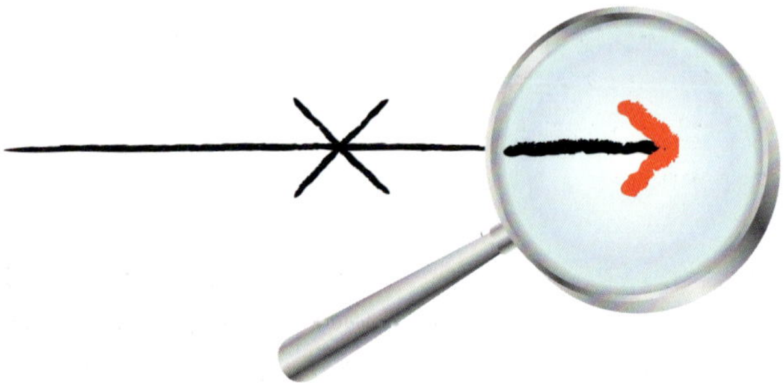

Im Mittelpunkt steht die Frage nach dem **Ziel** der Handlung. Das griechische Wort *telos* bedeutet Ziel oder Zweck. Die Qualität einer Handlung wird nach ihrem Effekt, nach ihren Folgen und Konsequenzen beurteilt. So gesehen, kann man immer erst nach vollzogener Handlung abschätzen, ob diese erfolgreich war. Diese Richtung wird auch **Erfolgsethik** oder **Verantwortungsethik** genannt.
Eine Handlung ist dann gut, wenn das angestrebte Ziel oder der erreichte Zweck gut ist. Da es unterschiedliche Ziele geben kann, gibt es auch mehrere teleologische Konzepte.
Eine bekannte Frage lautet: Heiligt der Zweck die Mittel? Die TeleologInnen werden diese Frage mit Ja beantworten.

In chronologischer Abfolge werden nun sechs verschiedene Richtungen besprochen. Jede Zeit stellt ihre eigenen Fragen. Jede Ethik unterstreicht auch ein bestimmtes Menschenbild.

Hedonismus: ... wenn die Lust regiert

Aristipp (435–366 v. Chr.), ein Schüler des Sokrates, sah den Menschen durch zwei Grundempfindungen bestimmt: nämlich **Lust** und Schmerz (bzw. Unlust). Diese Bestimmung beginnt beim Baby und hört zeitlebens nie auf. Es sei unsere Natur, dass wir nach Lust streben und Schmerz meiden. Dies sichere „natürlich" das Überleben, wir müssen z. B. essen und trinken. Heute bestätigt die moderne Hirnforschung, dass es Belohnungszentren und diverse Hormone im Gehirn gibt, die auf Lust programmiert sind.

Aristipp

Ein richtiges und gutes Leben besteht für die Hedonistin/den Hedonisten (gr. *hedone* = Lust) darin, möglichst viel an Lust zu erlangen. Ziel ist die Lustmaximierung und die Schmerzvermeidung. Im heutigen Sprachgebrauch bezeichnet Hedonistin/Hedonist einen Genussmenschen, wobei dieser Begriff meist abwertend verwendet wird.
Mit seiner Lustethik meinte Aristipp tatsächlich die grobsinnliche, die körperliche Lust: also Essen, Trinken, Entspannung, Schlaf und Sex.

Aristipp ist die große Ausnahme der Philosophie. Die meisten DenkerInnen kommen zu dem Schluss, dass Denken, Philosophieren, das Geistige das höchste Gut seien. Aristipp redet der Lust das Wort und betont das Sinnliche und Körperliche. Dabei stellt sich die Frage, ob Körper und Geist bzw. Leib und Seele überhaupt getrennt werden können.

Aristipp galt als verschwenderisch und lehrte – anders als sein Lehrer Sokrates – gegen Bezahlung. Er kannte natürlich die Probleme, die sich bei der Lustmaximierung einstellen können, daher strebte er eine kluge und besonnene Befriedigung von Bedürfnissen und Lüsten an.
Zum einen werden Lachs, Champagner, die feinsten Pralinen ... langweilig, wenn man sie zu oft konsumiert. Vier Tafeln Schokolade werden einem eher Unlust bereiten, ein kleines Stückchen wird zu wenig sein. Das („genusstechnische") Optimum liegt demnach dazwischen.
Zum anderen kann Lust eine Person so gefangen nehmen, dass sie sie total bestimmt. Der Extremfall ist der Süchtige, der seiner Sucht ausgeliefert ist. Er benötigt immer mehr, um den gleichen Effekt zu erzielen. Bei starken Drogen endet das mit dem Tod des Süchtigen.

> Nebenbei: Ein Experiment mit Affen, die sich ihr Lust- bzw. Sexualzentrum im Gehirn mittels Knopfdruck selbst und direkt stimulieren konnten, musste abgebrochen werden. Die Affen hörten nämlich nicht mehr auf zu drücken. Alles andere rückte in den Hintergrund, auch die Nahrungsaufnahme und reale Sexualpartner. Insofern wären diese Affen gestorben, hätte man dieses Experiment nicht beendet. Was täten wir Menschen, hätten wir einen derartigen Knopf …?

Deshalb betont Aristipp im Hinblick auf die Lust:

Ich bin ihr Herr und nicht ihr Knecht; denn zu gebieten über die Lust und ihr nicht zu unterliegen, das ist wahrhaft preiswürdig, nicht sie sich zu versagen.

Diogenes Laertius: Leben und Meinungen, Bd. 1, S. 110 R

Ein Mensch dürfe nicht zum Getriebenen werden. Er müsse seine Lüste souverän beherrschen und sie gezielt einsetzen. Es gelte, den Mittelweg zu finden. Weder der Asket noch der Süchtige können das Ziel sein. Ein Maximum an Lust sollte dennoch dabei erreicht werden.

Die Anekdote aus dem Werk des Aristipp:

Als beim Eintritt in das Haus einer Dirne einer seiner jungen Begleiter errötete, sagte er: ‚Nicht im Eintritt liegt das Bedenkliche, aber nicht wieder loskommen können, das ist's!'

Diogenes Laertius: Leben und Meinungen, Bd. 1, S. 108 R

Ein verfeinerter Hedonismus findet sich bei **Epikur** (vgl. dazu Kap. IX., 3. auf S. 207 und Kap. VII., 2. auf S. 183).

Epikur

In einem sehr weiten Sinne gilt auch **Epikur** (341–271 v. Chr.) als Hedonist. Er ist genau genommen ein Vertreter des verfeinerten Hedonismus. Epikur beschäftigt sich ebenfalls mit der Lust und dem glücklichen, freudvollen Leben. Er unterscheidet aber zwischen der sinnlichen und der **geistigen Lust**, die für Epikur im Mittelpunkt steht.
Die Grundvoraussetzung für ein glückliches Leben ist bei Epikur die Abwesenheit von Schmerzen. Die höchste Lust bereiten geistige Freuden wie Gespräche mit FreundInnen, Musik hören, Kunstwerke betrachten und das Philosophieren. Epikur meint, dass die höchste Lust aus der Vernunft entspringt.

Der Begriff Epikureer steht landläufig für den Genießer/die Genießerin und den Lustmenschen. Schon in der Antike trugen verärgerte Schüler zu dem Ruf bei, dass Epikur Orgien feierte und er nur diese Lust im Sinn hätte. Tatsächlich war er aber kein (sinnlicher) Hedonist wie Aristipp.
Epikur erwarb mit ca. 35 Jahren außerhalb Athens ein Haus mit Garten, der als „Garten des Epikur" berühmt wurde. Dort gründete er nämlich mit FreundInnen und AnhängerInnen, darunter auch Frauen und Sklaven, eine Lebensgemeinschaft, eine Art WG.
Ein Leitspruch von Epikur war: „Lebe im Verborgenen." Aufgrund der politischen Wirren schien ein Rückzug ins Private angebracht. Nicht das Glück des Staates stand im Vordergrund, das persönliche Glück war gefragt. Epikur war ein bescheidener Mann und trank eher Wasser als Wein. Brot, Gemüse, Oliven, ab und zu ein Topf Käse waren Epikurs Festmahlzeiten.
Epikur empfahl, man solle eher darauf achten, mit wem man esse und trinke, als was man esse.

Für das Glück (vgl. dazu Kap. IX., 3. auf S. 207) scheinen ihm vor allem zwei Dinge wesentlich: das Freisein von körperlichem Schmerz und die Seelenruhe. Alles, was der Körper wolle, sei: nicht frieren, nicht hungern, nicht dürsten. Alles, was die Seele wolle, sei: frei sein von Angst.
Den echten HedonistInnen (wie Aristipp) sind Seelenruhe und Schmerzlosigkeit zu wenig. Sie brauchen echte positive Genüsse und Freuden.

> Körperliche Lust versus geistiger Genuss
> Konkret gesprochen: Worin besteht der Unterschied zwischen dem Essen eines Festmahls und dem Lesen eines guten Buches?
> Vergleichen Sie die Lüste/Genüsse und reflektieren Sie anschließend, ob man Geistiges und Körperliches überhaupt derart trennen kann.

Eudämonismus: … Glück ist das Höchste

Aristoteles

Die griechische Vorsilbe *eu* bedeutet gut und *daimon* ist der Gott oder Dämon. Die wörtliche Übersetzung von Eudämonismus wäre somit „einen guten Dämon habend" – gemeint ist das **Glück**.

Aristoteles (384–322 v. Chr.) war Vertreter dieser Richtung, die das Glück als höchstes Ziel bestimmte. Menschen streben vielerlei an. In der Antike galt ein schönes Pferd als erstrebenswert, heute wollen viele ein schönes Auto besitzen. Das Auto wird aber nicht Endzweck des Lebens sein. Oder: Warum sitzt jemand in der Maturaklasse? Die Reifeprüfung berechtigt zum Studium. Warum will man studieren? Mit dem Studium kann man einen guten Beruf ergreifen und vielleicht viel Geld verdienen. Warum dieses, warum jenes? So könnte man immer weiterfragen.
Hinter all unseren Handlungen steht laut Aristoteles als Endzweck Glück oder Glückseligkeit. Glück sei das höchste Gut, auf das alles Handeln hinstrebe. Glück sei der Zweck an sich, alles andere sei nur Mittel zum Zweck. Das Glück werde um seiner selbst willen angestrebt.
Aristoteles konzentrierte sich nicht auf kurze Glücksmomente – er meinte ein glückliches Leben.

Denn eine Schwalbe macht noch keinen Frühling, und auch nicht ein einziger Tag; so macht auch ein einziger Tag oder eine kurze Zeitspanne niemanden glücklich und selig.
Aristoteles: Die Nikomachische Ethik, S. 117 (1098 a) R

Wie kann nun der Mensch glücklich werden? Glücklich wird dasjenige Wesen genannt, das sich seinem Wesen gemäß am besten entfalten kann. Was ist das Wesensmäßige für den Menschen? Irgendwie zu leben ist zu wenig, das tun Pflanzen auch. Wahrnehmung haben auch Pferde und Rinder. Spezifisch menschlich – und dies ist ein folgenreicher Gedanke für die abendländische Philosophie – sei die mit der Vernunft verbundene Tätigkeit der Seele. Der Mensch gilt seit Aristoteles als ein ***Animal rationale***, ein vernünftiges Tier. Will man gemäß Aristoteles längerfristig glücklich sein, bedarf es der Vernunft. Diese mache den Unterschied zwischen dem Menschen und allen übrigen Lebewesen.
Somit verwirkliche sich die wahre Bestimmung des Menschen im Nachdenken, in der Philosophie. Einer läuft nur den Genüssen hinterher, ein anderer arbeitet Tag und Nacht. Laut Aristoteles liebt der wahre Mensch hingegen das beschauliche, das kontemplative Leben, das Leben der Theorie (gr.: *theoria* = das Anschauen, die Betrachtung). Der Mensch sei zum Nachdenken bestimmt. Das Denken und Philosophieren waren für Aristoteles aktive, lustvolle und Glück bringende Tätigkeiten.

Und in der Tat bietet die Philosophie Genüsse von wunderbarer Reinheit und Beständigkeit.
Aristoteles: Die Nikomachische Ethik, S. 346 (1177 a) R

Nebenbei: Unser Wort „Schule" geht auf das griechische Wort *schole* (sprich: skolé) zurück. Dieses bedeutet Ruhe, Innehalten, Muße. Es geht um ein Innehalten in der Arbeit, um Zeithaben zum Nachdenken. Der Mensch ist dabei befreit von der Lebensnot.
Dieses Privileg kam in der griechischen Antike den Reichen zu, also jenen, die nicht arbeiten mussten.

Weiters gab Aristoteles noch folgenden Rat: Die ethischen Tugenden befinden sich immer in der **Mitte**. Seit Aristoteles begleitet uns also der Gedanke, dass es eine vernünftige Mitte gibt.

Tollkühnheit	**Mut/Tapferkeit**	Feigheit
Verschwendung	**Großzügigkeit**	Geiz
Wollust	**Mäßigung**	Stumpfheit

Das Anzustrebende liegt also immer zwischen den Extremen, das Mittelmaß sei somit die Norm sittlichen Handelns. Selbst die meisten politischen Parteien nennen sich „Partei der Mitte".

Zum Stichwort Gesundheit meint Aristoteles:

Denn übermäßiges Turnen vernichtet die Kraft und ebenso zu wenig Turnen. Ebenso zerstören ein Zuviel oder Zuwenig an Speise und Trank die Gesundheit, das Angemessene dagegen schafft die Gesundheit, mehrt sie und erhält sie.
Aristoteles: Die Nikomachische Ethik, S. 133 (1104 a) R

Aristoteles war überzeugt, dass es anstrengend ist, tugendhaft zu sein. Es sei mühsam, immer die Mitte zu treffen. Jene aristotelische Vernünftigkeit oder Tugendhaftigkeit ist schon im Ansatz auf die Gemeinschaft ausgerichtet. Der wirklich Isolierte sei ein Idiot (gr.: *idiotes* = der Privatmann). Derjenige, der außerhalb der Gemeinschaft als Privater existiert und sich nicht um das Gemeinwohl kümmert, sei in gewissem Sinne auch nicht glücksfähig. Aristoteles sah in der reinen Individualität keine Glücksstrategie. Die Vernunft tendiere zur Gemeinschaft, wir brauchen den Dialog und den Austausch mit anderen. Freundschaft spielt hier eine wichtige Rolle, was auch moderne GlücksforscherInnen bestätigen.

■ **Zusammengefasst:** Wir sollen im Nachdenken und Philosophieren Glück finden. Es gilt, bei den ethischen Tugenden die Mitte zu treffen. Das Leben in Gemeinschaft sollte uns erfüllen, wobei Freundschaften sehr wichtig sind. Dann steht dem Glück nichts mehr im Wege …

1. Der Mensch als *Animal rationale*
   Beziehen Sie Position und erörtern Sie, ob Sie – wie Aristoteles – in der Vernünftigkeit die wahre Bestimmung des Menschen sehen.
2. Diskutieren Sie, inwiefern die Schule ein Ort der Muße ist, an dem Sie Zeit zum Nachdenken finden.
3. Entwickeln Sie Überlegungen, wann Freundinnen und Freunde für ein glückliches Leben wichtig sind.

Machiavellismus: … die Macht als Ziel

Niccolò Machiavelli (1469–1527) steht für eine besondere Richtung der teleologischen Ethik. Er will, ähnlich wie die HedonistInnen, Ethik auf die menschliche Natur zurückführen. Machiavelli sieht in der **Macht** das wichtigste, den Menschen bestimmende Element. Menschen wollen mehr Macht. Zuerst wollen sie an die Macht kommen, dann an der Macht bleiben. Ziel des menschlichen Handelns sei die Gewinnung und Aufrechterhaltung von Macht; alles andere sei diesem untergeordnet. Jene Richtung wird als Machiavellismus bezeichnet.

Niccolò Machiavelli

Machiavelli war Staatssekretär in Florenz und schrieb 1513 sein Hauptwerk „Il principe" („Der Fürst"); es wurde 1532, nach seinem Tode, gedruckt. Er hatte politische Erfahrung und war beseelt von dem Wunsch nach nationaler Einheit und Größe seines zerrissenen Vaterlandes. Sein Werk sollte vor dem Hintergrund dieser politischen Wirren gelesen werden.

Der Staat ist laut Machiavelli zu einer rücksichtslosen Machtpolitik berechtigt. Der Zweck heilige die Mittel. In seinem Hauptwerk ermächtigt Machiavelli den Fürsten zu allerlei unmoralischen Handlungen: lügen, täuschen, verraten, bestechen, Verträge brechen und töten lassen. Zum Zweck der Macht seien alle Mittel recht.

Man spricht in diesem Zusammenhang von „politischem Realismus". Machiavelli wollte der Realität ins Auge sehen. Die Frage der Effektivität steht im Vordergrund und nicht, wie bei Platon, die des idealen und gerechten Staates. Benennt man eine Politikerin/einen Politiker mit dem Attribut „Machiavelli", ist dies heute sehr abwertend. So wird der reine Machtmensch bezeichnet, der mit viel Taktik eine rücksichtslose Machtpolitik betreibt. Getreu dem Motto: Wie komme ich an die Macht, und wie bleibe ich an der Macht?

Machiavelli hatte ein sehr negatives Menschenbild, was die folgenden Ausschnitte (und Ratschläge an den künftigen Fürsten) belegen. Die Menschen seien schlecht und die meisten noch dazu dumm.

Denn man kann von den Menschen im allgemeinen sagen, daß sie undankbar, wankelmütig, unaufrichtig, heuchlerisch, furchtsam und habgierig sind.

N. Machiavelli: Der Fürst, S. 129 R

[...] denn ein Mensch, der sich in jeder Hinsicht zum Guten bekennen will, muß zugrunde gehen inmitten von so viel anderen, die nicht gut sind.

N. Machiavelli: Der Fürst, S. 119 R

Es gilt also festzuhalten, daß man die Menschen entweder verwöhnen oder vernichten muß; denn für leichte Demütigungen nehmen sie Rache, für schwere können sie dies nicht tun; also muß der Schaden, den man anderen zufügt, so groß sein, daß man keine Rache zu fürchten braucht.

N. Machiavelli: Der Fürst, S. 17f. R

Daher muß man alle Gewalttaten auf einmal begehen, damit sie weniger fühlbar werden und dadurch weniger verletzen; Wohltaten hingegen muß man nach und nach erweisen, damit sie besser wahrgenommen werden.

N. Machiavelli: Der Fürst, S. 73 R

Gleichwohl darf ein Fürst nur so viel Furcht verbreiten, daß er, wenn er dadurch schon keine Liebe gewinnt, doch keinen Hass auf sich zieht; denn er kann sehr wohl gefürchtet werden, ohne verhaßt zu sein; dies wird ihm stets gelingen, wenn er das Eigentum seiner Bürger und Untertanen sowie ihre Frauen respektiert. Und wäre er auch gezwungen, einen hinrichten zu lassen, so tue er dies, wenn dafür eine entsprechende Rechtfertigung und ein offensichtlicher Grund bestehen; vor allem aber muß er das Eigentum anderer achten; denn die Menschen vergessen schneller den Tod ihres Vaters als den Verlust ihres Erbes.

N. Machiavelli: Der Fürst, S. 131 R

Ein kluger Herrscher kann und darf daher sein Wort nicht halten, wenn ihm dies zum Nachteil gereicht und wenn die Gründe fortgefallen sind, die ihn veranlaßt hatten, sein Versprechen zu geben. Wären alle Menschen gut, dann wäre diese Regel schlecht; da sie aber schlecht sind und ihr Wort dir gegenüber nicht halten würden, brauchst auch du dein Wort ihnen gegenüber nicht zu halten.

N. Machiavelli: Der Fürst, S. 137 R

Die damaligen politischen Umstände lassen Machiavellis negatives Menschenbild ein wenig verständlicher erscheinen. Heute sind in unseren Breiten, im Gegensatz zur italienischen Renaissance, den PolitikerInnen Kontrollmechanismen auferlegt. Zügellose Machtpolitik scheint nicht mehr möglich.

Ist Macht jedoch immer eindeutig zuordenbar? Ist es immer klar, ob einer Macht hat und ein anderer ohnmächtig ist? Bedingen einander nicht beide Elemente – Macht und Ohnmacht? Brauchen sich Mächtige und Ohnmächtige?

In westlichen Demokratien geht alle Macht vom Volke aus. Die Wählerin/Der Wähler ist der Souverän. Gleichzeitig scheint es, als wären die WählerInnen ziemlich ohnmächtig …

Bei Machiavelli geht es vorrangig um politische Macht. Auf einer allgemeinen psychologischen Ebene ist der Begriff „Macht" weiter zu spannen. Selbst bei einem Computerspiel wird Macht ausgeübt. Will nicht jeder Mensch Macht – und somit Kontrolle – ausüben?

■ Einen längeren Text von Michel Foucault zum Themenkreis „Macht" finden Sie im Textanhang auf S. 254f.

> Reflektieren Sie Ihren Zugang zur Macht:
> Wie wichtig ist Ihnen Macht in Ihrem Leben?
> In welchen Bereichen besitzen Sie Macht?
> Würden Sie Ihre Macht(-bezirke) gerne verändern?

Ethischer Egoismus bzw. Mitleidsethik: … Ich bin ich

Diese Position sieht den Menschen als Egoisten, der in erster Linie an seiner Selbsterhaltung und den eigenen Bedürfnissen orientiert ist. All unser Handeln sei durch **Eigeninteresse** motiviert, es gebe keine echte selbstlose Handlung.

Das Gegenteil des Egoismus (lat.: *ego* = ich) ist der Altruismus (lat.: *alter* = der andere). Als Altruisten werden Menschen bezeichnet, die sich besonders für andere engagieren. Der ethische Egoismus behauptet hingegen, dass jede wohltätige Handlung einem selbst etwas bringt. Wenn jemand z. B. sehr viel Geld spendet, beruhige er damit sein Gewissen. So gesehen hat er diese (altruistisch scheinende) Tat auch nur für sich selbst getan. Der ethische Egoismus sei nicht zu widerlegen. Selbst wenn eine Person sich für andere aufopfert, könnte dies – im weitesten Sinne – noch als egoistisch angesehen werden.

Thomas Hobbes und Arthur Schopenhauer sahen den Menschen in erster Linie als vom Egoismus bestimmt.

Thomas Hobbes

Thomas Hobbes (1588–1679) wertete den Menschen als Wesen, das auf Selbsterhaltung programmiert ist. Der Mensch sei gleich einer komplizierten Maschine, der das Ziel der Erhaltung und Förderung des Lebens einprogrammiert ist. Der Engländer Hobbes lebte in einer Zeit, als die Naturwissenschaften einen starken Aufschwung nahmen und erste Automaten und Maschinen gebaut wurden. Überdies waren es politisch äußerst schwierige Zeiten (Bürgerkriege, Dreißigjähriger Krieg). Hobbes hatte daher ein sehr pessimistisches Menschenbild. Da der Mensch gefährlich sei, solle der Staat den Menschen im Zaume halten.

Die Natur habe es so eingerichtet, dass jeder Mensch in erster Linie an seiner Selbsterhaltung interessiert sei. Dazu können auch Freundschaften nützlich sein, sie bringen Sicherheit und Wohlbefinden. Ebenso werden Geld und Reichtum als nützlich angesehen, da sie Sicherheit schaffen können.

Wie erklärt sich aber ein Pessimist und ethischer Egoist die vielen helfenden, aufopfernden und selbstlosen Handlungen? Hier wird, gleichsam als Kehrseite der Medaille, das **Mitleid** ins Treffen geführt. Hobbes meinte, man leide mit anderen Menschen mit, weil man sich vorstellt, dass das fremde Unglück auch einem selbst zustoßen könnte.

Ähnlich argumentiert Arthur Schopenhauer (1788–1860). Einerseits war er davon überzeugt, dass ein Grundtrieb im Menschen der grenzenlose Egoismus sei, andererseits sah er den Menschen durch Mitleid bestimmt.

Schopenhauer steht für ein pessimistisches und illusionsloses Bild vom Menschen. Er hatte auf seinen Europareisen viel Leid gesehen und schon als junger Mensch meinte er, dass das Leben eine „missliche Sache" sei. Für Schopenhauer ist das Leben ein Pensum, das es abzuarbeiten gelte.

Arthur Schopenhauer mit 27 und mit 71 Jahren

In unserem Kulturraum dürfte Schopenhauer einer der Ersten gewesen sein, der sich mit dem östlichen Denken und der indischen Philosophie auseinandersetzte. Ein hinduistischer und buddhistischer Geist ist in seinen Schriften erkennbar. In seiner „Metaphysik des Mitleids" versuchte er zu klären, warum es trotz Egoismus Menschen gibt, die gleichsam moralisch und offenbar uneigennützig handeln: Die Trennung auf Erden in einzelne Individuen sei lediglich äußerer Schein. Wir Menschen seien nämlich im Innersten alle eins. Im Sanskrit (der Sprache des alten Indien) gibt es die Formel: „tat-tvam-asi", das heißt „Dies bist du" (Ich bin ein Mensch, du bist ein Mensch ...). Wir spüren die Verbundenheit mit den Mit-Menschen und erkennen im anderen uns selbst. Dieses Gefühl war für Schopenhauer die Basis der Ethik. Mitleid sei die Grundlage der Moral.

Egoismus und Mitleid müssen als zwei Seiten der „Medaille Mensch" gesehen werden. Der Mensch sei immer Egoist und Mitleidender, er sei somit von starken Gefühlen bestimmt und weniger ein rationales Wesen.

1. Das Engagement für eine gute Sache kann als Gewissensberuhigung gesehen werden. Das Schenken bereitet oftmals dem Schenkenden große Freude. Am Grabe eines Verstorbenen weint man vielleicht in erster Linie für sich selbst. Erötern Sie die genannten Beispiele in Hinsicht auf die Egoismus-Debatte.
2. Gefühl vs. Vernunft
Denken Sie an Ihre letzte wichtige Entscheidung: Wie viel Gefühl oder „Bauch", wie viel Vernunft war daran beteiligt? Betrachten Sie Ihre Entscheidungsprozesse kritisch (und rational).

Utilitarismus: ... Hauptsache, es nützt

Jeremy Bentham

Alamy Stock Photo/Granger Historical Picture Archive

John Stuart Mill

Alamy Stock Photo/H.S. Photos

Das lateinische Wort *utilis* bedeutet „nützlich". Diese teleologische Ethik meint, dass gut sei, was nützlich sei. Es müsse nur herausgefunden werden, was das **Nützliche** ist. Diese Konzeption geht auf die Engländer **Jeremy Bentham** (1748–1832) und **John Stuart Mill** (1806–1873) zurück. Sie waren überzeugt, dass man in jeder Lage überdenken solle, was für die meisten den größten Gewinn bringe. Bentham nannte als höchstes Ziel menschlichen Handelns „das größtmögliche Glück für die größtmögliche Zahl von Menschen".

Sowohl Bentham als auch Mill engagierten sich für gesellschaftliche und demokratische Reformen. Mill war ein liberaler Politiker und Mitglied des Parlaments. Er setzte sich für die rechtliche Gleichstellung der Arbeiter und die Emanzipation der Frauen ein.

Arbeitstext

John Stuart Mill: Was heißt Utilitarismus?

Die Auffassung, für die die Nützlichkeit oder das Prinzip des größten Glücks [happiness] die Grundlage der Moral ist, besagt, dass Handlungen insoweit und in dem Maße moralisch richtig sind, als sie die Tendenz haben, Glück zu befördern, und insoweit moralisch falsch, als sie die Tendenz haben, das Gegenteil von Glück zu bewirken. Unter ‚Glück' ist dabei Lust [pleasure] und das Freisein von Unlust [pain], unter ‚Unglück' Unlust und das Fehlen von Lust verstanden. Damit die von dieser Theorie aufgestellte Norm deutlich wird, muss freilich noch einiges mehr gesagt werden, insbesondere darüber, was die Begriffe Lust und Unlust einschließen sollen und inwieweit dies von der Theorie offen gelassen wird. Aber solche zusätzlichen Erklärungen ändern nichts an der Lebensauffassung, auf der diese Theorie der Moral wesentlich beruht: dass Lust und das Freisein von Unlust die einzigen Dinge sind, die als Endzwecke wünschenswert sind, und dass alle anderen wünschenswerten Dinge (die nach utilitaristischer Auffassung ebenso vielfältig sind wie nach jeder anderen) entweder deshalb wünschenswert sind, weil sie selbst lustvoll sind oder weil sie Mittel sind zur Beförderung von Lust und zur Vermeidung von Unlust.

Eine solche Lebensauffassung stößt bei vielen Menschen, darunter manchen, deren Fühlen und Trachten im höchsten Maße achtenswert ist, auf eingewurzelte Abneigung. Der Gedanke, dass das Leben (wie sie sagen) keinen höheren Zweck habe als die Lust, kein besseres und edleres Ziel des Wollens und Strebens, erscheint ihnen im äußersten Grade niedrig und gemein; als eine Ansicht, die nur der Schweine würdig wäre, mit denen die Anhänger Epikurs ja schon sehr früh verächtlich gleichgesetzt wurden; und zeitgenössische Vertreter der Lehre werden gelegentlich zum Gegenstand nicht weniger höflicher Vergleiche von Seiten ihrer deutschen, französischen und englischen Gegner.

Auf Angriffe dieser Art haben die Epikureer stets geantwortet, dass nicht sie, sondern ihre Ankläger es sind, die die menschliche Natur in entwürdigendem Lichte erscheinen lassen, da die Anklage ja unterstellt, dass Menschen keiner anderen Lust fähig sind als der, deren auch Schweine fähig sind. […]

Die Anerkennung der Tatsache, dass einige Arten der Freude [pleasure] wünschenswerter und wertvoller sind als andere, ist mit dem Nützlichkeitsprinzip durchaus vereinbar. Es wäre unsinnig anzunehmen, dass der Wert einer Freude ausschließlich von der Quantität abhängen sollte, wo doch in der Wertbestimmung aller anderen Dinge neben der Quantität auch die Qualität Berücksichtigung findet. […]

Es ist nun aber eine unbestreitbare Tatsache, dass diejenigen, die mit beiden gleichermaßen bekannt und für beide gleichermaßen empfänglich sind, der Lebensweise entschieden den Vorzug geben, an der auch ihre höheren Fähigkeiten beteiligt sind. Nur wenige Menschen würden darin einwilligen, sich in eines der niederen Tiere verwandeln zu lassen, wenn man ihnen verspräche, dass sie die Befriedigungen des Tiers im vollen Umfang auskosten dürften. Kein intelligenter Mensch möchte ein Narr, kein gebildeter Mensch ein Dummkopf, keiner, der feinfühlig und gewissenhaft ist, selbstsüchtig und niederträchtig sein – auch wenn sie überzeugt wären, dass der Narr, der Dummkopf oder der Schurke mit seinem Schicksal zufriedener ist als sie mit dem ihren. […]

Wer meint, dass diese Bevorzugung des Höheren ein Opfer an Glück bedeutet – dass das höhere Wesen unter den gleichen Umständen nicht glücklicher sein könne als das niedrigere –, vermengt die zwei durchaus verschiedenen Begriffe des Glücks und der Zufriedenheit. Es ist unbestreitbar, dass ein Wesen mit geringerer Fähigkeit zum Genuss die besten Aussichten hat, voll zufrieden gestellt zu werden; während ein Wesen von höheren Fähigkeiten stets das Gefühl haben wird, dass alles Glück, das es von der Welt, so wie sie beschaffen ist, erwarten kann, unvollkommen ist. Aber solange diese Unvollkommenheiten überhaupt erträglich sind, kann es lernen, mit ihnen zu leben, statt die anderen zu beneiden, denen diese Unvollkommenheiten nur deshalb nicht bewusst sind, weil sie sich von den Vollkommenheiten keine Vorstellung machen können, mit denen diese verglichen werden. Es ist besser, ein unzufriedener Mensch zu sein als ein zufriedenes Schwein; besser ein unzufriedener Sokrates als ein zufriedener Narr. Und wenn der Narr oder das Schwein anderer Ansicht sind, dann deshalb, weil sie nur die eine Seite der Angelegenheit kennen. Die andere Partei hingegen kennt beide Seiten. [...]

Nach dem Prinzip des größten Glücks ist, wie oben erklärt, der letzte Zweck, bezüglich dessen und um dessentwillen alles andere wünschenswert ist (sei dies unser eigenes Wohl oder das Wohl anderer), ein Leben, das so weit wie möglich frei von Unlust und in quantitativer wie qualitativer Hinsicht so reich wie möglich an Lust ist; wobei der Maßstab, an dem Qualität gemessen und mit der Quantität verglichen wird, die Bevorzugung derer ist, die ihrem Erfahrungshorizont nach – einschließlich Selbsterfahrung und Selbstbeobachtung – über die besten Vergleichsmöglichkeiten verfügen. Indem dies nach utilitaristischer Auffassung der Endzweck des menschlichen Handelns ist, ist es notwendigerweise auch die Norm der Moral. Diese kann also definiert werden als die Gesamtheit der Handlungsregeln und Handlungsvorschriften, durch deren Befolgung ein Leben der angegebenen Art für die gesamte Menschheit im größtmöglichen Umfang erreichbar ist; und nicht nur für sie, sondern, soweit es die Umstände erlauben, für die gesamte fühlende Natur. [...]

Dass ein Leben unbefriedigend ist, hat seine Ursache außer im Egoismus vor allem auch im Mangel an geistiger Bildung. Ein gebildeter Mensch – nicht nur der Philosoph, sondern jeder, dem die Quellen des Wissens aufgetan worden sind und der zumindest in einem gewissen Maße gelernt hat, seine Möglichkeiten zu verwirklichen – findet Gegenstände unerschöpflichen Interesses in allem, was ihn umgibt: in den Dingen der Natur, den Werken der Kunst, den Gebilden der Poesie, den Ereignissen der Geschichte, dem Schicksal der Menschheit in Vergangenheit und Gegenwart und ihren Aussichten für die Zukunft. [...]

Ich muss noch einmal auf das zurückkommen, was die Gegner des Utilitarismus nur selten zur Kenntnis nehmen wollen: dass das Glück, das den utilitaristischen Maßstab des moralisch richtigen Handelns darstellt, nicht das Glück des Handelnden selbst, sondern das Glück aller Betroffenen ist. Der Utilitarismus fordert von jedem Handelnden, zwischen seinem eigenen Glück und dem der anderen mit ebenso strenger Unparteilichkeit zu entscheiden wie ein unbeteiligter und wohlwollender Zuschauer. In der Goldenen Regel, die Jesus von Nazareth aufgestellt hat, finden wir den Geist der Nützlichkeitsethik vollendet ausgesprochen. Die Forderungen, sich dem anderen gegenüber so zu verhalten, wie man möchte, dass er sich einem selbst gegenüber verhält, und den Nächsten zu lieben wie sich selbst, stellen die utilitaristische Moral in ihrer höchsten Vollkommenheit dar.*

J. St. Mill: Utilitarianism ..., S. 23–53

* Vgl. dazu Kap. IV., 2.4 auf S. 127.

Textanalyse

1. Struktur des Arbeitstextes

John Stuart Mill: Was heißt Utilitarismus?

Ergänzen Sie die fehlenden Begriffe.

Grundthese
Grundlage der Moral = der Größte Glück

Verteidigung des zentralen Begriffs

Lust und unlust / (engl.) pleasure and pain
Glück happiness

Aspekte der Wertigkeit / Arten von pleasure

Quantität und Qualität

– höhren Fähigkeiten

– geringere / niedrige Fähigkeiten

Glück vs. Zufriedenheit

Besser ein unzufriedener Mensch zu sein

als ein zfriedenes Schwein (Narr)

Vorläufige
Größtmögliches Glück für die gesamte Menschheit und die gesamte fühlende Natur

Utilitarismus in höchster Vollkommenheit

Die Goldenen Regel

2. Zur Arbeit an den Begriffen

Unterstreichen Sie die zentralen Begriffe/die Schlüsselwörter des Textes. Beschränken Sie sich auf vier wesentliche Begriffe. Diskutieren Sie in Kleingruppen die möglichen Bedeutungen dieser Begriffe und die vom Autor intendierte Bedeutung. Wie verwendet und definiert Mill die jeweiligen Begriffe?
Gehen Sie auf die Übersetzungsproblematik anhand des Begriffs *pleasure* ein. Schon der griechische Begriff *hedone* ist mehrdeutig – inwiefern? (Vgl. dazu Kap. IV., 2.2 auf S. 112f.)

3. „Das Maß der Freude"

Jeremy Bentham versuchte, das Glück bzw. die Lustempfindung (*pleasure*) ganz vernünftig zu erfassen. Er meinte, dass sich der Wert der Lustempfindung nach folgenden sechs circumstances bemessen lässt: Intensität; Dauer; Gewissheit; zeitliche Nähe; die Wahrscheinlichkeit, dass eine weitere Lustempfindung folgt; die Wahrscheinlichkeit, dass keine Unlustempfindung folgt.

Diskutieren Sie Benthams „Bemessungsversuch" anhand eines selbst gewählten Beispiels. Denken Sie an eine Situation, in der Sie Lust und Leid gegenüberstellen. Erstellen Sie dazu eine Glücksbilanz/ein Lustkalkül.

Eine einfache Tabelle kann wie folgt aussehen:

	intensive Freude	mittlere Freude	geringe Freude
lang anhaltend			
kurz anhaltend			

	intensives Leid	mittleres Leid	geringes Leid
lang anhaltend			
kurz anhaltend			

Inwiefern kann man Lust rechnerisch erfassen – können Freud und Leid addiert bzw. subtrahiert werden? Welche Schwierigkeiten treten bei dieser (an sich) vernünftigen Rechnung auf? Betrachten Sie die genannten Fragestellungen kritisch.

4. Essay: Besser ein unzufriedener Mensch ...

Mill erweitert Benthams Ansatz und führt ein qualitatives Maß der Lust (pleasure) ein. Die Unterscheidung in höhere oder niedere Lust/Freude wird nun bedeutsam. Der Mensch gilt seit Aristoteles als Animal rationale und soll ein vernunftgemäßes Leben führen.
Versuchen Sie eine persönliche Interpretation des nachfolgenden, plakativen Satzes von Mill in Form eines philosophischen Essays (vgl. dazu Philosophisches Handwerkszeug, Kap. I., 6.2 auf S. 23).

Es ist besser, ein unzufriedener Mensch zu sein als ein zufriedenes Schwein; besser ein unzufriedener Sokrates als ein zufriedener Narr.

J. St. Mill: Utilitarianism ..., S. 33

Nebenbei: Die sogenannte „Brahmanengeschichte" des französischen Aufklärers Voltaire unterstreicht das Problem. Der alte und offenbar sehr weise Brahmane beklagt seine Lage: Er belehrt die anderen über die großen Fragen der Menschheit und weiß selber nichts. Je mehr er denkt und grübelt, desto unglücklicher wird er. Andererseits wohnt nebenan eine alte, einfältige, frömmelnde Inderin, welche jedoch sehr glücklich und zufrieden ist. Soll man nun die Vernünftigkeit dem Glücklichsein vorziehen? – Besser dumm und zufrieden als gescheit und unglücklich?

5. Konklusion

Was kann als Resultat der Abhandlung von Mill festgehalten werden?
Versuchen Sie, kurz und prägnant das Wesentliche in drei Sätzen zusammenzufassen.

Der Utilitarismus wirft **Probleme** auf: Es soll bilanziert werden, was viel Glück, Freude und Nutzen auf der einen Seite bringt, und wie viel Unglück, Leid und Schaden auf der anderen Seite stehen. Daher kann man die UtilitaristInnen als „Buchhalter des Glücks" bezeichnen. Mill fügte noch hinzu, dass das Geistige wichtiger sei als das rein Körperliche. Besser sei es, ein unzufriedener Mensch zu sein als ein „zufriedengestelltes Schwein".
Was die Glücks- und Nutzenbilanz fördere, das soll gemacht werden. Das klingt vorderhand einleuchtend, die Probleme liegen im Detail.
Es gibt viele Dinge, die zwar einen kurzfristigen Nutzen bringen, langfristig aber großen Schaden anrichten. Im Bereich der Ökologie kann dies der Fall sein. Menschen vergeuden Ressourcen, holzen Regenwälder ab und vernichten dabei Pflanzen- und Tierarten. Sie decken den Energiebedarf durch Atomstrom und wissen nicht, was sie mit dem angehäuften Atommüll tun sollen ... Wie kann dies bilanziert werden?
Was ist, wenn das Glück einer Mehrheit dem Unglück einer Minderheit gegenübersteht? Der Bau einer Autobahn kann beispielsweise vielen Menschen nützlich sein. Sie kommen zwei Minuten früher zur Arbeit. Derjenige, durch dessen Garten die Trasse führt und der sein Grundstück verkaufen muss, sieht den Bau der Autobahn sicher anders. Wer entscheidet, was der Allgemeinheit nützt und wie viel es ihr nützt, wenn es Einzelinteressen widerspricht?

> Diskutieren Sie – zuerst in Partnerarbeit und dann im Plenum – folgenden ethischen Konflikt:
> Es gibt ein überfülltes Rettungsboot im offenen Meer. Im Boot befinden sich: ein Jugendlicher, eine junge Mutter mit Kind, ein älterer Mensch, ein Obdachloser und ein Nobelpreisträger. Einer muss von Bord gehen, damit die anderen überleben können. Geht niemand, werden alle sterben.
> Wer soll über Bord gehen und sterben? Wie kann man die Auswahl (gerecht) treffen? Was spricht für oder gegen einen Losentscheid?
> Als Variante im vernetzt-digitalen Zeitalter kann Folgendes erörtert werden:
> Zur Programmierung der selbstfahrenden Autos: Soll man – im Falle des Falles – die drei älteren Frauen oder die zwei Kinder umfahren?

An diesen Beispielen erfährt man die Grenzen des Utilitarismus. Sobald es um das menschliche Leben geht, steht man vor einem großen Problem. Kann man hier Freud und Leid, Nutzen und Nachteil gerecht verrechnen?
Die Diskussionen um den Wert des menschlichen Lebens sind ähnlich gelagert. Wenn der Wert unteilbar ist und jedes Leben den gleichen Wert besitzt, dann wird es nahezu unmöglich, eine Lösung zu finden. Gerade im Zuge des medizinischen Fortschritts eröffnen sich neue Problemkreise. Der Beginn (Stichworte: Pränataldiagnostik und Abtreibung) und das Ende des menschlichen Lebens (Stichworte: Intensivmedizin und Euthanasie) werden zunehmend problematisiert. Welchen Wert hat das ungeborene Leben? Welchen Wert hat der ältere Mitmensch?

Der Utilitarismus versucht, mit rationalen Argumenten Klarheit bei ethischen Problemen zu schaffen. Das Bestreben, möglichst nützliche und Glück bringende Lösungen zu erzielen, ist legitim. In der Realität lässt sich das aber oft nicht so umsetzen, wie es der Utilitarismus vorsieht. Zur Problematik der (utilitaristischen) Bewertung des Lebens vgl. Kap. IV., 6.2 auf S. 145ff.

> 1. In China wurden (zu Beginn des 21. Jahrhunderts) im Zuge der Errichtung des Drei-Schluchten-Staudamms drei Millionen Menschen zwangsumgesiedelt. Analysieren Sie die vermeintlichen Überlegungen dieses Vorgehens.
> 2. Viele Menschen betreiben Raubbau an ihrem Körper. Bewerten Sie, wie viel kurzfristiger Genuss erlaubt ist, wenn dabei (wie z. B. beim Rauchen) langfristig Schaden entsteht.

Fernethik – Globale Ethik: … Es geht um das Ganze

Staeck Klaus

In der zweiten Hälfte des 20. Jahrhunderts hat sich hinsichtlich des menschlichen Handelns ein neuer Problemkreis eröffnet: die Umweltproblematik. Es gab zu Beginn der 1970er-Jahre Berichte, wonach in absehbarer Zeit die Ressourcen, wie z. B. das Erdöl, erschöpft seien und in naher Zukunft die gesamte **Umwelt** zerstört sei. Die Umwelt wurde ein zentrales Thema. Politische Parteien, die „das Grüne auf dem blauen Planeten" erhalten wollten, etablierten sich.

Hans Jonas (1903–1993) widmete sich vorrangig diesem Themenkreis. 1979 erschien sein Buch „Das Prinzip Verantwortung". Die Menschen seien dem ganzen Globus gegenüber verantwortlich. Globale Ethik bedeute, dass es um den ganzen Globus, um unsere Erde geht.

> Nebenbei: Globus heißt (aus dem Lateinischen) eigentlich Kugel und meint die Erde bzw. Erdkugel. Mit dem Bild der Kugel kann auch das Ganze schlechthin gemeint sein, da die Kugel etwas Vollkommenes und Abgeschlossenes ist. Es ist auch ein Ausdruck dafür, dass alles mit allem zusammenhängt. Jeder Punkt ist gewissermaßen gleichwertig und kann von jedem Punkt aus erreicht werden. Die Kugel ist eine runde Sache zur Potenz.

Unter dem Stichwort „Globalisierung" werden heute verschiedene Prozesse des Zusammenwachsens verstanden, wobei oft nur die wirtschaftliche Verflechtung gemeint ist. Durch moderne Kommunikations- und Transporttechnologien werden wir uns bewusst, dass wir alle BewohnerInnen des einen Planeten sind.

Jonas geht davon aus, dass die Menschheit weiter bestehen soll. (Diese Grundannahme könnte natürlich hinterfragt werden …) Wenn wir Menschen weiter bestehen sollen, sind wir für die Natur verantwortlich. Wir sollten, um das Weiterbestehen der Menschheit sichern zu können, die Umwelt nicht zerstören bzw. ihre Substanz nicht nach und nach verschlechtern. Dabei gibt zu denken, dass der Energie- bzw. Ressourcenverbrauch der sogenannten westlichen Welt vermutlich nicht verallgemeinerbar ist – Stichwort: ökologischer Fußabdruck. Kurzum: Wenn alle Menschen dieser Erde so viel verbrauchen würden wie US-AmerikanerInnen und EuropäerInnen, so wären die Grundlagen unseres Lebens sehr rasch zerrüttet.

Fernethik meint, dass speziell die Fernbereiche in unser Denken und Handeln einbezogen werden müssen. Bei allen Handlungen sollte man sich daher überlegen, welche Auswirkungen sie auf die **räumliche** Ferne und auf die **zeitliche** Ferne, also auf die Zukunft, haben.
Die traditionellen Ethiken bezogen sich auf das unmittelbare Gesichtsfeld. Jetzt gelte es also weiterzudenken. Die Chemikalien, die ich verwende, könnten das Ozonloch über der Antarktis weiter vergrößern, und das Abholzen des Regenwaldes hat nicht nur für Brasilien Konsequenzen. Jeder müsse also die Fernwirkungen bedenken.

Hans Jonas

Für Jonas gelten die Grundsätze „In dubio contra projectum" („Im Zweifel gegen das Projekt") und „In dubio pro malo" („Im Zweifel für die schlechte Prognose"). Bei zweifelhaft-problematischen Errungenschaften und Entwicklungen sollte man gegen das Projekt sein. Im Zweifel sollte eher der schlimmeren Prognose Gehör geschenkt werden.
Halten wir uns daran? Wenn man diese Haltung konsequent einnimmt, führt dies nicht zur völligen Lähmung und Handlungsunfähigkeit? Die (gesamten) Folgen von technischen Neuerungen können nie ganz abgeschätzt werden …
Jonas war der Technik gegenüber sehr skeptisch. Aber sind nicht fast alle technischen Errungenschaften ambivalent, also zwiespältig?

> Wie verhalten wir uns in Bezug auf die Ambivalenz und die möglichen Folgen in den Bereichen Atomenergie, Gentechnik und Strahlungsbelastung im Mobilfunk? Erörtern Sie diese Problemfelder.

2.3 Übergänge: Vom Sein zum Sollen

Die teleologischen Konzepte sind zielorientiert. Es gibt ein definiertes Ziel, und das ist das Gute. Dieses Ziel soll möglichst erreicht werden. Erst im Nachhinein kann man beurteilen, ob man das Ziel erreicht hat. Die Folgen einer Handlung stehen im Mittelpunkt.

Vier der besprochenen teleologischen Konzepte gehen davon aus, dass der Mensch (seiner Natur gemäß) nach Lust (Hedonismus), Glück (Eudämonismus), Macht (Machiavellismus) oder dem Eigennutz (ethischer Egoismus) strebt und dementsprechend handelt. Wir sind eben so.
Die zwei zuletzt dargestellten Konzepte (Utilitarismus und Fernethik) enthalten einen gewissen Sollensanspruch. Die Menschen sollen den größtmöglichen Nutzen in ihrem Handeln erreichen, und sie sollen die Fernbereiche in ihre ethischen Handlungen miteinbeziehen. Utilitarismus und Fernethik seien nicht derart „eingeimpft" wie das Streben nach Lust. Von Natur aus denke der Mensch nicht nur an den größtmöglichen Nutzen. Ebenso denke er nicht ständig an die ganze Natur, Umwelt oder Menschheit.

Es macht einen Unterschied, ob man beschreibt, wie es ist, oder ob man versucht, ein Ideal zu erreichen. Es gibt einen Unterschied zwischen verstehen und verändern. Man kann eine Sache erklären und verstehen wollen; man kann aber auch etwas verändern wollen.

Zu großen Teilen sind die teleologischen Überlegungen Beschreibungen des **Ist**-Zustandes. Der Mensch ist so. **Soll** er aber auch so sein?

Die Argumentationslinie, dass es in der **Natur** des Menschen liege, dass er so oder so handelt, ist problematisch. Denn letztlich könnte jede menschliche Handlung damit begründet werden, dass es die Natur dieses Menschen ist. MörderInnen müssen eben morden; es ist ihre Natur. Diese Begründung scheint ungenügend, wiewohl HirnforscherInnen immer mehr Belege finden, dass beim aggressiven Menschen gewisse Hirnzentren nicht im „normalen" Sinne arbeiten. Ist der Triebtäter krank? Ist er vielleicht gar nicht frei in seinem Handeln?

Wie verhält es sich mit Sein und Sollen? Der Schotte **David Hume** (1711–1776) sprach diesbezüglich vom **Sein-Sollen-Fehlschluss**. Dieser besagt, dass man eigentlich nie vom Sein auf das Sollen schließen darf. Wir beobachten gewisse Verhaltensweisen und kommen dann zu dem Schluss, dass es auch so gemacht gehört. Wenn beispielsweise 90 Prozent aller erwachsenen ÖsterreicherInnen heiraten, soll man dann auch heiraten?
Hume meinte, dass von deskriptiven Sätzen (von beschreibenden Sätzen) nicht logischerweise auf präskriptive Sätze (also Sollenssätze, Forderungen und Befehle) geschlossen werden dürfe.
Das heißt, vom beobachteten Verhalten, sei es vermutlich noch so natürlich, dürfe nicht darauf geschlossen werden, wie man sich verhalten soll.

Religiösen Geboten und Moralvorstellungen wird oft vorgeworfen, dass sie nicht dem realen menschlichen Verhalten entsprächen. Dürfen wir, wenn die Menschen den Idealen nicht entsprechen, jetzt keine Ideale mehr haben?

Es gibt neben den (meist sehr realen) teleologischen Konzepten das **deontologische** Konzept, das sehr ideal anmutet. Gleich einem Stern, der zwar nicht erreicht wird, aber dennoch den Weg weisen kann. Wie immer im Leben gibt es eine Spannung zwischen **real** und **ideal**: So ist es; es sollte aber besser anders sein. Ähnlich findet man eine Spannung zwischen der **Wirklichkeit** und der **Möglichkeit**. Leben ist Streben. Leben ist Bewegung und Veränderung. Gerade das Denken kann Möglichkeiten aufzeigen, die dann gewählt oder eben ausgeschieden werden.

Der Zeithorizont spielt ebenfalls eine Rolle. Das teleologische Denken fokussiert die Zukunft. Es geht um die Konsequenzen der Handlung. Die deontologische Richtung liegt näher an der Gegenwart.
Natürlich ist menschliches Handeln immer eingebettet in Vergangenes, Gegenwärtiges und Zukünftiges. Je nach den Erfahrungen, die man im Leben gesammelt hat, wird man so oder anders entscheiden. Die Vergangenheit prägt. Weiters kann der Schwerpunkt eher auf die Gegenwart oder auf die Zukunft gelegt werden. Der Teleologin/Dem Teleologen geht es mehr um die Folgen. Die Deontologin/Der Deontologe blickt eher auf die gegenwärtige Handlung und meint, dass die Zukunft immer offen und somit nicht vorhersehbar sei. Letztlich ist jede Handlung ein Konglomerat, eine Mischung aus verschiedenen (Erlebnis-)Komponenten und Handlungsmotiven.

Auf die Frage „Heiligt der Zweck die Mittel?" würde die deontologische Ethik klar mit Nein antworten. Es geht nicht um ein fernes Ziel, das erreicht werden muss. Die Handlung an sich muss gut sein, das reicht. Die Deontologin/Der Deontologe darf nicht um eines Zieles willen eigentlich „unmoralische" Handlungen begehen.
Der Zielorientiertheit der teleologischen Konzepte würde dann eine Wegorientiertheit des deontologischen Modells entsprechen.

Welche Sein-Sollen-Fehlschlüsse machen Sie? Wann argumentieren Sie mit der „Natur" des Menschen? Nennen Sie konkrete Beispiele.

2.4 Deontologische Ethik

Das griechische Wort *deon* meint Pflicht, das Erforderliche, das Seinsollende. Heute verbindet man meist mit dem Wort Pflicht etwas Negatives, auch haben schon viele in Ausübung ihrer Pflicht reichlich Böses angerichtet.
Die deontologische Ethik ist die **Pflicht**- oder die **Gesinnungsethik**. Sokrates stellte als Erster Überlegungen an, dass es um das Seinsollende gehe. Das Gute sei unabhängig von den jeweiligen Folgen geboten. Hätte Sokrates bei seiner Verteidigungsrede die Folgen in den Vordergrund gerückt, hätte er völlig anders sprechen müssen. Er hielt aber an der (bzw. seiner) Wahrheit fest, wissend, dass dies den Tod bedeuten werde.
Gesinnungsethik heißt, dass es um die gute und reine Gesinnung geht. Nach bestem Wissen und Gewissen muss gehandelt werden. Die Handlung an sich müsse gut sein, die Folgen seien sekundär.

Immanuel Kant (1724–1804) hat diese Ethik analysiert und favorisiert. Er legte das Hauptaugenmerk auf die Absicht des Handelnden. Hat man – ungeachtet der Folgen dieser Handlung – mit reinem Gewissen und aus einem guten Willen heraus gehandelt? Das sei die entscheidende Frage.

> Nebenbei. Entwicklungspsychologisch gibt es dazu interessante Belege: Erzahlt man Kindern eine Geschichte, in der die Heldin/der Held einmal unabsichtlich einen großen Schaden anrichtet (z. B. versehentlich sehr viele Tassen hinunterwirft) und ein anderes Mal absichtlich einen kleinen Schaden anrichtet (bewusst wenige Tassen hinunterwirft), so gibt es in der Beurteilung der beiden Ereignisse altersbedingte Unterschiede. Jüngere Kinder bewerten eine Handlung in erster Linie nach den Folgen. Ältere Kinder (ab ca. neun, zehn Jahren) betrachten vor allem die Absicht des Handelnden. Jüngere Kinder würden auch härter bestrafen. Das heißt, dass es die jüngeren Kinder verwerflicher finden, wenn man – sogar unabsichtlich – großen Schaden anrichtet, da das Augenmerk auf den Konsequenzen liegt. Die älteren Kinder sehen zugleich die Absicht, den guten oder bösen Willen, und finden es verwerflicher, wenn man absichtlich Schaden anrichtet.

Kant beginnt seine erste Ethikschrift mit dem Satz:

Es ist überall nichts in der Welt, ja überhaupt auch außer derselben zu denken möglich, was ohne Einschränkung für gut könnte gehalten werden, als allein ein g u t e r Wille.

I. Kant: Sämtliche Werke, Bd. 4, S. 18 (Grundlegung zur Metaphysik der Sitten) R

Es gehe um den guten Willen, das Gute manifestiere sich im guten Willen.
Was steht hinter einer Handlung? Welche Gesinnung hat der Mensch, der diese Tat begeht? Natürlich ist es Kant zu wenig, nur irgendeinen gut gemeinten Willen zu haben. Viele Menschen begehen in bester Absicht die schlimmsten Dinge. Auch ein Tyrann wolle vielleicht nur das Beste für das Volk.

Kant war überzeugt, dass es ein Kriterium gibt, das ethisch relevant ist; dies sei letztlich die eigene **Vernunft**. Die autonome (selbst gesetzgebende) Vernunft wird zum Prüfstein für moralisches Handeln. Ich selbst muss immer prüfen. Ich kann mein Denken, Entscheiden und Handeln nicht delegieren. Ich darf mich nicht blind den Autoritäten (z. B. der Kirche oder den Eltern) anvertrauen.

Kant unterscheidet zwischen **Pflicht** und **Neigung** in Bezug auf die Motive einer Handlung. Pflicht ist das, was die eigene Vernunft gebietet. Etwas unscharf formuliert ist es die Gewissensentscheidung. Was das eigene Gewissen empfiehlt, das Seinsollende, das ist die Pflicht.
Der zweite Teil im Menschen ist die Neigung. Damit meinte Kant die Triebe und Gefühle. Kant misstraute den Gefühlen, er war kein Freund der „Bauchentscheidung". Gefühle beherrschten uns, seien unverlässlich, einmal so und ein andermal so. Die Pflicht sei geradlinig; die Vernunft befreie uns von der Unfreiheit, die die Neigung uns auferlege.

Einigen Menschen gegenüber hegen wir sehr gute Gefühle, wir schätzen sie, mögen sie, lieben sie. Andere sind uns emotional egal. Wiederum andere sind uns unsympathisch oder wir hassen sie. Sehe ich beispielsweise, wie einem Menschen, den ich hasse, ein Missgeschick passiert – er stürzt, zerreißt sich dabei die Hose und verstaucht sich den Knöchel: Welches Gefühl kommt in mir auf? Was sagt meine Neigung? Empfinde ich Befriedigung und Schadenfreude? Vielleicht gehe ich schmunzelnd vorbei und freue mich. Ist der Verletzte meine Freundin oder mein Freund, so werde ich sofort hingehen und ihr bzw. ihm helfen. Ich werde sie/ihn bemitleiden und ihr/ihm meine Unterstützung zukommen lassen.

Hier sieht Kant das ethische Problem. Jeder müsse – völlig unabhängig von den eigenen Gefühlen – dem anderen helfen. Es dürfe keinen Unterschied machen, wie man gefühlsmäßig dem anderen gegenübersteht. Man würde ja auch wollen, dass einem in dieser misslichen Lage geholfen wird. Die Neigungen machten uns unfrei, die Vernunft befreie. Frei seien wir also nur, wenn wir der eigenen Vernunft zufolge handeln. Wenn es auch auf den ersten Blick paradox erscheint, seien wir Menschen doch erst dann frei, wenn wir uns an das Gesetz halten, das die Vernunft gebietet.
Kant zufolge besitzen alle Menschen Vernunft, sie verbinde die Menschen.

Das ethische Gesetz, das Kant entworfen hat, ist der **kategorische Imperativ** (kategorisch = unbedingt). Kant formulierte seinen unbedingten Befehl wie folgt:

Der kategorische Imperativ ist also nur ein einziger, und zwar dieser: handle nur nach derjenigen Maxime, durch die du zugleich wollen kannst, daß sie ein allgemeines Gesetz werde.

I. Kant: Sämtliche Werke, Bd. 4, S. 51 (Grundlegung zur Metaphysik der Sitten) R

Mit diesem Befehl ist die ganze Ethik von Kant besiegelt. Dieser Satz bedarf allerdings einiger Erklärungen. Maxime ist der persönliche und subjektive Grundsatz. Ein Mensch muss also trachten, dass seine Grundsätze, nach denen der handelt, ein allgemeines Gesetz werden könnten. Vereinfacht gesagt, sollten die Grundsätze der eigenen Handlungen verallgemeinerbar sein. Jedes vernünftige Wesen müsste also einsehen können, warum jemand so gehandelt hat. Der kategorische Imperativ fordert zum Nachdenken auf: Habe ich so gehandelt, dass es auch für andere einsehbar ist und zum allgemeinen Gesetz werden könnte?
Es gibt mehrere Formulierungen des kategorischen Imperativs, eine davon ist die „Menschheitsformel".

Handle so, daß du die Menschheit, sowohl in deiner Person, als in der Person eines jeden andern, jederzeit zugleich als Zweck, niemals bloß als Mittel brauchest.

I. Kant: Sämtliche Werke, Bd. 4, S. 61 (Grundlegung zur Metaphysik der Sitten) R

Kant will damit ausdrücken, dass wir andere Menschen (wie auch uns selbst) nie zu einem bloßen Mittel herabsetzen dürfen, das man „gebraucht". Man müsse im anderen (und in einem selbst) immer einen Zweck an sich sehen.

Selbstverständlich wird im alltäglichen Handeln der andere oft als Mittel zu einem Zweck gebraucht. LehrerInnen brauchen SchülerInnen, um den Lebensunterhalt verdienen zu können. Umgekehrt brauchen SchülerInnen die LehrerInnen, um Wissen zu erwerben und einen Schulabschluss zu erlangen. Jeder benutzt den anderen in gewisser Weise.
Der andere aber dürfe nie „bloß" (d. h. nur) Mittel zum Zweck werden. Ich muss im anderen den Menschen sehen, und jeder Mensch hat einen Wert und eine Würde an sich. Es kommt darauf an, wie ich den anderen behandle. Betrachte ich den anderen als unpersönliche Sache, die ich für meine Zwecke benutze, oder behandle ich jeden einzelnen Menschen als wertvoll. Für Kant hat jeder Mensch eine Würde, die mit keinem Preis gemessen werden kann. Jeder und jede ist Zweck an sich. Das heißt, jeder Mensch hat Vernunft und Würde und soll dementsprechend vernünftig und würdevoll behandelt werden. Hierin ist Kant ein typischer Vertreter der Aufklärung.

Im Reiche der Zwecke hat alles entweder einen Preis, oder eine Würde. Was einen Preis hat, an dessen Stelle kann auch etwas anderes, als Äquivalent, gesetzt werden; was dagegen über allen Preis erhaben ist, mithin kein Äquivalent verstattet, das hat eine Würde.*

I. Kant: Sämtliche Werke, Bd. 4, S. 68 (Grundlegung zur Metaphysik der Sitten) R

* verstattet: hier: erlaubt, ermöglicht

Der Mensch sei, gerade dank seiner Vernunft, ein wertvolles Wesen, das nicht austauschbar sei. Er besitze einen unverrückbaren Wert. Und so soll der Mensch auch behandelt werden.
Kurzum: Wir sollen vernünftig handeln, unser Handeln soll verallgemeinerbar und einsehbar für andere sein, und wir sollen immer die Würde jedes Menschen sehen.

Kant selbst gab Beispiele, mit denen er verdeutlichen wollte, dass man sich in einen logischen Widerspruch verwickelt, wenn man den kategorischen Imperativ nicht befolgt. Ein Beispiel: Borge ich mir Geld im Wissen, dass ich es nicht zurückzahlen werde, so widerspricht dies klar dem kategorischen Imperativ. Meine Maxime kann also hier kein allgemeines Gesetz werden. Würde jeder (der in Not ist) alles versprechen, so würden Versprechen überhaupt unmöglich gemacht. Keiner würde mehr dem anderen glauben können, wenn ohnehin die Versprechen nicht eingehalten würden. Ein Versprechen wird nur dann angenommen, wenn man voraussetzen kann, dass es auch eingehalten wird.

Kant geht sogar noch weiter: Gesetzt der Fall, ein Mörder fragte uns, ob sich unser Freund, den er verfolgt, in unser Haus geflüchtet habe. Selbst in diesem Fall wertet Kant eine Notlüge als Verbrechen.*

* Vgl. I. Kant: Sämtliche Werke, Bd. 4, S. 637ff.

Wahrhaftigkeit ist, Kant zufolge, immer Pflicht. Kant schwebte eine sehr ideale Welt vor, seine Ethik wird als sehr rigoros und streng gesehen. Natürlich gibt es nach wie vor Menschen, die andere ausnützen, diverse Notlügen verwenden und so weiter. Die Bösen profitieren, so gesehen, von den Guten.

Die (der Ethik von Kant sehr verwandte) **„Goldene Regel"** – „Was du nicht willst, dass man dir tu', das füg auch keinem andern zu" – war Kant zu schwach und schwammig formuliert. Es fehlte ihm dabei die Strenge und Klarheit der Formulierung. Ein Richter könnte dann nie jemanden bestrafen, denn er will selbst auch nicht bestraft werden. Interessanterweise findet sich die „Goldene Regel" in vielen Kulturen und Religionen wieder. In unterschiedlichen Formulierungen ist dieser Satz im Buddhismus, im Judentum, im Christentum, im Islam, im Hinduismus und in der chinesischen Religion zu finden. Es scheint sich um einen wahrlich universalen Gedanken der Menschheit zu handeln. Im Neuen Testament findet sich folgende Zeile:

„Alles, was ihr also von anderen erwartet, das tut auch ihnen!"

Bibel, Mt 7,12 bzw. Lk 6,31

Die **Verallgemeinerbarkeit**, die Universalisierbarkeit bleibt das entscheidende Kriterium – in der „Goldenen Regel" wie bei Kant. In den Religionen werden oft konkrete Gebote ausgegeben. Die christlichen Zehn Gebote („Du sollst nicht ...") sind konkrete ethische Anweisungen. Die Ethik von Kant hingegen ist **formal**, es werden keine Inhalte und konkreten Vorschriften vorgegeben. Jedes vernünftige Wesen müsse sich selbst überlegen, was zum allgemeinen Gesetz werden kann.

Eine Modifikation und Weiterentwicklung des kategorischen Imperativs fand im 20. Jahrhundert statt. **Karl-Otto Apel** (1922–2017) und **Jürgen Habermas** (geb. 1929) entwickelten die **Diskurstheorie** bzw. die Theorie des kommunikativen Handelns. Bei Kant ist das einzelne Subjekt im Mittelpunkt und daher auch alleine. Jeder müsse für sich überlegen und entscheiden, was zum allgemeinen Gesetz werden kann. Apel und Habermas wollen diesen **Monolog in einen Dialog verwandeln**. Die allgemeine Vernunft sehen sie im Dialog verwirklicht. Es soll miteinander gesprochen und diskutiert werden. Gründe und Argumente müssen abgewogen werden. Das Vernünftige wird in einem kommunikativen Prozess entwickelt, getreu dem Motto: „Reden wir darüber – gemeinsam wissen wir mehr." Idealerweise sollten die gleichberechtigten DiskursteilnehmerInnen in einem „herrschaftsfreien Diskurs" Argumente vorbringen, besprechen und gemeinsam abwägen. Am Ende des Diskussionsprozesses sollte nicht nur eine Abstimmung stehen, sondern ein **Konsens**, den alle Beteiligten mittragen können.

Die Lebenspraxis belegt – bei großen wie bei kleinen Problemen –, wie schwierig es ist, sich auf Gemeinsames zu einigen ...

■ **Zusammenfassend:** Die Unterscheidung teleologisch – deontologisch zeigt verschiedene und wichtige Aspekte auf: Soll ich meine Überlegungen und Handlungen dem Ziel, Zweck und den Folgen entsprechend gestalten? Oder soll ich die Handlung an sich in den Vordergrund rücken – also nach bestem Wissen und Gewissen entscheiden? Die Realität erfordert meist eine Synthese beider Seiten. Immer werden auch Zukunftsaspekte in Handlungen miteinbezogen, und nach wertvollen Zielen wird Ausschau gehalten. Darüber hinaus ist die an sich gute Handlung, die reinen Gewissens und in verallgemeinerbarer Absicht begangen wird, ein großer Wert. In der Praxis wird eine „Güterabwägung" stattfinden. Je nachdem, welches „Gut" ich hervorhebe, werde ich so oder anders entscheiden. Das Leben ist, so gesehen, auch immer Kompromiss ... Die ethische Reflexion ist ein Bewusstmachen der verschiedenen Komponenten. Der Alltag und die konkrete Praxis verlangen nach Kompromissentscheidungen.

1. Die Vernunft soll laut Kant die alleinige Herrscherin über ethische Entscheidungen werden. Treffen Sie eine Einschätzung: Was spricht für die Vernunft, was für die „Bauchentscheidung"?
2. Stichwort Diskurstheorie und Maturareise: Wohin soll die Reise gehen? Was sind die Schwierigkeiten beim Finden des Konsenses? Führen Sie einen Diskurs in der Klasse – quasi als Metareflexion –, wobei Sie die Probleme der Konsensfindung erörtern.

Gedankenexperiment: Eine kantisch ideale Welt
Inwiefern wäre eine ideale Welt, in der alle den kategorischen Imperativ beherzigen, wünschenswert? Wie würde diese Welt aussehen? Welche Berufsgruppen gäbe es dabei nicht mehr? Diskutieren Sie dieses Gedankenexperiment in der Klasse.

Bildinterpretation: Interpretieren Sie folgendes Hinweisschild im Lichte der Kant'schen Überlegungen.

Shotshop.com/Alexandra Buss

Abschließend können Sie noch diverse zugespitzte ethische Konflikte in Gruppen diskutieren. Argumentieren Sie im Sinne einer (sich anbietenden) teleologischen Position und der deontologischen Position folgende Probleme:

1. Ist eine Notlüge erlaubt?
2. Wäre ein Tyrannenmord (z. B. Attentat auf Hitler) gerechtfertigt?
3. Würden Sie ein Passagierflugzeug, das von TerroristInnen entführt wurde und in das Zentrum einer Millionenstadt zu fliegen scheint, zum Abschuss freigeben?
4. Darf man als Arzt/Ärztin einem „unheilbar" und todkranken Menschen seine Prognose wahrhaft sagen, oder sollte man beschönigend reden und eine Notlüge verwenden, um etwaige Hoffnungen und Kräfte des Immunsystems zu mobilisieren?

3. Philosophenporträt: Immanuel Kant

Alamy Stock Photo/Granger Historical Picture Archive

Immanuel Kant

Immanuel Kant (1724–1804) wird oft als Pedant, Pünktlichkeitsfanatiker und Ordnungsliebhaber beschrieben. Zwischen seiner eigenen Lebensführung, die festen Prinzipien verpflichtet war, und seinem strengen Pflicht- und Moralprinzip besteht also ein direkter Zusammenhang. Der lebenslange Junggeselle war für seinen immer gleichen Tagesablauf bekannt:

Mit den Worten „Es ist Zeit" wurde er jeden Morgen um fünf Uhr von Lampe – einem ausgedienten Soldaten und über 40 Jahre sein Diener – geweckt. Sofort stand Kant auf. Der Diener hatte die ausdrückliche Anweisung, ihn unbedingt zu wecken, auch und gerade wenn sich der noch im Halbschlaf befindliche Kant dagegen sträubte. Ein Ausdruck dessen, wie für Kant die Pflicht über der Neigung stand. Als sein Diener Lampe älter wurde, verfiel er dem Alkohol und wurde unredlich. Kant musste sich von ihm trennen, was ihm nicht leichtfiel. Zu Kants Gewohnheiten gehörte es, immer ein kleines Notizbüchlein mit sich herumzuführen. In dieses Büchlein schrieb Kant nach der Entlassung seines Dieners: „Der Name Lampe muss nun völlig vergessen werden." Hier geht sein Ordnungsprinzip schon beinahe ins Absurde: sich dessen zu erinnern, was vergessen werden muss.

Kant stand also um fünf Uhr auf und trank seinen Tee. Den geliebten Kaffee hielt er für schädlich. Dann rauchte er die einzige Pfeife des Tages. Von sieben Uhr bis neun Uhr hielt er seine Vorlesung an der Universität, von neun Uhr bis zum Mittagessen um ein Uhr arbeitete er intensiv an seinen Schriften. Das Mittagessen wurde immer mit guten Freunden eingenommen und die Tischgesellschaft zog sich

meist bis vier Uhr hin – dies war seine Zeit der Entspannung. Kant unterhielt sich gerne mit gebildeten Männern aus verschiedenen Berufen. Angeblich nahm er zu jeder Speise Senf, den er selbst herstellte.
Er trank Wasser und Wein, aber kein Bier, das er für schädlich hielt – wie er überhaupt eigene Gesundheitsregeln aufstellte und sie strikt befolgte. Er war sehr streng zu sich und überzeugt davon – darin erfüllte sich für ihn der Begriff der Aufklärung –, dass jeder für sich selbst verantwortlich ist und für sich selbst denken muss. Kant formulierte eine sehr bekannt gewordene Definition von „Aufklärung":

Aufklärung ist der Ausgang des Menschen aus seiner selbst verschuldeten Unmündigkeit.
Unmündigkeit ist das Unvermögen, sich seines Verstandes ohne Leitung eines anderen zu bedienen. [...] Sapere aude! Habe Mut, dich deines eigenen Verstandes zu bedienen! ist also der Wahlspruch der Aufklärung. [...] Es ist so bequem, unmündig zu sein. Habe ich ein Buch, das für mich Verstand hat, einen Seelsorger, der für mich Gewissen hat, einen Arzt, der für mich die Diät beurteilt, [...] so brauche ich mich ja nicht selbst zu bemühen. Ich habe nicht nötig, zu denken, wenn ich nur bezahlen kann; andere werden das verdrießliche Geschäft schon für mich übernehmen.

I. Kant: Sämtliche Werke, Bd. 6, S. 53 R

Aufklärung heißt, immer selbst zu denken. Denken lassen ist stets problematisch.

Kants Eheabsichten standen unter keinem guten Stern. Angeblich beabsichtigte er zweimal zu heiraten, aber offenbar ging er dabei zu nachlässig vor. Mitbewerber waren effektiver. Er war aber ohnehin überzeugt, dass unverheiratete Männer länger lebten.
Der eher kleine (157 cm) Mann hatte eine schmale Statur, eine schwächliche Muskulatur, eine eingefallene Brust, anfällige Nerven und war sehr sensibel. Aber seine Sehkraft blieb bis ins hohe Alter erhalten. Sein Leben gestaltete er, wie erwähnt, nach diversen Gesundheitsregeln und Diäten. Die Dauer seines Schlafs wurde genau festgelegt, angeblich auch die Art seines Nachtlagers (gerade auf dem Rücken liegend) und die Methode, sich kokonartig zuzudecken. Der Erfolg gab ihm offenbar recht – Kant war anscheinend nie (richtig) krank.

Beim Essen war Kant ein anregender Gesprächspartner. Er besaß ein außerordentlich gutes Gedächtnis und liebte vor allem Reisebeschreibungen. Angeblich schilderte Kant einmal in Gegenwart eines Londoners so genau die Bauart der Westminsterbrücke, dass dieser ihn verwundert fragte, wie lange er in London gelebt habe. Interessanterweise verließ Kant seine Heimatstadt Königsberg (heutiges Kaliningrad = russische Exklave, damals Ostpreußen) nie, las aber trotzdem eine Vorlesung über „Physische Geographie" und erklärte den Zuhörern, wie und wo welche Völker lebten.
Täglich nach dem Essen zog er sich zurück, um zu lesen. Um 19 Uhr machte er seinen berühmten Spaziergang. Anscheinend absolvierte er diesen so pünktlich, dass die Königsberger ihre Uhren danach stellten. Kant ging alleine, damit er sich nicht „rheumatischen Affektionen" aussetzte, wenn er beim Sprechen den Mund öffnete. Er war extrem lärmempfindlich und brauchte zum Denken absolute Stille. Daher stritt er auch ab und zu mit den Nachbarn oder wechselte die Wohnung. Nach dem Spaziergang gab es wieder Lektüre bis Punkt 22 Uhr, danach sieben Stunden Schlaf. Und der rituelle Tagesablauf begann von vorne: Lampe kam und rief: „Es ist Zeit!"
Kant entstammte dem niederen Bürgerstand, sein Vater war Riemermeister und Sattler. Der Geist des pietistischen Protestantismus prägte den Philosophen als Kind und Jugendlichen. Gehorsam und Pflichtbewusstsein wurden ihm ans Herz gelegt.
Kant studierte Philosophie, Mathematik und Physik (1740–1746) und arbeitete einige Jahre als Hauslehrer. Ab 1755 war er Privatdozent an der Universität. 1770, also mit 46 Jahren, wurde Kant ordentlicher Professor für Metaphysik* und Logik. Berufungen an auswärtige Universitäten lehnte er ab. 1781 (im 57. Lebensjahr) erschien sein Hauptwerk, die „Kritik der reinen Vernunft". Weitere Publikationen: Die „Grundlegung zur Metaphysik der Sitten" (1785), die „Kritik der praktischen Vernunft" (1788), „Die Religion innerhalb der Grenzen der bloßen Vernunft" (1793). Mit einiger Verzögerung wurde Kant schlagartig bekannt, nicht zuletzt durch Friedrich Schiller verbreitete sich sein Gedankengut. Kant lehrte bis 1797, nach 1800 ließen seine Kräfte nach, und am 12. Februar 1804 starb er im Alter von 80 Jahren.

* Metaphysik beschäftigt sich mit grundlegenden Fragen des Seins. Kant im Speziellen beschäftigte sich mit Fragen nach den Grenzen und den Bedingungen der menschlichen Erkenntnis.

4. Das Problem der Freiheit

4.1 Handlungsfreiheit und Willensfreiheit

Sitzen Sie frei-willig hier?
Freiheit ist ein weitreichender und starker Begriff. Sie, die Liberté, war eines der Ideale der Französischen Revolution von 1789.

Alamy Stock Photo/North Wind Picture Archives

„Die Freiheit führt das Volk" (1830) von Eugène Delacroix (1799–1863)

Politische Freiheit mussten sich die Menschen in unseren Breiten einst erkämpfen und viele Völker der Erde ringen noch heute darum. Religiöse Freiheit wird zum Thema, wenn Menschen gehindert werden, ihre Religion auszuüben. Menschen sind ökonomisch unfrei, wenn sie nicht genügend finanzielle Mittel haben, um sich ein „lebenswertes" Leben zu schaffen. Im physischen Sinn kann man der Freiheit beraubt werden, wenn man z. B. im Gefängnis sitzt.

Heute will jeder Mensch frei sein. Abhängigkeiten sind Lasten und lästig. Der freie Mensch ist ein Ideal unserer Gesellschaft – möglichst keine Verpflichtungen einzugehen ein Ziel. Vielerorts wird von der Frei-Zeitgesellschaft gesprochen. Im Gegensatz zur unfreien und unangenehmen Arbeit sehnt man sich nach mehr Freizeit. Wo man frei ist, ist man Mensch … Darum herrschen gerade in der Kunst und im Spiel Freiheit.

Es gibt also viele unterschiedliche Formen von Freiheit. In der Philosophie werden zwei Arten unterschieden:

Handlungsfreiheit ist die **äußerliche** Form. Es ist die Freiheit, sich für unterschiedliche Handlungsalternativen entscheiden zu können. Kann ich eigene Pläne verwirklichen? Bin ich unabhängig? Bin ich frei von äußeren oder inneren Zwängen?
Äußere Zwänge können beispielsweise politischer, ökonomischer oder physischer Natur sein. Sitzt jemand im Gefängnis, wird er nicht am Nachmittag ins Kaffeehaus gehen können. Ein innerer Zwang wäre ein psychischer Zustand, der einen hindert, den Freiheitsspielraum auszuleben. ZwangsneurotikerInnen mit extremem Putz- und/oder Waschzwang hindern sich selbst daran, das Haus zu verlassen, und sind demnach in ihren Handlungsmöglichkeiten stark eingeschränkt. Freiheit lebt von Möglichkeiten.
Diese Formen von Freiheit sind im Alltag von großer Bedeutung, aber aus philosophischer Sicht nicht sehr interessant. Die Philosophie beschäftigt sich intensiver mit der inneren Freiheit.

Willensfreiheit ist die **innerliche** Form. Bin ich im Innersten wirklich frei? Kann ich wollen, was ich will? Besitze ich diese innere Freiheit und kann ich mich in einer gegebenen Situation für jede beliebige Wahlmöglichkeit entscheiden? Freiheit wird in diesem Zusammenhang zu einem Bewusstseinsphänomen. Bin ich im Denken frei und kann ich aus freien Stücken Handlungen setzen, sie initiieren?
Wäre ich als Mensch im Innersten nicht frei, so wären ethische Überlegungen und Konzepte belanglos und verzichtbar. Ethik setzt den freien Menschen als Grundbedingung voraus. Das Problem der Freiheit wird zum Grundlagenproblem der Ethik überhaupt. Ohne Freiheit werden ethische Reflexionen haltlos. Was hätten die Zehn Gebote für einen Wert, wenn ohnehin niemand frei ist?

In Bezug auf die Willensfreiheit sind prinzipiell zwei gegensätzliche philosophische Richtungen vertretbar: Indeterminismus und Determinismus.

4.2 Indeterminismus

Der Indeterminismus hält an der Willensfreiheit des Menschen fest. Die IndeterministInnen sind davon überzeugt, dass wir eine absolute innere Freiheit besitzen.

Immanuel Kant ist ein wesentlicher Vertreter dieser Richtung. Obwohl wir als Menschen den Naturgesetzen ausgeliefert sind, seien wir im geistigen Bereich doch frei. In der „Kritik der praktischen Vernunft" nennt Kant den Satz, der auch seinen Grabstein ziert:

Zwei Dinge erfüllen das Gemüt mit immer neuer und zunehmenden Bewunderung und Ehrfurcht, je öfter und anhaltender sich das Nachdenken damit beschäftigt: Der bestirnte Himmel über mir, und das moralische Gesetz in mir.

I. Kant: Sämtliche Werke, Bd. 4, S. 300 R

Auf der einen Seite gibt es die Natur und Naturgesetze („der bestirnte Himmel"), denen wir Menschen in vielfacher Weise ausgeliefert sind. Wenn man im dritten Stock eines Hochhauses vom Fensterbrett einen Schritt nach vorne macht, wird die Erdanziehung das Ihrige tun – hier ist man machtlos und unfrei. Es herrscht Kausalität; das heißt, in der Natur funktioniert alles nach Ursache und Wirkung.

In geistigen Dingen („das moralische Gesetz in mir") herrscht laut Kant auf der anderen Seite völlige Freiheit. Ich kann denken und entscheiden, was ich will. Das Faszinierende am Denken und Philosophieren sei die Freiheit des Denkens. Auch wenn man im Alltag vielen Zwängen unterliegt, in der Welt der Gedanken herrsche Freiheit.
Für Kant sind wir **„Bürger zweier Welten"**: Es gibt neben der Sinnenwelt (*mundus sensibilis*) die geistige, denkbare Welt (*mundus intelligibilis*).
Kant war sich bewusst, dass ein Beweis der Willensfreiheit unmöglich ist. Er postulierte diese Freiheit, nahm sie als gegeben an, wie er auch die Unsterblichkeit der Seele und die Existenz Gottes postulierte. Damit das Moralgesetz von Kant sinnvoll und gültig sein kann, ist Freiheit vorauszusetzen.

Erörtern Sie, warum in unserer Gesellschaft Freiheit einen so hohen Stellenwert besitzt. Was bedeutet uns Freiheit und frei sein – was ermöglicht es uns?

Gedankenexperiment: Welt ohne Willensfreiheit
Nehmen Sie an, es gäbe auf unserem Planeten kein Wesen, das Willensfreiheit besitzt. Wie würde diese Welt aussehen?

Ein weiterer Vertreter der Willensfreiheit ist der Franzose **Jean-Paul Sartre** (1905–1980).

Jean-Paul Sartre

Sartre war ein vielseitiger Denker; er war Philosoph, Schriftsteller, Journalist und politisch sehr engagiert. Dem herkömmlichen Klischee, dass PhilosophInnen im stillen Kämmerlein sitzen blieben, entsprach er nicht. Auch war ihm die Freiheit im Privat- und Liebesleben sehr wichtig. Sartre war mit der Schriftstellerin und Philosophin Simone de Beauvoir liiert und sie pflegten eine offene Form der Beziehung. Sartres Überzeugung war es, dass der Mensch völlig frei ist. Dies ist ein wichtiger Aspekt seiner Philosophie des **Existenzialismus**. Als Grundformel dieser Denkschule wird meist der Satz von Sartre zitiert:

Der Existentialismus dagegen hält daran fest, daß beim Menschen – und nur beim Menschen – die Existenz dem Wesen vorausgeht.

J.-P. Sartre: Der Existentialismus ..., S. 116 (Zum Existentialismus – Eine Klarstellung) R

Die Existenz gehe also dem Wesen voraus. Das bedeutet, in erster Linie existieren wir, am Anfang steht die menschliche Existenz. Keiner von uns habe sich das Erdenleben ausgesucht. Wir sind zu einem bestimmten Zeitpunkt an einem bestimmten Ort in die Welt „geworfen" worden – das ist ein Faktum. Dann erst mache der Mensch einen Plan von seinem Leben, entwerfe sich, schaffe sich ein Wesen. Der Mensch definiere sich, und das geschieht laut Sartre in völliger Freiheit.

Sartre war Atheist und davon überzeugt, dass es keinen Gott geben kann. Gäbe es Gott, hätte er (der Schöpfer der Geschöpfe) einen Plan, ein bestimmtes Bild vom Menschen. Mit Gott wären wir nicht mehr völlig frei. Für Sartre gibt es kein vorgegebenes Ziel oder einen vorbestimmten Sinn des Lebens. Den Sinn und das Ziel schaffen und wählen wir uns selbst. Für den Menschen gibt es, sagt Sartre, keine verbindliche Werteordnung; er ist absolut frei. Er schafft sich selbst. Er ist die Freiheit.

[...] der Mensch ist nichts anderes als das, wozu er sich macht.

J.-P. Sartre: Der Existentialismus ..., S. 150 (Der Existentialismus ist ein Humanismus) R

Wir können immer entscheiden. Wir sind frei, unser Los zu wählen. Noch in der ungünstigsten Situation hat man diese Freiheit. Als Arbeitslose/Arbeitsloser werde ich nicht nach Belieben Arbeit finden; es stehen mir aber immer mehrere Wege offen: Ich kann zum Arbeitsmarktservice gehen, ich kann resignieren, ich kann umschulen etc. Aber auch das Nichtwählen ist eine Wahl!
Sartre spricht sogar davon, dass wir zur Freiheit verurteilt sind. „Du kannst" heißt seine Devise, und diese hat der Denker Sartre auch im Leben umzusetzen versucht. Er sieht sein Denken als „humanistische Philosophie des Handelns, der Anstrengung, des Kampfes und der Solidarität". Als freie Menschen sind wir für unser Handeln verantwortlich. In Sartres Schriften kommen sein Engagement und politischer Wille deutlich zum Vorschein. Während Kant – von der theoretischen Ebene her kommend – die Willensfreiheit betont, sieht Sartre von der praktisch-konkreten Seite her den Menschen als völlig freies und daher auch willensfreies Wesen. Das Frei-Sein des Menschen entspreche unserem alltäglichen Empfinden. Es gehöre zum Selbstverständnis des Menschen, dass wir freie Wesen sind.

Jean-Paul Sartre verteidigt die menschliche Freiheit, die mit der Verantwortung auf das Engste verknüpft ist:

In philosophischen Begriffen gesprochen, hat jeder Gegenstand ein Wesen und eine Existenz. Ein Wesen, das heißt eine konstante Gesamtheit von Eigenschaften; eine Existenz, das heißt eine gewisse effektive Anwesenheit in der Welt. Viele glauben, erst komme das Wesen und dann die Existenz: daß zum Beispiel Erbsen entsprechend der Idee von Erbsen wüchsen und rund würden und daß Gurken deshalb Gurken seien, weil sie am Wesen der Gurke teilhaben. Diese Idee entspringt dem religiösen Denken: Wer ein Haus bauen will, muß ja tatsächlich genau wissen, welchen Gegenstand er schaffen will: das Wesen geht hier also der Existenz voraus; und für alle, die glauben, daß Gott die Menschen schuf, muß er es entsprechend der Idee getan haben, die er von ihnen hatte. Aber selbst jene, die nicht glauben, haben diese traditionelle Auffassung behalten, daß ein Gegenstand immer nur in Übereinstimmung mit seinem Wesen existiere, und das ganze 18. Jahrhundert hat gedacht, daß es ein allen Menschen gemeinsames Wesen gäbe, das man Menschennatur nannte. Der Existentialismus dagegen hält daran fest, daß beim Menschen – und nur beim Menschen – die Existenz dem Wesen vorausgeht.
Das bedeutet ganz einfach, daß der Mensch zunächst ist und erst danach dies oder das ist. Mit einem Wort, der Mensch muß sich sein eigenes Wesen schaffen; indem er sich in die Welt wirft, in ihr leidet, in ihr kämpft, definiert er sich allmählich; und die Definition bleibt immer offen; man kann nicht sagen, was ein bestimmter Mensch ist, bevor er nicht gestorben ist, oder was die Menschheit ist, bevor sie nicht verschwunden ist. [...]

Bei jeder unserer Taten geht es um den Sinn der Welt und den Platz des Menschen im Universum; selbst wenn wir es nicht wollen, schaffen wir durch jede unserer Taten eine allgemeine Werteskala, und angesichts einer so umfassenden Verantwortlichkeit sollten wir nicht von Furcht ergriffen sein? [...]

Der Mensch kann nichts wollen, wenn er nicht zunächst begriffen hat, daß er auf nichts anderes als auf sich selber zählen kann, daß er allein ist, verlassen auf der Erde inmitten seiner unendlichen Verantwortlichkeiten, ohne Hilfe noch Beistand, ohne ein anderes Ziel als das, das er sich selbst geben wird, ohne ein anderes Schicksal als das, das er sich auf dieser Erde schmieden wird.

J.-P. Sartre: Der Existentialismus ..., S. 115–118 (Zum Existentialismus – Eine Klarstellung) R

Wenn tatsächlich die Existenz dem Wesen vorausgeht, ist nichts durch Verweis auf eine gegebene und unwandelbare menschliche Natur erklärbar; anders gesagt, es gibt keinen Determinismus, der Mensch ist frei, der Mensch ist die Freiheit. Wenn zum anderen Gott nicht existiert, haben wir keine Werte oder Anweisungen vor uns, die unser Verhalten rechtfertigen könnten. So finden wir weder hinter noch vor uns im Lichtreich der Werte Rechtfertigungen oder Entschuldigungen. Wir sind allein, ohne Entschuldigungen. Das möchte ich mit den Worten ausdrücken: der Mensch ist dazu verurteilt, frei zu sein. Verurteilt, weil er sich nicht selbst erschaffen hat, und dennoch frei, weil er, einmal in die Welt geworfen, für all das verantwortlich ist, was er tut. [...]

Wirklichkeit ist nur im Handeln; sie geht übrigens noch weiter, da sie hinzufügt: der Mensch ist nichts anderes als sein Entwurf, er existiert nur in dem Maße, in dem er sich verwirklicht, er ist also nichts anderes als die Gesamtheit seiner Handlungen, nichts anderes als sein Leben. […]

Bevor Sie leben, ist das Leben nichts, es ist an Ihnen, ihm einen Sinn zu geben, und der Wert ist nichts anderes als dieser Sinn, den Sie wählen.

J.-P. Sartre: Der Existentialismus …, S. 155–174 (Der Existentialismus ist ein Humanismus) R

1. Unterstreichen Sie die Schlüsselbegriffe „Existenz" und „Wesen" in den Textausschnitten (S. 132f.). Erklären Sie die beiden Begriffe in eigenen Worten.
2. Untersuchen Sie, warum wir, angesichts von Freiheit und Verantwortlichkeit, „von Furcht ergriffen sein" sollten. Was ist das Furchteinflößende am Verantwortlichsein? Berichten Sie konkrete Situationen, in denen Sie Ihre Freiheit und Verantwortung das Fürchten gelehrt haben.
3. Wir sind, laut Sartre, „zur Freiheit verurteilt". Kommentieren Sie diesen Satz.
4. Welchen Sinn fand Sartre vermutlich in seinem Leben? Recherchieren Sie dazu biografische Details.

Rollenspiel: Gottesgläubiger vs. Existenzialist
Erarbeiten Sie in Partnerarbeit ein Rollenspiel. Eine/Einer ist ein Gottesgläubiger, die/der andere ist der Existenzialist. Diskutieren Sie das Problemfeld: Gott, Freiheit und Verantwortung. Überlegen Sie sich zuerst die jeweiligen Argumente und führen Sie erst danach ein Gespräch. Das Gespräch findet bei schönem Wetter auf einem großen Domplatz statt …

Ergänzend angemerkt: **Sören Kierkegaard**, ein großer Wegbereiter der Existenzphilosophie, hat die „Angst als Schwindel der Freiheit" bezeichnet.

Angst kann man vergleichen mit Schwindel. Wessen Auge in eine gähnende Tiefe hinunterschaut, der wird schwindlig. Der Grund seines Schwindels aber ist ebenso sehr sein Auge wie der Abgrund; denn gesetzt, er hätte nicht hinuntergestarrt! So ist die Angst der Schwindel der Freiheit, der aufsteigt, wenn der Geist die Synthese setzen will und die Freiheit nun hinunterschaut in ihre eigene Möglichkeit und dabei die Endlichkeit ergreift, um sich daran zu halten. In diesem Schwindel sinkt die Freiheit um.

S. Kierkegaard: Der Begriff der Angst, 2012, S. 512

Die Freiheit des Menschen eröffnet die unendliche Welt der Möglichkeiten. Es lassen sich aber immer nur wenige, endliche, begrenzte Dinge realisieren: unendliche Möglichkeiten – immer nur eine realisierbare Wirklichkeit. Angesichts dieses Ungleichgewichts sollte einem schwindlig werden. Es ist gleich dem Blick in den Abgrund …

4.3 Determinismus

Der **Determinismus** bestreitet den freien Willen. Der Mensch sei determiniert; er sei bestimmt. Diese Sichtweise widerstrebt unserem Denken. Dies würde unser Weltbild erschüttern, sogar zerstören. Das Freiheitsgefühl und das Gefühl, Dinge kontrollieren zu können, sind wesentliche Komponenten des Menschseins. Frei-Sein gehört zum Selbstverständnis des Menschen.
Wenn der Mensch im Innersten unfrei wäre, würde dann nicht alles sinnlos sein?
Viele PhilosophInnen sehen jedoch den Menschen in seinem Denken und Handeln bestimmt und unfrei.

Baruch de Spinoza

Der in den Niederlanden lebende Philosoph **Baruch de Spinoza** (1632–1677) meinte, dass sich der Mensch täusche. Er halte sich für frei, sei es aber nicht. Weil wir die dahinterliegenden Ursachen der Handlungen nicht kennen, halten wir uns für frei. Vergleichbar einem mit Bewusstsein ausgestatteten Stein, der in die Luft geschleudert wird. Der Stein könnte glauben, dass er den Weg selbst bestimmt. In Wirklichkeit wird er genau die Bahn fliegen, die er aufgrund des Winkels, des Impulses etc. fliegen muss. Auch unsere Handlungen folgen bestimmten Naturgesetzen; nur kennen wir die Ursachen nicht. Das Nichtwissen lässt immer einen Interpretationsspielraum offen. Je größer die Unwissenheit, desto größer ist der Interpretationsspielraum für Götter, dunkle Mächte und Energien …

Interessanterweise war Spinoza die persönliche Freiheit, die Freiheit im Denken sehr wichtig. Er lehnte einen Ruf an die Universität ab, da er fürchtete, in seiner Meinungsfreiheit eingeschränkt zu sein, im 17. Jahrhundert ein durchaus berechtigter Einwand. Spinoza blieb lieber bei seinem Handwerk und Broterwerb, dem Schleifen von optischen Linsen. Er starb relativ jung an einer Lungenerkrankung, die vermutlich von seiner Tätigkeit als Linsenschleifer verursacht wurde.

Der Engländer **Thomas Hobbes** (1588–1679) sah den Menschen als komplizierten Automaten. Diesem Automaten sei das Ziel der Erhaltung und Förderung des Lebens einprogrammiert. Eine deterministische und mechanistische Sichtweise war in dieser Zeit des naturwissenschaftlichen Aufschwunges sehr verbreitet. Alles folge bestimmten Gesetzen; die Menschen kennen aber die entsprechende Mechanik zu wenig.
Sieht man einen dressierten Hund, so könnte man glauben, dass er seine Kunststücke aus freiem Willen macht. In Wahrheit ist er aber auf sein Verhalten programmiert. Nur durch das Nichtwissen entstehe der Glaube an die Willensfreiheit.

Der französische Denker und Arzt **Julien Offray de La Mettrie** (1709–1751) schrieb 1748 ein Werk mit dem Titel „L'Homme machine" („Der Mensch als Maschine"). Dies ist, kurz zusammengefasst, die Sichtweise vieler DeterministInnen. La Mettrie leugnet das Vorhandensein der Seele oder des Geistes. Der Mensch habe keine Seele und keinen freien Willen. La Mettrie ist Materialist; das heißt, er ist davon überzeugt, dass materielle Prozesse den Menschen bestimmen. Der sogenannte Geist sei abhängig von körperlichen Funktionen und Prozessen. Die menschliche Maschine sei feiner und komplizierter organisiert als das – meist als unfrei gesehene – Tier.

Einst faszinierte die Menschen die Mechanik einer Uhr. Was bewegt, „motiviert" die Zeiger? Sie schien den Menschen, die zum ersten Mal eine Uhr sahen, wie von Geisterhand bewegt. Der Sekundenzeiger wirkte eifrig, der Stundenzeiger sehr faul. Diese Verwunderung konnte nur erzeugt werden, weil ihre Mechanik nicht bekannt war.

Heute verblüffen viele von uns Computer. Vielen UserInnen scheint, als ob der Computer ein Eigenleben führt und macht, was er will. In Wirklichkeit ist der Computer programmiert – ein Ding ohne Spur von Freiheit. Alles ist prinzipiell vorhersagbar, determiniert. Die vermeintliche Selbstständigkeit beruht nur auf Unwissenheit. Je besser man einen Rechner kennt, desto weniger frei wird er erscheinen. Beim Menschen sei es ebenso. Wenngleich unsere „Maschine" sehr kompliziert sei, so folge sie doch bestimmten Gesetzen. Wir gehen davon aus, dass in der Natur jede Wirkung eine Ursache hat. Beim Menschen müsste jede Wirkung ebenfalls auf eine Ursache zurückzuführen sein. Kann es eine erste Ursache geben? Wer oder was initiiert alles im Gehirn?

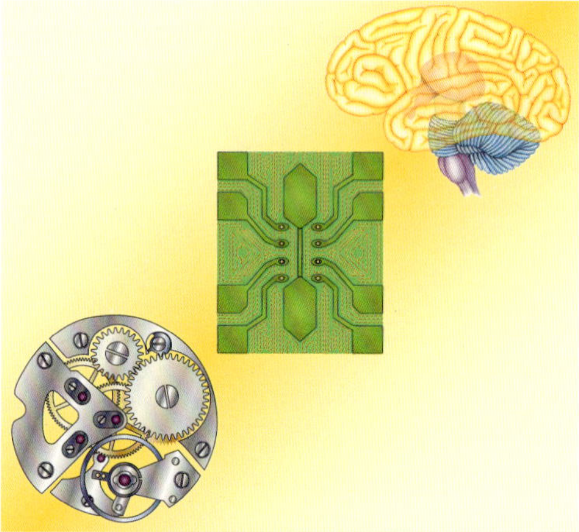
Uhrwerk, Mikrochip, Gehirn

1. Beurteilen und diskutieren Sie anhand folgender Leitfragen den Mensch-Maschine-Vergleich. Wie plausibel erscheint Ihnen der Vergleich von Mensch und Computer bzw. Roboter? Was unterscheidet die Menschen von Maschinen?
2. Die Zukunft bringt menschliche Computer oder computerhafte Menschen.
   Recherchieren Sie dazu im Internet, und zwar über Robotik, Artificial Intelligence und Versuche, dem Menschen Computerchips zu implantieren.

3a. Stichwort „**Lebens-Kausal-Kette**": Was musste alles passieren, damit Sie heute hier sitzen? Versuchen Sie, diese Kette von Ursachen und Wirkungen zurückzuverfolgen. Machen Sie sich die Komplexität dieser „Kette" bewusst.

Letztlich stellt sich die Frage: Wie ist mein Leben verlaufen, dass ich heute hier sitze? Bei genauerer Betrachtung wird man Tausende Verzweigungspunkte finden, dass man zu diesem Zeitpunkt an diesem Ort ist.

Die Gedankenfolge dieser „Kette" kann schwindelig machen, eine Form von Unendlichkeit suggerieren, die sich letztlich in einer endlichen Welt nicht denken lässt. Jede unserer Handlungen basiert auf Voraussetzungen, die ihrerseits wieder Voraussetzungen haben, durch die sie bestimmt sind. Und so weiter … und so fort …

3b. Als zweiter Schritt zum Stichwort „Lebens-Kausal-Kette" stellt sich die ursprünglichere Frage, ob die verschiedenen Entscheidungen wirklich in Freiheit gefallen sind. Reflektieren Sie, inwiefern Sie wirklich die Urheberin/der Urheber jener unzähligen Entscheidungen sind.

Viele Dinge im Leben passieren unbewusst, zufällig und nicht von der ordnenden Kraft des freien Willens geleitet. Manches hat Sie vielleicht zu diesem oder jenem gedrängt: „Da kam ‚zufällig' ein Anruf" … Oder zum Stichwort „Partnerwahl": Warum haben Sie Ihre Partnerin/Ihren Partner kennengelernt oder eben gerade nicht kennengelernt?

Man könnte unser „Entscheidungsorgan" Gehirn heranziehen und sich fragen, ob bestimmte „Verdrahtungen" im Gehirn uns hierzu oder dazu veranlasst haben.
Denken wir an den Verbrecher und sein Verbrechen. Wie kam es zu diesem Mord? Welche Geschichte hat der Mörder, warum sitzt er nun angeklagt vor Gericht? Beeinflussten ihn genetische Dispositionen, Milieufaktoren, eventuell ein Gehirndefekt? Traf er die falschen Freunde zur falschen Zeit …? Kann man all dies einem freien Willen zuordnen?

Im Sinn der Kausalkette würde wirkliche Konsequenz bedeuten, an den Beginn des eigenen Lebens zu gelangen und sich mit der Elterngeneration zu beschäftigen.
Sie haben sich sicherlich auch schon einmal gefragt: Was wäre, wenn sich Ihre Eltern nicht getroffen hätten? Sobald ein Teil oder Glied in der Kausalkette anders verlaufen wäre, wäre alles anders gekommen.
Ein konsequentes Rückschreiten in der Ursache-Wirkung-Kette würde irgendwann – und das ist letzte (!) Konsequenz – beim Urknall angelangt sein. Dann stünde man vor der Frage aller Fragen: Was war vor dem Urknall? Wie kam es dazu? Was waren seine Bedingungen? Wer oder was bewegte, gab den ersten Anstoß zum Universum? An dieser Stelle werden Formulierungen schon schwierig.
Wie eine Kette im wahrsten Sinne abbrechen und reißen kann, so kann und muss man diese Kausalkette spätestens beim Urknall abbrechen. Andererseits ist eine Kette in ihrer Geschlossenheit – ähnlich dem Kreis – ein Ausdruck für Unendlichkeit. Es gibt keinen Anfang.

Analog zum Urknall kann man sich fragen: Wer oder was bewegt mich?
Wenn nämlich im Gehirn des Einzelnen, das die Entscheidungen trifft, auch alles nach Ursache und Wirkung abläuft, bleibt noch Raum für Freiheit? Gibt es einen ersten Urheber, der alles auslöst?
Freiheit ist ein vertrackter Begriff, da ich in mich selbst schauen muss. Die Perspektive auf das Selbst verstellt immer die Sicht, die **Innenperspektive** ist problematisch. Man sieht, was Entscheidungen betrifft, eher Gegenwart und Zukunft. Da ist noch keine Linie vorgezeichnet, alles ist offen. Aus der Ich-Perspektive hat man immer die Wahl. Dies entspricht der Erfahrungswelt: Das Ich als Urheber der Handlungen. Wenn man zurückblickt, meint man, man hätte damals auch anders handeln können. Gerade dieses Wissen kann einen belasten.

Perspektivenwechsel: Von außen und im Nachhinein betrachtet, kann vieles anders aussehen. Mittels **Außenperspektive** kann man Motive aufschlüsseln und sagen: Das kam genau deshalb, es musste so kommen, weil diese und jene Bedingung gegeben war. Alles muss sich im Nachhinein erklären lassen, ansonsten würde die pure Zufälligkeit und Unvorhersagbarkeit herrschen, also Anarchie. Man muss sich auch selbst im Nachhinein dieses und jenes erklären können.

Im Großen (und was die Weltgeschichte betrifft) gibt es die zwei Perspektiven ebenfalls. Einerseits: Die Zukunft ist offen. Andererseits: Danach wird die Weltgeschichte analysiert, es hat sich abgezeichnet …

Außerdem ist das Ich vielleicht nicht so einheitlich wie angenommen. Der Begriff Individuum (aus dem Lateinischen) bedeutet zwar „das Unteilbare", aber beispielsweise ein Suchtkranker ist ständig mit sich selbst im Widerstreit. Die Vernunft sagt so, der Trieb sagt anders. Seit den Erkenntnissen von **Sigmund Freud** (1856–1939) ist diese Spaltung des Menschen in Es, Ich und Über-Ich in das allgemeine Bewusstsein übergegangen. Freud war direkt von Schopenhauer und Nietzsche beeinflusst.

Schon **Platon** gliederte die Seele in drei Teile. Es gibt bei ihm das Bild vom Wagenlenker und den zwei Rössern: Ein Pferd ist gut, gehorsam, besonnen, edel und wird ohne Schläge, nur mit Zuspruch gelenkt. Das andere Pferd ist heißblütig, ein „Blendling" (= Mischling; von blenden = mischen), *„der Frechheit und Flunkerei vertraut", „schwerhörig und nur der Peitsche und den Stacheln fügt es sich notdürftig"*.

Vgl. dazu Platon: Sämtliche Dialoge, Bd. 2, S. 69 (Phaidros)

Was bedeutet es, wenn Sie sich bewusst werden, dass Sie auch stark von unbewussten Teilen bestimmt werden? Wir werden uns bewusst, dass wir ein Unbewusstes haben. Reflektieren Sie diesen Gedanken.

Arthur Schopenhauer (1788–1860) sah den Menschen ebenso determiniert. Der Determinismus passte zu seinem pessimistischen Weltbild („Leben ist Leiden"). Vom eigenen Bewusstsein aus betrachtet (Innenperspektive) scheinen wir frei zu sein. Will ich z.B. links gehen, dann gehe ich links. In Wahrheit – oder von außen betrachtet (Außenperspektive) – ist der Mensch aber einer Vielzahl von Motiven (lat. *motivus* = bewegend, antreibend) ausgeliefert. Schopenhauer zufolge setzt sich das stärkste Motiv durch. Psychologisch gesehen ist jeder Mensch in jedem Moment von vielen Interessen, Trieben, Gefühlen und Motiven bestimmt.
Ich kann also tun, was ich will – ich kann aber nicht wollen, was ich will. Die Freiheit bleibt eine Selbsttäuschung, eine Illusion.
Schopenhauers Hauptwerk trägt den Titel „Die Welt als Wille und Vorstellung". Mit „Wille" meint er aber nicht den persönlichen Willen, sondern ein Ur-Lebensprinzip, das alles und jeden vorantreibt. Der blinde und rastlose Wille sei das Lebens- und Naturprinzip, das alles in Gang hält. Der (unpersönliche) Wille durchdringe alles Leben.

Schopenhauer war ein Wegbereiter von Sigmund Freuds Psychoanalyse. Freud zufolge ist unsere Psyche besonders durch frühkindliche Entwicklungen determiniert. Die Psychoanalyse sieht den Menschen überwiegend vom Unbewussten bestimmt. Schopenhauer stellt fest, dass der Mensch vom Willen regiert wird.
Für Freud ist das Ich nicht Herr im eigenen Haus. Die Triebe, das Es, das Unbewusste sind bestimmend, der Mensch sei nur zu kleinen Teilen vernünftig und kontrolliert.

Laut Schopenhauer treibt uns der Wille an. Er verwendet das Bild vom starken Blinden (= Wille), der den sehenden Gelähmten (= Intellekt) auf den Schultern trägt. Wir sind Getriebene. Unsere Vernunft und unser Bewusstsein sind dem starken Blinden, der uns trägt, ausgeliefert; wir sind nur ZuseherInnen …
Noch dazu sind für Schopenhauer „die Genitalien der Brennpunkt des Willens und folglich der entgegengesetzte Pol des Gehirns".

Nebenbei: Wenngleich Schopenhauer die Willensfreiheit ausschließt, sieht er dennoch eine Freiheit des Seins. Jeder Mensch habe ein Bewusstsein der Verantwortlichkeit, der Schuld, der Reue. Es gebe diese wahre moralische Freiheit in dem Bewusstsein: Dies ist meine Tat.

Schopenhauer verdeutlicht seine deterministische Sichtweise folgendermaßen:

Um die Entstehung dieses für unser Thema so wichtigen Irrtums speziell und aufs deutlichste zu erläutern und dadurch die im vorigen Abschnitt angestellte Untersuchung des Selbstbewußtseins zu ergänzen, wollen wir uns einen Menschen denken, der, etwan auf der Gasse stehend, zu sich sagte: ‚Es ist 6 Uhr abends, die Tagesarbeit ist beendigt. Ich kann jetzt einen Spaziergang machen; oder ich kann in den Klub gehn; ich kann auch auf den Turm steigen, die Sonne untergehn zu sehn; ich kann auch ins Theater gehn; ich kann auch diesen oder aber jenen Freund besuchen; ja ich kann auch zum Tor hinauslaufen, in die weite Welt, und nie wiederkommen. Das alles steht allein bei mir, ich habe völlige Freiheit dazu; tue jedoch davon jetzt nichts, sondern gehe ebenso freiwillig nach Hause, zu meiner Frau.' Das ist geradeso, als wenn das Wasser spräche: ‚Ich kann hohe Wellen schlagen (ja! nämlich im Meer und Sturm), ich kann reißend hinabeilen (ja! nämlich im Bette des Stroms), ich kann schäumend und sprudelnd hinunterstürzen (ja! nämlich im Wasserfall), ich kann frei als Strahl in die Luft steigen (ja! nämlich im Springbrunnen), ich kann endlich gar verkochen und verschwinden (ja! bei 80° Wärme); tue jedoch von dem allen jetzt nichts, sondern bleibe freiwillig, ruhig und klar im spiegelnden Teiche.' Wie das Wasser jenes alles nur dann kann, wann die bestimmenden Ursachen zum einen oder zum andern eintreten; ebenso kann jener Mensch, was er zu können wähnt, nicht anders als unter derselben Bedingung. Bis die Ursachen eintreten, ist es ihm unmöglich: dann aber muß er es sogut wie das Wasser, sobald es in die entsprechenden Umstände versetzt ist. […]

Kehren wir zu jenem aufgestellten um sechs Uhr deliberierenden Menschen zurück und denken uns, er bemerke jetzt, daß ich hinter ihm stehe, über ihn philosophiere und seine Freiheit zu allen jenen ihm möglichen Handlungen abstreite; so könnte es leicht geschehn, daß er, um mich zu widerlegen, eine davon ausführte: dann wäre aber gerade mein Leugnen und dessen Wirkung auf seinen Widerspruchsgeist das ihn dazu nötigende Motiv gewesen. Jedoch würde dasselbe ihn nur zu einer oder der andern von den* leichteren *unter den oben angeführten Handlungen bewegen können, z. B. ins Theater zu gehn; aber keineswegs zur zuletzt genannten, nämlich in die weite Welt zu laufen: dazu wäre das Motiv viel zu schwach. – Ebenso irrig meint mancher, indem er ein geladenes Pistol in der Hand hält, er könne sich damit erschießen. Dazu ist das wenigste jenes mechanische Ausführungsmittel, die Hauptsache aber ein überaus starkes und daher seltenes Motiv, welches die ungeheure Kraft hat, die nötig ist, um die Lust zum Leben oder richtiger die Furcht vor dem Tode zu überwiegen: erst nachdem ein solches eingetreten, kann er sich wirklich erschießen und muß es; es sei denn, daß ein noch stärkeres Gegenmotiv, wenn überhaupt ein solches möglich ist, die Tat verhindere.*

Ich kann tun, was ich will: ich kann, wenn ich will, *alles, was ich habe, den Armen geben und dadurch selbst einer werden – wenn ich* will! *– Aber ich vermag nicht, es zu* wollen*; weil die entgegenstehenden Motive viel zuviel Gewalt über mich haben, als daß ich es könnte. Hingegen wenn ich einen andern Charakter hätte, und zwar in dem Maße, daß ich ein Heiliger wäre, dann würde ich es wollen können; dann aber würde ich auch nicht umhinkönnen, es zu wollen, würde es also tun müssen. – Dies alles besteht vollkommen wohl mit dem ‚Ich kann* tun, *was ich* will' *des Selbstbewußtseins, worin noch heutzutage einige gedankenlose Philosophaster* die Freiheit des Willens zu sehn vermeinen und sie demnach als eine gegebene Tatsache des Bewußtseins geltend machen.*

A. Schopenhauer: Sämtliche Werke, Bd. 3, S. 561–563 (Preisschrift über die Freiheit des Willens) R

* deliberierend = überlegend, erwägend
* Philosophaster = philosophisch unzuverlässiger Schwätzer

1. Sie könnten jetzt aufstehen und ins Kaffeehaus gehen oder gar zum nächsten Flughafen, um in die weite Welt zu ziehen … Warum werden Sie weiter dem Unterricht folgen bzw. danach höchstwahrscheinlich doch wieder nach Hause gehen? Begründen Sie Ihre Wahl.
2. Fassen Sie die Kernaussage des Textausschnittes in einem Satz zusammen.

4.4 Alltägliche, aktuelle und praktische Bezüge

Nicht nur philosophische Überlegungen befassten sich mit dem Problem der Freiheit, auch die Psychologie und die Naturwissenschaft bemühten sich im 20. Jahrhundert, „wissenschaftliche" Belege zu finden. Im **Behaviorismus** (**John B. Watson, Burrhus Frederic Skinner**) gilt der Mensch als Reiz-Reaktions-Maschine. Der Behaviorismus, auch als „Psychologie ohne Seele" bezeichnet, sieht den Menschen als konditioniertes Reflexwesen.

Viele Belege der **Zwillings-/Adoptionsforschung** und der **Genforschung** unterstreichen die Macht von Veranlagungen. Je nach genetischer Ausstattung tendiert jemand eher hierhin oder dahin.

In jüngster Zeit lassen Ergebnisse der modernen **Hirnforschung** die Debatte um die Willensfreiheit neu und in spannender Weise aufflammen (vgl. dazu Kap. III., 3.4. auf S. 87f.). Paradoxerweise findet der Mensch, je mehr er über sein Gehirn und die entsprechenden Prozesse erfährt, immer weniger Raum für die Willensfreiheit. Wir sägen am Ast unserer Freiheit …

Wird die Willensfreiheit als Illusion entlarvt, wie einst das Auf- und Untergehen der Sonne? Je mehr wir über unser Gehirn erfahren, desto deterministischer scheinen alle Prozesse. Auch im Gehirn hat jede Wirkung eine Ursache. Das eine ergibt das andere – und so fort.

Unter Voraussetzung der Willensfreiheit wäre jede menschliche Handlung ein unerklärliches Wunder – eine Wirkung ohne Ursache.

A. Schopenhauer: Sämtliche Werke, Bd. 3, S. 565 (Preisschrift über die Freiheit des Willens) R

Der Freiheitsspielraum wird immer kleiner … Oder sind am Ende doch die Sterne für unser Schicksal zuständig? Lassen Horoskope in diversen Zeitungen darauf schließen, dass der **Fatalismus** (Glaube an das Schicksal) weit verbreitet ist? Ist uns alles vorherbestimmt, und folgt alles im Leben einer Notwendigkeit?

Platon versuchte einen Kompromiss zwischen Freiheit und Fatalismus zu finden. Er meinte, dass wir vor unserem Erdenleben eine freie Entscheidung für eine Lebensform treffen. Ist man einmal am Leben, läuft alles an der „Spindel der Notwendigkeit" ab.

Was zeigen uns die alltägliche Erfahrung und unsere Selbstwahrnehmung in Bezug auf die Freiheitsproblematik? Vorderhand sehen wir uns als freie Wesen. Wir wollen unbedingt die Freiheit bewahren – Kontrollverlust ist problematisch.
Psychologische Studien belegen die große Bedeutung der (Entscheidungs-)Freiheit für den Menschen. Glaubt der Mensch, bestimmt zu werden, also nicht mehr selbst bestimmen zu können, kommt es zu Passivität und Hilflosigkeit. „Reaktanz" heißt in der Psychologie die Reaktion auf eine Freiheitseinschränkung: Drängt mich beispielsweise ein sehr aufdringlicher Verkäufer zu einem Produkt, kann ich meine Freiheit nur aufrechterhalten, indem ich das Geschäft verlasse.

Im Bereich der Persönlichkeitsentwicklung finden schon früh wichtige Schritte in Richtung Freiheit statt: Das Ich muss sich von den anderen abgrenzen. Mit ca. zweieinhalb Jahren kommt es zur Trotzphase (das Wort „ich" wird zum ersten Mal verwendet). Freiheit bedeutet in diesem Zusammenhang, das andere zu tun. Sagen einem Kind die Eltern, es solle dieses tun, kann es seine persönliche Freiheit beweisen, indem es nicht dieses, sondern jenes tut. Ich-Werdung ist eine Geschichte der Abgrenzung. Ich muss ein Individuum werden. Auch Jugendliche müssen sich von Kindern und Erwachsenen abgrenzen …

Wie frei ist eigentlich unser Denken?
Ein bekannter psychologischer Trick fordert uns auf, nicht an einen **rosa Elefanten** zu denken. Genau das tun dann alle. Der rosa Elefant schleicht sich ein, stellt sich vor unser geistiges Auge. Sind wir so leicht manipulierbar? Wir hören im Radio eine bekannte Melodie und werden diesen **Ohrwurm** den ganzen Tag nicht mehr los – auch und gerade wenn wir es noch so sehr wollen. Arbeitet unser Gehirn gegen uns?

Vieles in unserem Gehirn ist automatisiert. „Autonome" Körperfunktionen laufen von selbst (also die inneren Organe: Herz, Atmung etc.). Das Spielen eines Musikinstruments sowie das Tippen auf einer Tastatur funktionieren meist besser ohne Bewusstmachen der Funktionsweise.
Viele Entscheidungen werden ohne Beteiligung des Bewusstseins getroffen. In lebensbedrohlichen Situationen, in denen sehr schnell entschieden werden muss, geschieht vieles unbewusst. Aber auch in alltäglichen Situationen, so zeigten Experimente, entscheidet das Gehirn meist unbewusst vor unserem bewussten Entschluss.

In den Genen wurden nun Hinweise gefunden, dass bestimmte Verhaltensweisen disponiert sind. Menschen mit aggressivem Verhalten und PsychopathInnen haben teilweise andere Hirnstrukturen. Entsprechende Zentren, die normalerweise die aggressiven Impulse herabsetzen, sind „unterbelichtet". Sind diese Menschen noch schuldig, wenn Gehirndefekte ihr Verhalten (in die falsche Richtung) steuern?

Es zeigt sich auch, dass bei der **Partnerwahl** chemische Botenstoffe eine wesentliche Rolle spielen. Bestimmte Stoffe (Pheromone) beeinflussen unbewusst, ob man den anderen „riechen" kann. Diverse Botenstoffe (Hormone) sind für das Verliebtsein zuständig und drängen in bestimmte Richtungen …

■ **Fazit:** Es wird schwer möglich sein, unser Gehirn mit unserem Gehirn zu durchschauen.

Die verschiedenen Studien und Belege besagen nicht, dass alles determiniert ist. Der Raum für Freiheit scheint jedoch mehr und mehr eingeschränkt. Letztlich sind beim Problem der Freiheit beide Positionen denkbar. Weder Determinismus noch Indeterminismus sind klar beweisbar.

Praktische Konsequenzen haben diese Überlegungen dennoch. Mit dem Begriff der Freiheit geht der Begriff der **Verantwortung** einher. Wer frei ist, ist für sein Handeln verantwortlich. Unsere Rechtsprechung basiert auf der Idee, dass wir frei sind. Deshalb muss das eigene Handeln vor der Gesellschaft und vor dem Recht verantwortet werden. Freiheit heißt Verantwortlich-Sein und dieses beinhaltet Schuldfähigkeit und Strafbarkeit. Unsere Gesellschaft geht davon aus, dass eine Rechtsbrecherin/ein Rechtsbrecher – in der Regel – freiwillig Strafbares bzw. Böses tut.

Es gibt aber auch Handlungen im Affekt. Das heißt, wenn starke Emotionen die Täterin/den Täter überwältigen, kann dies als mildernder Umstand berücksichtigt und das Strafmaß herabgesetzt werden. Kann belegt werden, dass die Täterin/der Täter psychisch krank war (bzw. ist), dann wird sie/er in eine Anstalt für abnorme RechtsbrecherInnen eingewiesen. Überdies ist man erst mit 14 Jahren strafmündig.

Begeht man einen Mord „vorsätzlich", wird man härter bestraft. Die Höchststrafe bekommt man also, wenn man völlig bewusst, kühl überlegend und von langer Hand geplant einen Mord begeht.

Die gerichtliche Unterscheidung zwischen Mord und Totschlag ist oft problematisch. Oder war es Notwehr? GutachterInnen müssen die Frage nach der Zurechnungsfähigkeit klären. War die Täterin/der Täter geistig abnorm bzw. psychisch krank? Was ist „normal"?
Wenn belegt werden kann, dass ein Gehirndefekt die Straftat ausgelöst hat, wie schuldig ist die Täterin/der Täter? Erkenntnisse der modernen Hirnforschung erschweren die ehemals klaren Unterscheidungen zusehends …

1. Wie getrieben ist ein Triebtäter und wie freiwillig trinkt die Alkoholikerin? Wie groß schätzen Sie die Freiheit der beiden ein, gegen ihren Trieb/ihre Sucht aktiv handeln zu können? Erörtern Sie diese Fragen in der Klasse.
2. Beschreiben Sie Situationen, in denen Sie den Begriff „Schuld" verwenden, und reflektieren Sie diese im Lichte der Debatte um die Willensfreiheit.

Mindmap: Freiheit
Fertigen Sie abschließend und zusammenfassend zum Thema „Freiheit" ein Mindmap an. Arbeiten Sie möglichst viele Aspekte ein. Das Begriffsnetz kann und soll am Ende als Lernhilfe dienen.

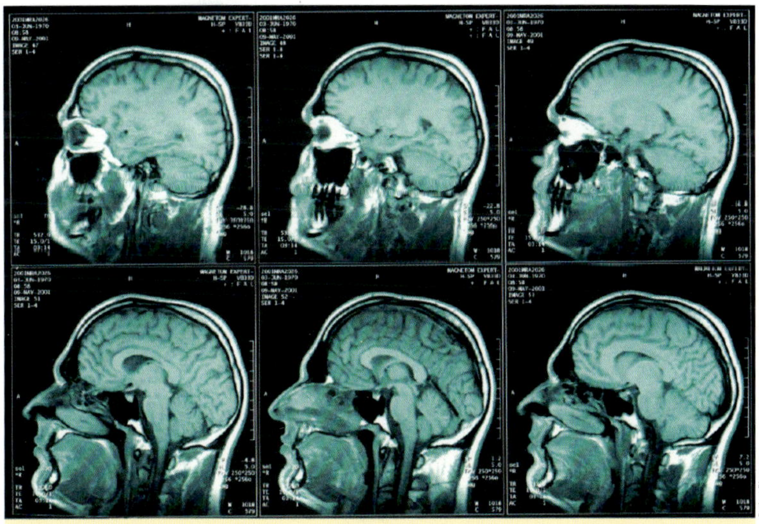

„Blick ins Gehirn" – Magnetresonanztomografie

Nebenbei: Die anfänglich meistzitierten Experimente hinsichtlich Hirnforschung und Problem der Willensfreiheit stammen vom Neuropsychologen Benjamin Libet. Schon 1983 fand er Belege, dass unser Gehirn (ein paar 100 Millisekunden vorher) Aktivitäten einleitet, bevor wir uns bewusst dazu entscheiden. Libet bat Versuchspersonen, zu einem von ihnen beliebig zu wählenden Zeitpunkt eine bestimmte Bewegung auszuführen, zum Beispiel den Zeigefinger zu beugen. Parallel dazu maß der Wissenschaftler die elektrische Hirnaktivität. Der Moment, in dem sich die Versuchspersonen nach eigener Angabe zu der Bewegung entschlossen, wurde festgehalten und mit dem EEG verglichen. Der Clou: Das Bereitschaftspotenzial – ein Hirnsignal, das die Vorbereitung motorischer Aktivität anzeigt – ging der bewussten Willensentscheidung um rund eine Fünftelsekunde voraus. Das Gehirn hatte die Handlung bereits eingeleitet, bevor sich die Person zu ihr entschloss.

5. „PHILOsophie lebt!"

Interview mit WOLF SINGER über Gehirnforschung und die menschliche (Un-)Freiheit

... das Gehirn – ein „Orchester ohne Dirigent" ...

Gemeinde Lech

Wolf Singer (rechts) und Christian Fischill in Lech

Der bekannte deutsche Hirnforscher Prof. Dr. Wolf Singer (geb. 1943), ehemals Direktor des Max-Planck-Instituts für Hirnforschung, beschreibt im folgenden Interview seine naturwissenschaftliche Sichtweise.
HirnforscherInnen entwickeln Modelle, wie unser Gehirn arbeitet. Ein Modell ist aber immer nur ein Abbild der Wirklichkeit, nie die Wirklichkeit selbst, wobei gute Modelle der Wirklichkeit sehr nahe kommen.
Ein Trend zeigt sich auf alle Fälle: Je mehr gescannt und gemessen wird, je mehr wir über unser Gehirn herausfinden, desto klarer offenbart sich, wie komplex und letztlich auch undurchsichtig alle Prozesse im Gehirn sind.
Wolf Singer vertritt eine evolutionsbiologische Sichtweise. Die Evolutionsbiologie (lat.: *evolutio* = das Aufrollen, Aufwickeln, die Entwicklung; gr.: *bios* = das Leben) meint, dass sich Leben aus Anpassungsprozessen entwickelt hat. Zufällig und ohne göttliches Zutun sind verschiedene Arten entstanden. Diese passen sich an ihre Umwelt und Gegebenheiten möglichst gut an. Leben heißt bestmöglichstes Überleben. Unser Gehirn ist demnach ein Teil dieser Strategie. Man erkennt, was man zum Überleben braucht.

Fischill: Herr Prof. Singer, wie hat es Sie zur Hirnforschung verschlagen; wie frei-willig sind Sie diesen Weg gegangen?
Singer: *Ich bin da meinen Interessen gefolgt. Als Medizinstudent habe ich ein Seminar bei einem Psychoanalytiker und einem Neurobiologen mitgemacht. Da wurde versucht, die neurobiologischen Hintergründe der Schizophrenie zu ergründen. Das hat mich fasziniert, weil ich mir dachte: Eine geistige Erkrankung, eine Denkstörung auf ein materielles Substrat zurückzuführen, das ist ein kühnes Unterfangen. Und wenn das geht, dann würde ich das auch gerne machen. Das hat mich dann dazu gebracht, um eine Doktorarbeit zu bitten.*

Fischill: Bei Peter Sloterdijk heißt es einmal: „Dem zum Wissen Gekommenen wird rückwirkend klar, was er am Nichtwissen hatte."* Wie geht es Ihnen mit so viel Wissen über unser „Zentralorgan"?

* P. Sloterdijk: Sphären, Bd. 3, S. 200

Singer: *Wir schieben einfach die Grenzen des Gewussten immer weiter hinaus. Ähnlich wie wenn man einen Ballon aufbläst und die Oberfläche des Ballons immer größer wird. So gesehen wird auch die Grenzfläche zum Nichtwissen immer größer. Denn mit jedem neuen Detail, das wir erforschen, wird die Oberfläche des Wissensballons größer, und damit nimmt auch die Grenzfläche zum Nichtgewussten zu.*

Fischill: Kann man überhaupt mit dem Gehirn das Gehirn be-denken? Wie kommt man aus diesem Zirkel? Kann man sich selbst durchschauen?
Singer: *Die Frage stelle ich mir natürlich selbst auch oft: Kann das kognitive Organ, wenn es sich über sich selbst beugt, sich selbst erfassen? Ich denke, es könnte gehen, weil es ja ein kollektives Unternehmen ist. Es sind viele Gehirne, die sich um die Funktionen von Gehirnen kümmern und diese wie ein Fremdobjekt beschreiben.*

Fischill: Ist für Sie als Hirnforscher der Mensch mehr als sein Körper, seine Materie? Sind Sie im philosophischen Sinne Materialist?
Singer: *Ja, wobei Materie für mich durchaus Geheimnisse birgt. Unsere Kultur sehe ich als Produkt der kognitiven Interaktionen zwischen Gehirnen. Alle unsere Wertesysteme, unsere Moralsysteme, unser Konzept von Gott, vom freien Willen, von Empathie und Liebe: Das sind alles Realitäten, die in die Welt gekommen sind als Folge des Auftretens von Organismen, die so hochdifferenzierte Gehirne haben wie wir. All dies kommt aus dieser Welt.*

Fischill: In Ihren Schriften findet sich des Öfteren der Hinweis auf die Evolution: Sind Sie Anhänger der Evolutionstheorie, sehen Sie sich als Evolutionsbiologen?
Singer: *Ja, absolut. Ich denke, es gibt zurzeit keine plausiblere Erklärung für das Auftreten der Spezies auf dieser Erde. Und ich denke, dass die Versuche, über „Intelligent*

Design" oder Kreationismus Ordnung in die Welt zu bringen, in krassem Widerspruch zu naturwissenschaftlichen Erkenntnissen stehen.*

* Die Begriffe Kreationismus und „Intelligent Design" besagen, dass Gott (oder ein intelligentes Wesen) die Welt absichtlich geschaffen habe – sozusagen nach einem intelligenten Plan. Die Evolutionstheorie geht hingegen von einer (planlosen) Entwicklung aus, die keinen „Schöpfer" in Betracht zieht.

Fischill: Die moderne Hirnforschung schränkt unseren Freiheitsspielraum immer mehr ein. Es scheint, dass unsere Abwägungsprozesse von vielen unterschiedlichen Faktoren abhängen: von der Verschaltung unserer Nervenzellen, genetischen Faktoren, frühkindlichen Prägungen, diversen Lernprozessen. Hinzu kommen unterschiedliche Grade der Aktivität des Gehirns und sensorische Einflüsse. Und überdies sind viele Aktivitäten im Gehirn unbewusst. Es entscheidet uns, so könnte man sagen. Mit Schopenhauer gesprochen: Das stärkste Motiv setzt sich durch.

„Ich kann tun, was ich will: ich kann, wenn ich will, alles, was ich habe, den Armen geben und dadurch selbst einer werden – wenn ich will! – Aber ich vermag nicht, es zu wollen; weil die entgegenstehenden Motive viel zuviel Gewalt über mich haben, als daß ich es könnte."

A. Schopenhauer: Sämtliche Werke, Bd. 3, S. 563 R

Singer: *Das unterschreibe ich, da hat er recht. All dieses Wollen und Entscheiden ist die Folge von neuronalen Prozessen, und diese gehorchen den Naturgesetzen.*

Fischill: Schopenhauer hat das im 19. Jahrhundert das „stärkste Motiv" genannt.

Singer: *Es ist ein Wettkampf von Motiven. Und auf dem Weg hin zu einer Entscheidung gibt es gelegentlich den Augenblick, wo uns ein Teil der Motive, die dazu geführt haben könnten, bewusst wird. Aber in der Regel sind die Entscheidungen gefallen, bevor uns alle Motive dazu bewusst werden.*

Fischill: Es ist paradox: Wir müssen uns als determiniert/bestimmt denken und dies können wir eigentlich nicht. Und andererseits müssen wir uns als frei denken und können es ebenso wenig. Wenn jede Wirkung eine Ursache hat, bleibt da noch Platz für die Willensfreiheit?

Singer: *Wir empfinden uns subjektiv als frei, weil wir die Variablen, die unser Verhalten bestimmen, natürlich nur in einer winzigen Auswahl kennen. Wir kennen nämlich nur die, die uns im Bewusstsein aufscheinen. Dies ist sicher nur ein kleiner Teil dessen, was uns bewegt.*

Und selbst in diesem Fall ist es manchmal so, dass die Begründungen, die uns im Bewusstsein aufscheinen, nicht die wirklichen sind, die die Entscheidung herbeigeführt haben. Oft erfinden wir Dinge im Nachhinein, um unsere Handlungen kohärent zu machen, um sie einzupassen in unser Selbstbild.

Fischill: Sie verwenden da auch den Freud'schen Terminus der „Rationalisierung"*.

* Rationalisierung meint, dass wir immer versuchen, all unsere Handlungen zu rechtfertigen. Wir suchen nach Vernunftgründen bzw. Scheinbegründungen für unsere Taten. Wir reden uns ein, dass dieses oder jenes okay ist. Wir versuchen, die Dinge „schönzureden". Bekommt man beispielsweise eine Zurückweisung, so redet man sich ein, dass die/der andere ohnehin nicht zu einem gepasst hätte ...

Singer: *Das lässt sich auch experimentell nachweisen, indem man Versuchspersonen Befehle gibt, die nicht bewusst wahrnehmbar sind. Die Versuchsperson führt die Handlung aus und wird sich dann gewahr, dass sie etwas getan hat. Man fragt dann, warum sie das getan hat. Dann sagt sie: Weil ich das tun wollte. Dem Experimentator ist natürlich klar, dass das Scheinargumente waren, da er selber die Instruktionen gegeben hat.*

Fischill: Um ein schockierendes persönliches Erlebnis einzubauen: Bali, Nordküste, ein toller Strand, ein herrliches Meer – da passierte es: Als meine Lebensgefährtin im Meer jäh aufschrie, bin ich ihr spontan davongeschwommen. Nach ca. einer Sekunde setzte die Vernunft, das Großhirn ein, und ich schwamm heldenhaft rettend zu ihr. Die vermeintliche Haiattacke entpuppte sich als Tritt auf einen Seeigel. Wenn es darauf ankommt, übernehmen primitive Hirnareale das Kommando, so mein trauriges Fazit. Sind wir alle derart gespaltene und auf reines Überleben programmierte Wesen, quasi Maschinen?

Singer: *Ja, wir sind natürlich auf das Überleben programmierte Systeme. Wir sind aber extrem komplexe, nicht lineare Systeme. Die Schritte, die Hirnzustände determinieren, folgen notwendig kausal aufeinander. Trotzdem ist aufgrund der Komplexität und der nicht linearen Dynamik nicht voraussagbar, was mein Gehirn in den nächsten zwei Stunden tun wird.*

Fischill: Aber meine Fluchtreaktion können Sie verstehen?

Singer: *Die kann ich verstehen. Und das Gleiche werden Sie beobachten, wenn Sie z. B. in eine sehr knifflige Verkehrssituation kommen. Wenn Sie da anfingen, die Variablen, die Sie brauchen, ins Bewusstsein zu heben, um auszurechnen, was Sie jetzt tun sollten, dann würden sie längst „gestrauchelt" sein. Im Unbewussten werden nach sehr einfachen Regeln ganz viele Variablen gleichzeitig verrechnet. Was Sie dann machen, ist auch meistens die beste Lösung.*

Fischill: Zum Fragenkomplex Freiheit und Verantwortung: Soll die Verbrecherin/der Verbrecher mit Tumor im Präfrontallappen – eigentlich ein armer Mensch, der nichts dafür kann – bestraft werden? Oder: Was treibt den Triebtäter?
Singer: *Wir gehen davon aus, dass natürlich in Gehirnen von Tätern etwas anders sein muss als in Gehirnen von Nichttätern, denn sonst wären sie nicht zu Tätern geworden. In manchen Fällen sieht man dann einen Gehirntumor, der bestimmte Systeme zerstört hat, die man braucht, um Handlungsimpulse zu unterdrücken oder um sich gelernte moralische Inhalte ins Bewusstsein zu bringen. In so einem Fall würde man dann mildernde Umstände gewähren. Einfach gesagt: Der konnte das nicht anders machen, weil da etwas kaputt war.*
Nun gibt es sehr viele Ursachen für Fehlverhalten, die nicht sichtbar sind oder noch nicht sichtbar sind: Fehlverschaltungen im Gehirn, die genetische Ursachen haben können oder erziehungsbedingt sein können. Da sehen Sie nichts, zumindest mit den Methoden, die wir zurzeit zur Verfügung haben.

Fischill: Heißt das, Sie verstehen diese Menschen, wenn sie diese Taten begehen? Würden Sie solche Handlungen trotzdem sanktionieren?
Singer: *Wir verstehen ja auch oft, warum jemand im Affekt etwas ganz Bestimmtes tut, und können das oft sehr gut nachvollziehen. Trotzdem: Die Nachvollziehbarkeit befreit einen nicht davon, für das Getane die Verantwortung zu tragen und Normen einhalten zu müssen.*

Fischill: Gibt es demnach noch „böse Menschen"? Verwenden Sie diese Kategorie?
Singer: *Ja. Es gibt Menschen, die durch ihr Verhalten sehr viel Unheil anrichten – und das oft auch noch mit Lust tun, wenn sie sadistisch veranlagt sind. Da würde ich schon sagen, die sind, im Vergleich zu Wohltätern, böse. Die können nichts dafür, dass sie so veranlagt sind, dass sie so ein Gehirn haben. Das Fehlverhalten hat natürlich irgendwelche Ursachen, dennoch muss das sanktioniert werden, es kann nicht geduldet werden.*

Fischill: Wie hoch ist Ihres Erachtens der Anteil, die Bedeutung der Erziehung, des richtigen Programmierens des Gehirns?
Singer: *Sehr hoch. Es gibt natürlich genetische Dispositionen, über die man nicht hinwegerziehen kann. Das Gehirn kommt mit dem Angebot an Möglichkeiten der Entfaltung. Das kann man dann fördern oder lenken. Aber Sie können natürlich über gewisse Grunddispositionen hinaus Persönlichkeiten nicht grundlegend verändern. Wie hoch das anteilig ist, ist schwer zu beurteilen, weil man die Experimente, die man dazu bräuchte, nicht machen kann.*

Fischill: … nicht mehr machen kann …
Singer: *… ja, Gott sei Dank …*

Fischill: Sie schreiben, dass sich hoch entwickelte Gehirne vorwiegend mit sich selbst beschäftigen, also „autistisch" sind. Die Aktivitätsmuster im Gehirn unterscheiden sich kaum, ob sich Menschen etwas vorstellen oder das Vorgestellte tatsächlich vor Augen haben. Gilt der Satz des Stoikers Epiktet:
„Nicht die Dinge selbst beunruhigen die Menschen, sondern die Vorstellungen von den Dingen."
Epiktet: Handbüchlein der Moral, S. 24
Singer: *Da hat er recht. Ich glaube, die moderne Neurowissenschaft ist den Stoikern sehr nahe. Wir nehmen die Welt so wahr, wie wir sie uns konstruieren. Und wir wissen ja aus der eigenen Erfahrung, dass die Angst vor möglichen Katastrophen oft viel schlimmer ist als die Katastrophe selbst.*

Fischill: Gerade in Liebesangelegenheiten ist der Mensch besonders seinen basalen Hirnteilen ausgeliefert. Wie frei sehen Sie sich oder den Menschen in dieser Hinsicht, ganz lebenspraktisch gesprochen?
Singer: *Die Lebenspraxis hat sehr schöne Sprichworte gefunden: dass Liebe blind macht, zum Beispiel. Weil man offenbar projektive Mechanismen in Gang setzt, die Qualitäten und Eigenschaften in den anderen hineinprojizieren, von denen der andere selbst nichts weiß. Und man verliebt sich dann in die Projektion, die man sich schafft.*
Es ist also sicher richtig, dass man unter diesen hormonellen Stürmen die Wahrnehmung verändert. Es gibt die interessante Untersuchung von Männern auf Bohrinseln. Da wurde festgestellt, dass etwa eine Woche vor dem antizipierten Landgang, der nun verhieß, dass sie wieder zu ihren Frauen kommen können, der Bartwuchs zunahm.
Dies natürlich infolge der Zunahme der männlichen Geschlechtshormone. Das ist durch Blutproben quantifiziert und untersucht worden. Die Blutproben haben gezeigt, dass die Vorstellung, jetzt wieder aktiv werden zu können, tatsächlich den Hormonspiegel verändert hat.
Umgekehrt ist es auch so: Wenn der Hormonspiegel stark angestiegen ist, dann nimmt die Libido zu und die sensorischen Filter nehmen ganz andere Sachen wahr als vorher.

Aber das gilt für den Hunger genauso: Wenn Sie sehr hungrig sind, dann werden Sie sehr empfindlich für Gerüche, die Essen versprechen. Und wenn Sie sehr verliebt sind, vielleicht für Gerüche, die mehr nach Parfüm duften.

Fischill: Letztes großes Thema: Religion und Glaube. Bleibt für den Naturwissenschaftler Wolf Singer noch Raum für Gott?
Singer: *Es bleibt sicher Raum für eine sehr abstrakte Fassung des Unerklärlichen. Wenn Sie die Naturwissenschaften durchforsten, dann sehen Sie, dass überall Fragen unbeantwortet bleiben. Wir wissen nicht, in welche Unendlichkeit hinein sich das Weltall ausdehnt. Wir wissen nicht, was vor dem Urknall war, wenn er nun wirklich stattgefunden hat. Wir wissen nicht, warum das alles so ist, wie es ist.*
Wir können das alles nicht begreifen. Und für das Unbegreifliche haben wir immer schon die Projektionen gehabt, die die Welt kohärent machen. Alle Weltreligionen haben sich die Götter erschaffen, um Unerklärliches kausal abzuleiten. Der Blitz war lange Zeit nicht herleitbar, also hat man einen Gott erfunden, der Blitze warf.

Fischill: Und nachdem immer irgendetwas nicht herleitbar sein wird, wird immer Raum für Gott bleiben.
Singer: *Es wird immer Raum bleiben. Der wird nur immer unanschaulicher werden. Und ich denke, die Kirchen täten gut daran, nicht zu versuchen, das bereits Erklärte für die Glaubenssysteme vereinnahmen zu wollen. Sie sollten sich jenseits der erklärbaren Schwelle ansiedeln. Dann ist man auch nicht angreifbar und nicht falsifizierbar.*

Fischill: Führen Sie als Wissenschaftler ein freies Leben – führen Sie als Privatmensch Wolf Singer ein freies Leben?
Singer: *Meine subjektive Erfahrung ist natürlich die, wie sie alle anderen Menschen haben. Nämlich dass ich frei bin, hier sitzen zu bleiben oder aufzustehen.*
Ich habe auch meine Kinder so erzogen, als wären sie frei, bestimmte Dinge zu tun oder zu lassen. Ich habe sie bestraft oder belohnt dafür, wohl wissend, dass sie in dem Moment wahrscheinlich nicht anders gekonnt hätten. Aber ich musste sanktionieren, um ihnen die Möglichkeit zu geben, Regeln zu erlernen, die sie brauchen, um später bestehen zu können.

Fischill: Waren Sie wirklich „frei", dieses Interview zu geben?
Singer: *Das hat sich hergeleitet aus einer Fülle von – wenn Sie so wollen – Zwängen. Wobei zum Teil die Zwänge von außen kamen – durch Ihre Bitte –, die Zwänge zum Teil von innen – durch mein Wissen um die Verpflichtung, die Öffentlichkeit zu informieren, Wissen weiterzugeben. Und dann kam noch die Situation dazu, dass ich mit dem Essen fertig war und das der geeignete Moment war.*

Fischill: Ich danke Ihnen für das Interview.

1. Reflektieren und diskutieren Sie:
   a) das Menschenbild des Hirnforschers,
   b) Singers Sichtweise von VerbrecherInnen,
   c) sein Gottesbild.
2. Erörtern Sie, wie frei DeterministInnen wie Schopenhauer, La Mettrie oder bestimmte HirnforscherInnen sind.
3. Überlegen und formulieren Sie, was Sie eine Hirnforscherin/einen Hirnforscher fragen würden. Welche Antworten kann man sich von der Hirnforschung erwarten, welche nicht?
4. Internetrecherche: Informieren Sie sich über die Forschungen und Publikationen (Essays und Interviews) von Prof. Wolf Singer, Max-Planck-Institut für Hirnforschung.

Vom Grundlagen-Problem der Freiheit zu einem sehr konkreten Problemkreis der Ethik:

6. Der Wert des Lebens

6.1 Werte

Werte gelten als **Grundpfeiler**, die unser Denken und Handeln bestimmen. Weil einem dies oder jenes wertvoll erscheint, handelt man dementsprechend. Wie wertvoll ist nun der Mensch?

Der Mensch denkt über sich selbst nach. Was ist seine Stellung in der Welt, was ist sein Wert? Vieles, was ehemals als gottgegeben betrachtet wurde, kann nun vom Menschen erklärt werden. Der Beginn und das Ende des Lebens rücken, dank moderner Medizin und Technik, immer mehr ins Zentrum des Interesses. Menschen greifen immer mehr selbst in die Lebensbahn ein. Früher ging man davon aus, dass Gott das Leben „schenkte" und es auch wieder „nahm". Heute bestimmt der Mensch vieles: Sollen wir z.B. am ungeborenen Leben „Eingriffe" (Stichwort: Stammzellenforschung, Pränataldiagnostik) vornehmen? Sollen wir Frühgeborene mit Intensivmedizin behandeln? Sollen wir schwerstkranke und leidende Menschen um jeden Preis am Leben erhalten? Wann darf man von der Euthanasie (Sterbehilfe; gr.: *eu* = gut, *thanatos* = der Tod) Gebrauch machen?

Die Frage nach dem Wert des Lebens wird neu gestellt. Je mehr Möglichkeiten sich dem Menschen im 21. Jahrhundert bieten, je mehr der Mensch selbst bestimmen und entscheiden kann, desto brennender werden ethische Fragen und desto dringlicher wird die Suche nach Antworten: Was ist für uns wertvoll?

Der Begriff „**Wert**" stammt eigentlich aus der Ökonomie. Erst später etablierte sich dieser Begriff in der Ethik. In der Ökonomie wird gemessen und be-wertet. Der Wert ist der Kaufpreis, d.h. der Gegenwert. In kapitalistischen Gesellschaften hat alles einen Wert und wird in Preisen bemessen. Alles kann mit allem verglichen werden. Geld wird zum universalen Wertmaßstab. Ist aber wirklich alles messbar? Hat alles seinen Preis?
Begriffe wie „Humankapital", „Schulstandorte" und „Schülermaterial" belegen ein zunehmend technisch-distanziertes Verhältnis, das wir auch zu Menschen haben.

Zu bewerten, vergleichen und messen ist etwas sehr Menschliches. Über Jahrtausende wurden Menschen in diverse Klassen, Schichten und Geschlechter(rollen) eingeteilt: der Sklave, der Aristokrat, der Leibeigene, die Hausfrau usw.

Seit der Aufklärung im 18. Jahrhundert hat sich diese Sicht grundsätzlich verändert. Kant zufolge ist der Mensch über allen Preis erhaben, besitzt eine Würde, d.h. einen absoluten inneren Wert. Der Mensch, das Vernunftwesen, ist Zweck an sich.
Die prinzipielle Gleichheit der Menschen fand ihren Niederschlag in den Menschenrechten. Ungeachtet aller Kosten-Nutzen-Rechnungen seien alle Menschen gleich und auch gleich viel wert. Hält diese aufklärerische Überlegung und Prämisse noch? Steht der Mensch mit seiner unverrückbaren Würde und seinem Wert außerhalb aller Preisvergleiche?

1. Machen Sie sich bewusst, welche Werte Ihnen wichtig sind, welche Werte Ihr Denken und Handeln steuern. Überlegen Sie, ob Sie einen höchsten Wert haben. Erarbeiten Sie Ihre persönliche Hierarchie der fünf wichtigsten Werte.
2. Setzen Sie sich kritisch mit dem Gedanken auseinander, wonach der Mensch einen absoluten Wert, d.h. eine unantastbare Würde besitzt. Was bedeutet es, dem Menschen einen derartigen Wert zuzuschreiben? Überlegen Sie die Folgen dieser Sonderstellung. Überprüfen Sie, worin Sie (dennoch) Ihre Mitmenschen auf- oder abwerten.

6.2 Peter Singer: Lebens-Wert

Peter Singer

Der australische Philosoph **Peter Singer** (geb. 1946) ist einer der umstrittensten und meistdiskutierten Philosophen der Gegenwart. Sein bekanntestes Buch trägt den Titel „Praktische Ethik". Vor allem seine Überlegungen zum Wert des Lebens haben für massive Proteste gesorgt. Wegen seiner Gedanken zu Euthanasie und Abtreibung bzw. zur Tötung schwer kranker Neugeborener wurde ihm vielfach Nähe zum nationalsozialistischen Denken unterstellt.

Im Gegensatz zu Kant, der eine deontologische Position einnimmt, ist Peter Singer auf der Seite der teleologischen Konzepte. Er vertritt eine sehr pragmatische Position (gr.: *pragma* = das Handeln; pragmatisch = auf das Handeln bezogen), er ist **Utilitarist**: Das heißt, gut ist, was nützlich ist. Es geht um den größtmöglichen Gesamtnutzen.

Man spricht auch von einem „konsequentialistischen Ansatz" – sprich: Es geht immer um die Folgen, die Konsequenzen des Handelns. Peter Singer bringt gleich zu Beginn seiner Ethik ein anschauliches Beispiel, um seine Position zu verdeutlichen.

Es mag normalerweise unrecht und falsch sein zu lügen, aber wenn man in Nazi-Deutschland leben würde und die Gestapo erschiene vor der Tür, um nach Juden zu fahnden, so wäre es sicher richtig, die Existenz der jüdischen Familie, die sich auf dem Dachboden versteckt hält, zu leugnen.

P. Singer: Praktische Ethik, S. 17 R

Peter Singer ist Jude und hat Verwandte im Holocaust verloren.

Der australische Philosoph sucht in seiner Ethik nach vernünftigen Begründungen und nach entsprechenden Diskussionen. Religion werde dazu nicht benötigt. Die Interessen aller sollen vernünftig abgewogen werden. Wesentlich sei der Handlungsverlauf, der „per Saldo für alle Betroffenen die besten Konsequenzen hat". Somit werden **Interessenabwägungen** stets Ziel sein. Alle haben die gleichen Rechte und Pflichten – die Waagschale sei neutral, unparteiisch. Keine Rasse oder sonstige Unterschiede können ausschlaggebend sein.

Beim Abwägen von Interessen gerät man natürlich in gewisse Schwierigkeiten. Die Zukunft ist immer offen, und so kann nie gesagt werden, wie sich diese oder jene Handlung letztlich auswirken wird. Überdies ist das konsequente Durchdenken aller Interessen der Beteiligten auch praktisch ein Ding der Unmöglichkeit.

Idealerweise sollen – mittels vernünftiger Überlegungen und Argumente – die Interessen aller abgewogen und berücksichtigt werden. Am Beispiel mit dem Rettungsboot (Wer geht von Bord? – vgl. dazu S. 122) zeigt sich die Problematik: Sobald menschliches Leben im Mittelpunkt steht, werden eindeutige Lösungen unmöglich.

Welches Leben ist lebenswerter?

Peter Singer meint, es gelte „*die Grundvoraussetzung, daß ein Leben ohne Behinderung besser ist als ein Leben mit Behinderung*".

P. Singer: Praktische Ethik, S. 79 R

Die Fähigkeiten, laufen, sehen, hören, von Schmerz und Unbehagen relativ frei sein sowie wirksam kommunizieren zu können, sind – unter praktisch allen sozialen Bedingungen – echte Vorteile.

P. Singer: Praktische Ethik, S. 80 R

Peter Singer räumt weiters ein, dass es im Allgemeinen gerechtfertigt ist, für Behinderte mehr auszugeben als für die anderen.

Die UtilitaristInnen werden auch „Buchhalter des Glücks" genannt – der Utilitarismus auch „Philosophie für Krämerseelen". Es wird immer schwierig bis unmöglich sein, das Leben bzw. den Wert des Lebens buchhalterisch abzuwägen, wenngleich wir im Alltag genau jene von Singer angewandten Überlegungen anstellen: Wie wird sich das auswirken, unter welchen Voraussetzungen erzielen wir das beste Ergebnis?

Zum Wert des vorgeburtlichen (pränatalen) Lebens
Moderne medizinische Techniken eröffnen neue Möglichkeiten in der Krankheitserkennung (Diagnostik) und in der Krankheitsbekämpfung, sicher kennen Sie aktuelle Beispiele. Manche dieser Techniken schaffen aber auch (neue) ethische Probleme. Beispielsweise sind in speziellen Kühlapparaten viele Tausende Embryonen gelagert, die bei In-vitro-Fertilisationen* zunächst entstehen, jedoch nicht eingepflanzt werden.

* In-vitro-Fertilisation ist die Befruchtung außerhalb des Körpers, sozusagen im „Reagenzglas".

Singer versucht nun eine rationale Interessenabwägung und Bewertung des ungeborenen Lebens. Am Beginn seiner Überlegungen steht der oft zitierte Zellklumpen:

Das befruchtete Ei ist eine einzelne Zelle. Nach einigen Tagen ist es immer noch lediglich ein kleiner Zellklumpen, ohne daß auch nur ein einziges anatomisches Detail des späteren Wesens erkennbar würde.
P. Singer: Praktische Ethik, S. 179 R

Peter Singers Überlegungen beziehen sich aber auch auf das Ende des Lebens, etwa das Problem der Sterbehilfe (Euthanasie), zum Beispiel für Menschen, die im Koma liegen.

Viele solche Fragen werden immer dringlicher, werden in Fachkreisen und öffentlich diskutiert und verlangen von mündigen BürgerInnen Standpunkte.

Für Singer gibt es keine „Heiligkeit" des menschlichen Lebens. Menschsein an sich, zur Gattung (Spezies) Mensch zu gehören, bedeutet für ihn – im Gegensatz zur christlichen Position – noch keine Sonderstellung. Um von „Person" sprechen zu können, müssen nach Singer folgende Kriterien zum Tragen kommen: Rationalität, Selbstbewusstsein, Bewusstheit, Empfindungsfähigkeit, Leidensfähigkeit. Der Mensch könne über sich selbst nachdenken; er könne seine Vergangenheit und Zukunft reflektieren. Das zeichne ihn aus und gebe ihm seinen Wert.
Kann und darf man damit unterscheiden, welches Leben „lebenswert" ist und welches nicht? (Vgl. dazu auch die Probleme beim Utilitarismus auf S. 118f.)

Nebenbei: Der immer noch verbreitete Begriff des „lebensunwerten Lebens" zählt zur Nazi-Terminologie und ist seit dem Holocaust äußerst problembehaftet. Auch die antiken Griechen und Römer qualifizierten „lebensunwertes Leben", kranke und missgestaltete Säuglinge wurden nach der Geburt ausgesetzt.

Der Mensch steht für Singer in der Reihe der tierischen Lebewesen. Er verwendet den Begriff „nicht menschliche Tiere" und will damit zum Ausdruck bringen, dass es auch menschliche Tiere gibt. Anders betrachtet, kann man Singer als Tierschützer sehen, denn er kommt zum Schluss, dass einige nicht menschliche Tiere Personen seien:

Manche Angehörigen anderer Gattungen sind Personen: manche Angehörigen unserer eigenen Spezies sind es nicht.
P. Singer: Praktische Ethik, S. 156 R

Mit „**Person**" meinen wir heute den Menschen als (geistiges) Einzelwesen. Bei Kant gilt als Person ein vernunftbegabtes Wesen, bei Singer ein mit Selbstbewusstsein, Rationalität und Empfindung ausgestattetes Wesen. Die Zuschreibung „Person" ist vom Menschen für den Menschen geschaffen. Sie existiert nicht von alleine, es haftet nicht von Natur aus an unserem Körper.

Peter Singer bezeichnet es als „Speziesismus", wenn der Spezies Mensch eine Sonderstellung gegeben wird.

Die Auffassung, die bloße Zugehörigkeit zu unserer Spezies, ungeachtet aller anderen Eigenschaften, sei von entscheidender Bedeutung für die Unrechtmäßigkeit des Tötens, ist ein Erbe religiöser Lehren […].
P. Singer: Praktische Ethik, S. 196 R

Menschliche Speziesisten erkennen nicht an, daß der Schmerz, den Schweine oder Mäuse verspüren, ebenso schlimm ist wie der von Menschen verspürte.
P. Singer: Praktische Ethik, S. 86 R

Wie empfindet die gequälte Katze wirklich? Unzählige Ratten und andere Tiere werden vielfach zu Forschungszwecken in den Laboratorien „verwendet". Das Tier ist ein Ding, eine Sache, eine Ware.

ForscherInnen rechtfertigen Tierversuche damit,
daß die Experimente zu Entdeckungen über den Menschen führten; wenn das aber so ist, dann müssen die Versuchsleiter zugeben, daß menschliche und nicht-menschliche Lebewesen in entscheidenden Punkten gleich sind.
P. Singer: Praktische Ethik, S. 94 R

Wie stark sind die Ähnlichkeiten und Berührungspunkte von Tier und Mensch?

Was den Schwangerschaftsabbruch betrifft, so setzt Singer die 18. Woche als Zeitpunkt fest, ab wann ungeborenes Leben schützenswert wird.

Zwischen 18 und 25 Wochen erreicht das Gehirn des Fötus ein Stadium, in dem eine gewisse Verschaltung in den Teilen stattfindet, die mit Bewußtseinsbildung verbunden sind.

P. Singer: Praktische Ethik, S. 213 R

Und mit dem Bewusstsein beginnt dann auch die Empfindungsfähigkeit.

> Nebenbei: Unsere Gesetzgebung ist somit nicht so weit entfernt von der Singer-Position. In Österreich und den meisten Ländern der EU ist der Schwangerschaftsabbruch bis zur 12. Schwangerschaftswoche straffrei.

Eine längere Textpassage soll die Argumentation von Peter Singer verdeutlichen:

Denn bei jedem fairen Vergleich moralisch relevanter Eigenschaften wie Rationalität, Selbstbewußtsein, Bewußtsein, Autonomie, Lust- und Schmerzempfindung und so weiter haben das Kalb, das Schwein und das viel verspottete Huhn einen guten Vorsprung vor dem Fötus in jedem Stadium der Schwangerschaft – und wenn wir einen weniger als drei Monate alten Fötus nehmen, so würde sogar ein Fisch mehr Anzeichen von Bewußtsein zeigen.
Ich schlage daher vor, dem Leben eines Fötus keinen größeren Wert zuzubilligen als dem Leben eines nichtmenschlichen Lebewesens auf einer ähnlichen Stufe der Rationalität, des Selbstbewußtseins, der Bewußtheit, der Empfindungsfähigkeit usw. Da kein Fötus eine Person ist, hat kein Fötus denselben Anspruch auf Leben wie eine Person. Wir müssen natürlich noch untersuchen, wann der Fötus voraussichtlich in der Lage sein wird, Schmerz zu empfinden. Für den Augenblick genügt die Feststellung: Bis diese Fähigkeit vorhanden ist, beendet ein Schwangerschaftsabbruch eine Existenz, die überhaupt keinen Wert an sich hat. Danach jedoch, wenn der Fötus Bewußtsein (wenn auch kein Selbstbewußtsein) hat, sollte Abtreibung nicht leichtgenommen werden (falls eine Frau jemals einen Schwangerschaftsabbruch leichtnimmt). Aber die ernsthaften Interessen der Frau würden normalerweise jederzeit vor den rudimentären Interessen selbst eines bewußten Fötus Vorrang haben. Ja, selbst ein Schwangerschaftsabbruch in einem späten Stadium der Schwangerschaft aus den trivialsten Gründen ist schwerlich zu verurteilen, wenn wir nicht gleichzeitig das Abschlachten viel weiter entwickelter Lebensformen, nur weil uns deren Fleisch schmeckt, verurteilen.*

P. Singer: Praktische Ethik, S. 196f. R

* rudimentär = verkümmert, nicht ausgebildet

Auch Tiere haben Bewusstsein und sind leidensfähig. Dies sind für Peter Singer entscheidende Kriterien, um von Personalität zu sprechen.
Was Peter Singer nicht weiter berücksichtigt, ist das Problem der Potenzialität. Das Huhn entwickelt sich nicht weiter, der (menschliche) Embryo trägt es in sich, dass er sich weiterentwickelt. Dies ist ein wesentlicher Unterschied.

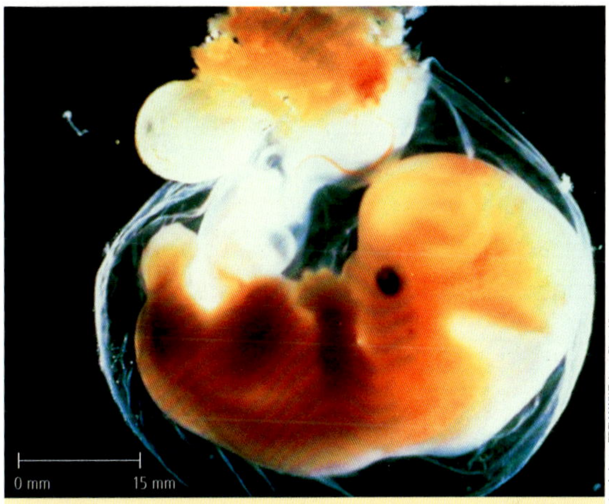

picturedesk.com/EDELMANN/Science Photo Library

Embryo 6 Wochen – 15 mm

> Nebenbei: Embryo = das ungeborene Lebewesen bis zur 12. Schwangerschaftswoche
> Fötus oder Fetus = das (weiterentwickelte) ungeborene Lebewesen ab der 12. Schwangerschaftswoche

Peter Singer schließt die Tötung von Neugeborenen nicht aus. Tatsächlich gibt es schwerste Erkrankungen (Peter Singer nennt Spina bifida, eine Erkrankung, bei der die Kinder mit offenem Rückenmark zur Welt kommen – eine sehr schmerzhafte und nicht zu heilende Erkrankung), die solche Gedanken entstehen lassen.
In der Praxis müssen die Betroffenen sowie Ärztinnen und Ärzte in konkreten Situationen Entscheidungen treffen. Bei schweren Fällen stellt sich die Frage: Geräte laufen lassen oder abschalten? Auch die Ärztin/der Arzt muss die verschiedenen Interessen abwägen.

> **Fazit:** Sobald man Trennlinien zwischen „lebenswert" – „eher wenig lebenswert" – „nicht lebenswert" zieht, wird es äußerst problematisch …

Zwei **Gegenpositionen** zu Peter Singer und seinem Utilitarismus: Einerseits sind aus dem religiösen Bereich die Lehren der katholischen **Kirche** mit dem unbedingten Bekenntnis zum Wert des (menschlichen) Lebens, zur Heiligkeit des Lebens zu nennen. Andererseits sind die philosophische Position von Immanuel **Kant** und seine Menschheitsformel bzw. sein Begriff von Würde anzuführen (vgl. dazu Kap. IV., 2.4 auf S. 125ff.).

1. Reflektieren und beurteilen Sie die Konsequenzen, wenn man den Wert des menschlichen Lebens (wie Peter Singer) derart „abwägt".
2. Diskutieren sie die Prämisse, wonach ein Leben ohne Behinderung „besser" als ein Leben mit Behinderung sei, wie Peter Singer meint.
3. Erklären Sie, warum man Peter Singers Ethik als tierfreundlich bezeichnen kann.
4. Zum Problem der Potenzialität: Erörtern Sie den Unterschied zwischen dem Schwein, dem Fisch und dem menschlichen Fötus.

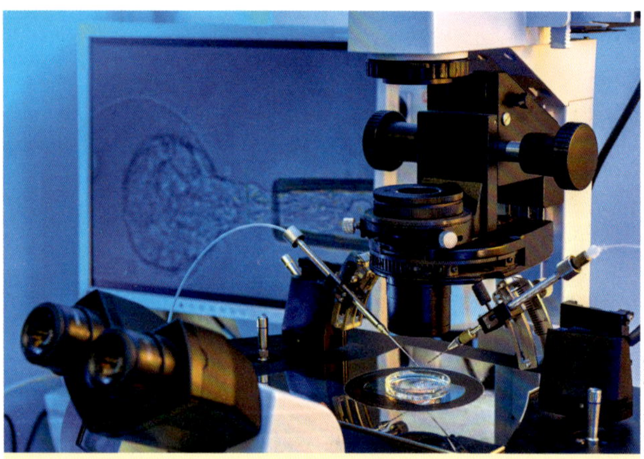
stock.adobe.com/MilosSemsem

In-vitro-Fertilisation

1) Ich finde ein Paar seiner Argumente schon rational, aber manchmal greift unser Gehirn, das nicht, weil wir uns ~~alle~~ größten Wert geben.

Rollenspiel: Podiumsdiskussion zum Wert des Lebens: „Lässt sich der Wert des Lebens bemessen?"
Teilen Sie sich in der Klasse in sechs Gruppen auf:

- UtilitaristInnen im Sinne von Peter Singer,
- KantianerInnen,
- VertreterInnen der Position der katholischen Kirche,
- VertreterInnen einer Pharmafirma, die Tierexperimente durchführt,
- VertreterInnen einer Tierschutzorganisation,
- ein ÄrztInnenteam.

Jede Gruppe arbeitet Argumente aus, die in der Diskussion von Bedeutung sein können.
Schließlich wird in jeder Gruppe eine Sprecherin/ein Sprecher bestimmt, die/der ans Podium tritt und vor versammelter Klasse diskutiert. Die „ZuhörerInnen" haben am Ende die Möglichkeit, Fragen an das Podium zu richten.

2. Nach ihn ist das Leben ohne Behinderung besser, weil da man mehrere Vorteile hat und im Leben nicht beschränkt ist.

3) weil er Tiere und Menschen den gleichen Wert gegeben hat. Er hat sie als nicht-menschliche definiert, also heißt das sie andere Gattung sind, aber trotz der Lebewesen wie Menschen sind

4) Er gibt den Fötus weniger Wert als dem Schwein und Fisch, weil die mehr Anzeichen von Bewusstsein zeigen

7. Philosophische Brocken

7.1 Schönreden

‚Das habe ich gethan' sagt mein Gedächtniss. Das kann ich nicht gethan haben – sagt mein Stolz und bleibt unerbittlich. Endlich – giebt das Gedächtniss nach.

F. Nietzsche: Sämtliche Werke, Bd. 5, S. 86 R

1. Definieren Sie die Begriffe: Selbstbetrug, Schönfärben, Rationalisieren.
2. Nennen Sie Situationen, in denen Sie zum Selbstbetrug tendieren.
3. Beziehen Sie Stellung zu der Frage, ob Rationalisieren und Schönfärben lebensnotwendig sind.

Friedrich Nietzsche (1844–1900) wollte der menschlichen Psyche auf den Grund gehen. Viele seiner Einsichten sind für den Menschen wenig erbaulich …

7.2 Glückseligkeit ist das Höchste

Als selbstgenügsam gilt uns dasjenige, was für sich allein das Leben begehrenswert macht und vollständig bedürfnislos. Für etwas Derartiges halten wir die Glückseligkeit, und zwar so, daß sie das Wünschenswerteste ist, ohne daß irgend etwas anderes addiert werden könnte. Wenn nämlich eine Addition möglich wäre, so würde sie offenbar noch wünschbarer, wenn auch noch das kleinste Gut dazukäme. Denn das Dazutreten würde dann einen Zuschuß an Gutem bedeuten, und es ist immer das größere Gut das wünschbarere. So scheint also die Glückseligkeit das vollkommene und selbstgenügsame Gut zu sein und das Endziel des Handelns.

Aristoteles: Die Nikomachische Ethik, S. 115 (1097 b) R

1. Berichten Sie, in welchen Momenten Sie sich glücklich oder glückselig schätzen.
2. Bewerten Sie, ob man durch Denken zur Glückseligkeit gelangt.

Aristoteles (384–322 v. Chr.) ist davon überzeugt, dass es nichts Höheres gibt als die Glückseligkeit.

7.3 Ruhe bewahren

Verlange nicht, daß alles so geschieht, wie du es willst, sondern wolle, daß alles so geschieht, wie es geschieht, und du wirst in Frieden leben.

Epiktet: Handbüchlein der Moral, S. 25 R

1. Beschreiben Sie, in welchen Situationen Sie an ein Schicksal oder eine höhere Macht glauben.
2. Manche lesen Horoskope, manche sehen bei sogenannten „Schicksalsschlägen" höhere Mächte am Werk. Reflektieren Sie die Vor- und Nachteile sowie die Folgen des Schicksalsglaubens.

Der Stoiker **Epiktet** (ca. 55–135 n. Chr.) plädiert für Gelassenheit und ein Sich-Einfügen in den Lauf der Dinge. Vieles stünde ohnehin nicht in unserer Gewalt …

7.4 Illusion der Freiheit

Die Menschen täuschen sich darin, daß sie glauben, sie seien frei. Diese Meinung besteht bloß darin, daß sie sich ihrer Handlungen bewußt sind, die Ursachen aber, von welchen sie bestimmt werden, nicht kennen. Das also ist die Idee ihrer Freiheit, daß sie keine Ursache ihrer Handlungen kennen.

B. de Spinoza: Die Ethik, S. 195 R

1. Beurteilen Sie den Gedanken, dass Freiheit durch Unwissenheit entsteht.
2. Stellen Sie sich vor, es zeige sich, dass wir völlig determiniert (bestimmt und daher unfrei) sind. Untersuchen Sie die möglichen Folgen für Ihr Leben.

Baruch de Spinoza (1632–1677) will der Wahrheit ins Auge sehen: Wir sind unfrei und unwissend. Gerade Letzteres ermöglicht die Illusion der Freiheit.

7.5 Jenseits von Gut und Böse

Jedes Ding strebt, soviel an ihm liegt, in seinem Sein zu verharren. [...] Aus all dem geht darum hervor, daß wir nichts erstreben, wollen, verlangen oder begehren, weil wir es für gut halten, sondern daß wir umgekehrt darum etwas für gut halten, weil wir etwas erstreben, wollen, verlangen oder begehren.

B. de Spinoza: Die Ethik, S. 273–277 R

[...] – kurz, die Moralen sind auch nur eine Zeichensprache der Affekte.

F. Nietzsche: Sämtliche Werke, Bd. 5, S. 107 R

1. Beziehen Sie Position zu der Frage, ob Selbsterhaltung („im Sein zu verharren") der Grundtrieb im Leben ist.
2. Zuerst der (Lebens-)Trieb, die „Affekte" und dann die Moral: Kommentieren Sie die These, dass zuerst der Affekt und dann die Moral kommt.
3. Reflektieren Sie die Entstehung unserer Kategorien von „Gut" und „Böse".

Baruch de Spinoza und **Friedrich Nietzsche** versuchen, die Relativität von Moralvorstellungen aufzuzeigen. Auch unsere Vorstellungen von Moral sind historisch gewachsen und somit nicht zeitlos, nicht ewig gültig.

7.6 Klar-Text

Du sollst nicht morden.
Du sollst nicht die Ehe brechen.
Du sollst nicht stehlen.
Du sollst nicht falsch gegen deinen Nächsten aussagen.

Bibel, Exodus, 20,13–16

1. Vergleichen Sie die Vor- und Nachteile von konkreten Verhaltensnormen gegenüber abstrakten, formalen Gesetzen wie bei Kant.
2. Entwickeln Sie eigene Überlegungen zum Unterschied zwischen religiöser und philosophischer Moral.
3. Erörtern Sie, wie wichtig (der Begriff) Gott ist, um Moral zu begründen und zu rechtfertigen.

Das **Alte Testament** (bzw. die Bibel) hält konkrete Vorschriften und Normen bereit, die das Zusammenleben der Menschen untereinander sowie die Beziehung zu Gott regeln sollen.

7.7 Verfall der Moral?

Wenn Zeit Geld ist, scheint es moralisch, Zeit zu sparen, vor allem die eigene, und man entschuldigt solche Sparsamkeit mit der Rücksicht auf den andern. Man ist geradezu. Jede Hülle, die sich im Verkehr zwischen die Menschen schiebt, wird als Störung des Funktionierens der Apparatur empfunden, der sie nicht nur objektiv eingegliedert sind, sondern als die sie mit Stolz sich selber betrachten. Daß sie, anstatt den Hut zu ziehen, mit dem Hallo der vertrauten Gleichgültigkeit sich begrüßen, daß sie anstatt von Briefen sich anrede- und unterschriftslose Inter office communications schicken, sind beliebige Symptome einer Erkrankung des Kontakts. Die Entfremdung erweist sich an den Menschen gerade daran, daß die Distanzen fortfallen.

Th. W. Adorno: Minima Moralia, S. 45 R

1. Von „Grüß Gott" und „Servus" über „Guten Tag" und „Hallo" zu „Ciao" und „Tschüss": Diskutieren Sie, ob sich gesellschaftliche Änderungen an Grußformeln bemerkbar machen.
2. Vergleichen Sie die Unterschiede hinsichtlich Kontaktnahme und Kommunikation zwischen Brief und E-Mail bzw. Social-Media-Kommunikation. Nennen und beschreiben Sie konkrete Beispiele, wie Sie da und dort kommunizieren.

Theodor W. Adorno (1903–1969) war einer der bedeutendsten Intellektuellen im 20. Jahrhundert. In seiner „Kritischen Theorie" versuchte er vielfach, die negativen Auswirkungen des angeblichen Fortschritts aufzuzeigen.

7.8 Sündenfall

Dann gebot Gott, der Herr, dem Menschen: Von allen Bäumen des Gartens darfst du essen, doch vom Baum der Erkenntnis von Gut und Böse darfst du nicht essen; denn sobald du davon ißt, wirst du sterben. [...]
Darauf sagte die Schlange zur Frau: Nein, ihr werdet nicht sterben. Gott weiß vielmehr: Sobald ihr davon eßt, gehen euch die Augen auf; ihr werdet wie Gott und erkennt Gut und Böse. Da sah die Frau, daß es köstlich wäre, von dem Baum zu essen, daß der Baum eine Augenweide war und dazu verlockte, klug zu werden. Sie nahm von seinen Früchten und aß; sie gab auch ihrem Mann, der bei ihr war, und auch er aß.
Da gingen beiden die Augen auf, und sie erkannten, daß sie nackt waren.

Bibel, Genesis 2,16f. und Genesis 3,4–7 R

Der biblische Schöpfungsbericht (**Genesis**) zeigt den Zusammenhang zwischen Freiheit, Erkenntnis und Moral. Der freie, aus dem Paradies vertriebene Mensch hat die Wahl zwischen Gut und Böse. Frei-Sein heißt somit Wählen-Müssen.

1. Der bekannte deutsche Philosoph und Buchautor Rüdiger Safranski veröffentlichte 1997 ein Buch mit dem Titel „Das Böse oder das Drama der Freiheit". Es scheint das Drama der menschlichen Freiheit zu sein, dass der Mensch nun auch Böses tun kann. Interpretieren Sie diesen Buchtitel.
2. Dem dänischen Philosophen Sören Kierkegaard (1813–1855) zufolge konnten Adam und Eva das göttliche Gebot noch nicht verstehen, da sie ja vom Baum der Erkenntnis von Gut und Böse noch nicht gegessen hatten. Überlegen Sie sich, ob der Mensch im paradiesischen „Urzustand" gut oder böse sein konnte.

Zusammenfassung

- Ethik ist die philosophische Disziplin, in der versucht wird, Antworten auf die Frage nach dem richtigen Handeln zu finden. Ohne auf Gott oder andere Autoritäten Bezug zu nehmen, wird allein durch vernünftige Überlegungen die kantische Frage „Was soll ich tun?" diskutiert.
- Man unterscheidet in der philosophischen Ethik prinzipiell zwei Richtungen: die teleologischen Konzepte und das deontologische Konzept. Erstere sehen das Ziel (telos) der Handlung im Vordergrund. Für Letzteres muss jede Handlung an sich gut sein – demnach heiligt der Zweck die Mittel nicht.
- Der Hedonismus sieht den Menschen von Lust bestimmt. Der Mensch strebt nach Lustmaximierung und Schmerzvermeidung. Aristipp hat die grobsinnliche Lust im Visier. Epikur denkt an die geistige Lust, die sich durch Gespräche, Freundschaften und das Philosophieren ergibt.
- Der Eudämonismus anerkennt Glück bzw. Glückseligkeit als höchstes Ziel. Nach Aristoteles findet am ehesten der philosophierende, beschaulich lebende Mensch zum Glück.
- Der Machiavellismus rückt das Machtstreben ins Zentrum. Für Machiavelli ist Macht das Ziel menschlichen Handelns. Der Begriff „Machiavellist" wird heute meist in einem negativen Sinn gebraucht und bezeichnet oft PolitikerInnen, denen es nur um die Macht geht.
- Der ethische Egoismus betont das Selbsterhaltungsstreben des Menschen. Hobbes und Schopenhauer nennen den Egoismus als Grundtriebfeder des Menschen. Die zweite Seite dieser Medaille ist das Mitleid.
- Der Utilitarismus will das größtmögliche Glück für die größtmögliche Zahl an Menschen erreichen. Gut ist, was nützlich ist, meinen die Vertreter Bentham und Mill. Wenn es aber um den Menschen und seine Interessen geht, wird ein Abwägen des jeweiligen Nutzens äußerst schwierig (siehe: Beispiel „Rettungsboot" bzw. Peter Singer und der Wert des Lebens).
- Die Fernethik (globale Ethik) unterstreicht die Notwendigkeit, dass alle Folgen des Handelns zu berücksichtigen sind. Gerade in Umweltfragen scheint es geboten, die räumliche und zeitliche „Ferne" in das Denken miteinzubeziehen. Im Zweifelsfall sollte man, Jonas zufolge, gegen das Projekt sein.
- Der Sein-Sollen-Fehlschluss von Hume markiert die logische Unzulässigkeit, von beobachteten Verhaltensweisen auf moralische Vorschriften zu schließen. Nur weil etwas so „ist", heißt dies nicht, dass es auch so sein „soll".
- Die deontologische Position von Kant steht den teleologischen Positionen gegenüber. Er meint, dass jede Handlung an sich gut sein und nach bestem Wissen und Gewissen vollzogen werden muss. Der eigene Handlungsgrundsatz muss verallgemeinerbar sein, d. h. für jedes vernünftige Wesen nachvollziehbar sein. Dies ist die Quintessenz von Kants Moralgesetz, dem „kategorischen Imperativ".
- Die (äußerliche) Handlungsfreiheit wird von der (innerlichen) Willensfreiheit unterschieden. Hinsichtlich der Willensfreiheit gibt es PhilosophInnen, die von der innersten Freiheit des Menschen überzeugt sind (= Indeterministen), und DenkerInnen, welche die eigentliche Freiheit leugnen und als Illusion bezeichnen (= Deterministen).

- IndeterministInnen wie Kant und Sartre betrachten den Menschen als freies und verantwortliches Wesen. Diese Sicht entspricht subjektiv unserem Alltagsdenken.
- DeterministInnen wie Spinoza, Hobbes, La Mettrie und Schopenhauer meinen, dass sich der Mensch in seinem Freiheitsbewusstsein täusche. Als biologische Maschinen seien wir programmierte Wesen. Wie überall in der Natur funktioniere auch im Menschen und seinem Gehirn alles streng nach Ursache und Wirkung. Es bleibe kein Raum für Freiheit.
- Die dem Menschen widerstrebende und sein Weltbild erschütternde Sichtweise des Determinismus wird neuerdings durch experimentelle Belege aus der Hirnforschung unterstützt. Das an sich theoretisch-philosophische Thema der Willensfreiheit wird dadurch sehr praktisch: Inwiefern sind wir für unsere Taten noch verantwortlich? Inwiefern müssen die Strafgesetze geändert werden?
- Der Mensch bewertet vieles, er bewertet auch sich selbst. Der Utilitarist Peter Singer meint, dass in Bezug auf das menschliche Leben vernünftige Interessenabwägungen stattfinden sollten. Den Status „Person" erreiche der Mensch erst durch Rationalität, Selbstbewusstsein und Empfindungsfähigkeit. Manche Tiere seien demgegenüber eher „Person" und wertvoller als der Mensch in einem bestimmten Stadium. Das ungeborene Leben (Stichwort: Abtreibung) sowie der kranke und leidende Mensch (Stichwort: Euthanasie) stehen zur Diskussion.

Abschließende Fragen und Anregungen

1. Grenzen Sie die Begriffe Ethik, Moral und Gesetz voneinander ab. Was heißt autonom, was heteronom? Wie autonom sind Sie selbst, und wie decken sich unsere Gesetze mit Ihrer Ethik?
2. Erklären Sie die Unterschiede zwischen den teleologischen Konzepten der Ethik und dem deontologischen Konzept.
3. Beschreiben Sie die sechs teleologischen Richtungen: Nennen Sie die VertreterInnen und charakterisieren Sie die Hauptgedanken.
4. „Dies liegt eben in der Natur des Menschen!" – Erörtern Sie das Problematische an dieser Aussage.
5. Fassen Sie die Hauptgedanken der deontologischen Position von Kant zusammen. Wie wäre eine Welt voller KantianerInnen? Entwickeln Sie entsprechende Hypothesen und nehmen Sie aus der Sicht eines Kantianers/einer Kantianerin Stellung.
6. Zum Problem der Freiheit: Kontrastieren Sie die Standpunkte des Indeterminismus und des Determinismus. Überprüfen Sie, ob die Begriffe Verantwortung und Schuld – im Lichte neurowissenschaftlicher Erkenntnisse – neu definiert werden sollten.
7. Rekapitulieren und beurteilen Sie: Wie bewertet Peter Singer das menschliche Leben? Was sind für ihn relevante Kriterien, um von „Person" sprechen zu können? Welche Probleme ergeben sich aus dieser utilitaristischen Sichtweise? Was ist dabei zu kritisieren?

Mögliche kompetenzorientierte Aufgabenstellungen für die Reifeprüfung befinden sich im Anhang auf S. 241ff.

1. Philosophie und Politik?

Alamy Stock Photo/Leonid Andronov

Plenarsaal des Europäischen Parlaments

1.1 Grundlagen

Das Wort „Politik" kommt aus dem Griechischen und bedeutet die Kunst der Stadt- oder Staatsführung bzw. die Kunst der Staatsverwaltung. Dazu muss man wissen, dass die griechische *polis* ein Stadtstaat und kein Flächenstaat im modernen Sinne war.
Politik ist die **Kunst der Staatsführung**. Von Beginn der philosophischen Tradition an wurden soziale und politische Belange gedanklich hinterfragt. Politische Philosophie wird somit mit den Begriffen Staats-, Rechts- und Sozialphilosophie umschrieben und in Zusammenhang gebracht.

Jede/Jeder von uns trifft jeden Tag auch politische Entscheidungen, nicht nur an dem Tag, an dem man ein Kreuz auf dem Stimmzettel macht. Durch die Gestaltung des eigenen Lebens repräsentiert man ein soziales Modell und kritisiert dadurch andere Modelle des Zusammenlebens. Jede und jeder hat ein Konzept von Gemeinschaft und Staat und lebt dieses.

Die ursprüngliche Aufgabe von Politik ist, die Grundlagen für ein gutes Zusammenleben zu schaffen.
Zurück zur politischen Ausgangssituation: Jede/Jeder hat Eltern, Erziehungsberechtigte oder fürsorgliche Menschen um sich gehabt, die sie/ihn behütet, genährt und geliebt haben.
Aristoteles bezeichnete in diesem Sinne den Menschen als **Zoon politikon** – als politisches bzw. soziales Tier. Erst im Rahmen einer Gemeinschaft können sich Menschen entfalten. Aristoteles legte überdies großen Wert auf die Freundschaft. Wir brauchen einander, wir seien aufeinander angewiesen.

Mit-Menschen schaffen natürlich auch Probleme. Arthur Schopenhauer (1788–1860) hat für diese Ausgangssituation ein interessantes Bild gefunden:

Eine Gesellschaft Stachelschweine drängte sich an einem kalten Wintertage recht nahe zusammen, um durch die gegenseitige Wärme sich vor dem Erfrieren zu schützen. Jedoch bald empfanden sie die gegenseitigen Stacheln; welches sie dann wieder von einander entfernte. Wann nun das Bedürfnis der Erwärmung sie wieder näher zusammenbrachte, wiederholte sich jenes zweite Übel; so daß sie zwischen beiden Leiden hin- und hergeworfen wurden, bis sie eine mäßige Entfernung von einander herausgefunden hatten, in der sie es am besten aushalten konnten. – So treibt das Bedürfnis der Gesellschaft, aus der Leere und Monotonie des eigenen Innern entsprungen, die Menschen zueinander; aber ihre vielen widerwärtigen Eigenschaften und unerträglichen Fehler stoßen sie wieder von einander ab. Die mittlere Entfernung, die sie endlich herausfinden und bei welcher ein Beisammensein bestehn kann, ist die Höflichkeit und feine Sitte. Dem, der sich nicht in dieser Entfernung hält, ruft man in England zu: ‚Keep your distance!' (Wahre deinen Abstand!) – Vermöge derselben wird zwar das Bedürfnis gegenseitiger Erwärmung nur unvollkommen befriedigt, dafür aber der Stich der Stacheln nicht empfunden. – Wer jedoch viel eigene innere Wärme hat, bleibt lieber aus der Gesellschaft weg, um keine Beschwerde zu geben noch zu empfangen.

A. Schopenhauer: Sämtliche Werke, Bd. 5, S. 765 R

stock.adobe.com/Eric Isselée

Der Mitmensch ist für Schopenhauer eine ambivalente (zwiespältige) Sache. Was ermöglichen uns die anderen, was müssen wir für ein gutes Zusammenleben in Kauf nehmen? Suchen Sie Beispiele aus dem Alltag.

Gedankenexperiment: Welt ohne Mitmenschen
Stellen Sie sich einen Moment eine Welt ohne Mitmenschen vor und reflektieren Sie folgende Fragen:
Wie würde diese Welt aussehen?
Was würden Sie tun?
Welches Leben würden Sie führen?
Welchen Sinn könnten Sie im Leben finden?

Auch wenn wir uns ab und zu zurückziehen: Eine einsame Insel ist nie der Ausgangspunkt für menschliche Entwicklung. Ausgangspunkt dafür ist immer die Gesellschaft: Eltern, Familie, Freundes- und Bekanntenkreis, Gemeinde, Region ... Menschliches Leben braucht Gemeinschaftliches, es entsteht nur aus Gemeinschaft. Alleine zu überleben war und ist unmöglich.

Nebenbei: Das griechische Wort *idiotes* bedeutet Privatmann, Einzelperson, Nichtkenner, Ungebildeter. Der Privatmann, also derjenige, der alleine, ausgeschlossen und ohne gesellschaftlichen Kontext lebt, ist der Idiot.

Da wir also zusammenleben müssen und dürfen, stellt sich die Frage: Wie machen wir das am besten? Wie organisieren wir unser Zusammensein optimal? Das ist diesbezüglich die zentrale (philosophische) Frage.

1.2 Wie alles begann ...

Platon erzählt in seinem Dialog „Protagoras" folgende Geschichte:

So ausgerüstet wohnten die Menschen anfangs noch zerstreut, und Städte gab es noch nicht. Sie wurden daher eine Beute der wilden Tiere, weil sie ihnen durchweg an Kraft unterlegen waren; denn ihre kunstmäßige Geschicklichkeit bot ihnen zwar für den Lebensunterhalt hinreichende Sicherung, für den Kampf aber gegen die wilden Tiere war sie unzureichend. Denn noch fehlte ihnen die staatsbürgerliche Kunst, von der die Kriegskunst einen Teil ausmacht. So waren sie denn von dem Wunsche beseelt, sich zusammenzutun und zu sichern durch Gründung von Städten. Jedesmal aber, wenn sie sich zusammentaten, kam es zu Vergehungen und Beleidigungen gegeneinander, denn noch waren sie nicht im Besitz der staatsbürgerlichen Kunst; sie zerstreuten sich also bald wieder und fielen so dem Verderben anheim. Dem Zeus also ward bange um das Menschengeschlecht, dessen völliger Untergang sich vorzubereiten schien; darum entsandte er den Hermes als Bringer der Scham und des Rechtes an die Menschen, auf daß durch diese den Staaten Ordnung und freundschaftlicher Zusammenhalt zuteil werde. So fragt denn Hermes den Zeus, auf welche Art er Recht und Scham an die Menschen verleihen solle. Soll ich mich hierbei, fragt er, nach dem Muster richten, das die Verteilung der Künste bietet? Diese Verteilung ist folgender Art: ein Einzelner, der im Besitz der ärztlichen Kunst ist, reicht aus für viele Laien, und so steht es auch mit den anderen Werkmeistern. Soll ich es nun mit der Gründung von Recht und Scham unter den Menschen ebenso halten, oder soll ich sie an alle austeilen? An alle, erwiderte Zeus, und jeder soll daran teil haben. Denn nie wird es zum Bestehen von Staaten kommen, wenn nur wenige jener Güter teilhaftig sind wie bei den anderen Künsten. Ja, du sollst in meinem Namen das Gesetz geben, daß, wer nicht imstande sei sich Scham und Recht zu eigen zu machen, dem Tod verfallen sei; denn er ist ein Geschwür am Leibe des Staates.

Platon: Sämtliche Dialoge, Bd. 1, S. 57f. R

1. Rekapitulieren Sie die Beweggründe der Staats- und Stadtgründung, welche Sie im Text finden.
2. Erklären Sie, weshalb Menschen „Scham und Recht" für den freundschaftlichen Zusammenhalt brauchen.

Am Beginn der Menschheitsgeschichte zogen vereinzelte Sippen herum, jagten, sammelten und kämpften gegeneinander. Getreu dem Motto: Der Stärkere hat recht. Erst mit dem Sesshaftwerden setzten bedeutende Entwicklungen ein.

Nebenbei: Unser Begriff „Kultur" kommt vom lateinischen Wort *cultura* (= Landbau, Pflege) bzw. vom Verb *colere*, das mit „pflegen und (be-)bauen, (be-)wohnen" übersetzt wird. Die ersten kulturellen Tätigkeiten und Errungenschaften betrafen den Landbau, es waren Ackerbau und Viehzucht. Die ersten Kulturschaffenden waren also Bauern. Erst später verstand man unter Kultur geistige Bildung und verfeinerte Lebensart.

Project Photos

Die **neolithische Revolution** (Neolithikum = Jungsteinzeit), diese war im Orient vermutlich um 8000 v. Chr., war ein bedeutender Meilenstein in der Entwicklung der Menschheit und veränderte Lebensbedingungen. Es wurde nicht mehr gejagt und gesammelt, sondern Vieh wurde gezüchtet und Felder wurden bestellt. Durch das Sesshaftwerden und die damit verbundene Herausbildung eines Bauerntums kam es zu ersten Verstädterungen. Paradoxerweise ermöglichten die Bauern, also die Lebensmittelproduzenten, die Gründung von Städten. Das bedeutet: ohne Bauer keine Stadt.
Mit den Städten und Zusammenschlüssen von Gemeinschaften entstand auch die sogenannte Hochkultur. Durch die Änderung der Nahrungsbeschaffung musste man nicht mehr ums nackte Überleben kämpfen, die Gesellschaft wurde arbeitsteilig. Im Zuge dieser Verstädterung rückte die Frage nach der Strukturierung einer Gesellschaft in den Vordergrund.

MEV Verlag/Lichtsprung Fotodesign

1.3 Klassische Staatsformen

Nach der **Größe der Führungsschicht** unterscheidet man drei Staatsformen: eine Herrscherin/ein Herrscher, mehrere HerrscherInnen oder die Herrschaft aller.

- **Monarchie** (*gr. monos* = allein, *archein* = herrschen): Ein/Eine MonarchIn ist AlleinherrscherIn. Dieser/Diese soll den Staat klug und umsichtig führen.
- **Aristokratie** (*gr. aristos* = der Beste, *kratein* = herrschen): Die Begriffe adelig und edel liegen auf einer sprachlichen Ebene. Aristokratie ist daher die Herrschaft der Besten, der Tüchtigsten, die Adelsherrschaft.
- **Demokratie** (*gr. demos* = Volk, *kratein* = herrschen): Demokratie ist die Herrschaft des Volkes. Das bedeutet, dass alle herrschen bzw. an den Entscheidungen direkt oder indirekt beteiligt sind.

Zu den drei klassischen Staatsformen gibt es auch **Verfallsformen**:

- **Tyrannis** (*gr. tyrannos* = Allein- oder Gewaltherrscher)
- **Oligarchie** (*gr. oligos* = wenig, *archein* = herrschen): also die Herrschaft einer kleinen Gruppe oder auch der Reichsten
- **Ochlokratie** (*gr. ochlos* = Pöbel*, *kratein* = herrschen): die Pöbelherrschaft bzw. die „entartete Demokratie"

* Mit Pöbel ist die gemeine, rohe Volksmasse gemeint.

Demokratie ist nicht gleich Demokratie … Es gibt verschiedene Formen:
In einer **repräsentativen Demokratie** wählt das Volk die VolksvertreterInnen, die RepräsentantInnen, die das Volk für die gewählte Zeit vertreten. Sie treffen im Sinne des Volkes Entscheidungen. Da die VolksvertreterInnen in einem Parlament diskutieren und entscheiden, spricht man auch von einer **parlamentarischen Demokratie** (frz.: *parler* = sprechen).

Direkte Demokratie bedeutet, dass das Volk direktes Mitspracherecht hat, also dass WählerInnen in Volksabstimmungen direkt ihren Willen kundtun können. Die direkte Demokratie beinhaltet Mitsprache und Verantwortung, aber auch eine rege Wahlbeteiligung ist notwendig.

Die mündige Bürgerin/Der mündige Bürger ist das Ziel jeder Demokratie. Prinzipiell gilt: Je mehr Möglichkeiten der Mitsprache man hat oder zu haben glaubt, desto größer ist die Zufriedenheit der Gruppenmitglieder. In Freiheit mitbestimmen zu können, ist ein wesentlicher Wert.

Nebenbei: Für gewöhnlich heißt Demokratie, wählen zu können. In der griechischen Antike gab es aber die Praxis, verschiedene Ämter zu losen. Selbst Jean-Jacques Rousseau (1712–1778) empfiehlt dieses Vorgehen. Rousseau war der Meinung, dass Demokratie nur in kleinen und armen Staaten sinnvoll ist. Dort sollten die Ämter gelost werden. Die antike Demokratie brachte ein erstes Aufflammen der demokratischen Idee. Im antiken Athen konnten (Schätzungen zufolge) 10–15 Prozent der Bevölkerung am demokratischen Prozess teilnehmen. Nur männliche Athener Vollbürger konnten wählen. Frauen, Sklaven, Zugewanderte waren ausgeschlossen.

In modernen Demokratien gelten bestimmte **Prinzipien**:

- **Volkssouveränität**: Das Volk ist der Souverän. Alle Staatsgewalt geht vom Volke aus. PolitikerInnen repräsentieren zwar den Wählerwillen, die Macht liegt aber bei den WählerInnen.
- **Beschlussfassung durch Mehrheitsentscheid**: Demokratie heißt, den Mehrheitswillen zu akzeptieren und umzusetzen.
- Gewaltentrennung: Um Machtmissbrauch zu verhindern, etablierte sich die Idee der Gewaltentrennung oder Gewaltenteilung in Legislative, Exekutive und Judikative. Im 17. Jahrhundert trat John Locke (1632–1704) für eine Trennung in Legislative und Exekutive ein; im 18. Jahrhundert forderte Charles de Montesquieu (1689–1755) auch die dritte Gewalt, die Judikative. Im Zeitalter von absoluten HerrscherInnen war diese Forderung bedeutsam. Montesquieu spricht von der „balance des pouvoirs", dem Gleichgewicht der Mächte/Gewalten.

> Nebenbei: Der Grundgedanke der Menschenrechte geht auf John Locke zurück. Er forderte bestimmte Rechte von Natur aus: Leben, Freiheit und Besitz. Diese Grundrechte sollten jeder/jedem zuteil werden. Im 17. Jahrhundert war dies noch eine revolutionäre Forderung. 1776 wurde mit dem „Virginia Bill of Rights" (heute: USA) der älteste Menschenrechtskatalog geschrieben.

- **Repräsentativsystem**: Für eine bestimmte Periode entscheiden die gewählten VertreterInnen stellvertretend für alle BürgerInnen.
- **Garantierte Grundrechte**: In modernen Demokratien gelten bestimmte Grundrechte für alle (z. B. Gleichheit aller vor dem Recht, Freiheit, keine Zensur).
- **Rechts- und Wohlfahrtsstaatlichkeit**: Die Bürgerin/Der Bürger eines Rechtsstaats kann sich darauf verlassen, im Streitfall ein Gericht einschalten zu können. Es gibt für alle Fälle eine Instanz, die angerufen werden kann. Wohlfahrtsstaatlichkeit meint, dass es Formen der Umverteilung gibt, die für sozialen Ausgleich sorgen. Auch sozial und finanziell Benachteiligte finden in wohlfahrtsstaatlich organisierten Gemeinwesen Unterstützung.
- **Allgemeines, freies, geheimes, gleiches, persönliches und unmittelbares Wahlrecht**: Ab einem bestimmten Wahlalter kann jede/jeder WählerIn wählen. Die WählerInnen dürfen keinem Zwang unterliegen, die Wahlentscheidung muss geheim gehalten werden. Jede Stimme zählt gleich viel, das Wahlrecht muss persönlich ausgeübt werden und die WählerInnen wählen die Abgeordneten direkt.
- **Minderheitenschutz**: Nachdem die Mehrheit bestimmt, wird versucht, besonders den Minderheiten Rechte zukommen zu lassen.
- **Konkurrierende Parteien („Pluralismus")**: Demokratie lebt von Vielfalt. Jede funktionierende Demokratie benötigt mehrere Parteien, die zur Wahl stehen.

1. Der in Österreich geborene Ökonom, Politikwissenschaftler und Philosoph Leopold Kohr (1909–1994) vertrat die These des „Small is beautiful". Was spricht für, was gegen kleine (politische) Einheiten? Was unterscheidet Ihre Klassengemeinschaft von der Europäischen Gemeinschaft? Erörtern und diskutieren Sie diese Fragen.
2. Untersuchen Sie, was das große „Plus" an demokratischen Entscheidungen ist. Denken Sie auch an Entscheidungen, die Sie in der Klasse demokratisch gefällt haben.
3. Zur Anarchie: Eigentlich wäre es wünschenswert, dass man keine Gesetze bräuchte. Kommentieren Sie, warum sich diese Nicht-Staatsform nicht durchgesetzt hat. Wie stellen Sie sich einen anarchischen Schulunterricht vor? Wie würde sich Anarchie im Straßenverkehr auswirken?

Gedankenexperiment: Unsere Klasse als politische Gemeinschaft
Stellen Sie sich vor, dass Ihre Klasse ein Kleinstaat ist. Sie leben von nun an 24 Stunden mit Ihren KlassenkameradInnen zusammen. Welche „Staatsform" wäre dafür am besten geeignet?
Impulsfragen: Sollte die Demokratie ausgebaut werden, oder sollte eine weise Herrscherin/ein weiser Herrscher die Geschäfte führen? Sollten reichere MitschülerInnen mehr für die Allgemeinheit zahlen? Wie viel sollte in die Gemeinschaftskasse einbezahlt werden?

Weiterführende Überlegungen zur Demokratie im 21. Jahrhundert finden Sie in Kap. X, 3.1, S.230f.

2. Staatsmodelle und Utopien

2.1 Platons idealer Staat

Als erster großer politischer Entwurf der abendländischen Philosophie gilt die Staatsphilosophie von **Platon** (427–347 v. Chr.).

Platon stammte aus einer Aristokratenfamilie, war für eine politische Karriere vorgesehen, wurde aber Schüler von Sokrates und begann zu hinterfragen. Platon wurde nicht Politiker, sondern beschäftigte sich theoretisch mit der Frage nach dem gerechten und idealen Staat. Er lebte in unruhigen Zeiten. Der Niedergang der *polis* (= antiker griechischer Stadtstaat – hier: Athen) schritt fort, Korruption und Intrigen standen auf der Tagesordnung.
Platon reiste viel und kam als politischer Berater nach Syrakus auf Sizilien. Er hatte die Chance, seine Theorien am Hofe des Tyrannen von Syrakus, Dionysios I., vorzubringen und umzusetzen. Die dortigen Verhältnisse ließen ihn jedoch scheitern. Platon berichtet von *„Schmausereien, Trinkgelage[n] und [den] mit wahrem Feuereifer betriebenen Liebesgenüsse[n]"*.

Platon: Sämtliche Dialoge, Bd. 6, S. 49 (Siebenter Brief) R

Nichtsdestotrotz versuchte Platon später, Dionysios II. sein Staatsmodell anzubieten. Beim zweiten Mal war der Philosoph vorsichtiger und prüfte das philosophische Interesse des regierenden Tyrannen. Wenn Dionysios II. wirklich an Philosophie interessiert wäre, würde er mit Platon in einen Dialog treten, würde diskutieren und Fragen stellen. Die philosophischen Fragen würden ihn also nicht mehr loslassen. Doch der Tyrann schrieb lediglich ein paar Gedanken auf und tat so, als ob er diese schon kannte, und gab sich zufrieden. Das war für Platon das Signal, dass Dionysios von Philosophie nichts verstanden hatte.

Auch bei diesem Versuch schaffte es Platon nicht, die verwahrlosten Verhältnisse zu verändern und den (Genuss-) Menschen auf Sizilien eine bessere Staatsform zu geben. Er ging zurück nach Athen und gründete dort seine Schule, die **Akademie**. Diese sollte fast 1000 Jahre Bestand haben.

Erst 529 n. Chr. schloss der christliche Kaiser Justinian die Philosophenschule Platons, da sie ein Relikt des Heidentums darstellte. Im selben Jahr wurde der hl. Benedikt von Nursia Begründer des abendländischen Mönchtums und das Christentum wurde nach und nach die bestimmende Kraft.

Platon war einer der wenigen Philosophen, die die Möglichkeit hatten, ihr Denken direkt in der (politischen) Realität umzusetzen. Neben Platon nutzten diese Chance noch Marc Aurel, der Philosoph auf dem Kaiserthron, und Karl Marx.

Platon entwarf in seinem Werk **„Politeia"** („Der Staat") einen idealen Staat. Enttäuscht von den bekannten Herrschaftsformen – auch von der Demokratie (nicht zuletzt wurde sein Freund und Vorbild Sokrates „demokratisch" zum Tode verurteilt) – trat Platon für eine weise und vernünftige Lenkung des Staates ein. Er wollte **„Philosophenherrscher"** etablieren.

Wenn nicht entweder die Philosophen Könige werden in den Staaten, oder die jetzt sogenannten Könige und Gewalthaber sich aufrichtig und gründlich mit Philosophie befassen, und dies beides in eins zusammenfällt, politische Macht und Philosophie, […] gibt es […] kein Ende des Unheils für die Staaten, ja, wenn ich recht sehe, auch nicht für das Menschengeschlecht überhaupt […].

Platon: Sämtliche Dialoge, Bd. 5, S. 213 R

Nur der Philosoph könne Gerechtes erkennen und sein Interesse gelte der Weisheit, nicht der Macht. Leidenschaftslos und ohne jede Form von Machtgier soll der Staat gelenkt werden. Am besten dafür geeignet seien Mächtige, die kein Interesse an Macht und irdischen Gütern haben und keinen Leidenschaften frönen. Diesen wahren Philosophen gehe es nur um das Erkennen der Wahrheit.

Platon unterscheidet drei Seelenteile:
- Denken bzw. Vernunft (Kopf)
- Wille bzw. Mut (Brust)
- Begierde (Unterleib)

Zwischen diesen Seelenteilen sollte eine **Harmonie** unter der Leitung der Vernunft gefunden werden. Die Vernunft, der wichtigste Seelenteil, erkenne die ewigen Ideen und sei selbst unsterblicher Bestandteil, der sich beim Eintritt in den Leib mit den übrigen Teilen verbinde.

Platon vertritt einen ganzheitlichen Ansatz, jeder Teil des Ganzen habe eine bestimmte Aufgabe. Gerechtigkeit und Harmonie herrschen, wenn jeder Teil das Seinige verrichte. Dies gelte für den einzelnen Menschen genauso wie für das Staatswesen im Ganzen. Der Staatskörper wird mit dem menschlichen Körper verglichen. Beides seien Organismen, die am besten funktionieren, wenn jeder das macht, was er am besten kann.

Je nach Vorherrschaft der Seelenteile in einem Menschen sieht Platon jeden Menschen für einen Stand vorbestimmt: Der Staat sei das vergrößerte Spiegelbild der Seele. In Platons Staat verspricht Hierarchie Harmonie. Seine Gliederung schafft eine Arbeitsteilung:

- **Lehrstand**: An der Spitze stehen die Philosophen; hier regiert die Tugend der Weisheit.
- **Wehrstand**: Dann kommen die Soldaten/Wächter; hier herrscht die Tugend der Tapferkeit.
- **Nährstand**: das einfache Volk; hier gilt die Tugend der Besonnenheit.

Die **Masse** ist also der Nährstand. Dieser besitzt Privateigentum, lebt in familiären Strukturen, hat aber keinen politischen Einfluss. Das einfache Volk (Bauern, Händler und Handwerker) schafft die wirtschaftlichen und materiellen Grundlagen.

Der **Wehrstand** wird durch einen Ausleseprozess gebildet, er hat keinen Privatbesitz, denn Geld ist Luxus und verdirbt die Menschen. Die Krieger leben gemeinschaftlich, es gibt auch eine Frauen- und Kindergemeinschaft. Gleiche Erziehung für Mädchen und Knaben wird praktiziert. Frauen sollen und können ebenfalls zum Kriegsdienst.

Dann gibt es eine nochmalige Auslese und jahrelange philosophische Unterweisungen: Auf dem Lehrplan stehen Gymnastik und Musik, Kriegskunst, Astronomie, Mathematik und selbstverständlich Philosophie. Mit ca. 50 Jahren kann man zum **Stand der Regierenden** gehören. Die Philosophen seien dank ihrer Einsicht zur Gesetzgebung und deren Überwachung berufen. Nur der Philosoph wisse, was gut und gerecht ist. Er hat die höchste Idee, die Idee des Guten erkannt. Indem jede/jeder den ihr/ihm von Natur aus entsprechenden Platz einnimmt, findet die Gemeinschaft zu Harmonie und Glückseligkeit.

Platon hat kein modernes, bürgerliches Denken entwickelt, in dem das Individuelle im Vordergrund steht und die Gleichheit aller herrscht. Für Platon kommt das Kollektiv zuerst. Da jedem Kind gleiche Bildungschancen zukommen sollen, alle Aufstiegsmöglichkeiten haben, gibt es jedoch demokratische Ansätze in Platons Aristokratie.

Platons Staatsphilosophie beinhaltet auch problematische Überlegungen und aus heutiger Sicht fragwürdige Ansätze. Einige Beispiele: Der Herrscher soll beispielsweise über Geburtenziffern und über die Qualität der Fortpflanzung bestimmen. Die besten Frauen sollen den besten Männern so oft wie möglich beiwohnen. Die schlechtesten sollten sich möglichst nicht fortpflanzen, wobei er vor Kindesmord zur Durchsetzung seiner Ideen nicht zurückschreckt. Weiters thematisiert Platon die Gefahr ungeeigneter Religionen und Dichtkunst, hier hält er Zensur für angebracht.
In seinem unvollendeten Spätwerk „Gesetze" („Nomoi") geht Platon von seiner Idealposition ab und wird realitätsnäher. Er verzichtet auch auf die Philosophenherrscher.

Selbstverständlich wurde Platons Staatsidee kritisiert.
Für **Karl R. Popper** (1902–1994) ist Platons Staat schlichtweg ein totalitäres System. Man wünscht sich, dass eine weise Herrscherin/ein weiser Herrscher den Staat vernünftig führt. Doch hat die Geschichte nicht viele derartige HerrscherInnen hervorgebracht. Deshalb sei die Frage schon falsch gestellt: Es müsse nicht gefragt werden, wer herrschen soll, sondern wie der Staat organisiert werden könnte, damit auch die schlechteste Herrscherin/der schlechteste Herrscher nur wenig Schaden anrichten kann. Das demokratische System gilt Popper als das beste, da ungeeignete FührerInnen nach einer bestimmten Zeit durch Wahlen ausgetauscht werden.
Popper plädiert für demokratische, offene, pluralistische Formen, während Platons Modell eine geschlossene und autoritäre Gesellschaft darstellt. Popper kritisiert die von ihm als totalitaristisch eingestuften Gesellschaftssysteme des Faschismus und des Kommunismus bzw. ihre geistigen Wegbereiter. Sein Hauptwerk trägt den Titel „Die offene Gesellschaft und ihre Feinde" (1945).

1. Suchen Sie Argumente für und gegen die Idee Platons, dass eine weise Herrscherin/ein weiser Herrscher den Staat lenken sollte.
2. Eine Mehrheit plädierte dafür, über Sokrates die Todesstrafe zu verhängen. Reflektieren Sie, wie sich Mehrheit und Wahrheit zueinander verhalten.
3. In demokratischen Staaten haben populäre Schauspieler und Unternehmer wie Ronald Reagan, Arnold Schwarzenegger und Donald Trump die politische Bühne betreten: Beurteilen Sie diese Tatsache.
4. Zwischen freien und demokratischen Ländern werden keine Kriege geführt. Argumentieren Sie diese These.

2.2 Hobbes' „realer" Blick – Böse Menschen brauchen einen strengen Herrn

DenkerInnen entwickeln ihre Philosophien aus unterschiedlichen Gegebenheiten und Situationen. Sie können Idealvorstellungen formulieren oder sie versuchen, aus der Wirklichkeit Denkmuster zu gestalten.

Thomas Hobbes (1588–1679), der sein Leben größtenteils in England verbrachte, bildete seine Philosophie aus seiner politischen Erfahrung. Er gilt als Atheist, Materialist, Determinist und Verteidiger der Tyrannen und absolutistischen Herrscher.
Seine politischen Ansichten und seine Philosophie waren geprägt von den Bürger- und Revolutionskriegen in England und Frankreich: Von 1618 an tobte der Dreißigjährige Krieg, von 1642 bis 1648 herrschte Bürgerkrieg zwischen der englischen Krone und dem Parlament. Nach der Hinrichtung Karls I. (1649) folgte von 1653 bis 1658 die Militärdiktatur Oliver Cromwells.
Hobbes führte ein abenteuerliches Leben und flüchtete vor Bürgerkrieg und politischen Unruhen nach Frankreich, wo er elf Jahre blieb.

1651 erschien Hobbes' staatsphilosophisches Hauptwerk „**Leviathan**". Leviathan ist ein Ungeheuer aus der orientalischen Mythologie. Dieses mächtige Tier wird bei Hobbes zum Sinnbild für den notwendigen staatlichen Zusammenschluss. Leviathan, der sterbliche Gott (sprich der Souverän alleine), kann Recht, Moral und Ordnung garantieren.

Die historischen Umstände erklären Hobbes' pessimistisches Menschenbild und sein Eintreten für einen starken Herrscher. Der Mensch ist für Hobbes ein dynamisch-gefährliches Wesen, das in Schach gehalten werden muss. Der Mensch als des Menschen Wolf; es herrscht ein Kampf aller gegen alle. Der oberste Leitsatz für den Staat, den Leviathan, ist somit das Vernunftgebot des Friedens.

Hobbes' Staatsphilosophie setzt eine Analyse des Menschen und seiner Natur voraus. Er geht von einer prinzipiellen Gleichheit aller Menschen aus, etwaige Unterschiede seien nur oberflächlich:

Denn was die Körperstärke betrifft, so ist der Schwächste stark genug, den Stärksten zu töten – entweder durch Hinterlist oder durch ein Bündnis mit anderen […].
Th. Hobbes: Leviathan, S. 94 R

Ein weiterer Beweis für die Gleichheit der Menschen sei die Tatsache, dass sich die meisten für weise halten und mit ihren Fähigkeiten zufrieden sind.

Denn es gibt gewöhnlich kein besseres Zeichen der gleichmäßigen Verteilung eines Dings, als daß jedermann mit seinem Anteil zufrieden ist.
Th. Hobbes: Leviathan, S. 94 R

Aus der Gleichheit der Fähigkeiten entstehen gleiche Hoffnungen und in der Folge ein Verteilungskampf, da die Ressourcen beschränkt sind. Es komme zum Krieg aller gegen alle.

> Nebenbei: Paradoxerweise schafft die Gleichheit der Menschen Konkurrenz. Die mittelalterliche Gesellschaftsstruktur war relativ statisch. Die Nachkommen der Adeligen waren wieder adelig, die Nachkommen der Handwerker oder Bauern waren wieder Handwerker oder Bauern. Es gab fixe Standesgrenzen. Erst durch das Aufbrechen dieser Grenzen in Richtung allgemeine Gleichheit kam es zu einer gesellschaftlichen Dynamik. Jede/Jeder konkurriert mit jeder/jedem und möchte möglichst viel für sich selbst …

Freies Werk
Titelbild von Hobbes' „Leviathan"

Laut Hobbes streben Menschen nach Selbsterhaltung und Lustgewinn. (Vgl. dazu Kap. IV., 2.2 auf S. 117 und Kap. III., 2.3 auf S. 76.) Macht sei dabei ein entscheidender Faktor, da sie viele Formen des Lustgewinns ermöglicht.
Da die Ressourcen jedoch beschränkt sind, führe dies unweigerlich zu Konflikten. Hobbes geht von einem **kriegerischen Normalzustand** aus. Krieg verstanden als Konkurrenz und Machtkampf – und dies beginnt im Kleinen. Jede/Jeder sei irgendwie KonkurrentIn der anderen – auch wenn wir dies ungern zugeben.
Aufgabe des Staates müsse es daher sein, diesen Kampf aller gegen alle (lat.: *bellum omnium contra omnes*) zu verhindern.

Daraus ergibt sich klar, daß die Menschen während der Zeit, in der sie ohne eine allgemeine, sie alle im Zaum haltende Macht leben, sich in einem Zustand befinden, der Krieg genannt wird, und zwar in einem Krieg eines jeden gegen jeden. Denn Krieg besteht nicht nur in Schlachten oder Kampfhandlungen, sondern in einem Zeitraum, in dem der Wille zum Kampf genügend bekannt ist.
Th. Hobbes: Leviathan, S. 96 R

Dieser labile Zustand sei für alle und die gesamte Volkswirtschaft schlecht.

In einer solchen Lage ist für Fleiß kein Raum, da man sich seiner Früchte nicht sicher sein kann; und folglich gibt es keinen Ackerbau, keine Schiffahrt, keine Waren, die auf dem Seeweg eingeführt werden können, keine bequemen Gebäude, keine Geräte, um Dinge, deren Fortbewegung viel Kraft erfordert, hin- und herzubewegen, keine Kenntnis von der Erdoberflache, keine Zeitrechnung, keine Künste, keine Literatur, keine gesellschaftlichen Beziehungen, und es herrscht, was das Schlimmste von allem ist, beständige Furcht und Gefahr eines gewaltsamen Todes – das menschliche Leben ist einsam, armselig, ekelhaft, tierisch und kurz.
Th. Hobbes: Leviathan, S. 96 R

Hobbes griff auf ein Zitat vom römischen Komödiendichter Plautus (ca. 250–184 v. Chr.) zurück, um den Menschen als kriegerisches und gefährliches Wesen zu charakterisieren: Homo homini lupus. Der Mensch ist dem Menschen ein Wolf. Die antike Beschreibung beinhaltet aber auch die zweite Seite: **Homo homini deus**. Der Mensch ist dem Menschen ein Gott. Wir sind somit beides: den anderen hilfreich und Stütze, aber auch gefährlich und Feind.

Hobbes' Ansicht zufolge können sich die positiven Seiten des Menschen nur innerhalb von Recht und Staat entfalten. Ein mit starker Hand geführter Staat müsse dies gewährleisten.

Vormals waren die Herrscherhäuser dezentral organisiert. Erst im Frankreich und England des 16. und 17. Jahrhunderts kam es zu absolutistischen Monarchien. Es entstanden zentrale Hauptstädte und eine zentrale Macht, die die Menschen im Zaume hielt.

Der Mensch ist nach Hobbes nicht ursprünglich „gesellig", wie dies die klassische politische Philosophie seit Aristoteles formuliert, sondern Menschen streben nur insofern nach Zusammenschluss mit anderen, als es den individuellen Zwecken dient. Vergesellschaftung sei nicht Zweck und Ziel, sondern nur Mittel.

1. Inwieweit haben Ihre Erfahrungen Ihre politische Sicht geprägt? Ist Ihnen schon einmal das Fahrrad gestohlen worden? Berichten Sie über konkrete Erfahrungen, welche Ihr Weltbild veränderten.
2. Wird der Mensch im Ernstfall zum Wolf, zur Bestie? Was passiert in Ausnahmefällen, bei Naturkatastrophen oder wenn in einem Fußballstadion Panik ausbricht? Überprüfen und diskutieren Sie Hobbes' These, wonach der Mensch dem Menschen ein Wolf sei.
3. Internetrecherche – Parteien und Menschenbild: Welcher politische Flügel, würde man das Spektrum mit links und rechts kennzeichnen, plädiert in der Regel für härtere Strafbestimmungen und für mehr Überwachung? Recherchieren Sie dazu im Internet auf den Seiten der im österreichischen Parlament vertretenen Parteien.

2.3 Wie viel Staat? – Ein politischer Dreischritt

In vielen Staaten der Erde haben sich demokratische Formen etabliert. Das Volk kann und soll in bestimmten Zeiträumen wählen. Die Demokratie ist in vielen Staaten als bestmögliche Form der politischen Organisation erkannt worden. Probleme entstehen in der praktischen Umsetzung: Wie sollen die Besitzverhältnisse geregelt sein? Wie stark soll der Staat in individuelle und private Angelegenheiten eingreifen? Wie viel soll der Staat lenken und regeln? Und wie viel soll der Staat umverteilen? Das heißt, wie viel soll und muss der einzelne Reiche den ärmeren Teilen der Gesellschaft zukommen lassen?
Gerade die letzte Frage betrifft jede Gehaltsempfängerin/ jeden Gehaltsempfänger: Wie viel wird der Gemeinschaft vom individuellen Gehalt und Vermögen zugeführt? Wie viel gebe ich der Gemeinschaft?

Die erste Antwort könnte lauten: Alles!

Marx und der Kommunismus

Karl Marx

Mitte des 19. Jahrhunderts war die gesellschaftliche Lage prekär. Breite Massen mussten unter unmenschlichen Bedingungen ihren Lebensunterhalt verdienen, während wenige Reiche in Saus und Braus lebten. Im Revolutionsjahr 1848 verschärften sich die Gegensätze und einige DenkerInnen sahen ein Ende der bisherigen Gesellschaftsform nahen.

Die Philosophen haben die Welt nur verschieden interpretiert, es kömmt drauf an, sie zu verändern.

K. Marx/F. Engels: Studienausgabe, Bd. 1, S. 140 (Thesen über Feuerbach) R

Diese zentrale These von Karl Marx leitete eine neue Epoche ein.
Karl Marx (1818–1883) war einer jener Intellektuellen, die für Freiheit und Gleichheit kämpfen wollten. Er stammte aus gutbürgerlichem deutschem Hause und war zeitlebens mehr Intellektueller als Arbeiterführer. Die meiste Zeit lebte er in ärmlichen Verhältnissen und war oft auf Geldspenden seines Freundes Friedrich Engels angewiesen. Angeblich war Marx zeitweise so verarmt, dass er nicht aus dem Haus gehen konnte, weil sein Anzug beim Pfandleiher war. Das Hauptwerk von Karl Marx trägt den Titel **„Das Kapital"**. Darin wollte er die Muster des kapitalistischen Systems durchleuchten.

Marx war ein Schüler von Georg Wilhelm Friedrich Hegel, für den alles von Gegensätzen durchdrungen ist. Diese Gegensätze wirken wechselweise aufeinander (vgl. dazu Kap. III., 4.4 auf S. 94f. – Dialektik). Bei Hegel, dem Idealisten, bewegt sich alles im Geistigen.

Marx holte Hegels Gedanken ins reale Leben und meinte, dass die konkreten Umstände („das gesellschaftliche Sein") Denken und Bewusstsein der Menschen bestimmen. Die wirklichen, materiellen Lebensbedingungen waren ihm ein zentrales Anliegen. Philosophie müsse demnach beim wirklichen Leben ansetzen. Die **materielle Basis** bestimme den geistigen Überbau. Zuerst komme das Materielle, das Konkrete und dann das Geistige. So gesehen ist Marx Materialist. Unter welchen Produktions- und Eigentumsverhältnissen Menschen leben, das sind die wichtigen Fragen bei Marx.

Ideologischer Überbau (Religion, Kunst, Literatur, Philosophie, Rechtsordnung, Moral …)

↑ ↑ ↑ ↑ ↑ ↑ ↑ ↑ ↑ ↑ ↑

Materielle Basis (technisch-ökonomischer Entwicklungsstand, Eigentumsverhältnisse …)

Aber das menschliche Wesen ist kein dem einzelnen Individuum inwohnendes Abstraktum. In seiner Wirklichkeit ist es das ensemble der gesellschaftlichen Verhältnisse.*

K. Marx/F. Engels: Studienausgabe, Bd. 1, S. 139 (Thesen über Feuerbach) R

* ensemble = aus dem Französischen: miteinander, zusammen; das Ganze, die Gesamtheit

Marx wandte sein materialistisches Denken auch auf die Geschichte an. Er war davon überzeugt, dass Geschichte sich in Gegensätzen entwickelt. Laut Marx gab es immer **Klassen**, die sich gegenüberstanden. Nach der ursprünglichen Phase des „Urkommunismus" teilte sich die antike Gesellschaft in Sklavenhalter und Sklaven. Im Mittelalter war der Feudalherr dem Leibeigenen gegenübergestellt.

Im 19. Jahrhundert herrschte **Klassenkampf zwischen Bourgeoisie und Proletariern**. „Bourgeoisie" (aus dem Französischen) bedeutet eigentlich Bürgerstand und meint das reiche Bürgertum. Für Marx war die Bourgeoisie die herrschende und besitzende Klasse. Der „Proletarier" ist im Gegensatz dazu der Angehörige der besitzlosen Klasse. Im antiken Rom war der *proletarius* der Bürger der untersten Klasse, der dem Staat nur mit seinen Nachkommen (lat. *proles* = Nachkomme) dienen konnte. Dem Proletarier bleibt nur, seine Arbeitskraft zu verkaufen. Er ist den Kapitalisten, den Besitzenden ausgeliefert.

In der Zeit der Industrialisierung „entfremdete" sich der Arbeiter immer mehr vom hergestellten Produkt. Früher fertigte ein Handwerker sein Produkt (z. B. einen Tisch) zur Gänze selbst; er hatte eine direkte Verbindung und kannte den gesamten Produktionsprozess. In den großen Fabriken des 19. Jahrhunderts wurde der Arbeiter zu einem „Rädchen" im Produktionsprozess. Es kam (psychologisch gesehen) zu einer „Entfremdung".

Marx meinte, dass Unterdrücker und Unterdrückter sich immer gegenüberstehen. Die Geschichte sei eine Geschichte der Klassenkämpfe. Wenn die Gegensätze zu eklatant werden, gebe es Umwälzungen. Am Ende kommt es jedoch – Marx zufolge – zur klassenlosen Gesellschaft, zum Kommunismus.

Den Entwurf eines idealen und neuen Staates nennt man Utopie.

> Nebenbei: Die Bezeichnung „Utopie" bezieht sich auf den Roman von Thomas Morus (1516), in dem der Autor die griechischen Wörter *ou* (= nicht) und *topos* (= Ort) für sein Land verwendet, in dem sich der ideale Staat befindet. Utopia ist das Nirgendland, der Nirgendort. Eine Utopie ist gerade das, was (noch) nicht existiert. Die Realität geht jedoch oft hart ins Gericht mit den Träumern. Morus wurde, wie viele Utopisten vor und nach ihm, hingerichtet. 1935 wurde er heiliggesprochen.

Für das Neue und Ideale müsse etwas getan werden. So endet das berühmte Manifest der Kommunistischen Partei von 1848, welches Karl Marx und Friedrich Engels verfasst haben, mit dem Appell:

PROLETARIER ALLER LÄNDER VEREINIGT EUCH!

K. Marx/F. Engels: Manifest der Kommunistischen Partei, S. 56 R

Marx unterstreicht darin die dynamische Rolle der Bourgeoisie und beschwört förmlich ihre Schaffenskraft, erkennt aber, dass sie sich ihr eigenes Grab schaufelt:

Sie produziert vor allem ihren eignen Totengräber. Ihr Untergang und der Sieg des Proletariats sind gleich unvermeidlich.

K. Marx/F. Engels: Manifest der Kommunistischen Partei, S. 33 R

Prinzipiell war Marx davon überzeugt, dass der Gang der Geschichte nicht aufzuhalten sei. Die bürgerliche kapitalistische Gesellschaft sei zum Scheitern verurteilt, die Krise vorprogrammiert. Marx konnte sich die Revolution und den notwendigen Schwenk hin zur klassenlosen Gesellschaft nur in einem sehr entwickelten und wirtschaftlich führenden Land vorstellen, da dort die „nötigen" Gegensätze am größten wären. Die Herausbildung des Kommunismus im wirtschaftlich wenig entwickelten Russland war für Marx und seine Theorie undenkbar.
Wie stark Marx' Aufruf zur (gewaltsamen) Revolution wirklich war, wird unterschiedlich gedeutet.

Für Marx war die **klassenlose Gesellschaft** ohne Privateigentum nur das Mittel für die eigentlichen Ziele: Freiheit und Gleichheit. Wenn die materielle Ungleichheit und Ungerechtigkeit wegfallen, wenn die Entfremdung endet, dann seien alle befreit und frei. Das war die Utopie und die Vision von Marx.

Enttäuscht von den ersten Revolutionen, reifte später in Marx die realistischere Variante und Vorstellung, dass es nicht nur einer Revolution bedarf. Er entwarf daher das Konzept der permanenten Revolution:

[...] ihr habt 15, 20, 50 Jahre Bürgerkriege und Völkerkämpfe durchzumachen, nicht nur um die Verhältnisse zu ändern, sondern um euch selbst zu ändern.

K. Marx/F. Engels: Werke, Bd. 8, S. 412 R

1. Ideen verändern sich, wenn sie von der Theorie in die Praxis umgesetzt werden. So könnte man folgende Fragen stellen: Wäre Marx Marxist? Wäre Jesus Christus z. B. Katholik? Suchen und untersuchen Sie Theorien, die sich dann in der Praxis und im Laufe der Zeit transformiert haben.
2. Würde man den Kommunismus als Antithese zum Kapitalismus betrachten, was wäre die Synthese? Welche politische Partei oder Gesellschaftsform sucht den Kompromiss zwischen Abschaffung des Privateigentums und völlig liberaler, kapitalistischer Marktwirtschaft? Nehmen Sie Stellung und begründen Sie Ihre „Synthese".

Gedankenexperiment: Gemeinschaftswesen
Zum Kommunismus: Das lateinische Wort *communis* bedeutet „gemeinsam". Wie viel Gemeinsamkeit wollen Sie mit anderen? Wie viel möchten Sie mit anderen teilen? Wie wünschenswert wäre ein Leben ohne Privateigentum?
Gedankenexperiment: Von nun an gehört in der Schulklasse allen alles: Bücher, Schreibgeräte, Handys, Lebensmittel ... Was würde passieren? Wie gehen Sie mit Ihren persönlichen (und eventuell schwer verdienten) Gegenständen um? Wie gehen Sie mit Allgemeingütern um? Entwerfen Sie im Gedankenexperiment mögliche Szenarien.

Hin zum „Anarchokapitalismus"

Die Gegenposition zum gänzlich Gemeinschaftlichen ist der Individualismus. Oft haben PhilosophInnen ihre Vorbehalte gegen Gruppen und Massen kundgetan. Nietzsche wetterte:

Der Irrsinn ist bei Einzelnen etwas Seltenes, – aber bei Gruppen, Parteien, Völkern, Zeiten die Regel.

F. Nietzsche: Sämtliche Werke, Bd. 5, S. 100 R

Der **Einzelne** soll im **Mittelpunkt** stehen, in der Gruppe sinke das Niveau ... Sozial und wirtschaftlich gesehen: Jeder für sich, nichts der Gemeinschaft. Da jeder seines Glückes Schmied ist, soll jeder für sich selbst sorgen.

Als ein erster Vorreiter dieses (wirtschaftlichen) Individualismus kann der Schotte **Adam Smith** (1723–1790) gesehen werden. Er gilt als Begründer der klassischen Nationalökonomie. In seinem Hauptwerk „Eine Untersuchung über Natur und Ursachen des Wohlstands der Nationen" (1776) analysiert er die Grundlagen von Wirtschaft und Wohlstand.

Für Smith sind menschliche Arbeit und Arbeitsteilung die Quellen des Wohlstands. Der freie Wettbewerb führe zu einer Harmonie des sozialen und wirtschaftlichen Lebens. Lässt man dieses natürliche, freie Marktsystem unbeeinflusst laufen, stellen sich Wohlstand und Reichtum des Staates ein. Die einzelnen SpielerInnen in diesem Spiel müssten lediglich ihre eigenen Interessen verfolgen, dann würde im Großen Wohlstand erzeugt.
Alles werde von der unsichtbaren Hand (**„the invisible hand"**) geleitet. Auf dem Markt herrsche das Prinzip von Angebot und Nachfrage. Die egoistischen Motive würden zu „sozialen" Taten. Angebot und Nachfrage kämen zum Ausgleich. Heute nennt man das **Wirtschaftsliberalismus**. Adam Smith schreibt ganz nüchtern:

In einer zivilisierten Gesellschaft ist der Mensch ständig und in hohem Maße auf die Mitarbeit und Hilfe anderer angewiesen, doch reicht sein ganzes Leben gerade aus, um die Freundschaft des einen oder anderen zu gewinnen. [...] Nicht vom Wohlwollen des Metzgers, Brauers und Bäckers erwarten wir das, was wir zum Essen brauchen, sondern davon, daß sie ihre eigenen Interessen wahrnehmen. Wir wenden uns nicht an ihre Menschen-, sondern an ihre Eigenliebe [...] .

A. Smith: Der Wohlstand der Nationen, S. 16f. R

Smith sieht also im Interesse des Einzelnen den Motor, der die Volkswirtschaft in Gang hält.

Für die Ideen von Adam Smith waren die Überlegungen des Londoner Arztes **Bernard de Mandeville** (1670–1733) nicht unbedeutend. Dieser publizierte 1705 die bekannte **„Bienenfabel"** („Die Bienenfabel oder Der Einzelnen Laster, des Ganzen Gewinn" oder „The Fable of the Bees: or Private Vices, Public Benefits"). Ursprünglich war dies eine Flugschrift in Reimen, welche er später erläuterte. Mandeville vergleicht darin die Gesellschaft mit einem Bienenstock. Genauso wie der Bienenstock blüht und gedeiht, weil jede/jeder möglichst gut leben will und egoistisch ist, basiert der Wohlstand eines Staates auf egoistischen Motiven. Handel und Industrie wachsen, Künste und Wissenschaften gedeihen auch und gerade, weil viele Schurkereien, Täuschungen etc. passieren. Neid und Missgunst werden so zum Motor einer Gesellschaft. Würde Tugend in den Bienenstock einkehren und jede/jeder nur das Allernotwendigste arbeiten und konsumieren, wäre all die Pracht dahin.
Bei Mandeville sind gerade die privaten Laster wie Gewinnsucht, Luxus, Ehrsucht die wahren Quellen des Gemeinwohls. Das eigentlich und an sich Schlechte bewirkt im Gesamten somit Gutes! Diese provozierenden Thesen sorgten für einen (öffentlichen) Skandal.

Einige Verse aus de Mandevilles Feder:

Den Ärzten, wurden sie nur reich,
War ihrer Kranken Zustand gleich.
Aufs Heilen gaben sie nicht viel,
Sie setzten sich vielmehr zum Ziel,
Durch eifriges Rezepte-Schreiben
Des Apothekers Freund zu bleiben.
[...]
So herrscht im ganzen Einigkeit,
Wenn auch im einzelnen oft Streit,
Wie der Musik harmon'sche Schöne
Entspriesset aus dem Streit der Töne.
[...]
DIE MORAL
So klagt denn nicht: für Tugend hat's
In grossen Staaten nicht viel Platz.
Mit möglichstem Komfort zu leben,
Im Krieg zu glänzen und doch zu streben,
Von Lastern frei zu sein, wird nie
Was andres sein als Utopie.
Stolz, Luxus und Betrügerei
Muss sein, damit ein Volk gedeih'.
Quält uns der Hunger oft auch grässlich,
Zum Leben ist er unerlässlich.
Stammt nicht des edlen Weines Saft
Von einem garstig dürren Schaft?
Der, wenn man ihn nicht sorgsam pflegt,
Bloss nutzlos wuchert und nichts trägt,
Doch dessen Frucht uns Lust bereitet,
Wenn man ihn bindet und beschneidet.
Genau so uns das Laster nutzt,
Wenn das Gesetz es kappt und stutzt,
Ja, ist so wenig aufzugeben
Für Völker, die nach Grösse streben,
Wie Hunger ist, damit sie leben.
Mit Tugend bloss kommt man nicht weit;
Wer wünscht, dass eine goldene Zeit
Zurückkehrt, sollte nicht vergessen:
Man musste damals Eicheln essen.

O. Bobertag (Hg.): Mandevilles Bienenfabel, S. 13–23 R

Ein ähnlicher Gedanke (bzw. ein ähnliches Bild) findet sich bei Immanuel Kant. Wir brauchen Hürden und Probleme, damit wir uns weiterentwickeln können. Wir brauchen die Konkurrenzsituationen.

[...] so wie Bäume in einem Walde, eben dadurch daß ein jeder dem andern Luft und Sonne zu benehmen sucht, einander nötigen, beides über sich zu suchen, und dadurch einen schönen geraden Wuchs bekommen; statt daß die, welche in Freiheit und von einander abgesondert ihre Äste nach Wohlgefallen treiben, krüppelig, schief, und krumm wachsen.

I. Kant: Sämtliche Werke, Bd. 6, S. 40 R

1. Bewerten Sie die These, wonach Egoismus der Motor der Wirtschaft sei. Überlegen Sie sich, warum Ihnen der Bäcker Semmeln verkauft.
2. Reflektieren Sie die Theorie der „invisible hand" von Smith: Diese Leitlinie des Kapitalismus meint, dass der Markt am besten funktioniert, wenn ein freies Spiel der Kräfte herrscht, nur Angebot und Nachfrage regieren – wenn der Staat gar nicht eingreift. Beschreiben Sie Schattenseiten dieser kapitalistischen Idee, auch auf der Ebene der Weltwirtschaft.
3. Zur Schulsituation: Was hätten Sie ohne Notendruck, ohne Konkurrenz- und Vergleichssituation gelernt? Überlegen Sie sich Vor- und Nachteile des Regelschulsystems und „alternativer" Schulsysteme.

Im 20. Jahrhundert war **Friedrich August von Hayek** (1899–1992) einer der bedeutendsten Vertreter dieses konkurrenz- und leistungsbetonten Denkens. Die sogenannte „Österreichische Schule der Nationalökonomie" plädiert für den freien Markt. Der Ökonom Hayek fordert einen **liberalen Minimalstaat**:
Liberal bedeutet, dass die Freiheit des Einzelnen oberstes Gebot ist. Der Staat würde durch Steuern den Reichen einen Teil des Geldes wegnehmen, um es den weniger begüterten Schichten weiterzugeben (Umverteilung). Dies würde die Freiheit und Leistungsbereitschaft der BürgerInnen einschränken.
Minimal, weil sich der Staat zurückhalten sollte. Der Staat sollte sich lediglich um die Sicherheit seiner BürgerInnen kümmern. Weitere Aufgaben dürfe er nicht übernehmen. Weniger Staat sei mehr.

Noch radikaler sind die Forderungen der sogenannten **AnarchokapitalistInnen**, die jede staatliche Tätigkeit und Intervention ablehnen. Alles sollte sich von selbst regeln. Ein Vertreter dieses Denkens ist Hans-Hermann Hoppe (geb. 1949), ein aus Deutschland stammender Universitätsprofessor, der in Las Vegas lehrte.

Hoppe kritisiert, dass der Staat zu präsent sei. Es gehe sogar so weit, dass man bis zu 50 Prozent seines Einkommens dem Staat überlassen müsse. Ziel wäre eine Gesellschaft, die ohne staatliche Kontrollen, Vorgaben und Steuern zusammenleben kann. Jede/Jeder sollte gemäß den eigenen Verhältnissen und Bedürfnissen die eigene Umwelt gestalten. Auch Straßen könnten privat finanziert werden …

Hans-Hermann Hoppe

Hoppe ist davon überzeugt, dass Gesellschaften, die nicht „staatlich ausgebeutet" werden, einen höheren Wohlstand erreichen. Soziale und karitative Aufgaben könnten auch private SpenderInnen übernehmen. Je weniger staatliche Wohlfahrtsleistungen, desto mehr private Spenden. Der Wohlfahrtsstaat ist für Hoppe nicht mehr lange finanzierbar, er werde zusammenbrechen wie einst der Kommunismus. Um dem Wiedererstarken faschistischer Diktatoren entgegenzuwirken, sollte schnell umgedacht werden. Der Staat, wie wir ihn kennen, solle verschwinden …

Die Vorstellung einer natürlichen Ordnung, die ich entwickelt habe, ist die, dass es keinerlei öffentliche Güter gibt. Alle Güter befinden sich im Privatbesitz. Alle Dienstleistungen werden von Einzelpersonen bzw. Firmen erbracht, die sich am Markt frei finanzieren müssen. Es gibt also keine Institution, die das Recht hat, Zwangseinnahmen zu erheben. Das würde auch bedeuten, dass Einrichtungen wie etwa das Gerichtswesen, das Polizeiwesen, die Verteidigung, dass solche Aufgaben von privaten Sicherheitsfirmen in Zusammenarbeit mit großen Versicherungskonzernen erbracht würden und meines Erachtens viel effizienter erbracht würden, gerade deshalb, weil sie um ihre Klienten kämpfen müssen und die Klienten die Möglichkeit haben, ihre Zahlung einzustellen, wenn sie mit den erbrachten Leistungen unzufrieden sind. Beim Staat hingegen gibt es kein Austrittsrecht. Man kann nicht sagen: ‚Ich bin absolut unzufrieden mit den Leistungen, die der Staat erbracht hat und folglich vermindere ich meine Steuerzahlung oder stelle meine Steuerzahlung generell ein.'

H.-H. Hoppe: Anarchokapitalismus

1. Die USA gelten als Staat, in dem das liberale und kapitalistische Denken stärker verwirklicht ist als in den europäischen Staaten. Gute Schulen sind in den USA teuer, und auch das Gesundheitswesen wird zu großen Teilen privat finanziert, Krankheit kostet. Beziehen Sie Stellung und bewerten Sie Vor- und Nachteile des amerikanischen Systems.
2. „Weniger Staat, mehr privat" ist ein viel zitiertes Schlagwort. Die Konkurrenz auf dem Markt – beispielsweise in der Telekommunikationsbranche – führt in der Regel zu günstigeren Preisen für die KundInnen. Wo könnten und sollten Grenzen der Privatisierung gezogen werden? Setzen Sie sich kritisch mit der Privatisierungsidee / Privatisierungsideologie auseinander.

Soziale Marktwirtschaft – ein fairer Mittelweg?

Der kommunistische Weg des sozialen Ausgleichs scheint positive Seiten zu haben. Auch der leistungsbetonte, individualistische Ansatz der Wirtschaftsliberalen stellt sich in mancher Hinsicht als plausibel dar. Lässt sich zwischen diesen unterschiedlichen Zugängen ein vernünftiger Mittelweg finden? Was wäre ein Kompromiss der beiden Grundpfeiler „Gleichheit" und „Freiheit"? Einerseits sind wir alle gleich, andererseits sind wir auch alle verschieden. Gibt es eine Form des Zusammenlebens, die dem Rechnung trägt?

1971 erschien ein Buch mit dem Titel **„Eine Theorie der Gerechtigkeit"**. Der US-Amerikaner John Rawls (1921–2002) wurde damit zu einem der bekanntesten politischen Philosophen des letzten Jahrhunderts.

Aus seinen vielfältigen Überlegungen wird hier nur ein zentraler Gedanke verdeutlicht:

Mit Platon beginnend wurden zahlreiche Konzepte entwickelt, wie ein gerechter Staat bzw. eine gerechte Gesellschaftsordnung zu ermöglichen ist. Welchem System könnten alle Mitglieder zustimmen? Was würden alle als fair und gerecht ansehen?

Jeder Mensch wird zu einer bestimmten Zeit an einem bestimmten Ort geboren. Er ist in vielfältige Umstände zufällig eingebettet. Es macht einen erheblichen Unterschied, ob man in diesem oder jenem Land aufwächst, ob es eine gute Infrastruktur gibt, sauberes Wasser und entsprechende medizinische Versorgung etc.
Auch innerhalb eines Landes gibt es natürlich erhebliche Unterschiede. Ein Mensch wächst an dezentraler Stelle in einem ärmlichen Haushalt ohne Bücher auf und ist von frühester Jugend an gezwungen, einer Arbeit nachzugehen. Eine andere Person genießt das Privileg, in ein vermögendes Umfeld hineingewachsen zu sein, mit vielfältigen Bildungschancen und Ressourcen an Geld, Macht und Wissen. Keiner hat sich seine Familie ausgesucht – alles Zufall. Ist das gerecht?

Getty Images/Gamma-Rapho/Frederic REGLAIN

John Rawls

Hier setzt John Rawls mit einem Gedankenexperiment an:

Wir wollen uns also vorstellen, daß diejenigen, die sich zu gesellschaftlicher Zusammenarbeit vereinigen wollen, in einem gemeinsamen Akt die Grundsätze wählen, nach denen Grundrechte und -pflichten und die Verteilung der gesellschaftlichen Güter bestimmt werden. Die Menschen sollen im voraus entscheiden, wie sie ihre Ansprüche gegeneinander regeln wollen und wie die Gründungsurkunde ihrer Gesellschaft aussehen soll. Ganz wie jeder Mensch durch vernünftige Überlegung entscheiden muß, was für ihn das Gute ist, d. h. das System der Ziele, die zu verfolgen für ihn vernünftig ist, so muß eine Gruppe von Menschen ein für allemal entscheiden, was ihnen als gerecht und ungerecht gelten soll. Die Entscheidung, die vernünftige Menschen in dieser theoretischen Situation der Freiheit und Gleichheit treffen würden, bestimmt die Grundsätze der Gerechtigkeit. (Wir nehmen für den Augenblick an, daß dieses Entscheidungsproblem eine Lösung hat.)

In der Theorie der Gerechtigkeit als Fairneß spielt die ursprüngliche Situation der Gleichheit dieselbe Rolle wie der Naturzustand in der herkömmlichen Theorie des Gesellschaftsvertrags. Dieser Urzustand wird natürlich nicht als ein wirklicher geschichtlicher Zustand vorgestellt, noch weniger als primitives Stadium der Kultur. Er wird als rein theoretische Situation aufgefaßt, die so beschaffen ist, daß sie zu einer bestimmten Gerechtigkeitsvorstellung führt. Zu den wesentlichen Eigenschaften dieser Situation gehört, daß niemand seine Stellung in der Gesellschaft kennt, seine Klasse oder seinen Status, ebensowenig sein Los bei der Verteilung natürlicher Gaben wie Intelligenz oder Körperkraft. Ich nehme sogar an, daß die Beteiligten ihre Vorstellung vom Guten und ihre besonderen psychologischen Neigungen nicht kennen. Die Grundsätze der Gerechtigkeit werden hinter einem Schleier des Nichtwissens festgelegt. Dies gewährleistet, daß dabei niemand durch die Zufälligkeiten der Natur oder der gesellschaftlichen Umstände bevorzugt oder benachteiligt wird. Da sich alle in der gleichen Lage befinden und niemand Grundsätze ausdenken kann, die ihn aufgrund seiner besonderen Verhältnisse bevorzugen, sind die Grundsätze der Gerechtigkeit das Ergebnis einer fairen Übereinkunft oder Verhandlung. […] Den Urzustand könnte man den angemessenen Ausgangszustand nennen, und damit sind die in ihm getroffenen Grundvereinbarungen fair. Das rechtfertigt die Bezeichnung ‚Gerechtigkeit als Fairneß': Sie drückt den Gedanken aus, daß die Grundsätze der Gerechtigkeit in einer fairen Ausgangssituation festgelegt werden.

John Rawls: Eine Theorie der Gerechtigkeit, S. 28f. R

1. Erörtern Sie, welchen Staat Sie „hinter dem Schleier des Nichtwissens" schaffen würden.
2. Vergleichen Sie die Überlegungen von Rawls mit der Realität im Staat Österreich. Diskutieren Sie, ob es in Österreich eine Balance zwischen sozialem Ausgleich, sozialer Absicherung auf der einen Seite und leistungsorientiertem Individualismus auf der anderen Seite gibt.
3. Wenige Menschen besitzen große Teile des weltweiten Vermögens. Recherchieren Sie zur globalen und nationalen Verteilung von Vermögen und setzen Sie sich kritisch mit diesem Stand der Dinge auseinander.

■ **Fazit:** Wahrhaft gerecht ist die Gesellschaftsordnung, wenn jedes Mitglied zustimmen kann, gerade wenn es über seine Stellung in der Gesellschaft noch nichts weiß. Es gibt den „Schleier des Nichtwissens". In dieser gedachten, fiktiven Entscheidungssituation müssen Grundsätze für das künftige Zusammenleben überlegt werden. In diesem Urzustand würde niemand für Grundsätze plädieren, die nur zu seinem eigenen Vorteil sind. In der Realität entscheiden viele Menschen aus parteilicher Perspektive und nach dem eigenen Vorteil. Mit Rawls ist genau diese Parteilichkeit ausgeschaltet. Die Gesellschaft müsste so konzipiert sein, dass die Befriedigung gewisser Grundbedürfnisse für alle Menschen gewährleistet ist, und auch der Schwächste und Ärmste müsste Möglichkeiten und Chancen bekommen, seine Position zu verbessern.

Studien zur Zufriedenheit in verschiedenen Ländern und Gesellschaften zeigen, dass zu große Vermögensunterschiede Menschen unzufriedener machen. Sind Menschen einigermaßen gleich vermögend, empfinden sie sich am glücklichsten. Neid und Vergleichsmöglichkeiten machen unglücklich. Diese psychologischen Studien sprechen insgesamt für ein System des sozialen Ausgleichs. Das bedeutet, dass die staatliche Umverteilung über Steuerleistungen für die gesamte Bevölkerung sinnvoll ist.

Die Idee des sozialen Ausgleichs ist nicht neu. Auch die Vorsokratiker, die ersten Philosophen des Abendlandes, von deren Werken nur Fragmente erhalten sind, stellten diesbezügliche Überlegungen an. Die sogenannten „ältesten Sozialisten", wie **Phaleas von Chalkedon** (vermutlich um 400 v. Chr.), traten schon für die Umverteilung von Vermögen ein.

Einigen Denkern scheint die Hauptsache zu sein, daß die Besitzverhältnisse gut geregelt sind. Denn sie behaupten, daß sich um diese sämtliche Parteikämpfe (der Bürger) drehen. Daher hat Phaleas von Chalkedon diesen (Gesichtspunkt) als erster eingeführt. Er behauptet nämlich, es müsse der Besitz der Bürger gleich sein. Das sei gleich bei der Gründung einer Stadt nicht schwer durchzuführen; dagegen sei es für schon bewohnte Städte schwieriger; trotzdem aber könnte dadurch sehr rasch ein Ausgleich herbeigeführt werden, daß die Reichen (ihren Töchtern) zwar eine Aussteuer geben, aber (selber) keine empfingen, die Armen dagegen (ihren Töchtern) keine geben, wohl aber eine empfingen …

W. Capelle (Hg.): Die Vorsokratiker, S. 389 (Aristoteles, Politik II 7, 1266 a) R

Die jahrhunderte- und jahrtausendealte Diskussion um optimale Systeme des gesellschaftlichen Zusammenlebens, um Staatsformen und entsprechende Formen des Wirtschaftens und des Sozialen zeigt: Die Suche ist nie abgeschlossen. Staatsformen müssen immer neu angepasst und modifiziert werden. Das Gesamtsystem muss ständig neu austariert werden.

Zusammenfassung

- Politik ist die Kunst der Staatsführung. Politische Philosophie hinterfragt alle Themen, die mit diesem Vorhaben im Zusammenhang stehen. Sie kann auch mit Begriffen wie Staats-, Rechts- und Sozialphilosophie in Zusammenhang gebracht werden. Es geht um das gute Zusammenleben.
- Aristoteles bezeichnet den Menschen als Zoon politikon. Er unterstreicht damit den Gemeinschaftssinn des Menschen. Menschen brauchen einander und können sich erst in der Gemeinschaft entfalten.
- Schopenhauer entwirft das Bild der sich wärmen wollenden Stachelschweine: Menschen brauchen einander und meiden einander. Der Umgang mit Mitmenschen ist ambivalent, zwiespältig.
- Die Entwicklung in Richtung Kultur und Hochkultur wurde von der „neolithischen Revolution" eingeleitet. Das Sesshaftwerden brachte eine produzierende Wirtschaftsweise: Vieh wurde gezüchtet und Felder wurden bestellt. Neue Formen des Zusammenlebens entstanden.
- Die drei klassischen Staatsformen sind: Monarchie, Aristokratie und Demokratie. In Österreich leben wir in einer parlamentarischen oder repräsentativen Demokratie.

- Die Ursprünge der Demokratie reichen in die griechische Antike zurück. Prinzipien einer modernen Demokratie sind: Volkssouveränität, Mehrheitsentscheid, Gewaltentrennung (Locke, Montesquieu), Repräsentativsystem, Grundrechte, Rechts- und Wohlfahrtsstaatlichkeit, allgemeines und gleiches Wahlrecht, Minderheitenschutz, Pluralismus.
- Im idealen Staat von Platon, den er in seinem Werk „Politeia" darlegt, herrschen Philosophen. Platon war ein Gegner der Demokratie, in seinem hierarchisch gegliederten Staat gibt es neben dem „Lehrstand" der Philosophenherrscher den „Wehrstand" und den „Nährstand". Wenn der weise Philosoph in weiser Voraussicht den Staat lenke, sei diesem am besten gedient.
- Im 20. Jahrhundert kritisiert Karl R. Popper Platons totalitäres System. Popper zufolge kann Schadensbegrenzung nur in einer offenen Gesellschaft und somit in einem demokratischen Staat betrieben werden.
- Thomas Hobbes sieht den Menschen als des Menschen Wolf (homo homini lupus). Da der Mensch prinzipiell egoistisch und gefährlich sei (und naturgemäß Krieg aller gegen alle herrsche), müsse er von einer starken Macht im Zaume gehalten werden.
- Karl Marx fordert, angetrieben von den sozialen Missständen seiner Zeit, die Utopie einer klassenlosen Gesellschaft. Diese schließt die Abschaffung des Privateigentums mit ein. Freiheit und Gleichheit seien die Ziele, die es durch Revolution und Diktatur des Proletariats zu erringen gelte. Marx sieht die Geschichte von Klassenkämpfen bestimmt, im 19. Jahrhundert sei der (alles entscheidende) Kampf zwischen Bourgeoisie und Proletariat gekommen. Für Marx sind die materialistischen, gesellschaftlichen Bedingungen bestimmend.
- Im Gegensatz zum kommunistischen Denken von Karl Marx legen Adam Smith, Bernard de Mandeville, Friedrich August von Hayek und Hans-Hermann Hoppe den Fokus auf den Einzelnen.
- Für Smith führt der freie Wettbewerb auf dem Markt zu einer Harmonie im Ganzen und zum Wohlstand in der Gesellschaft.
- In Bernard de Mandevilles „Bienenfabel" wird ebenfalls der Egoismus als Motor für das Wirtschaftssystem gesehen.
- Hayek plädiert in liberaler Art für einen minimalen Staat, der nicht umverteilen soll. Durch steuerliche Umverteilungen untergrabe der Staat die Freiheit des Einzelnen.
- Für den Anarchokapitalisten Hoppe wäre das Ziel, ohne staatliche Vorgaben, Interventionen, Kontrollen und Steuern auszukommen.
- John Rawls bietet in seiner „Theorie der Gerechtigkeit" folgendes Gedankenexperiment an: Wüsste man nicht – gleichsam hinter einem „Schleier des Nichtwissens" –, wie, wo und in welcher gesellschaftlichen Stellung man das Spiel des Lebens betritt, welche gesellschaftlichen Regeln würde man einführen? Fairer- und vernünftigerweise sollte in diesem System auch die/der Ärmste gute Chancen vorfinden. Soziale Absicherung scheint geboten.

Abschließende Fragen und Anregungen

1. Erklären Sie einem Kind den Begriff „Politik" und versuchen Sie, Ihrer Gesprächspartnerin/Ihrem Gesprächspartner mögliche Themen und Fragenkomplexe der politischen Philosophie nahezubringen.
2. Rekapitulieren Sie den Begriff der neolithischen Revolution und erläutern Sie, warum dieser historische Einschnitt so bedeutsam war.
3. Beschreiben Sie in groben Zügen die Staatsphilosophie von Platon.
   Was ist aus Ihrer Sicht an diesem Konzept zu kritisieren? Welche Vorteile sehen Sie am demokratischen System? Reflektieren Sie Ihre Überzeugung und begründen Sie diese.
4. Vergleichen und kontrastieren Sie die politischen und wirtschaftspolitischen Überlegungen von Marx – Smith, Hayek, Hoppe – Rawls.
5. Sind Sie der Meinung, dass sich PolitikerInnen mehr mit Philosophie beschäftigen sollten? Sammeln Sie Ihre Argumente und präsentieren Sie diese im Plenum.

VI. Geschichtsphilosophie

1. Wie verläuft Geschichte?

1.1 Grundlagen

Der Blick zurück hat die Menschen schon immer interessiert. Unsere Vergangenheit war die Zukunft von vorgestern. Da wir ein Kontinuum erkennen, versuchen wir, von der Vergangenheit auf die Zukunft zu schließen. Unser Zeitdenken wird von einer Einheit aus **Vergangenheit**, **Gegenwart** und **Zukunft** bestimmt. Menschen sind gewöhnt, von vergangenen auf kommende Ereignisse zu schließen. Wenn dieses wieder so eintritt, dann wird aller Voraussicht nach jenes wieder so kommen.
Das Vergangene ist aber nicht mehr zu ändern, man kann lediglich seine Interpretation des Vergangenen modifizieren. Die Zukunft scheint prinzipiell offen. Vieles ist möglich und die Welt der Möglichkeiten motiviert die Menschen. Meist ist der Blick auf Vergangenes mit dem Interesse an der Zukunft verbunden.
Der Blick auf Geschichte ist sowohl onto- als auch phylogenetisch möglich: Ich kann auf mein Leben zurückblicken und aus dem Vergangenen auf meine persönliche Zukunft schauen. Man kann auch die Geschichte (der Menschheit) insgesamt betrachten und versuchen, auf Zukünftiges zu schließen. Ehemals wurden Orakel befragt – heute werden ZukunftsforscherInnen beauftragt.

Auch bei Fragen der politischen Philosophie ist der historische Blickwinkel entscheidend. Wie entwickeln sich Staaten, Kulturen …? Schon Platon brachte diese Perspektive vor das geistige Auge, mit Hegel und Marx gewannen historische Betrachtungen weitere Brisanz. Geschichte und Politik greifen ineinander.

Grundfragen der Geschichtsphilosophie waren und sind: Gibt es bestimmte Muster, nach denen Geschichte abläuft? Kann man von der Vergangenheit auf die Zukunft schließen? Wie passiert Geschichtsschreibung – was bleibt in der Erinnerung?

1.2 Linear oder zyklisch?

In der Menschheitsgeschichte wird nach Mustern gesucht. Grundsätzlich kann die Geschichte als linear oder zyklisch ablaufend gesehen werden (vgl. dazu Kap. III., 5.2 auf S. 102). Das lineare Grundmuster kann man z. B. bei Kant, Hegel und Marx vorfinden, das zyklische bei Nietzsche und Spengler.

Unsere westliche Kultur hat zu großen Teilen die Idee einer linearen Weiterentwicklung übernommen. Wir sind auf Fortschritt programmiert, bei uns muss etwas „weitergehen". Es gibt einen Anfang und ein Ende, auf das alles hinausläuft. Nicht zuletzt muss in wirtschaftlichen Belangen ein steter Fortschritt erzielt werden. Bei Stagnation schrillen schon die Alarmglocken; gehen die Umsatz- und Gewinnzahlen nach unten, droht der „Untergang". Speziell in Ökologiefragen hat sich dieses Szenario der stetigen Steigerung als sehr problematisch herausgestellt.

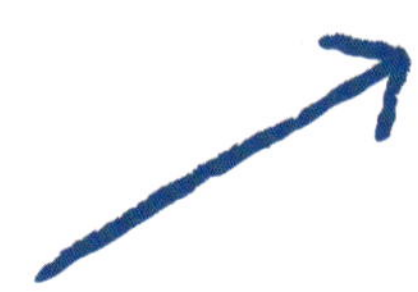

Unser Zeitverständnis von Vergangenheit – Gegenwart – Zukunft wird auch sprachlich in dieser Form abgebildet. Unser ganzes Leben ist von dieser Struktur bestimmt.

Das lineare Schema kann selbstverständlich auch umgedreht und eine lineare Abwärtsentwicklung angenommen werden. Man kann das goldene Zeitalter als Ausgangspunkt betrachten, heute ist schon der Verfall sichtbar, und morgen folgt der Weltuntergang. Ontogenetisch legt das menschliche Alter durch den eigenen Verfallsprozess diese Blickrichtung nahe („Früher war es noch besser" – „Das waren noch Zeiten!") …

Die zyklische Sicht auf Geschichte, also dass sich die Ereignisse immer im Kreis drehen, liegt unserer Kultur eher fern. Geschichte im zyklischen Verständnis ist ein ewiges Auf und Ab. Um mit Nietzsche zu sprechen: Es handelt sich um die „ewige Wiederkehr des Gleichen". Dieses Muster reicht vom Leben und Aussterben einzelner Lebewesen über das Auf und Ab einzelner Kulturen bis hin zum Aufblühen und Vergehen der Welt als solcher. Diese Sicht kann etwas Befreiendes haben: Es gibt kein Ziel, auf das alles hinsteuert, keinen Sinn der Geschichte. Man könnte also gelassener sein …

1.3 Die Kulturzyklentheorie von Spengler

Oswald Spengler

Die Kreislauftheorie der Kulturen des deutschen Geschichtsphilosophen **Oswald Spengler** (1880–1936) kann als Beispiel dieser zyklischen Geschichtsauffassung gelten. In seinem 1918 erstmals erschienenen Werk „Der Untergang des Abendlandes" beleuchtet Spengler das Aufstreben und den Verfall verschiedener Kulturen und sieht darin das Muster von Geschichte überhaupt.

Jede Kultur durchläuft die Altersstufen des einzelnen Menschen. Jede hat ihre Kindheit, ihre Jugend, ihre Männlichkeit und ihr Greisentum.

O. Spengler: Der Untergang des Abendlandes, S. 144 R

Bedeutet die Frühzeit die Geburt der Stadt aus dem Lande, die Spätzeit den Kampf zwischen Stadt und Land, so ist Zivilisation der Sieg der Stadt, mit dem sie sich vom Boden befreit und an dem sie selbst zugrunde geht.*

O. Spengler: Der Untergang des Abendlandes, S. 684 R

* Heute leben weltweit mehr Menschen in Städten als auf dem Land …

Laut Spengler entwickelt sich circa ein Jahrtausend lang eine geschichtsträchtige Kultur, dann übernimmt wieder eine andere Kultur den Fortgang der Geschichte. Er ortet acht Hochkulturen (von der ägyptischen über die antike bis hin zur abendländischen). Spengler sieht die abendländische Kultur in der Verfallsphase … Dabei kritisiert er auch das Zeitungswesen:

Die Demokratie hat das Buch aus dem Geistesleben der Volksmassen vollständig durch die Zeitung verdrängt. […]
Was ist Wahrheit? Für die Menge das, was man ständig liest und hört. […]
Drei Wochen Pressearbeit, und alle Welt hat die Wahrheit erkannt.

O. Spengler: Der Untergang des Abendlandes, S. 1139 R

Zyklisches Denken drängt sich durch die Beobachtung des Kreislaufs in der Natur auf.

Aber ‚die Menschheit' hat kein Ziel, keine Idee, keinen Plan, so wenig wie die Gattung der Schmetterlinge oder der Orchideen ein Ziel hat.

O. Spengler: Der Untergang des Abendlandes, S. 28 R

Durch astronomische Gegebenheiten unterliegt alles Leben einem Kreislauf. Das Jahr und der Wechsel der Jahreszeiten sowie Tag und Nacht betten unser Leben in eine Kreislaufstruktur. Dementsprechend erleben wir das Aufblühen, die Hochblüte, den Verfall und das Absterben ständig in der Natur. Da sich beim Menschen ebenso Verfallstendenzen manifestieren, kann von diesen Naturbeobachtungen auf das menschliche Sein nach dem Tod spekuliert werden. Kommt es zur Re-Inkarnation (= Wieder-Geburt; wörtlich: Wieder-„Fleischwerdung"), gibt es ein endgültiges Leben in der Ewigkeit oder ist aus aus?

1. Oswald Spengler zufolge ist unsere abendländische Kultur dem Untergang geweiht. Bewerten Sie seine Theorie der Kulturzyklen.
2. Der jährliche Geburtstag: Greift das Muster des Zyklischen oder des Linearen – oder sind beide Muster vereint? Inwiefern wäre das Bild einer Spirale passend? Diese würde den Kreis und die (lineare) Höherentwicklung vereinen. Untersuchen Sie diese Fragestellungen.

Gedankenexperiment: Prophetin/Prophet
Was würde sich verändern, wenn Sie – durch eine „göttliche" Prophetin/einen „göttlichen" Propheten – Ihre Zukunft kennen würden? Entwerfen Sie mögliche Szenarien.

Essay: Vom Lernen aus der Geschichte
Was kann man aus der Geschichte lernen? Reflektieren Sie diesen bekannten Gedanken und verfassen Sie dazu einen philosophischen Essay (siehe Methode 2, S.23), der beide Sichtweisen andenkt:
Ja, man kann aus der Geschichte lernen. – Nein, es wird ohnehin nichts gelernt.
Denken Sie dabei nicht nur an die Menschheitsgeschichte (Phylogenese), sondern auch an Ihre persönliche Entwicklung und „Geschichte" (Ontogenese).

2. Wie sicher ist die Vergangenheit?

Alamy Stock Photo/Martin Shields

„Die Schule von Athen", Fresko von Raffael (1483–1520): In der Mitte stehen der nach oben zeigende Platon und daneben sein Schüler Aristoteles.

Die klassische Struktur von Vergangenheit, Gegenwart und Zukunft legt nahe, dass die Vergangenheit abgeschlossen und eindeutig, die Zukunft aber offen ist. Wir – im Speziellen ZukunftsforscherInnen – versuchen zwar, von Vergangenem und Aktuellem auf das vermeintlich Zukünftige zu schließen, doch wissen wir, dass die Zukunft prinzipiell immer offen und veränderbar ist.
Wie sicher ist aber das Vergangene wirklich? Stimmt, was in Geschichtsbüchern vermerkt ist?

Der Romantiker **Friedrich Schlegel** (1772–1829) bezeichnete den Historiker als „rückwärts gekehrten Propheten". Gleich wie der Prophet versucht, die Zukunft zu prognostizieren, so möchte der Historiker Vergangenes beschreiben, einteilen und charakterisieren. Das heißt, dass nicht nur die Zukunft unsicher ist, sondern dass auch die Vergangenheit eine Frage der Interpretation und Schwerpunktsetzung ist.

Eine ähnliche Sichtweise vertritt der US-amerikanische Philosoph **Arthur C. Danto** (geb. 1924): Für ihn ist **Geschichte eine Erzählung** (history tells stories). Eine Historikerin/Ein Historiker hebt (subjektiv) bestimmte Teile hervor, vernachlässigt andere und versucht die Vergangenheit zu organisieren. Menschen suchen und brauchen homogene Einheiten – auch in der Geschichtsschreibung. Geschichte ist ein retrospektives, erzählendes Organisieren vergangener Ereignisse. Beispielsweise wusste 1618 kein Zeitgenosse, dass dieses Jahr den Beginn des Dreißigjährigen Krieges markieren würde. Erst nach 1648 ging man daran, diese Periode als Dreißigjährigen Krieg zu benennen.

Die klassische Einteilung in Antike, Mittelalter und Neuzeit wurde selbstverständlich erst in der Neuzeit getroffen. In der Antike hatte kein Athener das Bewusstsein, dass er in der Antike lebt. „Mittelalter" bezeichnet also den mittleren Abschnitt. Beginnt die Neuzeit wirklich 1492? In welcher Zeit leben wir heute?

Das bekannte Bild „Die Schule von Athen" wurde von Raffael in der Renaissance gemalt. So stellte man sich am Beginn des 16. Jahrhunderts die antike Philosophenschar vor.

Im Alltag stellt sich dieses Problem ebenfalls: Wer bestimmt, was wir am Abend in den TV-Nachrichten zu sehen bekommen oder am nächsten Tag in der Zeitung lesen? Aus einer unendlichen Menge von Ereignissen, die innerhalb von 24 Stunden rund um den Globus passieren, wird ein Teil ausgewählt, der sich in 20 Minuten senden lässt bzw. die Seiten der Zeitung füllen kann und muss.
So gibt es auch keine objektive Geschichte. Sie ist vielmehr eine „Erzählung" von vermutlich bedeutenden Ereignissen, die schematisiert und katalogisiert werden. Darüber hinaus kann es sein, dass publizierte Informationen zu Manipulationszwecken eingesetzt werden …

Ebenso ist die persönliche „Geschichte" keineswegs vor Manipulationen gefeit. Schon der heilige **Augustinus** (354–430 n. Chr.) sprach von den „weiten Lagerhallen" und „geheimeren Verliesen des Gedächtnisses".

Dort ist auch alles aufbewahrt, was wir denken, indem wir Wahrgenommenes vergrößern, verkleinern oder irgendwie verändern […].

Augustinus: Bekenntnisse, S. 259 R

Wir müssen uns unsere Vergangenheit einigermaßen „schönreden" und „zurechtbiegen". **Sigmund Freud** (1856–1939) nannte dies „Rationalisierung" – einen Abwehrmechanismus, der Ängste und Sorgen hintanhalten soll. Da wir unser Leben in der Regel als sinnvoll erleben möchten, deuten wir die Erlebnisse oft hinterher etwas um. Dieses Umdeuten oder Rationalisieren ist eine lebensförderliche Strategie. Beispielsweise rationalisiert der verschmähte Liebhaber: „Die wäre ohnehin nichts für mich gewesen …"

Eindringlich formuliert das auch Nietzsche, der den menschlichen Untiefen auf den Grund gehen will:

‚Das habe ich gethan' sagt mein Gedächtniss. Das kann ich nicht gethan haben – sagt mein Stolz und bleibt unerbittlich. Endlich – giebt das Gedächtniss nach.

F. Nietzsche: Sämtliche Werke, Bd. 5, S. 86 R

In der Beschäftigung mit der Vergangenheit plädiert Nietzsche für eine Ausgewogenheit im Umgang mit Vergangenheit, Gegenwart und Zukunft. Er spricht von der „historischen Krankheit": Allzu intensive Auseinandersetzung mit der Vergangenheit schade dem Menschen. Das viel gescholtene Tier wird hier idealisiert:

Betrachte die Heerde, die an dir vorüberweidet: sie weiss nicht was Gestern, was Heute ist, springt umher, frisst, ruht, verdaut, springt wieder, und so vom Morgen bis zur Nacht und von Tage zu Tage, kurz angebunden mit ihrer Lust und Unlust, nämlich an den Pflock des Augenblickes und deshalb weder schwermüthig noch überdrüssig. Dies zu sehen geht dem Menschen hart ein, weil er seines Menschenthums sich vor dem Thiere brüstet und doch nach seinem Glücke eifersüchtig hinblickt – denn das will er allein, gleich dem Thiere weder überdrüssig noch unter Schmerzen leben, und will es doch vergebens, weil er es nicht will wie das Thier. Der Mensch fragt wohl einmal das Thier: warum redest du mir nicht von deinem Glücke und siehst mich nur an? Das Thier will auch antworten und sagen, das kommt daher dass ich immer gleich vergesse, was ich sagen wollte – da vergass es aber auch schon diese Antwort und schwieg: so dass der Mensch sich darob verwunderte.
Er wundert sich aber auch über sich selbst, das Vergessen nicht lernen zu können und immerfort am Vergangenen zu hängen: mag er noch so weit, noch so schnell laufen, die Kette läuft mit. […]
So lebt das Thier unhistorisch: denn es geht auf in der Gegenwart, wie eine Zahl, ohne dass ein wunderlicher Bruch übrig bleibt […].
Zu allem Handeln gehört Vergessen: wie zum Leben alles Organischen nicht nur Licht, sondern auch Dunkel gehört. Ein Mensch, der durch und durch nur historisch empfinden wollte, wäre dem ähnlich, der sich des Schlafens zu enthalten gezwungen würde, oder dem Thiere, das nur vom Wiederkäuen und immer wiederholten Wiederkäuen leben sollte. Also: es ist möglich, fast ohne Erinnerung zu leben, ja glücklich zu leben, wie das Thier zeigt; es ist aber ganz und gar unmöglich, ohne Vergessen überhaupt zu leben.
Oder, um mich noch einfacher über mein Thema zu erklären: es giebt einen Grad von Schlaflosigkeit, von Wiederkäuen, von historischem Sinne, bei dem das Lebendige zu Schaden kommt, und zuletzt zu Grunde geht, sei es nun ein Mensch oder ein Volk oder eine Cultur.

F. Nietzsche: Sämtliche Werke, Bd. 1, S. 248–250 R

Nietzsche meint weiter, dass es wichtig sei, dass man *„zur rechten Zeit zu vergessen weiss, als man sich zur rechten Zeit erinnert"*.

F. Nietzsche: Sämtliche Werke, Bd. 1, S. 252 R

Er meint, dass das Unhistorische und das Historische gleichermaßen für die Gesundheit der Einzelnen, des Volks und der Kultur nötig seien.
Nietzsche will ein Gleichgewicht, eine Balance zwischen **Erinnern und Vergessen** finden. Der Erhalt des Lebens ist ihm das Wichtigste, Erkenntnis sei zweitrangig: Daher müsse sich die Beschäftigung mit Historie in Grenzen halten. Ein rückwärtsgewandtes Leben, das nur Geschichte wiederkäut, ist gehemmt und wenig lebensfähig.
Auch der dänische Philosoph **Sören Kierkegaard** (1813–1855) bezeichnet den, der nur in der vergangenen oder der zukünftigen Zeit lebt, als „Unglücklichen"*. Wollen wir nicht auch im Augenblick leben?

* Vgl. dazu S. Kierkegaard: Entweder – Oder, S. 259 R

1. Machen Sie sich bewusst und beschreiben Sie, ob Sie gedanklich in der Zukunft leben. Was meint Nietzsche mit der „historischen Krankheit"? Was ist das Bewundernswerte am Tier? Reflektieren Sie diese Gedanken.
2. Wir müssen ständig unsere eigene Lebensgeschichte verfassen und richten uns dabei gewisse Begebenheiten zurecht. Wie sehen Sie Ihre Schulzeit jetzt? Wie werden Sie dieselbe Zeit vermutlich in zehn Jahren sehen? Entwerfen Sie ein mögliches „Rückblicksszenario".
3. Geschichtsschreibung fixiert das Vergangene. Sie kann politischen Interessen dienen. Wenn Sie ein Geschichtebuch aus DDR-Zeiten studieren könnten und ein zur gleichen Zeit in der BRD geschriebenes, welche Unterschiede würden Sie finden? Setzen Sie sich kritisch mit derartigen Einflussmöglichkeiten auseinander.

3. „Ende der Geschichte" oder „Kampf der Kulturen"?

Unser Zeitalter wird erst in späteren Zeiten eingeteilt und als diese oder jene Epoche charakterisiert werden. Mit den Stichworten „Globalisierung" oder „Digitalisierung" im Hinterkopf meinen wir, im spannendsten Zeitalter der Menschheitsgeschichte zu leben. Glaubte dies nicht jede Generation?

Eine philosophische Position zu Zukunftsprognosen jedweder Art wäre: Man weiß, dass man nichts weiß. Die Zukunft ist das An-sich-Offene schlechthin. Nachdem diese Aussage aber in einem stark von Medien bestimmten Zeitalter zu unauffällig ist und untergeht, erregen vor allem provokante Thesen Aufmerksamkeit.

Der US-amerikanische Politologe **Francis Fukuyama** (geb. 1952) sprach vom **„Ende der Geschichte"** („The End of History and the Last Man", 1992).

Francis Fukuyama

Nach dem Zusammenbruch kommunistischer Systeme und dem Scheitern totalitärer Systeme blieb, Fukuyama zufolge, nur ein einziges Gesellschaftssystem erfolgreich: die Verbindung von Marktwirtschaft und Demokratie. Die Geschichte habe gezeigt, dass die Konkurrenzmodelle gescheitert sind. Dies nannte er das „Ende der Geschichte", der höchste Zustand sei erreicht, es gebe politisch nichts Besseres. Nach dem Fall des Eisernen Vorhangs, dem sogenannten Scheitern des Kommunismus, und nach dem Scheitern des Faschismus sei kein anderes Gesellschaftsmodell denkbar als die freie, demokratische Marktwirtschaft. Diese sei nicht mehr zu überbieten, ein Ende sei erreicht – alles andere sei ein Nachspiel. Geschichte werde sich darauf beschränken, dieses erfolgreiche Modell weltweit durchzusetzen.

Die Frage, ob es so etwas wie eine Universalgeschichte der Menschheit geben kann, die die Erfahrungen aller Zeiten und aller Völker berücksichtigt, ist nicht neu, doch die Ereignisse der jüngsten Zeit zwingen uns, sie neu zu stellen. In allen ernsthaften, systematischen Versuchen, eine Universalgeschichte zu schreiben, sahen die Verfasser die Entwicklung der Freiheit als Zielpunkt der Geschichte an. Die Geschichte war demnach keine blinde Verkettung von Ereignissen, sondern ein sinnvolles Ganzes. In der Geschichte entfalteten sich die Vorstellungen der Menschen über das Wesen einer gerechten politischen und sozialen Ordnung. Wenn wir heute an einem Punkt angelangt sind, wo wir uns keine Welt vorstellen können, die sich wesentlich von der unseren unterscheidet, wo anscheinend keine grundsätzliche Verbesserung gegenüber unserer derzeitigen Ordnung mehr denkbar ist, dann müssen wir auch die Möglichkeit in Betracht ziehen, daß die Geschichte an ihrem Ende angelangt ist.

F. Fukuyama: Das Ende der Geschichte, S. 89 R

Geschichte sei keine zufällige Aneinanderreihung von Ereignissen. Unter Berücksichtigung des dialektischen Denkens von Hegel versucht Fukuyama zu erklären, dass das Ende des Zweiten Weltkrieges (1945) und der Fall der Berliner Mauer (1989) zu einer Schlussphase der politischen Systementwicklung und der Geschichte überhaupt geführt haben. Der erfolgreichen liberalen Demokratie stehe nichts mehr im Wege.

Der weitere historische Prozess werde darin bestehen, dass sich das westliche System (= Marktwirtschaft und Demokratie) überall auf der Welt ausbreitet. Diese „Globalisierung" sei dem (kapitalistischen Wirtschafts-)System ohnehin eigen.

Wird dereinst die ganze Welt nach demselben politischen und wirtschaftlichen System funktionieren? Wird ein Gleichklang erzielt werden können?

In Fukuyamas jüngerem Buch **„Staaten bauen"** („State Building", 2004) plädiert er für die Stärkung staatlicher Institutionen. Ein funktionierender Staat entstehe nicht zufällig. Es müssen entsprechende Infrastrukturen geschaffen werden, ein Rechtssystem müsse etabliert und durchgesetzt werden etc. Angesichts des Terrorismus zeige sich, dass die Hauptgefahr von schwachen, in sich gescheiterten Staaten ausgehe. Die Staatengemeinschaft solle am Aufbau und an der Stärkung staatlicher Institutionen in Konfliktregionen mitwirken. Hat sich nach dem Ende des Kalten Krieges, also dem Gegenüberstehen der Supermächte Sowjetunion und USA, ein neues konfliktreiches Gegensatzpaar gebildet: reicher Westen gegen terroristische Einheiten?
Das Ende der Geschichte scheint vorerst noch nicht erreicht …

Betrachtet man das internationale System, so ist Staatlichkeit attackiert worden und aus verschiedenen Gründen de facto erodiert. Überall in der unterentwickelten Welt sind Staaten schwach, und das Ende des Kalten Kriegs hinterließ zusätzlich eine Reihe von gescheiterten und in Schwierigkeiten steckenden Staaten zwischen Europa und Südasien. Diese schwachen Staaten stellen eine Gefahr für die internationale Ordnung dar, weil sie die Quelle von Konflikten und schweren Menschenrechtsverstößen sind und weil sie zu potenziellen Brutstätten einer neuen Art von Terrorismus geworden sind, der gegen die entwickelte Welt vorgehen kann. Diese Staaten durch verschiedene Formen des Nationenbauens zu stärken ist eine Aufgabe, die für die internationale Sicherheit entscheidend ist, die bislang aber nur wenige entwickelte Länder gemeistert haben. Zu lernen, wie man Staaten besser aufbaut, ist daher für die zukünftige Weltordnung von zentraler Bedeutung.

F. Fukuyama: Staaten bauen, S. 168f.

Vielleicht befinden wir uns aber auch in einem **„Kampf der Kulturen"**?

Samuel Huntington (1927–2008), ein US-amerikanischer Politikwissenschaftler, sorgte mit diesem oft zitierten Buchtitel für Aufsehen. 1996 erschien sein viel diskutiertes Buch „Der Kampf der Kulturen" („The Clash of Civilizations").
Huntingtons These ist, dass die entscheidenden Konflikte nicht mehr entlang staatlicher Grenzen stattfinden, sondern entlang kulturell-religiöser. Er sieht Kulturen als die ultimativen Einheiten, also nicht mehr nur Staaten. Der Kampf der Kulturen sei der „Stammeskonflikt im Weltmaßstab". Spezielle Konfrontationspunkte sieht Huntington mit dem Islam und China.

Samuel Huntington

Wie wird unser Zeitalter vielleicht einmal genannt werden? Suchen Sie nach Charakterisierungen, die in der Klasse mehrheitsfähig sind.

4. Kommt das Weltbürgertum?

4.1 Allgemeines

In einem Lexikon findet man zum Stichwort „Weltbürger" folgende Definition:

Weltbürger, Kosmopolit, *Vertreter der Idee einer grundlegenden Gemeinsamkeit und Brüderlichkeit aller Menschen, die als gleichwertige und gleichberechtigte Mitbürger einer die Menschheit umfassenden Gemeinschaft angesehen werden (Weltbürgertum, Kosmopolitismus).*

Brockhaus, Bd. 24, S. 22 R

Kann die Menschheit als Gemeinschaft angesehen werden? In der Praxis wird meist ein anderer Weg beschritten: Um eine Gruppe zu bilden, grenzt man sich von anderen ab, die antiken Griechen beispielsweise von den Barbaren.

> Nebenbei: Das griechische Wort *barbaros* heißt „ausländisch, roh" bzw. „Nichtgrieche". Das Wort bezeichnete ursprünglich diejenigen, die nicht Griechisch sprachen. Sprache ist von jeher ein Mittel, um Abgrenzungen zu betreiben. Erst später weitete sich die Bedeutung des Wortes in Richtung „ungebildet" und „grausam".

Gemeinschaften grenzen sich ab: sei es durch Sprache, durch Kleidung, durch Hobbys. Der Kontrast verstärkt die Zugehörigkeit zur eigenen Gruppe. Der Feind ist immer die oder der andere, das Unverstandene. Kämpft man gegen das Böse, ist man zwangsläufig der Gute. In der Realpolitik wurden und werden diese Feindbilder oftmals lanciert und gezielt eingesetzt. Der gemeinsame Feind eint. Das reicht vom Wettkampf beim Volleyballturnier bis zur Weltpolitik.

Schon am Beginn des abendländischen Denkens gab es Ideen, die engen staatlichen Grenzen zu überwinden und das Menschliche an sich hervorzukehren. Folgt man den Überlieferungen antiker Schreiber, so war **Diogenes von Sinope** (412–323 v. Chr.) der Erste, der sich „Kosmopolit" (Weltbürger) nannte.

Die Geschichte der letzten zweieinhalb Jahrtausende zeigt jedoch, dass engstirniges Denken und Handeln vorherrschend waren. Noch am Beginn des 19. Jahrhunderts ließ Goethe in seinem „Faust" von zwei Bürgern Folgendes verkünden:

Andrer Bürger.
Nichts Bessers weiß ich mir an Sonn- und Feiertagen
Als ein Gespräch von Krieg und Kriegsgeschrei,
Wenn hinten, weit, in der Türkei,
Die Völker aufeinander schlagen.
Man steht am Fenster, trinkt sein Gläschen aus
Und sieht den Fluß hinab die bunten Schiffe gleiten;
Dann kehrt man abends froh nach Haus,
Und segnet Fried und Friedenszeiten.

Dritter Bürger.
Herr Nachbar, ja! So laß ich's auch geschehn:
Sie mögen sich die Köpfe spalten,
Mag alles durcheinander gehn;
Doch nur zu Hause bleib's beim alten.

J. W. Goethe: Faust, S. 26 (Verse 860–871) R

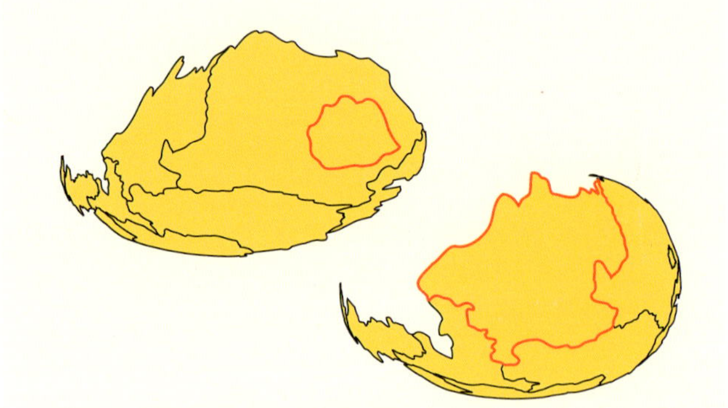

Wien- und Oberösterreich-Zentrismus

Ist nicht jede/jeder auf seine unmittelbare Umgebung fixiert?
Dem Wiener ist sein Wien Nabel der Welt, Vorarlberg scheint auf seiner geistigen Landkarte wenig auf. Der Österreicherin ist ihr „Heimatland" das Zentrum …

Um den Gedanken von Goethe noch einmal aufzunehmen: Im 21. Jahrhundert sind uns sowohl der „Nahe" als auch der „Ferne Osten" näher gerückt. Der Planet ist zumindest auf technisch-wissenschaftlichem, verkehrstechnischem und wirtschaftlichem Gebiet eine Einheit geworden. Ausdrücke wie Weltwirtschaft (mit den untergeordneten Begriffen wie Weltbank, Welthandel, Weltmarkt), Weltbevölkerung, Weltpolitik, Weltkrieg, Weltfriede, Weltherrschaft, Weltordnung, Weltreligion, Weltsprache, Weltausstellung, Weltliteratur usw. unterstreichen diese Entwicklung.
Wie kann das (politische) Zusammenwachsen, das Zur-Einheit-Werden ablaufen bzw. wie läuft es schon längstens ab?

4.2 Kants Vision des Weltbürgers

Der Aufklärer **Immanuel Kant** war der Überzeugung, dass sich die Menschheit weiterentwickelt. Er schrieb in seiner „Idee zu einer allgemeinen Geschichte in weltbürgerlicher Absicht":

Man kann die Geschichte der Menschengattung im großen als die Vollziehung eines verborgenen Plans der Natur ansehen, um eine innerlich – und, zu diesem Zwecke, auch äußerlich-vollkommene Staatsverfassung zu Stande zu bringen, als den einzigen Zustand, in welchem sie alle ihre Anlagen in der Menschheit völlig entwickeln kann.

I. Kant: Sämtliche Werke, Bd. 6, S. 45 R

Es gibt ein geschichtliches Ziel – Kant vertritt eine teleologische Geschichtsphilosophie (gr. *telos* = Ziel, Zweck). Die Menschheit müsse sich emporarbeiten, an Konflikten wachsen. Kriege seien dabei nur Versuche, neue und bessere Staatsverhältnisse zu schaffen. Kriege würden jedoch immer bedenklicher.

Kant sprach weiters von *„unserem durch seine Gewerbe so sehr verketteten Weltteil"*.

I. Kant: Sämtliche Werke, Bd. 6, S. 47 R

Die wirtschaftliche Verflechtung sah Kant also schon 1784. Damit sich die Anlagen der Menschen entwickeln können, sei eine auch äußerlich vollkommene Staatsverfassung vonnöten. Kant wollte eine bürgerliche Vereinigung, eine republikanische Verfassung. Die bürgerliche Vereinigung benötige fixe Regeln und Gesetze – und zwar weltweit.

Kant war kein Revolutionsführer, aber ihm schwebte in letzter Konsequenz ein „Völkerbund" vor, ein „allgemeiner weltbürgerlicher Zustand". Kant war sich der Fehlbarkeit des Menschen sehr wohl bewusst:

[...] aus so krummem Holze, als woraus der Mensch gemacht ist, kann nichts ganz Gerades gezimmert werden.

I. Kant: Sämtliche Werke, Bd. 6, S. 41 R

Sein Anliegen war die Annäherung an die Idee eines weltweiten Bundes. Er träumte vom Fortschritt der Menschheit insgesamt. In dem Aufsatz **„Zum ewigen Frieden"** (1795) finden sich sehr aktuelle und interessante Gedanken.

Da es nun mit der unter den Völkern der Erde einmal durchgängig überhand genommenen (engeren oder weiteren) Gemeinschaft so weit gekommen ist, daß die Rechtsverletzung an einem Platz der Erde an allen gefühlt wird: so ist die Idee eines Weltbürgerrechts keine phantastische und überspannte Vorstellungsart des Rechts, sondern eine notwendige Ergänzung des ungeschriebenen Kodex, sowohl des Staats- als Völkerrechts zum öffentlichen Menschenrechte überhaupt, und so zum ewigen Frieden, zu dem man sich in der kontinuierlichen Annäherung zu befinden nur unter dieser Bedingung schmeicheln darf.

I. Kant: Sämtliche Werke, Bd. 6, S. 216f. R

Es sei nötig und wünschenswert, dass ein die ganze Welt übergreifender Friedensbund gestiftet wird. Die Rechtsverletzung an einem Orte werde andernorts gefühlt, wir seien nicht unabhängige InselbewohnerInnen. Laut Kant sind wir politisch und wirtschaftlich so verflochten, dass ein Weltbürgerrecht notwendig erscheint. Wie sich einst auf staatlicher Ebene das Recht durchsetzte, so sollte auch auf Weltebene ein verbindliches Recht installiert werden.

Diese fortschrittlichen und universalistischen Gedanken entwickelte Kant, der seine Heimatstadt Königsberg nie verlassen hatte.

1. Sind Sie in erster Linie EinwohnerIn Ihres Heimatorts, ÖsterreicherIn, EuropäerIn oder gar WeltbürgerIn? Zu welcher Gruppe fühlen Sie sich vorrangig zugehörig? Sprechen Sie diesbezüglich über Ihr Be- und Empfinden und begründen Sie Ihre Entscheidung.
2. Überlegen Sie sich, welcher Feind bzw. welches Feindbild die gesamte Menschheit einen könnte. Anmerkung: Die Wahrscheinlichkeit eines Asteroideneinschlags ist angeblich 30-mal höher, als einen Lotto-Sechser zu gewinnen.
3. Nehmen Sie Stellung, ob die Vision eines „weltbürgerlichen Zustands", wie sie Kant meint, wünschenswert ist.
4. Recherche: Informieren Sie sich über die Vereinten Nationen, die UNO. Wann und warum wurde diese Organisation gegründet? Welche Vorläuferinstitutionen gab es? Was sind die Aufgaben der UNO, mit welchen Problemen hat sie zu kämpfen?

5. Ideologiekritik

Der Begriff **Ideologie** wurde zur Zeit der Französischen Revolution (Ende des 18. Jahrhunderts) geprägt und sollte eine Wissenschaft der Ideen begründen. Die Bedeutung hat sich im Laufe der (Philosophie-)Geschichte gewandelt und bei verschiedenen PhilosophInnen verschiedene Ausprägungen erfahren.

Im allgemeinen Sprachgebrauch kann Ideologie wertfrei als „Summe von Begriffen, Vorstellungen und Werturteilen einer (Interessen-)Gruppe" verstanden werden, synonym zu „Weltanschauung". Häufig wird der Begriff jedoch abwertend verwendet und bezeichnet geschlossene oder starre Systeme, die politische oder wirtschaftliche Herrschaftsansprüche behaupten, etablieren und festigen wollen.

Ideologien als starre, festgegossene Gedanken- oder Glaubenssysteme sind Vereinfachungen und sollen die Welt auf leicht verständliche Schwarz-Weiß-Muster reduzieren. Wie Vorurteile erleichtern und vereinfachen Ideologien die Wahrnehmung und bieten Schutz, auch Schutz in der Gemeinschaft von Gleichgesinnten (vgl. dazu Kap. I., 1.2 auf S. 9). So wird z. B. der Satz „Wir leben nun einmal in einer globalisierten Welt" heute vielfach als anscheinend unwiderlegbares Faktum verwendet, um verschiedenste Situationen und Vorgänge zu legitimieren.

Philosophie ist ihrem Wesen entsprechend Ideologiekritik und dient dem Ziel der Aufklärung: Menschen aus der Abhängigkeit von Irrtümern und Aberglauben zu befreien und zum Selber-Denken zu bringen. Ideologiekritik bedeutet, insbesondere falsche Tatsachenbehauptungen aufzuzeigen und Werturteile, die als Tatsache ausgegeben werden. Philosophische Ideologiekritik kann auch dort ansetzen, wo absolute und nicht hinterfragbare Wahrheiten ideologisch behauptet werden und wo es zur Abschottung gegen mögliche Kritik kommt: PhilosophInnen versuchen „Nebelschleier zu lüften".

2006 schrieb der Autor **Robert Menasse** (geb. 1954) über unser politisches System und den Kapitalismus:

Wissen Sie, wie viele Seiten ‚Verordnungen' jährlich in Brüssel und Straßburg produziert werden? Wer hat sie gelesen? Aber sie haben Gesetzeskraft in Europa. Was bleibt? Der Glaube. Nämlich der Glaube, daß es gar nicht anders sein kann, daß alles viel zu komplex ist, um anders sein zu können. Der Glaube gibt Sicherheit und – er nimmt sie. Er muß nehmen, um geben zu können. Das ist das ökonomische Gesetz der Ideologien.

R. Menasse: Die Zerstörung der Welt …, S. 77 R

1. Erklären Sie, was Robert Menasse in diesem Textausschnitt kritisiert.
2. Kommunismus, Nationalsozialismus, Kapitalismus … Viele Ismen gelten als Ideologien. Nennen Sie weitere als Ideologien zu bezeichnende Ismen. Welchen Ideologien vertrauen Sie?

Was bleibt, ist wahrscheinlich **Skepsis** (vgl. dazu Kap. II., 1.1 auf S. 34). Das griechische Wort *skepsis* bedeutete ursprünglich „Untersuchung". Was auf das Untersuchen und Überlegen folgt, sind Zweifel und Zurückhaltung beim Urteilen. Der Skeptiker ist idealerweise fern aller Dogmen.

Im 20. Jahrhundert sah sich der deutsche Philosoph **Odo Marquard** (1928–2015) der skeptischen Grundhaltung verpflichtet. Er vermutet keinen Plan in der Geschichte, sondern beurteilt diese als ein „Gewimmel von Handlungs-Widerfahrnis-Gemischen". Skepsis bedeute den Verzicht auf den Radikalismus.

Ich habe die Tendenz, Überdramatisierungen der gegenwärtigen Geschichtssituation zu ernüchtern und zu mildern. Darum sage ich häufiger, der Weltlauf sei – trotz allem – mehr Nichtkrise als Krise. Die Vorstellung, jetzt ist der absolute Augenblick, in dem die Menschheit gerettet werden muß, und die Zuspitzung der Gegenwart zur großen Entscheidungsgrenzsituation zwischen Allem und Nichts: das geht mir viel zu weit. Ich bin gegen den großen Außerordentlichkeitsbedarf, auch im Negativen. Die Menschen haben schon genug Probleme, auch diesseits des absoluten Ausnahmezustands: diesen unendlichen Krisenstolz können wir uns gar nicht leisten. Darum wehre ich mich gegen ökologisches Krisengeschrei und habe auch wenig übrig für die Globalisierungsgegner.

O. Marquard: Skepsis in der Moderne, S. 21 („Ich bin ein Weigerungsverweigerer". Ein Gespräch mit Odo Marquard) R

Marquard bleibt dabei:

Die Welt ist mehr Nichtkrise als Krise: sie ist gewiß nicht der Himmel auf Erden, aber auch nicht die Hölle auch Erden, sondern die Erde auf Erden.

O. Marquard: Skepsis in der Moderne, S. 12 (Zum fünfzigjährigen Doktorjubiläum. Rede in Freiburg am 16. Juli 2004) R

Marquard präzisierte seinen Begriff von Skepsis:

Aber was ist Skepsis? Skepsis ist der Sinn für Gewaltenteilung bis hin zur Teilung auch noch jener Gewalten, die die Überzeugungen sind. Skeptiker ist nicht der, der – als Inhaber geballter Ratlosigkeit – gar keine Position hat, sondern zu viele; Skeptiker ist einer, der zweifelt, weil er mehrere [...] Seelen in seiner Brust [hat]. [...]
Denn die moderne Welt insgesamt: das ist das Zeitalter der Gewaltenteilung. Die moderne Welt neutralisiert die eine einzige absolute Position durch Pluralisierung der Positionen und macht gerade dadurch die moderne Wirklichkeit individualitätsfähig. Denn individuelle Freiheit gibt es für Menschen nur dort, wo sie nicht dem Alleinzugriff einer einzigen Alleinmacht unterworfen sind, sondern wo mehrere – voneinander unabhängige – Wirklichkeitsmächte existieren, die – beim Zugriff auf den Einzelnen – durch Zugriffsgedrängel einander wechselseitig beim Zugreifen behindern und einschränken. Einzig dadurch, daß jede dieser Vielzahl von Wirklichkeitspotenzen – Geschichten, politische Formationen, Wirtschaftskräfte, Sakralgewalten, Überzeugungen, Üblichkeiten und Traditionen, Kulturen – den Zugriff jeder anderen einschränkt und mildert, gewinnen die Menschen ihre Distanz und individuelle Freiheit gegenüber dem Alleinzugriff einer jeden.

O. Marquard: Skepsis in der Moderne, S. 51f. R

In dem Band „Abschied vom Prinzipiellen" schreibt Marquard:

Die Skeptiker sind also gar nicht die, die prinzipiell nichts wissen; sie wissen nur nichts Prinzipielles.

O. Marquard: Abschied vom Prinzipiellen, S. 17 R

Auch seinem eigenen Fach, der Philosophie, gegenüber ist Marquard skeptisch und attestiert ihr – bewusst übertrieben – eine „Inkompetenzkompensationskompetenz"*. Philosophie werde und sei unter modernen Umständen immer mehr ins Abseits gedrängt, müsse sich rechtfertigen und versuche, ihre faktische und praktische Inkompetenz zu kompensieren, auszugleichen. Gleichzeitig verwies Marquard darauf, dass die Geisteswissenschaften, gerade in hoch technisierten und versachlichten Gesellschaften wie in unserer, an Bedeutung gewinnen.

* Vgl. dazu O. Marquard: Abschied vom Prinzipiellen, S. 23–38 (Inkompetenzkompensationskompetenz? Über Kompetenz und Inkompetenz der Philosophie)

Marquard ist gegen absolute Begründungsansprüche und bleibt seiner skeptischen Grundhaltung treu. Allen Ideologien – seien sie noch so fortschrittlich und revolutionär – hält er das Gewachsene, die „Üblichkeiten" und bewährten Traditionen entgegen.

> Die antike Schule der Skeptiker versuchte, durch eine skeptisch-zweifelnde Grundhaltung zu einer Urteilszurückhaltung und in der Folge zu Seelenruhe zu gelangen. Bei welchen Textpassagen von Odo Marquard erkennen Sie eine derartige Seelenruhe?

picturedesk.com/Archiv Mehrl/akg-images

Odo Marquard

Zusammenfassung

- Unser Verständnis von Geschichte ist strukturiert in Vergangenheit, Gegenwart und Zukunft. Auf Geschichte kann sowohl onto- als auch phylogenetisch geblickt werden: Es gibt meine persönliche Geschichte und die Geschichte der Menschheit.
- In der Geschichte kann man ein lineares oder ein zyklisches Grundmuster erkennen.
- Oswald Spengler beschreibt in seiner Kulturzyklentheorie das Auf und Ab diverser Kulturen. Geschichte sei ein Entstehen und Vergehen von Kulturen, ähnlich dem Organischen in der Natur.
- Arthur C. Danto betrachtet Geschichte als „Erzählung". Menschen teilen ein, lassen weg und bauen nachträglich am Haus der Geschichte – je nach Interesse und anderen Voraussetzungen. Nicht nur die Zukunft, auch die (Interpretation der) Vergangenheit ist nicht fix und unabänderbar.
- Nietzsche betont gerade für die persönliche „Geschichte" die Bedeutung des Vergessens. Unhistorisch zu leben, sei notwendig. Letztlich plädiert er für eine Balance zwischen Erinnern und Vergessen.
- Fukuyama sieht durch das Scheitern großer politischer Systeme im 20. Jahrhundert das „Ende der Geschichte" gekommen. Das heißt, Demokratie und Marktwirtschaft hätten sich durchgesetzt und würden sich weltweit etablieren. Schwachen Staaten sollte beim „Staaten-Bauen" geholfen werden.
- Samuel Huntington sieht die Welt bestimmt vom „Kampf der Kulturen". Nicht mehr (nur) Staaten führen Kriege, die nächsten Konflikte würden durch kulturelle Bruchlinien ausgelöst.
- Eine alte Sehnsucht der Menschen war und ist der Gedanke des Weltbürgers/der Weltbürgerin. Wir sind eine Menschheit und sollten, durch Rechte und Pflichten verbunden, gemeinschaftlich leben. Gerade im 21. Jahrhundert tritt „die Welt" stärker denn je ins Bewusstsein und bestimmt unseren Alltag.
- Kant träumt den Traum des „ewigen Friedens" und sieht in einem „weltbürgerlichen Zustande" die Möglichkeit menschlicher Entfaltung und Bestimmung.
- Ideologiekritik versucht, das verzerrte Bild der Ideologien, der starren Weltbilder und Handlungskonzepte zu analysieren und aufzuklären.
- Der deutsche Philosoph Odo Marquard plädiert für eine skeptische Grundhaltung; er fordert die Anerkennung der Pluralität der „Üblichkeiten". Er verwahrt sich gegen totale Änderungen und totale Begründungen.

Abschließende Fragen und Anregungen

1. Reflektieren Sie die folgenden Fragen: Warum soll man sich für „Geschichte" interessieren? Was sind die Grundkenntnisse, die Sie aus dem Geschichteunterricht mitnehmen werden? – Welche Essenz bleibt, wenn die meisten Zahlen und Fakten wieder vergessen sind? Diskutieren Sie anschließend in der Klasse.

2. Nehmen Sie kritisch zur Frage Stellung, warum die Werke bestimmter Philosophen (wie z. B. Platon) über zwei Jahrtausende überliefert und gelesen worden sind. Warum wurden Ansichten anderer Philosophen – speziell von Philosophinnen – vergessen, weggelassen, nicht überliefert?

3. Erörtern Sie die These, wonach ein „Weltstaat" die Lösung für unsere globalen Probleme wäre. Überlegen Sie, ob sodann Kriege der Vergangenheit angehören würden und ob man ökologische Probleme besser bewältigen könnte.

4. Der deutsche Philosoph Rüdiger Safranski (geb. 1945) spricht von der „Epoche der globalen Platzangst"*. Untersuchen Sie, ob wir überfordert sind vom Globalen, von weltweiten Börsenspekulationen, politischen und wirtschaftlichen Vorgängen, die dem Einzelnen nicht mehr nachvollziehbar erscheinen, von der Informationsflut. Begründen Sie Ihre Überzeugung und bewerten Sie die Sichtweise Safranskis kritisch.
   *Vgl. dazu R. Safranski: Wieviel Globalisierung verträgt der Mensch?, S. 96

5. Von religiöser Seite möchte der Theologe Hans Küng (geb. 1928) ein „Weltethos" etabliert sehen. Beurteilen Sie, ob Religionen als Fundament einer weltweiten Ethik bedeutsam sein sollten. Diskutieren Sie, ob eine globale Ethik Gott braucht.

6. Erläutern Sie, ob auch PhilosophInnen Ideologien vertreten. Welche Haltung müsste eine Philosophin/ein Philosoph der eigenen Philosophie gegenüber einnehmen? Versuchen Sie sich an dieser Metareflexion.

VII. Tod!

1. Vom Nichts zum Nichts

Denn Staub bist du, zum Staub mußt du zurück.
Bibel, Genesis 3,19 R

Diese wenigen Worte aus der Bibel charakterisieren die menschliche Situation. Wir existieren im Bewusstsein des Todes. Der oben zitierte Satz aus dem Schöpfungsbericht (1. Buch Mose, Genesis; gr. *genesis* = Ursprung, Entstehung, Entwicklung, Werden) gibt zu denken: Zugleich mit der Entstehung des Menschen findet sich dieser Hinweis auf den Tod.

Um konkret zu werden – eine Beschreibung:

In jenem Moment begann mit dem Abbruch der Sauerstoffzufuhr in ihrem Körper die Zersetzung. Bei diesem Prozess kommt es bald zur Gärung. Enzyme, im Lebenden für den Stoffwechsel zuständig, machen sich daran, die Zellstrukturen des einstigen Arbeitgebers aufzulösen. Über Eingeweide und Blutbahnen verteilen sich im Körper Bakterien, deren Aufgabenbereich sich früher auf das Gedärm beschränkt hat. Nun fangen sie an, die Innereien in Kohlendioxid, Wasser, Methan, Alkohol und organische Säuren umzuwandeln.
Ließe man das Treiben der Keime ungehindert geschehen, blähten bald Gase die Innenräume, träte verflüssigtes Körpergewebe aus. Doch dem mikrobiellen Leben nach dem Tod wird aus Gründen der Kultur vorerst Einhalt geboten. Um also ein wenig Zeit zu schaffen für das, was wir Bestattungskultur nennen. Denn von einem Verstorbenen wünschen Hinterbliebene, in Ruhe Abschied zu nehmen. Nun wissen wir, dass biologische Prozesse temperaturabhängig sind; Kälte mäßigt die Gier der Mikroben, die sich an uns gütlich tun. Und so ist Frau Kocher nach ihrem Ableben von der Nachtschwester sofort in den Kühlraum geschoben worden. Drei Grad ist die Luft dort kalt.
U. Willmann: Wie man in Deutschland ..., S. 40

Solange ein Mensch einen eigenen, abgegrenzten **Kreislauf** und Stoffwechsel hat, lebt er. Sobald einen Menschen der große Natur- und Weltkreislauf erfasst hat, sobald er im „Großstoffwechsel" aufgeht, ist er tot.
Im Alltag werden Bereiche wie der Tod und das Sterben verdrängt und tabuisiert. In gewissen Momenten nimmt der Mensch aber seine Sterblichkeit wahr, er ist das Wesen, das sich seiner Endlichkeit bewusst ist.

Man kann dieses Thema von verschiedenen Seiten betrachten: religiös, philosophisch, historisch, medizinisch, juristisch. Die ältesten überlieferten Texte der westlichen Kultur thematisieren die Sterblichkeit und das Nach-dem-Tod-Vermutete. Im elften Gesang der „Odyssee" beschreibt Homer, wie sein Held Odysseus die Möglichkeit hatte, in das Reich der Toten zu blicken. Dort irren saft- und kraftlose Schattenwesen umher; es ist ein Ort des Entsetzens. Neben dem Hades (Unterwelt) gibt es aber auch ein Elysium (das Land der Seligen) ...
Ebenso sprechen *religiöse* Texte teils von Höllenqualen, teils von himmlisch-paradiesischen Zuständen.
Ein *historisch-kultureller* Blick zeigt, dass vermutlich in der mittleren Altsteinzeit (vor 100 000 bis 50 000 Jahren) die Menschen begannen, ihre Toten gemeinsam mit Grabbeigaben zu bestatten. Es wurde ein Jenseits angenommen und ein erstes Bewusstsein des Todes zeigte sich.
Selbst *medizinisch* ist das Thema nicht so einfach zu klären. Wurde früher der Herztod als Tod schlechthin betrachtet, ist jetzt der Hirntod das (letzte) Kennzeichen. Es gibt unsichere Todesanzeichen wie fehlenden Puls und Atemstillstand. Sichere Todeszeichen sind Leichenflecken, Totenstarre, das Fehlen jeder hirnelektrischen Aktivität über mehrere Stunden sowie der Stillstand der Blutzirkulation im Gehirn. Aus Angst vor Fehldiagnosen und somit vor dem Lebendig-begraben-Werden wurden zwei- oder mehrtägige Latenzzeiten zwischen Todeseintritt und Beisetzung eingeführt: die Verwesung als letztes, untrügliches Zeichen des Todes.
Wenn der Todeszeitpunkt nicht eindeutig festgestellt werden kann, mündet dies in *rechtliche* Fragen. Speziell für die Entnahme von Spenderorganen muss es klare Richtlinien geben.

Verschiedene Sichtweisen auf die Problematik des Todes zeigen, dass der Mensch vor erheblichen Fragen steht. Die einzige Gewissheit darauf ist der Tod selbst.

1. Interpretieren Sie den Cartoon auf Seite 183.
   Variante A: Deuten Sie den Cartoon in Einzelarbeit und besprechen Sie anschließend Ihre Interpretationen im Plenum.
   Variante B: Verfassen Sie einen kurzen philosophischen Essay. Der Cartoon soll dabei als Impuls dienen.
2. Wäre die letzte Sprechblase leer gewesen, wie würden Sie sie gefüllt haben? Suchen Sie nach einer möglichen Ergänzung.

Gedankenexperiment: Wissen über das Jenseits
Sie könnten mit 100-prozentiger Sicherheit in Erfahrung bringen, was nach dem Tod wirklich sein wird: Reflektieren Sie, ob Sie es wissen wollten. Was würde sich an Ihrem Leben ändern?

Gedanken? Geburt bis zum Tod (Vladimir Rencin)

2. Epikur und der Tod

Viele PhilosophInnen haben über den Tod nachgedacht. Aus der griechischen Antike sei zuerst Epikur erwähnt (vgl. dazu Kap. IV., 2.2 auf S. 113 und Kap. IX., 3. auf S. 207).

Epikur (341–271 v. Chr.) wurde auf Samos geboren und starb in der Nähe von Athen. In einem Brief an Menoikeus äußert er sich folgendermaßen:

Gewöhne dich auch an den Gedanken, daß es mit dem Tode für uns nichts auf sich hat. Denn alles Gute und Schlimme beruht auf Empfindung; der Tod aber ist die Aufhebung der Empfindung. [...]
Das angeblich schaurigste aller Übel also, der Tod, hat für uns keine Bedeutung; denn solange wir noch da sind, ist der Tod nicht da; stellt sich aber der Tod ein, so sind wir nicht mehr da. [...]
Die große Menge indes scheut bald den Tod als das größte aller Übel, bald sieht sie in ihm eine Erholung (von den Mühseligkeiten des Lebens. Der Weise dagegen weist weder das Leben von sich) noch hat er Angst davor, nicht zu leben. Denn weder ist ihm das Leben zuwider noch hält er es für ein Übel, nicht zu leben. Wie er sich aber bei der Wahl der Speise nicht für die größere Masse, sondern für den Wohlgeschmack entscheidet, so kommt es ihm auch nicht darauf an, die Zeit in möglichster Länge, sondern in möglichst erfreulicher Fruchtbarkeit zu genießen.

Diogenes Laertius: Leben und Meinungen, Bd. 2, S. 281 R

Ein glückliches Leben bedeutete für Epikur zweierlei: das Freisein von körperlichen Schmerzen und Seelenruhe, also das Freisein von Furcht. Gerade aber die Furcht vor dem Tod erschien ihm als ein Hauptübel. Diese Furcht sei aber völlig sinnlos. Denn es sei unsinnig, sich im Voraus über einen Zustand zu beunruhigen, den man niemals kennenlernen wird: Denn nach dem Leben sei „nichts". Der Tod sei nichts, er betreffe uns nicht. Denn alles beruhe auf Empfindung, auf Wahrnehmung. Der Tod sei aber der Verlust der Empfindung.

Als Anhänger der Atomlehre Demokrits meinte Epikur, dass das Aufgelöste empfindungslos ist. Sowohl der Körper als auch die Seele bestünden aus kleinsten und sehr feinen Atomen. Im Tode würden sich die Atome einfach auflösen – unsere Atomkomposition würde zerfallen. Der Tod gehöre also nicht mehr in den Erlebnisbereich des Menschen. Tod und Mensch berührten sich nicht. Solange wir da sind, ist er nicht da – und wenn er da ist, sind wir nicht mehr: Tod als das Nicht-Bewusstsein.
Bei sich selbst kann man das Absterben von bestimmten „Teilen" (wie beispielsweise das Ausfallen eines Zahnes) miterleben. Außerdem erlebt man das Sterben und den Tod von Mitmenschen. Prinzipiell aber gilt: Es sterben immer nur die anderen. Wie man den eigenen Tod „erlebt", bleibt ein Rätsel.

Im 20. Jahrhundert notierte Wittgenstein:

Der Tod ist kein Ereignis des Lebens. Den Tod erlebt man nicht.

L. Wittgenstein: Tractatus logico-philosophicus, S. 113 R

1. Fassen Sie den Gedankengang von Epikur zum Tod in eigenen Worten zusammen.
2. Nehmen Sie Stellung, ob Ihnen die Argumentation von Epikur die Furcht vor dem Tod nehmen kann. Beschreiben Sie, wie tröstlich Sie den Gedanken des Todes als Zerfall der Atomkomposition empfinden.
3. Beurteilen Sie den Gedanken von Epikur, wonach es bei den Speisen auf die Qualität und nicht auf die Quantität ankommt. Diskutieren Sie, wie wichtig Ihnen die Länge des Lebens ist.
   Zur Information: Das Durchschnittsalter der Römer lag angeblich bei 22 Jahren, im Jahr 1900 lag es bei 49 und heute liegt es – in den sogenannten hochzivilisierten Weltgegenden – bei über 80 Jahren.

3. Stoisches Denken für stürmische Zeiten

3.1 Grundbegriffe

Für einen gelassenen Umgang mit dem Tod steht die Schule der **Stoa**. Die stoische Kunst der Lebensführung ist zeitlos. Die sprichwörtliche „stoische Ruhe", die Gelassenheit, ist damals wie heute angebracht. Je mehr Probleme und Problemherde es gibt – globale Konflikte oder rein private Sorgen –, desto gelassener sollte man sein.

Der Name „Stoa" geht auf ein öffentliches Gebäude am Marktplatz in Athen zurück: Die *Stoa poikile* war eine bunte Säulenhalle, wo Zenon von Kition (333–262 v. Chr.) um 300 v. Chr. die Philosophenschule gründete. Zenon wandelte hier mit seinen Schülern auf und ab.

stock.adobe.com/jboudin

Rekonstruierte Attalos-Stoa

Man kann eine ältere, mittlere und jüngere Stoa unterscheiden. Damit reicht diese Schule vom antiken Griechenland bis in die römische Kaiserzeit, sie war ca. 500 Jahre lang die bestimmende geistige Kraft im Abendland. Die jüngeren (römischen) Stoiker sind die bekannteren, von ihnen sind die meisten Texte überliefert: Seneca, Epiktet und Marc Aurel lebten im ersten und zweiten Jahrhundert nach Christus.

Es gibt für die Stoiker eine strenge, dem Weltganzen innewohnende Gesetzlichkeit. Alles sei von diesem Naturprinzip bestimmt. Man kann es Logos, Notwendigkeit, Vorsehung, Gott, Zeus, Schicksal oder Geist nennen. Dem Menschen als Vernunftwesen sei es gegeben, diese **göttliche Gesetzmäßigkeit** zu erkennen und sich bewusst nach ihr zu richten. Daher geht es für den Stoiker um das „naturgemäße", also ein vernunftgemäßes Leben. Man muss laut Zenon in Übereinstimmung mit sich und in Übereinstimmung mit der Natur, dem Naturprinzip leben – wobei die Stoiker sicher keine Ökologiebewegung waren.

Die meisten Dinge sind für den Stoiker weder gut noch schlecht – sie sind ihm gleichgültig. Leben, Gesundheit, Besitz und Ehre sind ihm ebenso egal wie Alter, Krankheit, Tod, Armut, Unehre. Es gilt zu erkennen, was gut, schlecht und was gleichgültig ist. Man soll sich also weder an materiellen Besitz klammern, noch sollte man am eigenen Leib und Leben hängen. Es gehe um das Loslassen-Können. Die meisten Dinge seien gleichgültig. Das müsse erkannt werden.
Diese Erkenntnis wird aber von Affekten, Trieben und Leidenschaften behindert. Sie stören die Harmonie der Seele. Der Mensch erlebt also einen ständigen Kampf gegen seine Affekte.

Das Ziel ist die **Apathie** (= Leidenschaftslosigkeit; gr.: *a* = nicht, *pathos* = Leiden) – die Freiheit der Seele von Leidenschaften. Der leidenschaftslose Mensch sei weise und frei, er sehe das Notwendige ein, sei von Äußerem unabhängig und souverän wie ein König. Anders betrachtet geht es um die Selbstbeherrschung. Dies alles verlange aber eine distanzierte Haltung den Gütern dieser Welt gegenüber. So lässt sich der Stoiker durch keinen Schicksalsschlag aus der inneren Ruhe bringen. Es gibt eine stark fatalistische Grundhaltung (lat.: *fatum* = Schicksal). Auch Krankheit und Tod seien letztlich „vernünftig". Sie scheinen uns nur aus einem Mangel an Erkenntnisfähigkeit bedrohlich. Das Schicksal müsse akzeptiert werden.

Der Lauf der Welt folge also einer inneren und absoluten Notwendigkeit. Dieser Notwendigkeit, dem Schicksal müsse daher mit Gelassenheit begegnet werden.
Der Mensch könne – getreu dem stoischen Denken – ohnehin am äußeren Weltlauf nichts ändern, er könne lediglich innerlich auf unterschiedliche Weise Stellung nehmen und damit entscheiden, ob er in glücklicher Harmonie mit sich und der Natur lebt oder in quälender Selbstzerrissenheit.
Der Schüler und Nachfolger von Zenon, Kleanthes (ca. 331–232 v. Chr.), lobt in einem Hymnus an Zeus die göttliche Allvernunft. Im Anschluss an Kleanthes meinte Seneca:

Den, der willig mitgeht, führt das Schicksal; wer widerwillig mitgeht, den schleift es mit Gewalt.

Seneca: Vom glückseligen Leben, S. 157 R

Dies sei einem an einen Wagen gebundenen Hund vergleichbar: Der kluge Hund läuft „freiwillig" mit und ist vergnügt, der unvernünftige bleibt stehen oder zerrt in eine andere Richtung. Dem Wagen wird es egal sein, der Hund aber wird keine Luft bekommen, er wird mitgeschleift.

Ataraxie (Unerschütterlichkeit) wird zum zentralen Begriff der Stoa. Ataraxie ist die Seelenruhe, die stoische Ruhe und Gelassenheit, die Unerschütterlichkeit der Seele, der Gleichmut gegenüber Schicksalsschlägen. Auch Epikur verwendete diesen Begriff.

Viele stoische Elemente fanden Eingang ins Christentum: strenge Moralvorstellungen, Geringschätzung äußerer Güter, das Erkennen einer allgemeinen Menschenwürde. Der Stoiker Marc Aurel ging trotzdem streng gegen das Christentum vor. Er stand als römischer Kaiser auf Seiten der althergebrachten Volksreligion.

> Notwendiges „Naturprinzip", Schicksal: Überlegen Sie die Vorzüge und Nachteile einer fatalistischen Haltung.

3.2 Seneca

Seneca

Zur **jüngeren Stoa**: Höchst interessant sind das Leben und vor allem das Sterben von **Seneca** (4 v. Chr. bis 65 n. Chr.). Er konnte beinahe das platonische Ideal des Philosophenherrschers verwirklichen. Neben Marc Aurel, der als römischer Kaiser wirklich Philosophie und Herrschaft vereinte, stand auch Seneca im unmittelbaren Dunstkreis der Macht. Als Erzieher des jungen Nero leitete Seneca zusammen mit Sextus Afranius Burrus von 54 bis 59 n. Chr. das Römische Reich. Er wurde auch als „Kaiser ohne Purpur" bezeichnet.

Seneca erlebte viele Höhen und Tiefen: Er wurde zum einen sehr mächtig und reich, erwarb durch politische Tätigkeiten viel Reichtum, Villen und Ländereien, obwohl er als gelernter Stoiker schreibt, dass Besitz egal sei …
Zum anderen war er vom Erdbeben von Pompeji betroffen, er sah, wie Rom niederbrannte, musste die schwierigen Herrschaften von Caligula und Nero miterleben. Aber auch von persönlichem Unglück blieb Seneca nicht verschont: Mit 20 Jahren erkrankte er an Tuberkulose. Die Erkrankung dauerte mehrere Jahre, und Seneca verfiel in Depressionen. Dann wurde er eines Komplotts bezichtigt und für acht Jahre auf die (damals öde) Insel Korsika verbannt. Zurück in Rom, musste er gegen seinen Willen fünf Jahre lang als Erzieher des zu Beginn zwölfjährigen Nero fungieren. 15 Jahre später ordnete Nero an, dass sich Seneca (vor den Augen seiner Frau und seiner Familie) selbst töten musste. Nero glaubte, dass Seneca an einer Verschwörung gegen ihn beteiligt gewesen war. Auch einen Halbbruder und seine Mutter hatte Nero schon töten lassen.

„Der Tod von Seneca" von Jacques-Louis David (1748–1825)

Der verordnete Selbstmord Senecas verlief angeblich äußerst turbulent: Die Soldaten kamen mit dem Befehl in Senecas Haus, und dieser akzeptierte ihn stoisch. Völlig selbstbeherrscht auch im Sterben, schnitt sich Seneca die Pulsadern auf. Aufgrund seines fortgeschrittenen Alters lief aber das Blut anscheinend nur sehr langsam heraus, und er starb nicht. Also schnitt er sich zusätzlich die Adern an den Füßen und Kniekehlen auf, aber selbst das führte nicht zum Tod. Nun ließ er sich wie einst Sokrates einen Schierlingsbecher bringen. Doch offenbar wirkte das Gift ebenfalls nicht, und Seneca blieb noch immer am Leben. Sogar nach dem zweiten Schierlingsbecher war er nicht tot. Am Ende führte man ihn in eine Dampfkammer, und so starb Seneca einen langsamen Erstickungstod. Der Tod des Seneca gilt als Abbild der stoischen Ruhe, der Ataraxie.

Entscheidend für den Stoiker ist, sich nicht an das Leben zu klammern. Der Tod sei ein Gesetz der Natur. Das Leben sei uns gegeben, und wir sollen es vernünftig leben, aber es ist etwas Begrenztes. Wir werden es einmal hergeben müssen. Schon im Leben müsse man sich ins Sterben einüben. Der Tod habe immer eine Rückwirkung auf das Leben, das man führt. Darum haben Gedanken über den Tod einen Sinn.

Im 16. Jahrhundert meinte der humanistisch gebildete und von den Stoikern geprägte Michel de Montaigne:

Philosophieren heißt Sterben lernen.

M. de Montaigne: Essais. Erstes Buch, S. 126 R

Philosophie soll Lebenskunst (lat.: *ars vivendi*) sein – zum guten Leben anleiten. Aber gleichzeitig bedeuten Philosophieren und bewusstes Leben auch Sterben lernen (lat.: *ars moriendi* = die Kunst des Sterbens). Die Kunst des Lebens bestehe darin, das Sterben zu lernen. Das heißt, man soll lernen, jederzeit vom Leben Abschied nehmen zu können. Sobald man diese innere Freiheit besitzt, hat niemand Macht über einen – egal, in welch misslicher Lage man sich befindet. Die Stoiker idealisierten den Selbstmord nicht; er bleibe jedoch als letzte Möglichkeit – gleichsam als Ausdruck der Freiheit.

Angeblich gab es in stoisch geprägten Aristokratenkreisen den Brauch, den Sohn zur Volljährigkeit mit einem Ring auszustatten, der ein tödliches Gift enthielt. Wenngleich die Selbstmordrate dadurch nicht anstieg, rief dieser Ring stets ins Bewusstsein: **„Memento mori!"** – „Bedenke, dass du sterblich bist!" Der Tod kann somit dem Leben einen Sinn geben, er ist ein Aufruf zu einer bewussten Lebensgestaltung: Du bist frei, niemand hat Macht über dich, nur du selbst kannst dir etwas anhaben.
Selbst die römischen Kaiser engagierten „Einflüsterer", die ihnen, gerade wenn sie vom Volk bejubelt wurden, das „Memento mori" ins Ohr sagten.

1. Was bewirken Gedanken der eigenen Endlichkeit und Sterblichkeit? Beschreiben Sie Ihre diesbezüglichen Gedanken und Erfahrungen.
2. Erfinden und notieren Sie einen kurzen Dialog zwischen Charlie Brown und Snoopy. Erzählen Sie das Davor und Danach des abgebildeten Cartoons.

3.3 Epiktet und Marc Aurel

picturedesk.com/Roger Viollet

Epiktet

Alamy Stock Photo/Ian Dagnall

Marc Aurel

Ein weiterer Vertreter der Stoa ist **Epiktet** (55–135 n. Chr.). Er kam als Sklave nach Rom und wurde später freigelassen. Sklave oder Freier? Hieran zeigt sich deutlich, dass vieles nicht in unserer Macht steht.

Zudem war der Tod für den antiken Menschen oft etwas sehr Plötzliches. Epiktet unterstreicht die stoische Haltung:

Sage nie von einem Ding: ich habe es verloren, sondern: ich habe es zurückgegeben. Ein Kind ist dir gestorben: du hast es zurückgegeben. Deine Frau ist gestorben: du hast sie zurückgegeben. Dein Landgut wurde dir genommen: Also auch dies hast du zurückgegeben.

Epiktet: Handbüchlein der Moral, S. 26 R

Merke: du hast eine Rolle zu spielen in einem Schauspiel, das der Direktor bestimmt. Du mußt sie spielen, ob das Stück lang oder kurz ist. Gibt er dir die Rolle eines Bettlers, so mußt du diese dem Charakter der Rolle entsprechend durchführen; ebenso, wenn du einen Krüppel, einen Herrscher oder einen Philister spielen sollst. Deine Aufgabe ist einzig und allein, die zugeteilte Rolle gut durchzuführen; die Rolle auszuwählen, steht nicht bei dir.*

Epiktet: Handbüchlein der Moral, S. 29 R

* Philister = Spießbürger, kleinlicher Besserwisser

Marc Aurel (121–180 n. Chr.) war der Philosoph auf dem Kaiserthron.

In seinen „Selbstbetrachtungen", die er in den letzten Lebensjahren unter ungünstigen Umständen meist im Feldlager abfasste, spürt man schon einen Hauch von Resignation. In seine Regierungszeit fielen diverse Aufstände und Barbareneinfälle, mit Rom ging es langsam bergab. Marc Aurel starb 180 n. Chr. in der Nähe von Wien.

Was ist der Tod? Wenn man ihn für sich allein betrachtet und in Gedanken das davon absondert, was in der Einbildung damit verbunden ist, so wird man darin nichts anderes erblicken als eine Wirkung der Natur. Wer sich aber vor einer Naturwirkung fürchtet, ist ein Kind. Noch mehr, der Tod ist nicht bloß eine Wirkung der Natur, sondern eine für die Natur heilsame Wirkung.

Marc Aurel: Selbstbetrachtungen, S. 27 R

Tue nicht, als wenn du Tausende von Jahren zu leben hättest. Der Tod schwebt über deinem Haupte. Solange du noch lebst, solange du noch kannst, sei ein rechtschaffener Mensch.

Marc Aurel: Selbstbetrachtungen, S. 46 R

Erwäge beständig, wie viele Ärzte schon dahingestorben sind, die oft am Lager ihrer Kranken die Stirne in ernste Falten gelegt […].

Marc Aurel: Selbstbetrachtungen, S. 56 R

Bei Seneca, Epiktet und Marc Aurel ist der Tod eine Zerstreuung, ein Erlöschen, eine Verwandlung, ein Aufgehen im All. Auch ohne himmlische Verheißungen können diese Gedanken Trost spenden.

Gedankenexperiment: Schriftliche Replik an die Stoiker
Die Stoiker stehen für die Sichtweise, dass uns im Leben eine Rolle zugeteilt wird und der Tod als eine Naturgegebenheit über unserem Haupt schwebt. Gesetzt den Fall, ein Brief- oder Mailverkehr wäre mit den genannten Stoikern möglich: Was würden Sie ihnen antworten? Wie würden Sie replizieren, was würden Sie Seneca, Epiktet oder Marc Aurel fragen? Notieren Sie Ihre Gedanken.

4. Die zwei Wege des Sokrates

Als 70-Jähriger bekam Sokrates große Probleme. Er wurde wegen Verführung der Jugend und Gottlosigkeit angeklagt. Offenbar hatte er die Jugendlichen gegen ihre Väter aufgewiegelt und die athenischen Staatsgötter nicht geehrt. Es kam zum Prozess gegen Sokrates, die Todesstrafe wurde über ihn verhängt (vgl. dazu Kap. I., 4. auf S. 16ff.). Nach der Festlegung des Strafausmaßes sagte Sokrates in seiner berühmten Verteidigungsrede, der sogenannten **Apologie**:

Die gewohnte prophetische Stimme, die dämonische, war in der ganzen letzten Zeit immer sehr rege und warnte mich auch bei ganz geringen Anlässen, wo ich etwa im Begriffe war, das Rechte zu verfehlen. Eben jetzt aber ist mir doch, wie ihr selbst seht, etwas widerfahren, was man wohl für der Übel größtes halten dürfte, wofür es denn auch allgemein gilt. Gleichwohl trat das göttliche Zeichen mir weder heute früh beim Verlassen meiner Wohnung warnend entgegen, noch bei meinem Gange hierher auf das Gericht, noch an irgendwelcher Stelle meiner Rede, wenn mir etwas auf der Zunge lag; und doch hat es bei anderen Gelegenheiten mich oft mitten im Satz aufgehalten. Heute aber ist es mir während des ganzen gerichtlichen Vorganges nirgends entgegengetreten weder bei meinem Tun noch bei meinen Reden. Was ich mir nun als Grund dafür denke? Ich will es euch sagen: was mir widerfahren, ist allem Vermuten nach ein Glück, und unmöglich können wir recht haben mit unserem Glauben, der Tod sei ein Unglück. Ich habe den schlagenden Beweis für diese Behauptung: unmöglich konnte mir das gewohnte Warnungszeichen ausbleiben, wenn mein Vorhaben nicht ein glückliches gewesen wäre.*

[…] Auch von folgender Seite her wollen wir uns klarmachen, wieviel Ursache wir haben zu hoffen, daß der Tod ein Glück sei. Eines von zweien nämlich ist das Totsein: entweder ist es eine Art Nichtsein, so daß der Tote keinerlei Empfindung hat von irgend etwas, oder es ist, wie der Volksmund sagt, eine Art Verpflanzung und Übersiedelung der Seele von hier nach einem anderen Ort. Im ersten Falle nun, wo von Empfindung nicht mehr die Rede ist, sondern von einer Art Schlaf, der so tief ist, daß dem Schlafenden nicht einmal irgendein Traumbild erscheint, wäre der Tod ein wunderbarer Gewinn. Denn ich glaube, wenn einer eine solche Nacht, die ihm einen völlig traumlosen Schlaf gebracht hat, auswählte und ihr die übrigen Nächte und Tage seines Lebens gegenüberstellen müßte, um zu entscheiden, wie viele Tage und Nächte in seinem Leben er glücklicher verbracht habe als diese Nacht – ich glaube, dann wird nicht etwa bloß ein Mann gewöhnlichen Schlages sondern der Großkönig in eigener Person finden, daß diese sich sehr leicht zählen lassen im Vergleich zu den anderen Tagen und Nächten. Ist also der Tod von dieser Art, so nenne ich ihn einen Gewinn; denn die ganze Ewigkeit scheint dann eben nichts weiter zu sein als eine einzige solche Nacht. Ist aber der Tod gleichsam eine Art Auswanderung von hier nach einem anderen Ort und hat es mit dem, was der Volksmund sagt, seine Richtigkeit, daß dort alle Verstorbenen weilen, was gäbe es dann, ihr Richter, für ein größeres Glück als dieses? Denn findet einer bei seiner Ankunft im Hades, erlöst von diesen sogenannten Richtern, die wahren Richter, die dort, wie es heißt, Recht sprechen, Minos, Rhadamanthys, Aiakos und Triptolemos nebst den anderen Heroen, die ein rechtschaffenes Leben geführt haben, wäre das etwa eine Verschlechterung unserer Aufenthaltsstätte? Oder aber mit Orpheus, Musaios, Hesiod und Homer zu verkehren, wieviel würde mancher von euch dafür geben! Ich wenigstens wollte gern oftmals des Todes sein, wenn dem so ist. […]*

Und dann noch die Hauptsache: seine Aufgabe darin zu sehen, daß man die dort Weilenden ausforsche und prüfe wie die Menschen hier auf Erden, wer von ihnen weise sei und wer es zu sein glaube, ohne es doch zu sein. […]. Mit ihnen dort sich zu unterhalten und zu verkehren und sie auszuforschen, welches überschwengliche Glück wäre das. Und so viel wenigstens ist doch ganz sicher: dort verhängt man nicht wegen solcher Unterredungen die Todesstrafe. […]

Aber auch ihr, meine Richter, sollt dem Tode mit froher Hoffnung ins Angesicht schauen und eines als unverbrüchliche Wahrheit anerkennen, den Satz nämlich, daß es für einen rechtschaffenen Mann kein Übel gibt, weder im Leben noch im Tode, und daß seine Sache von den Göttern nicht im Stich gelassen wird. So ist auch mein Schicksal nicht ein bloßes Spiel des Zufalls, sondern ich zweifle nicht, daß es für mich das beste war schon jetzt zu sterben und aller Mühsal ledig zu werden. Darum hat mich auch die innere Stimme nicht gewarnt und ich meines Teiles hege keinen besonderen Groll gegen diejenigen, die mich verurteilt haben, und gegen meine Ankläger. […]

Aber nun ist es Zeit, daß wir gehen, ich um zu sterben, ihr um weiter zu leben. Wer von uns beiden dem besseren Lose entgegengeht, das ist allen verborgen, nur der Gottheit nicht.

Platon: Sämtliche Dialoge, Bd. 1, S. 60–63 R

* die dämonische Stimme: Für Sokrates gibt es dieses *daimonion*. Dies heißt wörtlich: das Göttliche. Damit ist die ihm innewohnende göttliche Stimme gemeint, die innere Stimme, das Gewissen.

* Minos, Rhadamanthys, Aiakos und Triptolemos sind die Namen der Totenrichter.

In seiner Verteidigungsrede bot Sokrates zwei Möglichkeiten an, was nach dem Tode sein könnte.
Entweder sei der Tod ein **Untergang**, ein absolutes Nichtsein – das wäre wie ein „traumloser Schlaf". Oder der Tod sei ein **Übergang**, eine Auswanderung – dann könnte Sokrates mit den dort Weilenden plaudern und philosophieren. Auf alle Fälle sei das Kommende ein Gewinn und eine Verbesserung. Sokrates konnte sich die Spitze gegen seine Ankläger und Richter nicht ersparen: Dort, im Jenseits, verhängt man sicher nicht wegen derartiger Unterredungen die Todesstrafe.

1. Beschreiben und kommentieren Sie die Haltung, welche in Sokrates' Rede zum Ausdruck kommt.
2. Erläutern Sie, woher Sokrates die Sicherheit bezieht, dass der Tod kein Unglück sein wird.
3. Sokrates zeigt zwei Wege nach dem Tod auf:
   Zum ersten Weg: Im Volksmund wird der Tod auch als „Schlafes Bruder" bezeichnet. Was bedeutet ein ewiger traumloser Schlaf?
   Zum zweiten Weg: Viele meinen, dass sie im Jenseits mit netten, interessanten Menschen zusammentreffen werden.
   Nehmen Sie Stellung zu den genannten Überlegungen.

5. Platon und die Trennung von Leib und Seele

Für Platon ist der Tod die Trennung von Körper und (unsterblicher) Seele. Zeitlebens sei die Seele nun einmal „mit diesem Übel verwachsen", wir seien eingesperrt *„wie die Auster in ihre Schale"*.

Platon: Sämtliche Dialoge, Bd. 2, S. 64 R

Denn tausenderlei Unruhe verursacht uns der Körper schon durch die notwendige Sorge für seine Ernährung; stellen sich aber außerdem noch Krankheiten ein, so hindern sie uns in der Jagd nach dem Seienden. Ferner erfüllt uns der Körper mit allerlei Liebesverlangen, mit Begierden und Ängsten und allerhand Einbildungen und vielerlei Tand, kurz er versetzt uns in einen Zustand, in dem man sozusagen gar nicht recht zur Besinnung kommt.

Platon: Sämtliche Dialoge, Bd. 2, S. 42 R

Folgt man Platon, soll der Philosoph schon zu Lebzeiten daran arbeiten, dass die Loslösung der Seele vom Körper gut gelingen kann. Führt man als Mensch ein zu animalisches Leben, so könnte es Platons Spekulationen zufolge zu einer tierischen Reinkarnation kommen, oder die Seele irrt am Grabe des Verstorbenen umher.
Die strikte Trennung in Körper und Seele sowie den Ausblick auf jenseitige Belohnung und Bestrafung greift Platon aus verschiedenen Strömungen seiner Zeit auf. Das platonische Denken wiederum wurde für das Christentum zu einer wesentlichen Stütze. Im Katechismus (Lehrbuch) der katholischen Kirche heißt es:

Durch den Tod wird die Seele vom Leibe getrennt; in der Auferstehung aber wird Gott unserem verwandelten Leib das unvergängliche Leben geben, indem er ihn wieder mit unserer Seele vereint. Wie Christus auferstanden ist und immerdar lebt, so werden wir alle am Letzten Tag auferstehen. […]
Ins Grab gesät wird ein verweslicher Leib; auferstehen wird ein unverweslicher Leib, ein ‚geistlicher Leib'
(1 Kor 15,44).

Ecclesia Catholica: Katechismus, S. 291 R

1. Der Körper verwest. Beziehen Sie Position, ob Sie mit Platon an eine unsterbliche Seele glauben. Untersuchen Sie die Schwierigkeiten, den Begriff „Seele" fassbar zu machen.
2. Was das Jenseits betrifft: Was ist die Differenz zwischen der platonischen Ansicht und derjenigen der katholischen Kirche? Suchen Sie nach Unterschieden, aber auch nach möglichen Gemeinsamkeiten.

6. Finale Gedanken zum Tod

Der französische Denker und Essayist **Michel de Montaigne** (1533–1592) schrieb ganz pragmatisch:

Ich will also durchaus, daß man werke und wirke und die Aufgaben des Lebens so lange wahrnehme, wie man kann. Ich will, daß der Tod mich beim Kohlpflanzen antreffe – aber derart, daß ich mich weder über ihn noch gar über meinen unfertigen Garten gräme.

M. de Montaigne: Essais. Erstes Buch, S. 137 R

Ein buddhistischer Zug findet sich bei **Arthur Schopenhauer** (1788–1860). Er bringt in seinem Hauptwerk „Die Welt als Wille und Vorstellung" folgenden Gedanken: Ein Mensch, der jene Unvergänglichkeit nicht erkenne, gleiche *„dem Blatte am Baume […], welches, im Herbste welkend und im Begriff abzufallen, jammert über seinen Untergang und sich nicht trösten lassen will durch den Hinblick auf das frische Grün, welches im Frühling den Baum bekleiden wird, sondern klagend spricht: ‚Das bin ja ich nicht! Das sind ganz andere Blätter!' – O törichtes Blatt! Wohin willst du? Und woher sollen andere kommen? Wo ist das Nichts, dessen Schlund du fürchtest? – Erkenne doch dein eigenes Wesen, gerade das, was vom Durst nach Dasein so erfüllt ist, erkenne es wieder in der innern, geheimen, treibenden Kraft des Baumes, welche, stets eine und dieselbe in allen Generationen von Blättern, unberührt bleibt vom Entstehn und Vergehn."*

A. Schopenhauer: Sämtliche Werke, Bd. 2, S. 610 R

Überdies gibt es in der Physik den „Erhaltungssatz der Energie": In einem abgeschlossenen System bleibt die Gesamtenergie gleich. Alles ist Veränderung – nichts kommt weg. Könnte dies als religiöser Hinweis gelten?
Schopenhauer bemerkte, dass wir nur in jenes Nichts zurückkehren, von dem wir schon gekommen sind. Die Ewigkeiten, die wir nicht waren, haben uns auch nicht bedrückt …

Menschen haben Schwierigkeiten, den eigenen Tod zu begreifen.

Das Resultat ist eigentlich dieses: die Zeit, da ich nicht sein werde, wird objektiv kommen, aber subjektiv kann sie nie kommen. – Es ließe daher sich sogar fragen, wieweit denn jeder in seinem Herzen wirklich an eine Sache glaube, die er sich eigentlich gar nicht denken kann […].

A. Schopenhauer: Sämtliche Werke, Bd. 2, S. 622 R

Ist vielleicht die menschliche Hoffnung auf Unsterblichkeit darin begründet, dass wir uns das Gestorbensein nicht vorstellen können? Wir können den eigenen Tod einfach nicht denken. **Wer denkt, lebt.** Man kann sich die Szene des eigenen Begräbnisses vorstellen, die Trauer der Angehörigen. Aber: Ich kann mich selbst nicht nicht denken. Sobald ich mich nicht denke – denke ich bereits. Hier greift der Satz von Descartes: Ich denke, also bin ich.

Solange ich über den Tod nachdenke und philosophiere, muss ich leben. Jene, die „den Tod erfahren haben", sprechen nicht mehr darüber. Ein Graubereich sind die **Nahtoderlebnisse**. Viele Berichte von scheinbar Toten zeigen interessante Einblicke. Einige MedizinerInnen versuchen, diese Grenzerlebnisse als naturwissenschaftlich erklärbares Phänomen zu deuten. Wenn die wichtigen Körperfunktionen ausfallen, werden solche Scheinwahrnehmungen vom Gehirn erzeugt …
Ein Mensch, der über Nahtoderlebnisse berichten kann, ist somit wieder in das Reich der Lebenden zurückgekehrt. Wäre er im wahrsten Sinne tot gewesen, so wäre er nicht wiedergekehrt. Totsein heißt nicht wiederkommen …

■ **Fazit:** Diese Grenze ist nicht wegzudiskutieren – sie ist und bleibt!

Bei aller Unterschiedlichkeit der Menschen: Der Tod ist der große Gleichmacher. Kein noch so gerechtes Sozialsystem kann Derartiges vollbringen. Der Tod macht alle gleich …

1. Informieren Sie sich über Nahtoderlebnisse. Raymond Moody und Elisabeth Kübler-Ross haben sehr viele beeindruckende Berichte von Nahtoderlebnissen gesammelt.
2. In der Wirtschaftswissenschaft gibt es die „Theorie vom knappen Gut": Güter und Produkte, die selten, rar und knapp sind, gelten als besonders und teuer. In Analogie dazu kann man sagen, dass der Wert des Lebens gerade durch den Tod steigt. Erörtern Sie den Wert eines Lebens, das ewig andauern würde.
3. In den Religionen gibt es unterschiedliche Jenseitsvorstellungen. Das buddhistische Nirwana (aus dem Altindischen: Erlöschen, Erkalten, Verwehen) unterscheidet sich vom christlichen Jenseits. Diskutieren Sie mögliche Parallelen und Unterschiede.
4. Die Ideen, dem Tode etwas entgegenzuwirken, sind zahlreich: vom Einfrieren-Lassen über das Klonen bis zum Speichern des Bewusstseins auf einer Festplatte. Was nährt den Drang, ewig zu leben oder etwas zu hinterlassen? Erläutern Sie Ihre Überlegungen.

7. „PHILOsophie lebt!"

Interview mit der Schauspielerin MIRIAM FUSSENEGGER

E-Book
VIDEO
und Video-Transkript

VERITAS-VERLAG, Linz/Verena Maxwald

Miriam Fussenegger und Christian Fischill

Miriam Fussenegger (geb. 1990) ist Schauspielerin. Sie absolvierte das Schauspielstudium am Max-Reinhardt-Seminar und hat in zahlreichen Theater-, Film- und Fernsehproduktionen mitgewirkt. 2016 spielte sie die Buhlschaft im Salzburger „Jedermann. Das Spiel vom Sterben des reichen Mannes".

Fischill: Werte Frau Fussenegger, sehen Sie Verbindungen von der Welt des Theaters zur Philosophie?
Fussenegger: *Ich glaube, beides beschäftigt sich im weitesten Sinne mit den Fragen nach etwas Größerem, nach dem Leben. Im Theater ist das Ganze irgendwie emotionaler, ich erlebe das stellvertretend aktiv mit.*

Fischill: Was kann die Kunst, was die Philosophie nicht kann?
Fussenegger: *Ein Stück erlebe ich als Zuschauerin, aber auch als Akteurin mit einem emotionalen Anteil. Wenn ich an Philosophie denke, dann ist das für mich eher der theoretische Aspekt. Natürlich denkt man als Schauspielerin über Stücke auch intellektuell nach. Aber dann geht es darum, diesen Aspekt zu vergessen und sich irgendwie intuitiv, impulsiv, emotional auf diese Geschichten, diese Geschehnisse einzulassen und darin einen Erkenntnisgewinn zu erlangen.*
Ich weiß nicht, ob es Verbindungen gab zwischen dem Theater im antiken Griechenland und der Philosophie …

Fischill: Aristoteles schreibt in seiner „Poetik" über die Katharsis – die Idee, dass eine Tragödie/ein Schauspiel reinigende Effekte hat. Haben Sie den Eindruck, dass das die Zuschauer, oder auch die Schauspieler, reinigt?
Fussenegger: *Manchmal hört man von Kollegen oder Kolleginnen, dass sie das auch als Therapie begreifen. Das wird einem aber als junge Schauspielerin schnell ausgetrieben, weil es ja auch sehr gefährlich werden kann.*

Fischill: „Jedermann. Das Spiel vom Sterben des reichen Mannes": Das Stück von Hugo von Hofmannsthal, 1911 uraufgeführt, wird seit 1920 in Salzburg jedes Jahr aufgeführt. Das Geschichtenerzählen, gerade über den Tod, ist offenbar etwas Wichtiges. Auch wenn man die Geschichte von Sokrates hernimmt: Der hat in seiner Verteidigungsrede die Gelassenheit dem Tod gegenüber dargestellt und eigentlich eine positive Idee des Todes entwickelt. Glauben Sie, dass diese Geschichten – sei es bei Sokrates seit über 2000 Jahren, sei es seit 100 Jahren in Salzburg – etwas bewirken? Gehen die Menschen geläutert aus einer Vorstellung?
Fussenegger: *Das ist eine schwierige Frage. Vielen Zuschauerinnen und Zuschauern wird vorgeworfen, dass sie sich das ansehen und nicht reflektieren, was darin vorkommt. Ich glaube, im Fall des Jedermann geht es nicht nur um die Angst vor dem Tod, sondern die Angst davor, belastet in den Tod zu gehen. Das Wichtige ist, dass Jedermann die Vergebung erlangt und quasi erlöst und befreit in den Tod gehen kann und dann kein Problem mit dem Tod hat, weil er von seinen Sünden befreit wird, durch den Glauben.*

Fischill: Es haben viele Philosophen und Philosophinnen auch über Kunst nachgedacht. Ich darf Friedrich Nietzsche erwähnen, der ein Freund der Musik war. Er hat einmal den schönen Aphorismus geschrieben: „Ohne Musik wäre das Leben ein Irrtum."
Friedrich Nietzsche, Götzen-Dämmerung. In: Ders., Sämtliche Werke. Bd. 6, S. 64
Ich denke, das kann man auch auf das Theater übertragen.
Fussenegger: *Für mich ist das absolut so. Ich würde aber nicht sagen, dass das nur das Theater ist, es ist auch Film, es ist Kunst, Musik. Es ist das Kreative, Expressive, das für mich essenziell ist. Ohne das wäre mein Leben um einiges eintöniger und ärmer auf einer Empfindungs- und Erlebnisebene.*

Fischill: Ein Satz von Nietzsche in den nachgelassenen Fragmenten heißt: „Die Wahrheit ist häßlich: wir haben die Kunst, damit wir nicht an der Wahrheit zu Grunde gehen."

F. Nietzsche, Sämtliche Werke, S. 500 R

Das pure Leben ist oft tragisch, traurig und endlich und wir sterben eben dann auch. Ist die Kunst eine Fluchtstrategie, sich in diese Scheinwelten zu begeben?

Fussenegger: *Ich glaube eher, dass Kunst dazu da ist, Wahrheit freizulegen. Nicht als Flucht vor den unangenehmen Dingen, sondern als Umgang mit den unangenehmen Dingen. Es ermöglicht mir, mit gewissen Dingen leichter umzugehen, weil ich es eben auf einer künstlerischen Ebene verarbeiten kann.*

Fischill: Das Thema „Anerkennung" möchte ich noch ansprechen. Man braucht ja nicht nur als Schauspieler und Schauspielerin Anerkennung. Ich denke, das ist neben Essen, Trinken, Ein- und Ausatmen das Nächste, – schon der Säugling und jeder Mensch will von anderen anerkannt werden. Der französische Philosoph Jean-Paul Sartre hat in seinem philosophischen Hauptwerk 80 Seiten über den Blick geschrieben, das Angeblickt-Werden. Zitat: „Es genügt, daß der Andere mich anblickt, damit ich das bin, was ich bin."

Jean-Paul Sartre, Das Sein und das Nichts, S. 473 R

Haben Sie sich schon einmal die Frage gestellt: Welche Rolle spiele ich im Film der anderen?

Fussenegger: *Ja, das ist eine schöne Überlegung, aber auch eine sehr quälende, weil das Dinge sind, die man schwer kontrollieren kann und die man meistens auch nicht erfährt und die man nicht beeinflussen kann … Wir haben vorhin diesen Begriff der Katharsis nur kurz aufgegriffen, der eigentlich wirklich spannend ist. – Das ist das Schönste für jemanden, der auf der Bühne steht, sei es ein Musiker oder eine Schauspielerin: wenn man da unten jemandem das Leben erleichtert, Erkenntnis schenkt oder ihn zum Nachdenken anregt. Es ist ein In-Beziehung-Treten und das kann sehr bereichernd sein im besten Fall – oder auch nicht.*

Fischill: Frau Fussenegger, ich bedanke mich für das schöne Gespräch.

Fussenegger: *Danke.*

1. Philosophie und Kunst: Wie „berührt" ein philosophischer Gedanke/Text, wie eine literarische Szene in einem Roman oder eine dargestellte Szene im Film oder im Theater? Berichten Sie dazu persönliche Erfahrungen und erörtern Sie diese in der Gruppe.
2. Im Angesicht des Todes: Was können Geschichten wie „Jedermann" oder die „Apologie" (= die Verteidigungsrede des Sokrates) bewirken? Inwiefern können Geschichten Todesängste lindern? Entwickeln Sie eigene Überlegungen zu diesen Fragen und präsentieren Sie diese in der Klasse.

picturedesk.com/Franz Neumayr

Die Buhlschaft (Miriam Fussenegger) und der Tod, Salzburger Domplatz

Zusammenfassung

- Das Thema „Tod" kann von verschiedenen Seiten betrachtet werden: religiös, biologisch, medizinisch, juristisch, historisch, philosophisch.
- Epikur sieht den Tod als Verlust aller Empfindungen, daher brauche uns der Tod nicht zu beunruhigen. Wenn der Tod da ist, sind wir nicht da. – Wenn wir da sind, ist der Tod nicht da.
- Die philosophische Schule der Stoa, die auf Zenon von Kition zurückgeht, ruft zur Gelassenheit auf. Apathie (Leidenschaftslosigkeit) und Ataraxie (Seelenruhe) sind stoische Tugenden. Man müsse sich dem Naturprinzip fügen und den Lauf der Dinge akzeptieren: Der Tod sei Teil jener Gesetzlichkeit, die dem Weltganzen innewohnt.
- Bei den Stoikern Seneca, Epiktet und Marc Aurel kommt die Grundhaltung des „Memento mori" (Bedenke, dass du sterblich bist) zum Ausdruck. Leben heißt, Sterben lernen und jederzeit Abschied nehmen können: Dies bringe wahre Freiheit. Der Gedanke an den Tod lehre eine bewusste Lebensführung.
- Sokrates deutet zwei positive Möglichkeiten des Todes an: der Tod als Untergang gleich einem traumlosen Schlaf oder der Tod als Übergang, um im Jenseits mit interessanten Persönlichkeiten kommunizieren zu können.
- Platon sieht im Tod eine Befreiung: die Trennung von Leib und Seele.
- Schopenhauer folgt buddhistischem Gedankengut hinsichtlich des Todes und betont den Kreislauf allen Seins. Wir gehen im Ganzen auf: Das einzelne Blatt stirbt zwar, aber Neues wird gedeihen.
- Gemäß der Theorie vom knappen Gut kann man festhalten: Erst der Tod macht das Leben lebenswert.

Abschließende Fragen und Anregungen

1. Woran ist ersichtlich, dass sich Menschen immer schon mit dem Thema Tod auseinandergesetzt haben? Nennen Sie historische Belege. Berichten Sie über religiöse oder literarische Texte, Textarten, welche dieses Thema betrachten.
2. Vergleichen und kontrastieren Sie die Gedankengänge von Epikur und den Stoikern. Welche Argumentation kann Ihnen eher die Furcht vor dem Tod nehmen? Positionieren Sie sich begründet.
3. Reflektieren Sie, inwiefern die Auseinandersetzung mit der Sterblichkeit des Menschen eine Rückwirkung auf das Leben hat.

VIII. Das Religionsproblem

Man muss zugestehen, dass die Religion eher eine Trostfunktion erfüllen kann als die Philosophie. Philosophie kann für ein mögliches „Weiterleben" im Jenseits nichts versprechen oder verheißen. Sie diskutiert verschiedene Modelle und Vorstellungen, muss aber letztlich zugeben, dass der Blick über diese Grenze Spekulation bleiben muss. Die Religion verspricht Trost. Man verlässt die Ebene des Wissens und gelangt zur Ebene des Glaubens.

1. Augustinus: Zeit und Ewigkeit

Aurelius Augustinus (354–430 n. Chr.) beschritt den Weg vom Unglauben zum Glauben. Er gilt der katholischen Kirche als bedeutender Lehrer und versuchte, viele theologische Fragen zu beantworten.

akg-images/MPortfolio/Electa

Augustinus

Nach seiner Bekehrung zum Christentum und nachdem er Bischof geworden war, berichtete er in seinen „Confessiones" („Bekenntnisse") über seinen Werdegang.
Augustinus reflektiert in den „Confessiones" über die Zeit.

Er beginnt mit der Frage, was Gott machte, bevor er Himmel und Erde schuf. Gab es die Zeit schon vor der Schöpfung oder schuf Gott auch die Zeit? Augustinus antwortet:

Bevor Gott Himmel und Erde machte, machte er nichts.

Augustinus: Bekenntnisse, S. 312 R

Augustinus bekräftigt die christliche Auffassung, dass Gott die Welt aus dem Nichts geschaffen hat. So gab es auch keine Zeit, in der Gott nichts gemacht hatte, da er die Zeit selbst geschaffen hatte.
Von nun an lebte alles Geschaffene in der Zeit – Gott selbst sei Ewigkeit. Welt und Zeit seien gleichzeitig erschaffen worden, die Welt wurde nicht in der Zeit geschaffen. So gesehen habe Gott vor der Schöpfung, vor dem Urknall nichts getan. Es gab überhaupt kein Vorher, da keine Zeit existierte. Die Frage, was vor dem Urknall war, wird somit bedeutungslos. Die Dimension Zeit existierte nicht – vorher war Ewigkeit. Wie kann aber Ewigkeit gedanklich erfasst werden? Oftmals wird Ewigkeit als unendliche Zeitdauer betrachtet. Die Zeitachse wird sozusagen ins Unendliche verlängert.

Augustinus geht einen anderen Weg. Für ihn ist **Ewigkeit das Nicht-Zeitliche**, das Zeitlose, der Verlust der Dimension Zeit. Für uns Menschen ist dies eigentlich nicht vorstellbar, weil wir das Leben nur in Raum und Zeit kennen. Alles in unserer Welt passiert in Raum und Zeit. Alles ist zu einer bestimmten Zeit an einem bestimmten Ort. Ewigkeit ist bei Augustinus Zeitlosigkeit.

Die Vorstellung, „ewig" tot zu sein, in Zeitdimensionen gesprochen, ist vielleicht bedrückend. Zwei Jahre, 30 Jahre, eventuell auch 500 Jahre tot zu sein, kann man noch irgendwie einsehen und vielleicht „abwarten". Aber die Zeitachse in die Unendlichkeit zu verlängern und „ewig" ausgeschlossen zu sein, kann als zutiefst bedrückend und unerträglich empfunden werden. Die Vorstellung der Ewigkeit als Zeitlosigkeit, als Wegfall der Dimension Zeit ist bedeutend angenehmer. Auch vor der Geburt gab es weder Zeit- noch anderes Empfinden (ähnlich dem traumlosen Schlaf bei Sokrates, vgl. dazu Kap. VII., 4. auf S. 188 – oder dem Gedankengang Epikurs, vgl. dazu Kap. VII., 2. auf S. 183).

Ein Gegensatzpaar, das an die Gedanken der Zeitlosigkeit und die Unendlichkeit des Todes anschließt, ist **Ruhe** versus **Bewegung**. Alles Leben ist Bewegung. Selbst in der intensivsten Meditation, in Ruhe und Entspannung bewegen Sie sich. Der Mensch hat immer eine gewisse Grundspannung, eine noch so unscheinbare rhythmische Bewegung ist immer vorhanden. Es geht gar nicht anders: Bewegung und Kreislauf müssen immer aufrechterhalten werden. Ihr Körper verlangt ständig nach Nahrung, das Blut muss unablässig zirkulieren, im Gehirn fließen allzeit Ströme, auch im Schlaf und bei Bewusstlosigkeit. Der Tod steht dazu im Kontrast. Tod ist die völlige Ruhe, Bewegungslosigkeit. Man spricht auch von der „ewigen Ruhe". In diesem Sinne lautet bei Augustinus der erste und zentrale Satz seiner Bekenntnisse:

Groß bist du, Herr, und höchsten Lobes würdig. Groß ist deine Macht, und deine Weisheit hat keine Grenzen. Und dich will loben ein Mensch, irgend so ein Stück deiner Schöpfung, ein Mensch, der seine Sterblichkeit mit sich herumschleppt, das Zeugnis seiner Sünde und das Zeugnis, daß du den Überheblichen widerstehst. Und doch will er dich loben – ein Mensch, irgend so ein Stück deiner Schöpfung. Du treibst ihn an, daß er seine Freude daran finde, dich zu loben, denn auf dich hin hast du uns gemacht, und unruhig ist unser Herz, bis es ruht in dir.

Augustinus: Bekenntnisse, S. 33 R

Vielleicht ist die christliche Vorstellung von der ewigen Ruhe und der „Ruhe in Frieden" nicht so weit entfernt von der Annahme des „Heiden" Sokrates, der sich nach traumlosem Schlaf sehnt …

1. Erklären Sie den augustinischen Ewigkeitsbegriff.
2. Beziehen Sie Stellung, ob Sie an ein ewiges Leben glauben. Falls dem so ist, präzisieren Sie Ihren Begriff vom ewigen Leben. Welche Vorstellungen verbinden Sie mit dem Begriff „Ewigkeit"?

2. Religion – Religionen

Ludwig Wittgenstein (1889–1951), der die Grenzen der Sprache und der Welt deuten wollte, formulierte:

Es gibt allerdings Unaussprechliches. Dies zeigt sich, es ist das Mystische.

L. Wittgenstein: Tractatus logico-philosophicus, S. 115 R

Der Mensch ist sich bewusst, dass es mehr gibt, als er wahrzunehmen und zu erkennen imstande ist. Dieses Mehr ist auch für **Peter Sloterdijk** (geb. 1947) eine Wurzel der Religion:

Die Religion ist primär nicht das Opium des Volkes, sondern die Erinnerung daran, daß es mehr Leben in uns gibt, als dieses Leben lebt.

P. Sloterdijk: Kritik der zynischen Vernunft, S. 509 R

Viele Menschen sind überzeugt, dass es „mehr" geben muss. Jedoch: Die letzten Fragen lassen sich nicht ganz erklären, das Wissen ist begrenzt. Dafür haben wir eine andere Dimension: den Glauben. Der Glaube ist ein **Mysterium**, also ein Geheimnis, etwas Unerklärliches. Als sprachliche Wurzel dient, wie beim Wort Mystik, das griechische Wort *myein*, dies meint: sich schließen, nach innen wenden. MystikerInnen wenden sich vom Außen ab und gehen nach innen. Sie schließen die Augen, gehen in sich und erstreben so den Einklang mit dem Ganzen.

1. Nehmen Sie an, Sie haben die Aufgabe, eine Umfrage zum Thema Religion und Glauben durchzuführen. Erstellen Sie einen Fragenkatalog zu diesem Thema. Was würden Sie wie fragen? Listen Sie fünf Fragen auf! Sie können dazu auch konkret eine kleine Umfrage in der Klasse durchführen.
2. Analysieren Sie danach, welche Schwierigkeiten sich bei der Formulierung der Fragen ergeben. Besprechen Sie, was vermutlich die Probleme bei der Auswertung und Interpretation der Antworten wären.

Beim Begriff **„Religion"** (lat. *religio*) sind mehrere Varianten der wortgeschichtlichen Herleitung möglich:

- von *relegere* (= beachten, bedenken, achtgeben): In dieser Lesart steht die Befolgung und Beachtung kultischer Pflichten im Vordergrund. Es gilt, das Göttliche zu verehren.
- von *re-eligere* (= wieder wählen): Gott muss wieder gewählt werden. Nach dem Sündenfall scheint es geboten, das Gottesverhältnis wiederherzustellen.
- von *religare* (= verbinden): Als religiöser Mensch braucht man die Verbindung und Rückbindung an Gott.

Zusammenfassend: Religion kann als das Bemühen um die Verehrung des Göttlichen interpretiert werden. Sie kann als die erneute Wahl des Verlorenen und als die Rückbindung an Gott verstanden werden.

Verschiedene Aspekte sind bei Religionen von Bedeutung:

- Sie bieten **Trost** und geben Halt in schwierigen Lebenssituationen.
- Sie strukturieren Räume und Zeiten, bieten **Orientierung**. Es gibt Rituale zu bestimmten (heiligen) Zeiten und an bestimmten (heiligen) Orten.
- Religionen können gesellschaftlich relevante **Werte und Normen** begründen.
- Religion kann eine **politische Funktion** erfüllen. Politisch-gesellschaftliche Systeme können mittels Religion legitimiert werden. Kulturräume können auf Basis von Religionen verbunden sein. Einst war der Herrscher selbst Gott oder göttlich, jetzt erbitten Regierungschefs in Krisenzeiten göttlichen Beistand.
- Religionen **erklären die Welt** und beantworten die Grundfragen: Woher komme ich? Wohin gehe ich?
- Religionen **schaffen Sinn** und füllen das (vormals zufällige) Leben mit Bedeutung. Für den religiösen Menschen hat alles einen tieferen Sinnzusammenhang.

Der Schriftsteller und Sprachwissenschaftler Umberto Eco (1932–2016) fasst den Begriff der Gläubigkeit folgendermaßen:

Von zwei Sachen, die nicht zusammenpassen, alle beide zu glauben, mit der Idee im Kopf, es gebe irgendwo noch eine dritte, die sie vereine – das ist Gläubigkeit.

U. Eco: Das Foucaultsche Pendel, S. 66 R

1. Nehmen Sie Stellung und argumentieren Sie, ob Religion eher Trost bieten kann als Philosophie.
2. Machen Sie sich bewusst, inwieweit Religion für politische Zwecke instrumentalisiert wurde und wird.

Zu begrifflichen Abgrenzungen der Gottesfrage

Eine erste Unterscheidung teilt in Monotheismus und Polytheismus ein.

- **Monotheismus** = Eingottglaube; gr.: *monos* = allein, einzig; theos = Gott
- **Polytheismus** = Vielgötterglaube; gr.: *polys* = viel

Daneben können folgende Positionen unterschieden werden:

- **Theismus** (gr.: *theos* = Gott) bezeichnet eine Position, die davon ausgeht, dass es einen persönlichen Gott gibt. Dieser erhalte und lenke die Welt, er könne in das Weltgeschehen eingreifen bzw. er stehe in Verbindung mit den Menschen. Er sei von menschlicher Seite beeinflussbar, es gebe eine Wechselwirkung zwischen Gott und Mensch.
- **Deismus** (lat. *deus* = Gott) ist jene Position, die zwar einen Gott als Schöpfer annimmt, dieser Gott übe aber keinen weiteren Einfluss auf die Welt und den Menschen aus. Diese Sichtweise ist typisch für die Zeit der Aufklärung. Gott habe alles erschaffen, greife aber nicht mehr ein und sei auch nicht durch Rituale, Gebete oder anderes zu beeinflussen.
- **Pantheismus** (gr.: *pan* = alles, jedes; *theos* = Gott) meint die Sichtweise, dass alles göttlich ist bzw. Gott und Welt, Natur ident sind. Die Allgottlehre geht davon aus, dass Gott in allen Dingen lebt und das Leben selbst ist. Gott wird als unpersönlich gedacht: Er herrscht nicht über alles, was existiert – er ist alles. Alles ist göttlich: die Natur und das Selbst.
- **Atheismus** (gr.: *atheos* = ohne Gott) ist das Leugnen eines Gottes. Die Atheistin/Der Atheist ist überzeugt, dass es keinen Gott gibt. Eine Interpretation des Atheismus meint, dass Religion dem Glück des Menschen entgegenstehe und der Mensch von dieser Verirrung befreit werden müsse.
- **Agnostizismus** (gr.: *a* = nicht; *gnoein* = erkennen) besagt, dass die Gottesfrage nicht zu beantworten sei. Man könne es nicht erkennen und der Agnostiker/die Agnostikerin gibt sich mit der Unerkennbarkeit zufrieden. Es gibt diese Fragen, sie seien jedoch nicht zu beantworten.

„Same, but different …": Den Glauben gibt es nicht, genauso wie es den Unglauben nicht gibt. Da jeder Mensch (mit seinem Denken und in seinen Vorstellungen) einzigartig ist, gibt es verschiedene Sichtweisen des Religiösen und der Frage nach Gott. Andererseits sind wir alle Menschen; wir besitzen viele grundlegende Gemeinsamkeiten. Daher haben sich bestimmte gemeinsame Religionssysteme etabliert.

Sind die Systeme zu starr, besteht die Gefahr, dass das Volk nicht daran festhält. Religionen haben sich in einem bestimmten kulturellen Umfeld entwickelt und entwickeln sich weiter. Meist initiierten Ereignisse bzw. Personen die jeweilige Religion. Manche Religionen wollen ihre Wahrheit anderen weitergeben, andere sind defensiv. Es gibt Weltreligionen und lokale Religionen.

Wenngleich die Gottesfrage nicht letztgültig zu beantworten ist: In der Realität haben die verschiedenen Konzepte von Gott großen Einfluss auf das Leben, sowohl Einzelner als auch ganzer Kulturen.

1. Rekapitulieren und beurteilen Sie, welche von den fünf genannten Positionen der Philosophie am nächsten kommt.
2. Diskutieren Sie in der Klasse die These, wonach es acht Milliarden Religionen gibt und letztlich jeder Mensch seine eigene Religion hat.

Michel de Montaigne schreibt:

Der wahre Tummelplatz für Betrügereien sind die unbekannten Dinge [...].
Daher kommt es, daß nichts so fest geglaubt wird wie das, worüber man am wenigsten weiß, und daß sich niemand sicherer gibt als jene, die uns etwas vorfabuliern – Alchimisten zum Beispiel, Wahrsager und vereidigte Sterndeuter, Handleser und Ärzte sowie das ganze übrige Pack.

M. de Montaigne: Essais. Erstes Buch, S. 334 R

Vom Wissen und vom Glauben: Welche Dinge wissen Sie, welche glauben Sie? Nennen Sie Beispiele. Untersuchen Sie dabei die mögliche Trennlinie zwischen Wissen und Glauben. Vergleichen Sie dazu den Wissenschaftsbegriff in Kap. II., 8.2 auf S. 56.

Der Glaube an Gott, an eine göttliche Macht oder an Energien bewirkt etwas. Auch wenn es diese „Unerklärlichkeiten" nicht gibt, so versetzt bekanntlich schon der Glaube daran Berge ...

Eine bekannte Geschichte von Bertolt Brecht bringt dies zum Ausdruck:

Die Frage, ob es einen Gott gibt
Einer fragte Herrn K., ob es einen Gott gäbe. Herr K. sagte: ‚Ich rate dir, nachzudenken, ob dein Verhalten je nach der Antwort auf diese Frage sich ändern würde. Würde es sich nicht ändern, dann können wir die Frage fallenlassen. Würde es sich ändern, dann kann ich dir wenigstens noch soweit behilflich sein, daß ich dir sage, du hast dich schon entschieden: Du brauchst einen Gott.'

B. Brecht: Geschichten vom Herrn Keuner, S. 19 R

3. Religionskritik antik

Gerade die Vielfalt an religiösen Erscheinungsformen rief schon sehr früh Kritik hervor. Der Skeptiker und Sophist **Protagoras** (ca. 485–415 v. Chr.) hielt Folgendes prinzipiell fest:

Von den Göttern vermag ich nichts festzustellen, weder, daß es sie gibt, noch, daß es sie nicht gibt, noch, was für eine Gestalt sie haben; denn vieles hindert ein Wissen hierüber: die Dunkelheit der Sache und die Kürze des menschlichen Lebens.

W. Capelle (Hg.): Die Vorsokratiker, S. 333 R

Protagoras wurde der Prozess wegen des Leugnens der Götter gemacht und er wurde zum Tode verurteilt. Seine sämtlichen Schriften wurden öffentlich verbrannt. Er flüchtete, ertrank aber auf der Überfahrt nach Sizilien. Protagoras war nicht der Letzte, der wegen seiner Haltung zur Religion mit dem Tod bedroht wurde bzw. sterben musste.

Der erste bekannte Religionskritiker ist **Xenophanes von Kolophon** (ca. 570 bis 475/470 v. Chr.). Er war Sänger, Dichter und Philosoph und führte ein Wanderleben, was seine aufklärerische und mythenkritische Haltung verstärkte. Das Kennenlernen anderer Kulturen, Bräuche und Sitten ist entscheidend, damit die eigene Haltung hinterfragt werden kann. Das Eigene wird anders und kritisch betrachtet, sobald man Fremdes kennenlernt.
Xenophanes lehnte das traditionelle, das vermenschlichte Götterbild der Griechen ab. Er meinte, und das ist ein typischer Zug aller Religionskritik, dass die Götter eines Volkes letztlich nur das Spiegelbild des eigenen Wesens seien. Diese allzu menschlichen Züge der Götter seien ihrer unwürdig. Xenophanes vergeistigte den Gottesbegriff und vertrat eher einen Pantheismus.

Alles haben Homer und Hesiod den Göttern angedichtet, was nur immer bei den Menschen Schimpf und Schande ist: Stehlen, Ehebrechen und sich gegenseitig Betrügen. [...]
Die Äthiopen stellen sich ihre Götter schwarz und stumpfnasig vor, die Thraker dagegen blauäugig und rothaarig.
Wenn Kühe, Pferde oder Löwen Hände hätten und damit malen und Werke wie die Menschen schaffen könnten, dann würden die Pferde pferde-, die Kühe kuhähnliche Götterbilder malen und solche Gestalten schaffen, wie sie selber haben.
[Es] (herrscht doch) nur ein einziger Gott, unter Göttern und Menschen der Größte, weder an Aussehen den Sterblichen ähnlich noch an Gedanken. [...]

Wenn aber die Gottheit das Mächtigste von allem ist, dann kann sie nur eine einzige sein … denn sie könnte unmöglich alles, was sie wollte, wenn es mehrere Götter gebe. Es kann also nur e i n e Gottheit geben.

W. Capelle (Hg.): Die Vorsokratiker, S. 121–124 R

Diese Sicht wich erheblich vom traditionellen Götterglauben ab. Da und dort eckten kritisch-skeptische DenkerInnen an und hatten somit das Schlimmste zu befürchten.
Der Vorsokratiker und Naturphilosoph **Anaxagoras** (ca. 500–428 v. Chr.) wurde wegen Gottlosigkeit angeklagt, da er die Sonne als „glühende Steinmasse" bezeichnet hatte. Dies galt als ketzerisch, weil im Volksglauben die Sonne als Gott verehrt wurde. Da Anaxagoras ein Freund des Perikles war, kam er mit einer hohen Geldstrafe davon und wurde nicht zum Tode verurteilt.

Gemeinschaften an sich, vor allem aber die Mächtigen einer Gesellschaft sahen sich von neuen Vorstellungen bedroht. Der gemeinsame Glaube war eine Basis der Gemeinschaft, er hatte eine stabilisierende politische Funktion und durfte nicht hinterfragt werden. Auch das Recht war göttlicher Natur und somit unverrückbar. Wie überhaupt die ersten Rechtsgrundlagen im Religiösen fundiert waren: von Hammurabi (1700 v. Chr.) bis zum Alten Testament.

Epikur (341–271 v. Chr.) sah eine wichtige Aufgabe der Philosophie darin, den Menschen Ängste zu nehmen: die Angst vor dem Tod und auch die Angst vor den Göttern. Götter leben in den Zwischenwelten; sie greifen nicht in das Geschehen der Welt ein; sie kümmern sich nicht um den Menschen. Der Mensch brauche sich also nicht um Dämonen und Götter zu kümmern. Dies entspräche einer aufgeklärten, deistischen Position. Weder Opfer noch Gebete haben demnach einen Sinn. Entspanne dich, sei frei und lebe dein Leben.

Eine historische Betrachtung des Themas zeigt, dass auch religiöse Belange ständig Veränderungen unterworfen sind. In den ersten Jahrhunderten nach der Zeitenwende (sprich: Christi Geburt) gab es große Umwälzungen. Zuerst wurden die ChristInnen verfolgt, das Christentum als eine von vielen Sekten betrachtet, dann wurde es zur Staatsreligion. 313 n. Chr. gab es das Toleranzedikt von Mailand, wonach Religionsfreiheit und Gleichberechtigung gesichert waren. 391 n. Chr. wurde das Christentum Staatsreligion und die heidnischen Opfer wurden verboten. Zu dieser Zeit hatte sich das Christentum überall in den Städten des Römischen Reichs durchgesetzt, auf dem Land hielt sich das Heidentum noch länger. Dieser Umstand führte zur Bezeichnung der Nichtchristen als Heiden: Der Heidebewohner (lat.: *paganus* = Dorfbewohner, Landbewohner) ist der Noch-nicht-Christ.

In der historischen Entwicklung sind Umwälzungen, Verschiebungen und Änderungen von Religion erkennbar. Aber auch räumlich gibt es Unterschiede: Es gibt mehrere Religionen und Formen des Glaubens. Jemand ist zufällig in einem bestimmten Kulturraum aufgewachsen und wurde in der entsprechenden Religion sozialisiert – andere wachsen in anderen Religionen auf. Wie soll man damit umgehen?

1. Was bewirkt das Kennenlernen anderer Kulturformen und Religionen? Welche Grundeinsicht nimmt man mit, nachdem man Kontakt zu Menschen hatte, die – so scheint es – an einen anderen Gott glauben? Was folgt aus der Präsenz verschiedener Glaubenszugehörigkeiten in einer Klasse? Erörtern Sie diese Fragen im Plenum.
2. Faktum ist: Es gibt mehrere Religionen. Reflektieren Sie die Frage, ob es eine richtige Religion oder mehrere richtige bzw. ob es eine „Mitte" der Religionen geben kann.

4. Religionskritik der Neuzeit

Der niederländische Philosoph **Baruch de Spinoza** (1632–1677) war Rationalist jüdischer Abstammung.

Von der jüdischen Gemeinde in Amsterdam wurde er aber wegen Irrlehren und Ketzerei ausgeschlossen. Er wurde verbannt, verflucht und verdammt. Spinoza führte fortan ein sehr zurückgezogenes Leben und wurde des Atheismus verdächtigt. Da Spinoza in Gott ein alles umfassendes Prinzip sieht, bezeichnete man ihn oft als Pantheisten. Atheismus und Pantheismus liegen offenbar sehr nahe beieinander. Wenn alles göttlich ist, ist wiederum nichts mehr göttlich …

Unter Gott verstehe ich das absolut unendliche Seiende, d. h. die Substanz […].

B. de Spinoza: Ethik, S. 5

Für Spinoza ist Gott das unendlich Seiende. Er nennt es die Substanz. Alles folge aus dieser unteilbaren und unendlichen Substanz. Das Körperliche sowie das Geistige seien nur verschiedene Eigenschaften bzw. Daseinsformen dieser einen Substanz.

Alles was ist, ist in Gott, und nichts kann ohne Gott sein noch begriffen werden.

B. de Spinoza: Ethik, S. 35

Gott, die Substanz, finde Ausdruck in der Natur. Alles, was ist, sei durch die Substanz. Somit seien Gott und Natur nicht zu trennen. Hierfür findet sich die Formel **„Deus sive natura"** – Gott oder Natur. Gott und Natur seien ein und dasselbe. Man kann es Gott, man kann es Natur nennen. Es gibt bei Spinoza keinen persönlichen Schöpfergott, Gott und Welt sind nicht getrennt. Die Natur, Mensch und Weltall sind göttlich. Die heiligen Schriften werden somit zu bloßem Menschenwerk. Von der Liebe und dem Willen Gottes könne nicht mehr gesprochen werden.

1. Was ändert sich, wenn Sie, auch im alltäglichen Sprachgebrauch, statt „Gott" und „göttlich" nun „Natur" und „natürlich" sagen? Entwickeln Sie dazu eigene Überlegungen.
2. Was ist ein personaler Gott? Wie kann man sich den christlichen, dreieinigen Gott vorstellen? Was ist der Unterschied zwischen einem persönlich gedachten Gott und dem Substanzbegriff von Spinoza? Diskutieren Sie diese Fragen in der Klasse.

Nachdem es viele Jahrhunderte sehr schwierig war, Kritik zu äußern, wurde im 18. und 19. Jahrhundert vermehrt Religionskritik vorgebracht.

Als einer der bekanntesten Vertreter der Religionskritik dieser Zeit gilt **Ludwig Feuerbach** (1804–1872).

Ludwig Feuerbach

Feuerbach war Atheist und Materialist und versuchte, die geistigen Phänomene von einer „bodenständigen" Warte aus zu erklären. In seinem Hauptwerk „Das Wesen des Christentums" (1841) stellt er den Menschen ins Zentrum. Er psychologisiert das Aufkommen der Religionen und den Wunsch des Menschen nach Göttlichem. Konkret seien nur die Menschen; alles Idealistische, Gott, die Theologie entspringe rein menschlichen Bedürfnissen. Feuerbach wollte beweisen, dass *„das Geheimnis der Theologie die Anthropologie ist"*.

L. Feuerbach: Das Wesen des Christentums, S. 10

Wie der Mensch denkt, wie er gesinnt ist, so ist sein Gott […]. Gott ist das offenbare Innere, das ausgesprochne Selbst des Menschen; die Religion die feierliche Enthüllung der verborgnen Schätze des Menschen, das Eingeständnis seiner innersten Gedanken, das öffentliche Bekenntnis seiner Liebesgeheimnisse.

L. Feuerbach: Das Wesen des Christentums, S. 52f.

Es gebe keinen Gott. Was der Mensch für Gott hält, sei sein eigenes Inneres: seine Sehnsüchte, Wünsche. Der Mensch **projiziere sein Innerstes** auf eine Leinwand und nenne diese dann Gott.

Du glaubst an die Liebe als eine göttliche Eigenschaft, weil du selbst liebst, du glaubst, daß Gott ein weises, ein gütiges Wesen ist, weil du nichts Besseres von dir kennst als Güte und Verstand, und du glaubst, daß Gott existiert, […] weil du selbst existierst […].

L. Feuerbach: Das Wesen des Christentums, S. 60 R

Der Naturmensch hatte einen Naturgott. Schließt sich der Mensch in Häuser, baut er auch seinen Göttern Tempel. Zeus war der stärkste der Götter, weil die Griechen Körperstärke an sich bewunderten. Die Tugend des Kriegers galt den Germanen als Höchstes, der höchste Gott war der Kriegsgott. Immer werden menschliche Eigenschaften auf ein sogenanntes höchstes Wesen projiziert. In verschiedenen Mythen und Religionen erfahre man genau genommen nichts über Gott und die unsterbliche Seele – man erfahre letztlich nur etwas über den Menschen selbst.

Die Religion ist die Entzweiung des Menschen mit sich selbst: er setzt sich Gott als ein ihm entgegengesetztes Wesen gegenüber.

L. Feuerbach: Das Wesen des Christentums, S. 80 R

Gott sei der Mensch, wie er sich selbst gerne sehen würde: vollkommen, ewig, allmächtig, heilig.
Ludwig Feuerbach sah sich als Aufdecker. Er wollte zeigen, was wirklich hinter dem Begriff „Gott" steckt. Dahinter sei immer nur der Mensch selbst. Nicht Gott erschaffe den Menschen. – Der Mensch erschaffe Gott, der Mensch mache die Religion.

Der Mensch ist der Anfang der Religion, der Mensch der Mittelpunkt der Religion, der Mensch das Ende der Religion.

L. Feuerbach: Das Wesen des Christentums, S. 283

Über das Phänomen des Religiösen offenbare der Mensch sein innerstes Wesen mit all seinen Hoffnungen und Sehnsüchten.
Religion sei letztlich Ausdruck von Entfremdung. Dies müsse, laut Feuerbach, geändert werden. Den Menschen müsse konkret geholfen werden: Humanismus und Menschenliebe statt Theologie und Gottesliebe.

> Nebenbei: Die Gott zugesprochenen Attribute der Güte und der Allmächtigkeit führen zu Problemen, die unter dem Namen Theodizee zusammengefasst werden. Der Begriff setzt sich aus dem griechischen Wort für Gott (*theos*) und *dike*, dem Begriff für Gerechtigkeit, zusammen. Wie ist ein gütiger und allmächtiger Gott vorstellbar, wenn es so viel Leid auf der Welt gibt? Wie kann das ein allmächtiger und gütiger Gott zulassen?

Karl Marx (1818–1883) führte die Überlegungen von Feuerbach konsequent fort und weitete seine Religionskritik zur Gesellschaftskritik aus.

Die Religion ist der Seufzer der bedrängten Kreatur, das Gemüt einer herzlosen Welt, wie sie der Geist geistloser Zustände ist. Sie ist das Opium des Volks.
Die Aufhebung der Religion als des illusorischen Glücks des Volkes ist die Forderung seines wirklichen Glücks. Die Forderung, die Illusionen über seinen Zustand aufzugeben, ist die Forderung, einen Zustand aufzugeben, der der Illusionen bedarf. Die Kritik der Religion ist also im Keim die Kritik des Jammertales, dessen Heiligenschein die Religion ist.

K. Marx/F. Engels: Studienausgabe, Bd. 1, S. 21 R

Die Kritik an der Religion müsse der erste Emanzipationsschritt des geknechteten Menschen sein. Der Mensch müsse von der Religion befreit werden. Das wirkliche Leben müsse verändert werden. Der freie und glückliche Mensch benötige weder Religion noch Rauschmittel.

1. Rekapitulieren und analysieren Sie den Satz von Feuerbach, dass „das Geheimnis der Theologie die Anthropologie ist".
2. Zur Theodizee-Problematik: Wie erklären Sie sich das Leid in der Welt (Naturkatastrophen, private Schicksalsschläge oder andere Übel) angesichts eines gütigen und allmächtigen Gottes? Verschriftlichen Sie dazu einen möglichen Dialog zwischen einem Gläubigen und einer Ungläubigen.

Ähnlich wie Feuerbach und Marx betrachtete **Sigmund Freud** (1856–1939) das religiöse Bewusstsein als Form der Selbstentfremdung und Selbstentzweiung des Menschen.

Sigmund Freud

Freud war Jude, aber gleichzeitig Atheist. In der Schrift „Die Zukunft einer Illusion" (1927) erläuterte er seine Thesen.

Die Götter behalten ihre dreifache Aufgabe, die Schrecken der Natur zu bannen, mit der Grausamkeit des Schicksals, besonders wie es sich im Tode zeigt, zu versöhnen und für die Leiden und Entbehrungen zu entschädigen, die dem Menschen durch das kulturelle Zusammenleben auferlegt werden.

S. Freud: Massenpsychologie ..., S. 121 (Die Zukunft einer Illusion) R

Religion hat für Freud also psychische **Entlastungsfunktion**. Der Mensch sei hilflos. Wie sich das Kind an einen Vater klammern kann, so klammere sich der Mensch an Gott. Wir Menschen wollen Schutz, Liebe und Gerechtigkeit. Dies ermöglicht zuerst der leibliche Vater – dann wenden wir uns an den mächtigeren Über-Vater. Wir seien getrieben von Sehnsüchten und hoffen und glauben, dass diese vom „Vater" erfüllt werden. Aber: Sämtliche religiösen Lehren seien **Illusionen**.

Einige von ihnen sind so unwahrscheinlich, so sehr im Widerspruch zu allem, was wir mühselig über die Realität der Welt erfahren haben, daß man sie – mit entsprechender Berücksichtigung der psychologischen Unterschiede – den Wahnideen vergleichen kann. [...]
Kein vernünftiger Mensch wird sich in anderen Dingen so leichtsinnig benehmen und sich mit so armseligen Begründungen seiner Urteile, seiner Parteinahme zufriedengeben, nur in den höchsten und heiligsten Dingen gestattet er sich das.

S. Freud: Massenpsychologie ..., S. 134f. (Die Zukunft einer Illusion) R

An die Stelle der Gottesidee sollen autonome Vernunft und Wissenschaft rücken. Freud verglich den Gottesglauben mit einer Kindheitsneurose, die sich „auswachsen" sollte. Geschehe dies nicht, bleibe der Mensch ein Leben lang unmündig und in der „allgemein menschlichen Zwangsneurose" stecken. Freud war sich aber bewusst, dass man die Menschheit nicht so leicht von ihren „Illusionen" befreien kann.

Wer durch Dezennien Schlafmittel genommen hat, kann natürlich nicht schlafen, wenn man ihm das Mittel entzieht.*

S. Freud: Massenpsychologie ..., S. 151 (Die Zukunft einer Illusion) R

* Dezennium = Jahrzehnt

Einen längeren Text von Sigmund Freud zum Religionsproblem finden Sie im Textanhang auf S. 245f.

Neben Kritik von psychologischer bzw. psychoanalytischer Seite wurde in den letzten Jahren und Jahrzehnten versucht, Glaubensphänomene mit naturwissenschaftlichen Mitteln zu messen. Unter dem Stichwort **Neurotheologie** wurde und wird das Gehirn des religiösen Menschen näher durchleuchtet. Man kann die Vorgänge im Gehirn von Zen-Buddhisten beim Meditieren mittels Tomografen scannen. Man kann Menschen mit gewissen Strahlungen zu religiösen Gefühlen verhelfen. Im Gehirn wird beispielsweise auf Zentren der Raumvorstellung eingewirkt und der Mensch fühlt sich im Einklang mit Gott und der Welt.

1. Wie sehen Sie die Hoffnung von Freud, dass sich Vernunft und Wissenschaft durchsetzen sollten? Nehmen Sie Stellung zu Freuds Religionskritik.
2. Bewerten Sie die Versuche, Religion und Glaube als Phänomene zu betrachten, die man mit naturwissenschaftlichen Mitteln untersuchen kann und untersuchen soll.

5. Von Wetten und Sprüngen zur Toleranz

Das Glaubensgebäude kann Schutz bieten. Die Existenz Gottes kann man ohnehin nie völlig klären: Sollte man daher besser auf Gott setzen? Diesen Gedanken offeriert **Blaise Pascal** (1623–1662) mit seiner berühmten **„Wette"** (1658). Die Ausgangslage: Man kann Gott nicht beweisen – alles bleibt im Bereich des Glaubens. Aber: Jetzt soll geprüft werden, was die Annahme, dass Gott existiert, bringt und welche Folgen die Annahme, er existiere nicht, haben könnte. Wir müssen uns alle entscheiden. Glauben oder nicht? Was tut man in ähnlichen Situationen im Alltag? Man wägt ab, wo man wie viel verlieren könnte. Rein spieltechnisch gesehen sollte man bei dieser „Wette" auf Gott setzen. Denn setzt man auf Gott, kann man alles gewinnen. Setzt man gegen Gott und er existiert doch, könnte es problematisch werden ...
Die menschliche Vernunft gelangt bei der Gottesfrage an ihre Grenzen. Für Pascal, den Mathematiker, ist das Herz und nicht die Vernunft die eigentliche Erkenntnisinstanz: Vernunft und Wissenschaft sind die eine Seite – die andere sind Bibel und Religion.

Ähnlich spricht **Sören Kierkegaard** (1813–1855) vom „**Sprung** in den Glauben". Für Kierkegaard stellt das religiöse Stadium das höchste dar. Mit Vernunft komme man aber nicht dorthin, man müsse den „Sprung" in den Glauben wagen. Ob Jesus von Nazareth der Sohn Gottes ist, lässt sich mit Vernunft und Wissenschaft nicht beweisen. Das sei keine historische Tatsache, die man einfach abhake. Diese „Wahrheit" muss für mich wahr sein, Glaubensfragen seien existenzielle Angelegenheiten. Auf dem Sterbebett werden diese Fragen vorrangig sein.
Kierkegaard kritisiert das laue Christentum seiner ZeitgenossInnen. Die Taufschein- und SonntagschristInnen sind ihm zu halbherzig. Man kann, Kierkegaard zufolge, nicht ein wenig Christ/Christin sein. Entweder, oder!

Für das Verhältnis von **Glauben und Wissen** kann man zwei Positionen festmachen:

Einerseits gibt es die ursprünglich **Tertullian** (ca. 160–220 n. Chr.) zugeschriebene Haltung: *Credo quia absurdum* (= Ich glaube, weil es absurd ist). Das Wesen des Glaubens übersteige die menschliche Vernunft. Glauben sei und bleibe ein Mysterium. Man glaubt, gerade weil es widersinnig ist. Die menschliche Vernunft scheitert am Beweisen des Göttlichen, muss daran scheitern. Die Wahrheit des Glaubens ist dem Denken nicht zugänglich. Diese Sicht deckt sich mit der Haltung von Kierkegaard: Glauben heißt den „Sprung" wagen.

Andererseits gibt es die von **Anselm von Canterbury** (1033–1109) vertretene Sichtweise, dass sich Glauben und Vernunft verbinden lassen. Anselm prägte den Ausspruch: *Credo ut intelligam* (= Ich glaube, damit ich verstehe/erkenne). Ohne Glauben gebe es keine wahre Erkenntnis. Anselm strebte nach Versöhnung von Glauben und Wissen.

Natürlich wurde der Versuch unternommen, Gott zu beweisen. Als ein Beispiel sei der **ontologische Gottesbeweis** (gr. *on* = seiend; Ontologie = Lehre vom Seienden) von Anselm von Canterbury erwähnt. Er geht davon aus, dass Gott das vollkommenste Wesen ist, über das hinaus nichts Größeres gedacht werden kann. Wäre Gott nur gedacht, reine Idee und würde nicht existieren, so ließe sich ein noch vollkommeneres Wesen denken, welches auch existieren müsste. Richtig vollkommen sei das Wesen erst, wenn es auch existiert. Darum ergibt sich für Anselm aus der Vollkommenheit die Existenz Gottes.

Vom Begriff der Vollkommenheit auf die Existenz zu schließen, wurde natürlich kritisiert. Schon **Thomas von Aquin** (1225–1274), einer der bedeutendsten Theologen und Philosophen des Mittelalters, kritisierte diesen Gedankengang.

Später wies vor allem **Immanuel Kant** die Überlegung, vom Begriff auf die Existenz zu schließen, zurück. In seinem erkenntnistheoretischen Hauptwerk, der „Kritik der reinen Vernunft", kritisiert er den ontologischen Gottesbeweis.

Aber in meinem Vermögenszustande ist mehr bei hundert wirklichen Talern, als bei dem bloßen Begriffe derselben (d. i. ihrer Möglichkeit).

I. Kant: Sämtliche Werke, Bd. 2, S. 534; vgl. S. 529–536 R

Man kann sich also 100 Taler denken, ohne dass sie existieren. Man kann auch den Begriff der Vollkommenheit denken, ein höchstes Wesen denken, ohne dass er/es existieren muss.

Im dritten Jahrtausend der christlichen Zeitrechnung bleibt die Gottesfrage weiterhin offen. Es gibt viele Möglichkeiten der Religiosität wie des Unglaubens. Im Zeitalter weltweiter Kommunikation und Migrationsmöglichkeiten rückt allerdings wieder eine alte Tugend in den Bereich des Wünschenswerten: **Toleranz**.

1. In einigen Studien wird versucht zu belegen, dass gläubige Menschen zufriedener und gesünder sind. Der Glaube wirke offenbar lebensverlängernd. Recherchieren Sie dazu und kommentieren Sie den genannten Zusammenhang kritisch.
2. Entwerfen Sie Ideen, wie Toleranz in Glaubensfragen gedacht und gelebt werden könnte. Konkretisieren Sie auch die Grenzen dieser Toleranz.

Gedankenexperiment: Beweis Gottes
Nehmen Sie an, man könnte Gott hundertprozentig beweisen. Welche Folgen würde dieser Beweis nach sich ziehen? Was würde sich an Ihrem Leben/Ihrer Lebensführung ändern?

Zusammenfassung

- Augustinus definiert Ewigkeit nicht als unendliche Zeitdauer, sondern als das Fehlen der Dimension Zeit, als das Nicht-Zeitliche. Christliches Ziel ist die ewige Ruhe in Gott.
- Religionen können Orientierung und Trost bieten, sie können ein Sinngefüge anbieten, sie können Grundfragen des Menschen erklären und politische Funktionen erfüllen.
- Neben der Unterscheidung in Mono- und Polytheismus gibt es verschiedene Zugänge zum Göttlichen: Theismus, Deismus, Pantheismus, Atheismus, Agnostizismus.
- Zur antiken Religionskritik: Der Sophist Protagoras unterstreicht die „Dunkelheit", die Unerklärlichkeit, wenn es um Göttliches geht.
- Xenophanes kritisiert das vermenschlichte Götterbild und plädiert für einen vergeistigten Gottesbegriff.
- Epikur vertritt eine deistische Position und vermutet die Götter in den Zwischenwelten. Die Götter würden nicht eingreifen. Man müsse sich daher nicht vor ihnen fürchten.
- Zur neuzeitlichen Religionskritik: Spinoza setzt Gott und Natur gleich („Deus sive natura") und argumentiert somit pantheistisch.
- Der Atheist Feuerbach erkennt hinter der Theologie die Anthropologie. Der Mensch projiziere nur sein Innerstes auf ein gedachtes Göttliches. Er fordert Menschenliebe statt Gottesliebe.
- Marx verbindet Religionskritik und Gesellschaftskritik.
- Freud sieht in der Religion eine Illusion, die es, ähnlich einer Neurose, zu überwinden gilt.
- Pascal führt für den Glauben an, dass man auch bei einer Wette auf Gott setzen würde, da man alles gewinnen kann, jedoch nichts verliert.
- Kierkegaard betont die Grenzen der Vernunft bei Glaubensfragen und spricht vom „Sprung in den Glauben". Das religiöse Stadium gilt ihm als höchstes.
- Die Theodizee (Rechtfertigung Gottes) beschäftigt sich mit der Problematik, wie angesichts der Übel und des Leids in der Welt Gottes Allmacht und seine Güte zu verstehen seien. Wie kann ein gütiger und allmächtiger Gott das zulassen?
- Der ontologische Gottesbeweis von Anselm von Canterbury schließt von Gottes Vollkommenheit auf seine Existenz.

Abschließende Fragen und Anregungen

1. Geben Sie den Ewigkeitsbegriff von Augustinus wieder. Was war vor der Schöpfung? Warum ist, wer früher stirbt, nicht länger tot?
2. Grenzen Sie die fünf Begriffe ab: Theismus, Deismus, Pantheismus, Atheismus, Agnostizismus. Beschreiben Sie kurz die einzelnen Positionen und (er-)finden Sie prägnante Aussagen, welche Sie den jeweiligen Positionen zuordnen können.
3. Versuchen Sie, die Argumentationen der erwähnten antiken und neuzeitlichen Religionskritiker nachzuzeichnen. Welchen Gedanken stimmen Sie zu, welche Gedanken und Schlüsse lehnen Sie ab? Begründen Sie.
4. Wie schätzen Sie die Zukunft der Religionen ein? Es gab eine Zeit, da glaubte man, dass es mit Gott und den Religionen endgültig vorbei sein werde, dass Wissenschaft den Glauben ablöse. Erarbeiten Sie eine Einschätzung für das 21. Jahrhundert.

IX. Zum Glück

Der Begriff „Glück" begleitet unser Leben. Oft sehnen wir uns danach oder blicken auf gewisse Ereignisse freudig zurück. Doch was ist Glück?

1. Der Glücksbegriff

Versuchen Sie, den Begriff „Glück" näher zu definieren. Beantworten Sie dazu die folgenden Fragen; notieren Sie möglichst spontane Antworten.

1. Was macht mich glücklich? In welchen Situationen bin ich glücklich?
2. Wie sieht ein glückliches/glückseliges Leben aus? Ziehen Sie aus dem Notierten die Essenz und versuchen Sie, Ihre Definition von Glück aufzuschreiben. Glück ist ...

Sie könnten das Aufgeschriebene in ein Kuvert stecken und in zehn Jahren wieder einmal einen Blick darauf werfen. Wird sich Ihre Definition geändert haben?

Zur Wortgeschichte des Begriffs „Glück": Das deutsche Wort „Glück" kommt aus dem Mittelhochdeutschen: *g(e)lücke* meint Geschick, Schicksalsmacht, Zufall, günstiger Ausgang. Die deutsche Sprache verwendet für „Glück haben" und „Glück empfinden" bzw. „glücklich sein" nur einen Begriff. Viele andere Sprachen differenzieren dabei. Beispielsweise unterscheidet das Englische *luck* (Glück haben) und *happiness* (glücklich sein, Glück empfinden).

Zwei Aspekte von „Glück" sind das günstige Schicksal und der Idealzustand.

Habe ich Glück, ist es eine günstige Fügung und steht in der Regel außerhalb meiner Macht: **Schicksal**, Geschick, Zufall. Im Französischen gibt es dafür das Wort *fortune*. Fortuna war die römische Schicksals- oder Glücksgöttin. Sie ist auf römischen Münzen oft mit Füllhorn und Steuerruder (oder Glücksrad) dargestellt.

Die griechische Gottheit/Göttin der Schicksalsfügung, des Gelingens war Tyche. Sie wurde meist ebenso mit Symbolen der Unbeständigkeit – wie Füllhorn, Steuerruder, Rad oder Kugel – dargestellt. Die Göttin kann einen Menschen aus ihrem Füllhorn beschenken, sie kann aber auch das Ruder herumreißen und sein Schicksal in eine andere Richtung lenken.

Alamy Stock Photo/Montagu Images

Die griechische Schicksalsgöttin Tyche

Glück als **Idealzustand** meint eine Hochstimmung, eine völlige Befriedigung. Dieser Zustand kann von „stark sinnlich" bis zu „hochgeistig" reichen, wobei er natürlich die Folge eines günstigen Schicksals sein kann.

Im Altgriechischen findet man den Ausdruck *eudaimonia*, was „einen guten Dämon habend" bedeutet (vgl. dazu Kap. IV., 2.2 auf S. 114f.). Es stellt sich die Frage, ob man die Gunst des *daimon* (des Gottes) beeinflussen kann.

Mögliche Gegensatzpaare in Bezug auf den Glücksbegriff:

- Innen versus außen: Liegt das Glück in mir oder liegt es außerhalb meiner Macht?
- Körperlich versus geistig: Ist Glück eher eine körperliche Befindlichkeit oder bedeutet Glück in erster Linie geistiges Erleben?
- Kurzfristig versus langfristig: Geht es um kurze Glücksmomente oder ist richtiges Glück eine langfristige Angelegenheit?
- Diesseitig versus jenseitig: Ist Glück an das Diesseits gebunden, an den gelebten Augenblick oder ist das wahre Glück nicht von dieser Welt, sondern erst im Jenseits zu finden?

In vielen Texten wird versucht, Glück zu definieren – nicht nur in rein philosophischen Abhandlungen, sondern auch in vielen Märchen, die lebensnahe Überlegungen und „Geheimnisse" beinhalten.

Hier eine Kurzfassung von **„Hans im Glück"**, einem Märchen der Brüder Grimm.

Hans, der Handwerker, hatte sieben Jahre gedient und war auf dem Weg nach Hause zur Mutter. Sein Meister belohnte ihn mit einem Klumpen Gold. Hans war sehr glücklich.
Er traf auf dem Weg einen Reiter und tauschte den belastenden Klumpen Gold gegen das Pferd, das ihn tragen sollte. Hans war sehr glücklich.
Das Tier warf ihn aber ab, und er tauschte es gegen eine Kuh, die Milch gibt. Hans war sehr glücklich.
Die Kuh versetzte ihm jedoch einen Tritt. Er tauschte die Kuh gegen ein Schwein. Hans war sehr glücklich.
Er tauschte das Schwein noch gegen eine Gans, die Gans gegen zwei Schleifsteine und diese warf er in einen Brunnen. Immer war Hans sehr glücklich.
Leichten Herzens, frei von jeder Bürde, kam er glücklich zu Hause an.

1. Formulieren Sie in einem Satz den Kern des Märchens.
2. „Froh zu sein bedarf es wenig". Beurteilen Sie, wie Glück und materieller Reichtum zusammenhängen.
3. Interpretieren Sie den folgenden Aphorismus von Nietzsche:
   „Wahrlich, wer wenig besitzt, wird um so weniger besessen: gelobt sei die kleine Armuth!"
   F. Nietzsche: Sämtliche Werke, Bd. 4, S. 63 (Also sprach Zarathustra)

2. Die Kyniker

Bewusst oder unbewusst streben wir nach materiellen Gütern. Wir versprechen uns sehr viel von Geld und Käuflichem. Schon früh gab es diesbezüglich Kritik von philosophischer Seite: Die Schule der **Kyniker** wurde von Antisthenes (ca. 445–365 v. Chr.) begründet. Er war ein Schüler von Sokrates und spitzte Punkte von dessen Lehre zu. Anthistenes glaubte an die Lehrbarkeit von Tugend. Man solle innere geistige Unabhängigkeit (gr.: *autarkeia*) erlangen: Der autarke Mensch sei das Ziel.

Auf die Frage, welchen Gewinn ihm die Philosophie gebracht hätte, antwortete er: ‚Die Fähigkeit, mit mir selbst zu verkehren.'

Diogenes Laertius: Leben und Meinungen, S. 297 R

Der Weise ist sich selbst genug. Ist man mit sich im Einklang, gelinge auch das Zusammenleben. Die Grundvoraussetzung sei die Selbstzufriedenheit, die **Selbstgenügsamkeit** – alles andere folge.

Der Name „Kyniker" stammt entweder vom Versammlungsort dieser Philosophen, dem Gymnasion Kynosarges, oder vom griechischen Wort *kyon* (= Hund). Der Hund galt als schamlosestes Tier (man würde heute wohl „Schwein" oder „Sau" sagen). Das Wort „zynisch" (bissig, schamlos, verletzend spöttisch) hat hierin seine Wurzel.

Die Kyniker stehen vor allem für ein Leben jenseits von Lust und Besitz. Die Seele müsse von Leidenschaften gereinigt werden, die Tugend reiche zur Glückseligkeit. Von Antisthenes wird überliefert:

Immer wieder sagte er: ‚Lieber verrückt werden als der Lust erliegen.'"

Diogenes Laertius: Leben und Meinungen, S. 296 R

Damit standen die Kyniker im völligen Gegensatz zu den Kyrenaikern. Diese Schule geht auf Aristipp von Kyrene zurück (vgl. dazu Kap. IV., 2.2 auf S. 112f.). Die kyrenaische oder hedonistische Schule sah in der Lust das große Ziel menschlichen Daseins.

Die Gruppe der Kyniker war auf der Suche nach dem Lebensglück. Was braucht der Mensch, was ist unnötig?

Was ist ein gelingendes Leben, ein gutes Leben?
Der bekannteste Vertreter dieser Richtung war **Diogenes von Sinope** (ca. 400–323 v.Chr.), besser bekannt als „Diogenes im Fass". Die Kyniker legten wenig Wert auf ihr Erscheinungsbild und wurden Bettlerphilosophen genannt. Die „Aussteiger" zogen umher, hielten sich auf öffentlichen Plätzen auf und schockierten durch ihr Reden und Handeln. Sie verschmähten Kunst und Wissenschaft, kritisierten traditionelle Werte wie Arbeit, Kindererziehung und Verteidigung des Vaterlandes und wollten durch Provokation auffallen. Jedwede Konvention wurde abgelehnt. Das Kynikerpaar Krates und Hipparchia vollzog sogar öffentlich Beischlaf: Schockieren als Methode. Der Provokateur par excellence war Diogenes.

Als er einst auf dem Markte Onanie trieb, sagte er: ‚Könnte man doch den Bauch auch ebenso reiben, um den Hunger los zu werden.'

Diogenes Laertius: Leben und Meinungen, S. 317 R

Er galt als eine der populärsten Gestalten der antiken Philosophie, wenngleich es nur anekdotische Überlieferungen zu der historisch kaum fassbaren Figur gibt.
Diogenes betont in seiner Ethik den Aspekt des Übens und Einübens (gr.: *askein* = üben; die Askese hat darin ihren sprachlichen Ursprung). Die anzustrebende Unabhängigkeit müsse geübt werden, speziell der Verstand gehöre trainiert:

„Nicht selten sagte er, er glaube, man müsse sich zum Leben entweder mit Verstand ausrüsten oder mit einer Schlinge (um sich zu erhängen)."

Diogenes Laertius: Leben und Meinungen, S. 306f. R

Er verwirft die Lust und lebt Besitzlosigkeit. Eine Anekdote erzählt: Diogenes sah ein Kind, das aus den Händen trank. Daraufhin warf er auch noch seinen einzigen Besitz, einen Becher, weg. Er wähnte sich als der einzige Athener, der nicht ausgeraubt werden könne, da er nichts besitze. Im Übrigen besitze er alles, was man benötige:

Er machte folgenden Schluß: Den Göttern gehört alles; nun sind aber die Weisen Freunde der Götter, unter Freunden aber ist alles gemeinsam; alles also gehört den Weisen.

Diogenes Laertius: Leben und Meinungen, S. 312f. R

Die kynische Lehre idealisiert die **Besitz- und Bedürfnislosigkeit**. Reichtum mache nicht glücklich. Im Zentrum stehe ein selbstgenügsames Leben. Am bekanntesten ist die Anekdote mit Alexander dem Großen:

Als er [... Diogenes] sich sonnte, trat Alexander an ihn heran und sagte: ‚Fordere, was du wünschest,' worauf er antwortete: ‚Geh mir aus der Sonne.'

Diogenes Laertius: Leben und Meinungen, S. 313 R

Wilhelm Busch: Diogenes in der Tonne

Diese Worte sind legendär. Um die Szenerie zu verdeutlichen: Es kommt der vermutlich mächtigste Mann der damaligen Zeit und stellt sich vor den verwahrlosten Diogenes. Alexander der Große spricht seine Bewunderung für Diogenes aus und stellt ihm die Erfüllung eines Wunsches in Aussicht.

Würde heute der reichste oder mächtigste Mensch vor Ihnen stehen und Ihnen die Erfüllung eines Wunsches in Aussicht stellen – was würden Sie sagen? Entwerfen Sie Ihre Ideen und formulieren Sie dazu in Partnerarbeit einen kurzen Dialog.

Nebenbei: Vergleiche machen sehr oft unglücklich. Die/Der andere hat noch mehr ... Alles lebt vom Kontrast. Dem Sprichwort zufolge ist zwar der Einäugige unter den Blinden König, jedoch schielen wir meist auf die, die mehr haben. Wir sind zwar heilfroh, dass wir nicht diese Krankheit oder jene Sorgen haben (es gibt sogar Studien, die belegen, dass die bloße Anwesenheit eines Rollstuhlfahrers bei den meisten Menschen die Zufriedenheit mit dem eigenen Leben steigert*). Doch sind wir meist enttäuscht, dass wir uns dieses oder jenes (noch) nicht leisten können. Wir schaffen unser eigenes System an Erwartungen und messen alles an diesem. Wir vergleichen ständig. Untersuchungen bei Olympischen Spielen haben ergeben, dass die Gewinner der Bronzemedaille in der Regel glücklicher waren als die Gewinner der Silbermedaille. Die Drittplatzierten erreichten noch eine Medaille, die Zweitplatzierten verfehlten Gold*. Ebenso sind die Untersuchungen zum „Glücksindex" von verschiedenen Nationen höchst aufschlussreich: Die BewohnerInnen der Länder mit dem höchsten Pro-Kopf-Einkommen sind nicht am glücklichsten. Beispielsweise sind demnach viele SüdamerikanerInnen glücklicher als Deutsche und ÖsterreicherInnen*.

* Vgl. S. Klein: Die Glücksformel, S. 230f., 227, 259ff.

In den USA gibt es Selbsthilfegruppen für Milliardäre, weil die Ultrareichen den Sinn, das Ziel und jedwede Motivation zum Leben verloren haben. Das Gefühl „Eigentlich brauche ich nichts mehr tun" kann extrem belastend sein.

1. Formen und notieren Sie aus den genannten Sätzen und Anekdoten die „Lehre" der Kyniker.
2. Was braucht man als Mensch wirklich zum Leben? Was könnten Sie von Ihrem Besitz sofort hergeben? Was brauchen Sie unbedingt? Diskutieren Sie diese Leitfragen und versuchen Sie die kynische Lehre auf Ihr konkretes Leben zu übertragen/zu beziehen.

3. Glück bei Epikur

Epikur (vgl. dazu Kap. IV., 2.2 auf S. 113 und Kap. VII., 2. auf S. 183) geht es ebenfalls um das glückliche Leben. Schmerzfreiheit und Seelenruhe waren für ihn das Ziel. Glück fand Epikur im Philosophieren, in Gesprächen mit Freunden, in einem bescheidenen Mahl. Die geistige Lust stand im Vordergrund. Diese Art von lustvollem Leben wird zu einem gelingenden, glückseligen Leben. Von öffentlichen Belangen sollte man sich möglichst fernhalten: „Lebe im Verborgenen!" Epikur zog sich zurück und verweilte mit seinen Freunden im sogenannten Garten des Epikur. Dort ließ es sich gut und glücklich leben. „Sei möglichst selbstgenügsam und mäßige dich", so sein Appell.

Denn eine bescheidene Mahlzeit bietet den gleichen Genuß wie eine prunkvolle Tafel, wenn nur erst das schmerzhafte Hungergefühl beseitigt ist. Und Brot und Wasser gewähren den größten Genuß, wenn wirkliches Bedürfnis der Grund ist, sie zu sich zu nehmen. Die Gewöhnung also an eine einfache und nicht kostspielige Lebensweise ist uns nicht nur die Bürgschaft für volle Gesundheit, sondern sie macht den Menschen auch unverdrossen zur Erfüllung der notwendigen Anforderungen des Lebens, erhöht seine frohe Laune, wenn er ab und zu einmal auch einer Einladung zu kostbarerer Bewirtung folgt, und macht uns furchtlos gegen die Launen des Schicksals. […]
Für alles dies ist Anfang und wichtigstes Gut die vernünftige Einsicht, daher steht die Einsicht an Wert auch noch über der Philosophie. Aus ihr entspringen alle Tugenden. Sie lehrt, daß ein lustvolles Leben nicht möglich ist ohne ein einsichtsvolles und sittliches und gerechtes Leben, und ein einsichtsvolles, sittliches und gerechtes Leben nicht ohne ein lustvolles.

Diogenes Laertius: Leben und Meinungen, Bd. 2, S. 284 (Epikur, Brief an Menoikeus) R

Für Epikur waren die essenziellen Dinge (neben der nötigsten Nahrung, einem Obdach und Kleidung): Freundschaften, Freiheit und Unabhängigkeit, philosophische Gespräche – das brauche der Mensch. Wir brauchen keine großen Häuser, Festmahle und auch keinen Ruhm oder Macht. Sind die grundlegenden materiellen Bedürfnisse abgedeckt, mache uns zusätzlicher materieller Besitz nicht glücklicher. Fehlen Freundschaften, Unabhängigkeit und das Nachdenken, könne mehr Besitz nicht glücklicher machen. Solange die immateriellen Aspekte nicht erfüllt seien, könne durch Reichtum und materiellen Besitz die „Glückskurve" nicht steigen.

1. Sie erfüllen sich einen lang gehegten materiellen Wunsch. Was passiert nach der ersten Freude über die Anschaffung? Was nach Tagen oder Wochen? Beschreiben Sie die mögliche Situation.
2. Versuchen Sie, eine Woche lang eine „Glückskurve" zu zeichnen. Wann sind Sie wie glücklich? Was bewirkt Materielles, was Immaterielles? Wovon, glauben Sie, hängen Ihr Glücksempfinden und Ihre Zufriedenheit ab?

4. Weitere Glückskonzepte

Der **Eudämonist** sieht im Glück das höchste Gut. Laut Aristoteles solle man ein vernunftgemäßes Leben anstreben. Das kontemplative, philosophisch-nachdenkliche Dasein bringe das größte Glück. Er streicht besonders den Wert der Freundschaft heraus.

Der **Hedonist** will die Lustmaximierung. Aristipp meint, man solle geschickt nach körperlichen Genüssen Ausschau halten und Schmerzen vermeiden. So ist das ideale Leben: möglichst viel körperlicher Genuss, wenig körperliche Schmerzen. Die Bilanz sollte zugunsten des Genusses und der Lust ausfallen.

Die **Stoiker** plädieren für ein Leben der Leidenschaftslosigkeit (Apathie) und der Seelenruhe (Ataraxie). Eine unerschütterliche Haltung und das Akzeptieren der Gesetze des Daseins bringen Erfüllung und lassen das Leben gelingen.

Im **Christentum** liegt das Heil nicht in dieser Welt. Der ewigen Glückseligkeit wird man erst im Jenseits teilhaftig. Im Diesseits sei alles beschränkt und endlich. Fülle dürfe man erst für das kommende Sein erwarten.

Die **Utilitaristen** heben den sozialen Gedanken hervor. Bentham strebt das „größtmögliche Glück für eine größtmögliche Anzahl" an. Es sollen Verhaltensweisen gewählt werden, die den meisten nützen und sie „glücklich" machen. Die Glücksbilanz soll möglichst positiv sein und zur general happiness führen.

Nietzsche wettert dagegen:

Der Mensch strebt n i c h t nach Glück; nur der Engländer thut das.

F. Nietzsche: Sämtliche Werke, Bd. 6, S. 61 (Götzen-Dämmerung) R

Was ist Glück? – Das Gefühl davon, dass die Macht w ä c h s t, dass ein Widerstand überwunden wird.

F. Nietzsche: Sämtliche Werke, Bd. 6, S. 170 (Der Antichrist) R

Nietzsche spricht von der „Fülle des Gefühls"; „das Glück liegt im Schaffen". Der Mensch müsse Widerstände überwinden und sich selbst steigern, dann stelle sich dieses Hochgefühl ein.

Der Psychologe Mihaly Csikszentmihalyi (geb. 1934) spricht vom **Flow**. Dieses Hochgefühl, ein besonderer Glückszustand stellt sich ein, wenn sowohl Anforderungen als auch Fähigkeiten hoch sind. Wenn eine schwierige Tätigkeit gemeistert wird, dann „fließt" es; die Kategorien Zeit und Raum verschwinden. Wenn wir ganz in einer Tätigkeit aufgehen, das ist Glück. Die Bergsteigerin, der Sänger, die vertiefte Spielerin, der Chirurg, das in eine Aufgabe versunkene Kind ... können diesen Flow-Zustand erleben.

Der Pessimist Schopenhauer sieht das Leben in erster Linie von Leid bestimmt. Er wollte die Menschen von dem Irrtum befreien, dass Glück im Leben zu erhaschen sei. Im Gegenteil: Der Wille, der Lebenstrieb sollte negiert werden. Der asketische Heilige Franz von Assisi schien ihm ein Vorbild. Vor allem die Musik war für Schopenhauer das am besten geeignete Mittel, sich zeitweise Beruhigung und Flucht aus dem Alltag zu ermöglichen. Die **Kunst** befreie von Alltag, Raum und Zeit, sie sei ein erster Vorgeschmack auf Erlösung. Schopenhauer spielte mit Begeisterung Flöte.

Das Glück liegt demgemäß stets in der Zukunft oder auch in der Vergangenheit, und die Gegenwart ist einer kleinen dunkeln Wolke zu vergleichen, welche der Wind über die besonnte Fläche treibt: vor ihr und hinter ihr ist alles hell, nur sie selbst wirft stets einen Schatten.

A. Schopenhauer: Sämtliche Werke, Bd. 2, S. 733f. R

Für Schopenhauer ist jede Befriedigung – „oder was man gemeinhin Glück nennt" – immer nur negativ, d. h. immer nur die Aufhebung eines Mangels. Ist der Mensch schmerzfrei und nicht gelangweilt, so sei das irdische Glück erreicht. Positives Glück gebe es nicht. In der Bilanz des Lebens werde das Leid immer gegenüber der Freude überwiegen. Als die beiden größten Feinde des Glücks gelten Schopenhauer Schmerz und Langeweile. So sollte die Gesundheit erhalten bleiben. Schopenhauer gibt sogar Tipps zur Abhärtung und empfiehlt täglich zwei Stunden rascher Bewegung in freier Luft. Und gegen Langeweile müsse mit innerem Reichtum angekämpft werden. Die Jugend warnt er, nicht zu viel vom Leben zu erwarten. Gerade die großen Erwartungen würden große Enttäuschungen schaffen und unglücklich machen.

Ist sonach der Charakter der ersten Lebenshälfte unbefriedigte Sehnsucht nach Glück; so ist der der zweiten Besorgnis vor Unglück. Denn mit ihr ist mehr oder weniger deutlich die Erkenntnis eingetreten, daß alles Glück chimärisch, hingegen das Leiden real ist. Jetzt wird daher, wenigstens von den vernünftigen Charakteren, mehr bloße Schmerzlosigkeit und ein unangefochtener Zustand, als*

Genuß angestrebt. – Wenn in meinen Jünglingsjahren es an meiner Türe schellte, wurde ich vergnügt: denn ich dachte, nun käme es. Aber in spätern Jahren hatte meine Empfindung, bei demselben Anlaß vielmehr etwas dem Schrecken Verwandtes: ich dachte, da kommt's.

A. Schopenhauer: Sämtliche Werke, Bd. 4, S. 573 R

* Chimäre = Trugbild, Hirngespinst

1. Zum Flow-Zustand: Berichten Sie, bei welchen (anspruchsvollen) Tätigkeiten Sie Raum und Zeit vergessen und vollends in der Tätigkeit aufgehen.
2. Was würde das Erreichen eines (permanenten) Idealzustandes bewirken? Was wäre, wenn Sie das Glück, die Glückseligkeit erreicht hätten? Inwiefern bringt das „Du kannst scheitern!" eine Dynamik ins Leben? Reflektieren Sie diese Fragen.
3. In Labors wird daran gearbeitet, Glückspillen zu entwickeln. Beziehen Sie Stellung, ob man auf pharmazeutischem Wege zum Glück gelangen sollte. Vergleichen Sie dazu die Anmerkung zum Experiment mit den Affen und ihrem „Lustknopf" (S. 113).

Rollenspiel: Halb voll – halb leer
Erarbeiten Sie in Partnerarbeit ein Rollenspiel: Eine/Einer vertritt die optimistische Position, denkt positiv; die/der andere ist PessimistIn, denkt negativ. Jede/Jeder versucht, die andere/den anderen von der eigenen Weltsicht zu überzeugen. Wählen Sie ein konkretes Thema und reden Sie über das Leben! Ziehen Sie anschließend Schlüsse aus dem Dialog: Was sind die Vorteile positiven Denkens, was die Vorteile negativen Denkens? Wie hoch oder niedrig sollte man seine Erwartungen stecken?

Im 20. Jahrhundert hat **Theodor W. Adorno** auf die Kraft und Macht des Denkens gesetzt.

Denn Denken hat das Moment des Allgemeinen. [...] Wer denkt, ist in aller Kritik nicht wütend. Denken hat die Wut sublimiert. Weil der Denkende es sich nicht antun muß, will er es auch den anderen nicht antun.

Th. W. Adorno: Gesammelte Schriften 10/2, S. 798f., zit. nach K. P. Liessmann: Die großen Philosophen und ihre Probleme, S. 174 R

Das Denken und die Vernunft können dämpfend, apathisch wirken. Schon die stoische Tradition war der Apathie verpflichtet und hat darin die Möglichkeit für ein glücklicheres Leben gesehen. Wenn man die Vernunft dazwischenschaltet, können Stress, Aggression Wut etc. gemäßigt werden. Nüchtern betrachtet wirken dann viele vermeintliche Anlässe zur Wut lächerlich. Wie wirst du morgen darüber denken, wenn die Emotionen abgeebbt sind? – So könnte die entsprechende Frage dazu lauten.
Philosophie kann – so betrachtet – auch Trost und Rat in schwierigen Situationen anbieten.

Denken Sie an Situationen, in welchen das Denken die Wut sublimiert hat. Schildern Sie diese und analysieren Sie, warum die dazwischengeschaltete Vernunft die Situation entschärft hat.

Einen interessanten Zugang zum Glück findet der Franzose **Georges Bataille** (1897–1962). Er verkehrte in Künstlerkreisen, war Bibliothekar und hinterließ ein sehr vielschichtiges Werk.

Freies Werk

Georges Bataille

Anregend ist seine Theorie der Verschwendung/**Verausgabung** („la dépense") bzw. die sogenannte „Allgemeine Ökonomie".

Er fasst den Begriff der Ökonomie weiter als gewöhnlich und sieht den Menschen und letztlich alle Lebewesen als Wesen, welche mehr Energie, als zur Erhaltung des Lebens nötig ist, zur Verfügung haben. Die Sonne ist die Grundlage allen Lebens und allen Überschusses. Sie spendet ohne Gegenleistung. Dieser Energieüberschuss muss verschwendet, verausgabt werden.

Bataille beginnt sein theoretisches Hauptwerk („Der verfemte Teil") mit einem Zitat des englischen Dichters und Malers William Blake: *„Exuberance is Beauty [Überfluss/Überschwang ist Schönheit]."*

Ich gehe von einer elementaren Tatsache aus: Der lebende Organismus erhält, dank des Kräftespiels der Energie auf der Erdoberfläche, grundsätzlich mehr Energie, als zur Erhaltung des Lebens notwendig ist. Die überschüssige Energie (der Reichtum) kann zum Wachstum eines Systems (zum Beispiel eines Organismus) verwendet werden. Wenn das System jedoch nicht mehr wachsen und der Energieüberschuß nicht gänzlich vom Wachstum absorbiert werden kann, muß er notwendig ohne Gewinn verlorengehen und verschwendet werden, willentlich oder nicht, in glorioser oder in katastrophischer Form."

G. Bataille: Der verfemte Teil (La part maudite – 1949). In: Die Aufhebung der Ökonomie, S. 45 R

Zweckrationale Produktion und zweckfreie Verschwendung

Der herkömmliche Zugang zum Leben bzw. zum Wirtschaften ist, dass wir einen Mangel haben, sparen müssen, um dann dieses oder jenes mit dem Ersparten machen zu können. – Dies scheint vernünftig. Dieser Sicht auf das Leben entspricht ein Haushalten unter dem Gesichtspunkt der Effizienz. Es regiert das isolierte Nutzenkalkül, die zweckrationale Produktion. Anders gesagt: Dies entspricht der kapitalistischen Ökonomie.

Bataille dreht nun diese Sichtweise um 180 Grad. Er will das große Ganze sehen, den größeren Blickwinkel eröffnen. Er meint, dass das Hauptproblem der Überschuss ist bzw. der Umgang mit den Überschüssen. Das zentrale Problem aller Gesellschaften war und ist der Überschuss. Er kann in Krisen und Kriegen katastrophal vernichtet werden – oder aber glorios gefeiert und vergeudet werden.

Formen der unproduktiven und gloriosen Verausgabung/Verschwendung sind: Luxus, Spiele, Theater, Künste, Erotik, Feste. Diese Dinge haben den Zweck in sich. Nur hier herrscht **Freiheit und Souveränität.** Man kann dies als Ökonomie des Festes bezeichnen. Es ist eine luxurierende Verschwendung.

Die Menschen in den unterschiedlichen Gesellschaften der Geschichte hatten sich immer Formen der unproduktiven Verausgabung bewahrt. Überschüsse wurden durch das Entziehen eines sogenannten „verfemten" (geächteten, ausgestoßenen) Teils vernichtet.

Nebenbei: Bataille redet keiner unnützen Verschwendung und Zerstörung unserer Umwelt das Wort. Die Zerstörung der Umwelt scheint zu großen Teilen ein Problem und eine Folge der von Bataille kritisierten kapitalistischen Logik zu sein.

Der zweckrationale, produktiv Tätige ist immer servil, er dient einem anderen Zweck. Der Freie aber verausgabt sich sinnlos. Hier eröffnet sich das Feld des Glücks, das wahre Menschsein, das Reich der Freiheit. Gerade im (sinnlosen) Spiel findet sich dieser Freiheitsspielraum.
Bataille hat sich für Feste und Rituale wie den (ethnologisch höchst interessanten) Potlatsch der nordamerikanischen Indianervölker interessiert. Dabei werden immense Feste gefeiert und unglaubliche Reichtümer vergeudet.

Bataille bezeichnete z. B. auch das Biertrinken mit Freunden oder erotische Rituale der Liebenden als Formen des „Heiligen im Alltagsleben". Der profane Alltag wird mit derartigen Ritualen unterbrochen.
Der wünschenswerte Gastgeber ist großzügig und glamourös, er tut so, als ob der Champagner in Strömen fließen könnte, er verausgabt sich. – So schafft dieses Geben auch Verbindung, Gemeinschaft („Kommunion") und allseitige Freude.

Kurzum: Überschüsse und Verschwendungen passieren, so oder so. Versuchen wir die Verausgabung in einer lustvollen, gloriosen Form zu organisieren!

Einen ausführlicheren Text von Georges Bataille finden Sie im Textanhang auf S. 249ff.

Ein geflügeltes Wort meint: „Man soll nicht leben, um zu arbeiten, man soll arbeiten, um zu leben."
Analysieren Sie diesen Satz vor dem Hintergrund der Bataille'schen Verausgabungstheorie. Nennen Sie Ihnen bekannte Formen der gloriosen Verausgabung.
Recherchieren Sie auch zum Potlatsch – eine interessante Form der Verschwendung.

5. Fundamente des Glücks

Philosophie bietet nie einfache Tipps an und eignet sich nicht als Leitfaden und Ratgeber. Wenn Tipps zu einfach werden, sollte man eher vorsichtig sein. Trotzdem soll versucht werden, aus der philosophischen Tradition und der modernen Glücksforschung ein paar Hinweise zum Glück abzuleiten.*

* Vgl. St. Klein: Die Glücksformel

- **Bewegung und Gesundheit**: Der Gedanke der Einheit von Leib und Seele wurde besonders in der Antike berücksichtigt. Daher waren Gymnastik, Sport und Bewegung zentrale Bestandteile des Lebens. Selbst der Vater des Idealismus, Platon, machte Gymnastik. Schopenhauer empfahl – wie erwähnt – das „Walken" und moderne WellnesstrainerInnen ermutigen zu viel Sport und Bewegung. Das Denken und der Körper sollten gefordert und somit gefördert werden.

- **Aktivität**: Diese ist meist besser als Passivität. Eine aktive Haltung macht meist glücklicher und zufriedener. Nichtstun birgt die Gefahr, zu viel zu grübeln und sich Sorgen zu machen. Daher sollte man sich aktiv an Entscheidungen beteiligen, mitmachen, handeln und tätig sein, selbst das Heft in die Hand nehmen, aktiv Sport betreiben, aktiv denken und mitdenken, sich auch am Unterricht aktiv beteiligen und nicht in Passivität versinken, sich nicht vor dem Fernseher einlullen lassen oder sich im Unterricht nur berieseln lassen. Aktivsein gewährleistet am ehesten Wohlbefinden.

- **Vielfalt und Abwechslung**: Das lateinische Sprichwort *„Variatio delectat"* („Abwechslung erfreut") drückt dies aus. Gleichbleibende Reize werden dem Organismus uninteressant. Wird nicht alles durch pure Wiederholung entwertet? Der Philosoph Sören Kierkegaard spricht von der „Wechselwirtschaft". Ähnlich wie in der Landwirtschaft soll auch der Mensch seine „Felder" abwechseln. Kierkegaard meint vor allem die Abwechslung und den Reichtum des Denkens. Denken, Erinnerung und Vorfreude können einen großen Genuss bedeuten.

- **Freiheit, Unabhängigkeit und Selbstbestimmung**: Viele psychologische Studien belegen, dass es eine positive Wirkung hat, sich frei zu fühlen, Dinge selbst kontrollieren zu können. Freiheit galt und gilt den meisten PhilosophInnen als der Grundwert schlechthin. Das Gefühl der Hilflosigkeit und des Ausgeliefertseins ist bedrohlich. Das Glück und der Sinn im Leben bestehen im freien Schaffen und Erreichen von selbst gewählten Zielen.

- **Freundschaften**: In der Antike wurde die Bedeutung von Freundschaften betont. Auch moderne psychologische und soziologische Studien unterstreichen dies. Und die Alltagserfahrung zeigt: Ein „Netz" an sozialen Beziehungen zu haben, sich von FreundInnen verstanden und angenommen zu wissen, macht das Leben lebenswert.

■ **Fazit:** Den Weg zum Glück gibt es nicht. Die Aufgabe des Lebens besteht darin, den eigenen Weg in diese Richtung auszuloten.

Der deutsche Philosoph **Wilhelm Schmid** (geb. 1953) spricht von **Lebenskunst**:

Lebenskunst ist die Kunst der Balance zwischen Angst und Unerschrockenheit, Beharrlichkeit und Beweglichkeit, Lust und Schmerz, Alleinsein und Zusammensein, Frieden und Krieg, Sinn und Sinnlosigkeit und so vielem mehr. Die Kunst der Balance zielt nicht darauf ab, die Polarität des Lebens aus der Welt zu schaffen, sondern sie von Grund auf anzuerkennen und mit dem Wechselspiel zwischen den Polen zu leben […].

W. Schmid: Die Kunst der Balance, S. 10

1. Besprechen, kritisieren und diskutieren Sie die genannten „Fundamente des Glücks".
2. In der philosophischen Erzählung „Candide oder die beste der Welten" (1759) schildert Voltaire die zahlreichen Abenteuer und Schicksalsschläge des Titelhelden Candide. Unbedarft und frohen Mutes schlittert er von einem Unglück ins nächste. Reflektieren und kommentieren Sie den Schlusssatz dieser Geschichte. Candide sagt: „Allein es gilt, unseren Garten zu bebauen."
   Voltaire: Candid, S. 105

Essay: Glück
Verfassen Sie einen philosophischen Essay zum Thema „Glück" (Methode 2, S. 23). Nachdem in diesem Kapitel die verschiedenen Aspekte und Seiten des Themas vorgestellt wurden, versuchen Sie sich nun selbst am Nachdenken über das Glück: Was ist Glück, was macht mich glücklich? Was ist ein glückseliges Leben?

6. „PHILOsophie lebt!"

E-Book
VIDEO
und Video-Transkript

Interview mit dem Philosophen ROBERT PFALLER

VERITAS-VERLAG, Linz/Verena Maxwald

Robert Pfaller (rechts) mit Christian Fischill

Univ. Prof. Dr. Robert Pfaller (geb. 1962) ist Professor für Philosophie an der Kunstuniversität Linz.
In „Wofür es sich zu leben lohnt" versucht der Philosoph, im Rückgriff auf antike, materialistische Vorbilder eine heitere und lustvolle Gelassenheit zu erdenken. Getreu dem Motto: Sei vernünftig vernünftig und mäßige dich nicht maßlos!

Fischill: Ich darf gleich zu dem schönen Thema Genuss und gutes, gelingendes Leben kommen. In der Philosophiegeschichte selbst ist das Körperliche, Genussvolle eher ins Abseits geraten; Sie kehren das wieder hervor. Dabei stellt sich die spannende Frage, warum Genüsse oftmals etwas Abseitiges, Ambivalentes, Ungutes haben; warum gibt es nicht diesen schönen, reinen Genuss, nach dem man sich sehnen würde?

Pfaller: *Ja genau, das ist die ganz entscheidende Frage dabei. Wenn das alles so leicht verdaulich wäre, dann wären alle Leute Hedonisten und Materialisten, dann gäbe es gar keine andere Philosophie, oder dann gäbe es gar keine Philosophie, weil das keine Frage wäre. Aber wir müssen ja – das ist vielleicht auch etwas typisch Philosophisches – immer der finstersten Seite der Dinge ins Auge sehen: also bei der Krankheit, bei der Perversion, den extremen Sachen bei der Politik, dem Faschismus, allen Entgleisungen und Massakern. Und wenn man sich die Frage der Genüsse stellt, muss man das auch. Und man muss sich die peinliche Frage stellen, warum kommt es dazu, dass Menschen von sich aus eher genussscheu sind. Dass sie viele Sachen gar nicht wollen …*

Fischill: … aber wir wissen, Motorrad fahren ist gefährlich, auch zu viel Alkohol ist eher ungut.

Pfaller: *Natürlich. Genau. Das geht hinein bis in die harmlosesten Genüsse. Also das, was vielleicht beim Alkohol oder beim Motorradfahren deutlich wird, sind sichtbare Gefahren. Aber auch bei harmloseren Sachen, z. B. beim Feiern einer Party und beim Tanzen, so, als ob es kein Morgen gäbe, müssen wir ja bestimmte Grenzen überschreiten, die wir sonst im Alltag einhalten. Wir können nicht jeden Tag so tun, als ob es kein Morgen gäbe. Manchmal muss man früh schlafen gehen, weil man am nächsten Tag irgendetwas leisten muss.*
Aber manchmal können wir das überschreiten, und das ist auch der eigentliche Triumph bei der Sache. Also heute leisten wir uns das. Schließlich ist ja das Leben für uns da, und wir sind nicht nur die Sklaven unserer Lebenserhaltung, wo wir ständig etwas leisten müssen und Geld verdienen müssen, sondern irgendwann muss das Leben ja uns etwas zurückgeben. Und genau jetzt ist der Moment, jetzt ist Samstagabend und jetzt hauen wir mal auf die Pauke. Oder noch harmloser, wir sagen einmal, wir geben einmal Ruhe; es ist Samstagabend, aber dafür lesen wir jetzt Aristoteles und machen irgendetwas, was wir morgen sicher nicht brauchen.

Fischill: Was ist der Unterschied zwischen diesem tanzenden Partymenschen und dem Philosophietext-Lesenden?

Pfaller: *Also ich glaube, es ist an der entscheidenden Stelle kein großer Unterschied. Zwar vollzieht sich das eine vielleicht ein bisschen stiller und ein bisschen weniger exzessiv, aber der entscheidende Punkt ist: Beide überschreiten eigentlich eine Grenze des Maßes, die sie im Alltag sonst einhalten.*
Es sind alles Praktiken einer gewissen Grenzüberschreitung oder Maßlosigkeit, und das ist genau – um auf Ihre Frage zurückzukommen – der schwierige und dunkle Punkt an den Genüssen und der Grund, warum die Leute zurückschrecken, weil es natürlich behaglicher und bequemer ist, nein zu sagen. Morgen muss ich wieder arbeiten, da mache ich nur das, was mich nur ja nicht Schlaf oder Zeit kostet, oder irgendetwas, was man verschwenden muss, wenn man genießen will. Und jeder Genuss beruht auf einer Verschwendung, und das macht ihn ungut.

Fischill: Sie thematisieren im Anschluss an Richard Sennett die Idee des „Unsichtbaren Dritten", dass Gesellschaft anders funktioniert, wenn wir uns vorstellen in unserem Gespräch, da wäre jetzt ein Dritter, der uns beobachtet. Wie funktioniert dieses Rollenspiel, warum sind Sie auch gegen dieses „be yourself" – sei doch ganz du?

Pfaller: *Also ich glaube, das Interessantere und Bessere an den Menschen kommt immer dann zutage, wenn sie nicht versuchen, ganz sie selber zu sein. Also wenn wir uns jetzt nicht völlig „nackert" ins Gesicht sagen, was wir glauben, was der andere wirklich ist, oder was wir wirklich für den anderen empfinden, sondern wenn wir uns denken: Das ist jetzt ein öffentlicher Raum, da könnte doch noch wer Dritter mithören. Und selbst wenn wir nur zu zweit sind, verhalten wir uns oft so, sind dann höflich zueinander, obwohl gar kein Dritter dabei ist. Und um Höflichkeit zu verstehen, muss man das eigentlich so begreifen, dass man sagt: Höflichkeit ist immer dann gegeben, selbst wenn man alleine ist, sich aber so verhält, als ob ein anderer zuschauen würde.*

In dem Moment, wo ich das Gefühl habe, der andere macht jetzt etwas, nicht weil er es will, sondern weil er das Gefühl hat, diesem Beobachter entsprechen zu müssen, dann habe ich ein sehr viel besseres Verhältnis zu dem, was der andere macht. Wenn man sich vorstellt, Sie sagen zu mir: „Ach, trinken wir doch zusammen noch ein Glas Wein oder so." Wenn ich jetzt das Gefühl habe: Sie wollen das, weil Sie wahrscheinlich ein Alkoholiker sind …

Fischill: Wir sind beide nüchtern, muss man an dieser Stelle festhalten!

Pfaller: *Das ist ja nur ein Denkbeispiel. In der Philosophie muss man auch absurde Dinge denken.*

Wenn Sie das zu mir sagen, und ich glaube, das sagen Sie zu mir deshalb, weil Sie das wollen und weil Sie immer Wein trinken, dann empfinde ich es als eine Zumutung. Ich denke mir, jetzt will der auch noch meine Leber ruinieren, mit so einem unsittlichen Vorschlag. Wenn ich aber das Gefühl habe, Sie fühlen sich einem Beobachter verpflichtet, Sie haben das Gefühl, wir müssen jetzt den Umstand feiern, dass ein neues Buch von uns erschienen ist, und es gehört sich einfach, dass man das nicht nur einfach geschehen lässt, sondern dass man das feiert, dann gehört es sich, dass man ein Glas Wein trinkt. Und dann kann ich mir denken, Sie sagen das nicht, weil sie das wollen, sondern weil Sie ein Pflichtgefühl haben gegenüber der Form und das gehört jetzt gefeiert, und da muss man etwas trinken, das auch kein Mineralwasser ist. Es muss ein bisschen feierlich sein, und dann kann ich sagen okay, das ist eigentlich in Ordnung, und dann kann ich mich mit dem Genuss versöhnen.

Fischill: Was würden Sie jungen Menschen als Wunsch, als Motivation mitgeben, warum auch die Beschäftigung mit Philosophie eine lohnenswerte ist? Warum kann man, soll man, darf man sich noch mit Philosophie befassen?

Pfaller: *Also ich glaube, man kann natürlich die unterschiedlichsten Sachen machen. Es sind viele Sachen lohnend. Man kann auch Badminton spielen, oder Tischtennis, oder spazieren gehen, oder Musik hören. Man kann jetzt gar nicht sagen, dass eine Sache unbedingt sein muss, weil die so gescheit ist oder so schön.*

Aber unter all den schönen Sachen, die man so machen kann, ist Philosophie auch eine ziemlich schöne Sache, die viel Vergnügen bereiten kann, weil Denken auch eine ganze Menge Lust erzeugen kann – abgesehen davon, dass man auch Einsicht gewinnt und bestimmte Dinge besser begreift, die man sonst vielleicht nicht so gut verstanden hätte.

Fischill: Professor Pfaller, ich danke für das schöne Gespräch.

Pfaller: *Herzlichen Dank für die guten Fragen.*

1. Zur Genussproblematik: Warum sind – laut Robert Pfaller – viele Menschen genussscheu? Was ist das „Ungute" an den Genüssen? Rekapitulieren Sie die diesbezüglichen Überlegungen.
2. Die Philosophierende und der Tanzende: Reflektieren Sie die Unterschiede und die Gemeinsamkeiten dieser beiden Genussmöglichkeiten.
3. Wie funktioniert eigentlich Höflichkeit? Erklären Sie dazu die Idee des „Unsichtbaren Dritten".

E-Book
Weiteres Interview mit R. Pfaller

Zusammenfassung

- Der Begriff „Glück" kann den Aspekt des günstigen Schicksals (*luck*) oder den des Idealzustands (*happiness*) meinen.
- Ähnlich wie im Märchen „Hans im Glück" deutet die philosophische Tradition an, dass das Glücksempfinden eine subjektive Angelegenheit ist und oftmals unabhängig von äußeren, materiellen Gütern entsteht.
- Die Schule der Kyniker setzt auf die Ideale Autarkie (Unabhängigkeit, Selbstgenügsamkeit) und Bedürfnislosigkeit. Der bekannteste Kyniker war Diogenes von Sinope. Er bat sogar Alexander den Großen, der ihm einen Wunsch erfüllen wollte, nur darum, er möge ihm aus der Sonne gehen.
- Epikur strebt ein lustvolles Leben an, das mit Bescheidenheit in materiellen Angelegenheiten einhergeht. Freundschaften, gute Gespräche, Freiheit, Unabhängigkeit und das Philosophieren verhelfen zu Glück und seien lustvoll.
- Die Eudämonisten betrachten das Glück als höchstes Gut. Jeder strebe letztlich nach Glück.
- Die Hedonisten wollen Lustmaximierung und zielen auf grobsinnliche Genüsse ab.
- Die Stoiker setzen auf Leidenschaftslosigkeit (Apathie) und Seelenruhe (Ataraxie).
- Die Christen ersehnen die ewige Glückseligkeit. Diese weist weg vom Diesseits und hin auf das Jenseits.
- Die Utilitaristen betonen und erstreben das größtmögliche Glück für die größtmögliche Anzahl.
- Nietzsche ortet im Schaffen und im Überwinden von Widerständen die Glücksgefühle.
- Csikszentmihalyi spricht vom Flow: Dies sei ein Glückszustand, der sich einstellen kann, wenn bei bestimmten Tätigkeiten Anforderungen und Fähigkeiten groß sind.
- Schopenhauer definiert Glück negativ: Wesentlich sei lediglich das Vermeiden von Schmerz und Langeweile. Es sollen möglichst keine Erwartungen ans Leben gerichtet werden, denn: Leben ist leiden. Kunst und insbesondere die Musik können als Beruhigungsmittel dienen und zumindest für eine kurze Zeit Erleichterung bringen.
- Bataille sieht in der Idee der Verausgabung ein wesentliches Kriterium für das Menschsein. Die gloriose Verausgabung bietet Glück und eröffnet Freiheit und Souveränität.
- Wiewohl (philosophisch angedacht und psychologisch untersucht) man einige Leitlinien zum Glück herausfiltern kann, muss man das persönliche Glück selbst ergründen. Neben Bewegung, Aktivität und Abwechslung können Freiheit und Freundschaft als Fundamente des Glücks gesehen werden.

Abschließende Fragen und Anregungen

1. Reflektieren Sie, inwiefern es ein Zeichen von Zufriedenheit und Glück ist, wenn man nicht danach strebt und nicht ständig daran denkt.
2. Stimmen Sie dem Sprichwort zu: „Jeder ist seines Glückes Schmied"? Begründen Sie zuerst Ihre Position und versuchen Sie dazu diese Aussage in Beziehung zu diversen politischen Parteiprogrammen und deren Menschenbildern zu setzen.
3. „Hat man sein Warum? des Lebens, so verträgt man sich fast mit jedem Wie?"*
   Versuchen Sie diese Zeile von Nietzsche zu interpretieren.
   *F. Nietzsche: Sämtliche Werke, Bd. 6, S. 60f. (Götzen-Dämmerung)
4. Welche Leitlinien zum Glück würden Sie persönlich angeben? Was macht Ihrer Ansicht nach glücklich und gewährleistet ein glückliches Leben? Setzen Sie Ihre persönliche „Glückslehre" aus genannten Positionen sowie eigenen Ideen zusammen.

Unsicherheiten allerorten: Der philosophische Zweifel sei besonders bei Spekulationen hinsichtlich der Zukunft hervorgehoben.
Beschäftigt man sich mit der **Vergangenheit**, der Geschichte und mit Geschichtsphilosophie (siehe auch Kapitel IV.), so kann sich zeigen, dass das Wissen um die Vergangenheit verzerrt sein kann, selektiv ist.

> Nebenbei: Auch die Erinnerung an die eigene, persönliche Geschichte zeigt oftmals kleinere bis größere Verzerrungen, Verschönerungen, Rationalisierungen. Die sicher geglaubte Vergangenheit ist somit unsicher – Erinnerungen sind selektiv und tendenziell.

Die **Gegenwart** ist immer gleich vorbei und somit prinzipiell unsicher, nicht fassbar und eben auch nicht festzuhalten.

Mit ungleich größerer Unsicherheit ist die mögliche **Zukunft** behaftet. Natürlich ist der Blick in die Zukunft nötig. Wie wird sich das Wetter entwickeln, wie wird die Ernte ausfallen, wie wird sich die Lage am Arbeitsmarkt entwickeln ...? Seit Urzeiten ist der Mensch am Kommenden interessiert. Einstmals waren religiöse Vermittler und ProphetInnen für Vorhersagen zuständig, heute werden vermeintlich seriöse ZukunftsforscherInnen und Computersimulationen bemüht.

Es kursieren eine Menge an Schlagwörtern zur Jetztzeit bzw. die nächste Zukunft betreffend. Einige werden erhalten bleiben, andere werden versanden. Das ist der Lauf der Dinge bzw. die Dynamik des gerade Aktuellen: Digitalisierung, Globalisierung, Klimawandel, Gentechnik, Nanotechnik, Robotik, Künstliche Intelligenz, Big Data, quantified self, smart home, fake news, social media, virtual reality ...

Aber gerade die Zukunft betreffend gilt: Es kann auch anders kommen – die Zukunft ist per se unsicher.

Erwartungen, Hoffnungen und Ängste können das Künftige beeinflussen. Wie beim hermeneutischen Zirkel erwähnt (vgl. dazu S. 61) kann das Vorwissen lenkend wirken. Auch bei der Selffulfilling Prophecy steuert die Erwartungshaltung das aktuelle Geschehen. Insofern sind Zukunftsprognosen nicht nichts – das Erwarten des Heils oder der Katastrophe wirkt. Auch aus diesem Grund sollte Vorsicht geboten sein.

1. Technik- und Medienkritik

1.1 Vorbemerkungen

Der Mensch ist ein handelndes und gestaltendes Wesen. Er schafft sich (s)eine Welt.

Im Laufe der Jahrtausende haben Menschen immer komplexere Techniken entwickelt – und dies setzt sich fort. Jede Technik, jedes Hilfsmittel, das der Mensch erfindet und in sein Leben einbaut, verändert auch den Menschen selbst, und zwar wie ein Medium (ein Vermittler, ein vermittelndes Element). Dies hat unmittelbare Auswirkungen auf unser Menschsein: Sehe ich mich selbst nun ebenfalls anders? Ändern sich meine Wahrnehmungsgewohnheiten durch Computer und das Leben in virtuellen Räumen? Hat sich für den Computerfreak, der täglich viele Stunden in künstlichen Welten verbringt, die Realität verändert?
Der **Mensch** und seine **Technikwelt** stehen in permanenter Wechselwirkung. Es wäre zu einfach zu sagen, diese oder jene Entwicklung wäre ausschließlich gut oder schlecht. Ebenso sind Aussagen wie „Früher war die Welt noch in Ordnung" bzw. „Alles wird besser" zu oberflächlich und spiegeln die Komplexität nicht wider. Jede „Weiter-Entwicklung" hat ihre Vor- und Nachteile, eine kritische Analyse tut not.

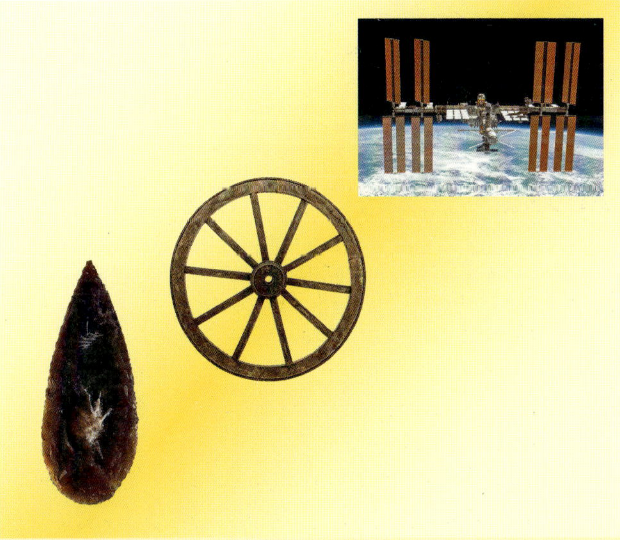

Faustkeil – Rad – ISS

Immer schon haben neue Techniken und Technologien das Menschsein verändert. Die Schrift hat die menschliche Gesellschaft vor Jahrtausenden nachhaltig verändert, der Buchdruck vor Jahrhunderten. Das Digitale und Vernetzte verändert das Menschsein seit Jahrzehnten. Nie war genau vorauszusehen, wie diese Veränderungen Platz greifen, was sie à la longue bewirken werden.

Neue Technologien verändern den Lebensstil (Arbeit und Freizeit), die Politik, die Demokratie, das Zusammenleben, die Mobilitätskonzepte, das Gesundheitssystem … – und letztlich auch das Selbstbild des Menschen. Das Vergleichen ist ein urmenschliches Ansinnen – und die Welt des Fernsehens, das Internet bzw. die Digitalisierung ermöglichen das Vergleichen zur Potenz.

Im Zusammenhang mit der Entwicklung des Digitalen sprechen einige von einer digitalen Revolution, die ungekannte und dramatische Umwälzungen bringen wird. Wurden die ersten Rechenmaschinen noch milde belächelt, so wird der Mensch angesichts der enormen Möglichkeiten des Digitalen heute nachdenklich bis verunsichert.

Gerade die Userin/der User von digitalen Medien weiß um die Kurzlebigkeit gewisser Geräte und Programme. Das heute Aktuelle wird morgen schon verblassen, uninteressant sein …

Interessanterweise kann das In-Stein-Gemeißelte über 10 000 Jahre bestehen, Informationen auf Papier können Hunderte Jahre überstehen, die digitalen Informationen dürften da flüchtiger, kurzlebiger sein: Was wird mit der Unmenge an digitalen Daten passieren? Wie ist das kulturelle Gedächtnis insgesamt zu bewahren? Überhaupt gibt es beim Blatt Papier kein Dahinter, kein Geheimnis. Das Digitale hat eine Tiefendimension, die sich den allermeisten entzieht.

Philosophie sucht in der Regel nach den großen Linien. Sie versucht aus einer gewissen Distanz die Phänomene zu verorten. Welche prinzipiellen Entwicklungen können aufgezeigt werden? Ein Blick auf eine erste und interessante Medienkritik kann die Sicht erhellen. Mitte des 20. Jahrhunderts war das Aufkommen des Fernsehens eine Revolution …

1.2 Günther Anders' Fernsehkritik

Der in Breslau geborene **Günther Anders** (1902–1992) war ein kritischer Geist. Sein Vater William Stern war Psychologe und gilt als Erfinder des Intelligenzquotienten.
Günther Anders, der damals noch Günther Stern hieß, studierte Philosophie und Kunstgeschichte, anschließend arbeitete er bei verschiedenen Zeitungen. In der Zeit des aufkommenden Nationalsozialismus änderte er seinen Namen. Die Anekdote besagt, dass ein Vorgesetzter meinte, es schicke sich nicht, so viele Artikel mit dem (vermeintlich jüdischen) Namen Stern zu unterfertigen. Daraufhin sagte Günther Stern: „Dann nennen Sie mich doch irgendwie anders."

picturedesk.com/Imagno

Günther Anders

Anders emigrierte nach Paris und in die Vereinigten Staaten. Einige Jahre war er mit der Philosophin Hannah Arendt verheiratet. In den USA nahm Anders verschiedenste Jobs an. Er arbeitete u. a. als Putzmann in den Requisitenkammern von Hollywood, was wiederum seine Medientheorie beeinflusste. Der Abwurf der Atombombe über Hiroshima am 6. August 1945 erschütterte ihn zutiefst. In der Folge wurde er zum Mitbegründer der Anti-Atom-Bewegung, reiste nach Hiroshima und begann einen Briefwechsel mit dem Aufklärungspiloten, der den Befehl zum Abwurf der Atombombe gegeben hatte. Später engagierte sich Anders auch gegen den Vietnamkrieg.

1950 kam Anders nach Wien, wo er bis zu seinem Tode lebte, und wurde österreichischer Staatsbürger. Er hinterließ ein vielfältiges Werk. Anders war Philosoph, Schriftsteller, Journalist und engagierter Mitbürger. Sein Hauptwerk trägt den Titel „Die Antiquiertheit des Menschen".

> Nebenbei: Antiquiert bedeutet veraltet – das Wort selbst ist heute ebenso veraltet.

Der erste Band erschien 1956, der zweite 1980. Anders kritisiert darin stark unsere technische Zivilisation und analysiert die Folgen unserer Technikwelt.

Günther Anders erlebte den Beginn eines bedeutenden Mediums mit: des **Fernsehens**. Angeblich sah er 1948 nur einmal kurz an einer Straßenecke in New York fern. Nichtsdestotrotz entwickelte er interessante Gedanken zur Welt der Bilder.* Steht man am Beginn von Entwicklungen, hat man noch kritische Distanz. Den ZeitgenossInnen, die mit dem Medium Fernsehen oder auch Computer/Internet aufwachsen, fehlt oftmals **dieser kritische Blick**.

* Vgl. G. Anders: Die Antiquiertheit des Menschen, S. 97–211 (Die Welt als Phantom und Matrize); K. P. Liessmann: Günther Anders zur Einführung, S. 59–79

Anders beginnt seine Überlegungen zum Fernsehen mit folgender Geschichte:

Da es dem König aber wenig gefiel, daß sein Sohn, die kontrollierten Straßen verlassend, sich querfeldein herumtrieb, um sich selbst ein Urteil über die Welt zu bilden, schenkte er ihm Wagen und Pferd. ‚Nun brauchst du nicht mehr zu Fuß zu gehen', waren seine Worte. ‚Nun darfst du es nicht mehr', war deren Sinn. ‚Nun kannst du es nicht mehr', deren Wirkung.

G. Anders: Die Antiquiertheit ..., S. 97 (Die Welt als Phantom und Matrize) R

1. Interpretieren Sie diese kurze Geschichte. Was ist die Hauptaussage? Wer ist der „König", was bedeuten Wagen und Pferd?
2. Der Boulevard ist in Frankreich eine breite Straße. Warum fasst man gewisse Medien unter dem Begriff Boulevardpresse zusammen? Inwiefern wird via Medium unser Blick eingeschränkt, werden wir gelenkt? Untersuchen Sie diese Fragen und begründen Sie, warum die Masse oft mit wenig komplexen Darstellungen und leichter Unterhaltung beliefert wird.

Anders betitelt den Abschnitt, in dem er seine Thesen zur Welt des Fernsehens darlegt, „Die Welt als Phantom und Matrize" (1956). Er ist Bildern gegenüber sehr skeptisch, denn sie suggerieren vieles und verführen. Durch die Fernsehübertragung entsteht laut Anders eine eigenartige, zweideutige Situation: Die gesendeten Ereignisse sind *„zugleich gegenwärtig und abwesend, zugleich wirklich und scheinbar, zugleich da und nicht da."*

G. Anders: Die Antiquiertheit ..., S. 131 (Die Welt als Phantom und Matrize) R

Sie sind phantomhaft. Normalerweise sind wir Menschen an die Kategorien wirklich – unwirklich, gegenwärtig – abwesend gewöhnt. Etwas ist da oder nicht, etwas ist wirklich oder nur Schein. Diese Grunderfahrung verschwimmt im Lichte des Fernsehens, es ist ein Zwischenstadium. Wird beispielsweise ein Fußballspiel „live" im Fernsehen übertragen, passiert genau dieses **Phantomhafte**. Das gesendete Ereignis ist im Wohnzimmer anwesend und abwesend zugleich. Es ist irgendwie wirklich, andererseits nur Schein, da die 22 Fußballspieler an einem anderen Ort ihr Match veranstalten. Die gewohnten Grenzen verschwimmen. Das Fernsehen löst diese Selbstverständlichkeiten auf. Wir werden *„zur systematischen Verwechslung von Schein und Sein ‚erzogen'"*.

G. Anders: Die Antiquiertheit ..., S. VIII R

Durch dieses Massenmedium verwandelt sich auch der Einzelne, Anders spricht vom **Heimarbeiter**. Menschen arbeiten durch das Konsumieren der Massenware Fernsehen ständig an der eigenen Verwandlung. Fernsehen verändere den Menschen, seine Sicht auf die Welt und dafür bezahle er noch.
Fernsehen produziere **Masseneremiten**. Jeder sitzt für sich, vom anderen abgeschnitten, vor seinem TV-Gerät. Man wisse nicht, wie es dem unmittelbaren Nachbarn in der Wohnung nebenan geht, zappe jedoch auf unzähligen Kanälen durch die Welt, was einen gottähnlich mache: Wir bestimmen mit der Fernbedienung in der Hand.
Das Schicksal und Leben von einzelnen Filmstars oder SerienheldInnen sei uns nahe, obwohl es unendlich fern ist. Wir verbrüdern uns mit dem Globus – Anders spricht von Kumpanei und von einer Neutralisierung. Wir sind überall live dabei, aber eben nicht wirklich. Alles verkomme zur Show, werde belanglos. Man könne nicht mehr zwischen Ernst und Unernst unterscheiden. Entertainment und Information verschmelzen zum „Infotainment", um einen modernen Begriff zu verwenden.

Jede Sendung – gibt sie sich noch so objektiv – ist an sich subjektiv. Nie werden reine Fakten übermittelt; es werden immer **Urteile** gefällt. Was gesendet wird, ist eine subjektive Auswahl. Für eine TV-Nachrichtensendung werden von den Abermillionen Ereignissen eines Tages für die beschränkte Sendezeit einige wenige ausgewählt. Außerdem seien die Details von Bedeutung: Kameraführung, Schnitt, Ton etc. Anders schreibt:
Der Bote ist der Herr des Herrn.

G. Anders: Die Antiquiertheit ..., S. 158 (Die Welt als Phantom und Matrize) R

Wir werden mit selektiven Informationen beliefert. Das Medium hat die Macht. Oft werde nur das Sensationelle, Hervorstechende, Grelle gesendet. Normalität, das Banale interessiere die „normalen“ KonsumentInnen wenig.
Der Fernsehapparat wird, laut Anders, zum **negativen Familientisch**. Alles versammelt sich um den Fernsehapparat, er ist das neue Zentrum, der gemeinsame Fluchtpunkt. Während früher, beispielsweise beim gemeinsamen Abendessen, miteinander gesprochen wurde, werde jetzt nur noch gestarrt. Was dazu führe, dass diese Menschen sprachlich unmündig und infantil werden, sich zurückentwickeln. Das Fernsehgerät nimmt uns das Sprechen ab, wir erleiden einen **Sprachverlust**, werden stumm und passiv, sind „Hörige“. Es komme zur Degradierung zu passiven KonsumentInnen, zu LauscherInnen und VoyeurInnen – die Welt kommt zu uns, wir werden „passivisiert“.
Überdies macht uns das Fernsehen abhängig. Wir müssen weiter und weiter beliefert werden. Die Fortsetzung reizt, ständig wird Neues und Interessantes in Aussicht gestellt.

Die Welt ist nicht nur Phantom, sondern auch **„Matrize“** (lat. *matrix* = Gebärmutter; heute: Formvorlage, Kopiervorlage). Diese Folie oder Schablone zur Vervielfältigung sei das Entscheidende. Anders meint, dass diese Reproduktionsform, das (Fernseh-)Bild, sozial wichtiger wird als das Ereignis, die „Originalform“. Eine eigenartige Änderung tritt ein: Das Original muss sich nach der Reproduktionsform, dem Fernsehen, richten, und somit wird das Ereignis zur bloßen Matrize.

Das Wirkliche – das angebliche Vorbild – muß also seinen eventuellen Abbildungen angemessen, nach dem Bilde seiner Reproduktionen umgeschaffen werden. […] Im Anfang war die Sendung, für sie geschieht die Welt.
G. Anders: Die Antiquiertheit …, S. 190f. (Die Welt als Phantom und Matrize) R

Alles muss fernsehgerecht sein, es wird nicht die Realität gezeigt, sondern eine „geschönte“, aufbereitete Wirklichkeit. Die Menschen wiederum werden von den Matrizen geprägt. Das Fernsehen schafft jene Welt, die es abbildet, was zu einem Verblendungskreislauf führe, in dem Wahrheit keinen Platz mehr habe.
Wichtige Ereignisse werden von FilmregisseurInnen inszeniert, bestimmte Bilder und Szenen als politisches Instrument eingesetzt. Fernsehen hat Wirkung.

Anders vermerkt einleitend, dass seine Thesen und Darstellungen „Übertreibungen“ seien. Er beruft sich auf die Mikroskopie und die Teleskopie, welche auch *„mittels übertreibender Verbildlichung Wahrheit zu gewinnen suchen“*.
G. Anders: Die Antiquiertheit …, S. 15 R

Später relativierte Anders seine sehr pessimistische Sicht auf das Fernsehen bzw. die Massenmedien.

Wahrgenommene Bilder sind zwar schlechter als wahrgenommene Realität, aber sie sind doch besser als nichts.
G. Anders: Die Antiquiertheit …, S. VIII R

Beispielsweise merkte er an, dass die Bilder vom Vietnamkrieg die Menschen aufgerüttelt hätten. Umfangreiche Demonstrationen und Proteste waren die Folge und die Politik musste darauf antworten. Fernsehbilder wirken – so oder so.

1. „Die Welt als Phantom und Matrize“: Erklären Sie diese wichtigen Begriffe, die Anders verwendet.
2. Gesetzt den Fall, ein Fernsehteam möchte den Schulalltag filmen. Was wird gemacht werden? Überlegen Sie, was vielleicht „zurechtgerückt“ wird. Erläutern Sie, inwieweit das Gefilmte noch die Wirklichkeit präsentiert.
3. Kontra Anders: Welche prinzipiellen Vorteile bietet das Fernsehen? Wann gelten TV-Sendungen als wertvoll und qualitätsvoll? Suchen Sie in Gruppenarbeit ausschließlich positive Merkmale des Fernsehens. Listen Sie diese tabellarisch auf.
4. Internetrecherche: Informieren Sie sich über den Beginn des Fernsehzeitalters. Wann wurde mit dem TV begonnen? Sprechen Sie auch mit älteren Generationen über den Beginn des Fernsehens und die damit einhergehenden Veränderungen im Leben der Menschen. Präsentieren Sie die Ergebnisse dann in der Klasse.

Anthropologisch betrachtet, stellen Radio, Fernsehen, mobile Kommunikation und natürlich das World Wide Web **Erweiterungen unserer Sinne** dar. Wir sehen nicht mehr nur bis zum Horizont, sondern via TV und Computer die ganze Welt. Die „Wahrnehmungsprothesen“ bergen jedoch einige Gefahren: Können wir Menschen mit diesen „Erweiterungen“ umgehen? Sind wir nicht für das Unmittelbare geschaffen? Sind wir überfordert?

Gerade im Hinblick auf **neue Medien** wie Computer und Internet ergeben sich neue Möglichkeiten und neue Probleme. Einerseits potenzieren Kommunikations- und Speichermöglichkeiten großer Datenmengen sowie weite Vernetzungen die Informationsmöglichkeiten. Andererseits wird das Problem der Selektion, der Auswahl immer dringlicher …

Gerade der Fern-Sinn des Sehens scheint in den Vordergrund zu treten. Die sogenannten Nah-Sinne (tasten, schmecken, riechen) dürften an Bedeutung verlieren.

Anders' Medienkritik (von 1956) heute:
Versuchen Sie die zentralen Gedankengänge von Anders in die heutige Zeit zu transportieren. Inwiefern gelten jene (von Anders bewusst übertriebenen und zugespitzten) Überlegungen auch für die digitale und vernetzte Welt?
Erörtern Sie einige der folgenden (pointierten) Fragen und Anregungen in der Klasse:

- Der Königswagen: Reflektieren Sie, wie uns heute die sogenannten Massenmedien und Massenkanäle lenken und prägen.
- Die Macht der Bilder: Bewerten Sie, welchen Stellenwert die Bilder in der heutigen und digitalen Medienlandschaft besitzen.
- Das Phantomhafte: Untersuchen Sie, ob die Grenzen von Sein und Schein (etwa durch virtual reality) zusehends verfließen.
- Der Heimarbeitende: Beurteilen Sie kritisch, ob heute mit Smartphone und anderen digitalen Geräten das Heimarbeiten und Sich-verwandeln-Lassen durch Medien 24/7 betrieben wird.
- Der Masseneremit: Setzen Sie sich kritisch mit der Frage auseinander, ob die neuen Medien vereinzeln und letztlich zu Einsamkeit führen, oder ob sie im Gegenteil dazu die sozialen Kontakte verstärken.
- Die Neutralisierung: Überlegen Sie sich, ob durch permanente Informationen aus aller Welt das Persönliche, Nahe neutralisiert wird – Schicksale von Prominenten wichtiger als mein Umfeld sind.
- Die Urteilshaftigkeit: Beziehen Sie Position, ob uns selektive Informationen im Internet, welche wir für die Realität halten, bestimmen oder ob durch das vielfache Angebot objektivere Informationen zu finden sind.
- Der Familientisch: Kommentieren Sie, ob uns die vermeintlich sozialen Medien, das Internet „familiär" auseinanderbringen oder diese vereinend wirken.
- Der Sprachverlust: Entwickeln Sie eigene Überlegungen zu der Frage, wie die digitalen Medien die Sprachkompetenz verändern. Überlegen Sie sich, ob der Gebrauch von Suchmaschinen und Smartphones das Denken strukturieren und verändern kann. Ganz pointiert: Wie google-gerecht denken Sie?
- Die Matrize: Analysieren Sie, ob die Realität für das schöne und inszenierte Bild verändert wird. Beschreiben Sie, welche Form von Wirklichkeit Sie für andere – und andere für Sie inszenieren.

Zur Informationsbeschaffung:
Wie soll man in der vernetzten und digitalen Welt zu (wahren) Informationen gelangen?

Der alte Tipp – „Lies verschiedene Zeitungen" – greift so im 21. Jahrhundert nicht mehr. Wir hören, meist über digitale Kanäle, dass man via soziale Medien Wahlen manipuliert hat. Fake News sind angeblich überall, in sogenannten Echokammern schaukelt sich das Ganze (gleichsam „matrizenhaft" und „boulevard-königswagen-gleich") hoch. Zum Echoischen: Jedes Bild, jeder Hollywoodfilm beschreibt nicht nur eine Realität, es/er gibt Normatives, sozusagen diverse Stilrichtungen und Normen, vor. Diese verändern dann die Realität wirklich. Über die digitalen Kanäle wird letztlich große Macht ausgeübt.

Der Kulturkritiker und Philosoph **Byung-Chul Han** meint:

Die Informationsmasse erzeugt keine Wahrheit. Je mehr Information freigesetzt wird, desto unübersichtlicher wird die Welt.

B.-Ch. Han: Transparenzgesellschaft, Matthes & Seitz, Berlin, 2012, S. 68

Der Philosoph **Baruch de Spinoza** lebte im 17. Jahrhundert sehr zurückgezogen und besaß vermutlich lediglich 160 Bücher. Er konzentrierte sich auf wichtige Werke und konnte dann selbst große philosophische Werke schaffen.

Wir werden heute permanent berieselt mit Informationen, klicken uns durch das Internet, lesen oftmals beiläufig, betrachten Bilder und Filmchen. Was wird angesichts dieses fragmentarischen Zugangs bleiben?

Wie informieren Sie sich? Welchen Medien schenken Sie Glauben? Diskutieren Sie Ihre Wege der Informationsbeschaffung in der Klasse.

stock.adobe.com/metamorworks

E-Book
Technik und Medienkritik

1.3 Das Digitale

Der 1959 in Südkorea geborene und in Deutschland lebende Philosoph und Kulturwissenschaftler **Byung-Chul Han** sieht das Digitale sehr problematisch:

Getty Images/Laurent Viteur

Byung-Chul Han

Heute sind wir zwar frei von den Maschinen des Industriezeitalters, die uns versklavten und ausbeuteten, aber die digitalen Apparate bringen einen neuen Zwang, ein neues Sklaventum hervor. Sie beuten uns insofern noch effizienter aus, als sie aufgrund ihrer Mobilität jeden Ort in einen Arbeitsplatz und jede Zeit in Arbeitszeit verwandelt [sic!]. Die Freiheit der Mobilität schlägt in den fatalen Zwang um, überall arbeiten zu müssen. Im Maschinenzeitalter war die Arbeit allein schon wegen der Immobilität der Maschinen abgrenzbar von der Nicht-Arbeit. Der Arbeitsplatz, an den man sich eigens begeben musste, ließ sich klar von den Räumen der Nicht-Arbeit trennen. Heute ist diese Abgrenzung in vielen Berufen ganz aufgehoben. Der digitale Apparat macht die Arbeit selbst mobil. Jeder trägt den Arbeitsplatz mit sich herum wie ein Arbeitslager. So können wir der Arbeit nicht mehr entkommen.

Von den Smartphones, die mehr Freiheit versprechen, geht ein fataler Zwang aus, nämlich der Zwang zur Kommunikation. Inzwischen hat man ein fast obsessives, zwanghaftes Verhältnis zu dem digitalen Apparat. Auch hier schlägt die Freiheit in Zwang um. *Die sozialen Netzwerke verstärken diesen Zwang zur Kommunikation massiv. Er ergibt sich letzten Endes aus der Logik des Kapitals. Mehr Kommunikation bedeutet mehr Kapital. Der beschleunigte Kreislauf von Kommunikation und Information führt zum beschleunigten Kreislauf von Kapital.*

Das Wort „digital" verweist auf den Finger (digitus), *der vor allem* zählt. *Die digitale Kultur beruht auf dem zählenden Finger. Geschichte ist aber* Erzählung. *Sie* zählt *nicht.* Zählen *ist eine posthistorische Kategorie. Weder Tweets noch Informationen fügen sich zu einer* Erzählung *zusammen. Auch die* Timeline *erzählt keine Lebens-geschichte, keine Biografie. Sie ist additiv und nicht narrativ. Der digitale Mensch* fingert *in dem Sinne, dass er ständig zählt und rechnet. Das Digitale verabsolutiert die Zahl und das Zählen. Auch Facebook-Freunde werden vor allem* gezählt. *Die Freundschaft ist aber eine Erzählung. Das digitale Zeitalter totalisiert das Additive, das Zählen und das Zählbare. Sogar Zuneigungen werden in Form von Gefällt-mir gezählt. Das Narrative verliert massiv an Bedeutung. Heute wird alles zählbar gemacht, um es in die Sprache der Leistung und Effizienz umwandeln zu können. So hört heute alles, was nicht zählbar ist, auf, zu sein.*

B.-Ch. Han: Im Schwarm. Ansichten des Digitalen, S. 49–51

1. Die Arbeitswelt hat sich im digitalen Zeitalter verändert. Auch am „Arbeitsplatz" Schule greifen die Veränderungen. Beschreiben Sie Vor- und Nachteile der von Raum und Zeit gelösten Arbeit.
2. Wie konnte das Smartphone in kurzer Zeit so bedeutend werden? Es scheint ein regelrechter Zwang zur Kommunikation von den Geräten auszugehen. Berichten Sie über Ihre diesbezüglichen Gewohnheiten und erläutern Sie, warum Sie den digitalen Apparat (vermutlich) immer bei sich und immer im Auge haben.
3. Han spricht von der Logik des Kapitals – quasi: vom Geschäftemachen. Untersuchen Sie, wer (UnternehmerInnen, TechnikerInnen, MenschenfreundInnen, PhilosophInnen …) eigentlich diese technischen Entwicklungen initiiert und forciert.
4. Der zählende Finger als etymologischer Ursprung des Digitalen: Analysieren Sie die Unterschiede zwischen Zählen und Erzählen. Erklären Sie weiters den (möglichen) Unterschied zwischen einem Facebook-Freund und einem realen Freund. Reflektieren Sie schließlich den Satz: „Die Freundschaft ist aber eine Erzählung."

5. Perspektivenwechsel: Jede Altersgruppe hat einen spezifischen Zugang zum Digitalen. Befragen Sie Ihre Eltern und Großeltern zum Smartphone- und Internetgebrauch. Wie erleben Sie, die Generation, die mit diesen digitalen Medien groß geworden ist, und wie jene Generation, für die das Digitale ein markanter Einschnitt gewesen ist, die digitalen Medien? Präsentieren und diskutieren Sie die Ergebnisse in der Klasse.
6. Vom Brief über das E-Mail zu den Kurznachrichten in den sozialen Netzwerken: Inwiefern verändern die technischen Möglichkeiten auch unsere Sprach- und Denkfähigkeiten? Versuchen Sie eine Antwort ähnlich einem SMS bzw. einer Twitter-Nachricht in 140 Zeichen zu verfassen.
7. Ein Hoffnungsschimmer war und ist die sogenannte Demokratisierung des Wissens. Mittels digitaler und vernetzter Technik sollte prinzipiell jeder Weltbürger auf unendlich viele (Wissens-)Inhalte zugreifen können. Informationen aller Art sollen jeder und jedem zur Verfügung stehen. Bewerten Sie die Idee der Demokratisierung des Wissens.

Der populäre deutsche Philosoph **Richard David Precht** (geb. 1964) will angesichts des Digitalen warnen.

Richard David Precht

Die Aufgabe ist damit klar markiert: in einer Zeit radikalisierten Effizienzdenkens das Andere der Effizienz wiederzuentdecken! *Denn die technische Entwicklung, so wie das Silicon Valley sie erträumt und predigt, macht uns nicht zu „Supermenschen", sondern zu Wesen, die ohne Hilfsmittel nichts mehr können. Unser handwerkliches Können erlischt, unser sprachlicher Ausdruck reduziert sich, unser Gedächtnis, ausgelagert in Memory-Funktionen, lässt nach, unsere Fantasie besteht aus vorgefertigten Bildern, unsere Kreativität folgt ausschließlich technischen Mustern, unsere Neugier weicht der Bequemlichkeit, unsere Geduld permanenter Ungeduld; den Zustand der Nicht-Bespaßung halten wir nicht mehr aus. Wenn so der „Supermensch" aussieht – wer wollte dann einer sein?*

R. D. Precht: Jäger, Hirten, Kritiker. Eine Utopie für die digitale Gesellschaft, S. 154

Schon Sokrates warnte vor dem Verschriftlichen, weil es vergesslich mache … Und das Sokratische „Ich weiß, dass ich nichts weiß" invers denkend, könnte man mutmaßen: Der Digital-Reizüberflutete und die Nur-das-Fragmentarische-Rezipierende erkennen ihre eigene Oberflächlichkeit nicht mehr.

Besprechen und analysieren Sie die von Precht genannten Punkte und argumentieren Sie Ihren persönlichen Standpunkt.

Nebenbei: Die Textstelle stammt aus dem Buch mit dem Titel „Jäger, Hirten, Kritiker. Eine Utopie für die digitale Gesellschaft" (2018). Dieser Titel ist eine Anspielung auf eine Stelle bei Karl Marx und Friedrich Engels, wo sie den freien Menschen anvisieren, welcher sein Leben frei und freudvoll gestalten können sollte. „[In der kommunistischen Gesellschaft wird es möglich gemacht] heute dies, morgen jenes zu tun, morgens zu jagen, nachmittags zu fischen, abends Viehzucht zu treiben, nach dem Essen zu kritisieren, wie ich gerade Lust habe, ohne je Jäger, Fischer, Hirt oder Kritiker zu werden."

K. Marx/F. Engels: Feuerbach, 1990, S. 98

E-Book
Kurzmitteilung. Über. Medien

E-Book
Interview mit K. P. Liessmann

1.4 Mediale Evolutionsdynamiken

Die Entwicklung von Medien thematisiert ein Text (von 2001) des österreichischen Medienwissenschaftlers **Stefan Weber** (geb. 1970):

Arbeitstext

Stefan Weber: Emergenz und Kontingenz medialer Evolutionsdynamiken

Wann immer es zur Entstehung von etwas ‚Neuem' kommt, stellen sich zwangsläufig die Fragen nach Agens und nach Telos*: Die Frage nach dem Agens betrifft das Problem, wer oder was die Entwicklung vorantreibt, wer oder was der ‚Motor' einer Entwicklung ist, wer deren Initialzündung und wer deren ‚Katalysator' sein könnte. Man mag diese Frage zunächst auf basis- oder gar supertheoretischer Ebene erörtern: Ist das Agens der Evolution Gott oder das Kapital, sind es die Akteure oder die Systeme? Ist es eher Autonomie oder Heteronomie, Freiheit oder Einschränkung, Selbststeuerung oder Fremdsteuerung? Verlaufen Entwicklungen determiniert und/oder indeterminiert? Wenn determiniert, wer oder was sind die Determinanten? – Bei der Frage nach der Entwicklung des Internet muss man diese Überlegungen freilich eine Stufe ‚herunterbrechen', wenngleich eben aus (neo-)marxistischer Sicht die Antwort (wie immer) wäre, dass die Ökonomie bzw. der Turbokapitalismus das Internet als neuen Marktplatz der ‚virtuellen Klasse' hervorgebracht habe; aus Sicht von Akteurs- und Handlungstheorien die Antwort (wie immer) wäre, rational handelnde und entscheidende Individuen hätten das Internet geschaffen – und aus Sicht von Systemtheorie(n) die Antwort (wie immer) wäre, eigensinnige Systeme (die Massenmedien? die Technik?) hätten das Internet ‚emergieren'* lassen.*

Das Internet ist jedoch – wie alle großen teletechnologischen und massenmedialen Innovationen seit jeher – ein Kind des Militärs und im speziellen Fall ein Kind des Kalten Kriegs. Die militärische Konzeption des 1969 von der ARPA (Advanced Research Projects Agency) gegründeten ARPANET wurde in den 1970ern im Kontext ziviler (d.h. zunächst wissenschaftlich-universitärer) Nutzung übernommen [...]. Erst mit der Erfindung des World-Wide-Web lässt sich beobachten, dass das Internet vom Militär über die Wissenschaft mit stark wachsender Geschwindigkeit in alle übrigen sozialen Systeme eindringt. Es liegt durchaus nahe, diese Entwicklung als Emergenz-Phänomen zu deuten: Der weltweite Siegeszug des Internet und im Speziellen des World-Wide-Web lässt sich aus seinem historischen Vorläufer, dem ARPANET, nicht erklären, nicht logisch deduzieren. Es kam zu mehreren qualitativen Sprüngen (erste wissenschaftliche Nutzungsformen, Erfindung des WWW u.a.), die aus den vorhergehenden Entwicklungsstufen nicht abzuleiten waren. [...] Damit scheint die Frage nach dem Agens – so far – beantwortet zu sein, nämlich im Sinne ihrer Unbeantwortbarkeit. Die Suche nach einem Agens entpuppt sich in der polykontexturalen Welt als zunehmend aussichtslos und anachronistisch, es gibt immer eine Fülle von Agenzien, die Entwicklungen vorantreiben. Und im Falle des Internet waren dies – in chronologischer Reihenfolge – zumindest: das Militär, die Wissenschaft, die Ökonomie.

Nun aber zur Zukunft – und somit zum Telos: Es scheint mittlerweile fast kommunikationswissenschaftlicher Common Sense zu sein, dass es keine Vorhersage-Möglichkeiten für die Evolution neuer Medien – und schon gar nicht: hin zu weltweiten Makro-Medien – gibt. Umso visionärer erscheinen aus heutiger Sicht etwa frühe Formen der Netzkunst, die noch auf Fax- und Telefonnetzen basierten, erste Online-Communities via Modem oder frühe Symposien, die sich noch (kurz) vor dem weltweiten Siegeszug des WWW mit Online-Medialität beschäftigten. Mit der weltweiten Diffusion des Computers ging offensichtlich zunächst besonders in der Kunst-(Avantgarde) und in der (avancierten) Wissenschaft der Wunsch einher, diese Geräte auch zu vernetzen, Daten und Informationen zu senden und auszutauschen. So schreibt etwa Franz Pichler in einem schon mehrmals zitierten – weil aus heutiger Sicht reichlich ‚visionären' – Aufsatz: ‚Wenn wir die Utopie der völligen Vernetzung weiter führen, kommen wir zu einer Welt, in der Information zwar leicht verfügbar ist, dieselbe aber an keinen einzelnen Ort gebunden ist.' [...] Pichler hat damit Information im WWW präzise vorausgedacht: Das WWW ist heute in der Tat jener ‚ortlose Ort' oder ‚raumlose Raum' (Jokisch), in dem Informationen so leicht und so rasch zugänglich sind wie in der Mediengeschichte noch nie zuvor. Nach der Trennung des Boten von der Botschaft (Peter Weibel) in den Massenmedien bzw. in der ‚Gutenberg-Galaxis' kommt es nun (in der ‚Netz-Galaxis') zur Trennung von Information und Informationsträger. Ist dies der letzte Punkt der Entwicklung? Wohl kaum.

Betrachtet man die Medien-Evolution, so fällt auf, dass naheliegenderweise der technologisch-apparativ jeweils ‚letzte Stand der Dinge' als Höhepunkt und Spitze der Entwicklung interpretiert wird. Modellierungen des Mediengebrauchs legen dies auch immer wieder nahe: Sie beobachten etwa einen Übergang von der One-to-Many-Logik der frühen monopolisierten bzw. später auch staatlichen Massenmedien (eine Sendeanstalt, eine Tageszeitung usw. richtet sich an ein vielfältiges und disperses Publikum) über die Many-to-Many-Logik des liberalisierten und privatisierten Medienmarkts (viele Sender, viele Zeitungen usw. richten sich an viele potenzielle Nutzer und Zielgruppen) bis zum Many-to-One des Computerzeitalters (ein Nutzer hat* *die Auswahl aus einer unendlichen Menge an Informationsanbietern). Mit dem One-to-One der Knowbots, der intelligenten Agenten, der userspezifischen Informationswelten (ein Medium für einen Nutzer) scheint die Spitze der Evolution erreicht zu sein. Alle Logiken des Mediengebrauchs scheinen damit durchgespielt zu sein, mehr geht – scheinbar – nicht.*

Die Logik des ‚Many-to-One' bzw. des ‚One-to-One' verweist auf einen der Makro-Trends der Medien-Evolution: Individualisierung. Individualisierung meint in diesem Kontext: Medienangebote werden zunehmend für den einzelnen Aktanten maßgeschneidert, richten sich immer genau nach spezifischen individuellen Interessen. Nicht mehr definierte Zielgruppen, sondern einzelne Nutzer und deren Interessenslagen sind der Fokus der Informationsanbieter – näher kann man (erneut: scheinbar) nicht mehr zu den Nutzern vordringen. Doch, man kann: Die Vision von Wearable Computers, Things that Think etc. macht eine Zukunft greifbar, in der Menschen nicht mehr vor dem Computer sitzen, sondern vielmehr die Computer in ihnen. Diese Vision, dieses Telos verweist auf einen zweiten Makro-Trend der Medien-Evolution: Abbau der Distanzen zwischen Medien und Körpern, oder besser: Entdifferenzierung Medium/Körper, Entwicklung hin zum Medienkörper. Sollten die Forschungen des MIT tatsächlich nicht nur zu individuell tragbaren Computern (mit brillenartigen Bildschirmen), sondern auch zu Minicomputern führen, die man förmlich schlucken kann, so wird das Differenzmanagement Körper vs. (Medien-)Technik unmöglich, und der Dualismus wird forschungstechnisch endgültig sinnlos. – Wohlgemerkt, all dies sind Spekulationen, ist reine ‚Futurologie' ohne wissenschaftlich beweisbare Basis. Im Sinne Heinz von Foersters hat man es in Bezug auf die Zukunft immer mit Unwissbarkeiten, Unbestimmtheiten und Unentscheidbarkeiten zu tun, die Zukunft ist – um Luhmann zu paraphrasieren – unser letztes großes metaphysisches Geheimnis, das, was früher das Jenseits der Theologen war. Das Jenseits ist heute das, was wir noch nicht wissen, was sich unserer Beobachtung entzieht, weil es noch nicht ‚geschehen' ist. Das Jetzt ist die Grenze der Erkenntnis, alles, was darüber hinaus geht, ist Spekulation. […]*

Das bisher Gesagte lässt sich grob in zwei Thesen zusammenfassen:

- *der Rückblick: Die (bereits vergangene) Evolution eines neuen Mediums war emergent, d. h. durch vorhergehende medientechnologische Entwicklungsstufen nicht zu erklären.*
- *die Vorschau: Die (noch bevorstehende) Evolution eines neuen Mediums ist kontingent, d. h. grundsätzlich unbestimm- und unentscheidbar, weil sie so, aber auch ganz anders ausfallen könnte.*

Vielleicht ließen sich beide Thesen zu generellen Theoremen erweitern: Medienevolution ist per se emergent und kontingent – dies macht ihre Beobachtung so schwer.

St. Weber: Medien – Systeme – Netze, S. 83–86

* Agens = lat., der Wirkende, das Wirkende, die treibende Kraft
* Telos = gr., Ziel, Zweck
* emergieren = auftauchen, emporkommen
* dispers = fein verteilt, zerstreut
* MIT = Massachusetts Institute of Technology

Textanalyse

1. Struktur des Arbeitstextes

Stefan Weber: Emergenz und Kontingenz medialer Evolutionsdynamiken

Ergänzen Sie die fehlenden Begriffe.

Agens – der „Motor" in Richtung Internet

chronologisch: ______________________, ______________________, ______________________

Telos – Spekulationen zur Medien-Evolution

Übergang von der ______________-Logik über die ______________-Logik

zum ______________ des Computerzeitalters; und schließlich das ______________ der intelligenten Agenten.

Makro-Trends der Medien-Evolution

Erstens: ______________________________

Zweitens: Entdifferenzierung ________________/________________

Zusammenfassung in zwei Thesen

Rückblickend: Die vergangene Evolution war ________________________

Vorausschauend: Die bevorstehende Evolution ist ____________________

Fazit: Medienevolution ist per se ________________ und ________________

2. Zur Arbeit an den Begriffen

Beschreiben Sie den Schreibstil, die Sprache und die Begrifflichkeiten des Autors. Nennen Sie aus dem Text zwei konkrete Beispiele, die Sie vermutlich in einem Text von Platon oder Kant nicht finden würden.

Führen Sie eine Internetrecherche zu den zwei zentralen Begriffen durch: „Emergenz/emergent" und „Kontingenz/kontingent". Fassen Sie die Ergebnisse möglichst knapp zusammen.

Überlegen Sie die Schwierigkeiten
a) bei Internetrecherchen allgemein,
b) bei dieser Recherche im Speziellen.

3. Lexikon vs. Internet

Analysieren Sie, inwiefern sich die Suchergebnisse unterscheiden, wenn man in einem klassischen Lexikon recherchiert oder wenn man das Internet zurate zieht.
Jede Schülerin/Jeder Schüler wählt einen philosophischen Begriff und versucht, diesen auf den genannten zwei Wegen zu recherchieren: einmal mittels Lexikon/Buch – wobei mindestens zwei unterschiedliche Quellen herangezogen werden sollen; das andere Mal via Internet – wobei ebenso mehrere Quellen/Seiten gesichtet werden sollen.
Besprechen Sie Ihre Erfahrungen danach in der Klasse und versuchen Sie, tabellarisch die Vor- und Nachteile der zwei Medien zu benennen.

Klassisches Lexikon		Internet	
Vorteile	Nachteile	Vorteile	Nachteile

4. Gedankenexperiment

Es darf fantasiert und spekuliert werden:
Entwerfen Sie Zukunftsszenarien für die Entwicklung und den Gebrauch von neuen Medien. Wie sieht die Welt in 30 Jahren aus? Welche Medien werden auftauchen, welche vielleicht verschwinden? Denken Sie auch an die von Stefan Weber genannten Makro-Trends der Individualisierung und der Entdifferenzierung Medium/Körper: Welche Beispiele fallen Ihnen dazu ein?
Mit einem Wort: Zeichnen Sie ein Bild der Zukunft!

2. Bedrohungsszenarien

2.1 Die atomare Bedrohung

Günther Anders sieht den Menschen als Wesen, das sich seine Welt gestalten muss. Er ist nicht festgelegt. Sein Wesen besteht gerade darin, dass er kein fixes Wesen hat. Diese Künstlichkeit sei die Natur des Menschen. (Vgl. dazu den Begriff „Mängelwesen" bei Arnold Gehlen – Kap. III., 3.3 auf S. 85f.) Wir produzieren Gegenstände, schaffen Wohnräume und entwickeln Techniken aller Art.

Anders diagnostiziert eine immer größer werdende **Diskrepanz** zwischen dem, was der Mensch herstellen kann, und dem, was er sich als Wirkungen und Folgen seines Tuns vorstellen kann. **Herstellen** und **Vorstellen**, Tun und Fühlen klaffen immer weiter auseinander. Der Mensch wird die Geister, die er rief, nicht mehr los. Immer mehr wird laut Anders die Technik das Subjekt der Geschichte, der Mensch wird zusehends in den Hintergrund gedrängt. Die Logik der perfekten Technik beherrscht uns. Es kommt zu einem „Totalitarismus der Geräte".

Anders vertritt eine sehr kritische Technikphilosophie, er will warnen, aufrütteln, belehren. Wie der Titel seines Hauptwerkes („Die Antiquiertheit des Menschen") besagt, könne der Mensch mit den permanenten technischen Innovationen aufgrund seiner anthropologischen Gegebenheiten nicht mehr Schritt halten: Er ist antiquiert, veraltet.

Die Antiquiertheit bestehe in der Unterlegenheit des Menschen gegenüber seiner Produktwelt. Die Kluft zwischen Technik und Mensch sei unüberbrückbar groß geworden. Das Gefälle zwischen dem, was der Mensch produziert, und dem, was er sich vorstellen kann, sei eklatant. Anders prägt dafür den Begriff des „**prometheischen Gefälles**" (dem griechischen Mythos zufolge brachte Prometheus den Menschen das Feuer).
Anders meint, dass wir Menschen uns nicht mehr wirklich vorstellen könnten, was wir herstellen.

Der Abwurf der Atombombe am 6. August 1945 über Hiroshima war, laut Anders, ein Einschnitt in der Geschichte der Menschheit. Seit diesem Tag sind die Menschen **auf negative Art allmächtig** geworden: Vorher sei es Menschen nur möglich gewesen, einzelne Menschen oder kleinere und größere Gruppen zu vernichten. Seit 1945 könne sich die Menschheit als Gesamtheit auslöschen. Dieser Zustand sei nicht rückgängig zu machen, es könne nur getrachtet werden, dass die **Endzeit** endlos wird und nicht in ein Ende aller Zeit umschlägt. Wir werden immer mit dieser Bedrohung leben müssen, unser Dasein ist durch die Bombe bestimmt.

Gleichzeitig seien wir Menschen aber blind für die Bedrohung, wir können uns die Wirkung dieser Bombe nicht vorstellen. Was bedeutet es, auf einen Schlag die Menschheit zu beseitigen? Was bedeutet es, 100 000 Menschen zu töten? Dies sei emotional wie rational nicht zu begreifen. Ein Knopfdruck, ähnlich dem Computerspiel, kann Hunderttausende Menschen töten.

Der Mensch ist antiquiert, veraltet, hinkt der Technik immer hinterher. Die Maschine ist meist perfekt, nur der Mensch ist mangelhaft. In den Zeitungen wird das als „menschliches Versagen" bezeichnet.
Menschen verstehen die meisten Techniken nicht mehr, sind den Dingen, der Welt der Apparate ausgeliefert. Mit immer mehr Technik und Automatisierung schaffen wir Menschen eine Welt, die den Menschen nicht mehr benötigt. Fabrikhallen werden zusehends menschenleer, es geht auch ohne Menschen …

1. Beschreiben Sie, was Anders als „prometheisches Gefälle" bezeichnet. Warum sind wir Menschen, Anders zufolge, „antiquiert"?
2. Was würden Sie Anders' pessimistischer Sicht der Technik an Positivem entgegenhalten? Nennen und beschreiben Sie konkrete Beispiele.

2.2 Moderne, Massengesellschaft und totale Herrschaft

Der Begriff **„Moderne"** ist schwer zu fassen. Ursprünglich meinte „modern" neu, neuzeitlich, neuartig, „Moderne" bezeichnet so das Gegenwärtige, Aktuelle, Derzeitige, die heutige Zeit, die Jetzt-Zeit.
In der Kunstgeschichte wird die „Moderne" als Epochenbegriff verwendet, meist wird sie auf den Beginn des 20. Jahrhunderts festgelegt. Bei „moderner Kunst" denkt man an Zwölftonmusik, abstrakte Malerei, moderne Architektur etc., die versuchten, den bekannten Rahmen zu sprengen und Neues zu etablieren. Wenn nun ein Abschnitt als „Moderne" bezeichnet wird, stellt sich die Frage: Was kommt danach?

Daraus entwickelte sich der Begriff der **„Postmoderne"** (= lat., „Nach-Moderne"). In der Philosophie kennzeichnet dies eine Absage an das Fortschrittsdenken der Neuzeit bzw. der Aufklärung, als der unumschränkte Glaube an die menschliche Vernunft herrschte.

Jean-François Lyotard (1924–1998) initiierte die philosophische Postmoderne-Diskussion. Er meinte, dass die Zeit der einheitsstiftenden Ideen und Glaubensüberzeugungen vorbei sei. Allgemeine und übergreifende Ideen würden abgelehnt. An die Stelle der großen „Erzählungen" würden viele kleine Erzählungen treten. Vielfalt und Pluralismus von Konzeptionen würden wichtig.
In der Architektur kommt es zum Stilmix, in der Literatur wird mit Zitaten gespielt, Realität mit Fiktion verwoben – alles sei möglich, es werde „zusammengesetzt".
Ein Hauch von postmodernem Denken schlage sich auch in der Alltagswelt nieder: Es gibt Patchworkfamilien, der Winzer produziert eine Cuvée (einen Verschnitt, eine Mischung von Weinen), der religiöse Mensch sucht sich ein bisschen hiervon, ein bisschen davon auf dem Weltmarkt der Religionen. Postmodern denken heißt, verkürzt gesagt: Alles stimmt ein wenig, nichts stimmt ganz.
Leben wir in der Moderne oder ist die Postmoderne bereits wieder längst vorbei? Diese Fragen lassen sich, da sie begrifflich so vielschichtig sind, nicht beantworten.

PhilosophInnen und KulturkritikerInnen beleuchten gerne ihre eigene Zeit: Was war, was ist und was bringt das Neue?

Einen längeren Text von Byung-Chul Han zum Begriff der „Müdigkeitsgesellschaft" finden Sie im Textanhang auf S. 261ff.

Der deutsche Philosoph **Martin Heidegger** (1889–1976) kritisierte die aufkommende Massengesellschaft mit ihrer Tendenz zur Verstädterung. Er selbst lebte in der Provinz – eine große Ausnahme unter PhilosophInnen.

Martin Heidegger

Heidegger diagnostizierte an der Moderne (das war für ihn vor allem die erste Hälfte des 20. Jahrhunderts), dass der Einzelne im Allgemeinen verschwindet. Der Einzelne tauche unter in den vielen, im „Man". Der Mensch ist, was man eben so ist. Im **Man** lebt das Dasein nicht mehr, sondern es wird gelebt, es verkommt zu bloßer Durchschnittlichkeit.

In der Benutzung öffentlicher Verkehrsmittel, in der Verwendung des Nachrichtenwesens (Zeitung) ist jeder Andere wie der Andere. Dieses Miteinandersein löst das eigene Dasein völlig in die Seinsart ‚der Anderen' auf, so zwar, daß die Anderen in ihrer Unterschiedlichkeit und Ausdrücklichkeit noch mehr verschwinden. In dieser Unauffälligkeit und Nichtfeststellbarkeit entfaltet das Man seine eigentliche Diktatur. Wir genießen und vergnügen uns, wie man genießt; wir lesen, sehen und urteilen über Literatur und Kunst, wie man sieht und urteilt; wir ziehen uns aber auch vom ‚großen Haufen' zurück, wie man sich zurückzieht; wir finden ‚empörend', was man empörend findet. […]
Das Man ist überall dabei, doch so, daß es sich auch schon immer davongeschlichen hat, wo das Dasein auf Entscheidung drängt. Weil das Man jedoch alles Urteilen und Entscheiden vorgibt, nimmt es dem jeweiligen Dasein die Verantwortlichkeit ab. Das Man kann es sich gleichsam leisten, daß ‚man' sich ständig auf es beruft. Es kann am leichtesten alles verantworten, weil keiner es ist, der für etwas einzustehen braucht. Das Man ‚war' es immer und doch kann gesagt werden, ‚keiner' ist es gewesen. […]
Jeder ist der Andere und Keiner er selbst.

M. Heidegger: Sein und Zeit, S. 126–128 R

Die Kulturkritik gegen die Massengesellschaft ist deutlich. Die große Durchschnittlichkeit ebnet alles ein, wir verbergen uns in der Anonymität der Masse, der Großstadt.

> Nebenbei: Seit Beginn des dritten Jahrtausends leben erstmals in der Geschichte der Menschheit weltweit mehr Menschen in Städten als auf dem Land.

Heidegger plädierte dagegen für eine eigenverantwortliche Lebensführung.
Paradoxerweise wurde Heidegger, der sich gegen das Mittun und Mitläufertum wandte, selbst Parteimitglied der NSDAP. Einige Zeit sah er im aufkommenden Nationalsozialismus eine Gegenbewegung zum Man, zur aufkommenden Moderne, wurde jedoch enttäuscht.

Einen weiteren, längeren Text von Martin Heidegger finden Sie im Textanhang auf S. 247ff.

1. Verwenden Sie das „Man"? Warum redet man gerne vom „Man"? Machen Sie sich Ihren diesbezüglichen und alltäglichen Sprachgebrauch bewusst.
2. Woran merken Sie, dass Sie in einer Massengesellschaft leben? Nennen Sie konkrete Beispiele.

Die deutsche Philosophin und assimilierte Jüdin **Hannah Arendt** (1906–1975) war Schülerin von Martin Heidegger und hatte eine Liebesbeziehung mit dem charismatischen Philosophieprofessor. Später heiratete sie Günther Anders, von dem sie sich wieder trennte. Mit ihrem zweiten Mann ging sie schließlich in die Vereinigten Staaten von Amerika. Sie arbeitete für Zeitungen und erhielt Professuren an verschiedenen Universitäten.

Hannah Arendt

Die politische Philosophin Arendt interessierte sich sehr für die Katastrophen der Moderne bzw. des 20. Jahrhunderts. 1951 erschien ihr Werk „Origins of Totalitarism" („Elemente und Ursprünge totalitärer Herrschaft", dt. 1955). Damit sorgte sie für Aufregung, weil sie in diesem Werk die These vertrat, dass Faschismus und Stalinismus strukturell gleich seien, in beiden Systemen bzw. Massenbewegungen komme es zu totaler Herrschaft.

Auch ihr Buch „Eichmann in Jerusalem" (1963; dt. 1965) irritierte. Als Berichterstatterin für eine Zeitung war Arendt beim Eichmann-Prozess 1961 in Jerusalem.
Der Nationalsozialist Eichmann, der schließlich zum Tode verurteilt und hingerichtet wurde, hatte Judentransporte in die Vernichtungslager organisiert. Arendt sprach im Verlauf des Prozesses persönlich mit Eichmann und kam zu der Überzeugung, dass sich das Böse in sehr unauffälligen Personen manifestieren kann. Für Arendt war Eichmann eher ein Bürokrat, der seine Pflicht erfüllte, als ein mit Naziideologie erfüllter Teufel. Arendt sprach im Zusammenhang mit Eichmann von der **„Banalität des Bösen"**. In totalen Herrschaften können offenbar „normale" Menschen die größten Verbrechen begehen …

Es war gewissermaßen schiere Gedankenlosigkeit – etwas, was mit Dummheit keineswegs identisch ist –, die ihn dafür prädisponierte, zu einem der größten Verbrecher jener Zeit zu werden. Und wenn dies ‚banal' ist und sogar komisch, wenn man ihm nämlich beim besten Willen keine teuflisch-dämonische Tiefe abgewinnen kann, so ist es darum doch noch lange nicht alltäglich. […] Daß eine solche Realitätsferne und Gedankenlosigkeit in einem mehr Unheil anrichten können als alle die dem Menschen vielleicht innewohnenden bösen Triebe zusammengenommen, das war in der Tat die Lektion, die man in Jerusalem lernen konnte.
H. Arendt: Eichmann in Jerusalem, S. 57 R

Setzen Sie sich kritisch mit der Frage auseinander, welche Gesellschaftsform und welcher Menschentyp dem strukturell Bösen entgegenwirken sollte.

Einen weiteren, längeren Text von Hannah Arendt finden Sie im Textanhang auf S. 251ff.

Das Denken des Philosophen **Theodor W. Adorno** ist auch gezeichnet von den Katastrophen und Entwicklungen im 20. Jahrhundert. In vielen seiner Schriften schwebt ein düsterer Ton zwischen den Zeilen. So lautet auch der Titel des Werkes, aus dem der folgende Textausschnitt stammt: „Minima Moralia. Reflexionen aus dem beschädigten Leben". Er thematisiert hierin die ambivalente Situation der Intellektuellen, welche ihre Gesellschaft und Kultur kritisieren möchten.

picturedesk.com/akg-images

Theodor W. Adorno

Hänschen Klein. – Der Intellektuelle, und gar der philosophisch gerichtete, ist von der materiellen Praxis abgeschnitten: der Ekel vor ihr trieb ihn zur Befassung mit den sogenannten geistigen Dingen. Aber die materielle Praxis ist nicht nur die Voraussetzung seiner eigenen Existenz, sondern liegt auch auf dem Grunde der Welt, mit deren Kritik seine Arbeit zusammenfällt. Weiß er nichts von der Basis, so zielt er ins Leere. Er steht vor der Wahl, sich zu informieren oder dem Verhaßten den Rücken zu kehren. […]
Wer aber das Getriebe allzu gut kennt, verlernt darüber es zu erkennen; ihm schwinden die Fähigkeiten der Differenz, und wie den anderen der Fetischismus der Kultur, so bedroht ihn der Rückfall in die Barbarei. Daß die Intellektuellen zugleich Nutznießer der schlechten Gesellschaft und doch diejenigen sind, von deren gesellschaftlich unnützer Arbeit es weiterhin abhängt, ob eine von Nützlichkeit emanzipierte Gesellschaft gelingt – das ist kein ein für allemal akzeptabler und dann irrelevanter Widerspruch. Er zehrt unablässig an der sachlichen Qualität. Wie der Intellektuelle es macht, macht er es falsch.

Th. W. Adorno: Minima Moralia. Reflexionen aus dem beschädigten Leben, S. 150f. R

PhilosophInnen kritisieren, sie gehen in Distanz, brauchen aber gleichzeitig das Zu-Kritisierende. Im 20. Jahrhundert (zu Adornos Zeiten) wie auch in der Jetztzeit wird in vielen Bereichen Kritik geübt. Es werden Ängste geschürt, Hoffnungen gestreut. Digitalisierung, Migrationsströme, Klimawandel, Zukunft der Demokratie, Entwicklungen am Arbeitsmarkt, Reformen im Bildungsbereich. – Es stellen sich große Fragen, und DenkerInnen und Intellektuelle kritisieren den Status quo, den Ist-Zustand. Sie sind aber auch gleichzeitig ge- und befangen …

2.3 Big Data und Biotechnologie

Im 21. Jahrhundert finden sich neue Bedrohungsszenarien, aber auch Hoffnungen keimen. Viel mehr Fragen treten auf, als sich Antworten finden lassen.

Wie wird das Digitale den Menschen verändern? Was bewirken die Verknüpfungsmöglichkeiten der immensen Datenströme? In der Regel gibt es handfeste wirtschaftliche Interessen der großen Datenkonzerne. Obgleich der Staat noch immer für die Infrastruktur sorgt (er baut und betreibt Schulen, Wasserleitungen und Straßen), haben im Bereich des Digitalen längst private Unternehmen die Oberhand.

Weiters: Wie könnte eine neue Medizin aussehen? Welche Möglichkeiten bietet die Biotechnologie in Zukunft?
Die Medizinethik muss sich den neuen Möglichkeiten stellen. Besonders am Beginn und am Ende des Lebens stellen sich diese Fragen intensiv (vgl. dazu die Ausführungen in Kap. IV., 6 auf S. 144ff.: Der Wert des Lebens).
Was kann passieren, wenn Big Data und Biotechnologie verschmelzen?

picturedesk.com/Poppe, Cornelius/NTB scanpix

Yuval Noah Harari

Ein Textausschnitt (2018) des israelischen Historikers (und Bestsellerautors) **Yuval Noah Harari**, der in großen Strichen sowohl die Geschichte der Menschheit als auch ihre denkbare Zukunft malt, beschreibt mögliche Zukunftsaussichten:

Denn wir befinden uns heute an dem Punkt, an dem zwei ungeheure Revolutionen zusammenfließen. Auf der einen Seite entschlüsseln Biologen die Geheimnisse des menschlichen Körpers, insbesondere des Gehirns und der menschlichen Gefühle. Gleichzeitig verschaffen uns Computerwissenschaftler beispiellose Datenverarbeitungskapazitäten. Wenn die Revolution in der Biotechnologie mit der Revolution in der Informationstechnologie verschmilzt, werden daraus Big-Data-Algorithmen entstehen, die meine Gefühle viel besser überwachen und verstehen können als ich selbst, und damit wird sich die Macht vermutlich von den Menschen hin zu den Computern verschieben. Meine Illusion eines freien Willens wird recht schnell zerplatzen, wenn ich täglich mit Institutionen, Unternehmen und staatlichen Stellen zu tun habe, die das, was bislang mein unzugänglicher innerer Bezirk war, verstehen und manipulieren.

Auf dem Feld der Medizin geschieht das bereits. Die wichtigsten medizinischen Entscheidungen in unserem Leben beruhen nicht auf unseren Empfindungen des Krankseins oder Wohlbefindens oder gar auf den fachkundigen Prognosen unseres Arztes – sondern auf den Berechnungen von Computern, die unseren Körper besser verstehen als wir. Binnen weniger Jahrzehnte könnten Big-Data-Algorithmen, die fortwährend mit Unmengen an biometrischen Daten gefüttert werden, unsere Gesundheit rund um die Uhr überwachen. Sie könnten schon ganz am Anfang Krankheiten wie Grippe, Krebs oder Alzheimer feststellen, lange bevor wir spüren, dass irgendetwas mit uns nicht stimmt. Sie könnten anschließend geeignete Behandlungen, Ernährungsformen und Verhaltensweisen für den Alltag empfehlen, die speziell auf unsere Physis, DNA und Persönlichkeit zugeschnitten sind.

Die Menschen werden die beste Gesundheitsversorgung bekommen, die es historisch gesehen je gab, aber aus genau diesem Grund werden sie wahrscheinlich die ganze Zeit krank sein. Irgendwo im Körper stimmt immer irgendetwas nicht. Irgendetwas lässt sich immer verbessern. In der Vergangenheit hat man sich völlig gesund gefühlt, solange nichts wehtat und man nicht an irgendeiner offenkundigen Behinderung wie etwa einem Hinkefuß litt. Doch 2050 werden sich dank biometrischer Sensoren und Big-Data-Algorithmen Krankheiten lange, bevor sie Schmerzen oder Behinderungen zur Folge haben, diagnostizieren und behandeln lassen. In der Folge werden wir immer unter irgendwelchen „Beschwerden" leiden und dieser oder jener Empfehlung des Algorithmus folgen. Wenn wir uns dem verweigern, dann verweigert möglicherweise unsere Krankenversicherung die Leistungen, oder unsere Firma entlässt uns – warum sollten sie auch für unsere Starrköpfigkeit bezahlen?

Es ist eine Sache, ob Sie weiter rauchen, obwohl zahlreiche Statistiken eine Verbindung zwischen Rauchen und Lungenkrebs herstellen. Es ist etwas ganz anderes, ob sie weiter rauchen trotz der konkreten Warnung eines biometrischen Sensors, der soeben 17 Krebszellen in Ihrem oberen linken Lungenflügel entdeckt hat. Und selbst wenn Sie willens sind, den Sensor zu ignorieren, was werden Sie tun, wenn der Sensor die Warnung an Ihre Krankenversicherung, an Ihren Chef und an Ihre Mutter weiterleitet?

Y. N. Harari: 21 Lektionen für das 21. Jahrhundert, S. 80–82

1. Fassen Sie das Wesentliche des Textes in eigenen Worten zusammen.
2. Information und Technologien können Vorteile verschaffen, können aber auch beunruhigen. Das menschliche Leben wird aller Voraussicht nach in Zukunft verlängert, sich aber mit Sicherheit auch anders gestalten. Wir überantworten den Rechnern und Programmen immer mehr unsere Gesundheit: Schon jetzt zeichnen digitale Geräte am Handgelenk Fitness- und Gesundheitsdaten auf, werden auch oftmals mit FreundInnen geteilt, weitergeleitet. Wer sich unentwegt misst, der tritt auch mehr und mehr in eine ex-zentrische Position; er behandelt sich als Objekt.
   Wie verändert sich das Selbstbild des Menschen, wenn die Geräte permanent mehr wissen, können, kennen? Erörtern Sie diese Frage im Plenum. Berichten Sie weiters über Erfahrungen aus dem Alltag, wenn das Digitale mit dem Menschen „verschmilzt".

3. Vordenkend nachdenken: Demokratie, Bildung, Arbeit

3.1 Demokratie, dynamisch

Das Zusammenleben der Menschen ist permanenten Veränderungen unterworfen. Wie in Kapitel V. Politische Philosophie besprochen, gibt es immer schon, gleichsam seit Menschengedenken, Überlegungen, um das Zusammenleben der Menschen möglichst positiv zu gestalten.

Im 21. Jahrhundert ergeben sich neue Herausforderungen und Fragen. Auch die in antiken Tagen entwickelte Demokratie ist ständigen Veränderungen unterworfen. Man könnte auch sagen: Seit Jahrtausenden wird mit demokratischen Formen experimentiert. Selbst in den westlichen Demokratien gibt es aktuell größere Unterschiede; man vergleiche das System der Vereinigten Staaten von Amerika mit dem Österreichs.

Heute ist die Rede von Populismus und Politikverdrossenheit. Nationalistische Tendenzen werden manifest. Korruption und Skandale in der Politik beschäftigen über viele Jahre die Gerichte. Wahlbeteiligungen sinken. Neue Parteien erscheinen und verschwinden, die etablierten Parteien verändern sich. Die Integration in das größere europäische System steht vor neuen Herausforderungen.
Wie soll heute politische Partizipation geschehen?

Demokratie heißt ihrem Wortursprung folgend: Herrschaft des Volkes. Es ist die Idee, dass alle BürgerInnen über ihre Anliegen bestimmen – und nicht ein privilegierter Teil die Geschicke der Menschen lenkt.
Dahinter steckt die Grundidee, dass die Menschen gleich und frei sind.

So stellt sich die Frage, wie der Wille der Menschen abzubilden ist. Rein pragmatisch gedacht müssen in irgendeiner Form RepräsentantInnen des Ganzen (der Gesellschaft) bestimmt werden. Jede und jeden mit allen Belangen immer zu beschäftigen, scheint nicht durchführbar.
Wir denken vermutlich, dass Demokratie und das Wählen von RepräsentantInnen eine unzertrennliche Einheit bilden. Der freie Mensch wählt ja auch seine Freundinnen, den Lebenspartner, seinen Beruf, und das Modell und die Farbe seines Autos.

Ein Gedankenanstoß:
Schon in der athenischen Demokratie gab es neben dem Wählen auch **das Losen** von Ämtern. Interessanterweise sind die meisten Ämter in der griechischen Antike bzw. der Demokratie in Athen gelost worden. Wichtige Ämter wurden aber auch gewählt. So findet schon Aristoteles, dass das Losen demokratisch sei. Die Demokratie in Athen war auf eine kleine Minderheit von freien Männern beschränkt – der überwiegende Teil der Bevölkerung war vom demokratischen Prozess ausgeschlossen.
Auch zur Zeit der Aufklärung schätzt Rousseau das Losverfahren.
Im Gerichtswesen hat sich die Idee des Losens bei uns gehalten, wenn nämlich Geschworene oder Schöffen, also ganz normale BürgerInnen, zur Rechtsprechung herangezogen werden. Der Wille des Volkes soll mitbestimmen. Entscheidungen sollen nicht nur von wenigen professionellen Richterinnen und Richtern getroffen werden.

Die Idee, seinem Gemeinwesen zu dienen, scheint sehr bedeutend. Wir sind vielen Gruppen und Gemeinschaften aktiv wie passiv angeschlossen. Somit sollten wir auch Verantwortung übernehmen können. Vielleicht entspricht das Los eher der Natur der Demokratie. Per Zufall wird bestimmt. Wahlen sind vielleicht auch leichter zu manipulieren. Die Geschichte hat gezeigt, dass auch Diktatoren per Wahl Macht erlangen können …

Der belgische Historiker **David Van Reybrouck** (geb. 1971) plädiert in seinem Buch „Gegen Wahlen. Warum Abstimmen nicht demokratisch ist" für eine Weiterentwicklung der Demokratie. Er möchte die Demokratie demokratisieren. Schließlich setzt er sich für ein bírepräsentatives Modell ein.

Wer heute etwas auf Google Maps suchen will, hat die Wahl zwischen einer Karte und einem Satellitenbild. Mit dem einen lässt sich die Route besser planen, auf dem anderen sieht man die Umgebung besser. Genauso ist es in der Demokratie. Die Volksvertretung ist eine Kartographie der Gesellschaft, die vereinfachte Wiedergabe einer komplexen Realität. Da die Zukunft anhand dieser Wiedergabe vorgezeichnet wird (denn was ist Politik anderes als das Vorzeichnen der Zukunft?), muss die Kartographie so detailliert wie möglich sein: Topographische Karte und Luftbild ergänzen einander. Wir müssen heute hin zu einem birepräsentativen *Modell, einer Volksvertretung, die sowohl durch Abstimmung als auch durch Auslosung zustande kommt. Beide haben schließlich ihre Qualitäten: die Sachkompetenz*

von Berufspolitikern und die Freiheit von Bürgern, die nicht wiedergewählt zu werden brauchen. Das elektorale und das aleatorische [vom Zufall abhängige] Modell gehen also Hand in Hand.
Das bipräsentative System ist im Moment das beste Mittel gegen das Demokratiemüdigkeitssyndrom, an dem so viele Länder leiden. Das gegenseitige Misstrauen zwischen Regierenden und Regierten nimmt ab, wenn die Rollen nicht mehr klar getrennt sind. Bürger, die durch Auslosung Zugang zur Regierungsebene erhalten, entdecken die Komplexität politischen Handelns. Das Losverfahren ist eine großartige Schule der Demokratie. Aber auch Politiker entdecken einen Aspekt der Bevölkerung, den sie für gewöhnlich unterschätzen: deren Fähigkeit zu rationaler, konstruktiver Entscheidungsfindung. Sie stellen fest, dass über manche Gesetze schneller abgestimmt wird, wenn die Bürger von Anfang an einbezogen werden. Wenn die Unterstützung größer ist, nimmt die Tatkraft zu. Kurz, das birepräsentative Modell ist Beziehungstherapie für Regierende und Regierte.
Vielleicht wird dieses duale System nach einer gewissen Zeit einem vollständig ausgelosten System (Phase 5 bei Bouricius [*]) weichen müssen, Demokratie ist schließlich nie fertig. Aber im Moment ist die Kombination aus Losverfahren und Wahlen die bestmögliche Medizin.

D. Van Reybrouck: Gegen Wahlen. Warum Abstimmen nicht demokratisch ist, S. 160f.

* Van Reybrouck beruft sich auf Terry Bouricius, einen amerikanischen Politikwissenschaftler, der für ein komplexes demokratisches System mittels Losverfahren (*mulit-body-sortition*) plädiert.

Van Reybrouck, Bouricius und andere plädieren für ein komplexes System der demokratischen Vertretung und für Machtausgleich mittels Losverfahren. Verschiedene Gremien und Gruppen legen die Themen der Gesetzgebung fest. In Interest Panels können sich Freiwillige zu einzelnen Themen beraten und Empfehlungen erarbeiten. Das nächste Gremium arbeitet die Gesetzesvorlagen aus, ein weiteres Gremium stimmt dann über die Gesetzesvorlagen ab. Am Ende kontrolliert der Oversight Council den Gesetzgebungsprozess und behandelt auch Beschwerden. In bestimmten Gremien wird unter Freiwilligen ausgelost, in anderen finden sich Freiwillige, die sich (weder ausgelost noch gewählt) bewerben. Im entscheidenden Abstimmungsgremium sollte aus allen erwachsenen BürgerInnen ausgelost werden, die Teilnahme ist dabei obligatorisch.

Demokratie ist dynamisch. Vielleicht können auch Anstöße, die auf den ersten Blick ungewöhnlich anmuten, die Demokratie weiterentwickeln.

Viele zukünftige Herausforderungen (Klimawandel, Arbeitswelt, Migration etc.) erfordern eine längerfristige Perspektive. PolitikerInnen, die lediglich auf die nächste Wahl schielen, denken in kurzfristigen Zyklen. Dies kann sehr kontraproduktiv sein.

Außerdem wäre vielleicht ein Gemeinwesen erstrebenswert, in dem mehr Partizipation zustande kommt, jede/jeder sich auch als Teil des Ganzen begreift, mitmachen kann und soll. Nur alle vier oder fünf Jahre seine Stimme abzugeben, kann frustrierend sein. Vielleicht wären in Zukunft digitale Formen der Teilnahme und anderweitige Bürgerbeteiligungen sinnvoll.

Interessanterweise sind auch Meinungsumfragen, die derzeit eine nicht geringe Rolle in der Politik spielen, eine Stichprobe der Gesamtbevölkerung; genauso wie das Los zufällig einen Querschnitt der Bevölkerung repräsentieren sollte.

■ **Fazit:** Zusammen nachdenken, diskutieren und dann entscheiden: Das sollte die Grundidee der Demokratie sein – die und der Einzelne als wichtiger Teil des Ganzen.

Nebenbei: Anregend, was Bürgerbeteiligungen bzw. neue Formen der Demokratie betrifft, ist das Buch von Philippe Narval: Die freundliche Revolution. Wie wir gemeinsam die Demokratie retten, Wien 2018.

1. Wie beurteilen Sie die Idee, dass man in der Demokratie vermehrt das Los entscheiden lassen sollte? Was würde sich ändern, wenn z. B. die KlassensprecherInnen oder die Kanzlerin/der Präsident eines mächtigen Staates durch Losentscheid ernannt wird? Setzen Sie sich kritisch mit der Idee des Losens auseinander und diskutieren Sie danach die Ergebnisse.
2. Oftmals wird mehr politische Bildung in den Schulen gefordert. Wie könnte diesem Ruf gerecht werden? Entwerfen Sie Ideen und präsentieren Sie diese dann in der Klasse.

3.2 Bildung

Vermutlich seit es die ersten Schulen bzw. ein (öffentliches) Bildungssystems gibt, hat man auch versucht, dieses System zu verbessern und zu reformieren. In Bildung wird große Hoffnung gesetzt. Gleichzeitig sind die Debatten hinsichtlich der Zugänge, Methoden und Ziele von großen Differenzen geprägt. In welche Richtung und wozu soll man sich bilden, ausbilden?

Der deutsche Philosoph **Rüdiger Safranski** (geb. 1945) unterstreicht den Unterschied von Bildung und Ausbildung:

Bildung ist von Ausbildung zu unterscheiden. Bildung ist als Entfaltung des Individuums ein Selbstzweck, Ausbildung demgegenüber ist ein Mittel zur Qualifikation für den Arbeitsprozeß. Selbstverständlich brauchen wir beides, Bildung und Ausbildung. Während die Ausbildung uns in ein externes Netz verknüpft, ist die Bildung die Entfaltung jenes Netzwerkes, das jeder für sich selbst ist.

R. Safranski: Wieviel Globalisierung verträgt der Mensch?, S. 114

Der in Deutschland lebende französische Philosoph und Schriftsteller **Guillaume Paoli** (geb. 1959) dokumentiert und kritisiert die Verflechtungen des Bildungswesens mit der Ökonomie.

Es wird oft vergessen, dass das ursprüngliche Operationsfeld des Neoliberalismus nicht die Wirtschaft war, sondern das Erziehungswesen. Nachdem Gary Becker und Robert Solow den monströsen Begriff „Humankapital" in die Welt gesetzt hatten, wurde das alte humanistische Bildungsideal für obsolet erklärt und über Bord geworfen.
1961 verfasste die OECD folgende poetische Zeilen: „Heute versteht es sich von selbst, dass es genauso notwendig ist, Menschen für die Wirtschaft vorzubereiten wie Sachgüter und Maschinen. Das Erziehungswesen steht nun gleichwertig neben Autobahnen, Stahlwerken und Kunstdüngerfabriken." Also wurde Bildung nach Kunstdüngerart als Erwerb berufsrelevanter „Kompetenzen" neu definiert. Und weltweit standardisiert: Von der OECD geht alle drei Jahre die PISA-Studie aus, jene Kompetenzen-WM, die entgegen ihrer Behauptung keineswegs deskriptiv [beschreibend] ist, sondern durchaus präskriptiv [vorschreibend].
Um im Ranking mit einer guten Zensur abzuschneiden, werden in jedem einzelnen Land die Lehrpläne entsprechend angepasst. Ganz oben auf der Bewertungsskala steht natürlich Mathe. Homo oeconomicus muss ja ständig Rechenaufgaben lösen. Auch ist Lesekompetenz in dem Maße wichtig, wie Informationen verarbeitet und Befehle richtig verstanden werden sollen. Eine naturwissenschaftliche Grundbildung ist für die Karriere von Vorteil und wird entsprechend unterstützt, eine sozialwissenschaftliche dagegen nicht – von Philosophie ganz zu schweigen. Ein paar Stunden Ethikunterricht reichen doch, um dem Nachwuchsbürger die heilige Trinität von marktkonformer Demokratie, Menschenrechten und Toleranz einzubläuen. In Zeiten der Mobilität behält Geografie einen gewissen Wert; man muss ja wissen, auf welchem Erdteil sich dieser Flughafen oder jener Kunde befindet. Besonders vernachlässigt sind hingegen alle Fächer, die den historischen Sinn, also den kritischen Sinn fördern könnten, Geschichtsunterricht im eigentlichen Sinne, aber auch Textanalyse, Literatur- oder Kunstgeschichte. Zur optimalen Formatierung des Humankapitals gehört die Überzeugung, die vorgegebene Lebenswelt sei weder historisch entstanden noch abschaffbar, sondern das Produkt zeitloser, unantastbarer Gesetze. So wurde eine Generation geschichtsfreier Schülerpisas gebacken.

G. Paoli: Die lange Nacht der Metamorphose, S. 92f.

Der deutsche Philosoph **Peter Sloterdijk** (geb. 1947) spitzt seine diesbezüglichen Überlegungen auf folgende Weise zu:

Die Haupttatsache der Neuzeit ist nicht, daß die Erde um die Sonne, sondern daß das Geld um die Erde läuft.

P. Sloterdijk: Im Weltinnenraum des Kapitals, S. 79 R

1. Paoli betont und kritisiert, mit durchaus ironischem Unterton, den Einfluss der Ökonomie auf das Bildungssystem. Was ist der Unterschied zwischen Kunstdünger, Autobahnen und dem Menschen? Inwiefern sind Sie „Humankapital"? Was folgt aus einer derartigen Betrachtungsweise? Besprechen Sie diese Fragen und nehmen Sie dazu kritisch Stellung.
2. Durchforsten Sie Ihren Fächerkanon und überlegen Sie, was der Unterricht in den einzelnen Fächern direkt oder indirekt, mittel- oder längerfristig „bringen" kann. Konkretisieren Sie, was das Schöne an Fächern wie Philosophie, die vordergründig gesehen für die Berufswelt „nichts bringen", sein kann. Bewerten und gewichten Sie die Bedeutung der Ausbildung für die Berufswelt bzw. andererseits das (humanistische) Bilden des Menschen zur Entfaltung seiner selbst. Führen Sie abschließend zu den genannten Fragestellungen einen Diskurs in der Klasse.

Abschließend sollen die Sehnsüchte der Menschen bzgl. des Bildungssystems zur Sprache kommen. Der österreichische Philosoph **Konrad Paul Liessmann** (geb. 1953) skizziert pointiert die Hoffnungen unter folgendem Titel:

Und erlöse uns von dem Übel. Bildung als säkularisierte Religion

Wer heute von Bildung spricht, glaubt an Wunder. In keinen Bereich des Lebens wird so viel Hoffnung gesetzt wie in den der Bildung, es gibt keine Instanz, der man so viel zutraut wie der Bildung. Bildung gilt als unerschöpfliche Ressource rohstoffarmer Länder im globalen Wettbewerb, Bildung ist das Medium, mit dem Mädchen, Migranten, Flüchtlinge, Außenseiter, Unterschichten, Behinderte und unterdrückte Minderheiten emanzipiert, gefördert, integriert und inkludiert werden sollen, Bildung schützt Jugendliche vor den Verführungen durch Drogen, dem Islamischen Staat, der AfD und Pegida, Bildung ist der Weg, auf dem Kinder alle Formen der Sexualität kennenlernen, um dann herauszufinden, ob sie homo-, inter-, trans-, oder eher doch heterosexuell orientiert sind, Bildung ist das Mittel, mit dem Vorurteile und Diskriminierungen aller Art abgebaut, politisch korrekte Denk- und Sprechweisen eingeübt, Fettleibigkeit und Magersucht verhindert und die Jobs der Zukunft gesichert werden. Und ganz nebenbei befördert Bildung auch das Glück der jungen Menschen und senkt in reproduktionsstarken Gesellschaften die Fertilitätsrate.

Wer heute von Bildung spricht, glaubt an Wunder. Es gibt nichts, was man den Schulen nicht zutraut. Chancengleichheit für alle und Elitenbildung, Hochbegabtenförderung und Integration aller Benachteiligten, soziales Miteinander und Wettbewerbsvorteile für jeden, Beschwörung der Kreativität und Normierung des Denkens, Aufruf zur Kritik und Anleitung zur Affirmation, Erwerb der Kulturtechniken bei gleichzeitiger Verabschiedung derselben, Kompetenzorientierung als Akklamation aller erdenklichen Inkompetenzen, Individualisierung als Standardisierung, Bestnoten noch für die Schlechtesten. Da die Wirklichkeit vor diesem Glauben und seinen Zumutungen aber regelmäßig versagt, muss eine Schulreform die andere jagen, denn von jeder verspricht man sich endlich die Einlösung aller Versprechen, die Erfüllung der unterschiedlichsten Wünsche, die Erlösung von allen Übeln. Gesamtschule, Gemeinschaftsschule, Projektunterricht, autonomes Lernen, Flipped Classroom, *Lernbegleiter, zentrale Reifeprüfungen, reformierte Lehrpläne und innovative Organisationformen lösen als* Dernier Cri *des Reformfurors einander im Jahresrhythmus ab, und wenn alles nicht mehr hilft, ertönt der Ruf nach neuen Medien im Unterricht. Wer heute von Bildung spricht, glaubt an Wunder.*

Dass es keine Wunder gibt, glauben allerdings nur die Ungläubigen. Bildung ist zum vielleicht mächtigsten Religionsersatz in einer säkularisierten Gesellschaft geworden. Bildung, vor allem in ihrer digitalisierten Form, ist das enzyklopädische Kompendium dieser Welt, Bildung versprüht ungebrochenen Enthusiasmus in einer krisengeschüttelten Gesellschaft, Bildung ist ihre moralische Sanktion, ihre feierliche Ergänzung, ihr allgemeiner Trost- und Rechtfertigungsgrund. Bildung ist der Seufzer der vom Konkurrenzkampf bedrängten Kreatur, das Gemüt einer herzlos gewordenen neoliberalen Welt, Bildung ist der Geist längst geistlos gewordener Zustände. Bildung ist der imaginäre Raum, in den die Menschen nun ihre Sehnsüchte projizieren können. Bildung verspricht Aufstieg für die unteren Schichten, Rettung für die Verlorenen, noch größeren Vorsprung für die Privilegierten und die besten Chancen für alle. Bildung ist das neue Opium des Volkes.

[…]

Natürlich, das war jetzt alles überzogen, zugespitzt, polemisch und ein wenig blasphemisch. Nüchtern betrachtet ist es aber nicht zu leugnen, dass in säkularisierten Gesellschaften der Bildung eine quasireligiöse Funktion zugeschrieben werden muss. Nur Bildung erlaubt es, den Gedanken, dass jeder Mensch einerseits erlösungsbedürftig und andererseits erlösungsfähig sei, jenseits eines religiösen Konzeptes aufrechtzuerhalten. Wenn das Glück des Menschen – theologisch gesprochen: sein Heil – von Bildung abhängt, dann gründen die Übel dieser Welt schlicht darin, dass es noch zu wenig oder die falsche Bildung gibt und dass manche Menschen von dieser Bildung ferngehalten werden. Gelänge es nur, diese Barrieren niederzureißen, stünde auch deren Glücks- und Lebenschancen und einer gerechten Gesellschaft nichts im Wege. Deutlich zeigt sich hinter dem aktuellen Bildungsdiskurs die Sehnsucht nach einem paradiesischen Zustand, in dem eine kindliche Unschuld gelebt wird und der kommunistische Grundsatz gilt: Jeder nach seinen Fähigkeiten, jedem nach seinen Bedürfnissen. Und wie bei allen Vorstellungen vom Paradies spricht nichts, aber auch gar nichts gegen diese – nur das eine: dass wir nicht im Paradies leben.

K. P. Liessmann: Und erlöse uns von dem Übel. In: Ders., Bildung als Provokation, S. 36–38 und S. 42f.

1. Bildung – eine Zumutung: Geben Sie den Hauptgedanken des Textes in wenigen Sätzen wieder.
2. Wählen Sie ein paar (für Sie interessante) Sehnsüchte und Zumutungen bezüglich Bildung aus und besprechen Sie diese mit Ihren (vermutlich bildungshungrigen) MitschülerInnen. Reflektieren Sie Ihre persönlichen Erwartungen an die Bildungsinstitutionen – was muten Sie der Schule zu?
3. Nehmen Sie Stellung zu der These, dass Bildung heute eine quasireligiöse Funktion zugeschrieben wird.

3.3 Arbeit

Zunächst soll der Arbeitsbegriff geklärt und seine vielfältigen Verwendungsmöglichkeiten aufgezeigt werden: Was also ist Arbeit?

Etymologisch verweist das deutsche Wort „Arbeit" auf das Lateinische *arvum, arva* – Ackerland, gepflügter Acker. Im Alt- und Mittelhochdeutschen hat der Begriff auch die Bedeutung Mühsal und Not. Im Slawischen meint *rabota* Sklaverei und Knechtschaft.

Im weitesten Sinne „arbeitet" jedes Lebewesen. Der Körper ist permanent in Arbeit. Energie wird verbraucht.
Normalerweise wird beim Arbeitsbegriff an das Berufsverhältnis gedacht. Man bekommt für eine bestimmte Tätigkeit bezahlt. Es gibt unbezahlte Arbeit (z. B. Haushalt, Erziehung, Ehrenamt) und bezahlte Arbeit (genannt: Lohnarbeit, Erwerbsarbeit). Auch von Beziehungsarbeit ist die Rede. Wo liegen die begrifflichen Grenzen? Wo positioniert man das Arbeiten im Haushalt, in der Familie, in der Pflege von Angehörigen etc.?
Weiters dürfte die Selbst- oder Fremdbestimmung ein wichtiges Kriterium sein. Ist man (relativ) frei oder ein moderner Sklave eines Herren, einer Herrin? Wo arbeiten Menschen unter sklavenähnlichen Bedingungen? Ist die Arbeit auch erfüllend, sinnstiftend, interessant?

Ist nicht auch das Nachdenken über Arbeit bereits Arbeit? Ehemals wurde nur die manuelle Arbeit als „richtige" Arbeit gesehen.

Ein Langtext von Hannah Arendt im Textanhang beleuchtet das Thema Arbeit bzw. „vita activa" (S. 251ff.).

Das Thema Arbeit begleitet und betrifft das menschliche Leben stark. Erziehung und Ausbildung sind zu großen Teilen eine Vorbereitung auf die Arbeitswelt, wesentliche Teile des Lebens sind der Arbeit untergeordnet. Man ist in Arbeitsprozesse direkt eingebunden, zumeist mit einem großen Grad an Fremdbestimmung. Auf der anderen Seite – so der komplexe, dialektische, wechselwirkende Aspekt – bezieht man persönlich mehr oder weniger großen Selbstwert und Anerkennung aus der Arbeit. Es kann große sinnstiftende Momente geben, es kann Flow-Erleben stattfinden, soziale Aspekte können bei der Arbeit das Glück befördern etc. – Arbeit als Lebensthema.

Neben der Arbeit gibt es die Freizeit. In Summe sollte daraus ein gutes Leben entstehen. Eine Überlegung kann dabei nachdenklich stimmen: Was werde ich am Ende meines Lebens über mein Leben denken? Werde ich zufrieden sein? Habe ich ein erfülltes, gutes Leben geführt, oder habe ich den Großteil meines Lebens mit irgendeiner Arbeit verbracht und verbraucht?* Viele müssen erkennen, dass sie ihr Leben lang großteils fremdbestimmt gearbeitet und wertvolle Dinge (wie Freundschaften, Hobbys, Interessen …) vernachlässigt haben. Dies gibt sehr zu denken.

* Vgl. dazu: B. Ware, 5 Dinge, die Sterbende am meisten bereuen, München 2015

Zudem scheinen sich die Arbeitswelten zu verändern. Globalisierung, Digitalisierung und diverse Automatisierungen bringen große Änderungen. Es gibt unterschiedlichste Zukunftsszenarien. Viele meinen, dass Arbeit für (fast) alle nicht mehr möglich sein wird. Kommt ein Grundeinkommen für alle – auch um die Kaufkraft weiterhin zu erhalten, um des sozialen Miteinanders willen?

Ein Textausschnitt des 1970 in Hamburg geborenen und in Wien lebenden Historikers **Philipp Blom** soll die aktuelle Situation zeigen:

Neue Technologien schaffen immense Möglichkeiten, deren sozialer Effekt sich aber ins Gegenteil verkehrt, wenn der Wohlstand, den sie generieren, einer immer kleineren Gruppe innerhalb der Gesellschaft zugute kommt, während der Großteil der Menschen im Wettbewerb mit Algorithmen und Robotern nicht nur wirtschaftlich zurückgelassen, sondern auch intellektuell und in Bezug auf die eigenen Kompetenzen reduziert wird. […]
Die Industriearbeiter des 20. Jahrhunderts hatten deswegen eine Stimme in der politischen Entscheidungsfindung, weil der berühmte Vers aus dem Bundeslied des Arbeitervereins, dem Vorgänger der SPD, tatsächlich richtig war:

„Alle Räder stehen still, wenn dein starker Arm es will." Keine Fabrik konnte ohne Arbeiter etwas produzieren, kein Bergwerk Kohle fördern, keine Werft Schiffe bauen. Durch die fortschreitende Digitalisierung verändert sich diese Logik. Die neuen Industriebarone müssen sich um die Belange der Armen nicht mehr kümmern – es sei denn, dieses neue Proletariat beginnt eine Revolution. [...]

In einer Gesellschaft, in der menschliche Arbeit obsolet ist, sind auch die Menschen obsolet. Ihr Wohlergehen, ihre Produktivität und ihre Interessen sind nicht mehr wichtig für diejenigen, die die Produktionsmittel in Händen halten, oder allenfalls insoweit, als auch die Produkte automatisierter Herstellungsketten noch immer Konsumenten brauchen. Eine höchstwahrscheinlich apokryphe [unechte, untergeschobene] Geschichte macht das deutlich. Bei einem Rundgang durch die Hallen der Ford-Autofabrik, die mit der ersten Generation von Robotern ausgerüstet war, zeigte Henry Ford II. auf die mechanischen Arbeiter und fragte den Gewerkschaftssekretär Walter Reuther scherzhaft: „Na, Walter, wie willst du die da dazu bringen, deiner Gewerkschaft beizutreten?" Reuther antwortete mit einer Gegenfrage: „Und wie willst du sie dazu bringen, Autos zu kaufen?"

Die Tatsache, dass man auch weiterhin Konsumenten benötigt, hat selbst rechtsliberale Ökonomen wie beispielsweise Friedrich August von Hayek und Milton Friedman zu Unterstützern eines bedingungslosen Grundeinkommens gemacht. Die zugrunde liegende Idee ist einfach: Wenn eine Wirtschaft keine menschliche Arbeit mehr braucht, ihre Produktivität dadurch aber nicht sinkt, müssen die Profite aus dieser Produktivität umverteilt werden, damit auch weiterhin konsumiert werden kann, denn sonst würde das ganze System kollabieren. Dies ist vielleicht der einzige Punkt, in dem klassische Wirtschaftswissenschaftler mit linksgerichteten Aktivisten übereinstimmen, wenn auch aus unterschiedlichen Gründen. [...]

Es ist wahrscheinlich, dass es ohne Umverteilung zum Entstehen einer ungebildeten, armen, vielleicht sogar hungrigen, aber sicherlich verbitterten Unterklasse kommen wird und damit zu Unruhen, steigender Unsicherheit, explodierender Kriminalität und insgesamt sozialen Verhältnissen, wie sie heute nur aus Gesellschaften bekannt sind, auf die der Staat nur wenig Zugriff hat und die de facto von Drogenhändlern oder anderen Kriminellen regiert werden. [...]

Wer sind wir, wenn wir nicht mehr arbeiten? Wir beziehen unser Selbstwertgefühl, unsere Identität aus unserer Erwerbsarbeit. Wir sind Bauarbeiter und Steuerberaterinnen, Krankenpfleger, Akademikerinnen und Mechaniker. Was sind wir, wenn wir keinen primären Beruf mehr haben? Wie funktioniert eine Gesellschaft, in der Arbeit freiwillig und oft unbezahlt ist – und kann sie überhaupt funktionieren?

Ph. Blom: Was auf dem Spiel steht, S. 60–63

Arbeitswelten haben sich stetig weiterentwickelt. Jede neue Technologie hat Veränderungen gebracht und auch das Selbstbild der Arbeitenden verändert.

Viele mutmaßen, dass zukünftig nicht mehr genug Arbeit vorhanden sein wird. Vieles wird automatisiert, vieles können digitale Geräte, Roboter etc. besser, schneller und billiger ausführen. Ob die neu entstehenden Jobs den Verlust an Arbeitskräften ausgleichen werden, ist fraglich. Ehemals wurde es als Befreiung von harter Last gefeiert, dass Maschinen starke körperliche Arbeiten erleichtert haben. Heute wissen wir, dass auch die allermeisten geistigen und fachlich qualifizierten Arbeiten von Maschinen übernommen werden könnten. Wäre es nicht nur konsequent, sondern auch eine schöne Utopie, wenn man weniger, viel weniger, oder sogar nichts arbeiten müsste?

Als Gedankenanstoß werden unkonventionelle Gedanken präsentiert:

3 Stunden Arbeit! – und der Rest ist Freiheit

Weitgehend chronologisch sollen nun ein paar „Streiflichter" als Anregung dienen.

Am Beginn der Neuzeit, 1516, erscheint **Thomas Morus'** „Utopia". Der Engländer Thomas More (Thomas Morus) (1478–1535) verfasst das Buch mit dem Titel: „Von der besten Staatsverfassung und von der neuen Insel Utopia". *U-topos* meint Nirgend-Ort. In dieser Erzählung, die Morus als dialogischen Reisebericht gestaltet, zeichnet er das Bild eines idealen Gemeinwesens. Er setzt auf das Gemeineigentum und kann somit als früher Kapitalismuskritiker gesehen werden.

Laut Morus reichen sechs Stunden Arbeit pro Tag. Es sollte eher das Geistige gepflegt werden. Kurzum: Minimale Arbeit, maximale Freude – das wäre das Ziel.
Morus geriet mit den Machthabern in Konflikt und wurde schließlich hingerichtet. Die katholische Kirche sprach ihn später als Märtyrer heilig.

Ähnlich waren die Überlegungen des italienischen Dominikanermönches **Tommaso Campanella** (1568–1639). In seinem Werk „Der Sonnenstaat oder Idee einer philosophischen Republik" – entstanden 1602, angelehnt an Platons „Politeia" und Morus' „Utopia" – skizziert Campanella das Ideal einer menschlichen Gesellschaft. Er plädiert auch für die Abschaffung des Privateigentums.

Laut Campanella reichen vier Stunden Arbeit pro Tag. Der Rest des Tages wird auf angenehme Weise verbracht: mit Erzählen, Lernen, Spazierengehen …

Auch Campanella geriet mit der Obrigkeit in Konflikt und verbrachte in Summe 27 Jahre seines Lebens im Gefängnis.

In der Ethnologie finden sich ebenfalls interessante Überlegungen. Der bekannte französische Ethnologe **Claude Lévi-Strauss** (1908–2009) schildert das Leben der Jäger und Sammler. Sie dürften im Schnitt drei bis vier Stunden am Tag „gearbeitet" haben.

Berechnungen ergaben, daß bei Völkern, die hauptsächlich von der Jagd und dem Sammeln wilder Produkte leben, ein einzelner Mann für die Bedürfnisse von vier oder fünf Personen aufkam, was eine höhere Produktivität bedeutet als die vieler europäischer Bauern kurz vor dem Zweiten Weltkrieg. Zumal die der Nahrungssuche gewidmete Zeit im Durchschnitt nicht mehr als zwei bis drei Stunden täglich übersteigt, bei einer Nahrungsproduktion, die zweitausend Kalorien pro Person (einschließlich der Kinder und Greise) beträgt und sehr ausgewogen ist. Ein Indianerstamm des Amazonaswalds verzehrt täglich mehr als das Doppelte der von den internationalen Normen geforderten Proteine und Kalorien und sechsmal mehr Vitamin C! Fügt man die dem Kochen und der Herstellung von Gebrauchsgegenständen gewidmete Zeit hinzu, kommt man bei mehreren Populationen Amerikas, Afrikas und Australiens auf eine Arbeitszeit, die vier Stunden pro Tag nicht übersteigt. Tatsächlich arbeitet jeder aktive Erwachsene sechs Stunden, jedoch nur zweieinhalb Tage pro Woche, die restliche Zeit ist den gesellschaftlichen und religiösen Tätigkeiten, Ruhepausen und Zerstreuungen gewidmet.

C. Lévi-Strauss: Gibt es nur eine Art der Entwicklung? In: Ders., Wir sind alle Kannibalen, S. 61 R

Sowohl die vergleichende Völkerkunde als auch der historische Rückblick können Anregendes zeigen. Nach vielen Jahrtausenden des Jagens und Sammelns brachten das Sesshaftwerden, der Ackerbau und die Viehzucht – so gesehen – nicht nur Verbesserungen …

Es darf spekuliert werden: Vielleicht wurde die meiste Zeit der Menschheitssgeschichte wenig Zeit mit Arbeit verbracht. Überdies dürfte unser Arbeitsbegriff ein relativ junges Produkt sein.

Griechen wie Römern war sowohl der Begriff der Arbeit, der uns heute geläufig ist, wie ihr moderner Stellenwert im ökonomischen, sozialen und ethischen Sinne nicht präsent.

P. Dinzelbacher (Hg.): Europäische Mentalitätsgeschichte, S. 375

Wir vergleichen unsere aktuelle Arbeitszeit meist mit den drastischen Verhältnissen im 19. Jahrhundert, der Zeit der Industrialisierung, als sechs Tage die Woche 12 bis 14 Stunden unter unmenschlichen Bedingungen gearbeitet wurde und auch Kinderarbeit üblich war. Hier setzte die Kritik von Marx, den SozialistInnen und den UtopistInnen an: Sie bekämpften das unmenschliche, entfremdete, ausgebeutete Dasein.

Weitere interessante Überlegungen zur Arbeitswelt lieferte Karl Marx' Schwiegersohn **Paul Lafargue** (1842–1911). Er polemisierte gegen das Recht auf Arbeit mit seiner Schrift: „Das Recht auf Faulheit" (1880). Darin plädiert Lafargue für den Drei-Stunden-Tag. Die Arbeiterin/Der Arbeiter beute sich aus, ihr/ihm bliebe trotzdem immer weniger. Der Gewinn lande ohnehin bei den Besitzenden.

Also hat die Arbeiterklasse, indem sie sich den Bauch zusammenschnürt, den Bauch der Bourgeoisie über alle Maßen entwickelt, sie zur Überkonsumtion verdammt.

P. Lafargue: Das Recht auf Faulheit, S. 39

Weniger Arbeit würde mehr Freiheit und ein besseres Leben bedeuten. Die wahren Bedürfnisse der Menschen könnten gestillt werden, die künstlich hervorgerufenen Bedürfnisse würden in den Hintergrund treten. Den Reichen würde die Grundlage ihres Reichtums entzogen werden.

Zudem merkt er an:

Alle unsere Erzeugnisse sind verfälscht, um ihren Absatz zu erleichtern und ihre Haltbarkeit zu verkürzen.

P. Lafargue: Das Recht auf Faulheit, S. 41f.

Was heute unter dem Begriff „geplante Obsoleszenz" diskutiert wird, hat Lafargue schon im 19. Jahrhundert kritisiert. Wir laufen den Konsumgütern hinterher. Die Konsumwelt lockt, die Lebensdauer der Güter ist äußerst beschränkt, und weiter wird gearbeitet und konsumiert …

Schon **Karl Marx** (1818–1883) beschwört die betörende Faszination und Transformationskraft des Geldes, den symbolischen Mehrwert:

Was durch das Geld *für mich ist, was ich zahlen, d. h., was das Geld kaufen kann, das* bin ich, *der Besitzer des Geldes selbst. So groß die Kraft des Geldes, so groß ist meine Kraft. Die Eigenschaften des Geldes sind meine – seines Besitzers – Eigenschaften und Wesenskräfte. Das was ich* bin *und* vermag *ist also keineswegs durch meine Individualität bestimmt. Ich* bin *häßlich, aber ich kann mir die* schönste *Frau kaufen. Also bin ich nicht* häßlich, *denn die Wirkung der* Häßlichkeit, *ihre abschreckende Kraft ist durch das Geld vernichtet. Ich – meiner Individualität nach – bin* lahm, *aber das Geld verschafft mir 24 Füsse; ich bin also nicht lahm; […] ich bin* geistlos, *aber das Geld ist der* wirkliche *Geist aller Dinge, wie sollte sein Besitzer geistlos sein? Zudem kann er sich die Geistreichen Leute kaufen und wer die Macht über d[en] Geistreichen hat, ist der nicht geistreicher als der Geistreiche? Ich, der durch das Geld* alles, *wonach ein menschliches Herz sich sehnt, vermag, besitze ich nicht alle menschlichen Vermögen? Verwandelt also mein Geld nicht alle meinen Unvermögen in ihr Gegentheil?*

K. Marx: Ökonomisch-philosophische Manuskripte, S. 183f. R

In der ersten Hälfte des 20. Jahrhunderts prognostizierte der bekannte britische Ökonom **John Maynard Keynes** (1883–1946), dass die Menschen in 100 Jahren nur noch drei Stunden täglich arbeiten müssten. 1930 spekulierte er über die wirtschaftlichen Möglichkeiten für die Enkelkinder („Economic Possibilities for our Grandchildren"). Keynes glaubte, dass nicht die Arbeit, sondern das Gestalten der Freizeit das Problem werden würde. Denn 15 Stunden Arbeit pro Woche würden ausreichen, um die Lebensbedürfnisse zu decken. Die Arbeitszeiten wurden zwar im 20. Jahrhundert geringer, die Vision von Keynes scheint aber weit entfernt.

Heute gibt es eine New-Work-Bewegung um den US-amerikanischen Philosophen **Frithjof Bergman** (geb. 1930). Möglichst viel selbstbestimmte Arbeit soll die Lebensbedürfnisse decken. Teils Erwerbstätigkeit, teils Eigenproduktion und Selbstversorgung, teils selbstgewählte, freie Arbeit: So sieht das Ideal von Bergman aus.

■ **Fazit:** Die (gewohnte) 40-Stunden-Woche ist ein historisch-gesellschaftliches Ergebnis. Arbeitszeiten und Arbeitsformen ändern sich, können geändert werden. Über Arbeit werden nicht nur materielle Güter verteilt, auch der (ideelle) Selbstwert des Menschen bemisst sich oft daran.

Die genannten Gedanken und Konzepte könnten zu Diskussionen über das zeitliche Ausmaß und die Wertigkeit der sogenannten Lohnarbeit führen. Neue Arbeitszeitmodelle sind denkbar und machbar, kurzum: Ein anderes Leben ist möglich.

Gedankenexperiment:
Die Welt ohne (Lohn-)Arbeit, eine Welt des Zeitwohlstandes: Ähnlich einer Star-Trek-Vision könnten Maschinen den Großteil der normalen Tätigkeiten, die zum Leben nötig sind, erledigen. Was würden Sie in dieser Welt tun? Wofür hätten Sie Zeit? Wie wäre eine Welt, in der jeder das tut, was er wirklich gerne macht? Ohne Arbeit gäbe es allerdings auch keine Freizeit mehr.
Entwerfen Sie mögliche Szenarien und diskutieren Sie gemeinsam über diese Vision.

4. Positivum

Alpha und Omega – Anfang und Ende: Am Ende der Überlegungen kehrt man, gemäß der philosophischen Kreisbewegung, in veränderter Form zu den Ausgangspunkten und Ausgangsfragen zurück. Diese Fragen beschäftigen die Menschen schon seit Jahrtausenden:

- Was kann ich wissen?
- Was soll ich tun?
- Was darf ich hoffen?
- Was ist der Mensch?

Vielleicht bleiben die Einsicht und die Hoffnung, dass Bestehendes verändert werden kann. Philosophieren ist zwar eine Denkbewegung, diese kann aber in Handlungen überführt werden. Gerade die Zukunftsfragen regen dazu an, aktiv am Weltgestaltungsprozess teilzunehmen. Jedwede Kritik und diverse Ängste sollten die Menschen nicht in die Passivität drängen. Sie sollten den Impuls verspüren, denkend und vordenkend das Leben zu gestalten. Das war am Beginn der Philosophie so, das ist Philosophie heute.

Zusammenfassung

- Um seine Welt zu gestalten, braucht der Mensch Technik. Die gestaltete Welt und der Mensch selbst stehen dabei in einem spannungsreichen Verhältnis.
- Günther Anders, Journalist, Philosoph, Schriftsteller und Aktivist, war Mahner und Technikkritiker der ersten Stunde. Sein Hauptwerk trägt den Titel „Die Antiquiertheit des Menschen".
- Am Massenphänomen Fernsehen kritisiert Anders das Verschwimmen von Schein und Sein. Der Mensch sei überfordert, werde verblendet und gehe der Sprache verlustig. „Die Welt als Phantom und Matrize" ist der Titel seiner diesbezüglichen Abhandlung.
- Byung-Chul Han thematisiert das Aufkommen des Digitalen: Die vermeintliche Freiheit, welche digitale Apparate verheißen, schlägt in Zwang um.
- In seiner kritischen Technikphilosophie will Anders die Kluft zwischen dem vom Menschen Hergestellten und dem Menschen selbst verdeutlichen. Er spricht vom „prometheischen Gefälle": Herstellen und Vorstellen klaffen auseinander. Wir Menschen hinken hinter unserer Technik her, sind antiquiert.
- Mit der Atombombe sind wir, laut Anders, auf negative Art allmächtig geworden. Die Menschheit kann sich seit 1945 selbst ausrotten.
- Der Medienphilosoph Stefan Weber unterstreicht die Schwierigkeit, die Entwicklung von neuen Medien zu prognostizieren. Medienevolution sei per se emergent und kontingent.
- Martin Heidegger kritisiert mit dem Begriff „Man" die im 20. Jahrhundert aufgekommene Massengesellschaft und das Phänomen Großstadt. Alles werde anonym, durchschnittlich; man entziehe sich der Verantwortung.
- Hannah Arendt analysiert die totalen Herrschaftsformen des 20. Jahrhunderts. Mit dem Begriff „Banalität des Bösen" betont sie die Möglichkeit, dass in gewissen politischen Systemen auch unauffällige, nicht abgrundtief böse Menschen zu Massenmördern werden können.
- Der Historiker Yuval Harari prognostiziert das Verschmelzen von Informations- und Biotechnologie. Wenn Big-Data-Algorithmen und biometrische Informationen zusammenfinden, verändert das das Menschsein nachhaltig.
- Tendenzen in den Bereichen Demokratie, Bildung und Arbeit können zum Nach- und Vordenken anregen. Für die Demokratie könnte das Losen eine Weiterentwicklung sein. In Zeiten des digitalisierten Wissens sollte prinzipiell überlegt werden, was Bildung im 21. Jahrhundert sein soll. Die Arbeitswelt steht vor Veränderungen; vielleicht können Überlegungen zur Aufteilung und dem Stellenwert von Arbeit neue Impulse bringen.

Abschließende Fragen und Anregungen

1. Nennen und beschreiben Sie Bilder (Fernsehbilder sowie Gesehenes aus digitalen Welten), die Geschichte geschrieben haben. Begründen Sie, wieso Bilder eine derartige Macht haben.
2. Warum halten wir Dinge mittels Kamera fest? Warum sind viele Menschen nahezu besessen vom Fotografieren und können dabei den Augenblick nicht mehr genießen – nur um danach „Erinnerungen" an das gar nicht wirklich Erlebte zu besitzen? Analysieren Sie diesen Reiz am Fotografieren.
3. Viele Menschen scheinen dem virtuellen Leben in Computer- und Fernsehwelten nun mehr Raum zu geben. Ergründen, diskutieren und kommentieren Sie die Faszination von „virtual reality". Wagen Sie auch einen Ausblick auf kommende Entwicklungen.
4. Sokrates äußerte sich skeptisch gegenüber dem Geschriebenen. Er schrieb nichts auf. Ihm war das Gespräch wichtiger. Was sind die Unterschiede zwischen Gespräch und Geschriebenem? Was ist der Unterschied zwischen tatsächlich Erlebtem und der Aufzeichnung im Tagebuch, zwischen dem realen Ereignis und der entsprechenden Zeitungsmeldung oder der Fernsehsendung? Untersuchen und reflektieren Sie die Unterschiede.
5. Warum wird das Lesen von Büchern in der Regel als wertvoller eingestuft als Fernsehkonsum bzw. Aktivitäten in digitalen Welten? Begründen Sie diesen „Allgemeinplatz" und versuchen Sie in einem zweiten Schritt aus der Sicht eines Fernsehredakteurs oder einer Bloggerin Stellung zu nehmen.
6. Terrorismus und Medien: Angst und Schrecken zu verbreiten ist ein altbekanntes politisches Mittel. Heute greifen Terrorismus und die Welt der Medien ineinander. Inwiefern nutzen TerroristInnen die Medienwelt geschickt? Wie können wir dagegen ankämpfen – was wären Lösungsansätze? Wie viel soll und muss über Terroranschläge berichtet werden? Erörtern Sie diese paradoxe Situation.

Die kompetenzorientierte Reifeprüfung

1. Hin zu den Kompetenzen!

Eine schier unübersichtliche Fülle an Informationen und Möglichkeiten bestimmt unsere Zeit und unsere Gesellschaft. Begünstigt und ausgelöst durch moderne Medien, Computer und Internet führte der Weg in Richtung Informations- bzw. Wissensgesellschaft. Das „Netz" bringt das Problem der Selektion mit sich. Was soll gefiltert werden aus den unendlichen Datenmengen des Netzes – welcher Strang an Möglichkeiten soll ergriffen werden? Der sprichwörtliche „information overkill" nötigt zu Gegenstrategien.

Einerseits wurde schon lange das sogenannte lebenslange Lernen ausgerufen, auf anderer Ebene (bzw. sich gegenseitig bedingend) wird auf allgemeine und **generelle Fähigkeiten bzw. Kompetenzen** gesetzt. Es findet und fand eine Verlagerung von ganz konkreten Inhalten hin zu Kompetenzen statt; dies eben als Reaktion auf gesamtgesellschaftliche Veränderungen.

Kompetenzen können in große Bereiche differenziert werden: Man spricht von personalen und sozialen Kompetenzen, von kommunikativen, intellektuellen und wissenschaftlichen Kompetenzen, von Methodenkompetenzen, von Sach- und Fachkompetenzen, von Text- und Lesekompetenzen. Jeder der genannten Kompetenzbereiche kann wiederum in verschiedene Unterpunkte gegliedert werden.

Der Philosoph Odo Marquard sprach sogar – nicht ganz unironisch – von einer „Inkompetenzkompensationskompetenz" (vgl. dazu S. 179). Gerade die Philosophie müsse heute – nachdem die Wissenschaften zunehmend ausdifferenziert sind und gerade die Naturwissenschaften mit empirischen Ergebnissen und Daten aufwarten – ihre vermeintliche Inkompetenz kompensieren, und dabei sollte sie kompetent sein.

2. Die kompetenzorientierte Aufgabenstellung

Gefordert wird nun eine Trinität aus **Reproduktions-, Transfer- und Reflexionsaspekt**: Nur im Unterricht Gelerntes zu reproduzieren ist zu wenig bzw. ausgeschlossen. Neben der einfachen Reproduktion gilt es vermehrt, Transfer und Reflexion zu fördern und zu fordern. Es sollen Vergleiche angestellt, Probleme gelöst, eigene Beurteilungen erarbeitet und begründet werden. – Kurzum: Die Kardinaltugend der Philosophie, das Selbstdenken, rückt in den Mittelpunkt. Der allgemeine und vor allem auch bei Immanuel Kant so formulierte Anspruch der Philosophie „Mut haben zum Selbstdenken" wird hervorgehoben (vgl. dazu S. 129).

Kurz, er [der Schüler] soll nicht Gedanken sondern denken lernen; man soll ihn nicht tragen sondern leiten, wenn man will, daß er in Zukunft von sich selbsten zu gehen geschickt sein soll.

I. Kant: Werke, Bd. 1, S. 908 (Nachricht von der Einrichtung seiner Vorlesungen in dem Winterhalbenjahre, von 1765–1766) R

Kant spricht auch davon, dass man nicht „Philosophie", sondern immer nur „philosophieren" lernen kann.

Vgl. dazu I. Kant: Werke, Bd. 1, S. 908 und I. Kant: Werke, Bd. 2, S. 699

In diesem Sinne werden am jeweiligen Schulstandort Pools mit Themenbereichen erarbeitet – in PuP sind das 8 bis 12 Themenbereiche. Für Philosophie sollten/könnten es dann vier bis sechs Themenbereiche sein. Für jeden Themenbereich werden zwei kompetenzorientierte Aufgabenstellungen gestaltet, die jeweils aus mehreren Unter- oder Teilfragen bestehen. Die Kandidatin/Der Kandidat wählt aus zwei Themenbereichen einen – die Prüferin/der Prüfer legt eine Aufgabenstellung zum gewählten Bereich vor. Die Prüfungsdauer wird (für die eine gewählte Aufgabenstellung) ca. 10–20 Minuten betragen.

Bedeutsam für die kompetenzorientierten Aufgabenstellungen sind die sogenannten „Operatoren". Das sind Formulierungen oder Handlungsanweisungen, Arbeitsaufträge bzw. auch Schlüsselwörter zu den gestellten Anforderungen.

Für die drei genannten Aspekte oder Leistungen sind dies wie folgt:

Reproduktion: nennen, benennen, skizzieren, zusammenfassen, beschreiben, wiedergeben …

Transfer: einordnen, zuordnen, vergleichen, belegen, herausarbeiten, in Beziehung setzen, Zusammenhänge erklären, Materialien analysieren …

Reflexion: begründen, beurteilen, bewerten, erörtern, Stellung nehmen, die eigene Überzeugung und Urteilsbildung reflektieren und argumentativ darstellen, Hypothesen entwickeln, sich begründet positionieren, einen Text interpretieren, Stellung nehmen aus der Sicht von …

Dabei ist zu berücksichtigen, dass es vielfach Überschneidungen gibt und nicht immer ein Operator einem bestimmten Anforderungsbereich zuzuordnen ist. Die formulierte und zu erarbeitende Aufgabenstellung muss alle drei Aspekte/Bereiche beinhalten – die Gewichtung der Anteile kann variieren.

3. Beispiele für kompetenzorientierte Aufgabenstellungen

Die folgenden Beispiele sollten als Vorschläge und Möglichkeiten betrachtet werden. Je nach Durchdringung der Themen und Inhalte im Unterricht und je nach Verarbeitungstiefe können auch nur Teile dieser Aufgaben vorgelegt werden.

I. Philosophische Fragestellungen

Was ist Philosophie?

Inhalte dazu: S. 8–15 und S. 22–33

Skizzieren und definieren Sie den Begriff „Philosophie" unter Abgrenzung zur Sophistik, zur Religion und zur Ideologie. *(Reproduktion)*

Nennen Sie die vier Fragen von Kant und etwaige Unterfragen. *(Reproduktion)*

Erklären Sie den Begriff „Achsenzeit der Weltgeschichte" und setzen Sie persönliche Reiseerfahrungen mit den Entstehungsbedingungen der Philosophie im antiken Griechenland in Beziehung. *(Transfer)*

„In der Ontogenese als auch in der Phylogenese geht die Entwicklung vom Mythos zum Logos." Nehmen Sie zu dieser Aussage argumentativ und kritisch Stellung. *(Reflexion)*

Vergleichen Sie die Methode des psychologischen Experiments mit der (philosophischen) Methode des Gedankenexperiments. *(Transfer)*

Diskutieren Sie kurz die folgenden Zitate im Hinblick auf mögliche Leistungen von Philosophie. *(Reflexion)*

Denn es steht damit nicht so, wie mit anderen Lehrgegenständen: Es lässt sich nicht in Worte fassen, sondern aus lange Zeit fortgesetztem, dem Gegenstande gewidmetem wissenschaftlichen Verkehr und aus entsprechender Lebensgemeinschaft tritt es plötzlich in der Seele hervor wie ein durch einen abspringenden Funken entzündetes Licht und nährt sich dann durch sich selbst. […] Wäre es aber meiner Ansicht nach möglich, diese Dinge in einer für das Publikum befriedigenden Weise niederzuschreiben oder mündlich vorzutragen, was könnte ich dann für ein schöneres Werk aufweisen in meinem Leben als der Menschheit durch solche Schrift ein großes Heil zu bescheren und das Wesen der Dinge für alle ans Licht gezogen zu haben?

Platon: Sämtliche Dialoge, Bd. 6, S. 72 (Siebenter Brief)

Es wird also die Menschheit, so erklärte ich, nicht eher von ihren Leiden erlöst werden, bis entweder die berufsmäßigen Vertreter der echten und wahren Philosophie zur Herrschaft im Staate gelangen oder bis die Inhaber der Regierungsgewalt in den Staaten infolge einer göttlichen Fügung sich zur ernstlichen Beschäftigung mit der echten Philosophie entschließen.

Platon: Sämtliche Dialoge, Bd. 6, S. 48 (Siebenter Brief)

Ich rede am liebsten mit Kindern; denn von ihnen darf man doch hoffen, dass sie einmal Vernunft-Wesen werden; die aber, die es geworden sind – herrjemine!

S. Kierkegaard: Entweder – Oder, S. 28 (1843)

II. Die Problematik von Wirklichkeit und Erkenntnis

Methoden des Erkennens

■ Inhalte dazu: S. 36f. und S. 40–45

Beschreiben Sie den Begriff der „transzendentalen Differenz". Erklären Sie dazu den Zusammenhang zu Sören Kierkegaards folgendem Satz. *(Reproduktion und Transfer)*

Das Selbst ist ein Verhältnis, das sich zu sich selbst verhält […].

S. Kierkegaard: Die Krankheit zum Tode, S. 13

Ordnen Sie folgende Aussagen den entsprechenden (drei) Methoden des Erkennens zu. *(Transfer)*

a) „Nicht wir richten uns nach den Gegenständen, sondern die Gegenstände müssen sich nach unserem Erkenntnisapparat richten."

b) „Aber es gibt irgendeinen sehr mächtigen, sehr schlauen Betrüger, der mit Absicht mich immer täuscht. Zweifellos bin also auch Ich, wenn er mich täuscht; mag er mich nun täuschen, soviel er kann, so wird er doch nie bewirken können, daß ich nicht sei, solange ich denke, ich sei etwas. Nachdem ich so alles genug und übergenug erwogen habe, muß ich schließlich festhalten, daß der Satz ‚Ich bin, Ich existiere', sooft ich ihn ausspreche oder im Geiste auffasse, notwendig wahr sei."

c) „Es ist nichts im Verstand, was nicht zuvor in den Sinnen gewesen ist."

d) „Reines Denken ohne Anschauung bleibt leer – die Anschauung allein ist blind."

Fassen Sie im Speziellen die transzendentale Erkenntnistheorie von Immanuel Kant zusammen. *(Reproduktion)*

Kann es für Kant einen letzten und echten Beweis für die unsterbliche Seele oder für Gott geben?
Könnten die sogenannten Nahtoderfahrungen ein Beleg für die unsterbliche Seele sein? Reflektieren Sie das Problem der Nahtoderfahrungen mithilfe von Kants Postulatenlehre! *(Transfer und Reflexion)*

III. Das Wesen des Menschen

Anthropologie: Mensch versus Tier

■ Inhalte dazu: S. 72–88

Für eine mögliche Bestimmung des Menschen ist die Abgrenzung zum Tier essenziell. Klären Sie zunächst den Satz von Spinoza:

Jede Bestimmung ist eine Negation.

Vgl. dazu B. de Spinoza: Die Ethik, S. 743

Und weiters den Satz:
Der Mensch ist eine Verallgemeinerung/Abstraktion.

Versuchen Sie eine Einordnung dieser Sätze ins Problem Mensch versus Tier. *(Transfer)*

Welche Stellung in der Natur besitzt der Mensch? Kontrastieren Sie die Unterschiede zwischen biblischem Schöpfungsbericht einerseits und der Evolutionstheorie von Charles Darwin bzw. den „drei Kränkungen" von Sigmund Freud andererseits. *(Reproduktion und Transfer)*

Die von Baruch de Spinoza geprägte Formel „Deus sive natura" (Gott oder Natur) regt an und regt (eventuell) auch auf. Nehmen Sie zu diesem Begriffs- und Gedankenexperiment (wenn wir statt „Gott" „Natur" einsetzen würden) Stellung. Welcher Gottesbegriff würde demnach entstehen? Begründen Sie ihre Einschätzung. *(Reflexion)*

Nennen Sie klassische Argumente für die Trennlinien zwischen Mensch und Tier. Welches Kriterium findet G. W. F. Hegel für den Unterschied von Tier und Mensch? *(Reproduktion)*

Analysieren Sie – mithilfe des folgenden Textes – die Sichtweise von Arnold Gehlen; erklären Sie den Begriff des „Mängelwesens" und nehmen Sie zu dieser Einschätzung argumentativ Stellung. *(Transfer und Reflexion)*

Arnold Gehlen, Der Mensch: seine Natur und seine Stellung in der Welt

Morphologisch ist nämlich der Mensch im Gegensatz zu allen höheren Säugern hauptsächlich durch Mängel bestimmt, die jeweils im exakt biologischen Sinne als Unangepasstheiten, Unspezialisiertheiten, als Primitivismen, d. h. als Unentwickeltes zu bezeichnen sind: also wesentlich negativ. Es fehlt das Haarkleid und damit der natürliche Witterungsschutz; es fehlen natürliche Angriffsorgane, aber auch eine zur Flucht geeignete Körperbildung; der Mensch wird von den meisten Tieren an Schärfe der Sinne übertroffen, er hat einen geradezu lebensgefährlichen Mangel an echten Instinkten, und er unterliegt während der ganzen Säuglings- und Kinderzeit einer ganz unvergleichlich langfristigen Schutzbedürftigkeit. Mit anderen Worten: Innerhalb natürlicher, urwüchsiger Bedingungen würde er als bodenlebend inmitten der gewandtesten Fluchttiere und der gefährlichsten Raubtiere schon längst ausgerottet sein. […]

[Der Mensch] besteht aus einer Reihe von Unspezialisiertheiten, die unter entwicklungsbiologischem Gesichtspunkt als Primitivismen erscheinen: Sein Gebiss z. B. hat eine primitive Lückenlosigkeit und eine Unbestimmtheit der Struktur, die es weder zu einem Pflanzenfresser- noch zu einem Fleischfressergebiss, d. h. Raubtiergebiss machen. Gegenüber den Großaffen, die hochspezialisierte Baumtiere mit überentwickelten Armen für Hangelkletterei sind, die Kletterfuß, Haarkleid und gewaltigen Eckzahn haben, ist der Mensch als Naturwesen gesehen hoffnungslos unangepasst. Er ist von einer einzigartigen […] biologischen Mittellosigkeit, und er vergütet diesen Mangel allein durch seine Arbeitsfähigkeit oder Handlungsgabe, d. h. durch Hände und Intelligenz; eben deshalb ist er aufgerichtet, ‚umsichtig', mit freigelegten Händen. […]

Die ‚Umwelt' der meisten Tiere, und gerade der höheren Säuger ist das nicht auswechselbare Milieu, an das der spezialisierte Organbau des Tieres angepasst ist […]. Der Mensch ist weltoffen heißt: Er entbehrt der tierischen Einpassung in ein Ausschnitts-Milieu. Die ungemeine Reiz- oder Eindrucksoffenheit gegenüber Wahrnehmungen, die keine angeborene Signalfunktion haben, stellt zweifellos eine erhebliche Belastung dar, die in sehr besonderen Akten bewältigt werden muss.

A. Gehlen: Der Mensch, S. 32–38

IV. Ethische Grundpositionen und Fragestellungen

Ethische Grundpositionen: teleologische Begründungsversuche

■ Inhalte dazu: S. 110–124

Ordnen Sie die nachfolgenden Aussagen jeweils einer teleologischen Richtung zu. Skizzieren Sie anschließend in aller Kürze und im Überblick die teleologischen Begründungsversuche in der Ethik. *(Reproduktion und Transfer)*

a) „Ein kluger Herrscher kann und darf daher sein Wort nicht halten, wenn ihm dies zum Nachteil gereicht …"

b) „Maximiere deine grobsinnliche Lust – und stelle dies aber klug und besonnen an!"

c) „Und wenn du noch so viel Geld spendest: Du bist und bleibst letztlich Egoist!"

d) „Die Norm sittlichen Handelns findet sich zwischen den Extremen – strebe nach der richtigen Mitte!"

e) „Behandle die Erde schonend und gib sie wieder in gutem Zustand zurück!"

f) „Besser ein unzufriedener Sokrates als ein zufriedener Narr."

g) „Vermeide körperlichen Schmerz und strebe nach Seelenruhe! Und: Achte eher darauf, mit wem du isst, als was du isst!"

Versuchen Sie mithilfe des folgenden Textausschnitts die wesentlichen Gedanken des Utilitarismus herauszuarbeiten. *(Transfer)*
Diskutieren Sie mögliche Probleme des Utilitarismus. Warum werden UtilitaristInnen oft „Buchhalter des Glücks" genannt? Begründen Sie ihre eigene Haltung/Überzeugung hinsichtlich des Utilitarismus und seiner Problemlagen und versuchen Sie, diese argumentativ darzustellen.
(Transfer und Reflexion)

John Stuart Mill, Was heißt Utilitarismus?

Die Auffassung, für die die Nützlichkeit oder das Prinzip des größten Glücks (happiness) die Grundlage der Moral ist, besagt, dass Handlungen insoweit und in dem Maße moralisch richtig sind, als sie die Tendenz haben, Glück zu befördern, und insoweit moralisch falsch, als sie die Tendenz haben, das Gegenteil von Glück zu bewirken. Unter

‚Glück' ist dabei Lust (pleasure) und das Freisein von Unlust (pain), unter ‚Unglück' Unlust und das Fehlen von Lust verstanden. […]

Die Anerkennung der Tatsache, dass einige Arten der Freude (pleasure) wünschenswerter und wertvoller sind als andere, ist mit dem Nützlichkeitsprinzip durchaus vereinbar. Es wäre unsinnig anzunehmen, dass der Wert einer Freude ausschließlich von der Quantität abhängen sollte, wo doch in der Wertbestimmung aller anderen Dinge neben der Quantität auch die Qualität Berücksichtigung findet. […]

Es ist nun aber eine unbestreitbare Tatsache, dass diejenigen, die mit beiden gleichermaßen bekannt und für beide gleichermaßen empfänglich sind, der Lebensweise entschieden den Vorzug geben, an der auch ihre höheren Fähigkeiten beteiligt sind. Nur wenige Menschen würden darin einwilligen, sich in eines der niederen Tiere verwandeln zu lassen, wenn man ihnen verspräche, dass sie die Befriedigungen des Tiers im vollen Umfang auskosten dürften. Kein intelligenter Mensch möchte ein Narr, kein gebildeter Mensch ein Dummkopf, keiner, der feinfühlig und gewissenhaft ist, selbstsüchtig und niederträchtig sein – auch wenn sie überzeugt wären, dass der Narr, der Dummkopf oder der Schurke mit seinem Schicksal zufriedener ist als sie mit dem ihren. […]

Es ist besser, ein unzufriedener Mensch zu sein als ein zufriedenes Schwein; besser ein unzufriedener Sokrates als ein zufriedener Narr. Und wenn der Narr oder das Schwein anderer Ansicht sind, dann deshalb, weil sie nur die eine Seite der Angelegenheit kennen. Die andere Partei hingegen kennt beide Seiten. […]

Nach dem Prinzip des größten Glücks ist, wie oben erklärt, der letzte Zweck, bezüglich dessen und um dessentwillen alles andere wünschenswert ist (sei dies unser eigenes Wohl oder das Wohl anderer), ein Leben, das so weit wie möglich frei von Unlust und in quantitativer wie qualitativer Hinsicht so reich wie möglich an Lust ist; wobei der Maßstab, an dem Qualität gemessen und mit der Quantität verglichen wird, die Bevorzugung derer ist, die ihrem Erfahrungshorizont nach – einschließlich Selbsterfahrung und Selbstbeobachtung – über die besten Vergleichsmöglichkeiten verfügen. Indem dies nach utilitaristischer Auffassung der Endzweck des menschlichen Handelns ist, ist es notwendigerweise auch die Norm der Moral. Diese kann also definiert werden als die Gesamtheit der Handlungsregeln und Handlungsvorschriften, durch deren Befolgung ein Leben der angegebenen Art für die gesamte Menschheit im größtmöglichen Umfang erreichbar ist; und nicht nur für sie, sondern, soweit es die Umstände erlauben, für die gesamte fühlende Natur. […]

Dass ein Leben unbefriedigend ist, hat seine Ursache außer im Egoismus vor allem auch im Mangel an geistiger Bildung. Ein gebildeter Mensch – nicht nur der Philosoph, sondern jeder, dem die Quellen des Wissens aufgetan worden sind und der zumindest in einem gewissen Maße gelernt hat, seine Möglichkeiten zu verwirklichen – findet Gegenstände unerschöpflichen Interesses in allem, was ihn umgibt: in den Dingen der Natur, den Werken der Kunst, den Gebilden der Poesie, den Ereignissen der Geschichte, dem Schicksal der Menschheit in Vergangenheit und Gegenwart und ihren Aussichten für die Zukunft.

J. St. Mill: Utilitarianism, S. 23–53

E-Book
Reifeprüfung – weitere Aufgabenstellungen

Zehn Texte des 20. und 21. Jahrhunderts

E-Book
Weitere philosophische Texte

Die Textkompetenz, das Studieren, Erfassen und Weiterdenken philosophischer Primärliteratur, gilt heute als wichtige Lern- und Denkleistung. Im Folgenden werden zehn Texte bzw. Textpassagen aus interessanten Werken der philosophischen Literatur des letzten und dieses Jahrhunderts zur Diskussion gestellt.

Die Schwierigkeitsgrade sind sehr unterschiedlich (■ leicht zugänglich, einführend; ■■ mittelschwer; ■■■ schwer, komplex, anspruchsvoll). Insgesamt zeigen diese Texte ein vielschichtiges Spektrum der Philosophie im 20. und 21. Jahrhundert.

Methodische Hinweise

Für die Lektüre von längeren Texten wird folgende allgemeine Vorgangsweise empfohlen:

1. Zuerst liest man den gesamten Text still. Die **erste Lektüre** sollte den Text in seiner Ganzheit im Auge haben – nach dem Motto: Was ist die Kernaussage?
2. Bei der darauf folgenden **zweiten Lektüre** sollte Wichtiges unterstrichen und Unverständliches markiert werden. Randnotizen können die jeweiligen Abschnitte charakterisieren. Im Zuge eines vertieften Verständnisses der Kernaussage des Textes sollten nun auch wesentliche Teilaspekte deutlicher hervortreten.
3. Nun sollten **Informationen gesucht** werden, die den Text weiter erhellen können (Biografie und etwaige andere Texte des Autors, Zeitumstände, Inhaltliches zum Thema ...). Dazu können Informationen aus dem vorliegenden Buch oder aus anderen Quellen herangezogen werden. Gleichzeitig sollte die Problematik des hermeneutischen Zirkels (vgl. dazu S. 55) ständig präsent sein.
4. Jetzt sollten die anschließenden **Fragen** gelesen und eine, zwei oder mehrere ausgewählt werden.
5. Eine **dritte Lektüre** (oder Teillektüre) nach den Gesichtspunkten der Fragestellungen sollte folgen.
6. Nun kann – alleine oder in Partner- oder Gruppenarbeit – die **Textarbeit konkretisiert**, diskutiert und **vertieft** werden. Wie konsequent ist die Argumentation der Autorin/des Autors? Gibt es „Brüche" innerhalb der Textauszüge? Was können mögliche Konsequenzen aus den im Text enthaltenen Gedankengängen sein? Wie kann die eigene, persönliche Position mit den Überlegungen der Autorin/des Autors abgeglichen werden? Wozu regt der Text an? In welche Richtung lassen sich eigene Gedanken entwickeln?

Sigmund Freud, Die Zukunft einer Illusion (1927) ■

In diesem Text aus dem Jahre 1927 versucht Sigmund Freud, Vater der Psychoanalyse, das Entstehen und Bestehen der Religionen aus psychologischer bzw. psychoanalytischer Sicht zu erklären. Am Ende möglicher Entwicklungen könnte sogar das Überwinden des Religiösen und ein positives, wissenschaftliches Zeitalter stehen.

Die Götter behalten ihre dreifache Aufgabe, die Schrecken der Natur zu bannen, mit der Grausamkeit des Schicksals, besonders wie es sich im Tode zeigt, zu versöhnen und für die Leiden und Entbehrungen zu entschädigen, die dem Menschen durch das kulturelle Zusammenleben auferlegt werden. [...]

So wird ein Schatz von Vorstellungen geschaffen, geboren aus dem Bedürfnis, die menschliche Hilflosigkeit erträglich zu machen, erbaut aus dem Material der Erinnerungen an die Hilflosigkeit der eigenen und der Kindheit des Menschengeschlechts. [...]

Meinen Sie denn, daß das Denken der Menschen keine praktischen Motive kennt, bloß der Ausdruck einer uneigennützigen Wißbegierde ist? Das ist doch sehr unwahrscheinlich. Eher glaube ich, daß der Mensch, auch wenn er die Naturkräfte personifiziert, einem infantilen Vorbild folgt. Er hat an den Personen seiner ersten Umgebung gelernt, daß, wenn er eine Relation zu ihnen herstellt, dies der Weg ist, um sie zu beeinflussen, und darum behandelt er später in der gleichen Absicht alles andere, was ihm begegnet, wie jene Personen. [...]

Versetzen wir uns in das Seelenleben des kleinen Kindes. Sie erinnern sich an die Objektwahl nach dem Anlehnungstypus, von dem die Analyse spricht? Die Libido[1] *folgt den Wegen der narzißtischen Bedürfnisse und heftet sich an die Objekte, welche deren Befriedigung versichern. So wird die Mutter, die den Hunger befriedigt, zum ersten Liebesobjekt und gewiß auch zum ersten Schutz gegen alle die unbestimmten, in der Außenwelt drohenden Gefahren, zum ersten Angstschutz, dürfen wir sagen.*

In dieser Funktion wird die Mutter bald von dem stärkeren Vater abgelöst, dem sie nun über die ganze Kindheit verbleibt. Das Verhältnis zum Vater ist aber mit einer eigentümlichen Ambivalenz behaftet. Er war selbst eine Gefahr, vielleicht von dem früheren Verhältnis zur Mutter her. So fürchtet man ihn nicht minder, als man sich nach ihm sehnt und ihn bewundert. Die Anzeichen dieser Ambivalenz des Vaterverhältnisses sind allen Religionen tief eingeprägt, wie auch in „Totem und Tabu"[2] *ausgeführt wird. Wenn nun der*

Heranwachsende merkt, daß es ihm bestimmt ist, immer ein Kind zu bleiben, daß er des Schutzes gegen fremde Übermächte nie entbehren kann, verleiht er diesen die Züge der Vatergestalt, er schafft sich die Götter, vor denen er sich fürchtet, die er zu gewinnen sucht und denen er doch seinen Schutz überträgt. So ist das Motiv der Vatersehnsucht identisch mit dem Bedürfnis nach Schutz gegen die Folgen der menschlichen Ohnmacht; die Abwehr der kindlichen Hilflosigkeit verleiht der Reaktion auf die Hilflosigkeit, die der Erwachsene anerkennen muß, eben der Religionsbildung, ihre charakteristischen Züge. […]

[Die Antwort] ergibt sich, wenn wir die psychische Genese der religiösen Vorstellungen ins Auge fassen. Diese, die sich als Lehrsätze ausgeben, sind nicht Niederschläge der Erfahrung oder Endresultate des Denkens, es sind Illusionen, Erfüllungen der ältesten, stärksten, dringendsten Wünsche der Menschheit; das Geheimnis ihrer Stärke ist die Stärke dieser Wünsche. Wir wissen schon, der schreckende Eindruck der kindlichen Hilflosigkeit hat das Bedürfnis nach Schutz – Schutz durch Liebe – erweckt, dem der Vater abgeholfen hat, die Erkenntnis von der Fortdauer dieser Hilflosigkeit durchs ganze Leben hat das Festhalten an der Existenz eines – aber nun mächtigeren – Vaters verursacht. Durch das gütige Walten der göttlichen Vorsehung wird die Angst vor den Gefahren des Lebens beschwichtigt, die Einsetzung einer sittlichen Weltordnung versichert die Erfüllung der Gerechtigkeitsforderung, die innerhalb der menschlichen Kultur so oft unerfüllt geblieben ist, die Verlängerung der irdischen Existenz durch ein zukünftiges Leben stellt den örtlichen und zeitlichen Rahmen bei, in dem sich diese Wunscherfüllungen vollziehen sollen. Antworten auf Rätselfragen der menschlichen Wißbegierde, wie nach der Entstehung der Welt und der Beziehung zwischen Körperlichem und Seelischem, werden unter den Voraussetzungen dieses Systems entwickelt; es bedeutet eine großartige Erleichterung für die Einzelpsyche, wenn die nie ganz überwundenen Konflikte der Kinderzeit aus dem Vaterkomplex ihr abgenommen und einer von allen angenommenen Lösung zugeführt werden. […]

Wir heißen also einen Glauben eine Illusion, wenn sich in seiner Motivierung die Wunscherfüllung vordrängt, und sehen dabei von seinem Verhältnis zur Wirklichkeit ab, ebenso wie die Illusionen selbst auf ihre Beglaubigungen verzichtet.

Wenden wir uns nach dieser Orientierung wieder zu den religiösen Lehren, so dürfen wir wiederholend sagen: Sie sind sämtlich Illusionen, unbeweisbar, niemand darf gezwungen werden, sie für wahr zu halten, an sie zu glauben. Einige von ihnen sind so unwahrscheinlich, so sehr im Widerspruch zu allem, was wir mühselig über die Realität der Welt erfahren haben, daß man sie – mit entsprechender Berücksichtigung der psychologischen Unterschiede – den Wahnideen vergleichen kann. Über den Realitätswert der meisten von ihnen kann man nicht urteilen. So wie sie unbeweisbar sind, sind sie auch unwiderlegbar. Man weiß noch zu wenig, um ihnen kritisch näherzurücken. Die Rätsel der Welt entschleiern sich unserer Forschung nur langsam, die Wissenschaft kann auf viele Fragen heute noch keine Antwort geben. Die wissenschaftliche Arbeit ist aber für uns der einzige Weg, der zur Kenntnis der Realität außer uns führen kann.

S. Freud: Massenpsychologie, S. 121–135 (Die Zukunft einer Illusion) R

[1] Libido ist nach Freud die (sexuelle) Energie, Triebkraft.
[2] „Totem und Tabu" ist ein Werk von Sigmund Freud.

1. Fassen Sie in eigenen Worten Freuds Sichtweise zur Entstehung des Götterglaubens und der Religionen zusammen. Welche Aufgabe kommt den Göttern zu? Welche Vorteile bringt der Glaube bzw. welches Defizit motiviert die Menschen?
2. Vergleichen Sie die erwähnten Religionskritiken (siehe S. 197–201) mit den Überlegungen von Sigmund Freud. Was könnte als Essenz und Gemeinsames all dieser Religionskritiken herausgefiltert werden?
3. Zur persönlichen Einschätzung: Wie bewerten Sie es, wenn man den Glauben auf psychologische Motive reduziert? Was würde ein Überwinden der Religionen und eine rein „wissenschaftliche" Sicht- und Lebensweise bedeuten? Nehmen Sie Stellung zu diesen Fragen.

Martin Heidegger, Die Grundbegriffe der Metaphysik (1929/1930)

In dieser Vorlesung thematisiert Heidegger die Langeweile als Grundstimmung des Philosophierens. – Er will diese „Grundstimmung wecken". Heidegger beschreibt drei Arten der Langeweile.
Die erste Form ist das „Gelangweiltwerden von etwas". Zum Beispiel am Bahnhof vier Stunden auf einen Zug zu warten, kann diese Form auslösen. Hier kommt die Langeweile unmittelbar aus der Situation, gleichsam von außen. – Es gibt einen Sachverhalt, der die Langeweile hervorruft.
Die zweite Form der Langeweile ist das „Sichlangweilen bei etwas". Hier nennt Heidegger als Beispiel eine Einladung, die sich als langweilig entpuppt. Man fängt an, mit der Uhrkette oder mit einem Knopf zu spielen, raucht verlegen eine Zigarre etc. Diese Form ist schon „tiefer". Auch hier gibt es eine bestimmte Situation, einen Anlass, diese(r) tritt aber zunehmend in den Hintergrund. Nicht das „was" wird, sondern „wir" werden in dieser Form der Langeweile bestimmend.
Und schließlich folgt die dritte Form, die „tiefe Langeweile". Hier gibt es weder einen bestimmten Anlass noch eine Situation, die diese Form der Langeweile auslöst: „Es langweilt einen". Heidegger versprachlicht diese Stimmung mit der „Leergelassenheit" und „Ausgeliefertheit des Daseins an das sich im Ganzen versagende Seiende". Somit ist Heidegger – der Autor von „Sein und Zeit" – bei einer existenziellen Grundstimmung angelangt: der Mensch, ein zeitliches Wesen, das sein Da-Sein reflektiert.

Das Wecken dieser Grundstimmung heißt nicht, sie erst wachmachen, sondern wachsein lassen, vor dem Einschlafen behüten. Wir entnehmen hieraus leicht: Die Aufgabe ist nicht leichter geworden. Vielleicht ist diese Aufgabe wesentlich schwieriger, ähnlich wie wir jederzeit erfahren, daß es leichter ist, jemanden durch einen Schock aufzuwecken, als ihn vor dem Einschlafen zu behüten. Doch ob sie schwer oder leicht ist, das ist hier unwesentlich.
Wir stehen bereits vor einer weit wesentlicheren Schwierigkeit. Die Langeweile nicht einschlafen zu lassen – das ist eine merkwürdige oder fast irrsinnige Zumutung. Ist sie nicht ganz und gar dem entgegen, was alles natürliche und gesunde menschliche Verhalten täglich und stündlich betreibt: daß es sich gerade die Zeit vertreibt und die Langeweile gerade nicht aufkommen läßt, das heißt, wenn sie kommt, sie verscheucht, sie zum Einschlafen bringt? Wir sollen sie wachsein lassen! Die Langeweile – wer kennt sie nicht, wie sie in den verschiedensten Gestalten und Verschleierungen auftaucht, uns oft nur für Augenblicke befällt, oft auch längere Zeit quält und bedrückt. Wer weiß nicht, daß wir, sobald sie kommt, uns auch schon daran gemacht haben, sie wegzudrücken, und bemüht sind, sie zu vertreiben; daß es nicht immer gelingt, ja, daß sie oft gerade dann, wenn wir ihr mit allen möglichen Mitteln zu Leibe gehen, hartnäckig wird, aufsässig, daß sie erst recht bleibt und erst recht und häufiger wiederkehrt und uns dann langsam an die Grenze der Schwermut drängt? Selbst wenn es gelingt, sie zu verscheuchen – wissen wir dann nicht auch zugleich und gerade dann, daß sie doch wiederkommen kann, sehen wir der glücklich Vertriebenen und Entschwundenen nicht nach mit dem merkwürdigen Wissen, sie könne jederzeit wieder da sein? Gehört das zu ihr, wenn sie sich uns so zeigt?
Wohin aber entschwindet sie, und von wo kommt sie wieder, dieses schleichende Wesen, das in unserem Dasein sein Unwesen treibt? Wer kennt sie nicht – und doch, wer vermöchte so frei weg zu sagen, was dieses Allbekannte eigentlich sei? Was ist sie, daß wir ihr gegenüber an uns die Zumutung stellen, sie, gerade sie wachsein zu lassen? Oder ist diese Langeweile, die wir da so kennen und von der wir jetzt so unbestimmt sprechen, nur ein Schatten der wirklichen? Wir fragten ja und fragen immer wieder: Ist es am Ende so weit mit uns, daß eine tiefe Langeweile in den Abgründen des Daseins wie ein schweigender Nebel hin- und herzieht?
[…]
Diese tiefe Langeweile ist die Grundstimmung. Wir vertreiben uns, um ihrer Herr zu werden, die Zeit, sofern diese uns in der Langeweile lang wird. Die Zeit wird uns lang. Soll sie denn etwa kurz sein? Wünschen wir uns nicht, jeder von uns, eine recht lange Zeit? Und wenn sie uns lang wird, vertreiben wir sie und dieses Langwerden! Wir wollen keine lange Zeit haben und haben sie doch. Langeweile, lange Zeit – im alemannischen Sprachgebrauch besonders – bedeutet „lange Zeit haben" nicht zufällig soviel wie „Heimweh haben". Jemand hat Lange-Zeit nach = er hat Heimweh nach. Ist das Zufall? Oder vermögen wir die Weisheit der Sprache nur schwer zu fassen und auszuschöpfen? Tiefe Langeweile – ein Heimweh. Heimweh, ein Heimweh – hörten wir irgendwo – sei das Philosophieren. Langeweile – eine Grundstimmung des Philosophierens. Langeweile – was ist sie?
Langeweile – was immer ihr letztes Wesen sein mag – zeigt fast handgreiflich, und besonders in unserem deutschen Wort, ein Verhältnis zur Zeit, eine Art, wie wir zur Zeit stehen, ein Zeitgefühl. Also führt uns die Langeweile und die Frage nach ihr zum Zeitproblem. Wir müssen uns zuvor auf

das Problem der Zeit einlassen, um die Langeweile als ein bestimmtes Verhältnis zu ihr zu bestimmen. Oder ist es umgekehrt, führt uns die Langeweile erst zur Zeit, zum Verstehen dessen, wie die Zeit im Grunde des Da-seins schwingt und wir deshalb in unserer gewohnten Oberflächlichkeit allein „handeln" und „lavieren" können? Oder ist gar weder das eine – von der Langeweile zur Zeit – noch das andere – von der Zeit zur Langeweile – richtig gefragt?

[…]

Kennen wir diese tiefe Langeweile? Vielleicht kennen wir sie. Doch wir wissen jetzt aus dem Bisherigen: Je tiefer die Langeweile, um so stiller, unöffentlicher, ruhiger, unauffälliger und weiter ist sie. Entsprechend ist der zugehörige Zeitvertreib als solcher um so unkenntlicher. Ja vielleicht gibt es für diese tiefe Langeweile überhaupt keinen Zeitvertreib. Vielleicht ist für sie dieses Fehlen des Zeitvertreibes eine Auszeichnung.

Die bisher besprochenen Formen der Langeweile haben wir uns schon durch die Benennungen charakterisiert: Gelangweiltwerden von etwas in einer bestimmten Situation, Sichlangweilen bei etwas gelegentlich einer bestimmten Situation. Und die tiefe Langeweile? Wie sollen wir sie benennen? Wir wollen es versuchen und sagen: Die tiefe Langeweile langweilt dann, wenn wir sagen, oder besser, wenn wir es schweigend wissen: es ist einem langweilig.

Es ist einem langweilig. Was „es"? Jenes „es", das wir meinen, wenn wir sagen: es blitzt, es donnert, es regnet. Es – das ist der Titel für das Unbestimmte, Unbekannte. Aber das kennen wir doch und kennen es als zugehörig der tieferen Form der Langeweile: das Langweilende. Es – das eigene stehen gelassene Selbst, das jeder selbst ist und je mit dieser bestimmten Geschichte, in diesem bestimmten Stand und Alter, mit diesem Namen und Beruf und Schicksal, das Selbst, das eigene liebe Ich, von dem wir sagen, daß ich mich, du dich, wir uns langweilen. Aber wir sprechen jetzt nicht mehr von diesem Sichlangweilen bei …, sondern sagen: es ist einem langweilig. Es – einem – nicht mir als mir, nicht dir als dir, nicht uns als uns, sondern einem. Name, Stand, Beruf, Rolle, Alter und Geschick als das Meinige und Deinige fällt von uns ab. Deutlicher, gerade dieses „es ist einem langweilig" läßt all das abfallen. Was bleibt? Ein allgemeines Ich überhaupt? Ganz und gar nicht. Denn dieses „es ist einem langweilig", diese Langeweile vollzieht ja keine Abstraktion und Verallgemeinerung, in der ein allgemeiner Begriff „Ich überhaupt" gedacht würde, sondern es langweilt. Das ist nun das Entscheidende, daß wir dabei zu einem indifferenten Niemand werden. Die Frage ist: Was geschieht darin, was geschieht in diesem „es ist einem langweilig"?

Suchen wir jedoch entsprechend unserem früheren Vorgehen nach einem Beispiel, so zeigt sich: Es ist keines zu finden. Nicht etwa, weil diese Langeweile nicht vorkommt, sondern weil sie, wenn sie vorkommt, gar nicht auf eine bestimmte Situation und bestimmte Veranlassung und dergleichen bezogen ist, wie in der ersten und zweiten Form der Langeweile. Es ist einem langweilig, das kann unverhofft und gerade dann eintreten, wenn wir es schlechthin nicht erwarten; es kann freilich auch Situationen geben, wo diese Grundstimmung aufbricht, Situationen, die persönlich nach der persönlichen Erfahrung, Veranlassung, Schicksal ganz verschieden sind. Um eine mögliche, aber gänzlich unverbindliche Veranlassung zu nennen, die vielleicht dem einen oder anderen schon begegnet ist, ohne daß er ausdrücklich auf das Aufkommen dieser Langeweile eingesprungen, von sich aus eingeschnappt ist: „es ist einem langweilig", wenn man an einem Sonntagnachmittag durch die Straßen einer Großstadt geht. […]

Während im ersten Fall der Langeweile das Bemühen darauf geht, die Langeweile durch den Zeitvertreib zu überschreien, damit man nicht auf sie zu hören braucht, während im zweiten Fall das Auszeichnende ein Nichthörenwollen ist, haben wir jetzt das Gezwungensein zu einem Hören, ein Gezwungenwerden im Sinne des Zwanges, den alles Eigentliche im Dasein hat, das demnach auf die innerste Freiheit Bezug hat. Das „es ist einem langweilig" hat uns schon in einen Machtbereich versetzt, dessen die einzelne Person, das öffentliche individuelle Subjekt, nicht mehr mächtig ist.

M. Heidegger: Die Grundbegriffe der Metaphysik, S. 118–206 R

Rüdiger Safranski beschreibt Heideggers Überlegungen zur Langeweile, zur Zeitlichkeit, zur Leere, zum menschlichen Sein in folgendem Text.

Rüdiger Safranski, Ein Meister aus Deutschland. Heidegger und seine Zeit

Heidegger will seine Hörer hineinstürzen lassen in die große Leere, sie sollen das Grundrauschen der Existenz hören, er will den Augenblick eröffnen, da es um nichts mehr geht, kein Weltgehalt sich anbietet, woran man sich festhalten oder mit dem man sich füllen kann. Der Augenblick des leeren Verstreichens der Zeit. Die Zeit pur, ihre reine Anwesenheit. Die Langeweile, der Moment also, da man bemerkt, wie die Zeit vergeht, weil sie gerade nicht vergehen will, da man sie sich nicht vertreiben, nicht herumbringen, nicht, wie es heißt, sinnvoll ausfüllen kann.

Mit unbeirrbarer Langmut – im Vorlesungstext 150 Seiten lang – hält es Heidegger bei diesem Thema aus. Er inszeniert die Langeweile als Initiationsereignis der Metaphysik. Er zeigt, wie in der Langeweile die beiden Pole der metaphysischen Erfahrung – die Welt als Ganzes und die einzelne Existenz – auf paradoxe Weise miteinander verbunden sind. Der einzelne wird vom Ganzen der Welt gerade dadurch ergriffen, daß er davon n i c h t ergriffen, sondern leer zurückgelassen wird.

R. Safranski: Ein Meister aus Deutschland, S. 220 R

1. Vergleichen Sie den Textausschnitt von Heidegger mit Safranskis Beschreibungen („die große Leere", „das Grundrauschen der Existenz" etc.). Wo finden Sie in Heideggers Text das von Safranski Beschriebene wieder? Nennen Sie Beispiele.
2. Suchen Sie die für Sie maßgeblichen Passagen in Heideggers Text und geben Sie diese dann in Ihrer eigenen Sprache und in Ihrem Verständnis wieder.
3. Interpretieren Sie speziell folgenden Satz aus dem Textausschnitt von Heidegger: „Ist es am Ende so weit mit uns, daß eine tiefe Langeweile in den Abgründen des Daseins wie ein schweigender Nebel hin- und herzieht?" Entwickeln Sie dann Assoziationen zu folgendem Zitat von Heidegger:
   „Das ‚keine Zeit haben', das so aussieht wie der strengste Ernst, ist vielleicht die größte Verlorenheit an die Banalitäten des Daseins."
   M. Heidegger: Die Grundbegriffe der Metaphysik, S. 119 R
4. Wie sehen Sie den Zusammenhang von „tiefer Langeweile" (jene Langeweile, welche nicht mehr an Bestimmtes gebunden ist, gleichsam ein existenzielles Gefühl ausmacht) und Philosophie selbst? Treffen Sie eine begründete Einschätzung.
5. In aller Regel wird Philosophie als Denkanstrengung, Vernunftsache und Kopfangelegenheit betrachtet. Sie beginnt zwar laut Aristoteles mit dem „Staunen", wird dann aber mit Vernunft betrieben. Schildern Sie persönliche Erfahrungen, wann Sie zum Philosophieren kommen, welche Stimmungen Sie zum Philosophieren hinführen.

Georges Bataille
Die Ökonomie im Rahmen des Universums (1946)
Der Gebrauch der Reichtümer (1947)

Georges Bataille (siehe auch S. 209f.) stellt in zwei kürzeren, einleitenden Texten zu seinem theoretischen Hauptwerk „Der verfemte Teil" („La part maudite" – 1949) seine Thesen zur Verausgabung dar. Er beschreibt die Idee einer „Allgemeinen Ökonomie" und versucht den Umgang mit Energie und Überschüssen einer Analyse zu unterziehen.

Die Ökonomie im Rahmen des Universums

Die grünen Teile der Pflanzen des Festlands und des Meeres bewirken die unaufhörliche Aneignung eines bedeutenden Quantums der Lichtenergie der Sonne. Auf diesem Wege erzeugt und belebt uns das Licht, die Sonne, und bringt unsere Überschüsse hervor. Diese Überschüsse, diese Belebung sind ein Ergebnis des Lichts (wir sind im Grunde nichts als ein Ergebnis der Sonne).

Praktisch, aus dem Gesichtspunkt des Reichtums betrachtet, zeichnet sich die Sonnenstrahlung durch ihren einseitigen Charakter aus: sie verliert sich ohne Berechnung, ohne Gegenleistung. *Die* Sonnenökonomie *gründet auf diesem Prinzip.*

[...]

Zu einem gegebenen Zeitpunkt, wenn das Wachstum des Systems seine Grenze erreichen wird, wird die aufgefangene Energie nicht anders können, als ihren Lauf wiederaufnehmen und sich verlieren. *Der Sonnenstrahl,* der wir sind, *findet am Ende die Natur und den Sinn der Sonne wieder: er muß sich verschenken,* sich ohne Berechnung verlieren. *Ein lebendes System wächst, oder es verschwendet sich* grundlos.

[...]

Im übrigen ist die gegenwärtige Armut die Folge einer Energieverpulverung. Es ist sicher schwierig, schlicht zu sagen: „Wenn Ihr arbeitet, dann deshalb, weil Ihr sonst nicht wißt, was Ihr mit den Energiesummen anfangen sollt, über die Ihr verfügt. Ihr könnt in Erwägung ziehen, weniger zu arbeiten, aber Ihr könnt nicht aufhören mit der Arbeit und Euch ausruhen. Ihr seid, Ihr solltet das wissen, nichts als explodierende Energie. Ihr werdet es nicht ändern. All diese Menschenwerke um Euch herum sind selber nur überschäumende Lebensenergie. Angesichts dessen, daß Ihr über alle Ressourcen der Erde verfügt, da sie nun einmal nicht endlos der Ausdehnung dienen können, solltet ihr sie aktiv verausgaben, aus keinem anderen Grund als dem Verlangen, *das Ihr danach habt. Andernfalls müßt ihr den passiven Weg von der Arbeitslosigkeit bis zum Krieg gehen. Ihr könnt es nicht leugnen: das Verlangen ist in Euch, und es ist lebhaft; Ihr werdet es nie vom Menschen trennen können. In erster Linie hat der Mensch die Aufgabe, ruhmvoll zu verausgaben, was die Erde anhäuft, was die Sonne verschwendet. In erster Linie ist er ein Lachender, ein Tanzender, ein Festgeber." Diese Sprache ist eindeutig die einzig seriöse. Die naive Menschheit, die die Praktiken der ruhmvollen Verausgabung befolgte, sah die Größe und die Bedeutung des Menschen in tragischer Weise mit ihnen verknüpft. Die menschliche Natur ist von vornherein auf gewaltige Freigaben von Energie eingestellt. Die, die dessen inne werden, sollten sich diesen Freigaben zuwenden. Nachdem die strahlende Sonnenenergie auf der Erde ein Maximum erreicht hat, haben sie die Aufgabe, ihr die ursprüngliche Freiheit wiederzugeben. Wenn sie durch die – vorübergehende – Schwäche der menschlichen Einsicht verraten werden, so wird ihnen zumindest die Wut der Sonne nicht fehlen: niemals führte eine gestellte Aufgabe sicherer zu einem Resultat, im – erstrebten – Ruhm oder im – erlittenen – Schrecken.*

G. Bataille: Die Ökonomie im Rahmen des Universums (L'économie à la mesure de l' univers – 1946). In: Ders., Die Aufhebung der Ökonomie, S. 290f. und S. 297f. R

Der Gebrauch der Reichtümer

Ich gehe von einem einfachen Prinzip aus, das unabhängig von jeder ökonomischen Analyse ist. Nach meinem Dafürhalten will es das allgemeine Gesetz des Lebens, daß ein Organismus unter neuen Umständen eine größere Energiemenge produziert als die, die er zum Fortbestand benötigt. Daraus ergibt sich eins von beiden: dieser Überhang verfügbarer Energie kann zum Wachstum oder zur Fortpflanzung verwandt werden, wenn aber nicht, wird er definitiv vergeudet. Im Bereich der menschlichen Tätigkeit nimmt dieses Dilemma die folgende Form an: entweder man verwendet den größten Teil der verfügbaren Ressourcen (das heißt der Arbeit) dazu, neue Produktionsmittel herzustellen – und man hat die kapitalistische Ökonomie (die Akkumulation, das Anwachsen der Reichtümer) – oder man vergeudet den Überschuß, ohne zu versuchen, das Produktionspotential zu vergrößern – und man hat die Ökonomie des Festes. Im ersten Fall ist der menschliche Wert eine Funktion der Produktivität; im zweiten verbindet er sich mit den schönsten Errungenschaften der Kunst, mit der Poesie, mit der vollen Entfaltung des menschlichen Lebens. Im ersten Fall befaßt man sich nur mit der künftigen Zeit, der man die gegenwärtige Zeit unterordnet; im zweiten zählt allein der gegenwärtige Augenblick, das Leben ist zumindest von Zeit zu Zeit und soweit wie möglich von den knechtischen Erwägungen befreit, die eine dem Wachstum der Produktion verpflichtete Welt beherrschen.

Diese beiden Wertsysteme können nicht im Reinzustand bestehen. Es gibt stets ein Minimum von Kompromiß. Doch die Menschenwelt, in der wir leben, hat sich gebildet unter dem Primat der Akkumulation, der Bestimmung der Reichtümer für die Vergrößerung des Produktionspotentials.

[...]

Denn nach meinem Dafürhalten ist der Gebrauch der Reichtümer, genauer ihr Zweck, in erster Linie ihre Vergeudung: ihr Rückzug aus dem Kreislauf der Produktion. *Nun hat diese Wahrheit nicht nur von Anfang an die tiefen moralischen Werte (die der Interesselosigkeit) und alle menschlichen Schätze fundiert, die die Jahrhunderte uns übereignet haben; sondern sie ist zugleich die einzige, auf die wir uns jetzt stützen könnten, um die Probleme zu lösen, die die industrielle Entwicklung uns stellt. Allein* die Gabe ohne Hoffnung auf Profit, *wie sie das Prinzip eines finalen Ressourcenüberschusses verlangt, kann die gegenwärtige Welt aus der Sackgasse befreien.*

G. Bataille: Der Gebrauch der Reichtümer (L'Usage des Richesses – 1947). In: Ders., Die Aufhebung der Ökonomie, S. 299–301

Im Anschluss an Nietzsche (und auch Freud) interessiert sich Bataille für das Irrationale. Gleich Nietzsche rückt er den Reichtum und die überbordende Verschwendung der Natur in den Blickpunkt.

[...] der Gesammt-Aspekt des Lebens ist n i c h t die Nothlage, die Hungerlage, vielmehr der Reichthum, die Üppigkeit, selbst die absurde Verschwendung [...].

F. Nietzsche: Götzen-Dämmerung §14. In: Ders., Sämtliche Werke. Bd. 6, S. 120 R

Auch das Bild des Tanzens wird von Nietzsche oft bemüht.

Die rein produktive und vernünftige Welt entspricht (so gesehen) nicht den basalen Lebensprozessen. Bataille rückt nun die Sonne in den Mittelpunkt.
Sie ist – biologisch gesehen – die Grundlage allen Lebens. Sie gibt die Energie und erwartet keine Gegenleistung.

Oftmals sehen wir uns jedoch als Notleidende. Wir verspüren einen Mangel: Diese Sache bräuchte ich noch, das fehlt auch noch etc.
Bataille kann so als Anregung gesehen werden: Wie wäre es, die Welt/das Leben vor der Folie des Überschusses und Überflusses zu sehen?

1. Übertragen Sie die oben genannte Bataille'sche Sicht auf Ihren Erfahrungskontext. Das Leben als Beschenkter, als mit Überschüssen Gesegnete: Beschreiben Sie Ihre Assoziationen.

Nebenbei: „Sehet die Lilien auf dem Feld." – Diese berühmte Bibelstelle bei Matthäus 6, 25–34 bzw. bei Lukas 12, 22–31 unterstreicht die Sorglosigkeit. Hier wird von den Vögeln des Himmels gesprochen, die nicht säen, keine Vorräte in Scheunen sammeln und doch ernährt werden. So wird angeregt, von den Lilien zu lernen: Sie arbeiten nicht und sind doch prächtiger gekleidet als König Salomo.

2. Wofür gebe ich meine Energie her? Wie verausgabe ich mich, meine Energie? Kurzum: Was tue ich den ganzen langen Tag? Reflektieren Sie diese Fragestellungen und suchen Sie nach Ihren konkreten Verausgabungen, vielleicht beim Sport, beim Tanzen etc.

Es ist allzu verständlich, dass in diversen alten Religionen und Kulten die Sonne eine derart zentrale Rolle eingenommen hat, dass sie *die* Gottheit schlechthin dargestellt hat.

Gedankenexperiment:
Wie würden Sie die Sonne, aber auch den Mond und die Sterne betrachten, hätten Sie keine modernen naturwissenschaftlichen und astronomischen Kenntnisse? Versetzen Sie sich kurz in die Lage der sogenannten ersten Philosophen. Inwiefern fasziniert Sie der nächtliche Sternenhimmel?

Hannah Arendt, Vita activa oder Vom tätigen Leben (1958)

Die deutsch-jüdische Philosophin wurde 1906 in Hannover geboren – sie starb 1975 in New York. Arendt studierte bei den Philosophen Heidegger, Husserl und Jaspers. Sie war journalistisch tätig und hatte Professuren an amerikanischen Universitäten.

Eigentlich ging es Arendt in „Vita activa oder Vom tätigen Leben" („The Human Condition") – im Rückgriff auf antike Ideen und das Aristotelische Denken – um einen Neuanfang, was den Begriff des Politischen betraf. Die Erfahrung des Totalitarismus machte dies nötig.

Sie beginnt ganz elementar mit der Frage: Was bedeutet eigentlich Menschsein?
Arendt unterscheidet hierbei drei Grundformen menschlicher Aktivität: *Arbeit* ist die unmittelbar lebenserhaltende Tätigkeit; wir unterliegen dem Lebenszwang, bestimmte Güter zu verbrauchen. Beim *Herstellen* werden Gegenstände, Werke geschaffen; diese Güter werden gebraucht. Und letztlich ist das *Handeln* die höchste Tätigkeitsform. Hier treten Menschen in Wechselwirkung, Handeln richtet sich an andere. Der Mensch handelt somit in Gemeinschaft: handeln als mit-handeln. Menschen handeln politisch, sie gestalten das Zusammenleben, sie können die Welt (ver)-ändern. Handeln ist das zutiefst Menschliche, das Politische – hier herrscht Freiheit. Der Mensch ist das handelnde Wesen.
Weiters verweist die Sprache auf die Verwobenheit mit anderen. Handeln ist somit Interaktion.

Arendt kritisiert das Primat der Arbeit und des Konsums und den gleichzeitigen Verlust von Freiheit. Die menschliche Möglichkeit und Fähigkeit der Freiheit und des freien Handelns sollte unterstrichen werden – gerade im Bewusstsein der politischen Katastrophen des 20. Jahrhunderts, nach den totalitären Regimen. Der Neuanfang in Freiheit war die Vision von Hannah Arendt.

Erstes Kapitel: Die menschliche Bedingtheit
Mit dem Wort Vita activa sollen im folgenden drei menschliche Grundtätigkeiten zusammengefaßt werden: Arbeiten, Herstellen und Handeln. Sie sind Grundtätigkeiten, weil jede von ihnen einer der Grundbedingungen entspricht, unter denen dem Geschlecht der Menschen das Leben auf der Erde gegeben ist.

Die Tätigkeit der Arbeit entspricht dem biologischen Prozeß des menschlichen Körpers, der in seinem spontanen Wachstum, Stoffwechsel und Verfall sich von Naturdingen nährt, welche die Arbeit erzeugt und zubereitet, um sie als die Lebensnotwendigkeiten dem lebendigen Organismus zuzuführen. Die Grundbedingung, unter der die Tätigkeit des Arbeitens steht, ist das Leben selbst.

Im Herstellen manifestiert sich das Widernatürliche eines von der Natur abhängigen Wesens, das sich der immerwährenden Wiederkehr des Gattungslebens nicht fügen kann und für seine individuelle Vergänglichkeit keinen Ausgleich findet in der potentiellen Unvergänglichkeit des Geschlechts. Das Herstellen produziert eine künstliche Welt von Dingen, die sich den Naturdingen nicht einfach zugesellen, sondern sich von ihnen dadurch unterscheiden, daß sie der Natur bis zu einem gewissen Grade widerstehen und von den lebendigen Prozessen nicht einfach zerrieben werden. In dieser Dingwelt ist menschliches Leben zu Hause, das von Natur in der Natur heimatlos ist; und die Welt bietet Menschen eine Heimat in dem Maße, in dem sie menschliches Leben überdauert, ihm widersteht und als objektiv-gegenständlich gegenübertritt. Die Grundbedingung, unter der die Tätigkeit des Herstellens steht, ist Weltlichkeit, nämlich die Angewiesenheit menschlicher Existenz auf Gegenständlichkeit und Objektivität.

Das Handeln ist die einzige Tätigkeit der Vita activa, die sich ohne die Vermittlung von Materie, Material und Dingen direkt zwischen Menschen abspielt. Die Grundbedingung, die ihr entspricht, ist das Faktum der Pluralität, nämlich die Tatsache, daß nicht ein Mensch, sondern viele Menschen auf der Erde leben und die Welt bevölkern. […]

Alle drei Grundtätigkeiten und die ihnen entsprechenden Bedingungen sind nun nochmals in der allgemeinsten Bedingtheit menschlichen Lebens verankert, daß es nämlich durch Geburt zur Welt kommt und durch Tod aus ihr wieder verschwindet. Was die Mortalität anlangt, so sichert die Arbeit das Am-Leben-Bleiben des Individuums und das Weiterleben der Gattung; das Herstellen errichtet eine künstliche Welt, die von der Sterblichkeit der sie Bewohnenden in gewissem Maße unabhängig ist und so ihrem flüchtigen Dasein so etwas wie Bestand und Dauer entgegenhält; das Handeln schließlich, soweit es der Gründung und Erhaltung politischer Gemeinwesen dient, schafft die Bedingungen für eine Kontinuität der Generationen, für Erinnerung und damit für Geschichte. Auch an der Natalität sind alle Tätigkeiten gleicherweise orientiert, da sie immer auch die Aufgabe haben, für die Zukunft zu sorgen, bzw. dafür, daß das Leben und die Welt dem ständigen Zufluß von Neuankömmlingen, die als Fremdlinge in sie hineingeboren werden, gewachsen und auf ihn vorbereitet bleibt. Dabei ist aber das Handeln an die Grundbedingung der Natalität enger gebunden als Arbeiten und Herstellen. Der Neubeginn, der mit jeder Geburt in die Welt kommt, kann sich in der Welt nur dadurch zur Geltung bringen, weil dem Neuankömmling die Fähigkeit zukommt, selbst einen neuen Anfang zu machen, d. h. zu handeln. Im Sinne von Initiative – ein initium setzen – steckt ein Element von Handeln in allen menschlichen Tätigkeiten, was nichts anderes besagt, als daß diese Tätigkeiten eben von Wesen geübt werden, die durch Geburt zur Welt gekommen sind und unter der Bedingung der Natalität stehen. Und da Handeln ferner die politische Tätigkeit par excellence ist, könnte es wohl sein, daß Natalität für politisches Denken ein so entscheidendes, Kategorien-bildendes Faktum darstellt, wie Sterblichkeit seit eh und je und im Abendland zumindest seit Plato der Tatbestand war, an dem metaphysisch-philosophisches Denken sich entzündete. […]

Die Menschen leben also nicht nur unter den Bedingungen, die gleichsam die Mitgift ihrer irdischen Existenz überhaupt darstellen, sondern darüber hinaus unter selbstgeschaffenen Bedingungen, die ungeachtet ihres menschlichen Ursprungs die gleiche bedingende Kraft besitzen wie die bedingenden Dinge der Natur.

H. Arendt: Vita activa oder Vom tätigen Leben, S. 16–19 R

Fünftes Kapitel: Das Handeln

Das Faktum menschlicher Pluralität, die grundsätzliche Bedingung des Handelns wie des Sprechens, manifestiert sich auf zweierlei Art, als Gleichheit und als Verschiedenheit. Ohne Gleichartigkeit gäbe es keine Verständigung unter Lebenden, kein Verstehen der Toten und kein Planen für eine Welt, die nicht mehr von uns, aber doch immer noch von unseresgleichen bevölkert sein wird. Ohne Verschiedenheit, das absolute Unterschiedensein jeder Person von jeder anderen, die ist, war oder sein wird, bedürfte es weder der Sprache noch des Handelns für eine Verständigung; eine Zeichen- und Lautsprache wäre hinreichend, um einander im Notfall die allen gleichen, immer identisch bleibenden Bedürfnisse und Notdürfte anzuzeigen. […]

Sprechend und handelnd schalten wir uns in die Welt der Menschen ein, die existierte, bevor wir in sie geboren wurden, und diese Einschaltung ist wie eine zweite Geburt, in der wir die nackte Tatsache des Geborenseins bestätigen, gleichsam die Verantwortung dafür auf uns nehmen. Aber wiewohl niemand sich diesem Minimum an Initiative ganz und gar entziehen kann, so wird sie doch nicht von irgendeiner Notwendigkeit erzwungen wie das Arbeiten, und sie wird auch nicht aus uns gleichsam hervorgelockt durch den Antrieb der Leistung und die Aussicht auf Nutzen. Die Anwesenheit von Anderen, denen wir uns zugesellen wol-

len, mag in jedem Einzelfall als ein Stimulans wirken, aber die Initiative selbst ist davon nicht bedingt; der Antrieb scheint vielmehr in dem Anfang selbst zu liegen, der mit unserer Geburt in die Welt kam, und dem wir dadurch entsprechen, daß wir selbst aus eigener Initiative etwas Neues anfangen. In diesem ursprünglichsten und allgemeinsten Sinne ist Handeln und etwas Neues Anfangen dasselbe […].

[…]

Weil jeder Mensch auf Grund des Geborenseins ein initium, ein Anfang und Neuankömmling in der Welt ist, können Menschen Initiative ergreifen, Anfänger werden und Neues in Bewegung setzen.

[…]

Dieser Anfang, der der Mensch ist, insofern er Jemand ist, fällt keinesfalls mit der Erschaffung der Welt zusammen; das, was vor dem Menschen war, ist nicht Nichts, sondern Niemand; seine Erschaffung ist nicht der Beginn von etwas, das, ist es erst einmal erschaffen, in seinem Wesen da ist, sich entwickelt, andauert oder auch vergeht, sondern das Anfangen eines Wesens, das selbst im Besitz der Fähigkeit ist anzufangen: es ist der Anfang des Anfangs oder des Anfangens selbst. Mit der Erschaffung des Menschen erschien das Prinzip des Anfangs, das bei der Schöpfung der Welt noch gleichsam in der Hand Gottes und damit außerhalb der Welt verblieb, in der Welt selbst und wird ihr immanent bleiben, solange es Menschen gibt; was natürlich letztlich nichts anderes sagen will, als daß die Erschaffung des Menschen als eines Jemands mit der Erschaffung der Freiheit zusammenfällt.

Es liegt in der Natur eines jeden Anfangs, daß er, von dem Gewesenen und Geschehenen her gesehen, schlechterdings unerwartet und unerrechenbar in die Welt bricht. Die Unvorhersehbarkeit des Ereignisses ist allen Anfängen und allen Ursprüngen inhärent.

H. Arendt: Vita activa oder Vom tätigen Leben, S. 213 und S. 215f. R

1. Natalität: ein Plädoyer für die Freiheit
   Eingespannt zwischen den Bedingungen Geburt und Tod, und auch der notwendigen Selbsterhaltung des Organismus ausgeliefert, sind wir Unfreie. Im Handeln entfaltet sich die Freiheit; diese beginnt mit der Natalität. Suchen Sie nach Passagen im Text, wo Arendts Vision und Idee der Freiheit des Menschen zutage tritt.
   Der Begriff „Anfänger" erfährt bei Arendt eine positive Bedeutung. Was ist das Schöne am Anfangen? Tauschen Sie diesbezüglich Erfahrungen aus.
2. Der Anfang des Anfangs: Der Mensch ist unberechenbar – und das ist vielleicht gut. Was bedeutet jene Bestimmung im Zeitalter der Künstlichen Intelligenz, der Roboter, der subtilen, aber allgegenwärtigen Algorithmen? Machen Sie sich – im Lichte der Überlegungen von Arendt – mögliche Differenzen zwischen (unberechenbarem) Mensch und (berechenbarer) Maschine (dem „Rechner") bewusst. Verfassen Sie dazu abschließend einen philosophischen Essay.
3. Menschen sind gleich, sie sind aber auch verschieden. Es gilt der Grundsatz: same, but different. Blicken Sie sich in der Klasse um und versuchen Sie dann den Schritt vom Konkreten zum Abstrakten: Beschreiben Sie Begebenheiten, bei denen Sie die Verbundenheit, das Gleichsein mit anderen spüren, denken. Berichten Sie auch über Situationen, in denen die Verschiedenheit stärker zum Vorschein kommt. Wie zeigt sich die Pluralität – Arendt zufolge – beim Phänomen Sprache?

Die klassische Philosophie und auch Arendts Lehrer Heidegger sehen in der Sterblichkeit die Begründung des philosophischen Denkens. Arendt sieht in der Gebürtlichkeit den Grundimpuls zur Philosophie. Geburt heißt einen Anfang machen können. Die/Der Einzelne hat dann die (Lebens-) Aufgabe, zusammen mit anderen die Welt zu gestalten – mit sich, mit den anderen und der Welt etwas „anzufangen".

4. Welche Unterschiede in der Betrachtung von Welt und Mensch können sich finden, wenn man entweder den Tod oder ein andermal die Geburt als „Gravitationszentrum" und Ausgangspunkt der philosophischen Überlegungen wählt? Erörtern Sie diese Fragen in Partnerarbeit und präsentieren Sie die Ergebnisse und Erwägungen dann vor der Klasse.

Michel Foucault, Überwachen und Strafen. Die Geburt des Gefängnisses (1975)

Ausgehend von geschichtlichen Betrachtungen über das Gefängniswesen und diverse Disziplinierungsmethoden versucht Foucault dem Thema Macht auf die Spur zu kommen. Was ist „normal", und wie wird mit sogenannten „Abweichungen" umgegangen? So wird eine Geschichte der Gesellschaft gezeichnet, in der die Möglichkeiten der Macht auch in Spitälern, Kasernen, Fabriken und Schulen eingesetzt werden. In dieser Passage geht Foucault näher auf die Idee des „Panopticon" ein.

Das psychiatrische Asyl, die Strafanstalt, das Besserungshaus, das Erziehungsheim und zum Teil auch die Spitäler – alle diese der Kontrolle des Individuums dienenden Instanzen funktionieren gleichermaßen als Zweiteilung und Stigmatisierung (wahnsinnig – nichtwahnsinnig, gefährlich – harmlos, normal – anormal) sowie als zwanghafte Einstufung und disziplinierende Aufteilung. [...]

Die hartnäckige Grenzziehung zwischen dem Normalen und dem Anormalen, der jedes Individuum unterworfen ist, verewigt und verallgemeinert die zweiteilende Stigmatisierung und die Aussetzung des Aussätzigen. Die Existenz zahlreicher Techniken und Institutionen, die der Messung, Kontrolle und Besserung der Anormalen dienen, hält die Disziplinierungsverfahren am Leben, die einst von der Furcht vor der Pest herbeigerufen worden sind. Alle Machtmechanismen, die heute das Anormale umstellen, um es zu identifizieren und modifizieren, setzen sich aus jenen beiden Formen zusammen, von denen sie sich herleiten.

Das Panopticon von Bentham[1] ist die architektonische Gestalt dieser Zusammensetzung. Sein Prinzip ist bekannt: an der Peripherie ein ringförmiges Gebäude; in der Mitte ein Turm, der von breiten Fenstern durchbrochen ist, welche sich nach der Innenseite des Ringes öffnen; das Ringgebäude ist in Zellen unterteilt, von denen jede durch die gesamte Tiefe des Gebäudes reicht; sie haben jeweils zwei Fenster, eines nach innen, das auf die Fenster des Turms gerichtet ist, und eines nach außen, so daß die Zelle auf beiden Seiten von Licht durchdrungen wird. Es genügt demnach, einen Aufseher im Turm aufzustellen und in jeder Zelle einen Irren, einen Kranken, einen Sträfling, einen Arbeiter oder einen Schüler unterzubringen. Vor dem Gegenlicht lassen sich vom Turm aus die kleinen Gefangenensilhouetten in den Zellen des Ringes genau ausnehmen. Jeder Käfig ist ein kleines Theater, in dem jeder Akteur allein ist, vollkommen individualisiert und ständig sichtbar. Die panoptische Anlage schafft Raumeinheiten, die es ermöglichen, ohne Unterlaß zu sehen und zugleich zu erkennen. Das Prinzip des Kerkers wird umgekehrt, genauer gesagt: von seinen drei Funktionen – einsperren, verdunkeln und verbergen – wird nur die erste aufrechterhalten, die beiden anderen fallen weg. Das volle Licht und der Blick des Aufsehers erfassen besser als das Dunkel, das auch schützte. Die Sichtbarkeit ist eine Falle. [...]

Jeder ist an seinem Platz sicher in eine Zelle eingesperrt, wo er dem Blick des Aufsehers ausgesetzt ist; aber die seitlichen Mauern hindern ihn daran, mit seinen Gefährten in Kontakt zu treten. Er wird gesehen, ohne selber zu sehen; er ist Objekt einer Information, niemals Subjekt in einer Kommunikation. Die Lage seines Zimmers gegenüber dem Turm zwingt ihm eine radikale Sichtbarkeit auf; aber die Unterteilungen des Ringes, diese wohlgeschiedenen Zellen, bewirken eine seitliche Unsichtbarkeit, welche die Ordnung garantiert. Sind die Gefangenen Sträflinge, so besteht keine Gefahr eines Komplottes, eines kollektiven Ausbruchsversuches, neuer verbrecherischer Pläne für die Zukunft, schlechter gegenseitiger Einflüsse; handelt es sich um Kranke, besteht keine Ansteckungsgefahr; sind es Irre, gibt es kein Risiko gegenseitiger Gewalttätigkeiten; sind es Kinder, gibt es kein Abschreiben, keinen Lärm, kein Schwätzen, keine Zerstreuung; handelt es sich um Arbeiter, gibt es keine Schlägereien, keine Diebstähle, keine Verbindungen und keine Zerstreuungen, welche die Arbeit verzögern und weniger vollkommen machen oder zu Unfällen führen. [...]

Daraus ergibt sich die Hauptwirkung des Panopticon: die Schaffung eines bewußten und permanenten Sichtbarkeitszustandes beim Gefangenen, der das automatische Funktionieren der Macht sicherstellt. Die Wirkung der Überwachung ‚ist permanent, auch wenn ihre Durchführung sporadisch ist'; die Perfektion der Macht vermag ihre tatsächliche Ausübung überflüssig zu machen; der architektonische Apparat ist eine Maschine, die ein Machtverhältnis schaffen und aufrechterhalten kann, welches vom Machtausübenden unabhängig ist; die Häftlinge sind Gefangene einer Machtsituation, die sie selber stützen. Im Hinblick darauf ist es sowohl zu viel wie auch zu wenig, daß der Häftling ohne Unterlaß von einem Aufseher überwacht wird: zu wenig ist es, weil es darauf ankommt, daß er sich ständig überwacht weiß; zu viel ist es, weil er nicht wirklich überwacht werden muß: Zu diesem Zweck hat Bentham das Prinzip aufgestellt, daß die Macht sichtbar, aber uneinsehbar sein muß; sichtbar, indem der Häftling ständig die hohe Silhouette des Turms vor Augen hat, von dem aus er

bespäht wird; uneinsehbar, sofern der Häftling niemals wissen darf, ob er gerade überwacht wird; aber er muß sicher sein, daß er jederzeit überwacht werden kann. [...]
Eine wirkliche Unterwerfung geht mechanisch aus einer fiktiven Beziehung hervor, so daß man auf Gewaltmittel verzichten kann, um den Verurteilten zum guten Verhalten, den Wahnsinnigen zur Ruhe, den Arbeiter zur Arbeit, den Schüler zum Eifer und den Kranken zur Befolgung der Anordnungen zu zwingen. Bentham wunderte sich selber darüber, daß die panoptischen Einrichtungen so zwanglos sein können: es gibt keine Gittertore mehr, keine Ketten, keine schweren Schlösser; es genügt, wenn die Trennungen sauber und die Öffnungen richtig sind. Die Wucht der alten ‚Sicherheitshäuser' mit ihrer Festungsarchitektur läßt sich durch die einfache und sparsame Geometrie eines ‚Gewißheitshauses' ersetzen. Die Wirksamkeit der Macht und ihre Zwingkraft gehen sozusagen auf ihre Zielscheibe über. Derjenige, welcher der Sichtbarkeit unterworfen ist und dies weiß, übernimmt die Zwangsmittel der Macht und spielt sie gegen sich selber aus; er internalisiert das Machtverhältnis, in welchem er gleichzeitig beide Rollen spielt; er wird zum Prinzip seiner eigenen Unterwerfung.
[...]
Das ‚Unter-Beobachtung-Stellen' ist die natürliche Verlängerung einer von den Disziplinarmethoden und Überprüfungsverfahren erfaßten Justiz. Daß das Zellengefängnis mit seinem Zeitrhythmus, seiner Zwangsarbeit, seinen Überwachungs- und Registrierungsinstanzen, seinen Normalitätslehrern, welche die Funktion des Richters fortsetzen und vervielfältigen, zur modernen Strafanlage geworden ist – was ist daran verwunderlich? Was ist daran verwunderlich, wenn das Gefängnis den Fabriken, den Schulen, den Kasernen, den Spitälern gleicht, die allesamt den Gefängnissen gleichen?

M. Foucault: Überwachen und Strafen, S. 256–292 R

[1] Bentham: gemeint ist einer der Begründer des Utilitarismus, Jeremy Bentham (1748–1832)

Anmerkung: Kaiserin Maria Theresia hat nicht nur die „Allgemeine Schulordnung" (1774) erlassen bzw. das Unterrichtswesen geregelt, sie hat auch die Leibeigenschaft gemildert und die Folter abgeschafft.

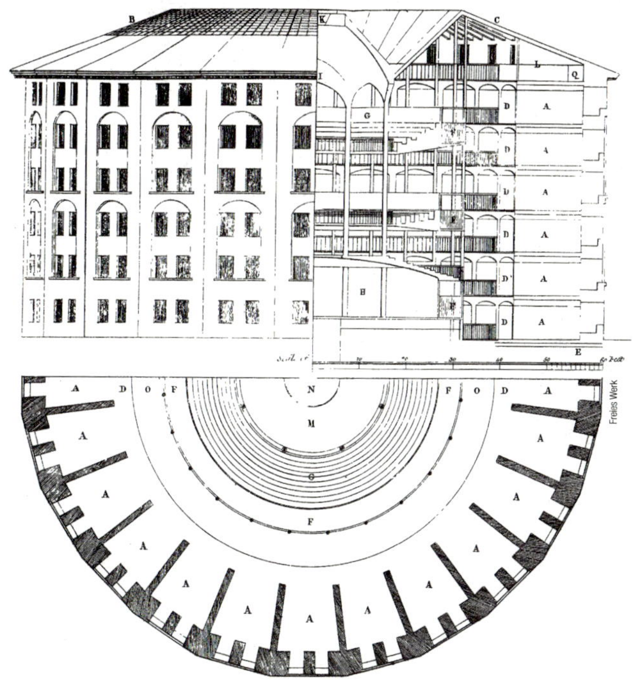

Benthams Panopticon

1. Beschreiben Sie Ihrer Nachbarin/Ihrem Nachbarn die Anordnung und Idee von Benthams Panopticon. Danach soll sie/er Ihnen die Überlegung und Grundaussage von Foucault, die er mit dem Bild des Panopticon verdeutlichen will, näherbringen.
2. Versuchen Sie den Kerngedanken, das Neue und „Geniale" an der Machtausübung via Panopticon aus dem Text herauszulesen. Unterstreichen Sie entsprechende Passagen. Bedenken Sie, was sich seit der Entstehung des Textes (1975) in diese Richtung verändert oder weiterentwickelt hat. Inwiefern wird der Gefangene zum Gefangenenwärter? Argumentieren Sie diese scheinbare Paradoxie.
3. Erläutern Sie zuerst in Partnerarbeit und dann in der gesamten Klasse die These von Foucault, wonach ähnliche Machtmechanismen und Disziplinierungsmethoden sowohl im Gefängnis als auch in Kasernen, Fabriken, Spitälern und Schulen vorhanden sind.

Judith Butler, Das Unbehagen der Geschlechter (1990)

In ihrem bekannten Werk „Das Unbehagen der Geschlechter" („Gender Trouble") geht es Judith Butler darum, die Konstruktionen der sogenannten Geschlechteridentitäten zu ergründen. Geschlechteridentitäten entstehen durch Sprache und Handlungen – sie werden geformt und konstruiert. Danach erscheint dieses Konstrukt als „natürlich" – Macht und Herrschaft scheinen so einfach legitimiert. Die fixe Zweiteilung in weiblich und männlich gilt es aufzulösen.

Im Sinne von Descartes' Regel 2 zum sicheren Vernunftgebrauch („Alle Probleme müssen zerlegt werden und können nacheinander gelöst werden.", vgl. S. 41) sollen Sie diesen anspruchsvollen Text in drei Teilen/Schritten analysieren und diskutieren.
Lesen Sie zuerst die einzelnen Textteile und suchen Sie nach deren Kernaussage. Erörtern Sie anschließend den gesamten Text und besprechen Sie die anschließenden Fragen.

Teil 1: Bewusstmachen und Eröffnen der Problematik

In welchem Sinne ist die Geschlechtsidentität ein ‚Akt'? Ähnlich wie andere rituelle gesellschaftliche Inszenierungen erfordert auch das Drama der Geschlechtsidentität eine wiederholte Darbietung. Diese Wiederholung ist eine Re-Inszenierung und ein Wieder-Erleben eines bereits gesellschaftlich etablierten Bedeutungskomplexes – und zugleich die mundane[1], ritualisierte Form seiner Legitimation. Obgleich es die individuellen Körper sind, die diese Bezeichnungen in Szene setzen, indem sie zu kulturell erzeugten Formen der Geschlechtsidentität (gendered modes) stilisiert werden, ist diese ‚Handlung' öffentlich: Sie hat eine zeitliche und kollektive Dimension, und ihr öffentlicher Charakter ist kein Zufall. Tatsächlich wird die Performanz[2] mit dem strategischen Ziel aufgeführt, die Geschlechtsidentität in ihrem binären Rahmen zu halten – ein Ziel, das sich keinem Subjekt zusprechen läßt, sondern eher umgekehrt das Subjekt begründet und festigt.

Teil 2: Begründungen

Wir dürfen die Geschlechtsidentität nicht als feste Identität oder als locus der Tätigkeit konstruieren, aus dem die verschiedenen Akte hervorgehen. Vielmehr ist sie eine Identität, die durch die stilisierte Wiederholung der Akte in der Zeit konstituiert bzw. im Außenraum instituiert wird.

Da der Effekt der Geschlechtsidentität durch die Stilisierung des Körpers erzeugt wird, muß er als der mundane Weg verstanden werden, auf dem die Körpergesten, die Bewegungen und die Stile unterschiedlicher Art die Illusion eines unvergänglichen, geschlechtlich bestimmten Selbst (gendered self) herstellen. Diese Formulierung verlagert die Konzeption der Geschlechtsidentität vom Boden des substantiellen Identitätsmodells zu einem Modell, das eine Konzeption der Geschlechtsidentität als konstituierte gesellschaftliche Zeitlichkeit erfordert. Denn wenn die Geschlechtsidentität bezeichnenderweise durch in sich diskontinuierliche Akte instituiert wird, erweist sich der Anschein der Substanz als eine konstruierte Identität oder als eine performative Leistung, der das mundane gesellschaftliche Publikum, einschließlich der Schauspieler selbst, Glauben schenkt und die sie in diesem Glauben aufführt. Zudem ist die Geschlechtsidentität eine Norm, die niemals vollständig verinnerlicht werden kann: Das ‚Innen' ist eine Oberflächenbezeichnung, und die Geschlechternormen haben letztlich phantasmatischen Charakter und lassen sich nicht verkörpern. Ist also die Grundlage der geschlechtlich bestimmten Identität keine scheinbar bruchlose Identität, sondern die stilisierte Wiederholung von Akten in der Zeit, so verschiebt sich die räumliche Metapher vom ‚Grund' und enthüllt sich als stilisierte Konfigurierung, ja als durch die Geschlechtsidentität bestimmte Verkörperung der Zeit (gendered corporealisation of time). Damit zeigt sich auch, daß das unvergängliche, geschlechtlich bestimmte Selbst durch wiederholte Akte strukturiert ist, die zwar versuchen, sich dem Ideal eines substantiellen Grundes der Identität anzunähern, aber in ihrer bedingten Diskontinuität, gerade die zeitliche und kontingente[3] Grundlosigkeit diese ‚Grundes' offenbaren. Die Möglichkeiten zur Veränderung der Geschlechtsidentität sind gerade in dieser arbiträren[4] Beziehung zwischen den Akten zu sehen, d. h. in der Möglichkeit, die Wiederholung zu verfehlen bzw. in einer De-Formation oder parodistischen Wiederholung, die den phantasmatischen Identitätseffekt als eine politisch schwache Konstruktion entlarvt.

Teil 3: Schlussfolgerungen

Wenn die Attribute der Geschlechtsidentität nicht expressiv, sondern performativ sind, wird die Identität, die sie angeblich nur ausdrücken oder offenbaren sollen, in Wirklichkeit durch diese Attribute konstituiert. Die Unterscheidung zwischen Ausdruck und Performanz ist zentral: Wenn die Attribute und Akte der Geschlechtsidentität, die verschiedenen Formen, in denen ein Körper seine kulturelle Bezeichnung zum Vorschein bringt oder produziert, performativ sind, gibt es keine vorgängige existierende Identität, an der ein Akt oder Attribut gemessen werden könnte. Es gibt dann weder wahre noch falsche, weder wirkliche noch verzerrte Akte der Geschlechtsidentität, und das Postulat einer wahren geschlechtlich bestimmten Identität enthüllt sich als regulierende Fiktion. Daß die Geschlechter-Realität (gender reality) durch aufrechterhaltene gesellschaftliche Performanzen geschaffen wird, bedeutet gerade, daß die Begriffe des wesenhaften Geschlechts und der wahren oder unvergänglichen Männlichkeit und Weiblichkeit ebenfalls konstituiert sind. Sie sind Teil jener Strategie, die den performativen Charakter der Geschlechtsidentität und die performativen Möglichkeiten verschleiert, die Konfigurationen der Geschlechtsidentität jenseits des einschränkenden Rahmens der maskulinen Herrschaft und der Zwangsheterosexualität zu vervielfältigen.

Die Geschlechtsidentitäten können weder wahr noch falsch, weder wirklich noch scheinbar, weder ursprünglich noch abgeleitet sein. Als glaubwürdige Träger solcher Attribute können sie jedoch gründlich und radikal unglaubwürdig gemacht werden.

J. Butler: Das Unbehagen der Geschlechter, S. 206–208 R

[1] mundan = weltlich
[2] Performanz = Aufführung, Ausführung, Handlung bzw. innerhalb der Sprachforschung als Bezeichnung für Sprachverwendung – dies oftmals in Abgrenzung zur „Kompetenz". Die Kompetenz charakterisiert die dem Verhalten zugrunde liegende Fähigkeit.
[3] kontingent = zufällig
[4] arbiträr = willkürlich

1. Suchen Sie nach den (vermutlich) wichtigen und zentralen Wörtern dieses Textes. Versuchen Sie diese Wörter dann in Ihren eigenen Worten zu beschreiben, in Ihre Sprache zu übersetzen.
2. Zum Performanz-Begriff: Recherchieren Sie dazu im Internet oder in Lexika. Was will Judith Butler in Anlehnung an diesen Begriff verdeutlichen? Verkürzt dargestellt könnte das performative Argument so formuliert werden: Mache es nur genügend lang, und es ist wahr! Beschreiben Sie Situationen und Vorgänge, wo dieses Prinzip in die Tat umgesetzt wird/wurde.
3. Entwickeln Sie eine persönliche Bewertung dieses Textes und der Ansichten von Judith Butler. Wie schätzen Sie dessen Aktualität ein? Setzen Sie sich kritisch mit der Überlegung auseinander, wonach die Geschlechteridentität und die Herrschafts- und Machtverhältnisse verwoben seien – „Zwangsheterosexualität" inklusive.

Rüdiger Safranski, Wieviel Globalisierung verträgt der Mensch? (2003)

Safranski versucht in diesem Text die Bedeutung der Globalisierung für den Menschen zu analysieren. Er sichtet die Entstehungsbedingungen dieser allumfassenden Entwicklung, geht auf die menschliche Bedingung („conditio humana") – die Grundbefindlichkeiten des Menschen – ein und warnt auch vor möglichen Schattenseiten.

Platz schaffen

Ich stelle mir vor: Man kommt irgendwoher und will irgendwohin und man kann sich nicht verhehlen, daß die Verhältnisse, in denen man sich vorfindet, unübersichtlich, also waldartig sind. Man hat sich verirrt, ein Gefühl, das heutzutage der Normalzustand ist. Man beginnt nach einer Lichtung zu suchen.

Da gibt es nun die Möglichkeit, nach Ursprüngen zu suchen, nach dem wahren Selbst, nach einem Punkt, wo der falsche Weg begann. Die Gefahr: Man verirrt sich nach rückwärts oder nach innen.

Dann gibt es die Möglichkeit: Geradeaus marschieren, um dort anzukommen, wo man glaubt hinzugehören: Wachstum, Fortschritt. Die Gefahr: Man verirrt sich nach vorwärts oder nach außen.

Die dritte Möglichkeit: Sich am Ort der gegenwärtigen Verirrung niederzulassen und, unbekümmert um Ursprung und Ziel, eine Lichtung zu schlagen. Lichtung: das lebbare Provisorium, das Wohnen in der Verirrung, der Triumph des Anfangenkönnens an Ort und Stelle, hier und jetzt, eine freie Stelle mit Blick zum überwölbenden Himmel, umringt vom Wald der Zivilisation, der aber auf Abstand gehalten ist. […]

Eine Lichtung schlagen bedeutet weiterhin, Verhaltens- und Denkweisen pflegen, die zur globalistischen Hysterie nicht recht passen wollen: die Verlangsamung, den Eigensinn, den Ortssinn, das Abschalten, das Unerreichbar-Sein. Aber vergessen wir nicht: Im kommunikativen Netz gibt es keine Nicht-Kommunikation, denn auch sie ist ein kommunikativer Akt. Das weiß jeder Handy-Besitzer. Er ist potentiell immer erreichbar und trägt deshalb die Begründungslast, wenn er es nicht ist. Er mag sein Gerät ausstellen, er selbst ist, ob er es will oder nicht, auf ‚stand by'-Funktion geschaltet. Die ständige Erreichbarkeit, das Ideal der Kommunikationsgemeinschaft, gilt als Fortschritt, wobei man offenbar vergessen hat, daß früher nur das ‚Personal' ständig erreichbar sein mußte. Heute drängt man offenbar danach, sich vom Kommunikationsnetz als Dienstbote anstellen zu lassen. Es wird suggeriert, daß es auf allseitige Öffnung und ständige Kommunikationsbereitschaft ankommt. Dabei wird vergessen: Nicht nur der Körper, auch unser Geist braucht einen Immunschutz; man darf nicht alles in sich hineinlassen, sondern nur soviel, wie man sich anverwandeln kann. Die Logik der kommunikativ vernetzten Welt aber ist gegen den kulturellen Immunschutz gerichtet. In der Informationsflut ist man verloren ohne ein wirkungsvolles Filtersystem. Man kann es sich nur verschaffen, wenn man weiß, was man will und was man braucht. Wer sich dem Kommunikationszwang nicht beugt, müßte sich von dem Ehrgeiz befreien, immer auf der Höhe der Zeit und an der Spitze der Bewegung zu sein. Nicht ans Netz gehen zu müssen, ist fast schon ein Privileg, ebenso wie in die Nähe sehen zu können, statt Fernsehen. Wir müssen wieder, sagte Nietzsche, gute Nachbarn der nächsten Dinge werden.

[…]

Wilhelm von Humboldt schrieb kurz vor seinem Tod in einem Brief: Wer, wenn er stirbt, sich sagen kann: ‚Ich habe soviel Welt, als ich konnte, erfaßt und in meine Menschheit verwandelt' – der hat sein Ziel erreicht. Die Welt in die ‚Menschheit', die man selbst ist, zu verwandeln – darauf kommt es an. Die Kraft zu solcher Anverwandlung sollte der Neugier auf Welt das Maß setzen. Aber das ist, wie wir wissen, leichter gesagt als getan, wenn im Gegensatz dazu die allseitige Öffnung und ständige Kommunikationsbereitschaft zur Norm erhoben wird. Voraussetzung für die Entwicklung des Individuums im Humboldtschen Sinne ist, daß man eine Idee von der Gestaltung des eigenen Lebenskreises hat, mit deren Hilfe die Fülle der Reize und Informationen vorsortiert, ausgeschieden und verarbeitet werden kann. Diese Kraft zur Gestaltung des eigenen Lebens nannte man früher ‚Bildung'. Bildung ist von Ausbildung zu unterscheiden. Bildung ist als Entfaltung des Individuums ein Selbstzweck, Ausbildung demgegenüber ist ein Mittel zur Qualifikation für den Arbeitsprozeß. Selbstverständlich brauchen wir beides, Bildung und Ausbildung. Während die Ausbildung uns in ein externes Netz verknüpft, ist die Bildung die Entfaltung jenes Netzwerkes, das jeder für sich selbst ist.

[…]

Globalität bringt uns mit immer mehr Wirklichkeit in Berührung, und es ist schwer, hier die Souveränität zu bewahren. Souverän wäre, wer selbst darüber entscheidet, worin er sich verwickeln und was er auf sich beruhen läßt. Diese Souveränität setzt existentielle Urteilskraft voraus. Man muß nämlich ein Gespür für das haben, was einen wirklich angeht; muß Abstufungen der Dringlichkeit unterscheiden und die Reichweite des eigenen Handelns erkennen können. Die Globalisierungshysterie besteht darin, daß diese Unterscheidungsfähigkeit zwischen dem existentiell Nahen und Fernen beeinträchtigt oder gar schon zerstört ist. […] Wer sich seine Lichtung schaffen will im Dschungel des Sozialen und im Überwuchs globaler Kommunikation, wird nicht ohne lebenskluge Begrenzung auskommen können. Wer sein Leben als ein eigenes gestalten will, muß den Punkt kennen, wo er aufhört, sich formatieren und in-formieren zu lassen.

R. Safranski: Wieviel Globalisierung, S. 109–116 R

1. Gesetzt den Fall, Sie müssten für eine Zeitung eine „Kurzrezension" verfassen und hätten nur zwei Sätze zur Verfügung: Wie würden Sie die Hauptaussage des Textes zusammenfassen?
2. Erörtern Sie zentrale Begriffe des Textausschnitts (Lichtung, Filtersystem, Bildung versus Ausbildung). Fassen Sie den von Safranski besprochenen Bildungsbegriff in eigenen Worten zusammen.
3. Warum ist, wer sich informiert, auch „in-formiert", in Form gebracht? Wie viel Information ist klug? Diskutieren Sie diese Fragen und beschreiben Sie Ihre Informationsstrategien.

Franz Martin Wimmer, Interkulturelle Philosophie (2004)

Das Anliegen der „Interkulturellen Philosophie" ist eine Horizonterweiterung. Der traditionelle abendländische Philosophiebegriff wird infrage gestellt, soll modifiziert und weiter gedacht werden. Wie kann das abendländische Denken mit verschiedenen Denktraditionen weltweit in Verbindung gebracht werden?

Als Menschen leben wir in kultürlicher, nicht einfach auf natürliche Weise. Das betrifft die Form, in der wir einander begrüßen oder beschimpfen. Es betrifft die Dinge, die wir essen und wie wir das tun. Es betrifft alle Bereiche des alltäglichen und auch des nichtalltäglichen Verhaltens. Und es betrifft die Art, wie wir denken, was uns selbstverständlich oder fremdartig erscheint, was wir glauben oder nicht glauben. Es betrifft auch die Philosophie, die Ausbildung allgemeiner Begriffe, um solche Fragen zu beantworten wie: Was ist wirklich? Was können wir wissen? Was sollen wir tun? Nach einer traditionellen Terminologie sind dies ontologische, erkenntnistheoretische und normentheoretische Fragen. Wir begegnen solchen Fragen in vielerlei Form in schriftlichen und mündlichen Zeugnissen vieler Kulturen. Werden sie begrifflich entwickelt, so haben wir es mit Philosophie zu tun.

[...]

Dann aber muss uns die Frage beschäftigen, ob unsere Überlegungen in irgendeiner Weise Gültigkeit beanspruchen können, ob sie zu einem Verständnis des philosophischen Denkens führen, das über den Augenblick, über die besondere Sozialisierung hinaus den Anspruch auf Einsichtigkeit stellen kann. Das ist die Frage nach kultureller Bedingtheit der Philosophie. Wir werden darauf achten müssen, dass Philosophie in keiner ihrer Erscheinungsformen, in keinem ihrer Inhalte gänzlich unabhängig von anderen kulturellen Bereichen und Inhalten ist, dass sie aber dennoch immer wieder mit dem Anspruch auftritt, trotz dieser Bedingtheit und gerade mit kulturell bestimmten Mitteln allgemeine Antworten auf ihre Fragen zu suchen. Wir werden auf das Dilemma der Kulturalität jeder Philosophie stoßen, das darin liegt, dass Philosophie als Projekt einerseits nach Allgemeingültigkeit strebt und dass sie andererseits immer in einen kulturellen Kontext eingebettet ist, aus dem sie nicht nur ihre Ausdrucksmittel und ihre bestimmten Fragestellungen hat, innerhalb dessen auch noch ihre Einsichtigkeit und Überzeugungskraft zu messen ist.

[...]

Es gibt die Vorstellung, dass Philosophie nicht nur als Wort aus dem Altgriechischen kommt, sondern dass die Sache, die damit gemeint ist, auch nur in der griechischen und später in der daran anknüpfenden okzidentalen Kultur verfolgt und ausgebildet worden sei. Wenn wir darin sicher sein könnten, so müsste eine Einführung in die Philosophie eine Einführung in die griechische und okzidentale Philosophie sein, nicht weniger und nicht mehr. Tatsächlich kann man den Eindruck haben, dass nicht wenige Darstellungen der Philosophie – seien es Werke zu ihrer Geschichte oder Studienpläne zu ihrer Aneignung – von einer solchen Vorstellung geleitet sein dürften, und zwar weltweit. Es scheint daher Gründe dafür zu geben. Ob es sich dabei um gute Gründe handelt, werden wir zu fragen haben.

Wir müssen uns jedenfalls verdeutlichen, dass das eine auffallend strenge Ansicht ist, die gemeinhin nicht bei allen Schöpfungen des menschlichen Geistes vertreten wird. Sprechen wir etwa von Musik, so wird wohl niemand die Ansicht vertreten, dass das etwas sei, was ausschließlich in einem einzigen kulturellen Kontext entwickelt worden ist. Dasselbe lässt sich über Dichtung und Religion sagen, über Technik und sogar über Wissenschaft.

Man sollte jetzt bei sich selbst ein kleines Experiment machen und sich fragen: Woran denke ich, wenn ich von ‚Geschichte der Technik' oder von ‚Religionsgeschichte' höre? Was erwarte ich in einem Buch mit ganz allgemeinen Titeln wie ‚Wissenschaftsgeschichte', ‚Geschichte der Literatur' oder ‚Musikgeschichte'?

Wahrscheinlich sind die Erwartungen und Assoziationen in jedem Fall ein wenig verschieden von den anderen Fällen. Wahrscheinlich bin ich weniger irritiert, wenn in einer allgemeinen ‚Geschichte der Technik' nur okzidentale Technik behandelt wird, als ich es bin, wenn in einer ‚Religionsgeschichte' nur europäische Religionen behandelt werden. Wenn in einer allgemeinen Geschichte der Religion z. B. der Buddhismus gar nicht erwähnt wäre, so würde ich diese Auslassung ziemlich schnell bemerken. Wäre hingegen in der Technikgeschichte bei solchen Dingen wie der Windmühle, dem Papier und Schießpulver oder dem Magnetkompass kein Hinweis auf deren Erfindung in und Übernahme aus China enthalten, so könnte es sein, dass mir das gar nicht auffällt. Ebenso wenig würde ich vielleicht in einer Geschichte der interkontinentalen Entdeckungsreisen chinesische Kapitäne neben oder vor portugiesischen erwarten. In einer ‚Wissenschaftsgeschichte' kommt mir erst recht die ausschließliche Behandlung okzidentaler Wissenschaft ganz normal vor – selbst wenn darin solche Episoden erwähnt werden wie die Übernahme des Dezimalsystems und der Ziffern durch Araber von Indern und wieder durch Europäer von Arabern, kann es sein, dass ich mir überhaupt nicht die Frage stelle, ob außer diesen Ziffern und der Null die indischen Mathematiker noch irgendetwas von Belang in der Mathematik geleistet haben könnten. [...]

[…] Philosophie als Phänomen in mehreren ‚Kulturen'. Dass dies der Fall ist, ist nicht unwichtig, denn die Kulturalität, das kulturelle Bedingtsein von philosophischem Denken ist ein eigenes und bedeutsames Problem. Aber wir würden mit der aufgestellten These doch nicht weiter kommen als zum Postulat einer ‚multikulturellen' Philosophie, verstanden als Einsicht in kulturelle Vielfalt und deren Anerkennung. Das könnte ein Nebeneinander bleiben, ein vergleichendes oder auch ein separatives Verhältnis […] nahelegen. Dass die Vergangenheit der Philosophie multikulturell ist, dass sie multikultureller ist als uns die meisten Lehrbücher vermuten lassen, stimmt zwar und muss als Einsicht immer noch gegen einen exklusiven und meist expansiven (Europa-)Zentrismus verteidigt werden, aber das macht sie noch nicht interkulturell. Die multikulturelle Abstammung der menschlichen Weisheit (philo-sophia heißt im Griechischen ‚Liebe zur Weisheit') ist eine notwendige, nicht eine hinreichende Bedingung für interkulturelle Philosophie. Denn ‚multi-' heißt einfach nur ‚viel-', es drückt noch kein Verhältnis zwischen den Vielen aus.

Gerade um ein solches Verhältnis geht es aber. Es geht um die Frage, ob und wie mit Vielheit und Differenz philosophierend – und nicht nur konstatierend oder interpretierend – weiterzukommen ist. Ein anderes Adjektiv kommt bei dieser Frage in den Sinn, wenn nämlich vor allem darauf geachtet wird, was durch die vielen verschiedenen Denkformen hindurch – oder über sie hinaus – gemeinsam sein könnte. Wir könnten dann, und manche tun es, von einer ‚transkulturellen' Philosophie sprechen. Damit wäre das allen besonderen Traditionen Gemeinsame angesprochen oder auch dasjenige, was angeblich oder wirklich jenseits und unabhängig von jeglicher kultureller Prägung dem Denken zugrunde liegt. Es wäre aber ein für die Philosophie wesentlicher Sachverhalt unterschlagen: Sie findet stets und überall nur zwischen Menschen statt, die in Kulturen leben und von diesen geprägt sind, nicht über diese hinaus. Die Suche nach philosophischen Universalien ist wichtig, aber Philosophie ist nicht darauf zu reduzieren.

So zeigt sich also das ‚inter-', das ‚zwischen-' als das Entscheidende in unserem Zusammenhang. Es ist eine der wesentlichen Aufgabenstellungen interkultureller Philosophie, Methoden zu entwickeln, um die aus differenten kulturellen Hintergründen stammenden Denkweisen in ein gegenseitig weiterführendes Gespräch zu bringen. Ich habe für den Idealfall solcher Gespräche das Modell des ‚Polylogs' vorgeschlagen; andere sprechen von ‚Dialogen'. In der Sache ist klar: Nur wenn ein echter gegenseitiger Austausch in gegenseitiger Anerkennung geschieht, ist interkulturelle Philosophie auch möglich. Ansonsten mag man sie für wünschenswert halten oder sogar für notwendig erklären, die Möglichkeit zeigt sich erst in der Praxis. […]

Mehrfach wurde in den vergangenen Jahren – allein in deutscher Sprache – in Überblicken beschrieben, was ‚inter kulturelle Philosophie' ist oder sein soll, und in beinahe jedem Fall kam dabei etwas anderes heraus. Gelegentlich kann der Eindruck entstehen, als hätte jeder, der dazu publiziert, seine eigene Auffassung von Gegenstand, Methoden und Zielsetzung dieses Projekts. Die dargestellten Ansätze werden etwa unterschieden nach den regionalen Traditionen, die sie vorrangig behandeln (wobei Japan eine auffallend große Rolle spielt, aber auch China, Indien, Afrika und Lateinamerika angeführt werden) oder auch nach methodologischen Orientierungen (linguistisch-strukturalistisch, strukturontologisch, phänomenologisch), sie werden als ‚stark' oder ‚gemäßigt' kulturrelativistisch gekennzeichnet und ihre Gemeinsamkeit wird in der Offenheit für kulturell differente Denktraditionen sowie in der Suche nach einer daraus zu gewinnenden Orientierung einer zukünftigen Weltgesellschaft gesehen.

[…] Doch kann das Programm eines interkulturell orientierten Philosophierens in aller Kürze in zwei Punkten ausgedrückt werden. Es ist erstens eine neue Sicht auf die Geschichte des Philosophierens zu entwickeln […], und es müssen zweitens in jeder Sachfrage solche Auseinandersetzungen zwischen differenten Traditionen stattfinden, wie ich sie als Polyloge benannt habe, aufgrund des einfachen Sachverhalts, dass es niemals in irgendeiner kulturellen Tradition eine endgültige Begriffssprache, eine Ausdrucksform oder eine Methode der Philosophie gegeben hat oder gibt.

Thematische Fragen der Philosophie – also: Fragen nach der Grundstruktur der Wirklichkeit, nach deren Erkennbarkeit und nach der Begründbarkeit von Werten und Normen – sind so zu diskutieren, dass jeder behaupteten Lösung Dialoge oder Polyloge möglichst differenter Traditionen vorangehen. Dies setzt eine Relativierung der in den einzelnen Traditionen entwickelten Begriffe und Methoden ebenso voraus wie einen neuen, nicht zentristischen Blick auf die Denkgeschichten der Menschheit. Und es setzt drittens das Interesse von vielen Seiten voraus, einander nicht nur kennen zu lernen, sondern in gemeinsamer Bemühung philosophierend weiterzukommen.

Zunächst und vor allem ist interkulturelle Philosophie eine Frage der Praxis, wofür eine Minimalregel in zweifacher Weise formuliert werden kann. In negativer Formulierung lautet die Regel: Halte keine philosophische These für gut begründet, an deren Zustandekommen nur Menschen einer einzigen kulturellen Tradition beteiligt waren.

Positiv formuliert lautet sie: Suche wo immer möglich nach transkulturellen ‚Überlappungen' von philosophischen Begriffen, da es wahrscheinlich ist, dass gut begründete Thesen in mehr als nur einer kulturellen Tradition entwickelt worden sind.

Bereits die Einhaltung dieser Minimalregeln würde zu verändertem Verhalten in der Wissenschafts-, Kommunikations- und Argumentationspraxis führen.

F. M. Wimmer: Interkulturelle Philosophie, S. 7–51

1. Beschreiben Sie zusammenfassend das Hauptanliegen der „Interkulturellen Philosophie" und differenzieren Sie dabei zwischen multi-, trans- und interkultureller Philosophie.
2. Zum „Dilemma der Kulturalität": Was bedeutet dieses Problem angewandt auf die Menschenrechtsthematik? Was macht es vermutlich so schwer, nicht-westliche Kulturen und ihre Vertreter von der Verbindlichkeit und Notwendigkeit der Menschenrechte zu überzeugen? Nehmen Sie dazu kritisch Stellung.
3. Im Anschluss an das von Wimmer angeregte „kleine Experiment", um auf die Zentrierung unseres Denkens auf die westliche Kultur hinzuweisen: Was bedingt unsere Überzeugung, dass Wissenschaftsgeschichte oder auch Philosophie ein Produkt des „Westens" ist? Suchen Sie nach Begründungen für diese Überzeugungen.
4. Zum „Polylog": Bewerten Sie die von Wimmer vorgelegten Minimalregeln. Inwiefern halten Sie das angestrebte Verfahren für durchführbar und sinnvoll?

Byung-Chul Han, Müdigkeitsgesellschaft (2010)

Der in Seoul geborene und in Berlin lehrende Philosophieprofessor Han diagnostiziert eine in unserer Gesellschaft grassierende Müdigkeit. Es geht auch um eine Kulturkritik der westlichen Gesellschaft aus Sicht des Fernen Ostens. Ein Bild unserer Arbeits- und Leistungsgesellschaft wird gezeichnet, das aufrütteln kann, um schließlich zu mehr Kontemplation zu motivieren.

Die neuronale Gewalt

Jedes Zeitalter hat seine Leitkrankheiten. So gibt es ein bakterielles Zeitalter, das aber spätestens mit der Erfindung der Antibiotika zu Ende gegangen ist. Trotz unübersehbarer Angst vor grippaler Pandemie leben wir heute nicht im viralen Zeitalter. Wir haben es dank immunologischer Technik bereits hinter uns gelassen. Das beginnende 21. Jahrhundert ist, pathologisch gesehen, weder bakteriell noch viral, sondern neuronal bestimmt. Neuronale Erkrankungen wie Depression, Aufmerksamkeitsdefizit-Hyperaktivitätssyndrom (ADHS), Borderline-Persönlichkeitsstörung (BPS) oder Burnout-Syndrom (BS) bestimmen die pathologische Landschaft des beginnenden 21. Jahrhunderts. Sie sind keine Infektionen, sondern Infarkte, die nicht durch die Negativität des immunologisch Anderen, sondern durch ein Übermaß an Positivität bedingt sind. So entziehen sie sich jeder immunologischen Technik, die darauf angelegt ist, die Negativität des Fremden abzuwehren. […]

Die Gewalt der Positivität, die von der Überproduktion, Überleistung oder Überkommunikation herrührt, ist nicht mehr ‚viral'. Zu ihr bietet die Immunologie keinen Zugang. Die Abstoßung angesichts des Übermaßes an Positivität stellt keine immunologische Abwehr, sondern eine digestiv-neuronale Abreaktion und Ablehnung dar. Erschöpfung, Ermüdung und Erstickung angesichts des Zuviel sind ebenfalls keine immunologischen Reaktionen. Sie sind alle Erscheinungen einer neuronalen Gewalt, die insofern nicht viral ist, als sie auf keine immunologische Negativität zurückzuführen ist.

[…]

Für die Beschreibung der neuronalen Erkrankungen wie Depression, ADHS oder BS ist die virale Gewalt nicht geeignet, die weiterhin dem immunologischen Schema von Innen und Außen oder von Eigenem und Anderem folgt und eine systemfeindliche Singularität oder Andersheit voraussetzt. Die neuronale Gewalt geht nicht von einer systemfremden Negativität aus. Sie ist vielmehr eine systemische, d. h. dem System immanente Gewalt. Sowohl die Depression als auch ADHS oder BS weisen auf ein Übermaß an Positivität hin. Das BS ist ein Durchbrennen des Ich bei

Überhitzung, die auf ein Zuviel des Gleichen zurückgeht. Das Hyper in der Hyperaktivität ist keine immunologische Kategorie. Es stellt nur eine Vermassung des Positiven dar.

Jenseits der Disziplinargesellschaft

Foucaults Disziplinargesellschaft aus Spitälern, Irrenhäusern, Gefängnissen, Kasernen und Fabriken ist nicht mehr die Gesellschaft von heute. An ihre Stelle ist längst eine ganz andere Gesellschaft getreten, nämlich eine Gesellschaft aus Fitnessstudios, Bürotürmen, Banken, Flughäfen, Shopping Malls und Genlabors. Die Gesellschaft des 21. Jahrhunderts ist nicht mehr eine Disziplinargesellschaft, sondern eine Leistungsgesellschaft. Auch ihre Bewohner heißen nicht mehr ‚Gehorsamssubjekt', sondern Leistungssubjekt. Sie sind Unternehmer ihrer selbst. […]

Die Disziplinargesellschaft ist eine Gesellschaft der Negativität. Sie wird bestimmt von der Negativität des Verbots. Das negative Modalverb, das sie beherrscht, ist Nicht-Dürfen. Auch dem Sollen haftet eine Negativität, die des Zwangs, an. Die Leistungsgesellschaft entledigt sich immer mehr der Negativität. Gerade die zunehmende Deregulierung schafft sie ab. Das entgrenzte Können ist das positive Modalverb der Leistungsgesellschaft. Sein Kollektivplural der Affirmation Yes, we can bringt gerade den Positivitätscharakter der Leistungsgesellschaft zum Ausdruck. An die Stelle von Verbot, Gebot oder Gesetz treten Projekt, Initiative und Motivation. Die Disziplinargesellschaft ist noch vom Nein beherrscht. Ihre Negativität erzeugt Verrückte und Verbrecher. Die Leistungsgesellschaft bringt dagegen Depressive und Versager hervor.

Der Paradigmenwechsel von der Disziplinar- zur Leistungsgesellschaft weist auf einer Ebene eine Kontinuität auf. Dem gesellschaftlich Unbewussten wohnt offenbar das Bestreben inne, die Produktion zu maximieren. Ab einem bestimmten Punkt der Produktivität stößt die Disziplinargesellschaft bzw. das Negativschema des Verbots schnell an seine Grenze. Zur Steigerung der Produktivität wird das Paradigma der Disziplinierung durch das Paradigma der Leistung bzw. das Positivschema des Könnens ersetzt, denn ab einem bestimmten Produktivitätsniveau wirkt die Negativität des Verbots blockierend und verhindert weitere Steigerung. Die Positivität des Könnens ist viel effizienter als die Negativität des Sollens. So schaltet das gesellschaftlich Unbewusste vom Sollen aufs Können um. Das Leistungssubjekt ist schneller und produktiver als das Gehorsamssubjekt. […]

Dem neuen Menschentyp, der dem Übermaß an Positivität wehrlos ausgeliefert ist, fehlt jede Souveränität. Der depressive Mensch ist jenes animal laborans, das sich selbst ausbeutet, und zwar freiwillig, ohne Fremdzwänge. Es ist Täter und Opfer zugleich. Das Selbst im emphatischen Sinne ist noch eine immunologische Kategorie. Die Depression entzieht sich aber jedem immunologischen Schema. Sie bricht in dem Moment aus, in dem das Leistungssubjekt nicht mehr können kann. Sie ist zunächst eine Schaffens- und Könnensmüdigkeit. Die Klage des depressiven Individuums Nichts ist möglich ist nur in einer Gesellschaft möglich, die glaubt, Nichts ist unmöglich. Nicht-Mehr-Können-Können führt zu einem destruktiven Selbstvorwurf und zur Autoaggression. Das Leistungssubjekt befindet sich mit sich selbst im Krieg. Der Depressive ist der Invalide dieses internalisierten Krieges. Die Depression ist die Erkrankung einer Gesellschaft, die unter dem Übermaß an Positivität leidet. Sie spiegelt jene Menschheit wider, die mit sich selbst Krieg führt.

Das Leistungssubjekt ist frei von äußerer Herrschaftsinstanz, die es zur Arbeit zwingen oder gar ausbeuten würde. Es ist Herr und Souverän seiner selbst. So ist es niemandem bzw. nur sich selbst unterworfen. Darin unterscheidet es sich vom Gehorsamssubjekt. Der Wegfall der Herrschaftsinstanz führt nicht zur Freiheit. Er lässt vielmehr Freiheit und Zwang zusammenfallen. So überlässt sich das Leistungssubjekt der zwingenden Freiheit oder dem freien Zwang zur Maximierung der Leistung. Der Exzess der Arbeit und Leistung verschärft sich zu einer Selbstausbeutung. Diese ist effizienter als die Fremdausbeutung, denn sie geht mit dem Gefühl der Freiheit einher. Der Ausbeutende ist gleichzeitig der Ausgebeutete. Täter und Opfer sind nicht mehr unterscheidbar. Diese Selbstbezüglichkeit erzeugt eine paradoxe Freiheit, die aufgrund der ihr innewohnenden Zwangstrukturen in Gewalt umschlägt. Die psychischen Erkrankungen der Leistungsgesellschaft sind gerade die pathologischen Manifestationen dieser paradoxen Freiheit.

Die tiefe Langeweile

Das Übermaß an Positivität äußert sich auch als Übermaß an Reizen, Informationen und Impulsen. Es verändert radikal die Struktur und Ökonomie der Aufmerksamkeit. Dadurch wird die Wahrnehmung fragmentarisiert und zerstreut. […]

Die kulturellen Leistungen der Menschheit, zu denen auch die Philosophie gehört, verdanken wir einer tiefen, kontemplativen Aufmerksamkeit. Die Kultur setzt eine Umwelt voraus, in der eine tiefe Aufmerksamkeit möglich ist. Diese tiefe Aufmerksamkeit wird zunehmend von einer ganz anderen Form der Aufmerksamkeit, der Hyperaufmerksamkeit (hyperattention), verdrängt. Ein rascher Fokuswechsel zwischen verschiedenen Aufgaben, Informationsquellen und Prozessen kennzeichnet diese zerstreute Aufmerksamkeit. Da sie auch eine sehr geringe Toleranz für die Langeweile hat, lässt sie genauso wenig jene tiefe Langeweile zu, die nicht unwichtig wäre für einen kreativen Prozess. […]

Wenn der Schlaf der Höhepunkt der körperlichen, so sei die tiefe Langeweile der Höhepunkt der geistigen Entspannung. Eine reine Hektik bringt nichts Neues hervor. Sie reproduziert und beschleunigt das bereits Vorhandene. [...]

Müdigkeitsgesellschaft

Die Leistungsgesellschaft als Aktivgesellschaft entwickelt sich langsam zu einer Dopinggesellschaft. Inzwischen wird auch der negative Ausdruck ‚Hirndoping' durch ‚Neuro-Enhancement' ersetzt. Das Doping macht gleichsam eine Leistung ohne Leistung möglich. Inzwischen argumentieren auch seriöse Wissenschaftler, dass es geradezu unverantwortlich sei, solche Substanzen nicht anzuwenden. Ein Chirurg, der mithilfe der Neuro-Enhancer konzentrierter operieren könne, mache weniger Fehler und könne mehr Leben retten. [...]

Das Doping ist nur eine Folge dieser Entwicklung, in der die Lebendigkeit selbst, die ein sehr komplexes Phänomen darstellt, auf die Vitalfunktion und Vitalleistung reduziert wird. Als ihre Kehrseite bringt die Leistungs- und Aktivgesellschaft eine exzessive Müdigkeit und Erschöpfung hervor.

[...]

Der Exzess der Leistungssteigerung führt zum Infarkt der Seele.

[...]

Die Erschöpfungsmüdigkeit ist eine Müdigkeit der positiven Potenz. Sie macht unfähig, etwas zu tun. Die Müdigkeit, die inspiriert, ist eine Müdigkeit der negativen Potenz, nämlich des nicht-zu. Auch der Sabbat, der ursprünglich aufhören bedeutet, ist ein Tag des nicht-zu, ein Tag, der befreit ist von jedem um-zu, um mit Heidegger zu sprechen, von jeder Sorge. Es handelt sich um eine Zwischenzeit. Nach seiner Schöpfung erklärte Gott den siebten Tag für heilig. Heilig ist also nicht der Tag des um-zu, sondern der Tag des nicht-zu, ein Tag, an dem der Gebrauch des Unbrauchbaren möglich wäre. Er ist der Tag der Müdigkeit. [...]

Handke [in seinem ‚Versuch über die Müdigkeit'] entwirft eine immanente Religion der Müdigkeit. Die ‚fundamentale Müdigkeit' hebt die egologische Vereinzelung auf und stiftet eine Gemeinschaft, die keiner Verwandtschaft bedarf. In ihr erwacht ein besonderer Takt, der zu einer Zusammenstimmung, zu einer Nähe, zu einer Nachbarschaft ohne jedes familiäre, funktionelle Band führt: ‚Ein gewisser Müder als ein anderer Orpheus, um den sich die wildesten Tiere versammeln und endlich mitmüde sein können. Die Müdigkeit gibt den verstreuten Einzelnen den Takt.' Jene ‚Pfingstgesellschaft', die zum Nicht-Tun inspiriert, ist der Aktivgesellschaft entgegengesetzt. Handke stellt sie sich ‚durch die Bank müde' vor. Sie ist eine Gesellschaft der Müden im besonderen Sinne. Wäre die ‚Pfingstgesellschaft' ein Synonym für die künftige Gesellschaft, so könnte die kommende Gesellschaft auch Müdigkeitsgesellschaft heißen.

B.-Ch. Han: Müdigkeitsgesellschaft, S. 7–63

1. Fassen Sie das Gesellschaftsbild, welches Han mit dem Begriff der „Müdigkeit" zeichnet, zusammen. Unterstreichen und notieren Sie wesentliche Begriffe, die Han für seine Diagnose verwendet.
2. Suchen Sie Stellen im Text, wo Verkürzungen oder gröbere Vereinfachungen verwendet werden. Analysieren Sie die Sprache des Autors. Charakterisieren Sie seinen Stil.
   Beziehen Sie Stellung, wo Sie mit Hans Diagnose konform gehen und wo Sie dagegen argumentieren würden.
3. Im letzten Abschnitt wird der vormals kritisch-problematisierend verwendete Begriff der „Müdigkeit" ins Positive gedreht. Wie könnte in Ihrer Lesart eine positive Müdigkeit, wie sie auch der Schriftsteller Peter Handke meint, aussehen? Spekulieren Sie über die schöne und positive Müdigkeit und beschreiben Sie diese.

Hartmut Rosa, Resonanz. Eine Soziologie der Weltbeziehung (2016)

Der Soziologe Hartmut Rosa weist auf Gegenwartsprobleme aufgrund der Beschleunigung, der kapitalistischen Logik und der damit einhergehenden zunehmenden Entfremdung hin und bietet Analysen und Antwortmöglichkeiten.

Der Kapitalismus setzt auf Effizienz und Steigerung. Schon im 19. und dann im 20. Jahrhundert stellten PhilosophInnen und GesellschaftskritikerInnen die Logik des „Immer-Mehr" kritisch in Frage. Rosa sieht sich in Nachfolge der Kritischen Theorie. Die **Kritische Theorie** ist eine (kapitalismus-)kritische Gesellschaftstheorie, welche durch Elemente von Hegel, Marx und Freud gespeist ist und deren Vertreter als Frankfurter Schule bezeichnet werden. Prominenteste Vertreter der Frankfurter Schule sind Max Horkheimer und Theodor W. Adorno.

Rosa setzt an den Beginn seines 800-Seiten-Werkes die Kernthese:
Wenn Beschleunigung das Problem ist, dann ist Resonanz vielleicht die Lösung.
H. Rosa, Resonanz. Eine Soziologie der Weltbeziehung, S. 13

Sein Werk beschließt er:
Eine bessere Welt ist möglich, und sie lässt sich daran erkennen, dass ihr zentraler Maßstab nicht mehr das Beherrschen und Verfügen ist, sondern das Hören und das Antworten.
H. Rosa: Resonanz. Eine Soziologie der Weltbeziehung, S. 762

Man sollte also die schon beschleunigten Prozesse nicht einfach wieder verlangsamen. Man sollte vielmehr **Resonanz** suchen. Rosa sieht in der Resonanz einen Beziehungsmodus, in dem gegenseitige Schwingungen erzeugt werden. Das Verhältnis betrifft sowohl den Menschen und seine Mit- und Umwelt als auch das innermenschliche Verhältnis zwischen Körper und Psyche. Hier wie dort sollten Resonanzräume entstehen. – Resonanz ist eine besondere Art des In-Beziehung-Tretens zwischen Subjekt und Welt.
Denn weder materieller Reichtum noch ein Mehr an Optionen verheißen Glück. – Es geht um den vibrierenden Draht zwischen uns und der Welt, es geht letztendlich um Selbstwirksamkeit.

Die entscheidende Erkenntnis, die sich aus der bisherigen Diskussion der Spiegelneuronenforschung gewinnen lässt, lautet, dass es nicht nur eine neuronale Basis für die menschliche Resonanzfähigkeit gibt, sondern dass sich Weltbeziehungen (kognitiver wie affektiver und sogar leiblicher Art) überhaupt erst in Resonanzprozessen entwickeln können. Damit bestätigt sich auf diesem Wege auch die [...] mit Merleau-Ponty und der phänomenologischen Philosophie formulierten Einsicht, dass Subjekt und Welt als trennbare Entitäten der Beziehung nicht vorausgehen, sondern gleichsam erst ‚Beziehungsprodukte' sind; und ebenso lässt sich hier eine neuronale Basis für George Herbert Meads Theorie der Entstehung von Subjektivität aus der Intersubjektivität erkennen: [...] Das Kleinkind entwickelt einen Sinn für das eigene Selbst über Resonanzprozesse durch den Blick und das Lächeln der Mutter (oder eines signifikanten Anderen), und es ‚misst' das Ausmaß seines Schmerzes nach einem Sturz nicht zuletzt an den emotionalen bzw. mimischen und gestischen Reaktionen der begleitenden Erwachsenen. Subjektwerdung vollzieht sich auf solche Weise in einem dichten, interaktiven Resonanzfeld, aus dem heraus sich die Einsozialisation in die Welt und die Entwicklung der Sprach- und Gefühlsfähigkeit entfalten. Ohne ein solches Resonanzfeld, das heißt ohne Erfahrungen resonanter Zuwendung, sind Kinder, wie unterschiedliche ‚Kaspar-Hauser-Experimente' deutlich gemacht haben, auch bei hinreichender physischer Versorgung von schweren psychischen Störungen (Bindungsunfähigkeit, Hospitalismus) und sogar von Krankheit und Tod bedroht. So konnte in (einigermaßen irritierenden) Experimenten mit Säuglingen gezeigt werden, dass diese mit starkem Stress, Irritation und Rückzug reagieren, wenn sie von einer Bezugsperson ohne jede mimische Reaktion angestarrt werden. [...]
Die Resonanzabhängigkeit menschlicher Lebensvollzüge endet jedoch nicht mit dem Erwachsenwerden: Claude Lévi-Strauss, Walter B. Cannon und andere Ethnologen berichten von einer an ganz unterschiedlichen Stammesgesellschaften beobachteten Praxis des sogenannten sozialen Todes *(oder auch des* Voodoo-Todes*), bei der verstoßene Stammesmitglieder dadurch buchstäblich umgebracht werden, dass ihnen jede Resonanz verweigert wird: [...] Sie werden nicht gegrüßt, nicht angelächelt, nicht ‚gesehen', durch keinerlei Mimik oder Gestik mehr als soziale Wesen anerkannt oder beachtet – und verlieren auf diese Weise innerhalb kurzer Zeit ihren Lebenswillen; sie sterben dann auch physisch aus Resonanzmangel! Das wiederum mag insofern wenig verwundern, als in der Hirnforschung inzwischen gut dokumentiert ist, dass sozialer Schmerz (etwa durch Mobbing oder Missachtung) und physischer Schmerz ganz ähnliche – in einigen Hinsichten sogar identische – Reaktionen und Aktivierungen auslösen. [...]*

Wie stark sich Resonanzverweigerung auch im alltäglichen Umgang spätmoderner Gesellschaften auswirkt, lässt sich in alltagspraktischen Experimenten leicht selbst überprüfen: Wer in einer Interaktions- oder Gesprächssituation auch nur für ein paar Minuten seine Resonanzäußerungen einer bestimmten Person gegenüber blockiert – das heißt nicht zurücklächelt, wenn er oder sie angelächelt wird, nicht mitlacht oder grinst, wenn etwas Lustiges erzählt wird, keine Miene verzieht, wenn von etwas Unangenehmem die Rede ist, keinerlei leibliches Entgegenkommen zeigt, um etwa einen Gesprächskreis zu öffnen, sich besser in die Augen sehen zu können etc., und auch Gesprächsangebote so oft wie möglich übergeht –, wird in kürzester Zeit Signale deutlicher Irritation und manchmal auch der Aggression erhalten. Denn das Opfer solcher Resonanzverweigerung fühlt sich ‚wie von einer Eiswand umgeben'. [...] Es gibt kaum eine effektivere Mobbingstrategie.

[...]

Wie die Dichter schon immer wussten – man lese beispielsweise unter diesem Gesichtspunkt einmal Goethes Werther! –, zeichnet sich der Zustand des ineinander Verliebtseins durch nichts so sehr aus wie durch die Intensivierung (zunächst) der wechselseitig aufeinander gerichteten Resonanzsensibilität. Verliebte können sich nicht sattsehen am Lächeln, am Blick des Anderen, an seinen Gesten und Bewegungen oder satthören an seiner Stimme usw. Liebe ist in ihrer Reinform der Inbegriff der Hegel'schen Idee des Im Anderen ganz bei sich selbst sein [...] – was sich in der Sprache der Spiegelung so interpretieren lässt, dass die Freude, die Trauer, aber auch das Wünschen, Begehren und Empfinden des Geliebten nahezu unmittelbar zur eigenen Freude und Trauer, zum eigenen Wünschen, Begehren und Empfinden werden. Das psychosoziale Phänomen der joint attention, der Fusion der Aufmerksamkeitsfelder, scheint in diesem Zustand besonders ausgeprägt zu sein. Und in der Tat und wenig überraschend behaupten Spiegelneuronenforscher denn auch, Hinweise darauf zu haben, dass im Zustand des Verliebtseins die Spiegelneuronen zu einem wahren ‚Trommelfeuer' anheben: „In der Liebe kommt es zu einer besonders starken Aktivierung neuronaler Netzwerke, die in uns selbst in spiegelnder Weise zum Schwingen bringen, was der andere gerade fühlt oder was ihn bewegt [...]. Auf neurobiologischer Resonanz beruhende körperliche Mitreaktionen zeigen sich bei Liebenden [...] in allen Lebenslagen." [...] Indessen bedeutet eine vollkommene oder reine Spiegelung des Anderen vermutlich das Ende der Beziehung: Auch und gerade die Liebe lebt nicht vom Echo des Eigenen im Anderen, sondern von der Antwort – wir würden aufhören, jemanden zu lieben, der uns stets differenzlos widerspiegelt; er oder sie muss auch in einer solchen Beziehung als ‚eigene Stimme' vernehmbar bleiben.

[...]

Wie bereits Banduras Untersuchungen zeigen, steigt das intrinsische Interesse an einem Weltausschnitt oder Tätigkeitsbereich nicht mit dem Erfolg oder der ‚Belohnung' für ein Engagement, sondern mit der Erfahrung, selbst etwas zu bewirken, die Welt erreichen zu können. [...] Nicht die bewirkten Ergebnisse sind das Entscheidende, sondern die Erfahrung der sich im Prozess ergebenden Wechselwirkung. In ähnlicher Weise hat die Unterrichtsforschung deutlich gemacht, dass der entscheidende Faktor für die Qualität des Unterrichtsgeschehens darin liegt, dass Lehrer davon überzeugt sind, ihre Schüler erreichen zu können.

[...]

Resonanz können wir nun aber mittels der Spiegelneuronen- und Empathietheorien einerseits und der Selbstwirksamkeitsforschung andererseits genauer bestimmen als ein spezifisch kognitives, affektives und leibliches Weltverhältnis, bei dem Subjekte auf der einen Seite durch einen bestimmten Weltausschnitt berührt und bisweilen bis in ihre neuronale Basis ‚erschüttert' werden, bei dem sie aber auf der anderen Seite auch selbst ‚antwortend', handelnd und einwirkend auf Welt bezogen sind und sich als wirksam erfahren – dies ist die Natur des Antwortverhältnisses oder des ‚vibrierenden Drahtes' zwischen Subjekt und Welt. Die leuchtenden Augen eines Menschen können das als sicht- und tendenziell messbares Indiz dafür gelesen werden, dass der ‚Resonanzdraht' in beide Richtungen in Bewegung ist: Das Subjekt entwickelt ein intrinsisches, tendenziell handlungsorientierendes und öffnendes Interesse nach außen, während es zugleich von außen in Schwingung versetzt oder affiziert wird.

[...]

Der lateinischen Wortbedeutung nach ist Resonanz zunächst eine akustische Erscheinung, denn „re-sonare" bedeutet widerhallen, ertönen. [Der Begriff beschreibt] sodann eine spezifische Beziehung zwischen zwei schwingungsfähigen Körpern, bei der die Schwingung des einen Körpers die ‚Eigentätigkeit' (bzw. die Eigenschwingung) des anderen anregt. Schlägt man eine Stimmgabel an, beginnt die zweite, so sie sich in physischer Nähe befindet, in ihrer Eigenfrequenz mitzuschwingen."

[...]

Jeder Lehrende kennt [...] den [...] Prozess: Unterrichtsgeschehen, in dem es gelingt, die Lernenden und die stoffliche Vermittlung zu erreichen – und erreichen heißt hier, *den Stoff zum Sprechen zu bringen und ihm auf diese Weise auch selbst noch einmal zu begegnen. Dann verwandelt sich das Entfremdungsdreieck in ein Resonanzdreieck (Abb.6).*

Die gelungenen Stunde: Resonanzdreieck

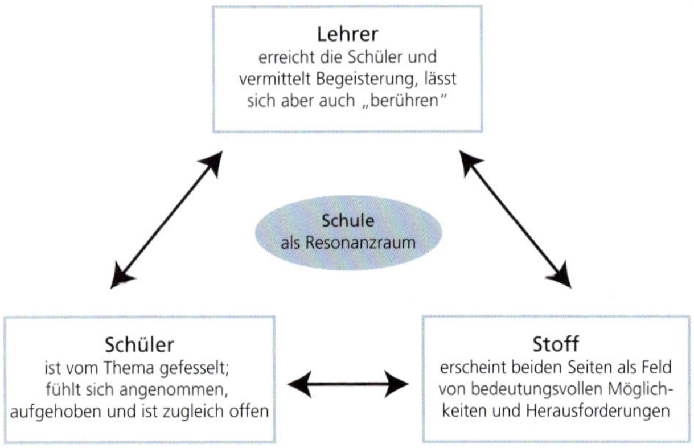

Abb. 6: Das Resonanzdreieck – wenn es im Klassenzimmer „knistert" und die Aufmerksamkeit mühelos fokussiert ist. Die Resonanzachsen „vibrieren".

Die Vorstellung, dass es im Bildungsprozess um das Zum-Klingen-Bringen-der-Welt *für den Schüler durch den Lehrer geht, ist in der Tradition des Bildungsdenkens durchaus präsent; es findet sich in aller wünschenswerten Klarheit sowohl bei Humboldt als auch bei Herder, aber auch bei Friedrich Schiller und bei vielen anderen, die den Bildungsprozess als einen Vorgang verstehen, bei dem es darum geht, in der wechselseitigen Durchdringung und Berührung von Selbst und Welt das ‚Saitenspiel' der Seele in eine resonanzfähige ‚Stimmung' zu bringen. [...]*

H. Rosa, Resonanz, S. 256–260, S.274, S. 279, S. 282, S. 410f.

1. Unterstreichen Sie im Text zentrale Begriffe, welche Rosa zum Beschreiben seiner Resonanz-Theorie (häufig) verwendet.
2. Rosa sucht mit dem Begriff der Resonanz eine große Theorie der Verbundenheit, des In-Verbindung-Seins. Zwischen Mobbing, sozialem Tod einerseits und der Verliebtheit auf der anderen Seite finden sich Beispiele für Nichtresonanz und gelungene Resonanz. Die leuchtenden Augen, der besondere Blick: Was ist das Schöne an diesen (oft sehr kurzen, aber nachhaltigen) Glücksmomenten? Berichten Sie über eigene Erfahrungen, die Resonanz „spürbar" machen.
3. Recherchieren Sie folgende Begriffe/Theorien: Kritische Theorie, Empathie, Spiegelneuronen. Versuchen Sie Ihr Wissen über die Empathie- und Spiegelneuronenforschung auf Rosas Resonanztheorie zu übertragen. Verbinden Sie die Ansätze und schildern Sie in eigenen Worten das Gemeinsame.
4. Der gelungene Unterricht: Führen Sie einen Diskurs in der Klasse, bei dem Sie erörtern, wann für Sie der Unterricht gelingt, es in der Klasse „knistert". Auch außerhalb der Schule: Beschreiben Sie Momente, in denen Sie andere wirklich erreicht haben und die Welt zum Klingen gebracht wurde. (Versuchen Sie dann von konkreten Erfahrungen zu abstrahieren.)

Kurz-Porträts

20 Philosophen und Philosophinnen im Kurzporträt

Thales von Milet
Sokrates
Aristipp
Platon
Diogenes von Sinope
Aristoteles
Epikur
Aurelius Augustinus
René Descartes
Baruch de Spinoza
Immanuel Kant
Sören Kierkegaard
Karl Marx
Arthur Schopenhauer
Friedrich Nietzsche
Lou Andreas-Salomé
Günther Anders
Hannah Arendt
Simone de Beauvoir
Michael Foucault

Thales von Milet (ca. 624–546 v. Chr.)

Der erste Philosoph

Thales ist als „erster Philosoph" in die Philosophiegeschichte eingegangen.

Er steht für die Wende vom mythischen Weltbild zur logisch-vernünftigen Weltinterpretation. Da es von seinem Werk lediglich Fragmente gibt, ist einzig als sicher überliefert, dass er Wasser als den Urstoff ansetzte.

Er gilt als vielseitiger Mensch, war Mathematiker und Astronom und dürfte auch kaufmännisch und politisch tätig gewesen sein.

Außerdem sagte er die Sonnenfinsternis von 585 v. Chr. richtig vorher. Thales wurde vor allem durch eine Anekdote berühmt: Während er beim Gehen ganz begeistert nach oben zu den Sternen blickte, fiel er in einen Brunnen. Eine Magd beobachtete dies und lachte ihn aus. Der Weise will die Dinge des Himmels erforschen, das vor der Nase oder den Füßen Liegende bleibt ihm aber verborgen.

Sokrates (470–399 v. Chr.)

Verhängnisvolle Gesprächskunst

Er ist das Urbild des Philosophen, eine schillernde Gestalt zur Blütezeit des antiken Griechenlands. Da Sokrates nichts Schriftliches hinterlassen hat, sind wir auf die Berichte anderer angewiesen, vor allem sein Schüler und vermutlich größter Fan, Platon, ist von Bedeutung.

Sokrates liebte es, Passanten auf dem Marktplatz anzusprechen, sie in Gespräche zu verwickeln und ihnen Schritt für Schritt ihr Nichtwissen aufzuzeigen. So erfüllte sich der Spruch des Orakels von Delphi, welches weissagte, dass Sokrates der weiseste Mensch sei. Sokrates aber sagte: „Ich weiß, dass ich nichts weiß." Die anderen glauben etwas zu wissen, wissen jedoch bei näherer Betrachtung nichts – Sokrates weiß um sein Nichtwissen und ist deshalb fürwahr der Weiseste.

Er gilt als „geistiger Geburtshelfer". Durch seine Fragetechnik, die sokratische Methode (Mäeutik), hilft er, die in den Menschen schlummernden Wahrheiten herauszulocken. Er war überzeugt, dass Tugend lehrbar ist, Gespräche also einen Sinn haben.

Ein derart hinterfragender Mensch wurde den Mächtigen unangenehm. Wegen Gottlosigkeit und Jugendverführung wurde er daher angeklagt und zum Tode verurteilt. Sokrates wurde so zum philosophischen Märtyrer und brachte in seiner Verteidigungsrede noch einmal seine hehre, dem Gewissen verpflichtete Haltung zum Ausdruck.

Aristipp (435–366 v. Chr.)

Der Lustbetonte

Aristipp gilt als der Vater des Hedonismus – jener Lehre, die besagt, dass es im Leben einzig um die Lust gehe (gr.: *hedone* = Lust).

Er sticht unter den Philosophen hervor, da fast alle anderen zum Schluss kommen, dass das Geistige – Denken, Reflektieren und Philosophieren – dem Wesen des Menschen entspreche und ihn zur Vollkommenheit führe. Alles Körperliche wird demnach als problematisch bis verwerflich gesehen.

Nicht so Aristipp: Er verfolgte eine besonnene Befriedigung der körperlichen Lust.

„Herr der Lust ist nicht, wer sich ihrer enthält, sondern wer sich ihrer zu bedienen weiß, ohne sich von ihr fortreißen zu lassen."

Platon (427–347 v. Chr)

Der Vergeistigte

Es gibt die Sichtweise, dass die ganze Philosophiegeschichte nur aus Fußnoten zu Platon bestehe. Er ist der erste antike Philosoph, von dem wir ein umfangreiches Werk kennen, das enorm wirkmächtig wurde. Platon war Schüler von Sokrates, weshalb er auch meist Sokrates in seinen Dialogen als Wortführer auftreten lässt.

Platon gilt als Vater des philosophischen Idealismus, der besagt, dass das Geistige den Vorrang hat – alles Körperliche sei sekundär. Eine Lehre, die – vor allem über Augustinus vermittelt – für das Christentum und somit für unseren Kulturraum bestimmend wurde. Platon war von der Unsterblichkeit der Seele überzeugt.

Im berühmten „Höhlengleichnis" beschreibt er den Aufstieg des Philosophen zum Lichte der Erkenntnis. Um zum Wahren, Guten und Schönen zu gelangen, gilt es, das Körperliche um des Geistigen willen zu verlassen. Nur die Idee sei ewig, alles Materielle sei vergänglich. Es gebe eine Differenz zwischen Schein und Sein, zwischen Wahrnehmen und Wahrheit. Das Sinnliche täusche uns allzu oft.

In seiner politischen Philosophie trat er gegen die Demokratie auf und für einen Staat ein, an dessen Spitze ein Philosophenherrscher steht. Die Wahrheit richte sich nicht nach Mehrheitsverhältnissen, einzig der Weise solle den Staat lenken. Platons Versuch, diese Staatsidee beim Tyrannen von Syrakus zu etablieren, scheiterte.

Diogenes von Sinope (ca. 400–323 v. Chr.)

Der Provokateur

Diogenes ist eine der populärsten Gestalten der antiken Philosophie. Er zählt zu den Kynikern (gr.: *kyon* = Hund) und war wohl sehr zynisch und bissig.

Das Ideal der Kyniker war die Bedürfnislosigkeit, der Verzicht auf materielle Dinge. Diogenes hauste angeblich in einem Fass, vermutlich handelte es sich um eine geräumige Amphore.

Er war der Provokateur par excellence und wollte mit seinen Provokationen die Mitmenschen zum Nachdenken anregen. Als Erster soll er das Wort *cosmopolites* (Weltbürger) verwendet haben. Auf die Frage, woher er stamme, antwortete er, er sei Kosmopolit – Bürger der Welt. Dadurch wollte er sich in seiner gewohnt zynisch-polemischen Art über die engstirnig-kleinräumigen Streitereien der griechischen Stadtstaaten erheben und sein Desinteresse am politischen Alltag bekunden. Die Kyniker stellten Traditionen und althergebrachte Werte infrage.

Als angeblich Alexander der Große auf Diogenes traf und ihm einen Wunsch erfüllen wollte, soll Diogenes geantwortet haben: „Geh mir aus der Sonne!"

Aristoteles (384–322 v. Chr.)

Der Mann der Mitte

Der Platonschüler schlug eine realistische und weniger idealistische Sicht der Dinge vor.

Er gilt als Vater der Logik, verfasste naturwissenschaftlich-physikalische Schriften (er dürfte – neben seiner umfangreichen Bibliothek – eine große Pflanzen- und Tiersammlung besessen haben), beschäftigte sich mit Ethik und Politik und dachte auch über die Poetik nach.

Er sieht im Glück (gr.: *eudaimonia*) das Ziel menschlichen Handelns und Seins. Der Königsweg dahin führt für Aristoteles über das kontemplative, das beschauliche Leben.

Bekannt ist Aristoteles auch für seine Lehre von der richtigen (goldenen) Mitte. Das Gute liege immer in der Mitte zwischen den Extremen. Weder Wollust noch Stumpfheit, sondern Mäßigung sieht er als Ideal und Tugend.

Epikur (341–271 v. Chr.)

Trost durch Philosophie

Epikur sah in der Philosophie einen zutiefst praktischen Nutzen. Er beschwörte eine Lebenskunst, die ihre Aktualität nie einbüßt.

Ziel sind die Freiheit von körperlichem Schmerz und die Erlangung von Seelenruhe, die Unerschütterlichkeit des Gemüts – die Ataraxie, die stoische Ruhe.

Daher zog er sich mit Anhängern zurück, lebte außerhalb Athens und philosophierte im berühmten Garten des Epikur. Er lebte autark und bescheiden mit seinen Freunden. Denn schließlich sei es wichtiger, mit wem man isst, als was man isst. Die geistige Lust, das Philosophieren und Gespräche mit FreundInnen seien bedeutender als materieller Besitz.

Aurelius Augustinus (354–430 n. Chr.)

Unruhig ist unser Herz ...

Im beginnenden Mittelalter stand die Gotteserkenntnis im Zentrum des Interesses. Philosophie wurde als Hilfswissenschaft gesehen.

Augustinus gibt in seinen „Confessiones" tiefe Einblicke in sein ehemals liederliches Leben. Damals dachte er noch: „Gib mir Keuschheit und Enthaltsamkeit, aber bitte nicht sofort!" Er wandelte sich, wurde Bischof und gilt heute der katholischen Kirche als bedeutender Kirchenvater. Das platonische Erbe wird in seinem Werk wirksam.

Philosophisch interessant sind seine Gedanken über die Zeit: Vor der Schöpfung war Ewigkeit, mit dem Akt der Schöpfung ist auch die Zeit entstanden. Gott schuf alles – auch die Zeit. Augustinus dürfte der Erste gewesen sein, der Ewigkeit nicht als unendliche Zeitdauer betrachtete. Für ihn ist Ewigkeit das Außerhalb-von-Zeit-Sein. Ewigkeit ist das Zeitlose. Diese Dimension existiere dann einfach nicht mehr.

René Descartes (1596–1650)

Ich denke, also bin ich

Descartes gilt als Vater der modernen Philosophie und des neuzeitlichen Rationalismus – des wissenschaftlichen Denkens im Allgemeinen.

Der Tugend alles Philosophischen gemäß zweifelt Descartes in seinem berühmten Gedankenexperiment alles an. Es könnte sogar sein, dass uns ein *Deus malignus*, ein böser Gott, alles vorgaukelt, ein böses Spiel mit uns spielt. Die Sinne seien ohnehin leicht zu täuschen, vielleicht sei alles nur Lug und Trug. Was bliebe da noch übrig?

Über eines könne ein Mensch nicht getäuscht werden, dass er jemand ist, der getäuscht werden kann. Denn da er getäuscht werden kann, muss er sich als einen zu Täuschenden voraussetzen. Dieser Gedanke ist nicht bezweifelbar. Der Akt des Zweifelns ist die einzig unbezweifelbare Gewissheit. Ich zweifle, also bin ich. Ich kann getäuscht werden, also bin ich. Ich weiß zwar nichts, aber ich weiß, dass ich nichts weiß. Oder: Ich denke, also bin ich. „Cogito ergo sum." Es bleibt das Ich, das sich als Denkendes weiß. Descartes steht damit auch für das Prinzip der Subjektivität.

Das cartesische Denken ist von einem grundlegenden Dualismus geprägt. Es gibt für Descartes zwei Substanzen/Dimensionen: *res extensa* (die ausgedehnte Sache/die Materie) und *res cogitans* (die denkende Sache). Seither gibt es philosophisch verbürgt Körper und Geist – Materie und Bewusstsein.

Baruch de Spinoza (1632–1677)

Der freiheitsliebende Rationalist

Spinoza war ein Zurückgezogener und Verbannter. Um seine Gedankenfreiheit bewahren zu können, zog er es vor, optische Linsen zu schleifen. So musste er sich nicht an einer Universität von der Obrigkeit zensurieren lassen. Seine Maxime war: Sei vorsichtig!

Spinoza setzte Gott und Natur gleich. Dies verschaffte ihm die Etikettierung „Pantheist" (Pantheismus = Allgottlehre; alles ist Gott) – ein Frevel sondergleichen im 17. Jahrhundert. Er war auf der Suche nach dem neutralen Standpunkt schlechthin. Ziel war für ihn, die Dinge *sub specie aeternitatis* (vom Standpunkt der Ewigkeit aus) zu betrachten – das sei Philosophie.

Besonders interessant ist es, wenn sich ein Rationalist mit der Gefühlswelt auseinandersetzt. Dementsprechend nüchtern und unromantisch ist Spinozas Definition von Liebe: „Nämlich Liebe ist nichts anderes als Lust, verbunden mit der Idee einer äußeren Ursache [...]."

Immanuel Kant (1724–1804)

Der ordentliche Aufklärer

Kant ist der Denker der Aufklärung. Er definierte Aufklärung als „Ausgang des Menschen aus seiner selbst verschuldeten Unmündigkeit" und lieferte den Wahlspruch zur Aufklärung: „Sapere aude! Habe Mut, dich deines eigenen Verstandes zu bedienen."

Kant selbst sprach in Bezug auf die Erkenntnistheorie von einer „kopernikanischen Wende". Ihn beschäftigten die Grenzen der Erkenntnis. Wir prägen die „Realität" durch unsere Vorstellungen – gleich einer rosa oder grauen Brille, die wir aufgesetzt haben. Nicht wie die Wirklichkeit wirklich ist, können wir erfahren, sondern immer nur, wie sie uns aufgrund unserer „Erkenntnisorgane" erscheint – das ist die Welt für uns.

Kant postuliert weiters die Unsterblichkeit der Seele, die prinzipielle Freiheit des Menschen und die Existenz Gottes. Diese Dinge sind streng genommen nicht beweisbar.

Auf dem Gebiet der Ethik formulierte Kant den „kategorischen Imperativ": „Handle nur nach derjenigen Maxime, durch die du zugleich wollen kannst, dass sie ein allgemeines Gesetz werde."

Dies Kant'sche Ideal ähnelt der „Goldenen Regel" („Was du nicht willst, dass man dir tu' ...") und verlangt ein Nachdenken und Überprüfen aller Handlungen. Wir sollen, so fordert dieses formale Gesetz, vernünftig handeln und unser Handeln verallgemeinern können. Wir sollen eben nicht nach Lust, Glück, Macht oder irgendeinem (äußerlichen) Nutzen streben. Die Handlung an sich soll gut sein.

Sören Kierkegaard (1813–1855)

Die einzelne Existenz

Auf Kierkegaard berufen sich die VertreterInnen der Existenzphilosophie im 20. Jahrhundert. Wie kein anderer rückte er den Einzelnen ins Zentrum. Seine Werke sind literarisch, philosophisch und polemisch.

Der Mensch sei immer vor die Wahl gestellt, so lautet der Titel eines Hauptwerkes „Entweder – Oder". Angst und Verzweiflung seien ständige Begleiter des reflektierenden Menschen. Er müsse sich aber schließlich entscheiden: zwischen einem lustvoll-ästhetischen Leben, einer ethischen Existenz oder dem Sprung in den Glauben. Letzteres, das religiöse Stadium, ist für Kierkegaard die höchste Existenzform.

Am Ende seines rastlosen und kurzen Lebens kämpfte Kierkegaard vor allem gegen die ihm zu laue und halbherzige dänische Kirche.

Er analysierte zutiefst menschliche Grundbefindlichkeiten. Unser Selbst, so Kierkegaard, „ist ein Verhältnis, das sich zu sich selbst verhält". Wir sind demnach nie ganz bei uns, wir sind keine Einheit, wir sind also ständig auf der Suche.

Karl Marx (1818–1883)

Der Materialist, der letztlich doch Theoretiker blieb

Wie bei keinem anderen schwingt beim Namen Marx das Politische mit. Er war Materialist, da er meinte, die gesellschaftlichen Bedingungen und Umstände bringen alles andere (Kultur, Religion ...) hervor. Die Geschichte sei durch Klassenkämpfe gekennzeichnet. Alles entwickle sich durch die Kraft und die Spannungen von Gegensätzen, d. h. dialektisch. Demnach müssten die Spannungen zwischen Proletariat und Bourgeoisie endlich in eine klassenlose Gesellschaft münden.

Er bezeichnete die Religion als Opium des Volks und setzte auf den gesellschaftlichen Wandel. Marx selbst blieb aber Theoretiker und Intellektueller. Sein Hauptwerk trägt den Titel „Das Kapital".

Arthur Schopenhauer (1788–1860)

Ein Pessimist mit heilender Wirkung

Schopenhauer ist der Pessimist und Misanthrop in der Philosophie. Für ihn ist das Leben ein Pensum, das es abzuarbeiten gilt. An der Universität unterlag er dem Rivalen Hegel. Mit den Frauen klappte es nicht. Auf seinen Europareisen sah er das Leid vieler Menschen. Schopenhauer beschäftigte sich mit indischen und buddhistischen Texten und fand darin eine ähnliche Grundhaltung: Leben ist Leiden. Am Ende seines Lebens wurde Schopenhauer aber dennoch berühmt.

Er meinte, die Welt sei vom „Willen" getrieben. Dieser Wille sei eine Art Lebenstrieb, ein Urantrieb, der die ganze Welt am Werden hält – also nicht der persönliche Wille jedes Einzelnen. Hierin nahm er Freud vorweg, der ebenso das Irrationale, Triebhafte ins Zentrum rückte. In Wahrheit seien wir nicht so vernünftig und frei, wie wir meinen. Der Wille, der Trieb, der Leib bestimmen, wo es langgeht. Ganz besonders gelte dies bei der Liebe zwischen Frau und Mann. Schopenhauer sprach von der „Metaphysik der Geschlechtsliebe". Er entzauberte die romantische Liebe und lag hiermit ganz nahe an den Theorien und Fakten der modernen Evolutionsbiologie, die den Menschen ebenso als ein auf Überleben programmiertes Wesen sieht, das von diversen Hormonen gesteuert wird.

Der Wille sei das Gesetz des Daseins. Diesen Willen gelte es zu verneinen. Hiermit ist Schopenhauer nahe an der indischen bzw. buddhistischen Vorstellung vom Nirwana. Kunst könne als Beruhigungsmittel dienen und das Leben erträglicher machen.

Schopenhauer meinte, dass sich immer nur das stärkste Motiv durchsetze, ohne dass wir im Innersten die Willensfreiheit besitzen.

Den Menschen sieht Schopenhauer einerseits durch den Egoismus getrieben, andererseits bestimmt aber das Mitleid die Handlungen mit.

Friedrich Nietzsche (1844–1900)

Der Umwerter mit dem sanften Blick

An Nietzsche scheiden sich wahrlich die Geister. Doch die Schlagwörter Frauenfeindlichkeit, Nationalist, Antichrist halten bei näherem Hinsehen nicht. Sein aphoristischer, prägnanter Stil birgt vielmehr zahlreiche Deutungsmöglichkeiten. Schon mit 24 Jahren erhielt er eine Professur in Basel, doch bald legte er diese wegen Krankheit nieder und wurde zum Wanderer und Suchenden.

In vielen Bildern beschwor er den Übermenschen, jedoch weniger aufgrund einer Rassenideologie, mehr als geistige Herausforderung. Es gehe darum, die Nichtigkeit der Welt ohne Gott zu bestehen, die Endlichkeit des Daseins zu akzeptieren. Nietzsche gilt als Lebensphilosoph: Leben will immer nur leben, dessen müsse man sich bewusst sein. Gläubige, Priester und Idealisten gelten ihm als Giftmischer, die an der Realität des Lebens vorbeischrammen.

Die Kunst brauchten wir, um nicht an der grausamen Realität zugrunde zu gehen. Menschen lieben den Schein, weil sie sonst das Leben in seiner Endlichkeit, Zufälligkeit und Erbärmlichkeit nicht aushielten. Sie brauchen Illusionen und Selbstbetrug.

Nietzsche sprach weiters von der ewigen Wiederkehr des Gleichen. Gegen die Fortschrittsparolen im 19. Jahrhundert setzte er das Bild des Kreises. Wendet man diese Metapher auf das Ethische an, bedeutet dies: Jeder solle seine Handlungen bejahen, zu ihnen stehen, jeder solle die Handlungen so gestalten, dass er, käme die gleiche Situation wieder, genauso handeln würde.

Nietzsche kritisierte das Christentum und die christliche Moral, seine Erkenntnis war: „Gott ist tot!" Daher gelte es, die Sinnlosigkeit des Daseins zu akzeptieren. Im Gegenzug verherrlichte Nietzsche das Leben und plädierte für die Selbststeigerung: Gott ist tot – es lebe der Mensch.

Lou Andreas-Salomé (1861–1937)

Vom Streben nach Freiheit, Einheit und „Zweiheit"

Die aus St. Petersburg in Russland stammende Intellektuelle zeichnete ein zutiefst offenes Denken aus. Sie hinterfragte sehr früh Gott und gesellschaftliche Konventionen. Die 19-jährige Lou Salomé studierte in Zürich Theologie, Philosophie und Kunstgeschichte. Damals gewährte die Schweiz als einziges deutschsprachiges Land Frauen den uneingeschränkten Hochschulzugang. Aufgrund einer schweren Lungenerkrankung brach sie das Studium ab und reiste nach Italien, wo sie den Kreis um die Schriftstellerin Malwida von Meysenbug kennenlernte – eine ebenso selbstständige, unabhängige intellektuelle Frau. Hier traf Lou Salomé auf Paul Rée und Friedrich Nietzsche. Mit beiden Männern verband sie eine intensive (intellektuelle) Freundschaft und Seelenverwandtschaft; es gab sogar den Plan, in eine Wohngemeinschaft zusammenzuziehen. Den Heiratsantrag von Nietzsche lehnte sie ab. Offenbar machte ihre neugierige, intellektuelle und nach Unabhängigkeit strebende Art Lou Salomé sowohl zur Femme fatale als auch zur Muse für viele ihrer Zeitgenossen.

Lou Salomé reiste viel, sie wurde freie Schriftstellerin und schrieb für Zeitungen und Fachzeitschriften. Von ihr erschienen Romane, Erzählungen und Essays, darüber hinaus veröffentlichte sie eine Studie zu Nietzsches Philosophie.

Freiheit stand in ihrem unkonventionellen Leben an oberster Stelle. Sie heiratete zwar, doch unterhielt sie verschiedene Liebesbeziehungen – z. B. mit Rainer Maria Rilke. Sie verfasste die philosophische Abhandlung „Die Erotik" (1910), worin sie das Verhältnis von Frau und Mann durchdachte. Intensiv beschäftigte sie sich mit den Unterschieden und Beziehungsmöglichkeiten von Frauen und Männern. Von der Gleichwertigkeit der Geschlechter war sie überzeugt, jedoch sah sie unterschiedliche Verhaltensmuster und Zugänge zum Leben. Die seelische Verfasstheit der Geschlechter sei unterschiedlich, Liebe oszilliere zwischen unerfüllter Sehnsucht und tödlicher (die Liebe erstickender) Treue. Zwei würden eins, wenn sie zwei blieben …

Ihr psychologisches Interesse führte sie nach Wien zu Sigmund Freud, mit dem sie in regem Briefkontakt blieb. Als eine der ersten Frauen arbeitete sie als Psychoanalytikerin, wobei ihr großes Interesse dem Narzissmus galt.

Günther Anders (1902–1992)

Ein hellsichtiger Mahner im 20. Jahrhundert

Anders war kein Philosoph im herkömmlichen Sinn, er war Journalist, Literat, engagierter Zeitgenosse und Mitbegründer der Anti-Atom-Bewegung.

In seinem Hauptwerk „Die Antiquiertheit des Menschen" problematisierte er die fortschreitende Technisierung der Welt und die Kurzsichtigkeit des Menschen. Die Diskrepanz zwischen Herstellen und Vorstellen werde immer eklatanter. Die Menschen entfremden sich immer mehr ihren Erzeugnissen – die Folgen ihres Tuns seien für sie nicht mehr einschätzbar. Letztlich beherrschen die Geräte die Menschen.

Anders überzeichnete bewusst in seinen Darstellungen. Er kritisierte auch die schöne bunte Fernsehwelt. Die Welt werde zum Phantom, die Grenzen zwischen Realität und Schein würden zusehends verschwimmen. Das Fernsehen könne die Wirklichkeit nie einfangen, vielmehr entstehe eine sonderbare Umkehrung: Die Welt müsse sich nach dem Fernsehen richten. Alle Bilder seien aufbereitet und bar jeder Wirklichkeit.

Da Anders am Beginn der medialen und atomaren Entwicklungen stand, hatte er noch einen scharfen, untrüglichen und distanzierten Blick auf die Dinge, der heute oftmals fehlt.

Speziell die atomare Bedrohung beeindruckte Anders zutiefst. Seit dem 6. August 1945 (Abwurf der Atombombe über Hiroshima) sei die Menschheit auf negative Art und Weise allmächtig geworden. Ein Menschheitstraum sei Realität geworden, wir könnten uns selbst auslöschen. Das habe es in der Menschheitsgeschichte zuvor noch nicht gegeben. Daher sollten wir uns schon jetzt betrauern, weil es danach niemanden mehr geben werde, der uns betrauern könnte.

Hannah Arendt (1906–1975)

Mensch-Sein, Politik und die Banalität des Bösen

Die in Deutschland geborene, assimilierte Jüdin begann sich schon bald mit Philosophie zu beschäftigen. In Marburg studierte sie Philosophie, Theologie und Griechisch und begegnete ihrer ersten großen Liebe: Martin Heidegger, dem charismatischen Philosophieprofessor. Die Studentin Hannah Arendt war fasziniert von seinem leidenschaftlichen Denken. Später heiratete sie Günther Anders, floh vor dem NS-Regime nach Paris und ging mit ihrem zweiten Ehemann in die Vereinigten Staaten von Amerika.

Sie arbeitete für Zeitungen, wurde Lektorin, Geschäftsführerin einer jüdischen Organisation, hielt Vorträge und erhielt Professuren in Princeton, Chicago, New York. 1953 hielt sie als erste Frau in Princeton Vorlesungen, später wurde sie dort die erste Professorin, was in der Presse für Aufsehen sorgte. Arendt wollte sich aber nicht gesondert mit der Frauenfrage beschäftigen. Sie war politische Philosophin und beschäftigte sich vielmehr mit der Judenfrage und den Katastrophen des 20. Jahrhunderts.

1951 erschien ihr Werk „Origins of Totalitarism" („Elemente und Ursprünge totalitärer Herrschaft", 1955). Sie analysiert darin Antisemitismus, Imperialismus, Faschismus und Stalinismus als geschichtlich neue Formen politischer Unterdrückung. Sehr umstritten war/ist ihre These von der strukturellen Gleichheit von Faschismus und Stalinismus, die Vergleichbarkeit wurde angezweifelt. Arendt stellte fest, dass es im Nationalsozialismus und im Stalinismus zu totaler Herrschaft gekommen sei, beides seien Massenbewegungen.

Irritationen brachte auch ihr Buch „Eichmann in Jerusalem" (1963; dt. 1965). Als Berichterstatterin für eine Zeitung war sie beim Eichmann-Prozess in Jerusalem. Der Nationalsozialist Eichmann war der Organisator der Judentransporte in die Vernichtungslager gewesen. Er wurde zum Tode verurteilt und hingerichtet. Für Arendt war Eichmann eher der Bürokrat, der seine Pflicht erfüllte, um vielleicht dann Karriere zu machen. Er stellte für sie nicht so sehr den mit Naziideologie erfüllten Teufel dar. In diesem Zusammenhang sprach sie von der „Banalität des Bösen", in totalen Herrschaften können offenbar „normale" Menschen die größten Verbrechen begehen …

Bekannt wurde Ihr Werk „Vita activa oder Vom tätigen Leben" (1958). Darin analysiert sie die menschlichen Grundtätigkeiten, wobei sie im Handeln die höchste Stufe sieht. Handeln macht das Menschliche aus. Hier ist Freiheit und die Idee des Neuanfangs verortet.

Simone de Beauvoir (1908–1986)

Die freie Frau

Behütet wuchs Simone de Beauvoir in großbürgerlichen Verhältnissen in Paris auf, wodurch ihr alle Bildungsmöglichkeiten offenstanden. Sie schloss ihr Philosophiestudium 1929 ab, arbeitete einige Jahre als Philosophielehrerin, danach als Schriftstellerin. Zu Studienzeiten lernte sie Jean-Paul Sartre kennen, mit dem sie zeitlebens liiert war. Dem existenzialistischen Denken folgend, wählten sie eine „freie" Form des Zusammenlebens. Simone de Beauvoir wurde zu einer wichtigen Repräsentantin des französischen Existenzialismus.

Sie brach früh mit den gutbürgerlichen und traditionellen Werten: Glaube, Ehe, Familie, Mutterschaft samt entsprechendem Frauenbild wurden von ihr hinterfragt bzw. abgelehnt, der Freiheitsbegriff war für sie zentral. Philosophie solle und müsse immer mit Lebenserfahrung verbunden sein, der Mensch müsse sich selbst entwerfen, jeden Tag neu.

In ihrem Werk „Le deuxième sexe" (1949; „Das andere Geschlecht", 1951) thematisiert sie das Verhältnis von Frau und Mann bzw. die Unterdrückung der Frau. Frauen würden immer nur relativ gesehen – das Absolute sei immer der Mann. Der Mann sei das Subjekt, die Frau nur das „Andere". Diese Schieflage gelte es aufzuheben. Die traditionellen Muster dürften nicht hingenommen werden. Denn: „Man kommt nicht als Frau zur Welt, man wird es." Paradoxerweise wurde und wird das Werk von Beauvoir meist im Zusammenhang mit Sartre und seinem Denken genannt – Sartres Eigenständigkeit wird hingegen nicht angezweifelt. Beauvoir widmete ihre letzten Jahre dem Werk und dem Andenken an Sartre. In gewisser Weise scheint sich an ihr zu erfüllen, was sie kritisierte: Beauvoir als das „Andere" zum Subjekt Sartre.

Michel Foucault (1926-1984)

Der Exzentriker

„Ex-Zentrum", also außerhalb des Zentrums, des Herkömmlichen finden sich viele spannende Themen und Einsichten. Foucault interessierte sich zeitlebens für die Randbezirke des Menschseins. So forschte und schrieb er über das Gefängnis, den Wahnsinn, die Geschichte der Sexualität …

Sein Unterfangen bezeichnete er als „Archäologie". Er versuchte Strukturen und Schichten freizulegen, welche vorderhand nicht zugänglich erscheinen. Er durchforstete dazu unheimliche Mengen an historischem Material, Archive, Bibliotheken, Diskurse der Ärztinnen/Ärzte, EthnologInnen, PädagogInnen usw.

Besonders faszinierten ihn die Machtstrukturen – die „Mikrophysik der Macht". Wer definiert das Normale? Wie wird ausgegrenzt? Wie verlaufen die geheimen und unterschwelligen Kanäle der Macht? Gleicht nicht das Gefängnis (strukturell) den Fabriken, den Schulen, den Kasernen und den Spitälern? – So lautet eine Überlegung Foucaults in seinem Werk: „Überwachen und Strafen. Die Geburt des Gefängnisses" (1975).

Interessanterweise findet sich der schöne Satz: „Wo es Macht gibt, gibt es Widerstand" im ersten Band der vierteiligen Geschichte der Sexualität (Sexualität und Wahrheit Bd. 1: Der Wille zum Wissen). Der vierte Band ist erst 2018 in Frankreich erschienen, 34 Jahre nach Foucaults Tod.

Foucault engagierte sich auch politisch, setzte sich für die Verbesserung der Haftbedingungen in Gefängnissen ein und trat gegen die Todesstrafe auf.

Foucaults Bildungs- und Lebensweg war abwechslungs- und variantenreich: Er studierte an der renommierten École Normale Supérieure in Paris und machte Abschlüsse in Philosophie, Psychologie, Psychopathologie. Später war er als Lektor bzw. Leiter der Frankreich-Institute tätig: in Schweden (Uppsala), Polen (Warschau) und Deutschland (Hamburg). Nach einer Professur in Clermont-Ferrand und weiteren Auslandsaufenthalten (Brasilien, Tunis) wurde er schließlich an das Collège de France in Paris berufen. In den letzten Lebensjahren hatte er oftmals Lehraufträge an der Universität in Berkeley/Kalifornien. Er lebte seine Homosexualität und starb an den Folgen einer HIV-Infektion.

Über Foucaults Zeit in Schweden wird berichtet, dass er gern in guten Restaurants speiste, gerne trank und auch sein Jaguar dürfte den Uppsalanern wegen seiner verrückten Fahrweise bekannt gewesen sein …

Literaturtipps für EinsteigerInnen

Wilhelm Weischedel: Die philosophische Hintertreppe.

Die großen Philosophen in Alltag und Denken, dtv München, 2016 (erstmals 1966 erschienen)

Der Klassiker unter den Philosophenporträts. Über die anekdotenhafte „Hintertreppe" geht es zum Denken des jeweiligen Philosophen. Auf jeweils knapp 10 Seiten werden die Denker anschaulich beschrieben. Eine nette und leicht zugängliche Lektüre, die Lust auf mehr macht. Weischedel endet zeitlich leider bei Wittgenstein.

Konrad Paul Liessmann: Die großen Philosophen und ihre Probleme.

Vorlesungen zur Einführung in die Philosophie, facultas WUV/ UTB, Wien, 2003 (erstmals 1998 erschienen)

Der Wiener Philosophieprofessor Liessmann bringt in spannender und unorthodoxer Weise das Denken und Leben von zwölf maßgeblichen PhilosophInnen zu Papier – von Sokrates bis Hannah Arendt. Ein guter Zugang zu den wichtigsten PhilosophInnen, der mit vielen Zitaten untermauert ist. Noch mehr Philosophenporträts bieten die Hör-CD-Edition „Denken und Leben".

Alain de Botton: Trost der Philosophie.

Eine Gebrauchsanweisung, Fischer Taschenbuchverlag, Frankfurt am Main, 2002 (erstmals 2000 erschienen)

De Botton versteht es ausgezeichnet, in grundlegende, philosophische Fragen auf amüsante Weise einzuführen. Er spendet beispielsweise Trost bei Geldmangel, bei Unbeliebtheit und auch bei gebrochenem Herzen, das Ganze wird mit interessanten Bildern aufgelockert. Ein hervorragendes Buch, das leicht verständlich ist und doch Tiefgang hat.

Ludwig Marcuse: Philosophie des Glücks.

Von Hiob bis Freud, Diogenes Verlag, Zürich, 1996 (erstmals 1948 erschienen)

Auf wahrhaft amüsante Weise macht Ludwig Marcuse mit der Problematik des Glücks vertraut. Vom alttestamentarischen Hiob über Epikur bis zu Marx, Nietzsche und Freud stellt er verschiedene Wege und Umwege zum Glück vor. Obwohl der Originaltext schon über ein halbes Jahrhundert alt ist, lohnt sich die Lektüre.

Wilhelm Schmid: Schönes Leben?

Einführung in die Lebenskunst, Suhrkamp, Frankfurt am Main, 2004 (erstmals 2000 erschienen)

Dieses Buch ist eine Kurzversion von Schmids „Philosophie der Lebenskunst". Damit „Schönes Leben?" leichter lesbar ist, wird auf das Zitieren verzichtet. Wilhelm Schmid, ein praxisorientierter Philosoph, bespricht Themen wie die Lüste genießen, die Zeit gebrauchen, negativ denken …

Jostein Gaarder: Sofies Welt.

Roman über die Geschichte der Philosophie, Hanser Verlag, München,. 1996 (erstmals 1991 erschienen)

Der Bestseller „Sofies Welt" ist sicher kein Kinderbuch, sondern die in eine leicht kryptische Romanhandlung eingebettete Geschichte der Philosophie. Der interessierten Protagonistin Sofie Amundsen werden vom mysteriösen Philosophen Alberto verschiedene Denker und Epochen vorgestellt. Eine fesselnde Geschichte mit sehr viel Information.

Christoph Helferich: Geschichte der Philosophie.

Von den Anfängen bis zur Gegenwart und Östliches Denken, Verlag J. B. Metzler, Stuttgart, 2012 (erstmals 1984 erschienen)

Eine sehr gute und angenehm lesbare Philosophiegeschichte. Helferichs bebilderte „Geschichte" ist persönlich gehalten und wirkt dadurch relativ modern und zeitgemäß. Zur Orientierung wird am Rand auf passende Stichwörter verwiesen. Eine angenehme Variante, sich mit der Philosophiegeschichte zu beschäftigen. Noch dazu ist das Buch sehr umfangreich, informativ und leuchtet den historischen Hintergrund aus.

Textquellenverzeichnis

Adorno, Theodor W.: Gesammelte Schriften 10/2, Frankfurt/Main: Suhrkamp, 1977, zit. nach Konrad Paul Liessmann, Die großen Philosophen und ihre Probleme. Vorlesungen zur Einführung in die Philosophie 2, WUV Universitätsverlag, Wien, 1998

Adorno, Theodor W.: Minima Moralia. Reflexionen aus dem beschädigten Leben, Suhrkamp, Frankfurt am Main, 2003

Adorno, Theodor W.: Philosophische Terminologie. Zur Einleitung, Bd. 1, Suhrkamp, Frankfurt am Main, 1973

Anders, Günther: Die Antiquiertheit des Menschen. Bd. 1: Über die Seele im Zeitalter der zweiten industriellen Revolution, C. H. Beck, München, 2. Aufl. 2002

Arendt, Hannah: Eichmann in Jerusalem. Ein Bericht von der Banalität des Bösen, Piper Verlag, München, 2. Aufl. 2007

Arendt, Hannah: Vita activa oder Vom tätigen Leben, Piper Verlag, München, 7. Auflage 2008

Aristoteles: Die Nikomachische Ethik, dtv, München, 5. Aufl. 2002. © 1967 Artemis Verlag, Zürich und München

Aristoteles: Poetik, hg. v. Manfred Fuhrmann, Reclam, Stuttgart, 1994

Aristoteles: Politik. Erstes Buch: 1259a, Reclam, Stuttgart 1989

Augustinus, Aurelius: Bekenntnisse, Reclam, Stuttgart, 1989

Bataille, Georges: Der Gebrauch der Reichtümer (L'Usage des Richesses – 1947). In: Die Aufhebung der Ökonomie, hg. von Gerd Bergfleth, Matthes & Seitz Verlag, München, 3. Auflage 2001

Bataille, Georges: Die Ökonomie im Rahmen des Universums (L'économie à la mesure de l' univers – 1946). In: Die Aufhebung der Ökonomie, hg. von Gerd Bergfleth, Matthes & Seitz Verlag, München, 3. Auflage 2001

Beauvoir, Simone de: Das andere Geschlecht. Sitte und Sexus der Frau, Rowohlt, Reinbek bei Hamburg, 6. Aufl. 2006. „Le Deuxième Sexe" © 1949 by Librairie Gallimard, Paris.

Bibel, Neue Jerusalemer. Einheitsübersetzung, Verlag Herder, Freiburg im Breisgau, 7. Aufl. 1995. © 1980 Katholische Bibelanstalt GmbH, Stuttgart. © 1985 Verlag Herder Freiburg im Breisgau

Blom, Philipp: Was auf dem Spiel steht, Carl Hanser Verlag, München, 4. Auflage, 2017

Bobertag, Otto (Hg.): Mandevilles Bienenfabel, Verlag Georg Müller, München, 1914

Bolz, Norbert: Das Abc der Medien, Wilhelm Fink Verlag, München, 2007

Brecht, Bertolt: Geschichten vom Herrn Keuner, hg. v. Erdmut Wizisla, Suhrkamp Verlag, Frankfurt am Main, 2004

Brockhaus, Enzyklopädie in 24 Bänden, Bd. 24: WEK–ZZ, Verlag Brockhaus, Mannheim, 19. Aufl. 1994

Butler, Judith: Das Unbehagen der Geschlechter, Suhrkamp, Frankfurt am Main, 1991. © Routledge, Chapman and Hall, Inc. 1990. © der dt. Übersetzung Suhrkamp Verlag Frankfurt am Main, 1991

Camus, Albert: Der Mythos des Sisyphos, Rowohlt, Reinbek bei Hamburg, 9. Aufl. 2007. © „Le Mythe de Sisyphe" 1942, 1948, 1965 by Librairie Gallimard, Paris. © 1999 by Rowohlt Verlag GmbH, Reinbek bei Hamburg

Capelle, Wilhelm (Hg.): Die Vorsokratiker, Alfred Kröner Verlag, Stuttgart, 1968

Dalí, Salvador: Dalí, Rastatt, 1988, zit. nach P. Sloterdijk, Sphären, Bd. 3, Frankfurt/M. 2004

Darwin, Charles: Die Abstammung des Menschen, Alfred Kröner Verlag, Stuttgart, 5. Auflage 2002

Descartes, René: Meditationes de Prima Philosophia. Meditationen über die Erste Philosophie, hg. v. Gerhart Schmidt, Reclam, Stuttgart, 1986

Dinzelbacher, Peter (Hg.): Europäische Mentalitätsgeschichte. Hauptthemen in Einzeldarstellungen, Kröner Verlag, Stuttgart, 2. Auflage 2008

Diogenes Laertius: Leben und Meinungen berühmter Philosophen, Felix Meiner Verlag, Hamburg, 1998

dtv-Lexikon in 20 Bänden, Bd. 12, dtv, München, 1999. © 1982, 1992, 1997, 1999 F. A. Brockhaus GmbH, Mannheim, und Deutscher Taschenbuch Verlag GmbH & Co. KG, München

dtv-Lexikon in 20 Bänden, Bd. 14, dtv, München, 1999. © 1982, 1992, 1997, 1999 F. A. Brockhaus GmbH, Mannheim, und Deutscher Taschenbuch Verlag GmbH & Co. KG, München

dtv-Lexikon in 20 Bänden, Bd. 8, dtv, München, 1999. © 1982, 1992, 1997, 1999 F. A. Brockhaus GmbH, Mannheim, und Deutscher Taschenbuch Verlag GmbH & Co. KG, München

Ecclesia Catholica: Katechismus der Katholischen Kirche, R. Oldenbourg Verlag, München/Wien, 1993. © der lat., 1993 erscheinenden als Urtext geltenden Ausgabe (editio typica): Libreria Editrice Vaticana, Città del Vaticano

Eco, Umberto: Das Foucaultsche Pendel, dtv, München, Wien, 15. Aufl. 2003. © 1988 Gruppo Editoriale Fabbri, Bompiani, Sonzogno, Etas S.p.A., Mailand. © der deutschsprachigen Ausgabe: Carl Hanser Verlag, München, Wien

Epiktet: Handbüchlein der Moral und Unterredungen, hg. v. Heinrich Schmidt, Alfred Kröner, Stuttgart, 11. Aufl. 1984

Feuerbach, Ludwig: Das Wesen des Christentums, Reclam, Stuttgart, 2002

Foucault, Michel: Überwachen und Strafen. Die Geburt des Gefängnisses, Suhrkamp, Frankfurt am Main, 1994

Freud, Sigmund: Massenpsychologie und Ich-Analyse. Die Zukunft einer Illusion, Fischer Taschenbuch Verlag, Frankfurt am Main, 7. Aufl. 2005. © under the Berne Convention, 1940, 1948 Imago Publishing Co., Ltd., London

Fried, Erich: Es ist was es ist, Verlag Klaus Wagenbach, Berlin, 1996

Fukuyama, Francis: Das Ende der Geschichte. Wo stehen wir?, Kindler Verlag, München, 1992. © by Francis Fukuyama, 1992. © 1992 für die deutschsprachige Ausgabe bei Kindler Verlag GmbH, München

Fukuyama, Francis: Staaten bauen. Die neue Herausforderung internationaler Politik, Ullstein, Berlin, 2006. © by Francis Fukuyama. © für die dt. Ausgabe Ullstein Buchverlage GmbH, Berlin, 2004/Propyläen Verlag

Gaarder, Jostein: Sofies Welt, Carl Hanser, München, 1996. © H. Aschehoug & Co. (W. Nygaard), Oslo, 1991. © dt. Ausgabe: Carl Hanser Verlag München, Wien, 1993

Gabriel, Peter: Ich habe einen Traum, aufgezeichnet von Ralph Gelsenhansluke. In: Die Zeit, Nr. 52, 17. 12. 2003, S. 66

Gehlen, Arnold: Der Mensch. Seine Natur und seine Stellung in der Welt, Aula-Verlag, Wiesbaden, 13. Aufl. 1986

Goethe, Johann Wolfgang: Faust. Der Tragödie erster Teil, Reclam, Stuttgart, 1986

Göttner-Abendroth, Heide: Die Göttin und ihr Heros, Frauenoffensive, München, 10. Aufl. 1993

Han, Byung-Chul: Im Schwarm. Ansichten des Digitalen (2013), Matthes & Seitz, Berlin, 4. Auflage 2017

Han, Byung-Chul: Müdigkeitsgesellschaft, Matthes & Seitz, Berlin, 6. Aufl. 2011

Harari, Yuval Noah: 21 Lektionen für das 21. Jahrhundert, Verlag C.H. Beck, München, 2018

Hegel, Georg Wilhelm Friedrich: Grundlinien der Philosophie des Rechts oder Naturrecht und Staatswissenschaft im Grundrisse. Werke, Bd. 7, Suhrkamp, Frankfurt am Main, 1970

Hegel, Georg Wilhelm Friedrich: Vorlesungen über die Ästhetik I. Werke, Bd. 13, Suhrkamp, Frankfurt am Main, 1970

Heidegger, Martin: Die Grundbegriffe der Metaphysik. Welt – Endlichkeit – Einsamkeit, Klostermann, Frankfurt am Main, 2001

Heidegger, Martin: Sein und Zeit, Max Niemeyer Verlag, Tübingen, 18. Auflage 2001

Hobbes, Thomas: Leviathan oder Stoff, Form und Gewalt eines kirchlichen und bürgerlichen Staates, hg. v. Iring Fetscher, Hermann Luchterhand Verlag, Neuwied und Berlin, 1966

Hoppe, Hans-Hermann: Anarchokapitalismus. Auszug aus dem offiziellen Protokoll der Academy of Life, redigiert von Eugen-Maria Schulak. In: Wiener Zeitung, 18. November 2005

Hüther, Gerald: Bedienungsanleitung für ein menschliches Gehirn, Vandenhoeck & Ruprecht, Göttingen, 6. Auflage 2006

Irigaray, Luce: Ethik der sexuellen Differenz, Suhrkamp, Frankfurt am Main, 1991. © Edition de Minuit 1984

Jaspers, Karl: Die Unabhängigkeit des philosophierenden Menschen, dtv, München, 1997. © 1976 R. Piper GmbH & Co. Verlag, München

Kant, Immanuel: Werke in sechs Bänden. Bd. 1: Vorkritische Schriften bis 1768, hg. v. Wilhelm Weischedel, Wissenschaftliche Buchgesellschaft, Darmstadt, 6. Auflage 2005 © 1960 by Insel Verlag, Wiesbaden

Kant, Immanuel: Werke in sechs Bänden. Bd. 2: Kritik der reinen Vernunft, hg. v. Wilhelm Weischedel, Wissenschaftliche Buchgesellschaft, Darmstadt, 6. Auflage 2005. © 1956 by Insel Verlag, Wiesbaden

Kant, Immanuel: Werke in sechs Bänden. Bd. 4: Schriften zur Ethik und Religionsphilosophie, hg. v. Wilhelm Weischedel, Wissenschaftliche Buchgesellschaft, Darmstadt, 6. Auflage 2005. © 1956 by Insel Verlag, Wiesbaden

Kant, Immanuel: Werke in sechs Bänden. Bd. 5: Kritik der Urteilskraft und Schriften zur Naturphilosophie, hg. v. Wilhelm Weischedel, Wissenschaftliche Buchgesellschaft, Darmstadt, 6. Auflage 2005. © 1957 by Insel Verlag, Wiesbaden

Kant, Immanuel: Werke in sechs Bänden. Bd. 6: Schriften zur Anthropologie, Geschichtsphilosophie, Politik und Pädagogik, hg. v. Wilhelm Weischedel, Wissenschaftliche Buchgesellschaft, Darmstadt, 6. Auflage 2005. © 1954 by Insel Verlag, Wiesbaden

Kierkegaard, Sören: Der Begriff der Angst. In: Ders., Die Krankheit zum Tode. Furcht und Zittern. Die Wiederholung. Der Begriff der Angst, dtv München, 4. Auflage 2012. © 1976 Deutscher Taschenbuch Verlag, München

Kierkegaard, Sören: Die Krankheit zum Tode, Reclam, Stuttgart, 1997

Kierkegaard, Sören: Entweder – Oder, dtv, München, 7. Aufl. 2003. © 1975 Deutscher Taschenbuch Verlag, München

Kierkegaard, Sören: Der Begriff der Angst. In: Ders., Die Krankheit zum Tode. Furcht und Zittern. Die Wiederholung. Der Begriff der Angst, dtv, München, 4. Aufl. 2012. © 1976 Deutscher Taschenbuch Verlag, München

Klein, Stefan: Die Glücksformel, Rowohlt, Reinbek bei Hamburg, 2. Aufl. 2002. © by Stefan Klein © 2002 der deutschsprachigen Ausgabe by Rowohlt Verlag GmbH, Reinbek bei Hamburg

Kleist, Heinrich von: Briefe 1793–1804. dtv-Gesamtausgabe, Bd. 6, dtv, München, 1964

Lafargue, Paul: Das Recht auf Faulheit. Widerlegung des „Rechts auf Arbeit" von 1848, Matthes & Seitz, Berlin, 2013

Lévi-Strauss, Claude: Gibt es nur eine Art der Entwicklung? (1990 veröffentlicht in La Repubblica) In: Ders., Wir sind alle Kannibalen, Suhrkamp Verlag, Berlin, 2014

Liessmann, Konrad Paul: Günther Anders zur Einführung, Junius Verlag, Hamburg, 2. Aufl. 1993

Liessmann, Konrad Paul: Und erlöse uns von dem Übel. Bildung als säkularisierte Religion. In: Ders.: Bildung als Provokation, Zsolnay Verlag, Wien, 2017

Luhmann, Niklas: Liebe. Eine Übung, hg. v. André Kieserling, Suhrkamp, Frankfurt am Main, 2008

Machiavelli, Niccolò: Il Principe. Der Fürst, übers. u. hg. v. Philipp Rippel, Reclam, Stuttgart, 1986

Mancuso, Stefano/Viola, Alessandra: Die Intelligenz der Pflanzen, Verlag Antje Kunstmann, München 2015

Marc Aurel: Des Kaisers Marcus Aurelius Antonius Selbstbetrachtungen, Reclam, Stuttgart, 1993

Marquard, Odo: Abschied vom Prinzipiellen. Philosophische Studien, Reclam, Stuttgart, 1981

Marquard, Odo: Skepsis in der Moderne. Philosophische Studien, Reclam, Stuttgart, 2007

Marx, Karl: Ökonomisch-philosophische Manuskripte, Suhrkamp Verlag, Frankfurt am Main, 2009

Marx, Karl/Engels, Friedrich: Feuerbach. Gegensatz von materialistischer und idealistischer Anschauung (Einleitung). In: Ders.: Studienausgabe in 4 Bänden. Bd. 1, Philosophie, 1990

Marx, Karl/Engels, Friedrich: Werke, Bd. 8, zit. nach Helferich, Christoph: Geschichte der Philosophie, dtv, München, 5. Aufl. 2002, S. 325. © 1992 J. B. Metzlersche Verlagsbuchhandlung und Carl Ernst Poeschel Verlag GmbH in Stuttgart

Marx, Karl/Engels, Friedrich: Manifest der Kommunistischen Partei. Grundsätze des Kommunismus, Reclam, Stuttgart, 1999

Marx, Karl/Engels, Friedrich: Studienausgabe in 4 Bänden. Bd. 1, Philosophie, hg. v. Iring Fetscher, Fischer Tb., Frankfurt am Main, 1990. © 1966 Fischer Bücherei KG, Frankfurt am Main, © ergänzte Neuausgabe: Fischer Taschenbuch Verlag GmbH, Frankfurt am Main

Maturana, Humberto R./Varela, Francisco J.: Der Baum der Erkenntnis. Die biologischen Wurzeln menschlichen Erkennens, Fischer Tb., Frankfurt am Main, 2009. © 1984 by Humberto R. Maturana and Francisco J. Varela, © dt. Ausgabe: 1987 Scherz Verlag, Bern, München, Wien. Alle deutschsprachigen Rechte bei der S. Fischer Verlag GmbH

Mead, George Herbert: Geist, Identität und Gesellschaft aus der Sicht des Sozialbehaviorismus, hg. v. Charles W. Morris, Suhrkamp, Frankfurt am Main, 8. Auflage 1991

Menasse, Robert: Die Zerstörung der Welt als Wille und Vorstellung. Frankfurter Poetikvorlesung, Suhrkamp, Frankfurt am Main, 2006

Menasse, Robert: Dummheit ist machbar. Begleitende Essays zum Stillstand der Republik, Sonderzahl Verlag, Wien, 1999

Mill, John Stuart: Utilitarianism. Der Utilitarismus, übers. und hg. v. Dieter Birnbacher, Reclam, Stuttgart, 2006

Montaigne, Michel de: Essais. Drittes Buch, btb, Frankfurt am Main, 2000. © Eichborn GmbH & Co. Verlag KG Frankfurt am Main, 1998

Montaigne, Michel de: Essais. Erstes Buch, btb, Frankfurt am Main, 2000. © Eichborn GmbH & Co. Verlag KG Frankfurt am Main, 1998

Nietzsche, Friedrich: Sämtliche Werke. Kritische Studienausgabe. Bd. 1: Die Geburt der Tragödie. Unzeitgemäße Betrachtungen I–IV. Nachgelassene Schriften 1870–1873, hg. v. Giorgio Colli und Mazzino Montinari, dtv, München, 1999. © 1967–77 und 1988 (2., durchgesehene Auflage) Walter de Gruyter GmbH & Co. KG, Berlin, New York

Nietzsche, Friedrich: Sämtliche Werke. Kritische Studienausgabe. Bd. 4: Also sprach Zarathustra 1–IV, hg. v. Giorgio Colli und Mazzino Montinari, dtv, München, 1999. © 1967–77 und 1988 (2., durchgesehene Auflage) Walter de Gruyter GmbH & Co. KG, Berlin, New York

Nietzsche, Friedrich: Sämtliche Werke. Kritische Studienausgabe. Bd. 5: Jenseits von Gut und Böse. Zur Genealogie der Moral, hg. v. Giorgio Colli und Mazzino Montinari, dtv, München, 1999. © 1967–77 und 1988 (2., durchgesehene Auflage) Walter de Gruyter GmbH & Co. KG, Berlin, New York

Nietzsche, Friedrich: Sämtliche Werke. Kritische Studienausgabe. Bd. 6: Der Fall Wagner. Götzen-Dämmerung. Der Antichrist. Ecce homo. Dionysos-Dithyramben. Nietzsche contra Wagner, hg. v. Giorgio Colli und Mazzino Montinari, dtv, München, 1999. © 1967–77 und 1988 (2., durchgesehene Auflage) Walter de Gruyter GmbH & Co. KG, Berlin, New York

Nietzsche, Friedrich: Sämtliche Werke. Kritische Studienausgabe. Bd. 13: Nachgelassene Fragmente 1887–1889, hg. v. Giorgio Colli und Mazzino Montinari, dtv, München 1999. © 1967–77 und 1988 (2., durchgesehene Auflage) Walter de Gruyter GmbH & Co. KG, Berlin, New York

Paoli, Guillaume: Die lange Nacht der Metamorphose. Über die Gentrifizierung der Kultur, Matthes & Seitz, Berlin, 2017

Pico della Mirandola, Giovanni: Oratio de hominis dignitate. Rede über die Würde des Menschen (lat./dt.), Philipp Recham jun., Stuttgart, 2009

Platon: Sämtliche Dialoge, Bd. 1: Vorwort und Einleitung zur Gesamtausgabe – Protagoras – Laches und Euthyphron – Apologie und Kriton – Gorgias, hg. v. Otto Apelt, Felix Meiner Verlag, Hamburg 1998

Platon: Sämtliche Dialoge, Bd. 2: Menon – Kratylos – Phaidon – Phaidros, hg. v. Otto Apelt, Felix Meiner Verlag, Hamburg 1998

Platon: Sämtliche Dialoge, Bd. 3: Euthydemos – Hippias I/II und Ion, Alkibiades I/II – Gastmahl – Charmides, Lysis, Menexenos, hg. v. Otto Apelt, Felix Meiner Verlag, Hamburg 1998

Platon: Sämtliche Dialoge, Bd. 5: Der Staat, hg. v. Otto Apelt, Felix Meiner Verlag, Hamburg 1998

Platon: Sämtliche Dialoge, Bd. 6: Timaios und Kritias – Sophistes – Politikos – Briefe, hg. v. Otto Apelt, Felix Meiner Verlag, Hamburg 1998

Precht, Richard David: Jäger, Hirten, Kritiker. Eine Utopie für die digitale Gesellschaft, Goldmann Verlag, München, 2018

Rawls, John: Eine Theorie der Gerechtigkeit, Suhrkamp, Frankfurt am Main, 1979

Reybrouck, David Van: Gegen Wahlen. Warum Abstimmen nicht demokratisch ist, Wallstein Verlag, Göttingen 2016, 3. Auflage 2017

Rosa, Hartmut: Resonanz. Eine Soziologie der Weltbeziehung, Suhrkamp Verlag Berlin, 4. Auflage 2016

Rousseau, Jean-Jacques: Abhandlung über den Ursprung und die Grundlagen der Ungleichheit unter den Menschen, hg. v. Philipp Rippel, Reclam, Stuttgart, 1998

Rousseau, Jean-Jacques: Vom Gesellschaftsvertrag oder Grundsätze des Staatsrechts, Reclam, Stuttgart, 1986

Safranski, Rüdiger: Ein Meister aus Deutschland: Heidegger und seine Zeit, Fischer, Frankfurt am Main, 4. Aufl. 2004

Safranski, Rüdiger: Wieviel Globalisierung verträgt der Mensch?, Carl Hanser Verlag, München, 2003

Sartre, Jean-Paul: Das Sein und das Nichts, Rowohlt, Reinbek bei Hamburg, 12. Auflage 2006

Sartre, Jean-Paul: Der Existentialismus ist ein Humanismus und andere philosophische Essays. 1943–1948, Rowohlt, Reinbek bei Hamburg, 3. Aufl. 2005.

Schmid, Wilhelm: Die Kunst der Balance, Insel Verlag, Frankfurt am Main 2005

Schopenhauer, Arthur: Gespräche, hg. v. Arthur Hübscher, Friedrich Frommann Verlag, Stuttgart 1971

Schopenhauer, Arthur: Sämtliche Werke. Bd. 1: Die Welt als Wille und Vorstellung I, hg. v. Wolfgang Frhr. von Löhneysen, Suhrkamp, Frankfurt am Main, 4. Aufl. 1993. © Arbeitsgemeinschaft Cotta-Insel, Stuttgart/Frankfurt am Main 1960

Schopenhauer, Arthur: Sämtliche Werke. Bd. 2: Die Welt als Wille und Vorstellung II, hg. v. Wolfgang Frhr. von Löhneysen, Suhrkamp, Frankfurt am Main, 2. Aufl. 1989. © Arbeitsgemeinschaft Cotta-Insel, Stuttgart/Frankfurt am Main 1960

Schopenhauer, Arthur: Sämtliche Werke. Bd. 3: Kleinere Schriften, hg. v. Wolfgang Frhr. von Löhneysen, Suhrkamp, Frankfurt am Main, 1986. © Arbeitsgemeinschaft Cotta-Insel, Stuttgart/Frankfurt am Main 1962

Schopenhauer, Arthur: Sämtliche Werke. Bd. 4: Parerga und Paralipomena. Kleine philosophische Schriften I, hg. v. Wolfgang Frhr. von Löhneysen, Suhrkamp, Frankfurt am Main, 1986. © Arbeitsgemeinschaft Cotta-Insel, Stuttgart/Frankfurt am Main 1963

Schopenhauer, Arthur: Sämtliche Werke. Bd. 5: Parerga und Paralipomena. Kleine philosophische Schriften II, hg. v. Wolfgang Frhr. von Löhneysen, Suhrkamp, Frankfurt am Main, 1986. © Arbeitsgemeinschaft Cotta-Insel, Stuttgart/Frankfurt am Main 1965

Seneca, L. Annaeus: Vom glückseligen Leben und andere Schriften, hg. v. Peter Jaerisch, Reclam, Stuttgart, 2003 © 1953, 1984 Philipp Reclam jun. GmbH & Co, Stuttgart

Singer, Peter: Praktische Ethik, Reclam, Stuttgart, 2. Auflage 1994. © 1979, 1993 Cambridge University Press, Cambridge. © 1984, 1994 Philipp Reclam jun. GmbH & Co., Stuttgart

Sloterdijk, Peter: Im Weltinnenraum des Kapitals. Für eine philosophische Theorie der Globalisierung, Suhrkamp Verlag, Frankfurt am Main, 2005

Sloterdijk, Peter: Kritik der zynischen Vernunft, Suhrkamp, Frankfurt am Main, 2003

Sloterdijk, Peter: Sphären. Bd. 3: Schäume, Suhrkamp, Frankfurt am Main, 2004

Smith, Adam: Der Wohlstand der Nationen. Eine Untersuchung seiner Natur und seiner Ursachen, hg. v. Horst Claus Recktenwald, dtv, München, 11. Aufl. 2005. © 1974 C. H. Beck'sche Verlagsbuchhandlung München

Spengler, Oswald: Der Untergang des Abendlandes. Umrisse einer Morphologie der Weltgeschichte, dtv, München, 11. Aufl. 1993. © 1923 C. H. Beck'sche Verlagsbuchhandlung, München

Spinoza, Benedictus [Baruch] de: Die Ethik, Reclam, Stuttgart, 1997

Spinoza, Baruch de: Theologisch-politisches Traktat, Felix Meiner Verlag, Hamburg 2012

Thoreau, Henry David: Vom Wandern (1862), Reclam, Stuttgart 2013

Veblen, Thorstein: Theorie der feinen Leute. Eine ökonomische Untersuchung der Institutionen (1899), S. Fischer Verlag, Frankfurt am Main, 2. Auflage 2007

Voltaire: Candid oder Die Beste der Welten, Reclam, Stuttgart, 1971

Wahrig, Gerhard: Deutsches Wörterbuch, Bertelsmann, Gütersloh 1968

Ware, Bronnie: 5 Dinge, die Sterbende am meisten bereuen (2012), Goldmann Verlag, München, 9. Auflage 2015

Weber, Stefan: Medien – Systeme – Netze. Elemente einer Theorie der Cyber-Netzwerke, Transcript Verlag, Bielefeld, 2001

Willmann, Urs: Wie man in Deutschland begraben wird. In: Die Zeit, Nr. 17, 15. 4. 2004, S. 40

Wimmer, Franz Martin: Interkulturelle Philosophie. Eine Einführung, WUV Facultas, Wien, 2004

Wittgenstein, Ludwig: Tractatus logico-philosophicus, Suhrkamp, Frankfurt am Main 1963. © Basil Blackwell,Oxford, 1959

Bildquellenverzeichnis

akg-images: 194/1 (MPortfolio/Electa)

Alamy Stock Photo: 16/1 (www.BibleLandPictures.com), 19/1 (World History Archive), 40/1 (GL Archive), 42/2 (GL Archive), 43/1 (The Granger Collection), 50/1 (allOver images), 50/2 (IanDagnall Computing), 75/1 (Heritage Image Partnership Ltd), 77/1 (PRISMA ARCHIVO), 78/1 (Granger Historical Picture Archive), 85/1 (The Picture Art Collection), 91/1 (Pictorial Press Ltd), 91/2 (INTERFOTO), 94/2 (Heritage Image Partnership Ltd), 100/1 (Hi-Story), 101/2 (Heritage Image Partnership Ltd), 115/1 (GL Archive), 117/1 (ART Collection), 117/3 (Historic Images), 118/1 (Granger Historical Picture Archive), 118/2 (H.S. Photos), 128/2 (Granger Historical Picture Archive), 130/1 (North Wind Picture Archives), 133/1 (GL Archive), 154/1 (Leonid Andronov), 162/1 (Photo 12), 171/1 (Pictorial Press Ltd), 172/1 (Martin Shields), 175/1 (vario images GmbH & Co.KG), 185/1 (age fotostock), 186/1 (Heritage Image Partnership Ltd), 187/2 (Ian Dagnall), 200/1 (Science History Images), 204/1 (Montagu Images), 206/1 (INTERFOTO), 217/1 (Futuras Fotos), 229/1 (Heritage Image Partnership Ltd)

alws.at: 51/1

arthive.com/20190205: 8/2

Asbjörn Punkenhofer, Traun: 81/2

Christian Fischill, Linz: 38/1

commons.wikimedia.org/Gage Skidmore/CC BY-SA 3.0/20190213: 166/1

commons.wikimedia.org/Mathias Schindler/CC BY-SA 4.0/20190207: 87/1

Cornelsen Verlag, Berlin, 2007: Aßmann, Bergmann, Henke, Schulze, Sewing/Zugänge zur Philosophie 1: 8/1 (Edward Hopper)

Der Spiegel 33/2002: 84/1

Fischer Taschenbuch Verlag, Frankfurt, 2009: Maturana, Varela/Der Baum der Erkenntnis: 46/1, 47/1, 47/2

Fotolia.com: 89/1.1 (Janos Huszka)

Freies Werk: 42/1, 117/2, 160/1, 209/1, 255/1

Gemeinde Lech: 140/1

Getty Images: 167/1 (Gamma-Rapho/Frederic REGLAIN), 222/1 (Laurent Viteur)

imago: 54/1 (SKATA), 112/1 (Leemage), 174/1 (Jakob Hoff), 223/1 (Future Image)

Kösel Verlag, München, 1996: Müller/Um Himmels Willen: 183/1 (Vladimir Rencin)

Marshall Cavendish Ldt., 1987: Maler 81: 99230/2 (Kasimir Malewitsch)

MEV Verlag: 156/1 (Lichtsprung Fotodesign)

Nicolas Mahler: 82/1

picturedesk.com: 28/1 (Schütze/akg-images), 36/1 (Blanc Kunstverlag/SZ-Photo), 59/1 (ullstein bild - Horst Tappe/Ullstein Bild), 72/1 (Science Photo Library), 76/1 (Toni Schneiders/Interfoto), 81/1 (VALERY HACHE/AFP), 94/1 (Wiede, Dagmar/SZ-Photo), 96/1 (Friedrich/Interfoto), 102/1 (Bildarchiv Hansmann/Interfoto), 113/1 (Sammlung Rauch/Interfoto), 114/1 (Rabatti - Domingie/akg-images), 123/1 (Friedrich, Brigitte/SZ-Photo), 131/1 (ullstein bild/Ullstein Bild), 145/1 (Galuschka/ullstein bild), 147/1 (EDELMANN/Science Photo Library), 179/1 (Archiv Mehrl/akg-images), 187/1 (Roger Viollet), 192/1 (Franz Neumayr), 199/1 (ullstein bild/Ullstein Bild), 216/1 (Imagno), 228/1 (akg-images), 228/1 (Poppe, Cornelius/NTB scanpix), 228/1 (ullstein bild - Fritz Eschen/Ullstein Bild)

Project Photos: 139/1, 155/1

Shotshop.com: 128/1 (Alexandra Buss)

Staeck Klaus: 122/1

stock.adobe.com: U1/1 (Alex), 59/2 (nonstressed), 79/1 (matiasdelcarmine), 83/1 (aussieanouk), 89/1 (lassedesignen), 101/1 (berner51), 148/1 (MidoSemsem), 154/2 (Eric Isselée), 184/1 (jboudin), 217/2 (Thomas Söllner), 217/3 (Andy Ilmberger), 221/1 (metamorworks)

Universität Regensburg/beautycheck.de: 39/1 (Martin Gründl)

uwekarstaedt.de/20190207: 186/2

VERITAS-VERLAG, Linz/Verena Maxwald: 191/1, 212/1

Zsolnay Verlag - Heribert Corn, corn@corn.at/OTS: 20/1

Alle Ausschnitte mit Zustimmung der VBK/Wien.

Der Verlag hat sich bemüht, alle Rechtsinhaber ausfindig zu machen. Sollten trotzdem Urheberrechte verletzt worden sein, wird der Verlag nach Anmeldung berechtigter Ansprüche diese entgelten.

Sachregister

Personenregister

Philosophiegeschichte des Abendlandes

PHILOSOPHIEGESCHICHTE			HISTORISCHER RAHMEN
		1000–800 v. Chr.	**Griechische Antike** griechische Buchstabenschrift, das Alphabet entsteht
		um 750 v. Chr.	Olympische Spiele frühe Literatur: Homer griechische Kolonisation
ANTIKE – Vom Mythos zum Logos **Vorsokratik** *Naturphilosophie:* Thales (ca. 624–546 v. Chr.), Pythagoras, Xenophanes, Heraklit, Leukipp, Demokrit	600–450 v. Chr.		
Sophistik – „Griechische Aufklärung“: Hippias, Protagoras, Gorgias	450–400 v. Chr.	5. Jh. v. Chr.	Perserkriege Perikleisches Zeitalter Peloponnesischer Krieg
Griechische Klassik Sokrates (470–399 v. Chr.) Platon (427–347 v. Chr.) Aristoteles (384–322 v. Chr.)	450–320 v. Chr.	4. Jh. v. Chr.	Alexander der Große Hellenismus
Sokratiker *Kyrenaiker* (= hedonistische Schule): Aristipp (435–366 v. Chr.) *Kyniker*: Diogenes von Sinope (ca. 400–322 v. Chr.), Antisthenes **Spätantike** Epikur (341–271 v. Chr.) *Skeptizismus*: Pyrrhon von Elis (ca. 360–270 v. Chr.) *Stoa*: Zenon von Kition (323–262 v. Chr.), Seneca (4 v. Chr.–65 n. Chr.), Epiktet (55–135 n. Chr.), Marc Aurel (121–180 n. Chr.)	300 v. Chr.–200 n. Chr.	0 – Christi Geburt	**„Zeitenwende“** Römisches Reich
		391	Christentum wird Staatsreligion im Römischen Reich
		476	Ende des Weströmischen Reiches
MITTELALTER – Vom Glauben zum Wissen **Patristik** Augustinus (354–430 n. Chr.)	(100)–800 n. Chr.	529	**Christliches Mittelalter** Platonische Akademie wird geschlossen Benedikt von Nursia gründet das erste Kloster
Scholastik Anselm von Canterbury (1033–1109) Thomas von Aquin (1225–1274)	800–1500	800	Karl der Große wird Kaiser
Mystik Meister Eckhart (1260–1328)		ab 1096	Kreuzzüge
NEUZEIT – Aufbruch ins Ungewisse Giovanni Pico della Mirandola (1463–1494) Michel de Montaigne (1533–1592)	1500 …	1300–1600	**Europäische Neuzeit** Humanismus und Renaissance
		um 1450	Buchdruck – J. Gutenberg
Staatsdenker Niccolò Machiavelli (1469–1527) Thomas Hobbes (1588–1679)		1492	Kolumbus in Amerika
Rationalismus René Descartes (1596–1650) Baruch de Spinoza (1632–1677)		1517	M. Luthers „Thesenanschlag“: Reformation
Gottfried Wilhelm Leibniz (1646–1716)		16./17. Jh.	Kopernikus und Kepler ändern das „Weltbild“
Empirismus Francis Bacon (1561–1626) John Locke (1632–1704) David Hume (1711–1776)		1618–1648	Dreißigjähriger Krieg

PHILOSOPHIEGESCHICHTE		HISTORISCHER RAHMEN	

Philosophiegeschichte

Das 18. Jahrhundert – Zeit der Aufklärung (1700–1800)

Französische Aufklärung
Charles de Montesquieu (1689–1755)
Julien Offray de La Mettrie (1709–1751)
Voltaire (1694–1778)
Jean-Jacques Rousseau (1712–1778)
Transzendentalphilosophie
Immanuel Kant (1724–1804)

Das 19. Jahrhundert (1800–1900)

Deutscher Idealismus
Johann Gottlieb Fichte (1762–1814)
Georg Wilhelm Friedrich Hegel (1770–1831)
Friedrich Wilhelm Joseph Schelling (1775–1854)
Kritik am Idealismus
Arthur Schopenhauer (1788–1860)
Friedrich Nietzsche (1844–1900)
Lou Andreas-Salomé (1861–1937)
Linkshegelianer
Ludwig Feuerbach (1804–1872)
Karl Marx (1818–1883)
Friedrich Engels (1820–1895)
Utilitarismus
Jeremy Bentham (1748–1832)
John Stuart Mill (1806–1873)
Existenzphilosophie
Sören Kierkegaard (1813–1855)

Hin zur Gegenwart – Alles ist denkbar (1900–20XX)

Lebensphilosophie
Oswald Spengler (1880–1936)
Henri Bergson (1859–1941)
Phänomenologie
Edmund Husserl (1859–1938)
Maurice Merleau-Ponty (1908–1961)
Existenzphilosophie Martin Heidegger (1889–1976)
Politische Theorie Hannah Arendt (1906–1975)
Französischer Existenzialismus
Jean-Paul Sartre (1905–1980)
Simone de Beauvoir (1908–1986)
Albert Camus (1913–1960)
Technikkritik
Günther Anders (1902–1992)
Hans Jonas (1903–1993)
Sprachphilosophie Ludwig Wittgenstein (1889–1951)
Strukturalismus Michel Foucault (1926–1984)
Kritischer Rationalismus Karl Raimund Popper (1902–1994)
Radikaler Konstruktivismus
Humberto Maturana (geb. 1928)
Francisco Varela (1946–2001)
Utilitarismus Peter Singer (geb. 1946)
„Vernünftige Gerechtigkeit" John Rawls (1921–2002)
Kritische Theorie/Frankfurter Schule
Max Horkheimer (1895–1973)
Theodor W. Adorno (1903–1969)
Diskursethik
Jürgen Habermas (geb. 1929)
Feministische Philosophie
Judith Butler (geb. 1956), (S. de Beauvoir)

Historischer Rahmen

1769	**Das 18. Jahrhundert** Dampfmaschine von J. Watt
1776	Amerikanische Unabhängigkeitserklärung
1789	Französische Revolution
1800	**Das 19. Jahrhundert** Napoleon
1848	Revolutionen
um 1850	Industrialisierung – Sozialismus, Kommunismus
1859	Evolutionstheorie von Charles Darwin
Ende 19. Jh.	Nationalismus, Imperialismus
um 1900	**Das 20. Jahrhundert** Psychoanalyse (S. Freud) und Relativitätstheorie (A. Einstein)
1914–1918	Erster Weltkrieg
1939–1945	Zweiter Weltkrieg
1945	Abwurf der ersten Atombombe
ab 1945	europäische Einigung; „Kalter Krieg" zwischen Kapitalismus/USA und Kommunismus/Sowjetunion
1989	Fall der Berliner Mauer
1991	Auflösung der Sowjetuntion
20. Jh.	TV, Computer, Internet
21. Jh.	**Das 21. Jahrhundert ...** Globalisierung, Digitalisierung

Notizen

Impressum

Mit Bescheid des Bundesministeriums für Bildung, Wissenschaft und Forschung, GZ. 5.050/0024-Präs/14/2019 (3.1.2020), gemäß den derzeit geltenden Lehrplänen als für den Unterrichtsgebrauch an allgemeinbildenden höheren Schulen für die 12. Schulstufe im Unterrichtsgegenstand Philosophie geeignet erklärt.

Mit Bescheid des Bundesministeriums für Bildung und Frauen, GZ. 5.050/0024-Präs/14/2019 (3.1.2020), gemäß den derzeit geltenden Lehrplänen als für den Unterrichtsgebrauch an Höheren Lehranstalten für wirtschaftliche Berufe für den 4. und 5. Jahrgang im Unterrichtsgegenstand Philosophie geeignet erklärt.

Schulbuchnummer: **150.391**

Texte werden nach der angegebenen Quelle zitiert; lediglich offensichtliche Tippfehler wurden korrigiert und die Rechtschreibung an die Regeln von 2006 (unter Berücksichtigung der Änderungen von 2017) angepasst. Mit R gekennzeichnete Texte sind nicht gemäß den Rechtschreibregeln von 2006 abgefasst und können aus urheberrechtlichen Gründen auch nicht verändert werden.

2. Auflage (2021)

Auf umweltfreundlich hergestelltem Papier gedruckt bei: siehe https://product.veritas.at/45651#additional
Lektorat: Elisabeth Totschnig
Illustrationen: Brigitte Gold
Herstellung, Umschlaggestaltung und Layout: Sandra Reinhardt
Bildredaktion: Raffaela Schuster
Satz: dtp Veritas; Breiner&Breiner, Maria Theresia/Sollenau
Schulbuchvergütung, Bildrechte: © Bildrecht/Wien
Alle Ausschnitte mit Zustimmung der Bildrecht/Wien

Jetzt **E-Book** zum Schulbuch aktivieren!

Zusätzliche Materialien zum Schulbuch im **E-Book**!
Aktuelle Infos zur Aktivierung unter:
www.scook.at/materialien

Der Verlag hat sich bemüht, alle Rechtsinhaber ausfindig zu machen. Sollten trotzdem Urheberrechte verletzt worden sein, wird der Verlag nach Anmeldung berechtigter Ansprüche diese entgelten.

ISBN 978-3-7101-3757-0

Für weitere Informationen steht Ihnen gerne Ihre VERITAS-Kundenberatung zur Verfügung.
Rufen Sie einfach an, schicken Sie ein Fax oder ein E-Mail!
Tel. +43 732 776451 2280, Fax: +43 732 776451 2239
E-Mail: kundenberatung@veritas.at
Besuchen Sie uns auf unserer Website www.veritas.at